7판

효과적인 교수법

Effective Teaching Methods
Research-Based Practice

Gary D. Borich

박승배 · 부재율 · 설양환 · 이미자 · 조주연 공역

PEARSON 아카데미프레스

Effective Teaching Methods: Research-Based Practice

Seventh Edition

Allyn & Bacon
is an imprint of

PEARSON

www.pearsonhighered.com

역자 서문

이 책은 미국 텍사스 주립대학교 오스틴 캠퍼스의 교육심리학 교수인 Gary D. Borich가 쓴 『Effective Teaching Methods』 제7판의 번역서이다.

초등교사 양성기관인 교육대학교의 교육학과에 근무하는 본 역자들은 교육과정, 교수-학습 이론, 수업분석 및 수업비평, 교육공학 및 교육방법 등의 강의를 통하여 소위 '수업 잘하는 방법' 을 학생들에게 가르치면서, 대학 2~3학년 정도의 학생들이 쉽게 읽을 수 있는 교수법 관련 교재의 필요성을 느끼던 차에 Borich의 이 책을 접하고 함께 번역하기로 뜻을 모았다. 우리가 Borich의 책에 매력을 느낀 이유는 크게 세 가지였다.

첫째, 이 책은 일선 현장을 대상으로 이루어진 최근 30년간의 연구결과에 기초한 효과적인 수업방법들을 다양하게 제시하고 있다는 것이다. 교육심리학자인 저자는 수많은 교수법 관련 연구물을 읽고 그 '연구결과' 와 '활용' 사이에 다리를 놓으려고 노력하고 있다. 교육학자들이 연구를 통해 발견한 효과적인 방법을 실제 수업시간에 어떻게 사용할 수 있을지를 구체적으로 제시한 점이 역자들에게 무척 인상 깊었다.

둘째, 이 책은 문장이 대화체로 쓰여 있어서 읽기가 쉬웠다. 우리들은 이러한 Borich의 문체를 번역과정에서 최대한 살리려고 노력하였다. 이 번역서는 한 사람이 작업을 한 것이 아니고 다섯 명이 두서너 장씩 분담하여 공동작업을 한 것인 까닭에 장에 따라 그 문체에 차이가 있을 수밖에 없겠지만, 우리들은 번역 초기부터 '독자들이 원서를 대조하지 않고도 쉽게 이해할 수 있도록 Borich의 문체를 살리면서 동시에 우리말다운 번역을 하자.' 는 원칙을 세우고 우리들의 지력이 허락하는 범위 안에서 최선을 다하였다. 그러나 번역서에는 으레 오역, 어색한 표현, 우리말답지 않은 문장 등이 생기기 마련이다. 앞으로 독자들의 지적을 받아 이러한 부분은 수정하고자 한다.

셋째, 이 책은 매우 실용적이었다. 교육대학에 재학 중인 학생들이 교육실습을 다녀와서 털어 놓는 대표적인 불만은 '강의시간에 교수들이 가르치는 내용을 일선 현장에서 적용하기가 힘들다.' 는 것이다. 예를 들어 교육대학 학생들은 하나의 교수-학습 이론으로 Piaget의 인지발달 이론에 대하여 교육대학 재학 중 이런 저런 강의를 통하여 수차례 반복하여 듣지만 일선 현장에서 이를 기억하여 사용하는 경우는 거의 없다는 것이다. 우리 번역자들이 교육대학 학생들의 이와 같은 불만에 100% 동의하는 것은 아니지만, 일선 현장에서 활용도가 높은 교수법을 가르쳐 주었으면 하는 이들의 소망은 우리들 가슴 속에 늘 짐으로 남아 있음을 부인할 수 없다. Borich의 이 책은 우리들에게 이러한 짐을 조금이나마 덜어 줄 수 있는 실용적인 책으로 다가왔다. 이 책은 비록 미국 문화를 기반으로 한 것이기는 하지만, 저자가 한국어판 서문에 밝힌 바와 같이, 우리 문화 속에서도 얼마든지 활용될 수 있다고 확신한다.

이 번역서를 준비하는 과정에서 여러 사람이 도움을 주었다. 가장 먼저 감사를 드려야 할 사람들은 이 책에 수록된 많은 교실 사진을 디지털 카메라로 찍는데 협조해 준 일선 교사 및 초등학교 학생들이다. 이들의 협조가 없었다면 이 책에 수록된 정겹고 적절한 사진을 구하기가 힘들었을 것이다. 역자들이 번역한 초고를 읽으면서 어색한 부분을 지적하고 이해하기 쉬운 문장으로 바로잡아 준, 역자들이 근무하는 각 교육대학 학생들에게도 감사의 마음을 표한다. 한국어 번역판의 서문을 기쁜 마음으로 써 준 Borich 교수께도 감사드린다. 끝으로 이 번역서의 한 쪽 한 쪽을 꼼꼼하게 읽으며 전문적인 교정 · 편집 역량을 보여 준 아카데미프레스의 편집부 직원 여러분에게 진심으로 감사드린다.

2011. 6.
번역자 일동

저자 서문

한국어판 서문

I have been fortunate at the University of Texas at Austin to have taught Korean students visiting from their homeland to receive undergraduate and graduate degrees. I have often noted their dedication and sensitivities to the teaching of young children and their intellectual appetite to learn the latest technique for effective teaching. Although the principles of my text have been presented in the context of the American classroom, students studying from Korea and other countries have been quick to adapt the effective teaching methods to their own culture and classrooms. I am now especially pleased that a thorough and accurate translation has been made by the professors at several National University of Education(Jeonju, Kongju, Kwangju, and Seoul). I appreciate the magnitude of the work they have completed for all Korean classrooms and I am proud to have them as colleagues and contributing authors to this text. To honor their work, this translation is dedicated to all my past and future Korean students

나는 학사 혹은 석사 학위 취득을 위해 한국에서 유학 온 학생들을 이곳 오스틴의 텍사스 주립대학교에서 가르치는 행운을 누리고 있습니다. 나는 어린 학생들을 가르치고자 하는 그들의 헌신과 감수성 그리고 가장 새로운 효과적인 교수법을 배우고자 하는 학생들의 지적인 욕구를 종종 목격하였습니다. 비록 이 책에서 소개한 원리들이 미국 교실상황을 기초로 한 것이기는 하지만 한국이나 다른 나라에서 공부하는 학생들도 효과적인 교수법을 자신의 문화와 교실에 맞게 쉽게 변형해 적용할 수 있을 것으로 확신합니다. 나는 특히 한국의 여러 교육대학교의 교수님들(전주교대, 공주교대, 광주교대, 서울교대)이 이 책을 완벽하게 번역하신 것에 대하여 기쁘게 생각합니다. 나는 교수님들이 한국의 학교 교실을 위하여 기울인 수고에 감사드리며, 이와 같은 학문적 동료를 만나게 된 것을 매우 기쁘게 생각합니다. 한국 동료들의 작업을 기리는 뜻에서 이 책을 나의 과거와 미래의 모든 한국 학생들과 특히 앞으로 이 책을 한

and especially to those who will be using this text in Korea.

진심으로 감사합니다.*

Gary Borich

Austin, Texas

*Borich 교수가 이 끝 인사말을 한국어로 표기해 주기를 희망하였음

국에서 사용하게 될 분들에게 바치고자 합니다.

진심으로 감사합니다.

텍사스 주 오스틴에서

Gary Borich

서문

컴퓨터, 학생과 교사에 대한 능력 검사, 교육과정 개혁, 새로운 법안, 복합문화적 교실, 교사 자격 및 학위 수여 조건의 개편 등은 미국 학교의 모습을 변화시키고 새내기 교사인 여러분에게 특별한 도전을 주는 요소이다. 이 책은 바로 여러분이 이러한 도전에 대처하고 전문가로서 성장할 수 있는 기회를 발견하는 일을 돕기 위하여 쓰여졌다.

제7판의 목적

이러한 목적을 달성하기 위하여 제7판에서는 네 가지 단순한 목적을 설정하였다. 첫째는 지난 30년 동안 교실 연구를 통해 밝혀진 효과적인 교수법을 소개하는 것이다. 이런 연구들은 효과적인 교수법이 왜 학생들에게 필요한지를 체계적으로 연구하였다. 그리하여 오랫동안 '좋은' 교수법으로 소개된 많은 방법들을 경험적으로 그 효과가 입증된 방법으로 대체할 수 있게 되었다. 이 책은 효과적인 교사가 되기 위해 이러한 교수법을 어떻게 사용할 것인지에 초점을 맞추었다.

둘째로, 이 책은 효과적인 교수법을 이해하기 쉽고 대화하는 방식으로 묘사하고자 하였다. 교실의 언어는 비형식적이므로 교실 속의 교사에 대해 쓸 때 비형식적인 언어를 사용하지 말아야 할 이유는 없는 것이다. 따라서 이 책에서는 복잡한 문구, 대립되는 입장들 간의 토의, 현학적 언어를 피하고 직설적인 대화체를 사용하였다. 각 장의 기저에 깔린 아이디어는 요점을 쉽고 빨리 파악할 수 있도록 하는 것이다.

셋째로, 이 책은 실용성을 추구하였다. 여러분의 교실행동에 대한 긍정적인 처방은 여러분이 학생들을 학습과정에 참여하게 만드는 방법, 학급경영 방법, 학생의 성취도 향상방법 등을 보여줄 것이다. 이 책은 이러한 결과를 얻기 위해 무엇을 해야 하는지뿐만 아니라 어떻게 해야 하는지도 보여준다. 이를 위해서 구체적인 예와 재미있는 교실대화를 포함시켰다.

끝으로, 이 책은 현실성을 반영하고자 노력하였다. 교수법에 대한 어떤 책들은 매우 사변적이다. 그러나 이 책은 실제 교사들이 교실에서 수행하는 일과 어떤 교수법이 효과가 있고 어떤 교수법이 효과가 없는지를 묘사하고자 하였다. 이 책에서 소개하고 있는 교수법들은 그 어떤 것도 그림 속의 떡과 같은 이론이 아니다. 왜냐하면 이 책에서 소개하고 있는 대부분의 것들은 실제 교실 속의 효과적인 수업에 대한 수년간의 연구와 관찰로부터 직접 도출된 것이기 때문이다.

각 장의 내용

이 책은 총 12개의 장으로 구성되어 있는데, 각 장에서 다루고 있는 내용을 간략히 소개하면 다음과 같다.

- 1장에서는 효과적인 교사란 어떤 교사를 말하는지, 효과적인 교사는 교실에서 무슨 일을 수행하는지에 대하여 살펴본다.
- 2장에서는 학생들의 개인차와 다양성—이전 성취도, 능력, 학습양식, 문화와 인종, 가정과 가족의 삶—이 학생의 학습욕구와 학습경영에 미치는 중요한 역할을 설명한다.
- 3장에서는 교육목적과 목표에 대하여 살피는데, 특히 사고능력과 문제해결 능력이 길러졌는지를 평가하는 방법에 초점을 맞춘다.
- 4장에서는 수업설계(준비) 요령에 대하여 구체적으로 살펴본다.
- 5장과 6장은 학급경영에 관한 것인데, 5장에서는 학급의 학습분위기 조성 요령을, 6장에서는 학생을 수업에 적극적으로 참여시키는 방법을 살펴본다.
- 7장에서는 직접수업 전략(설명, 강의, 연습과 훈련, 암송 등)을 살핀다.
- 8장에서는 간접수업 전략(집단 토의, 협동, 발견 및 문제해결 등)을 살핀다.
- 9장은 질문전략에 관한 것으로서, 인지적 복잡성의 수준이 다른 질문들을 어떻게 만들고 고등사고 능력과 문제해결 능력을 촉진하기 위한 후속질문을 어떻게 해야 하는지 등에 대하여 살펴본다.
- 10장은 자기주도적 학습에 관한 것으로서, 학생이 자신의 학습에 스스로 책임을 질 수 있게 하기 위하여 메타인지적 기술, 교사중재, 교실의 사회적 대화 등을 어떻게 사용할 것인지에 대하여 설명한다.
- 11장에서는 협동학습과 협력과정을 살피는데, 주로 대화기술, 자존심, 문제해결 등을 촉진하기 위한 집단활동을 생산적으로 조직하고 관리하는 요

령에 대하여 설명한다.

- 12장에서는 교사가 만든 시험문제와 표준화 검사를 이용하여 학생의 성취도를 평가하는 방법을 살펴본다. 또한 참평가의 개념 설명, 수행평가 문항을 제작하고 채점하는 요령, 학생의 포트폴리오 등이 집중적으로 논의된다.

저자에 대하여

Gary Borich는 시카고 남부에서 성장하였고, 그곳에서 고등학교와 대학교를 졸업하고 공립학교 교사가 되어 가르치기도 하였다. 그는 인디애나 대학에서 박사학위를 받은 후 '아동 연구소'의 평가 책임자로 일하기도 하였다. 보리크는 현재 미국 텍사스 주 오스틴 시에 위치한 텍사스 주립대학교의 교육심리학과 교수이며, 미국 교사교육 프로그램 인증위원회의 검사관을 역임하였다.

Borich의 대표적인 저술로는 『효과적인 교수법을 위한 관찰』, 『교실에서의 참평가』, 『교육측정 및 평가』, 『교육심리학』 등이 있다.

Borich는 현재 미국 텍사스 주 오스틴 시에서 아내인 캐시 및 두 자녀(브랜디와 데이몬)와 함께 살고 있다. 그의 취미는 아리비아 말을 훈련시키고 타는 것이다.

차례

1장 효과적인 교사

2장 학생 이해

3장 교육목적, 교육목표 및 수업목표

4장 단원계획과 수업계획

5장 학급경영 1: 학습 분위기 조성 요령

6장 학급경영 2: 학생 참여 촉진

7장 직접수업 전략

8장 간접수업 전략

9장 질문전략

10장 자기주도학습

11장 협동학습

12장 학생평가

오, 주님 내가 교실에 들어갈 때에

나에게 힘을 주시어 유능한 교사가 되게 해주소서.
나에게 지식 이상의 지혜를 주시어
내가 준비한 지식을 아는 데 그치지 않고,
나에게서 배우는 학생들의 삶의 중요성을 깨닫게 해주소서.

나에게 그들을 설득시킬 지혜를 주시어
냉담한 그들의 얼굴이 당신께 대한 관심으로 피어나게 해주소서.
당신께 큰 관심이 없는 젊은이들 가슴 속에
내가 이 관심을 불러일으켜야 되겠나이다.

배반자의 쌀쌀한 얼굴도 마다 않으신 당신의 그 친절을 나에게도 주시어
가면 뒤에 숨어 있는 고독한 영혼을 보게 해주소서.
나에게 당신의 그 인내를 주시어 실패해도 낙심 말게 해주소서.
그들에게 당신을 전하기 위해서는 이 땅 위에 오셔서,
완고한 인간들 가운데서 일하다 가신
당신을 본받아야 되겠나이다.

나에게 당신의 그 겸손을 주시어
당신께서 아버지께로 사람들을 인도하신 것 같이
나도 사람들을 당신께로 인도하게 해주소서.

당신께서 은총을 내려주시지 않으면
나는 아무도 당신께로 인도할 수 없사오니
결코 혼자서 하겠다는 생각은 말게 하소서.

나에게 통찰력을 주시어
나는 어른이라는 것과, 이 젊은이들은 나만큼 자제력도 없으며,
그 원하는 바도 다르다는 것을, 올바르게 인식하게 해주소서.
학생들을 훈육하되, 언제나 친절을 잃지 않게 해주소서.

가르치면서 배우게 해주소서.
모든 지식을 다 갖추고 있더라도 사랑이 없으면
나에게 아무 유익이 없사오니
사랑을 꼭 실천해야 된다는 것을, 배워 알게 해주소서.

젊은이들이 나에게서, 당신의 모습을 찾아 볼 수 있게 될 때에
나는 가장 훌륭한 교사가 된다는 것을, 배워 알게 해주소서.
젊은이들에겐 천국에 이르는 길을 제시하면서도
나 자신은 그 길에서 벗어나는 일이 없도록 해주소서.

주여, 마지막으로
내가 받을 최대의 보상은 여기에서가 아니라
저 세상에서라는 것을 깨닫게 해주소서.
이 땅 위에서 당신을 빛낸 공로로 내가 가르친 학생들과 함께
나는 천국에서 별처럼 빛나리라는 것을 알게 해주소서.

1

이 장을 마치면 여러분은 다음 질문에 답할 수 있을 것이다.

1. 효과적인 교사란 어떤 교사인가?
2. 어떻게 하면 효과적인 교사가 될 수 있는가?
3. 효과적인 수업을 어떻게 정의할 수 있는가?
4. 효과적인 교사는 어떤 수업기법을 사용하는가?
5. 내가 효과적인 교사인지 아닌지를 어떻게 알 수 있는가?

효과적인 교사

"효과적인 교사란 어떤 교사인가?" 여러분은 이 질문에 쉽게, 빨리 답할 수 있는가? 그동안 나이와 경력에서 서로 차이가 나는 수많은 교사들이 이 질문에 답하려고 노력했다. 이 질문에 대한 답은 사실 각양각색이므로 이는 쉬우면서도 어려운 질문이다. 누군가를 가르친다는 것은 특별한 능력을 필요로 하는, 복잡하고 어려운 일이다.

지난 수십 년 동안 축적된 수많은 연구와 현장 경험에도 불구하고, "효과적인 교사란 어떤 교사인가?"라는 질문은 여전히 교육에서 답하기 가장 어려운 질문으로 남아 있다.

이 장에서 여러분은 효과적인 교사에 대한 일목요연한 정의를 찾지는 못할 것이다. 하지만 여러분은 이 장에서 학생을 잘 가르치기 위해 교사가 사용할 수 있는 효과적인 기법들을 알게 될 것이다. 이 장에서 소개하는 효과적인 기법은 "효과적인 교사란 과연 어떤 교사인가?"라는 질문에 대한 총체적인 답을 제공하지는 못하겠지만, 뒷장에서 다룰 내용을 이해하고 여러분이 효과적인 교사가 되도록 도울 수 있는 중요한 토대를 마련해 줄 것이다. 뒤에 이어지는 여러 장에서는 이러한 효과적인 기법을 수업설계, 문제해결학습, 발문기법, 학급경영, 학생평가 등의 제반 활동에 사용하는 방법을 설명할 것이다. 이러한 내용은 효과적인 교사에 대한 풍부하고 포괄적인 이미지를 그릴 수 있도록 도와줄 뿐만 아니라, 바로 여러분이 실제로 효과적인 교사가 될 수 있도록 도와줄 것이다.

효과적인 교사란 어떤 교사인가?

역할모범 관련 정의

만약 여러분이 100년 전에 살면서 "효과적인 교사란 어떤 교사인가?"라는 질문을 받았다면, 다음과 같이 간단히 대답했을 것이다. "좋은 교사란 좋은 사람을 의미한다." 즉, 훌륭한 시민이며 부모이자 직업인이면서, 타의 모범이 되는 사람이다. 그 당시의 사회는 교실에서의 행동방식보다는 인간으로서 얼마나 인격적인가를 교사에 대한 주요 판단기준으로 생각했다. 그들은 주로 교실에서 정직하고 근면하고 관대하고 우호적이고 사려 깊은 인간형을 학생들에게 보여 주어야 했다. 이는 곧 실제로 모든 초임 교사에게 솔로몬 왕의 지혜, 프로이트의 통찰력, 아인슈타인의 지식, 나이팅게일의 헌신 등의 능력이 요구되는 어마어마한 것이었다.

이러한 이상에 치우친 교사상은 모든 교사에게 일관성 있게 적용하기에도 어려움이 있었고, 예비 교사를 교육하기 위해 필요한 명확하고 객관적인 수행지표를 찾아내는 데 어려움이 있음이 판명되었다.

심리적 특성 관련 정의

위에서 설명한 역할모범식의 교사상에 대한 정의는 설득력을 잃고, 대신 바람직한 교사의 심리적인 특성, 즉 성격, 태도, 경험, 적성 및 성취도 등에 대한 관심이 높아졌다. 〈표 1.1〉은 이러한 심리적인 특성들을 보여 준다. 그러나 이러한 특성은 직관적인 성격이 강해서 실제로 성공적인 교사상을 정립하는 데 그동안 유용한 기준으로 활용되지 못하였다.

성격 수업과 구체적인 연관성을 가진 교사의 성격을 측정하는 기준은 현재까지 그리 많이 개발되어 있지 않다. 왜냐하면 대부분의 측정기준이 이상심리학의 임상에서 행동을 규정하기 위해 만들어져 있어, 이러한 기준은 효과적인 교사가 되기 위해 필요한 긍정적이거나 정상적인 행동을 설명하는 데는 별 도움을 주지 못했기 때문이다. 그 결과 교사가 교실에서 보여 주는 행동을 예측하려고 시도하는 많은 성격검사의 유용성도 일반적인 정신건강을 추정하는 데 국한되어 있다. 모종의 대인관계 능력, 정서, 상황대처 능력이 효과적인 수업을 위해서는 반드시 필요한 것이라고 여겨지지만(Levis, 1987; National Health Information Center, 2005), 성격검사는 효과적인 수업을 위한 교사와 학생 간의 긍정적인 상호작용을 규명하는 데 별로 도움을 주지 못한다. 하지만, 경험이 많은 교사들이 늘 이야기

표 1.1 자주 연구되는 교사의 특성

성격	태도	경험	적성/성취도
자유방임	수업에 대한 동기화	교사 경력(재직기간)	국가 교사자격 시험
독단	학생에 대한 태도	특정 과목 교육 경험	대학원 수학능력 시험
권위주의	수업에 대한 태도	특정 학년 교육 경험	대학 수학능력 시험: 1. 언어영역 2. 수리영역
성취동기	권위에 대한 태도	연수 경험	특정 능력 시험 (예, 합리적 사고력, 논리력, 언어 구사력)
내향성 — 외향성	직업에 대한 흥미도	대학원 과목 이수	대학 학점: 1. 전체 2. 전공
이상주의 — 현실주의	자아 개념	보유 학위	추천서
단도직입 — 우회	특정 과목에 대한 태도	연구논문 출판	학생에 의한 수업 평가
통제범위			
불안감: 1. 일반사항 2. 수업			

하듯이, 학급에서 학생들과 끈끈한 학습문화를 만드는 능력은 효과적인 교사가 되는 데 필수적이다.

태도 교사의 태도 평가는 전반적(예, 교육체제와 교사직에 대한 태도)이거나 구체적(예, 특정 업무, 학생, 교육과정에 대한 태도)인 형태로 나타나지만, 대부분의 교사 평가법은 특정 태도를 가진 교사가 실제 교실 현장에서 어떻게 행동하느냐를 예측하는 데, 특히 교사가 학생과 어떤 관계를 맺느냐를 예측하는 데 실패하였다. 많은 연구가 교사의 태도와 교실에서의 실제 행동은 상관관계가 별로 없다고 밝히고 있다(Jackson, 1968; Walberg, 1986).

그러므로 교사의 효과성을 측정할 때 태도에 관한 자료를 활용하는 것은 교사가 좀 더 구조화된 수업계획서를 만든다거나 수업내용을 좀 더 잘 준비한다거나 하는 등의 실제 수업과정에서의 필수요소와는 관계 없는 행위를 측정하는 것이라고 생각해야 한다(Clark & Peterson, 1986; Kagan & Tippins, 1992). 그러므로 효과적인 수업을 태도 차원에서 규명하려는 방식은 실제 교실 현장에서 교사의 행동을 관찰하는 것보다 덜 직접적이고 신뢰성도 떨어진다.

경험 교사직에 지원할 때 경력, 최종학력, 대학 성적 등이 기록된 이력서를 제출하게 되는데, 이러한 항목들은 실제로 교직을 어떻게 수행할 수 있는가를 가늠하기에는 너무 포괄적이다.

이력서에 기재된 사항들은 교실, 학년, 과목 등과 같은 구체적인 상황에서 지원자가 교사로서의 직무를 수행하는 데 필요한 경험을 갖추었는지를 판단하는 데에 별 도움이 되지 않는다. 지원자가 어떤 특정 학년, 교육과정, 학생유형을 대상으로 하여 가르쳐본 경험이 있는지를 알아보는 것은 이력서를 받아보는 것보다는 그 지원자의 능력을 예측하는 데 훨씬 도움이 될 것이다. 하지만 이것조차도 그 지원자가 가진 능력의 일부만을 알려줄 뿐이다(Goldhaber & Anthony, 2003).

적성과 학교성적 위에서 언급한 경험과 마찬가지로, 적성과 학교성적에 관한 자료도 교실에서의 교사의 직무 수행능력을 정확히 예측하지 못한다. 학생의 잠재능력을 예측하는 데에는 이러한 측정치가 많이 활용되지만, 교사의 학창시절 성적은 교사로서의 직무 수행능력과 상관관계를 거의 보여 주지 못하고 있다. 여기에는 이유가 있다.

교사의 대학 성적을 예로 들어 생각해 보자. 교사가 대학 시절 학점이 좋았다면 곧 교육에 대한 열정과 교사로서의 직무 수행능력이 높을 것이라는 해석이 일견 가능하다. 하지만 교사 교육기관에서 정한 기준은 교사가 되는 데 필요한 최소수준에 맞추어져 있다. 따라서 학점 차이는 교실에서의 실제 수업능력을 예측하는 데 별 도움이 되지 못한다. 오히려 Praxis™(www.ets.org/praxis 참조) 같은 시험이 교사의 교실에서의 직무 수행능력을 더 잘 예측해 준다.

지금까지 논의한 내용을 요약하면, 좋은 교사를 규정하기 위해 성격, 태도, 경험, 학업성적, 적성 등과 같은 심리적 특성을 활용한 것은 교실에서의 교사의 직무 수행능력을 객관적으로 예측하려는 시도였다. 그러나 이러한 특성은 교사의 일상적인 수업행위에 비추어 볼 때에 좋은 교사를 규정하는 데 별로 도움을 주지 못하고 있다. 특히 이러한 정의는 좋은 교사를 규정하는 데 있어 가장 중요한 측정치라 할 수 있는 '학생과 교사의 상호작용 정도' 와 수업을 들은 학생의 '성취도' 를 제외시키고 있다.

새로운 정의 방향

지난 수십 년 동안 '좋은 교사' 를 정의하는 방식에 가히 혁명적이라 할 만한 변화가 있어났다. 역할모범식이나 심리적 특성에 기반을 두고 좋은 교사를 규정하는 것은 비현실적이라는 것이 판명되었다. 또한 이러한 심리적 특성이 수업에서 교사가 실제로 보여 주는 행동과 별로 관련도 없다는 사실을 알게 되었다. 이러한 결론은 교사의 특정 행동이 학생의 특정 인지적, 정의적 행동에 어떤 영향을 미치는지를 연구하도록 그 방향을 돌려놓았다. '좋은 수업' 이라는 용어는 '효과적인 수업' 이라는 용어로 바뀌었고, 연구의 초점도 전적으로 교사만을 연구하는 방식에서 교사가 학생에게 주는 영향을 포함하여 연구하는 형태로 전환되었다. 이러한 연구방법으로 인하여 오늘날 효과적인 수업을 정의할 때 그 핵심에는 '학생'과 '교사-학생의 상호작용' 이 위치하고 있다.

'교사의 행동'과 '학생의 수행' 간의 연결 지난 몇 십 년 동안 많은 연구자들은 교사와 학생의 상호작용 유형을 연구하는 새로운 방법들을 개발하였다. 그 목적은 교사의 어떤 행위가 학생의 바람직한 행동, 즉 수행을 촉진하는지를 규명하기 위한 것이었다. 이러한 연구의 결과 및 이러한 연구가 효과적인 수업에 주는 시사점을 설명하기 전에, 연구들이 어떤 방법으로 이루어졌는가를 살펴보도록 하자.

연구절차 교사와 학생 간의 교실에서의 상호작용에 관한 자료를 수집하기 위해, 〈그림 1.1〉부터 〈그림 1.3〉까지에서 볼 수 있는 도구가 주로 사용되었다. 효과적인 수업에 관한 연구를 위해 Good과 Brophy(2007)가 개발한 이러한 도구는 교사와 학생의 다양한 상호작용을 관찰 · 기록한다. 〈그림 1.2〉에 있는 응답지를 사용해서 연구관찰자는 질문에 대한 학생의 반응 그리고 교사의 반응과 피드백을 부호화한다. 예를 들어 이 응답지의 10번째 학생은 남학생이고, 교사가 묻는 질문에 답하지 못했으며(0), 그 결과 교사에게 비판을 받았고(−), 교사에 의해 답이 주어졌다(답 제공). 학생에게 붙인 번호는 상호작용이 일어난 순서에 따라 매겨진 것이고, 수업시간 내내 질문-반응-피드백의 형태가 자세히 기록된다.

〈그림 1.3〉에서 연구관찰자는 교사에 의해 칭찬받은 학생의 수행결과를 부호화한다(인내심, 향상, 성취, 좋은 의견 등). 개별 학생들은 미리 주어진 고유번호로 표시된다. 이러한 기록지는 개별 학생들의 행동에 따라 주어진 교사의 칭찬 유형뿐만 아니라, 상호작용의 전체적인 형태나 흐름도 기재하고 있다. 예를 들어 8번 학생은 '인내심과 노력' 에 대해 세 번 연속 칭찬받았다.

이러한 도구를 사용하면 교실활동에 대한 풍부하고 다양한 모습을 전체 연구과정에 걸쳐 기록할 수 있다. 물론 단 하나의 교실에 대한 기록만으로는 학생과 교사가 상호작용하는 모습을 충분히 포착하기가 어렵다. 그러나 다양한 교사, 학교, 학구를 포괄하는 풍부한 관찰기록을 수집한다면 교사와 학생 간의 상호작용에 대한 일관된 형태를 보여 줄 수 있을 것이다. 그리고 이러한 자료는 교실에서 나타나는 학생의 이러한 수행이 학생의 성취도—학기말 시험, 중간시험, 여러 형태의 수행평가—와 어떻게 상관이 있는지를 알아보는 데 활용될 수 있다.

다양한 연구자들이 위에서 설명한 방법을 사용하여 효과적인 수업의 유형을

그림 1.1 질문-반응-피드백 과정을 기록하기 위한 부호

학생의 성별

M	남학생	질문에 대답하는 학생이 남학생인 경우
F	여학생	질문에 대답하는 학생이 여학생인 경우

학생의 반응

+	정답	교사가 학생의 응답을 정답으로 수용하다.
±	부분 정답	교사가 학생의 응답을 완전하지는 않지만 부분적으로 정답으로 인정하다.
−	오답	교사가 학생의 응답을 오답으로 처리하다.
0	무응답	학생이 응답하지 않거나 답을 모른다고 말하다(학생이 응답하기 전에 교사가 피드백을 준 경우도 여기에 표기한다).

교사의 피드백 반응

++	칭찬	학생을 말로 칭찬하거나("좋아요." "잘 했어요." "훌륭해요." "좋은 의견이에요." 등), 그 외 기분 좋은 형태로 명확하게 칭찬하다.
+	확인	학생의 응답이 맞다고 단순히 확인해 주다(고개를 끄덕이거나, 답을 반복해서 말해 주거나, "그래요." 또는 "맞아요."라고 말하다).
0	무반응	학생이 어떤 반응을 보이든지 상관없이 반응하지 않고 하던 행동을 계속하다.
−	부정	학생의 응답이 틀렸다고 표현하다(머리를 가로젓거나, "아니에요." "틀렸어요." "음…"이라고 말하다).
−−	비판	학생을 말로 비판하거나("그보다는 잘 해야지요." "전혀 맞는 말이 아니에요−좀 더 잘 들어 봐요." 등), 그 외 부정적인 언사로 표현하다.
답제	정답 제공	교사가 직접 정답을 제공하다.
다질	다른 학생에게 질문	다른 학생에게 다시 질문하다.
다답	다른 학생이 대답	질문을 받지 않은 다른 학생이 정답을 말해서 교사가 정답임을 확인해 주다.
질복	질문 반복	질문을 다시 그대로 반복해서 말하거나, 힌트를 제공하면서 말하다.
힌제	힌트 제공	처음부터 힌트를 제공하면서 질문하다.
새질	새로운 질문	교사가 새로운 질문을 던지다.

출처: From Thomas L. Good and Jere E. Brophy, *Looking in Classrooms*, 5/e. Published by Allyn and Bacon, Boston, MA.

연구하였다. 모든 연구가 항상 그렇듯이, 어떤 연구는 교실에서의 상호작용과 학생의 수행과의 상관성에서 정반대의 연구결과나 전혀 상관이 없다는 결과를 내놓기도 했다. 그러나 대다수의 연구는 시험성적을 높이고, 문제해결 능력을 향상시키고, 학습능력을 증진하는 등의 학생의 수행을 바람직한 방향으로 향상시킬 수 있는 교사-학생 상호작용 유형을 찾아내는 데 성공하였다.

그림 1.2 관찰기록지

	성별		학생반응				교사의 피드백 유형										
학생번호	남	여	+	±	−	0	++	+	0	−	−−	답제	다질	다답	질복	힌제	새질
1		✓	✓					✓									
2	✓		✓					✓									
3	✓					✓										✓	
4	✓		✓				✓										
5	✓		✓					✓									
6		✓			✓						✓						✓
7	✓		✓				✓										
8	✓		✓						✓								
9	✓		✓						✓								
10	✓					✓					✓	✓					
11																	
12																	
13																	
14																	
15																	

출처: From Thomas L. Good and Jere E. Brophy, *Looking in Classrooms*, 5/e. Published by Allyn and Bacon, Boston, MA.

지금까지 효과적인 수업에 대한 연구가 어떻게 수행되었는지를 설명하였다. 그럼 이제부터는 학자들이 찾아낸, 효과적인 수업으로 이끄는 전략들을 살펴보도록 하자. 이 장에서 제시하는 내용은 이 책의 다른 여러 장에서 자세히 다루어진다.

효과적인 수업과 직결되는 다섯 가지 핵심행동

연구에 의하면, 학생의 성취도를 향상시킬 수 있는 방법에는 대략 열 가지가 있다. 이 열 가지 중에서 특히 다섯 가지 행동은 지난 30년 동안의 수많은 연구를 통해 그 효과성이 검증되었다(Borich, 2008a; Brophy, 2002; Brophy & Good, 1986; Cantrell, 1998/1999; Dunkin & Biddle, 1974; Marzano, Pickering, & Pollock, 2004; McNary, Glasgow, & Hicks, 2005; Rosenshine, 1971; Saunders,

그림 1.3 개인별 칭찬을 측정하기 위한 기록지

사용방법: 교사가 학생을 칭찬할 때마다 기록한다.

목적: • 교사가 칭찬을 통하여 학생의 어떤 행동을 강화하는지 알아보기
• 교사가 칭찬한 학생들이 누구누구였는지 알아보기

행동 유형

1. 인내심 또는 노력, 오래 또는 열심히 공부
2. 과거보다 학업성취가 향상
3. 성공적인 학업성취(정답, 높은 점수)
4. 좋은 의견, 제안, 추측, 시도
5. 상상력, 창조력, 독창성
6. 아주 잘 된 결과물
7. 주의집중을 잘 하거나 지시에 잘 따르는 행동
8. 사려 깊음, 예의, 타인과 공유, 사교적인 행동
9. 기타(추가)

학생 번호	행동유형 번호
14	1. 3
23	2. 3,4
6	3. 3
18	4. 3
8	5. 1
8	6. 1
8	7. 1
	8.
	9.
	10.
	11.
	12.
	13.
	14.
	15.
	16.
	17.
	18.
	19.
	20.
	21.
	22.
	23.
	24.
	25.

메모:

모든 응답은 사회교과 토의 시간에 발생한 것임

성취수준이 낮은 8번 남학생에게 특히 관심을 가지고 주의를 기울였음

출처: From Thomas L. Good and Jere E. Brophy, *Looking in Classrooms*, 5/e. Published by Allyn and Bacon, Boston, MA.

2005; Taylor, Pearson, Clark, & Walpole, 1999; Teddlie & Stringfield, 1993; Walberg, 1986; Willis, 2006). 다른 다섯 가지 행동은 일부 연구에서 검증되었으며, 효과적인 수업과 어느 정도 논리적 관련성을 가지고 있다. 이런 이유로 처음 다섯 가지 행동은 효과적인 수업과 직결되는 **핵심행동**이라고 부르고, 나머지 다섯 가지 행동은 효과적인 수업을 위해 핵심행동들과 통합해서 활용할 수 있는 **촉진행동**이라고 부르겠다. 효과적인 수업과 직결되는 다섯 가지 핵심행동은 다음과 같다.

1. 수업의 명료성
2. 수업방법의 다양성
3. 순수 수업활동에의 전념 정도
4. 학생의 적극적인 참여
5. 학생의 학습 성공률

수업의 명료성

수업의 명료성은, 다음에서 제시하는 사례처럼, 교사가 수업에서 얼마나 명확하게 수업내용을 설명하고 전달하는지를 의미한다.

효과적인 교사

- 이해력의 수준이 서로 다른 학생들 앞에서 자신이 말하려는 요점을 쉽게 설명함.
- 학생이 논리적으로, 차근차근 이해할 수 있도록 개념을 명확하게 설명함.
- 빙빙 돌려 말하지 않고, 목소리도 잘 들릴 정도로 크며, 주의산만을 유발하는 언어 습관이 없음.

덜 효과적인 교사

- 막연하고 불분명하고 애매모호한 언어적 표현을 사용함(예, "아마도 …거야." "그렇다고 할 수 있지." "그럴 수도 있지." 등)
- 너무 복잡한 문장을 구사함(예, "제2차 세계대전을 야기한 여러 원인이 있으나 몇몇 원인은 다른 것들보다 더 중요한데, 그러니 중요하다고 생각되지만 실제로 그렇지 않은 원인들부터 설명해 보겠어요.")
- 숙제(과제)를 내줄 때 학생들이 이해할 수 없어서 종종 질문을 함.

교사의 명료성에 대한 한 연구에 의하면, 교사는 위에서 서술한 행동들과 관련해서 상당히 다양한 모습을 보여 준다. 특히 학생이 이해하기 어렵게 설명하거나, 설명의 명료성에 문제가 되는 언어를 구사하는 등 몇몇 교사는 학생과 명확하게 의사소통하지 않는 경향을 보인다(Brophy, 2002; Brown & Wragg, 1993; Cruickshank & Metcalf, 1994; Muijs & Reynolds, 2005; Wilen, 1991).

만약 교사가 명료하게 수업을 이끌어 가면 교과서나 교수자료를 되풀이해서 설명하는 시간을 절약할 수 있다. 그러므로 수업시간의 낭비 없이 교사가 제기한 질문에 대해 학생들은 쉽게 정답을 말할 수 있게 된다. 수업의 명료성은 수업내용의 구조, 수업에 대한 친숙도, 수업방법(토의, 설명, 질의응답, 모둠활동) 등의 많은 인지적인 행동이 결부되어 있기 때문에 쉽게 규정하기 힘든 복잡한 행동이다. 그렇다 해도, 수업에서의 인지적인 명료성과 언어적인 명료성은 교사들 사이에서 상당한 편차를 보인다는 연구결과가 있다. 이는 학생들이 지적인 능력을 측정하는 시험을 치를 때에 그 학업성취도에서의 차이로 나타난다(Marx & Walsh, 1988; Mujis & Reynolds, 2005). 〈표 1.2〉는 수업 명료성의 지표가 되는 행동과

표 1.2 수업 명료성을 나타내는 지표

효과적인 교사의 명료한 수업행동	수업전략의 예
1. 학생에게 학습목표를 제시(예, 시험에서 어떤 내용이 출제될지 또는 수업 후 어떤 과제를 내줄 것인지를 설명)	행동목표를 복잡성의 정도(예, 지식, 이해 등)에 따라 준비. 학습 후 어떤 행동이 적용 또는 전이될 것인지를 수업 초기에 지적
2. 학생에게 선행조직자를 제공(예, 관련된 선행수업이나 후속수업내용과 연결해서 개괄적으로 설명)	현재 수업을 위해 어떤 선행학습이 필요한지와 현재 수업이 후속수업과 어떤 연관이 있는지에 대한 수업계획을 준비. 현재 수업이 좀 더 포괄적인 관련 내용의 일부라고 알려 줌
3. 수업 도입부분에서 선행학습 여부를 점검(예, 선행학습이 필요한 단편 지식이나 개념에 대해 점검하고 필요하면 다시 가르침)	선행학습이 이루어졌는가를 알아보기 위해 도입에서 학생에게 질문하거나 숙제를 정기적으로 검사
4. 활동에 대한 지시나 안내는 천천히 그리고 명확하게 알려 줌(예, 필요하면 반복하거나 작은 단계로 나누어서 설명)	긴 절차의 과제는 단계별로 구성하고, 그 절차를 서면으로 제시하면서 설명
5. 학생의 능력을 파악해서 학생의 현재 능력에 꼭 맞게 또는 그보다 약간 높은 수준으로 가르침(예, 학생의 주의집중 범위를 파악)	표준화 검사, 선행과제, 흥미 등을 통해 학생의 능력을 측정해서 수업의 수준을 재조정
6. 이해를 돕기 위해 예시, 그림, 시범을 활용(예, 주요 내용에 대해 시각자료를 사용)	주요 내용은 2개 이상의 다른 표현방법을 통해 가르침(예, 시각자료와 청각자료)
7. 수업 결말 부분에서 수업내용의 개괄적인 정리, 요약 제시	학생의 기억을 돕기 위해 주요 내용을 축약, 반복, 상징 등을 활용해서 설명

이 책에서 배우게 될 수업전략, 특히 제7장(직접수업법), 제8장(간접수업법), 제9장(질문전략)에서 다루게 될 내용을 간략히 요약한 것이다.

수업방법의 다양성

수업방법의 다양성은 수업에서 보여 주는 전달방법의 다양성과 융통성을 의미한다(Brophy, 2002; Brophy & Good, 1986; Marzano, Pickering & Pollock, 2004; Rohrkemper & Corno, 1988). 수업을 할 때 다양성을 구현하는 가장 효과적인 방법은 질문을 하는 것이다. 이 책의 제9장에서 자세히 공부하겠지만, 수업방법의 다양성을 구현하기 위해 다양한 형태의 질문이 수업의 진행속도 및 순서와 통합될 수 있다(Chuska, 1995; Falk & Blumenreich, 2005; Wilen, 1991). 그러므로 효과적인 교사는 질문 기법과 질문 유형—사실에 대한 질문, 과정에 대한 질문, 통합적인 질문, 확산적인 질문—을 구별할 수 있어야 한다. 질문 유형은 이 책의 제9장과 10장에 자세히 소개되어 있다.

교사가 가장 확실하게 수업방법의 다양성을 보여 줄 수 있는 것은 학습자료, 교수매체, 전시물, 수업 공간 등의 효과적인 활용이다. 교실에서 물리적인 학습환경에 변화를 주고 시각적인 변화를 주는 것은 모두 수업의 다양성에 이바지할 수 있다. 이는 곧 중간 고사 성적, 수행평가, 학습과정에 학생이 참여하는 정도에 영향을 미치게 된다. 예를 들어 다양한 활동과 학습 자료를 적극적으로 사용한 수업에서 학생의 일탈행동이 적게 나타났다는 연구보고가 있다(Emmer & Evertson, 2009; Evertson & Emmer, 2009). 어떤 연구는 수업방법의 다양성이 학생의 주의집중도를 높였다고 보고하고 있다(Borich, 2004, 2008a; Lysakowski & Walberg, 1981).

이러한 수업방법의 다양성을 꾀할 수 있는 구체적인 기법들은 이 책의 제7장(직접수업법), 제8장(간접수업법), 제11장(협동학습)에서 자세히 다룰 것이다. 〈표 1.3〉은 수업방법의 다양성의 지표가 되는 행동과 제7, 8, 11장에서 자세히 다루고 있는 내용을 간략히 요약한 것이다.

순수 수업활동에의 전념 정도

순수 수업활동에의 전념 정도는 교사가 수업시간 중에 교과 내용을 가르치는 시간이 얼마나 되는가를 의미한다. 교사가 특정 교과 내용을 가르치는 일에 더 많은 시간을 할애하면 할수록 학습효과는 증대된다.

표 1.3 수업 다양성을 나타내는 지표

효과적인 교사의 수업 다양성	수업전략의 예
1. 주의집중 방법 활용(예, 호기심을 자극하는 질문, 시각자료, 예시)	선행수업이나 활동과는 다른 표현방법으로 수업 시작(예, 청각자료에서 시각자료로 변화)
2. 골고루 눈 맞추기, 목소리 변화, 다양한 동작 등을 통해 열정적이고 활기찬 모습을 보여 줌(예, 목소리 높낮이와 크기 변화, 새로운 학습활동으로 전환될 때 자리 이동)	설명하던 자리에서 다른 자리로 수시로 이동(예, 매 10분마다). 수업내용이나 활동이 바뀌었음을 나타내도록 말의 속도나 크기 변화
3. 제시방법의 다양화(예, 강의식, 질의응답식, 자습)	설명, 시각 메시지, 학생 참여활동 등이 매일의 수업에서 균등하게 분포되도록 계획
4. 보상과 강화를 적절히 배합하여 활용(예, 가산점, 칭찬)	보상의 종류와 칭찬방법들을 수립해 놓고 선택해서 사용. 칭찬할 때는 왜 하는가의 이유도 같이 말해 줌
5. 학생의 의견과 참여를 수업에 활용(예, 비지시적 수업 또는 확산적 질문)	수업의 도입부에서 학생의 의견을 말하도록 함(예, "만약 ~이라면 어떻게 하겠니?")
6. 다양한 질문을 제기(예, 수렴적 질문, 확산적 질문)	학생의 행동과 수업목표의 특성에 부합되는 질문 제시

예를 들어 〈표 1.4〉는 초등학교 2학년 국어 읽기시간에 5주 동안 교사가 순수 수업시간에 전념하는 시간을 늘렸을 때의 연구결과를 보여 주고 있다. 하루에 수업목표에 도달하기 위한 전념시간을 4분에서 52분으로 늘렸을 때, 표준화된 학업성취도 검사에서 27% 점수(39에서 66)가 올랐다. 이러한 자료를 수집한 연구자들은, 비록 순수 수업시간에서 많은 차이가 나는 것은 드문 일이지만, 이런 결과

표 1.4 학습시간과 학생의 성취도(초등학교 2학년 읽기교과에서 발췌한 예)

읽기 선행평가(10월)		높은 성공률을 보이며 읽기학습에 학생이 보낸 시간		읽기 후속평가(12월)	
원 점수 (100점 만점)	백분율	5주 동안 전체 시간(분)	평균 일일 시간(분)	원 점수 (100점 만점)	백분율
36	50	100	4	37	39
36	50	573	23	43	50
36	50	1300	52	52	66

참고: 평균 25일의 수업일수가 선행 시험기간부터 후속 시험기간까지 소요되었다.

출처: From *Teaching and Learning in the Elementary School: A Summary of the Beginning Teacher Evaluation Study*, Beginning Teacher Evaluation Study Report VII-I, by Charles W. Fisher et al., 1978. San Francisco: Far West Laboratory for Research and Development.

가 실제 교육 현장에서 일어날 수 있다고 지적하였다.

이와 관련해서 제기될 수 있는 질문은 다음과 같다. (1) 전체 수업시간 중에 강의, 질의응답 그리고 학생이 스스로 탐구하거나 사고하도록 격려하는 데 얼마나 많은 시간을 할애했는가? (2) 수업 준비와 학생의 학습에 대한 준비를 위해 얼마나 많은 시간을 들였는가? (3) 학생 평가를 위해 얼마나 많은 시간을 사용하였는가?

이러한 질문들은 총수업시간의 얼마가 실제 수업을 하는 데 사용되었는지를 묻는 것으로서 주의집중, 학습자료 나누어 주기, 숙제 검사 등과 같은 활동에 소용된 시간은 관심사 밖이다. 모든 교사는 학생을 준비시켜 학습에 즐겁게 임할 수 있도록 도와주어야 한다. 하지만, 대부분의 연구에서, 교사가 수업에서 특정 교과 내용을 가르치는 데(제시 · 학습 · 평가) 많은 시간을 할애한 교실의 학생이, 학습과 어느 정도 관련이 있다 하더라도 순수하게 가르치는 일과 무관한 절차나 자료에 많은 시간을 들인 교실의 학생보다 학업성취도가 높았다. 또한 교사와 학생의 상호작용이 학생에게 학습할 기회를 더 많이 제공하는 지적인 내용에 초점이 맞추어졌을 때 학업성취도가 향상되었다(Berliner & Biddle, 1995; Brophy, 2002; Johns, Johns, Johns, & Johns, 2007; Porter, 1993).

여기서 다루어진 주제는 학습목표 진술에 대해 다룬 제3장과, 학습목표를 교실에서 어떻게 실행할 것인가를 다룬 제4장에 구체적으로 제시되어 있다. 〈표 1.5〉는 순수 수업활동에의 전념도에 지표가 되는 행동과 그에 해당하는 수업방법을 요약한 것이다.

학생의 적극적인 참여

학생의 적극적인 참여란 학생이 특정 교과를 학습하는 데 얼마나 많은 시간 몰두하는가의 정도를 의미한다. 이것은 학생의 성취와 관련해서 가장 최근에 연구된 교사 행동 중의 하나이다. 이 행동은 순수 수업활동에의 전념도와 수업내용의 양, 질과도 관련이 있다. 즉, 교사가 순수 수업시간에 많이 전념할수록 학생이 학습할 기회가 더 많아지게 되기 때문이다.

교사가 가르치는 데 온전히 전념한 시간과 대비되는 개념은 학생이 학습에 능동적으로 참여하는 시간이다. 이를 *학습 참여도*라고 하는데, 학생이 교사가 제시한 수업내용을 가지고 적극적으로 활동하는 시간의 비율을 의미한다. 비록 교사가 온전하게 수업에 전념하는 시간이 많고, 가능한 한 수업내용을 많이 가르치는 수업 상황임에도 불구하도 학생은 수동적인 자세를 보일 수 있다. 이는 곧 학생이

표 1.5 순수 수업활동에의 전념도를 나타내는 지표

효과적인 교사가 수업활동에 전념하는 행동	수업전략의 예
1. 교사용 지도서나 채택된 교과서의 주요 내용을 충실히 반영하는 수업계획서를 작성(예, 각 단원이나 수업의 학습목표는 교사용 지도서나 교과서에 준해서 수립)	각 수업을 단원계획, 교사용 지도서, 교과서와 직결되도록 계획. 해당 교사용 지도서와 교과서의 주요 부분이 무엇인지 동료 교사와 상의
2. 행정적, 사무적인 일로 인한 수업 방해(예, 방문객, 공지사항, 모금활동, 자료 및 교구 배포)를 수업시간 이외의 시간에 처리하는 방법 등으로 효율적으로 처리	1시간의 수업시간에 5~10분 정도만 순수 수업 이외의 일에 할애. 다른 모든 업무는 수업 전이나 후에 처리
3. 학습에 방해를 주는 행동을 예방하거나 금지(예, 수업시간에 방해되는 행동을 예방하기 위해 교실 내부 규칙을 수립)	자주 발생하는 일탈행동에 대한 규칙을 수립하고 모든 학생이 잘 보이는 곳에 게시. 수업시간에 규칙을 어기는 사람이나 행동이 나타나면 지적만 하고 그에 대한 구체적인 피드백은 수업 후에 시행
4. 학습목표를 성취하는 데 가장 잘 맞는 교수방법을 선택(예, 지식이나 이해와 관련된 목표는 지시적 수업방법을 사용하고, 탐구나 문제해결과 관련된 목표는 비지시적 수업방법 활용)	단원계획, 교사용 지도서, 교과서를 활용해서 수업내용을 (1) 사실, 공식, 절차, (2) 개념, 유형, 추상적인 내용으로 구분. (1)은 지시적 수업방법으로, (2)는 비지시적 수업방법으로 교육
5. 단원에 대한 학업성취를 위한 계획을 명확화(예, 주별 · 월별 점검, 피드백, 시험)	주요 교실활동의 시작과 끝을 명확화(예, 간단한 시험과 중요한 시험, 점검과 피드백)

교육받은 내용에 대해 능동적으로 사고 · 활동하지 않거나 배운 것을 활용하지 않는다는 뜻이다(Borich, 2008a; Borich & Tombari, 1997; Johns et al., 2007; Marx & Walsh, 1988; Savage, 1991; Weinstein & Mignano, 1996).

이러한 수동적인 모습은 부지불식간에 정서적, 정신적으로 수업에서 이탈 내지는 유리되어 있음을 나타낸다. 학생이 제 자리를 떠나는 것, 잡담하는 것, 잡지를 읽는 것, 화장실에 가기 위해 자리를 뜨는 것, 그리고 좀 더 교묘하게도 주의집중을 하는 것처럼 보이지만 속으로 딴 생각을 하고 있는 것 등이 모두 수업에서 이탈되어 있다는 증거이다. 안타깝게도 학생의 약 25%가 점심시간이 다가오거나, 주말이 다가오는 금요일 오후나, 휴일 전날에는 수업시간에 딴 생각이나 행동을 더 많이 한다고 한다. 이러한 이탈행동을 교정하는 것은 무척 힘든 일이며, 이는 전적으로 학생이 어떻게 하느냐에 달려 있다(Baum, Viens, & Slatin, 2005; Bennett & Desforges, 1988; Brophy, 1996; Doyle, 1983). 학생의 적극적인 학습 참여를 촉진하는 수업방법은 제7장부터 제11장까지의 내용에 제시되어 있다.

여러 학자들(Evertson, 1995; Kuh, Kinzie, Smith, & Whitt, 2005; Meichenbaum & Biemiller, 1998; Tauber, 1990)이 학습에 전념하는 시간을 높일 수 있는,

수업에서 보여 주는 전달방법의 다양성과 융통성은 효과적인 수업을 결정하는 주요 핵심행동이다.

특히 학생의 적극적인 수업 참여를 독려할 수 있는 방법을 제안하였다. 여러 학자들의 제안을 Emmer와 Evertson(2009)은 다음과 같이 여섯 가지로 요약 · 정리하였다.

1. 교사의 허락이 필요 없는 개별행동에 대한 규칙을 미리 정하라.
2. 학생들이 활동하고 있을 때 자리를 순회 · 관찰하면서 진도를 점검하라.
3. 개별 과제는 교사의 별도 지도 없이도 완성할 수 있을 정도로 학생에게 흥미 있고 가치 있고 쉬운 것을 제시하라.
4. 시간을 많이 소요하는 활동을 최소화하라. 예를 들면, 칠판에 그 날의 일정이나 수업지시 사항을 적는 것과 같은 활동을 최소화하라.
5. 학생의 이해수준에 딱 맞거나 그보다 약간 높은 정도의 수업자료나 학습활동을 많이 활용하라.
6. 타이밍을 놓치지 마라. 일탈행동이 일어나면 즉시 조치를 취하여 이것이 다른 학생에게 영향을 미치지 않도록 하라.

위에서 서술한 방법들은 모둠(조별)활동이나 개별 학습활동에도 유용하게 사용될 수 있다(Anderson, Stevens, Prawat, & Nickerson, 1988; Jones et al., 2007). 좀 더 구체적인 방법들은 제10장과 제11장에서 소개할 것이다. 〈표 1.6〉은 학생의 적극적인 참여를 위한 지표가 되는 교사의 행동과 그에 해당하는 수업방법을 요약한 것이다.

표 1.6 학습과정에 학생의 적극적인 참여를 나타내는 지표

효과적으로 학생이 적극 참여하게 하는 교사의 행동유형	수업전략의 예
1. 특정 내용을 수업한 후에 즉각적으로 바람직한 행동 유도(예, 바람직한 행동이 연습되도록 실습이나 연습 문제를 제공)	소단위의 내용을 수업한 후에 즉시 연습이나 질문 제기
2. 평가하지 않는 분위기 속에서 피드백 제공(예, 모둠별로 또는 혼자서 조용히 질문에 응답하도록 요구)	연습 실시 초기에 혼자서 조용히 응답하게 하거나 피드백을 제공
3. 필요시 개별 활동과 모둠활동을 활용	필요한 학생을 위해 개별화 교수자료를 준비
4. 수업에의 적극적인 참여를 독려하는 칭찬기법을 사용	칭찬과 격려를 통해 온화하고 돌봐주는 분위기를 조성(예, 왜 정답인지 설명). 부분적으로 맞는 대답에도 적절한 칭찬 제공
5. 개별 활동시 순회 · 관찰하면서 진도 점검	질문에 답하면서 한 학생당 약 30초 정도만 접촉. 전체 학생들과 접촉을 위해 교실 순회

학생의 학습 성공률

효과적인 수업에 직결되는 마지막 지표는 학생의 학습 성공률이다. 학생의 **학습 성공률**은 학생이 수업내용을 얼마나 잘 이해하고 연습을 성공적으로 완수했는가의 정도를 나타낸다.

앞에서 인용한 교사의 순수 수업활동에의 전념도와 학생의 적극적 참여에 대한 연구물의 초점은 주어진 자료의 난이도이다. 이러한 연구에서 난이도는 학생이 수업내용을 얼마나 잘 이해하고 연습을 완수했는가의 정도에 의해 측정되었다. 난이도는 대개 다음과 같이 세 개로 나뉜다.

- *높은 성공 난이도*: 학생이 내용을 완전히 이해하며, 사소한 실수를 가끔 한다(쉽다).
- *중간 성공 난이도*: 주요 내용을 부분적으로 이해하며, 중요한 실수를 가끔 한다(중간).
- *낮은 성공 난이도*: 배운 내용을 전혀 이해하지 못한다(어렵다).

연구에 의하면(Berliner, 1979; Good & Brophy, 2007; Karweit & Slavin, 1981; Marzano, Pickering, and Pollock, 2004), 교사의 순수 수업활동에의 전념도와 학생의 수업에의 적극 참여 정도는, 〈그림 1.5〉에서 볼 수 있듯이, 학생의 학습 성공률과 밀접한 관계가 있다. 중간에서 높은 수준의 학습 성공도를 나타내는 수업에서 학생은 학업 성취도가 높아지는 결과를 얻게 되었는데, 이는 학생의

그림 1.5 시간의 수준

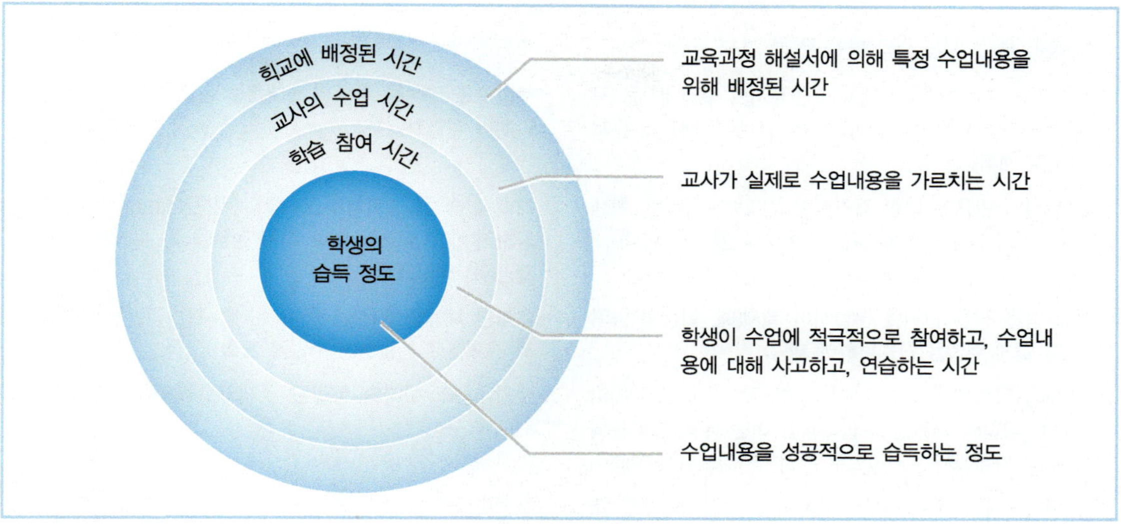

이해수준에 적합한 내용이 더 많이 제시되었기 때문이다. 이러한 연구결과는 연습과 반복을 통해 쉽게 습득할 수 있는 기본 학업 기능을 가르치는 설명이나 해설 위주의 수업에서 먼저 나타났다(Rosenshine, 1986). 그러나 좀 더 최근의 연구에서는 이러한 결과가 사고능력을 위한 수업(Beyer, 1995)과 프로젝트 중심 학습(Blumenfeld et al., 1991; Costa & Kallick, 2004a, b)에서도 나타나는 것으로 확인되었다. 또 다른 연구에 의하면 학생들의 실패율이 낮은 수업에서 학생들은 높은 자아 존중감을 보여 주었고, 해당 과목과 학교생활에서 긍정적인 태도를 보여 주었다(Slavin, 1991b).

통상적으로 학생들은 총 학습 시간의 약 절반 정도를 학습 성공률이 높은 학습활동에 할애한다. 그러나 학습 성공률이 높은 학습활동에 총 학습 시간의 절반 이상을 보낸 학생들이 높은 학업 성취도와 파지효과 그리고 학교생활에 대한 긍정적인 태도를 보여 주었다는 연구결과가 있다. 이러한 연구결과는 학생이 수업내용을 완전하게 이해하는 활동에 학습시간 중 60~70%를 소비하는 것이 바람직하다는 것을 의미한다(Rosenshine, 1986).

중간에서 높은 수준의 학습 성공률은 수업내용의 완전학습을 가져올 수 있다. 또한 이러한 성공률은 배운 지식을 실제로 적용할 수 있는 능력, 비판적 · 독자적으로 사고하는 능력을 개발하는 기초를 제공한다(Chaffee, 2008; Duffy & Roehler, 1989; Meichenbaum & Biemiller, 1998; Rohrkemper & Corno, 1988). 많은 교사들은 문제해결 능력이나 비판적 사고능력의 기초를 쌓아주는 수업 활동에 그리 많은 시간을 투자하지 않는 것 같다. 효과적인 교사가 되기 위한 중요

표 1.7 학생의 성공을 나타내는 지표

학생의 높은 학습 성공률을 위한 교사 행동	수업전략의 예
1. 이전에 학습한 관련 내용과 연결시켜 수업내용을 구성(예, 선행학습한 내용을 고려해서 수업내용의 순서화를 계획)	학습목표 달성을 위해 수업내용을 논리적인 순서에 입각해서 계열화
2. 학생의 반응에 대한 즉각적인 피드백 제공(예, 학생의 초기 반응에 대해 옳은 답변이나 행동을 제시)	개별 실습 전에 교사의 안내가 수반된 실습을 먼저 제공하며 개별 실습에 대해 자기 점검을 할 수 있는 도구 제공(예, 정답표 등)
3. 수업을 작은 단위로 분할하여 제시(예, 학생의 능력에 맞게 수업을 단원화하여 제공)	학습한 내용의 기억을 돕기 위해 서로 관련된 내용끼리 주제별로 통합하여 수업을 계획
4. 다음 단계의 내용으로 쉽게 넘어갈 수 있도록 계획(예, 각각의 새로운 수업내용이 이전 내용과 공통의 주제 차원에서 논리적으로 통합 · 연결되도록 구성)	수업내용이 하나의 통합된 주제와 학습목표하에 구성되도록 구성
5. 수업내용의 제시속도와 양을 다양화하고, 중요한 내용이나 핵심이 되는 수업방법을 중심으로 내용을 구성	수업의 강도와 성공 가능성의 높낮이를 조절하면서 요약 · 정리, 피드백, 시험을 활용

한 덕목은 습득 성공률이 높은 수업뿐만 아니라, 학생이 주어진 지식에 국한되지 않고 그 이상으로 생각하고 활동하도록 자극하는, 도전감을 제시하는 수업을 구성하고 계획하는 것이다.

이러한 사항은 제8장과 제10장에서 *구성주의*라는 이름으로 자세히 다룰 것이다(Chaille, 2007; Fosnot, 2005; Richardson, 1997). 〈표 1.7〉은 제8장, 제10장에서 다룰 학습 성공에 대한 지표가 되는 행동과 그에 대한 수업전략을 간략히 요약한 것이다.

다섯 가지 핵심행동에 대한 요약

지금까지 설명한 다섯 가지 핵심행동—수업의 명료성, 수업방법의 다양성, 순수 수업활동에의 전념 정도, 학생의 적극적인 참여, 학생의 학습 성공률—은 효과적인 수업을 위해 교사에게 반드시 필요한 것이다. 교육학자들은 물론 다른 형태의 핵심행동을 발견하고 제안할 수도 있을 것이다. 그러나 이러한 다섯 가지 핵심행동에 대한 연구는 처음으로 효과적인 수업과 교사 교육을 좀 더 잘 이해하는 데 필요한 이론적 기반을 마련해 주었다. 비유한다면 이러한 다섯 가지 행동은 효과적인 교사에게 필요한 뼈대가 되는 사항이고, 앞으로 설명할 이 장의 나머지 내용은 효과적인 교사를 완성하기 위해 그 뼈대에 입히게 될 살, 즉 정신, 심장 등을 의미한다.

앞에서 언급했듯이 "효과적인 교사란 어떤 교사인가?"라는 질문에 간단히 대답하기는 어려울 것이다. 왜냐하면 많은 행동이 복합적으로 결부 · 통합되어 효과적인 교사의 행동유형을 결정 짓기 때문이다. 이러한 다섯 가지 행동만으로 효과적인 수업을 설명하는 것은 너무 단순한 것이라고 말할 수도 있다. 따라서 다음 절에서는 효과적인 교사가 되는데 필요한 이 다섯 가지 핵심행동과 병행하여 사용할 수 있는 다섯 가지 촉진행동을 설명하고자 한다. 이러한 촉진행동은 어디까지나 핵심행동을 보조하는 행동이라는 사실을 잊지 말기 바란다.

효과적인 수업을 보조하는 데 필요한 촉진행동

효과적인 교사가 되기 위해서는 다섯 가지 핵심행동뿐만 아니라 그 외 더 필요한 행동들이 있다. 이러한 촉진행동은 핵심행동을 보조하는 역할을 한다. 이러한 촉진행동에 대한 연구결과는 핵심행동에 대한 연구보다는 신뢰성 있고 일관성 있는 결과를 보여 주지는 못하고 있다. 특히 이에 대한 많은 연구들은 이러한 행동들이 실제로 어떻게 사용되어야 하는가에 대한 확실한 대답을 주지 못하고 있다. 이러한 이유로 촉진행동은 핵심행동으로 인식하기보다는 핵심행동을 보조, 지원하는 역할을 하는 것으로 파악하는 것이 바람직하다. 촉진행동으로는 다음과 같이 다섯 가지를 들 수 있다.

1. 학생의 생각과 공헌을 활용하기
2. 체계화된 요약 및 구조화된 정리 제시하기
3. 질문 활용하기
4. 깊게 생각하도록 격려하기
5. 교사가 수업에서 보여 주는 열정

학생의 생각과 공헌을 활용하기

학생의 생각과 공헌을 활용한다는 것은 수업에서 학생이 보여 주는 다양한 형태의 반응에 대한 인정, 수정, 적용, 비교, 요약 등을 통하여 학습의 이해를 높이고, 학생의 참여도를 높인다는 뜻이다. 교사의 이러한 활동(Flanders, 1970)이 핵심행동을 성취하는 데 어떻게 활용될 수 있는지를 살펴보자.

- *인정*: 학생이 말한 의견 중에 핵심단어나 논리를 반복해서 말함(수업의 명료성)
- *수정*: 학생의 견해를 고쳐서 말하거나, 교사의 의미로 또는 다른 학생이 말한 것과 연결 지어 개념화해서 설명함(수업방법의 다양성)
- *적용*: 학생의 견해를 추론이나 문제 분석에 활용함(학생의 학습 성공률 증진)
- *비교*: 학생의 의견을 이전에 내놓았던 의견과 비교하거나 다른 학생의 의견과 비교함(학생의 적극적인 참여 촉진)
- *요약*: 개별 학생 또는 모둠에서 제기한 의견을 이미 배운 개념을 복습하거나 강조하는 데 활용함(순수 수업활동에의 전념 정도를 높임)

최근에 이러한 학생의 의견이나 수업에의 공헌을 활용하는 방법은 추론, 문제해결, 자율적인 사고를 기르는 수업영역에도 확대 적용되고 있다. 이러한 방법은 학생의 의견, 경험, 사고방식 등을 활용하여 배운 것을 재구성하도록 도와주는 교사중재 대화기법(teacher-mediated dialogue)을 통해 이루어진다. 교사중재 대화는 교과서에 있는 내용에 국한된 학생의 응답만을 요구하는 데서 탈피하여 교과서의 내용을 학생 나름대로 생각하여 정밀하게 다듬고, 폭넓게 사고하고, 의견을 제시하여 자신의 의미로 학습하고 구성하도록 질문을 던진다. 이러한 방법을 통해 학생은 학습하는 과정과 의미 있게 상호작용하면서 수업내용을 자신의 의미로 구성하고 이해하게 된다(Chaille, 2007; Fosnot, 2005; Richardson, 1997). 이러한 구성주의 수업과 교사중재 대화에 대한 구체적인 방법은 제8장과 10장에서 다루게 된다.

학생의 의견과 수업에의 공헌을 활용하는 방법은 학습과정에서 학생의 적극적인 참여를 늘려서 교사의 핵심행동을 성취하는 촉매제 역할을 한다(Emmer & Evertson, 2009; Evertson & Emmer, 2009). 다음은 교사가 학생의 의견을 활용해서 학습에의 참여도를 높이는 수업 상황이다.

교사: 태형아, 피타고라스의 정리에 대한 공식을 말해 볼래?
태형: $c^2=a^2+b^2$이에요.

여기서 보통 교사는 단지 "잘 했어요!" 정도로만 얘기하고 다음 질문으로 넘어가곤 한다. 대신에 교사는 다음과 같이 행동할 수 있다.

교사: 자, 여러분! 칠판에 그려 볼까요? 여기 삼각형이 있는데 태형이가 방금 얘기한 대로 해 보겠어요. 태형이가 얘기했죠. 높이 a의 제곱 더하기 밑

변 b의 제곱은 빗변 c의 제곱과 같다. …… 효리야, 이리 나와서 너를 좋아하는 태형이가 얘기한 공식을 이용해 칠판에 있는 문제에서 c의 길이를 계산해 볼래?

효리: 음, a가 3이고 b가 4이면, 3과 4를 각각 제곱해서 더하고, 그것을 루트 계산하면 c가 돼요.

교사: 그렇지. 3을 제곱하고 4를 제곱하여 더하면 25 ……, 여기에 루트를 씌우면 빗변의 길이는 5가 되는구나.

위의 대화에서 학생의 의견을 활용하는 다섯 가지 방법 중 어떤 것들이 포함되어 있는지 보도록 하자. 첫째, 태형이가 말한 응답을 교사가 칠판에 그리면서 정답임을 확인해 주었다. 둘째, 태형이가 말한 것을 말로 반복해 줌으로써 전체 학급에게 태형이의 공헌을 인정해 주었다. 셋째, 다른 학생으로 하여금 태형이의 응답이 맞는지를 검증하게 하여 개념에 대한 요약 설명이 이루어졌다. 이러한 모든 방법은 태형이의 간단한 발언, 즉 $c^2=a^2+b^2$으로부터 나오게 되었다.

연구에 의하면, 학생의 의견과 공헌을 이용하는 방법이 수업에서 자연스러운 대화의 형태로 이루어지면, 교사가 단순히 "잘 했어요!"라고 인정하는 정도로 말하는 것보다 훨씬 더 학생의 수업 참여도를 높일 수 있다고 한다(Brophy, 1981; Good & Brophy, 2007). 왜냐하면 교사가 일상적으로 학생에 대한 보상으로 말하는 표준용어들("맞아요." "잘 했어요." "좋아요." 등)은 너무 자주 사용하면 보상의 의미가 퇴색될 수밖에 없기 때문이다.

학생의 의견을 활용하는 방법은 쉬워 보이지만 숙련된 기법과 치밀한 계획이 요구된다. 치밀하게 계획하지 않은 경우라 할지라도 교사는 수업에서 학생의 공헌을 수업에 적절히 활용하는 기회를 포착하게끔 늘 준비되어 있어야만 한다.

체계화된 요약 및 구조화된 정리 제시하기

앞으로 배울 내용에 대한 체계적인 설명이나 지금까지 배운 내용에 대한 종합정리를 위한 교사의 설명을 ***체계화된 요약 및 구조화된 정리***라고 한다. 이러한 요약 및 정리를 본격적인 교수학습 활동 전에 사용하는 것은, 학생이 스스로 학습할 수 있는 것과 교사의 도움을 받아 할 수 있는 것 사이의 간격을 메워 주는 수업의 발판효과를 냄으로써 학습에 많은 도움을 줄 수 있다. 또한 이러한 방법이 수업의 결말 부분에서 활용되면, 학습한 내용에 대해 강화효과를 주는 동시에 이전에 학습한 관련 학습 내용과의 성공적인 연결을 가능하게 해준다. 이러한 두 가지 형태의 요약 및 정리 방법은 학업 성취도와 직접 연관성을 가지고 있으며, 다섯 가지의 핵심행동을 실행하는 데 촉진제 역할을 한다(Meichenbaum & Biemiller, 1998; Rogoff, 1990; Rosenshine & Meister, 1992).

일례로 이러한 선행 및 후속 요약 및 정리 방법은 다음과 같은 형태로 나타난다.

교사: (수업 도입 부분에서) 좋아요. 지금까지 '실고기'가 자신을 보호하기 위해서 처해진 환경에 따라 자신의 몸 색깔과 움직임을 어떻게 변화시키는지를 배웠죠. 앞으로는 이 실고기가 먹이를 어떻게 먹는가를 알아보도록 하겠어요. 특히 중요한 것은, 이 실고기가 다른 고기들의 먹이를 위해 어떤 역할을 해서 바다의 먹이를 풍부하게 해 주는가예요.

교사: (수업 결말 부분에서) 자, 실고기가 자신을 보호하기 위해 몸 색깔을 어떻게 바꾸고 해초에 어떻게 숨어서 천적을 속이는가를 알아봤죠? 이러한 행동에서 실고기가 천적을 잡아먹기보다는 피하면서 살아가며, 눈에 잘 띄지 않는 바다의 바닥에서 먹이를 주로 먹는다는 결론을 내릴 수 있어요. 그러면, 이러한 실고기의 생존전략이 통하지 않아서 천적의 먹이가 되는 경우가 언제일지 생각해 볼까요? (Palincsar & Brown, 1989)

위의 사례는 이러한 요약 및 정리 방법이 다양한 형태로 사용될 수 있음을 보여 준다. 그 중 하나는 수업 방향이나 수업내용에 있어 변화가 있을 것이라는 *신호를 주는 방법*이다. 이러한 명확한 신호는 학생으로 하여금 수업 상황에서 변화가 곧 일어날 것이라는 마음의 준비를 하게 해 준다. 그런데 이러한 신호가 없이 수업 상황에서 변화를 주면, 학생은 방금 전에 학습한 내용과 새로운 내용을 분간하지 못하여 혼란에 빠지게 된다. "지금까지 실고기가 자신을 보호하기 위해 처해진 환경에 따라 자신의 몸 색깔과 움직임을 어떻게 변화시키는가를 배웠죠. 앞으로는 ……"과 같은 변화의 신호는 학생으로 하여금 마음의 준비를 하도록 하고, 새롭게 배울 내용에 대해 의미를 부여하도록 해 준다.

또 다른 형태의 구조화 기법은 *강조기법*이다. 앞의 사례에서 강조기법을 사용한 예가 있을까? "특히 중요한 것은"이라는 말은 학생이 특히 중점을 두고 이해하고 학습해야 할 내용에 대한 정확한 방향성을 제시해 준다. 또한 이러한 말은 앞으로 배울 내용에 대한 선행조직자의 역할을 하게 된다.

이러한 강조기법에서 학생은 실고기의 색, 움직임과 관련된 수업내용 이외에, 실고기가 바다 속의 먹이를 풍부하게 하기 위해 다른 고기들에게 먹이를 어떻게 공급하는가를 배우게 될 것이라는 암시를 받게 된다. 이는 곧 뒤에 교사가 제기한

"그러면, 이러한 실고기의 생존전략이 통하지 않아서 천적의 먹이가 되는 경우가 언제일지 생각해 볼까요?" 하는 마지막 질문이 학생에게 좀 더 의미 있게 다가오게 한다. 특히 이러한 질문은 학생이 배운 개념을 좀 더 일반화하는 토의가 이루어질 것이라는 예상을 하도록 해 준다. "자, 이것은 중요해요." "이 부분은 다음에 다뤄 보도록 해요." "이것은 반드시 기억해 두세요."와 같은 말은 *구두표지(verbal makers)*라고 하는데, 이러한 말은 가장 중요한 사항을 강조할 때 활용될 수 있다.

구두표지와 선행조직자를 사용하는 것 이외에도 효과적인 교사는 수업을 *활동구조화*하는 방법을 사용한다. 활동구조화란 수업내용을 난이도에 따라 분류하고 학생들이 자신의 수준에 맞는 내용을 스스로 통제하며 공부하는 것을 말한다. 활동구조화(Marx & Walsh, 1988; Meichenbaum & Biemiller, 1998; Rogoff, 1990)는 학생에게 어떤 활동을 부과하기 위해, 수업에 있어 다양한 변화를 주기 위해 여러 가지 형태(예, 협동학습, 개별 경쟁학습, 자율학습 등)의 수업방법에 활용될 수 있다. 이러한 방법은 학생이 학습과정에 적극적으로 참여하고, 단편적인 지식을 암기하는 데서 탈피하여 추리능력, 비판적 사고능력, 문제해결 능력 등을 요구하는 고차원적인 학습활동으로 나아가는 수단을 효과적인 교사에게 제공한다.

질문 활용하기

질문기법은 또 하나의 중요한 촉진활동에 속한다. 교사의 질문 활용기법은 다른 어떤 연구보다도 많이 연구되어 왔다(Dantonio & Beisenherz, 2000; Falk & Blumenreich, 2005; Power & Hubbard, 1999). 질문에 대한 연구에서 가장 두드러진 업적은 질문을 *수업내용에 대한 질문*과 *학습과정에 대한 질문*으로 구별한 것이다.

수업내용에 대한 질문 교사는 방금 가르친 내용을 학생이 복습할 수 있도록 수업내용에 대한 질문을 제시한다. 예를 들면, 교사는 학생이 특정 자료의 내용을 이해하고 기억하는지를 파악하기 위해 질문을 던진다. 이런 유형의 질문에 대한 답은 미리 정해진 것이고 수업시간에 이미 가르쳤거나 또는 교과서에 정확히 나와 있는 경우가 대부분이다. 따라서 응답에 대한 해석이 별로 필요하지 않다. 이러한 유형의 질문 예는 다음과 같다.

수업내용에 대한 질문 유형

- *직접적 질문*: 별도의 해석이나 추가 설명이 필요 없는 질문
  예, "방금 읽은 내용에서 '고대'는 무엇을 의미하죠?"
- *하위 차원 질문*: 일반화나 추론의 필요 없이 기존의 사실에 대한 기억을 요구하는 질문
  예, "그 기계가 그 이전에 제작된 기계보다 우월한 점이 무엇이죠?"
- *수렴적 질문*: 다른 여러 자료에 근거해도 동일한 대답이 나오는 질문
  예, "우리가 숨 쉬는 공기의 화학성분 중 하나를 말해 보세요."
- *폐쇄형 질문*: 다른 형태의 답이 존재하지 않는 질문
  예, "PC에서 CPU의 역할은 무엇인가요?"
- *사실적 질문*: 단편적인 지식에 대한 기억을 요구하는 질문
  예, "47을 6으로 나누면 어떻게 되죠?"

몇몇 연구에 의하면 교사가 하는 질문의 약 80%가 특정 수업내용에 대한 직접적인 질문이며, 이해하기 쉬우면서 명확한 정답이 존재하는 질문이라고 한다(Gall, 1984; Gall & Gall, 1990). 아마도 더 중요한 것은 교사가 출제하는 시험문제(행동목표)의 약 80% 정도가 단편적인 지식이나 사실을 회상하는 수준과 관련되어 있다는 것이다(Borich & Tombari, 1997, 2004). 이런 이유 때문에, 교육과정 해설서, 워크북, 교과서를 보면 알 수 있듯이, 시험문제, 행동목표, 수업내용이 이미 알려진 지식이나 사실에 초점을 두고 있고, 문제해결, 가치판단, 의사결정 등과 같은 고등사고가 필요한 내용은 별로 다루지 않는다.

질문을 하는 기법은 교사가 갖추어야 할 가장 중요한 기술로 대두되고 있다. 즉, 교사가 던지는 질문의 다양성은 교사가 얼마나 질문을 융통성 있게 활용하느냐에 달려 있다. 질문은 그 자체가 목적은 결코 아니고, 학생이 학습과정에 보다 더 적극적으로 참여하도록 만드는 수단으로서의 기능이 더 크다고 할 수 있다.

학습과정에 대한 질문 앞에서 살펴보았듯이, 교사가 제시하는 모든 질문이 수업내용에만 한정되지는 않는다. 왜냐하면 질문은 다른 여러 가지 형태의 사고과정을 촉진하는 데 사용되기 때문이다. 즉, 질문은 문제해결, 안내, 호기심 유발, 분석, 종합, 판단 등의 목적으로 사용되기도 한다.

학자들은 이러한 학습과정에 대한 질문을 다음과 같은 유형으로 분류해서 설명하고 있다.

학습과정에 대한 질문 유형

- *간접적 질문*: 정답에 대한 다양한 해석과 의미가 존재하는 질문
  예, "고대라는 말은 또 어디에 사용될 수 있을까요?"
- *상위 차원 질문*: 단순지식의 암기가 아닌 좀 더 복잡한 사고과정을 요구하는 질문 (예, 일반화나 추론)
  예, "ipod의 발명이 음반 산업에 미친 영향은 무엇일까요?"
- *확산적 질문*: 자료원이 다름에 따라 정답도 달라질 수 있는 질문
  예, "다양한 형태의 공해에 대해 여러분이 알고 있는 지식을 기반으로, 우리가 숨 쉬는 공기를 청정하게 하기 위해 가장 먼저 해야 할 일은 무엇이라고 생각하나요?"
- *개방형 질문*: 단 하나의 정답으로 충족되지 않는 질문
  예, "현대의 컴퓨터의 발달은 여러분의 삶에 어떤 영향을 미치고 있나요?"
- *개념 질문*: 요약, 일반화, 추론 등의 사고과정을 요하는 질문
  예, "여러분이 선택한 예를 사용해서 나누기와 빼기는 어떤 점이 비슷한지 말할 수 있나요?"

위에서 서술한 수업내용에 대한 질문과 학습과정에 대한 질문 사이에 어떤 차이점이 있는가? 학습 과정에 대한 질문은 교사가 이미 체계적으로 가르친 내용을 학생이 잘 이해했는가를 요구하기보다는, 학생이 능동적으로 자신의 해석과 의미를 구성하기 위해 스스로의 지식을 동원해서 사고하고 문제를 해결하기를 요구한다.

앞에서 설명했듯이 이러한 형태의 교수학습관을 *구성주의*라고 한다. **구성주의 수업전략**은 교사의 직접적인 강의나 설명을 중시하지 않는 반면, 학생의 직접적인 경험과 교실에서 이루어지는 여러 형태의 대화를 강조한다(Chaille, 2007; Fosnot, 2005; Phillips, 2000; Richardson, 1997).

이러한 학습과정에 대한 질문은 다음에 설명할 심화 및 구체화 진술기법과 함께 교실에서의 구성주의적 사고와 활동에 중요한 역할을 하고 있다. 지금까지 설명한 학생의 직접적인 경험과 구성주의적 수업전략에 대해서 앞으로 나올 여러 장에서 논의할 것이지만, 특히 제8장과 제10장에서 중점적으로 다룰 것이다.

깊게 생각하도록 격려하기

또 하나의 촉진행동은 *깊게 생각하도록 격려하기*이다. 이것은 자신의 대답이나

친구의 대답을 좀 더 정교하게 부연 설명하도록 유도하기 위해 사용하는 교사의 화법을 의미한다. 이 기법은 포괄적인 질문의 형태를 띠거나, 좀 더 명확한 대답을 요구하거나, 학생의 응답에서 추가적인 정보를 요구하거나, 또는 좀 더 유익한 방향으로 학생의 응답을 돌리는 등의 방법으로 표현된다. 또한 이러한 방법은 평범한 토의를 좀 더 상위 차원의 사고과정으로 방향을 돌리는 데 활용되기도 한다.

많은 경우에 교사가 이끌어 내기, 요구하기, 방향 돌리기 등의 활동을 반복 · 순환하면 학생의 성취도는 최대화된다. 이러한 기법은 평범한 토의가 상호 관련짓기, 일반화하기, 문제 해결하기 등과 같은 좀 더 고차원적이고 복잡한 사고과정으로 발전하도록 체계적으로 이끈다. 교사는 먼저 간단한 사실을 묻는 질문으로 시작해서, 학생이 응답을 명확하게 표현하도록 이끌어 내고, 그 다음에는 새로운 정보를 요구하거나 질문의 방향을 돌림으로써 좀 더 고차원적인 질문으로 옮겨 갈 수 있게 된다.

전형적인 반복 · 순환의 예는 다음과 같다.

교사: 상민아, 과학적인 실험이란 뭘까?
상민: 음, 무엇인가를 검증하는 건데요.
교사: 그래, 어떤 검증을 한다는 거지? (이끌어 내기)
상민: 음, 자신이 사실이라고 믿고 있는 것이 정말 사실인지 발견하려고 하지요.
교사: 그것이 의미하는 바가 뭘까? (요구하기)
예리: 상민이가 어떤 예상을 한다고 말했어요.
교사: 예상을 어떤 다른 말로 표현해 볼까? (방향 돌리기)
노일: 가설이요. 가설을 만들어서 실험실에서 그것이 사실인지 알아보는 거예요.

이 대화에서 교사의 이끌어 내기, 요구하기, 방향 돌리기에 해당되는 활동이 무엇인지 파악해 보자.

교사: 좋아요. 그래서 과학자는 예상이나 가설을 세운 후에 실험을 통해 그것이 사실인지를 밝혀내지요. 그러고 나서 무엇을 하지요?
영복: 그걸로 다죠!
교사: (10초 정도 말을 안 하고 있다가) 그러면, 실험실은 실제 상황과 같을까요?

구성주의 수업전략은 학생의 직접적인 경험과 다양한 형태의 대화를 중시한다.

영훈: 과학자는 실제 상황과 최대한 비슷한 환경 속에서 실험하려고 노력하지만, 그 규모는 훨씬 작죠.

교사: 그러면, 그러한 실험결과가 좀 더 유용한 모습을 갖추려면 과학자는 무엇을 해야 할까요? (아무도 대답하지 않아서 교사의 설명이 계속된다.) 만약 나의 실험에서 어떤 중요한 발견이 이루어졌다면 그 발견이 실제 상황에서도 실현될 거라고 믿어야 할까요?

진솔: 선생님 말씀은 만약 어떤 현상이 특정한 상황에서 사실이라면, 좀 더 일반적인 상황에서도 역시 사실일 수 있는가를 물으시는 거죠?

한솔: 그것은 일반화를 의미하죠.

교사: 그래요. 과학적인 연구는 보통 일반화로 끝을 맺게 됩니다. 자, 요약해 봅시다. 과학적인 연구의 3대 요소는 무엇이지요?

전체 학생: 예상, 실험 그리고 일반화요.

교사: 아주 잘 했어요! 여러분.

이 대화식 수업에서는 주요 수업내용이 모두 학생에게 제공되었음을 알 수 있다. 그러나 여기서 가설, 실험, 일반화에 대한 개념이 교사에 의해 직접 설명되는 형태로 수업이 이루진 것은 아니다. 그보다는 교사가 "좋아요." 또는 "잘 했어요." 등의 말을 적절하게 구사해 주면서 학생들 스스로가 이러한 개념을 정립하였다. 여기서 교사의 역할은 명확한 대답을 이끌어 내기, 추가 정보 요구하기, 방향 돌리기 등에 국한되어 있다.

이론의 교실 적용

구성주의란?

구성주의란 인간이 어떻게 세상을 알아가는가를 설명하는 인식론이다. 1980년대 후반과 1990년대 초반에 많은 심리학자들은 학습에 대한 구성주의적 관점에 관심을 가지게 되었다. 구성주의적 관점에 의하면, 학습자는 그를 둘러싼 물리적, 사회적 환경과의 상호작용를 해석하여 지식을 구성한다. 이 관점은 객관적 실재의 존재 자체를 부정하는 것은 아니지만, 그 객관적 실재가 인간에게 있는 그대로 파악될 수 있는 것은 결코 아니라는 점을 강조한다. 구성주의자들은 지식이 객관적 실재와 그것을 경험하는 사람의 해석 사이에 하나의 관계로서 존재한다고 본다. 따라서, 확신하기를 우리가 지식이라고 말하는 대부분의 것들은 우리의 이전 경험과 맥락의 영향을 받아 이루어지는 해석에 다름 아니다.

구성주의자들은 학습자에게 풍부한 환경을 제공하는 일이 필요하다고 말한다. 풍부한 환경속에서 학습자들은 지각한 것에 대한 다양한 관점을 확보하는 일이 가능하고 이를 통해 자신의 생각을 정립할 수 있기 때문이다. 교사는 더 이상 지식의 전달자이어서는 안 되고, 학생 스스로 지식을 발견할 수 있도록 안내하고 디딤돌을 제공하는 조력자이어야 한다. 구성주의적 학습환경이란 학습자들이 다양한 관점을 접하면서 스스로 자신만의 지식을 만들어가는 환경을 말한다.

※〈역주〉 구성주의는 인식론일 뿐 수업이론이 아니라는 점을 분명히 하는 것은 매우 중요하다. 이 책의 저자인 Borich를 포함하여 구성주의를 설명하는 학자들 상당수는, 지식은 학생의 머릿속에서 구성되는 것이므로 직접적으로 가르치는 방식은 바람직하지 않고 탐구식으로 가르치는 것이 좋다고 말한다. 그러나 이는 구성주의를 잘못 이해한 것이다. 구성주의의 핵심은, 교사가 가르치는 지식은 학생이 가지고 있는 이전 경험의 영향을 받기 마련이므로 교사들은 수업을 준비할 때 이를 감안하여야 한다는 것이다. 구성주의가 설명식 수업보다는 탐구식(발견식) 수업을 지지한다고 말하는 것은 구성주의를 정확히 이해하지 못한 것이다. 다시 말하지만, 구성주의는 인식론일 뿐 수업이론이 아니다(Linda Darling-Hammond와 John Bransford가 함께 쓴 "Preparing Teachers for a Changing World"라는 책의 53쪽 참고).

이러한 이끌어 내기, 요구하기, 방향 돌리기를 반복 · 순환하는 목적은 학생이 스스로 탐구하고 독자적으로 수업내용을 발견하도록 촉진하는 데 있다. 일반적으로, 학습한 내용의 파지(把持, retention)는 강의식 수업보다는 탐구학습의 방법을 통해 더 증대될 수 있다(Llewllyn, 2002; Paul, 1990).

교사가 수업에서 보여 주는 열정

활력이 없고, 재미가 없으며, 목소리의 높낮이에도 변화가 없는 교사의 수업을 들어 본 사람이라면, 교사가 수업에서 보여 주는 열정이 얼마나 중요한가를 상식적으로 알고 있을 것이다. 그런데 앞에서 설명한 교사의 여러 행동과 달리, 이러한 교사의 태도는 수업계획서나 수업 상황에서 쉽게 파악되기가 어려운 면이 있다. 이러한 문제 때문에 연구의 초점이 좁은 연구에서는 이러한 교사의 행동을 파악하기가 힘들다. 교사의 열정과 같은 특성은 수업을 보다 넓게 보는 연구에서 잘 포착된다.

실험이나 관찰하는 학자가 포착하지 못하는 것을 학생은 명확하게 알고 있다. 학생은 교사가 보여 주는 행동의 저변에 깔려 있는 열정을 정확하게 파악하고 그에 따라 반응하게 된다. 가르치는 내용에 대해 열성적이면서 그러한 열정을 얼굴 표정, 목소리의 변화, 제스처, 전체적인 움직임을 통해 보여 주는 교사는 이러한 행동을 보여 주지 못하는 교사보다 학생의 주의집중도를 더 높일 수 있다. 이러한 행동은 교사가 의식적으로 또는 무의식적으로 보여 주느냐의 여부와는 관계없이 똑같이 효과적이다.

학생은 교사의 이러한 태도 여하에 따라 수업에서의 참여도 수준을 다르게 보여 주기도 한다. 특히 *열정*은 교사의 수업에서 중요한 요소이다. 여기서 열정은 교사가 수업시간에 보여 주는 활력, 힘, 관심, 정열, 흥미 등을 의미한다. 또한 열정은 목소리의 변화, 제스처, 눈맞춤, 동작 등의 다방면에서 학생들에게 전달되

효과적인 교사는 학생에게 필요한 도움이 항상 존재한다는 사실을 주지시켜 줌으로써 온화하고 격려하는 학급 분위기를 제공해 준다.

어 학생의 감정을 지배하게 된다. 그리고 교사의 열정은 학생의 학업 성취와도 깊은 관련이 있다는 연구보고가 있다(Bettencourt, Gillett, Gall, & Hüll, 1983; Cabello & Terrell, 1994; Tischler, 2005). 앞에서 언급한 것처럼, 교사의 열정은 또한 학습과정에서 학생의 적극적인 참여를 유도하는 데 매우 중요한 요인이다(Kuh, Kinzie, Smith, & Whitt, 2005).

물론 지치지 않고 장시간 열정을 보여 줄 수 있는 사람은 없다. 또한 적절한 수준의 열정이라는 것은 쉽게 규정하기 어려운 미묘한 것이라서 연구하기에도 어려운 점이 있는 것이 사실이다. 적절한 수준의 열정은 목소리의 변화, 제스처, 눈맞춤 그리고 동작의 섬세한 균형을 요구한다. 이러한 각각의 행동을 어느 쪽에 치우치지 않으면서 적절히 구사하게 되면, 이러한 행동은 서로 결합하여 교사가 학생을 진정으로 아끼고 있다는 메시지를 전달하게 된다. 교사가 학생에게 보여 주는, 타이밍이 맞고 일관성 있는 열정은 수업에서 교사가 학생에게 직접적으로 하는 발언만큼이나 중요하다.

다양한 학생과 수업내용에 따른 효과적인 수업

학자들은 특정 학생을 대상으로 할 때는 어떻게 하면 효과적이고, 또한 특정 교과를 가르칠 때는 어떻게 하는 것이 효과적인지를 오랫동안 연구하였다. 이 분야의 많은 연구 중에서 상당히 일관성 있는 연구결과를 보여 주는 영역은 다음과 같다.

1. 사회경제적 위치가 높거나 낮은 학생에게 긍정적 영향을 미치는 교사의 행동
2. 읽기와 수학에 영향을 주는 교사의 행동

사회경제적 수준, 문화, 인종이 다른 학생을 대상으로 효과적인 수업을 하는 요령

사회경제적 위치라는 말은 여러 가지 의미로 해석할 수 있지만, 보통 가계 소득과 교육의 수준을 지칭한다. 연구에 의하면 학생의 사회경제적 위치는 그들 부모의 소득과 교육 정도에 따라 직접적으로 결정되거나, 학생들이 다니는 학교가 처한 상황에 따라 간접적으로 결정되기도 한다. 어떤 학교는 지역사회의 전체적인 소득과 교육수준이 낮은 빈곤 지역에 위치해 있는 반면, 어떤 학교는 부유층이 좀 더 밀집되어 있는 지역에 소재하고 있다.

사회경제적 위치가 높은 학생과 낮은 학생은 다른 조건들, 예컨대 집에 구비된 책의 수, 컴퓨터의 유무 등과 관련이 있고, 또 이런 조건은 누구에게나 한 번은 존재할 수밖에 없는 조건들이기 때문에, 많은 학자들은 "교사가 사회경제적 위치가 높은 학생과 낮은 학생에게 어떤 영향을 미칠 수 있을까?"에 대해 많은 연구를 수행하였다. 다양한 연구를 통해 이러한 두 부류의 학생을 가르칠 때 교사가 어떻게 가르치면 좋을지, 그 구체적인 방안이 나름대로 제시되어 있다(Brown, 2001; Dilworth and Brown, 2001; Good & Brophy, 2007; Bowers & Flinders, 1991; Hill, 1989; Kennedy, 1991; McNary, Glasgow, and Hicks, 2005). 이러한 두 계층의 학생들을 위해 교사가 해야 할 일을 요약하면 〈표 1.8〉과 같다.

〈표 1.8〉에서 알 수 있듯이, 교사의 각 행동이 두 계층의 학생 모두에게 적용 가능하지만, 교사의 열정은 특히 사회경제적 위치가 낮은 학생에게 더 중요하다는 사실을 알 수 있다. 또한 이 표에서 제시하고 있는 교사의 일부 행동은 앞에서는 거의 논의되지 않았음에 주목하라. 그 이유는 그러한 것들이 일반적으로 적용되고 있기 때문이다. 낮은 계층에 속한 학생들을 가르칠 때 사용하면 좋은 네 가지 행동(학생의 반응 유도, 집중적인 학습지도, 교실에서의 상호작용 독려, 개별화 수업)은 이 부류에 속한 학생의 참여를 격려하는 한 가지 방법 정도로 이해하면 좋을 것이다.

또한 사회경제적 위치가 낮은 학생을 가르칠 때 이들에 대한 충분한 지원이나 격려 없이 학생의 잘못된 응답을 반복적으로 교정해 주는 것은 아직 긍정적 자아개념을 확립하지 못한 이들에게는 개인적인 비판으로 받아들여질 수 있다. 그러므로 비판으로 오인되기 쉬운 교사의 피드백은, 사회경제적 위치가 높은 학생에게 사용하는 경우와는 달리, 좀 더 지원하고 격려하는 분위기 속에서 제공하도록 노력해야 한다(Brookhart, 2008; Cabello & Terrell, 1994).

사회경제적 위치에 대한 대부분의 연구는 초등학교 현장에서 진행되어 왔기 때문에 이 연구결과를 중등학교에 적용할 수 있는가에 대해서는 확신해서 말하기 힘들다. 그러나 사회경제적 위치가 높거나 낮은 학생의 특성은 학교 급별에 관계없이 거의 공통적으로 유사하게 나타나고 있다. 그러므로 사회경제적 위치가 다른 학생들을 성공적으로 가르칠 수 있는 교사의 조건은 〈표 1.8〉에서 제시된 방법을 얼마나 시의적절하게 활용하느냐에 달려 있다.

수업내용의 특성을 고려하여 효과적인 수업을 하는 요령

일부 연구에 의하면, 국어교과를 가르칠 때 사용하는 교사의 행동은 수학교과를

표 1.8 사회경제적 위치가 높거나 낮은 학생들을 위한 중요한 교수행동

교수행동	예
사회경제적 위치가 낮은 학생을 위한 방법	
교사의 태도	• 학생이 원하면 언제든지 도움을 받을 수 있다는 생각이 들게 온화하고 격려하는 수업 분위기를 조성한다.
학생의 반응	• 미숙한 형태의 반응이 나왔을 때, 다음 학생의 반응을 요구하기 전에 칭찬 · 격려한다.
수업내용 구성	• 내용을 잘게 쪼개서 제시하여 각각의 내용에 대해 충분히 연습하도록 한다.
	• 새로운 내용으로 넘어가기 전에 지금까지 배운 내용을 어떻게 통합 · 적용할 것인가를 제시한다.
교실 수업	• 추상적인 내용을 설명하기 전에 그 내용에 대한 구체적인 예나 적용사례를 먼저 제공한다.
	• 각 학생의 진도를 정기적으로 점검한다. 진도표를 사용해서 진도상황을 기록한다.
	• 도움이 필요한 학생은 지체 없이 즉각적으로 도와준다. 필요시 동료나 상급 학년의 학습 도우미를 활용한다.
	• 수업을 정교하게 구조화하여 다른 학습활동으로 전환할 때 매끄러운 진행이 이루어지도록 한다.
개별화 수업	• 표준화된 교육과정을 각 개별 학생의 요구에 맞는 특정 교육과정으로 보완한다. 학습에서의 흥미와 주의집중을 높이기 위해 다양한 교수매체, 학습자료, 개인적인 경험 등을 활용한다.
사회경제적 위치가 높은 학생을 위한 방법	
교정	• 보다 확장된 추론을 요구하여 정답을 확인한다.
사고 및 의사결정	• 연합, 일반화, 추론을 요구하는 질문을 하고 학생들도 이러한 수준의 질문을 사용하도록 격려한다.
	• 학생의 현 수준보다 약간 높은 자료를 제공하여 도전감을 자극하면서 교육과정을 보충한다.
	• 교실 밖에서 획득한 정보 원천을 활용하여 독립적인 판단, 발견, 문제해결을 요구하는 숙제나 연장된 프로젝트를 부과한다.
교실 상호작용	• 학생들이 자신의 학습을 평가하는 데 책임을 지도록 하는 학생과 학생의 상호작용 및 학생과 교사의 상호작용을 격려한다.
언어적 활동	• 교과서나 워크북의 수준을 넘어서는 질문과 대답을 하는 일에 학생들이 적극적으로 참여하도록 한다.

출처: Based on information from Bowers and Flinders (1991); Good and Brophy (2007); Hill (1989); Irvine and York (2001); Kennedy (1991); Knapp and Woolverton (2001); Levine and Lezotte (2001); McNary, Glasgow, and Hicks (2005).

가르칠 때와는 달라야 한다(Ball, Lubienski, & Mewborn, 2001; Barr, 2001; Brophy & Evertson, 1976; Kaplan, Rogers, & Webster, 2008). 물론 모든 교사들이 국어와 수학을 가르치지는 않지만 이러한 연구결과들은 형식과 구조가 비슷한

표 1.9 읽기와 수학 수업을 위한 중요한 교수행동

교수행동	예
읽기 수업과 관련된 연구결과	
교수활동	• 학생의 인지적인 과정을 자극하고 적극적인 참여를 유도하기 위해 토의, 설명, 질문하는 데 충분한 시간을 할애한다.
상호작용 기법	• 모든 학생으로부터의 응답을 요구하는 힌트와 질문을 활용한다.
질문	• 학생이 읽은 내용에 대해 예상, 질문, 요약, 명료화하기 위한 사고를 촉진하는 질문을 제기한다.
수학 수업과 관련된 연구결과	
교수자료	• 학습활동에 대한 동기화를 지속시키기 위해 적용과 경험 위주의 학습활동과 교수매체를 활용한다.
수업내용	• 적절한 난이도를 갖춘 실습장, 배포자료, 문제지를 통해 배운 내용을 실제로 연습하는 활동을 많이 제공한다.
수업구성	• 일제수업과 모둠학습 위주로 수업을 진행한다. 학습의 동기화와 지속적인 학습활동에 방해가 되는 자기 주도적인 학습방법은 되도록 지양한다.

출처: Based on information from Akhavan (2008); Carpenter, Dossey, and Koehler (2004); English (2002); Grouws (1992); Kilpatrick, Martin, and Schifter (2003); National Council of Teachers of English (1996); Stone (2007).

다른 종류의 교과내용을 가르칠 때에도 적용 가능할 것이다.

예를 들어, 사회, 역사, 외국어 수업은 읽는 경우가 많고, 일부 문제해결적 특징을 가지고 있다는 측면에서 국어 수업과 비슷하다. 과학, 생물, 물리, 화학의 경우는 개념, 원리, 법칙이 중요한 부분을 차지하고, 또한 시각적이고 상징적인 표현방식으로 수업내용을 이해시킨다는 측면에서 수학 수업과 비슷하다. 그러므로 국어와 수학을 가르칠 때 사용하는 교사의 행동을 다른 유사한 과목에 조심스럽게 적용하는 것은 그리 큰 문제가 되지 않으리라고 생각된다.

국어와 수학 수업에 관한 몇몇 중요한 연구결과가 〈표 1.9〉에 소개되어 있다. 기본적인 수학과목 수업에서는 전통적이며 직접 설명하는 형태의 수업이 가장 효과적이다. 이러한 접근방법은 교과서, 워크북, 적용 위주의 활동에 충실한 수업 구성을 의미한다. 또한 이러한 방법은 실제 학습시간이 줄어들 수 있는 비구조화된 학습활동을 최소화하여 순수 수업활동을 최대화한다. 이에 반해 국어 수업은 토의와 경험 위주의 질의응답 방법을 취함과 동시에, 상호작용적이며 비지시적인 수업방법을 택하는 것이 효과적이다.

위의 두 교수방법을 교차 적용하는 것이 불가능하다는 의미는 아니다. 다만,

연구에 의하면, 일반적으로 수학교육에서는 좀 더 지시적인 수업을 하면 전적으로 탐구학습의 방법을 사용하는 수업보다 학업성취도가 더 높게 나타난다는 것이다. 반면에 국어 수업에서는 반대의 결론이 나왔다. 토의를 활용하고 학생 자신의 의견을 표현하도록 격려하는 탐구적이고 상호작용적인 수업방법이 결국 더 나은 학업 성취를 보여 준다고 한다.

이러한 상이한 수업방법은 어느 방법에 주안점을 두느냐를 의미하지 한쪽의 방법을 완전히 배제한다는 의미는 아니다. 당연히 수학의 기본 개념을 교육하기 위해서는 때때로 탐구학습의 방법을 취하기도 하며, 마찬가지로 국어 수업은 때로 강의식 또는 설명식 방법을 택하기도 한다. 둘 중에 어느 방법을 택하느냐보다 더 중요한 것은 교사가 얼마나 융통성 있게 두 가지 상이한 방법을 지혜롭게 적용하느냐이다. 효과적인 교사는 수업내용의 특성에 관계없이 교수방법에 변화를 주어야 하는 시점을 정확하게 파악할 수 있어야 한다.

수업의 복잡성

이 책의 여기까지를 읽고서 어떤 사람은 효과적인 교사란 지금까지 논의한 핵심행동과 촉진행동을 단순히 숙달한 사람이라고 생각할 수도 있겠다. 그러나 수업은 이러한 행동을 수행하는 방법에 대한 지식 이상의 것을 필요로 한다. 한 폭의 그림을 완성하기 위해 다양한 물감을 섞는 화가처럼 교사들도 학생들의 성취도를 향상시키기 위하여 핵심행동과 촉진행동을 적절히 섞어 사용해야 한다. 효과적인 교사가 된다는 것은 이러한 핵심행동과 촉진행동을 적절히 혼합하여 사용하는 것을 의미한다.

진정으로 효과적인 교사는 이러한 핵심행동과 촉진행동을 언제 사용할지 그 적절한 타이밍을 잘 알고 있다. 이는 핵심행동과 촉진행동을 단순히 알고 있는 것 이상의 능력을 의미한다. 효과적인 교사는 이러한 행동들을 잘 연결하여 사용할 줄 안다. 이것이 바로 수업이 예술로 파악되는 이유이다. 효과적인 교사는 또한 교육과정, 학습목표, 수업자료, 학습자 등을 골고루 고려하여 적절한 행동을 취해야 한다.

맺는말

이 장에서는 효과적인 교사가 되는 데 필요한 핵심행동과 촉진행동에 대해 알아보았다. 이러한 행동들이 효과적인 교사의 모든 것이라고 속단하는 것은 금물이지만 효과적인 교사를 이해하는 중요한 기반이 된다는 데는 이론의 여지가 없다. 특히 이 행동들은 효과적인 교사가 되기 위해 꼭 필요한 것이다. 이 책의 나머지 장들에서는 효과적인 교사에 대해 좀 더 상세하고도 구체적인 내용을 다루어 보겠다.

현장사례 *Case History and Licensure Preparation*

손화진 선생님은 중학교 2학년 영어를 가르치는데 학급 인원은 29명이다. 이 반은 남학생과 여학생의 수가 비슷하고 학생들의 성적도 하위 그룹부터 상위 그룹까지 다양하다. 일부 뛰어난 학생들과 뒤처지는 학생을 제외하면 이 반 학생들은 대체로 평균적이다. 이 반에 속한 학생들 몇 명을 소개하면 다음과 같다.

송승하는 이 학교에 새로 전학을 온 학생으로서 정서가 약간 불안하다. 그러나 표준화 검사결과에 의하면 승하의 성적은, 특히 국어 성적은 영재에 가까울 정도로 높다. 승하의 자리는 교실 구석에 위치해 있는데 승하는 남들과 떨어져 있는 이런 자리를 좋아하는 것 같다. 승하는 대부분의 시간을 소설을 읽으면서 보내는데 지금 읽고 있는 책은 카프카의 「변신」이다.

이은영은 성적이 우수한 장학생으로서 학습 습관이 아주 잘 형성되어 있고 학습 동기 또한 매우 높다. 은영이는 아침에 가장 먼저 교실에 도착하여 수업 시작 전까지 예습을 한다. 은영이는 글을 잘 쓰려고 아주 노력하고 있으며, 모든 것을 열심히 한다. 은영이는 수업이 끝난 후에도 종종 교실에 남아 선생님께 앞으로 해결해야 할 숙제에 관한 질문을 하기도 한다. 은영이는 가족 중에서 최초로 대학에 진학하는 사람이 되고자 부단히 노력하고 있다.

장은주는 평균적인 학생으로서 키가 크고 아주 활동적이다. 은주는 최근 자신이 학교의 축구부를 창설하는 데 중심 역할을 한 까닭에 아주 흥분되어 있다. 은주는 유머 감각이 풍부하여 급우들에게도 종종 농담을 건넨다. 은주는 가끔 교과서를 학교에 가져오는 것을 잊어버리기도 하고, 어떤 때는 다른 교과서와 다른 공책을 가지고 오는 경우도 있다. 이런 날이면 집에 다시 가서 책을 가져오겠다며 학교를 빠지기도 한다. 수업시간에도 은주는 너무나 활발하여 종종 손을 들지 않고 발언을 하며, 열정이 지나친 나머지 다른 학생이 발언하는 도중에 끼어들기도 한다.

수업 시작종이 울리면 손화진 선생님은 몇 분 동안 출석을 부른다. 출석을 부르는 동안에 학생들은 '오늘의 명언'을 베끼거나 중요한 낱말의 비슷한 말을 찾거나 한다. 학생들은 또한 칠판에 적혀 있는 숙제를 공책에 옮겨 적기도 한다.

손화진 선생님은 장은주 학생에게 아리스토텔레스가 말한 "교육의 뿌리는 쓰나 그 열매는 달다."라는 '오늘의 명언' 을 읽어 보라고 말한다.

장은주 학생은 이 말을 공책을 보고 읽지 않고 칠판을 보고 읽는다. 왜냐하면 공책 가져오는 것을 잊었기 때문이다. 은주가 '뿌리' 라는 단어의 비슷한 말을 찾아보지 않았기 때문에 선생님은 은주가 사전을 뒤적여 이를 찾을 때까지 기다린다. 마침내 은주는 '밑동' 이라는 비슷한 말을 찾아 말한다.

"적당한 낱말을 찾았군요." 손화진 선생님은 은주에게 칭찬을 한다. 그러고 백지 한 장을 은주에게 주면서 칠판에 있는 내용을 베낀 다음 집에 가서 공책에 끼워 넣으라고 말한다. 다른 학생들에게 비슷한 말을 더 찾아보라고 지시하면서 선생님은 은주 책상 옆에 서 있다. 그러자 은주는 마지못해 칠판에 적혀 있는 내용을 적기 시작한다.

'오늘의 명언' 에 대하여 토의하는 동안 송승하는 읽고 있던 소설을 계속 읽고 있다. 선생님께서 '오늘의 명언' 을 다른 말로 바꾸어 표현해 보라고 하자 승하는 지체 없이 말한다. "배울 때는 고통이 따르지만 그 보상은 크고 즐겁다." 승하는 말을 마치고는 다시 소설로 눈을 돌린다. 그러자 손화진 선생님은 승하에게 다음과 같이 말한다.

"승하야, '쓴 뿌리' 가 무엇을 의미하는지 그 예를 몇 개 들어 보겠니?"

"글쎄요. 예습을 하는 것, 공책을 잘 가져오는 것, 잘 읽지 못하는 사람을 인내로 대하는 것 등이 아니겠어요?" 승하는 은주를 쳐다보며 대답을 한다.

손화진 선생님은 학교 공부가 쉽지 않다는 승하의 말에 공감을 표하며, "예를 참 잘 들었어요. 그럼 '단 열매' 의 예를 말해 줄 수 있나요?"

대답이 없자 약 10초쯤 지나서 선생님은 "카프카의 소설을 읽는 것이 '단 열매' 가 될 수 있을까요?" 승하는 대답 대신 양 어깨를 으쓱했다. 그러자 선생님은 "승하야, 「변신」을 읽은 다음에는 「심판」을 읽어 보렴." 승하는 책에서 눈을 떼어 놀란 표정으로 선생님을 올려다보더니 손바닥에 그 책 제목을 적었다.

'교육의 쓴 뿌리' 에 대한 토의는 비교적 활발하였으나 '단 열매' 에 대한 토의는 그리 신통치 않았다. 아마 어려웠기 때문인 것 같았다. 그러자 선생님이 끼어들었다.

"여러분이 '단 열매' 의 예를 잘 들지 못하는 것은 여러분이 지금 교육을 받는 과정 중에 있기 때문일 것입니다. 그러나 여러분이 고등학교나 대학을 졸업했다고 가정해 봅시다. 이 때에 여러분이 가질 '교육의 단 열매' 는 무엇일까요?"

"저는 우리 식구들 중에서 처음으로 대학에 진학한 사람이 되고 싶어요." 이은영의 대답이었다.

"저는 축구 장학금을 받고 대학에 가고 싶습니다." 장은주가 대답을 이었다. 그러자 많은 학생들이 '교육의 단 열매'에 대해 나름대로의 답변을 하여 소란스러울 지경이었다. 이쯤 되자 손화진 선생님은 '교육의 보상'이라는 주제로 10분 동안 글짓기를 하라는 숙제를 내주었다.

학생들은 공책에 글을 쓰기 시작하였고, 손화진 선생님은 교실을 돌아다니며 학생들의 글을 살피면서 조언을 했다. 송승하도 읽던 소설을 옆으로 치우고 작문을 하였다.

질문

손화진 선생님이 수업 초반과 토의시간에 송승하 학생을 다루기 위해 사용한 방법의 장·단점을 토의해 보시오. 송승하가 수업시간에 소설을 읽는 것에 대한 손화진 선생님의 반응은 적절했다고 보는가? 송승하가 동료 학생을 비꼬아 말한 것에 대한 선생님의 반응 또한 적절했다고 보는가?

요약

Summing up

효과적인 교사란?

1. 효과적인 수업에 대한 초기의 정의는 인간으로서의 교사의 미덕에 중점을 두었고 교실에서의 행동은 차선의 덕목으로 간주되었다.
2. 교사에 대한 심리학적인 특성인 성격, 태도, 경험, 성취수준, 적성 등은 교실에서 교사의 행동과 큰 관련성을 보여 주지 못했다.
3. 효과적인 수업에 대한 가장 최근의 정의는 학생의 인지적, 정의적인 수행결과에 영향을 주는, 교실에서의 교사와 학생의 상호작용 관계를 규명하는 데 의미를 두고 있다.
4. 교실에서의 상호작용 분석은 교사와 학생 간의 언어적인 상호작용 관계를 체계적으로 관찰·기록해서 학생의 학업 성취와 연관성을 찾으려는 연구방법이다.

효과적인 수업과 직결되는 다섯 가지 핵심행동

5. 효과적인 수업을 위한 다섯 가지의 핵심행동과 해당 지표는 다음과 같다.
   - 수업의 명료성: 논리적·단계적인 순서, 주의집중이 되면서도 명확한 전달방법
   - 수업방법의 다양성: 교수자료, 질문, 피드백 유형, 수업전략에서의 다양성 추구
   - 순수 수업활동에의 전념 정도: 수업과정에서의 불필요한 시간낭비를 지양하고 학업 성취와 수업내용을 전적으로 다루는 활동 중시
   - 학생의 적극적인 참여: 주의산만을 최소화하면서 학생이 수업내용에 대해 연습·사고·탐구하는 활동에 집중하도록 지도

- 학생의 학습 성공률: 특히 설명 위주의 수업 중에서는 중위에서 상위 수준의 학습 성공이 이루질 수 있는 과제에 60~70% 시간을 할애

효과적인 수업을 보조하는 데 필요한 촉진행동

6. 효과적인 수업을 위한 다섯 가지의 촉진행동과 해당 지표는 다음과 같다.
   - 학생의 생각과 공헌을 활용: 학습목표에 쉽게 달성하도록 여러 가지 방법으로 학생의 응답을 사용. 학생의 의견, 경험, 사고방식을 수업 중에 활용해서 배운 내용의 이해를 돕고 확대 · 발전시킴
   - 체계화된 요약 및 구조화된 정리 제시: 수업의 도입 부분에 선행조직자와 수업 전략을 제공하고, 여러 가지 수업 상황에 상응하는 활동 구조를 만듦
   - 질문 활용: 수업내용과 학습과정에 대한 질문을 모두 활용해서 사실적 지식을 습득하고, 탐구와 문제해결 활동을 촉진함
   - 깊게 생각하도록 격려: 명확한 응답을 이끌어 내고, 추가 정보를 요구하고, 필요 시 응답의 방향을 바꾸어 줌
   - 교사가 수업에서 보여 주는 열정: 수업 중에 목소리의 변화, 제스처, 눈맞춤, 몸동작을 통해 흥미, 적극적 개입, 열정, 관심을 보여 줌

다양한 학생과 수업내용에 따른 효과적인 수업

7. 핵심행동은 어떤 수업상황에서도 일관성 있게 효과적이라는 것이 많은 연구에서 입증되었다.
8. 촉진행동은 핵심행동을 보조하는 역할을 한다. 이러한 행동은 학생의 사회경제적 위치에 따라서, 또는 가르치는 교과목의 성격에 따라서 다르게 사용되어야 한다.

수업의 복잡성

9. 효과적인 수업은 학습목표를 달성하기 위해서 핵심행동과 촉진행동을 적절히 조화 · 통합하여 사용하는 것으로 예술의 특성을 가지고 있기도 하다.

토의 및 연습문제 *Discussion and Practice Questions*

1. 아래에 나열된 설명을 읽고 효과적인 수업의 초기 정의에 해당되는 내용에는 '1' 이라고 표시하고, 심리적인 특성에 바탕을 둔 내용에는 '2' 라고 표시하시오. 그리고 교사와 학생의 상호작용 유형에 중점을 둔 효과적인 수업에 대한 가장 최근의 정의에 대한 내용은 체크하시오.

   _____ 시간을 잘 지킨다.
   _____ 지적이다.
   _____ 수업 후에도 학생을 돕기 위해서 대기한다.
   _____ 권위적인 사람과도 잘 지낸다.
   _____ 지금 가르치는 학년의 학생에 대한 경험이 많다.
   _____ 상위 수준과 하위 수준의 질문을 잘 배합하여 구사한다.

_____ 자신이 하는 일을 좋아한다.
_____ 학생이 주의 집중할 수 있는 방법을 사용한다.
_____ 비판에 대해 수용적이다.
_____ 활력 있게 설명한다.
_____ 이전에 특별한 학생을 지도해 본 경험이 있다.
_____ 항상 중위에서 상위 수준의 학습 성공을 경험하도록 한다.
_____ 수업내용을 교육과정 해설서에 맞게 선정한다.

2. 여러분 생각에 위쪽에 나열되어 있는 어떤 촉진행동이 아래쪽에 있는 어떤 핵심행동을 성공적으로 실행하는 데 더 많은 도움을 준다고 생각하는가? 하나 이상의 촉진행동이 하나의 핵심행동에 도움을 줄 수도 있다. 여러분이 생각한 결과를 가지고 다른 학생과 비교해서 나타난 다른 점에 대해 왜 그렇게 생각하는지 토의하시오.

1. _____ 수업의 명료성
2. _____ 수업방법의 다양성
3. _____ 순수 수업활동에의 전념 정도
4. _____ 학생의 적극적인 참여
5. _____ 학생의 학습성공률

a. 학생의 견해와 공헌 활용
b. 체계화된 요약 및 정리
c. 질문활용
d. 깊게 생각하도록 격려
e. 교사가 수업에서 보여 주는 열정

3. 초등학교 5학년 학생에게 수학을 가르치기 위해 여러분이 강조하고 싶은 두 가지 수업방법은 무엇인가? 초등학교 5학년에게 국어를 가르치기 위해 사용할 두 가지 수업방법은 무엇인가? 이 장의 해당 표에 있는 연구결과를 가지고 자신의 선택에 대해 정당화할 수 있는 논리를 말하시오.

4. 다음의 기법을 사용해서 5개의 핵심행동과 5개의 촉진행동을 보여 주는 데 있어 본인이 어디에 강점이 있는지 표현하시오. 아래의 각 핵심행동에는 번호가 매겨져 있다.

1. 수업의 명료성
2. 수업방법의 다양성
3. 순수 수업활동에의 전념 정도
4. 학생의 적극적인 참여
5. 학생의 학습성공률

이제 아래의 각 핵심행동끼리 대비하여 나열한 각각에서 여러분이 더 강점이 있다고 생각한 핵심행동에 동그라미를 치시오.

1 대 2	2 대 4
1 대 3	2 대 5
1 대 4	3 대 4
1 대 5	3 대 5
2 대 3	4 대 5

각 번호에 해당하는 각각의 핵심행동 중 어디에 동그라미를 많이 표시했는지 그 수를 기입하시오.

_______ 1
_______ 2
_______ 3
_______ 4
_______ 5

여러분이 스스로 생각해서 강점이 있다고 생각한 핵심행동은 앞으로 실제 수업에서 자주 사용될 것이고, 강점이 적다고 생각한 행동은 사용 빈도 수가 적을 것이다.

5. 다음의 촉진행동에 대해서 '문제 4' 와 똑같은 방법으로 표시하시오.
   1. 학생의 견해와 공헌을 활용
   2. 체계화된 요약 및 구조화된 정리
   3. 질문 활용
   4. 깊게 생각하도록 격려
   5. 교사가 수업에서 보여 주는 열정

1 대 4	2 대 5
1 대 5	3 대 4
2 대 3	3 대 5
2 대 4	4 대 5

_______ 1
_______ 2
_______ 3
_______ 4
_______ 5

6. 여러분의 고등학교 시절에 특히 좋았다고 생각하는 선생님과 가장 싫었다고 생각하는 선생님을 1명씩 선택한 후 그 이미지를 기억해 보시오. 아래의 다섯 가지 핵심행동에 기반을 두고 두 선생님을 평가해 보시오. 해당 행동에 뛰어났다고 생각하면 '1' 이라고 표시하고 보통이라면 '2' , 부족했다면 '3' 이라고 표시하시오. 두 선생님 사이에 어떤 차이점이 있는가?

행동	**교사 A(잘함)**	**교사 B(못함)**
수업의 명료성	______	______
수업방법의 다양성	______	______
순수 수업활동에의 전념 정도	______	______
학생의 적극적인 참여	______	______
학생의 학습 성공률	______	______

7. 촉진행동에 대해 '문제 6' 과 동일한 교사를 같은 방법으로 평가해 보시오. 같은 결과가 나왔는가? 어떤 다른 점은 발견되지 않았는가? 이러한 차이점은 어떤 이유에서 나타났다고 보는가?

2

이 장을 마치면 여러분은 다음 질문에 답할 수 있을 것이다.

1. 반성적인 교사란 어떤 교사인가?
2. 수업 개별화란 무엇인가?
3. 가르칠 대상에 따라 교사는 수업을 어떻게 변화시켜야 하는가?
4. 학습목표 달성을 위해 또래 집단을 활용할 수 있는 방법은 무엇인가?
5. 학생이 긍정적인 자아개념을 가질 수 있게 어떻게 도와줄 수 있는가?
6. 가정과 학교의 협력관계를 구축하는 방법에는 어떤 것이 있는가?

학생 이해

제1장에서 수업이란 교사로부터 학생에게 지식이 단순히 전달되는 것이 아니라 교사와 학생의 상호작용이라고 설명했다. 이 장은 가르칠 대상인 학생에 대하여 다룬다. 그리고 다음 장들에서는 수업내용(무엇을 가르칠 것인가?)과 교수방법(어떻게 가르칠 것인가?)에 대해 다루게 된다.

얼마 전까지만 해도, 학생은 교사가 매일 매일의 수업을 통해 부어 주는 학습 내용을 그저 받아들이는 빈 그릇으로 이해되었다. 그래서 교사의 주된 임무는 여러 교과목의 내용을 교과서, 교육과정 해설서, 워크북을 이용하여 학생들에게 요령 있게 전달하는 것으로 이해되었다.

수업과 학습에 대한 이러한 정의는 많은 반박에 부딪히게 되었다. 예를 들어 이러한 정의는 어떤 학생들은 높은 학업 성취도를 보이는 데 반해 또 다른 학생들은 낮은 학업 성취도를 보여 주는 이유를 명확히 설명하지 못한다. 마찬가지로 학습에 대한 강한 동기를 가지고 있는 학생이 있는 반면 학교에 가는 것조차 싫어하는 학생들이 있는 이유와, 숙제와는 별도로 집에서 더 공부하는 학생과 이와 대조적으로 집에서 아무 공부도 하지 않는 학생이 있는 원인에 대해서도 명쾌히 설명하지 못한다. 또한 학습에 대해 긍정적인 태도를 가진 학생과는 달리 학교 자체에 대해 비난조로 일관하는 학생은 왜 발생하는가 등에 대한 정확한 해답도 주지 못하고 있다.

이러한 현상이 바로 교실 현장에서 나타나고 있는 전형적인 개인차들이다. 이러한 개인차는 수업 시간에 교사가 아무리 능숙하게 수업내용을 전달한다 하더라도 수업의 결과에 엄연히 영향을 미치고 있다. 또한 수업에서 이러한 개인차를 적절히 고려하여 반영하는 것은 단순한 공식이나 규칙으로는 해결할 수 없는 복잡한 의사결정 과정에 봉착하게 한다. 이러한 관점에서 우리는 수업을 위해 기울이는 모든 노력이 어느 정도 적절하고 성공적인가에 대해 스스로 엄격하게 자성하는 '반성적인 교사'(York-Barr, Sommers, Ghere, & Montie, 2006)를 필요로 한다.

반성적인 교사란 자신의 수업에 대해 사려 깊고 자기 비판적인 사람을 일컫는다. 즉, 이러한 교사는 자신의 수업에 학생의 요구, 학생의 과거 기록, 경험 등을 고려·반영하려고 노력하고, 수업 후에도 자신의 수업에 대해 분석하고 비판하는 일을 게을리하지 않는다.

학생에 대한 분석결과를 수업에 반영하기 위해 반성적인 교사는 학생에 대한 직접적인 경험과 교실에서의 실제 상호작용(질문, 토의, 과제, 협동학습 활동 등) 결과를 활용하려고 노력한다. 반성적인 교사는 강의 및 설명식 수업을 지양하면서 학생이 자신에게 의미 있는 지식을 적극적으로 구성하기 위해 스스로의 학습 경험을 활용하도록 격려하는 데 주력한다. 다시 말하면, 반성적인 교사는 학생이 수업에 적극적으로 참여하고, 자신의 학습에 대한 책임감을 점차 높이도록 만들어서 수업과 학습 사이의 간격을 좁히려고 노력한다. 이 책에서 앞으로 나올 여러 장의 내용은 학생의 개인차를 수업에 고려·반영하고, 학생을 학습과정에 적극적으로 참여하게 만들기 위해, 교실에서의 직접 경험과 대화를 활용하는 반성적인 교사로서 무엇을 해야 하는가에 대해 서술하고 있다.

효과적인 교사가 되는 길은 수업내용과 방법에 대해 정통해 있는 것뿐만 아니라, 수업내용과 방법을 학생의 개인차를 고려하여 변화시킬 수 있는 능력도 포함하고 있다.
이 장에서는 학생이 원하는 것이 무엇인지 그 동안 연구를 통하여 밝혀진 사실을 자세히 살필 것이다. 이는 교사가 학생의 개인차를 올바르게 이해하여 그에 따라 자신의 수업에 적절한 변화를 주어 효과적인 수업을 하도록 하는 데 도움이 될 것이다.

학생은 모두 다르다!

어떤 교실에서든 쉽게 관찰할 수 있는 것은 학생이 자신의 경험, 사회경제적인 위치, 문화, 언어, 학습양식에서 많은 차이를 보여 주고 있다는 사실이다. 교실에는 또한 교사의 특별한 도움이 없이는 지적 성취에 어려움을 겪는 특수 아동도 존재한다. 이러한 학생의 경험, 사회경제적 위치, 문화, 언어, 학습양식, 신체조건에서의 차이는 학습결과에 직접적인 영향을 미친다(Banks, 1997; Banks& Banks, 2001, 2006; Dunn & Griggs, 1995). 그런데 정말 중요한 것은, 교사는 이러한 다양한 차이점에도 불구하고, 자신의 학생들을 가르쳐야 한다는 사실이다.

학생의 개인차를 고려해야 하는 중요한 이유 두 가지는 다음과 같다.

1. 개인차를 고려함으로써 교사가 가르친 내용에 대해 이해하고 의미를 찾는데 학생이 자신의 경험과 전력을 활용하도록 도와준다는 데 의의가 있다. 이러한 논리에 근거하게 되면 교사는 학생의 개별적인 학습 요구에 부응하여 자신의 수업을 변화시킬 수 있게 될 것이다.
2. 학생과 상담하고 학부모와 의견을 나누어 보면, 학생을 이해할 수 있는 명확한 근거가 생기게 된다. 즉, 학생의 개인차를 이해하게 되면 교사는 어떤 학생이 왜 공부를 게을리하는지, 또 어떤 학생은 공부는 거의 하지 않지만 왜 학업 성취도가 높은지 알 수 있다. 또한 특정 학생이 학습동기를 잃게 된 이유에 대해서도 파악하게 된다. 이러한 지식을 기반으로 교사는 학부모, 상담교사, 동료 교사에게 특정 학생에 대한 정확한 정보를 제공해 줄 수 있을 것이다.

학생의 장점을 반영하여 수업전략에 변화를 주게 되면 학업 성취도를 높일 수 있다는 사실은 여러 형태의 개인차 연구와 교과목에서 검증되었다(Cronbach & Snow, 1981; Mayer, 1998, 2002; Tomlinson & McTighe, 2006). 한 예로 학생 중심의 토의방법은 좀 더 비형식적이고 자상한 수업 분위기를 조성해 주어서 학습에 대한 불안감이 높은 학생의 학업 성취도를 높여 주는 데 반해, 교사 중심의 강의는 좀 더 효율적이고 빠르게 진도를 나갈 수 있는 장점이 있으므로 불안감이 낮은 학생에게 더 효과적이다. 읽기 학습에서 언어적인 접근법(linguistic approach)은 청각능력이 뛰어난 학생에게 더 나은 학업성취도를 가져오는 반면에, 전체 단어 접근법(whole-word approach)은 청각능력이 낮은 학생에게 좀 더 효과적이라는 연구결과가 있다. 그리고 교수방법이 학생의 학습에 대한 자연스러운 학습양식에 부합될 때 학업성취도가 높아진다는 연구결과도 있다(Cushner, McClelland & Safford, 2008; D' Amico & Gallaway, 2008; Darling-Hammond & Bransford, 2005; Messick, 1995).

적응적 수업

학업 성취수준, 적성, 학습양식 등에서 개인차가 있는 학생들에게 공통의 학습목표를 성취시키기 위한 수업방법을 **적응적 수업**이라고 한다. 적응적 수업기법은 개인차가 있는 학생들에게 각기 다른 수업전략을 적용함으로써 교실에서 자연스럽게 나타나는 다양성이 학업 성취에 방해요인이 되지 않도록 해 준다. 적응적 수업에서는 두 가지 기법이 가장 효과적임이 입증되었는데(Corno & Snow, 1986), 이는 교정방법과 보완방법이다.

교정방법 교정기법은 계획된 수업에서 학생이 효과를 볼 수 있도록 필요한 선행지식, 기술 또는 행동을 미리 제공해 준다. 예를 들어 학습에 대한 불안감이 높은 학생에게 중요한 내용에 대한 강의를 하기 전에 학생 중심의 토의를 통해 불안감을 해소시킴으로써 모든 학생이 강의에서 골고루 혜택을 볼 수 있게 된다. 또는 읽기 학습에서 언어적 접근법을 쓰기 전에 청각능력이 낮은 학생에게 듣기 기술을 가르치면, 역시 모든 학생들이 똑같이 이 방식에서 효과를 볼 수 있게 될 것이다.

교정방법의 성공은 바람직한 정보, 기술 또는 행동이 어느 정도 적정한 시간대에 가르쳐지는가에 달려 있다. 이러한 것이 불가능하거나 충분한 수업시간이 확보되지 않는 경우에는 보완방법이 더 바람직하다고 할 수 있다.

보완방법 보완기법에서 교사는 학생에게 정보, 기술 또는 능력 등이 모자란 부분을 피하거나 보완하는 수업방법을 선택하게 된다. 적응적 수업에서의 이러한 접근방법을 통해 교사는 학생의 약점은 피하면서 장점을 살릴 수 있는 방법으로 수업내용을 가르치게 된다. 이는 다른 표현양식(사진 대 말)을 사용하거나 추가로 학습방법(게임과 시뮬레이션)과 활동(모둠토의, 실제 경험)을 사용함으로써 가능하다. 이는 곧 학생의 결점을 보완하고 장점을 십분 활용하기 위해 교수방법에 적절한 변화를 주는 것을 의미한다. 즉, 수업내용을 시각적인 자료로 제시, 다양한 자료 제시방법 사용(영화, 사진, 그림), 다양한 교수방법 제공(자습서, 시뮬레이션, 경험 중심의 워크북) 또는 특정 주제에 대한 학생 스스로의 경험, 의견, 결과물을 포트폴리오로 표현하도록 요구하는 실제적인 수행 평가 방법의 활용 등의 기법이 이에 해당한다.

예를 들어 독해에 약하고 기본적인 수학 개념이 부족한 학생에게는 기하를 시각자료로 보완해서 가르칠 수도 있다. 즉, 각각의 정리와 공리를 그림 형태로 그려서 제시해 주는 시각적인 표현양식을 통해 효과적인 학습이 이루어지게 된다.

이에 반해 적정한 독해능력과 수학적인 개념을 가지고 있는 학생은 전적으로 글이나 말로 표현하는 수업에서 정리와 공리를 성공적으로 학습할 수 있다.

적응적 수업의 장점 적응적 수업은 능력별로 모둠을 편성해서 각기 다른 진도로 학습해 나가는 수준별 수업과는 다른 그 이상을 의미한다. 많은 연구에 의하면 수준별 수업은 학습능력이 낮은 학생과 높은 학생 사이에서 학업 성취도의 차이를 낼 수 있는 반면에, 학업 성취도가 낮은 학생이 자아 존중감과 학습 동기를 잃어버리는 폐단이 있다(Slavin, 1991a).

이에 반해 적응적 수업은 학생의 개인차에 상관없이 모든 학생이 학업 성취에 성공할 수 있도록 노력한다. 이러한 노력은 교정(계획된 수업에서 효과를 보기 위해 필요한 지식, 기술, 능력을 사전에 키워 줌)이나 보완(학생에게 결여된 능력을 요구하는 교수방법이나 교수자료를 사용하지 않는 식으로 학생의 약점을 피해 감)의 방법을 통해 이루어질 수 있다. 그러므로 적응적 수업은 학생의 능력에 대한 이해와 학생의 가장 강한 인지양식(시각 대 청각)을 부각시킬 수 있는 여러 교수방법을 필요로 한다.

이 책의 여러 장에서는 선택하여 사용할 수 있는 다양한 수업전략이 소개될 것이다. 적응적 수업을 하고자 할 때 가장 효과적으로 사용될 수 있는 수업방법으로는 아래와 같은 것들이 있다.

- 협동학습 대 일제수업
- 탐구수업 대 설명수업
- 규칙–예시 순서의 수업 대 예시–규칙 순서의 수업
- 교사 중심 제시 대 학생 중심 제시
- 직접적 수업 대 간접적 수업
- 실제 경험이 반영된 예시 대 교과서상의 예시
- 일제식 어학교수법 대 개별화 어학교수법
- 개별적 응답 대 전체적 응답
- 일방통행식의 응답 대 자유로운 응답
- 자기 주도적 학습 대 일제수업
- 컴퓨터 활용 수업 대 전통적인 수업

위에서 나열한 수업방법과 제시양식은 직접 해당되는 학생에게 좀 더 효과적임이 입증되었다. 또한 학생의 특성에 적합한 교수방법이 학업성취도를 높인다는 사실이 많은 교과영역에서의 연구를 통해 검증되었다. 즉, 학생에 대한 이해와 다양한 수업방법을 기반으로 교사는 적응적 수업방법을 활용하여 학생의 학습 요구에 따라 자신의 수업을 변화시킬 수 있게 될 것이다.

맞춤식 수업

학생의 개인차를 고려한 수업으로 적응적 수업과 비슷한 **맞춤식 수업**(differentiated instruction, 우리나라에서 학자에 따라서는 '개별화 수업'으로 번역하기도 함)이 있다. 적응적 수업이 특정 영역에서 차이가 나는 학생들을 한 학급 또는 소집단으로 편성하여 실시하는 수업임에 비하여 맞춤식 수업은 개인이나 소집단의 학업 성취도 향상에 초점을 맞춘다. 이 두 방법의 이론적 배경이 비슷한 것은 사실이지만, 맞춤식 수업의 기본 전제는 한 개인의 학업성취도는 개인의 형편에 맞추어 차별화될 때 훨씬 잘 향상된다는 것이다. 맞춤식 수업을 한다는 것은 개인의 학습 이력(learning history), 배경, 준비성, 흥미, 습득한 기능 등을 자세히 파악한 다음, 이에 맞는 학습 전략을 가지고 개인 또는 소집단 단위로 개별지도하는 것을 의미한다. 그러니까 맞춤식 수업의 최종 목표는 학생의 수준을 최대한 정확히 파악하여 이를 기초로 가르침으로써 학생의 성취도를 높이는 것이다. 우리나라 대학생들이 흔히 하는 과외지도가 바로 맞춤식 수업의 대표적인 예라 하겠다. 맞춤식 수업에 대한 자세한 소개는 황윤한이 번역한 《수준차가 다양한 교실에서의 효율적인 개별화 수업》(교육과학사, 2009)을 참고하기 바란다.

일반 지능이 학습에 미치는 효과

초등학교 시절을 떠올리면 누구나 한 번쯤은 어떤 학생들은 쉽게 학습하는 반면, 어떤 학생들은 왜 더 많은 노력이 필요한지에 대해 의문을 가져 보았을 것이다. 고등학교에 가면 각 학생들의 능력 차이는 더 커진다. 우리는 똑똑함, 명석함, 문제해결 능력, 빠른 학습속도, 이해력 등과 같은 낱말을 지능과 연관시키곤 한다. 우리는 교실과 일상생활에서 다른 사람보다 뛰어난 사람들을 쉽게 찾아볼 수 있다. 이러한 관찰을 기초로 하여 우리는 학생에게서 불안, 걱정, 질투 등과 관련된 행동도 관찰할 수 있다. 아마도 지능은 이와 같은 정서적 반향을 수반하기 때문에 가장 많이 논의되면서도 가장 잘못 이해되고 있는 학생의 특성일 것이다.

일부 교사, 학부모, 학생들 사이에서 지능에 대해 가장 잘못 이해되고 있는 것은 지능이 단편적이며 단일한 차원에서 설명될 수 있다는 것이다. 이러한 속설은 서로 다른 유형의 학생을 가리킬 때 "늦거나 빠르거나" 또는 "영리하거나 둔하거나"와 같은 대조적인 표현을 사용하도록 이끌었다. 불행히도 이러한 표현으로 인해 각 학생은 늦거나 빠르거나 또는 영리하거나 둔하다는 낙인이 찍히게 된다. 그런데 사실 모든 인간은 자신의 지능과는 관계없이 살면서 한 번은 위의 네 가지 표현 중 하나에 해당되는 행동결과를 보이기도 한다. 즉, 어떤 특정 행동과제에 대해 어떤 사람은 늦어 보이기도 하지만, 그와 전혀 다른 성격의 과제에 대해서는 학습 속도가 빠른 모습을 보여 주기도 한다. 어떻게 한 인간에게 이런 커다란 능력의 차이가 나타날 수 있는가?

지능수준은 지능이 발현되는 환경과 조건에 따라 달라진다는 것을 학교생활, 취미, 운동, 대인관계 등에서 겪은 개인적인 경험을 통해 모두 알고 있을 것이다. 이러한 현상으로 인해 학자들은 한 종류 이상의 지능을 찾아내고 연구하는 일에 착수하게 되었다. 그 결과 오늘날에는 지능을 바라보는 관점이 매우 크게 달라지고 있다. 지능에 대한 비교적 새로운 관점은, 왜 연경이는 단어 실력은 좋은데 철자법에 문제가 있는가, 진아는 사회과목에서는 우수한데 왜 지도를 이해하는 데는 약한가, 서현이는 역사적인 사건의 배경에 대한 분석은 뛰어난데 왜 인명이나 날짜를 잘 외우지 못하는가 등과 같은 고전적인 논쟁거리에 대해 더 나은 이해를 제공해 줄 수 있다. 이러한 상반된 행동들은 각 행동과제가 요구하는 특정 능력에 의해 설명될 수 있을 것이다. 이와 같이 지능이 모두에게 영역별로 각각 다르게 나타나는 능력이라고 이해하는 것은 학생의 학습행동을 이해하는 데 가장 유용하다.

이러한 영역별 특정 능력에 대한 설명으로 넘어가기 전에, 일반 지능의 활용과 관련된 논쟁을 잠깐 살펴볼 필요가 있다. 일반 지능에 대한 지식은 교사가 학부모, 동료 교사, 학교 행정가 등과 지능에 대해 토의할 때를 대비하여 반드시 숙지하고 있어야 할 내용이다. 일반 지능에 대한 논쟁은 크게 환경론자의 입장과 유전론자의 입장으로 나누어진다.

환경론자의 입장

환경론자들은 일반 지능검사가 문화적인 편견을 가지고 있다고 주장하면서 이 검사의 사용을 비판하고 있다. 환경론자들은 흑인, 남미계, 백인들 사이에서의 지능점수 차이는 대부분 사회계층이나 환경적인 차이로 인해 나타나는 것이라고 역설하고 있다. 이들은 상당수 소수민족 계통 학생들이 지능검사에서 많은 비중을 차지하는 언어적인 능력을 잘 연습할 수 없는 빈곤한 가정환경 출신이라고 분석하고 있다. 그러므로 소수민족 계통 학생들에게 나타나는 모든 지능검사 결과의 상당 부분은 그들이 자라 온 환경을 나타내는 것일 뿐이지 그들의 진정한 지능이라고 할 수 없는 것이다.

환경론자들은 지능을 결정하는 데 있어 가정환경의 영향이 최소한 유전만큼 지대하다고 여러 연구를 통해 결론 내리고 있다(Bloom, 1981; Doll, Zucker, & Brehm, 2004; Sternberg & Grigorenko, 2001; Weinberg, 1989). 이들은 지능검사가 인지적인 발달이 가장 빠르게 일어나는 시기인 취학 전 시기에 좀 더 집중적인 형태의 언어적인 상호작용, 학습에 대한 더 나은 강화, 더 풍부한 학습자원, 더 좋은 신체적인 건강을 제공해 줄 수 있는 백인 중산층에게 유리하도록 제작되어 있다고 믿고 있다.

유전론자의 입장

유전론자들은 환경보다는 유전이 지능을 결정하는 더 중요한 요인이라고 결론 내리고 있다. 이러한 유전론자의 입장은 Herrnstein과 Murray(1994), Arthur Jensen(1969, 1998)의 연구와 논문에 기초하고 있다. 유전론자들은 모든 아동들이 동일한 지능을 개발할 수 있는 동일한 잠재력을 가지고 있지는 않다고 믿고 있다. 즉, 그들은 지능의 차이가 유전에서 온 것이지 환경의 문제는 아니기 때문에 초등학교 저학년에서 환경적인 결함을 보완하기 위해 교정학습의 형태로 실시하는 보충교육 프로그램과 같은 노력은 그리 큰 성공을 거둘 수 없다고 주장하고 있다.

일반 지능 대 특정 지능

상식적으로 보면 지능에 대한 양측 주장에 각각 일리가 있다고 할 수 있다. 그러나 학부모, 동료 교사, 학생들이 어떻게 생각하는가에 관계없이 위의 상반된 주장들은 일반 지능에만 국한된 논쟁이다. 즉, 이러한 주장들은 특정 능력의 맥락과는 별 관련성이 없다. 일반 지능은 학교 성적에 대해 어느 정도만 예측 가능하다고 할 수 있는 반면에, 특정 능력은 학교 성적뿐만 아니라 학교 성적이 반영되는 주요 실제 생활에서의 행동들도 예측할 수 있다(Borich & Tombari, 2004). 예를 들어 일반 지능에 대한 검사는 판매사원, 생산직 사원, 목수, 컴퓨터 프로그래머, 교사 등과 같은 직업에서의 성공을 예측할 수 없는데, 그 이유는 이 일반지능검사가 이러한 직업에서 성공하는 데 필요한 특정 능력에 대해 거의 측정하지 않기 때문이다.

만약 학교 학습이 피자 한 판이고 일반 지능이 그 피자의 한 조각이라고 가정한다면, 다음과 같은 질문을 제기할 수 있다. "교실 학습이라는 피자에서 일반 지능이 차지하는 부분은 얼마나 큰가?" 그리고 또 다른 방향의 질문은 다음과 같다. "일반 지능이 학교 학습의 몇 퍼센트 정도에 영향을 미치며, 다른 요인은 몇 퍼센트 정도의 영향이 있는가?" Knapczyk와 Rodes(2001), Scar(1981)는 일반 지능뿐만 아니라 많은 요인들이 학생의 성취에 영향을 미칠 것이라고 주장했다. 즉, 이 요인에는 학생의 동기, 부모로부터의 지원, 선행지식, 건강, 학습전략의 활용, 정서적인 안정, 교사가 제공하는 수업의 질 등이 있다. Scar는 이러한 요인들을 사회적 역량(social competence)이라는 개념으로 분류하였다.

"학교 학습의 몇 퍼센트가 일반 지능의 영향을 받으며, Scar가 주창한 사회적 역량과 같은 다른 요인들이 몇 퍼센트 정도 영향을 미치는가?" 그 해답은, 〈그림 2.1〉에 제시된 바와 같이, 일반 지능의 영향은 단지 25%에 불과하며, 약 75%는 사회적 요소의 영향을 받게 된다. 그러므로 학생이 보여 주는 특정 영역의 장점을 파악하고, 그에 따라 학습목표와 활동에 변화를 주는 것이 학생의 능력을 일반 지능 차원에서 분류하는 것보다 훨씬 더 효과적인 수업을 가능케 할 것이다.

그림 2.1 학교 학습에 공헌하는 요소

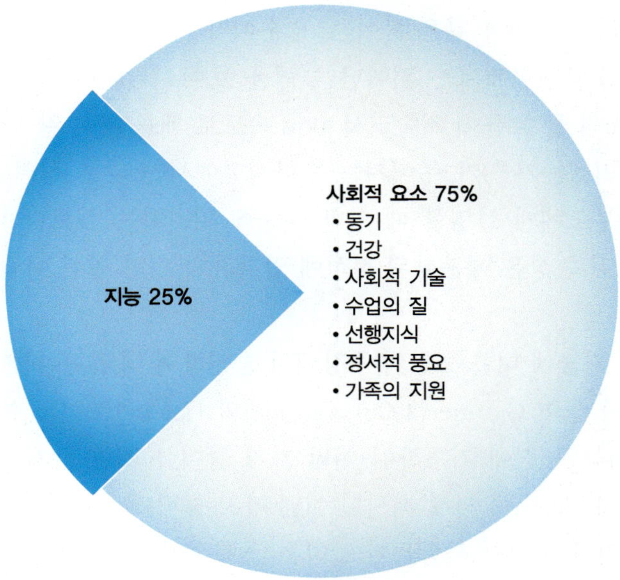

특정 능력이 학습에 미치는 효과

비록 교사는 교실에서 학생의 적성을 측정할 수는 없더라도 적성이 학생의 성취에 어떤 영향을 미치는가에 대해 명확하게 인식할 필요가 있다. 학생은 벌써 교육청 차원의 검사 프로그램을 통해 적성검사를 받았을 수도 있으며, 교사가 학교 상담교사나 심리학자에게 어떤 학습문제를 파악하기 위해 특정 적성을 측정해 달라고 부탁할 수도 있다. 따라서 일반 지능에서 세분화되는 학생의 특정 적성에 대해 잘 파악하고 있으면, 교사는 특정 영역에서의 학생의 능력이 학업 성취에 얼마나 직접적으로 영향을 미치는가를 알아낼 수 있게 된다.

다중 지능

일반 지능을 반대하고 특수 지능에 찬성한 초창기 학자로는 Thurstone(1974)이 대표적이다. Thurstone은 단일한 일반 지능 지수에 의존하는 관점에서 탈피해서 각 지능이 별도로 측정되는 일곱 종류의 상이한 지능—언어 이해, 일반적 추리, 기억, 수리, 신체운동 속도, 공간관계, 언어유창성—이 있다고 주장하였다. 이러한 방식으로 일반 지능이라는 개념은 주요 구성요소로 세분화되었다. 이렇게 지능을 세분화하는 것은 어떤 구성요소에서 측정된 특정 점수를 곧 특정 유형의 학습과제와 직결시킬 수 있는 장점이 있다.

적성에서 나타나는 이와 같은 차이는, 영훈이가 "12+2×6="과 같은 계산문제가 주어지는 수학시험에서는 뛰어난 능력을 보여 주었는데, 왜 서술식 문제("현재 시속 2km의 물 흐름에 거슬러서 4km 속도로 배를 저어 갈 때, 16km를 가려면 얼마나 걸리겠는가?")가 주어지는 수학시험에서는 낮은 성취도를 보여 주는가에 대해 학부모에게 설명할 때 일반 지능에 입각하는 것보다 더 유용하다. 즉, 이러한 상반된 현상은 세분화된 적성에 입각하게 되면 훨씬 이해하기가 쉬워진다.

Thurstone의 지능에 대한 초창기 주장에서 발전하여 더 많은 지능 구성요소가 개발되었다. 예를 들어 Gardner(2006), Gardner와 Hatch(1989)는 현대 기술문명 사회에서 나타나는 능력에 기초하여 여덟 가지 상이한 지능을 제의하였다. 〈표 2.1〉은 Gardner와 Hatch에 의해 제시된 여덟 가지 능력에서 높은 수준을 보여 주는 대표적인 직업과 이러한 사람들이 잘하는 구체적인 행동결과를 각각 보여 주고 있다. 이 여덟 가지에 추가될 수 있는 것으로는 '실존적 지능'이 있다. 이는 신학자, 철학자, 체제분석가 등에게서 잘 관찰될 수 있는 것으로서 어느 한 학문만

표 2.1 Gardner의 다중 지능

유형	직업 예시	해당 유형의 사람이 잘하는 일
언어 지능: 말의 규칙과 의미 그리고 다양한 언어의 사용을 예리하게 다루는 재능	시인, 기자	창조적 작문, 농담/우스갯소리, 이야기
논리·수리 지능: 논리의 긴 연결고리를 다루고 세상의 형태와 법칙을 인식하는 능력	과학자, 수학자	요약, 도식형태로 구조화, 계산
음악 지능: 음높이, 선율, 음질을 예리하게 다루는 재능	작곡가, 바이올린 연주자	리듬감, 음향/음질, 음악 연주
공간 지능: 시각적 세계를 정확히 인식하고 그 지각한 내용을 다양한 관점에서 재창조·변형·수정할 수 있는 능력	조각가, 항해사	생동감 있는 상상력, 형태 파악/설계, 그리기
운동감각 지능: 몸과 물체를 솜씨 있게 활용하고 다루는 능력	무용가, 운동선수	민속/창조적 무용, 신체적 표현, 스포츠/게임
대인관계 지능: 다른 사람의 의도를 잘 파악하고 적절히 대하는 능력	치료가, 판매사원	다른 사람의 감정을 파악, 의사소통 능력, 협동 기술
개인 지각 지능: 자신의 감정을 잘 파악하고 조절하는 능력	요가 지도자	묵상, 사고전략, 창조
자연관찰 지능: 자연환경의 현상과 사물을 관찰·이해·조직화하는 능력	분자생물학자, 암벽 등반가	파악, 관찰, 사육

출처: Adapted from Campbell et al. (1996), Gardner and Hatch (1989), and Lazear (1992).

으로 해결할 수 없는 문제를 잘 해결하는 능력을 가리킨다(Gardner, 2004, 2006). Gardner는 학습하는 방식이 달라지면 다른 차원의 지능이 자극을 받아 발전할 것이라고 추측하고 있다. 그는 전통적인 교실에서 다루지 않는 다른 차원의 지능을 개발하는 데 주력하는 대안적인 학습 형태를 찾을 필요가 있다고 말한다.

Campbell, Campbell, Dickinson(1996) 그리고 Lazear(1992) 등은 이러한 여덟 가지 능력을 교육시킬 수 있는 교수자료와 수업 모듈(modules)을 개발했다. Campbell, Campbell, Dickinson 그리고 Lazear에 의해 개발된 교수자료는 사회생활에서 성공한 많은 사람들이 언어나 수학적인 논리력과 같은 전통적인 능력에서 높은 점수를 얻지 못하는 관찰결과에서 비롯되었다. Gardner(2000, 2004, 2006)는 〈표 2.1〉에서 제시된 성공적인 사람들은 어떤 영역에서 자신의 부족한 점을 최소하면서 다른 영역에 있는 자신의 강점을 최대한 부각시키는 차원에서 능력을 발휘한다고 주장한다. 이러한 이론은 전통적인 교육과정을 사용하는 전통적인 교실에서 학습목표를 성취할 수 없는 일탈 학생을 교육하는 방법에 커다란 의미를 던져 주었다. Gregory(2005), Gregory와 Chapman(2006)은 이질 집단속에서

Gardner의 다중 지능 이론에 따라 맞춤식 교육을 하는 방법을 제시하였다.

Gardner의 다중 지능 이론을 교실 수업에 적용할 수 있는 실제적 방법으로는 다음과 같은 것들이 있다.

1. 학생들이 서로 다른 길을 거쳐서 공통 목표에 도달하는 것을 허용하라.
2. 학생들이 가장 잘 할 수 있는 것을 드러내도록 허용하라.
3. 학생의 재능이나 성취도를 평가하는 방식을 다양화하라.
4. 학생에게 학교에서 전통적으로 중요시하는 언어능력만을 강조하지 말고 각자 자신에게 가장 뛰어난 능력을 찾을 수 있는 기회를 제공하라.

Gardner의 다중 지능 외에, 최근에는 정서(감정)지능이 중요하게 부각되고 있다. 정서지능을 강조하는 학자들(Lantieri & Goleman, 2008)은 정서가 학습과정

이론의 교실 적용

다중 지능 이론

Gardner의 다중 지능 이론을 내가 담당하고 있는 3학년 학급에서 적용하기 위해 나는 학급을 7개의 학습구역으로 나누었다. 각 구역은 Gardner가 말하는 7개의 지능 중 하나씩을 담당하도록 계획되었다. 학생들은 이 구역을 차례로 돌면서 학교에서 보내는 총 시간의 2/3 정도를 보낸다. 한 구역에서 보내는 시간은 대략 15~20분 정도다. 교육과정을 주제중심으로 구성하여 학생들은 동일한 주제를 7가지의 서로 다른 방식으로 공부한다.

교사는 매일 아침 간단한 강의와 토의를 통하여 학생들에게 오늘의 주제를 설명한다. 예를 들면, 배워야 할 주제가 우주인 경우 교사는 학생들에게 나선형 은하의 모습을 설명한다. 아프리카의 미술이 주제인 경우 교사는 가나의 옷감에 나타나는 독특한 무늬에 대해서 설명한다. 이러한 강의가 끝난 후 타이머를 맞추고 학생들은 3~4명씩 그룹을 만들어 학습구역을 돌기 시작한다.

각 학습구역의 활동 내용

모든 학생은 동일한 주제를 7가지의 서로 다른 방식으로 배운다. 학생들은 모형을 만들기도 하고, 춤을 추기도 하며, 서로 협동하여 의사결정을 하기도 하며, 노래를 만들기도 하고, 연역적 추론으로 문제를 해결하기도 하며, 읽고, 쓰고, 표를 그리기도 한다. 각 학습구역에서 일어나는 활동 몇 가지를 구체적으로 제시하면 다음과 같다.

- 〈개인 작업 구역(개인내 지능)〉에서는 연구, 숙고, 개인별 프로젝트 등을 통해 현재 공부하는 분야를 혼자서 탐구한다.
- 〈협동 작업 구역(개인간 지능)〉에서는 그 날의 학습주제와 관련된 문제를 서로 힘을 모아 해결하고, 질문에 답하고, 학습용 게임을 제작하면서 협동학습 기술을 계발한다.
- 〈음악 학습 구역(음악 지능)〉에서는 학습주제에 관련된 노래를 만들고, 부르고, 새로운 악

기를 만들어 본다.

- 〈미술 학습 구역(공간 지능)〉에서는 다양한 미술 도구를 가지고 주제를 탐구한다.
- 〈표현 학습 구역(신체적 지능)〉에서는 그 날의 주제와 관련된 모형을 제작하고, 드라마로 만들어 보고, 춤을 춘다.
- 〈독서 구역(언어적 지능)〉에서는 그 날의 학습 주제에 대한 책을 읽고 쓰는 활동을 한다.
- 〈수학과 과학 학습 구역(논리적/수학적 지능)〉에서는 수학 관련 게임을 하고, 과학 실험을 하며, 연역적으로 문제를 해결하는 다양한 활동을 한다.

이와 같은 일련의 학습구역을 모두 돌고 난 다음에 교사는 학생들에게 그 날 어떤 것을 배웠는지 소통할 수 있는 시간을 잠깐 준다. 그런 다음 학생들은 나머지 시간을 혼자서 또는 그룹을 지어 독자적인 프로젝트를 수행하거나 공부를 한다.

이런 수업 방식의 효과

이러한 수업 방식의 효과를 알아보기 위해 어떤 연구자가 질적연구를 수행하였다. 그 연구자가 알아낸 것은 다음과 같다.

1. 학생들의 책임감, 자기주도적 학습능력, 독립심이 향상되었다. 옆 반과 비교한 것은 아니지만, 학급을 방문한 다양한 사람들이 말하기를 자기주도적 학습력과 학습동기가 향상되었다고 하였다. 학생들은 필요한 자료를 수집하고 이를 분석·정리하여 남에게 제시하는 프로젝트 수행능력이 향상되었다.
2. 학생 훈육 문제가 크게 감소하였다. 예전에는 소위 문제학생으로 분류되던 학생들의 학습참여도가 첫 6주 동안 크게 높아졌다. 반 년이 지날 무렵에는 자신이 속한 집단에의 공헌도가 눈에 띄게 높아졌고, 연말경에는 아주 긍정적이 되어 지도력을 발휘하기까지 하였다.
3. 모든 학생들이 새로운 기능을 배워 사용하였다. 학기 초에는 대개 하나의 학습구역만을 좋아했는데 반 년이 지나자 대부분의 학생들이 3~4개 정도의 학습구역을 좋아하게 되었고, 연말경에는 최소한 6개의 학습구역을 좋아하게 되었다. 이뿐만 아니라, 학생들은 자신의 프로젝트를 발표할 때 다양한 표상형식을 사용하게 되었다. 노래, 단막극, 시각자료, 시, 게임, 조사, 퍼즐, 집단참여활동 등 다양한 표상형식을 학생들이 사용하였다.
4. 협동학습 기술이 모든 학생에게 향상되었다. 학습구역의 대부분 작업이 협동을 필요로 하는 것이었기 때문에 학생들은 다른 사람들의 말을 잘 듣고, 친구를 돕고, 서로 돌아가며 지도력을 발휘하게 되었다. 학생들은 급우를 존중하게 되었을 뿐만 아니라, 각자가 가진 독특한 능력, 재능을 인정해 주고 이것을 적극적으로 활용하기까지 하였다.
5. 학업성적이 향상되었다. 표준화 검사 성적이 모든 영역에 걸쳐 도 평균, 전국 평균 보다 높았다. 학교 자체적으로 학년 말에 실시한, 1년 동안 학습한 내용을 기억하고 있는 정도를 알아보는 시험의 성적도 다른 반에 비해 높았다. 학생들이 지식을 표상하는 형식도 언어 위주에서 벗어나 음악적, 시각적, 촉각적이 되었다. 전에는 학교생활에 별 흥미를 못 느껴 성적이 별로였던 학생의 성적이 눈에 띄게 향상되었다.

에서 아주 중요한 역할을 한다고 믿는다. 자신의 기분을 잘 파악하고, 타인의 기분을 잘 파악하고, 타인의 기분에 적절히 반응하고, 스트레스를 받은 상황에서 자신의 기분을 적절히 변화시키고, 의사 결정 과정에서 기분 내키는 대로 행동하지 않는 것 등은 학습을 성공적으로 이끄는 데 아주 중요하다. 직관적으로 생각해 보더라도, 정서지능은 타인과의 협동학습 과정에서 매우 중요하다. Gardner가 제안한 여덟 가지 다중 지능과 마찬가지로 이 정서지능도 교실에서 계발될 수 있다(Goleman, 2000, 2008).

몇몇 교과내용 전문가들은 Gardner, Lantieri, Goleman의 틀에 기반을 두면서 자신이 연구하는 교과에 고유하게 붙박인 구체적인 지능을 확인하였다. 예를 들어 읽기 학습의 전문가들은 다음과 같은 아홉 가지 독해능력을 제시했다.

- 단어의 뜻 파악
- 문맥의 의미 파악
- 전체적인 구조 인식
- 사고형태 파악
- 세부 내용 인식
- 아이디어 표현
- 추론 도출
- 수사적인 기법 식별
- 저자의 의도 파악

달리 표현하면, 위에서 제시한 특정 능력 중 하나 또는 그 이상의 능력들이 결합하여 읽기 학습에서의 전반적인 성취에 영향을 미치게 된다. 이러한, 그리고 이와 유사한 목록은 지능에 대한 흥미롭고도 상반된 관점을 불러일으킨다. 즉, 추론 도출, 사고형태 파악, 문맥의 의미 파악 등의 능력을 일단 정의하고 나면 이러한 지능의 구성요소를 가르치는 일이 가능하다는 것인가?

유전론자들은 지능은 가르칠 수 없는 것이라고 주장하지만, 적합한 수업이 제공된다면 학생은 추론 도출, 사고형태 파악, 문맥의 의미 파악 등의 능력을 배울 수 있게 된다는 주장이 더 설득력 있어 보인다. 이렇게 Gardner에 의해 주창된 지능의 포괄적인 구성요소는 좀 더 구체적인 적성들로 세분화되면서 지능의 일반적 개념에 대한 신화는 깨졌다. 우리는 이제 최소한 지능의 몇몇 요소들은 수업의 영향을 받는다는 것을 알게 되었다. 그러므로 지능에 대한 다차원적인 접근방법의 또 다른 장점은 변화 불가능하다고 생각되어 온 몇몇 특정 능력들이 교육 가능한 것임을 밝혀준 데 있다.

지능에 대한 Sternberg의 정의

특정 능력에 대한 가장 최근의 개념 중 하나는 Sternberg(1995, 2007), Sternberg와 Grigorenko(2001)로부터 나온 것이다. Sternberg의 연구는 이전에는 유전되는 것이며 변화 불가능하다고 생각되어 온 지적 특성이 교육을 통해 향상 가능하다고 주장하면서, 지능에 대한 새로운 정의를 형성하였다는 면에서 의의가 있다고 하겠다. 더 나아가 Sternberg는 지능은 가르칠 수 있으며 교실이 지능을 가르칠 수 있는 이상적인 장소라고 주장했다.

수업에서 보여 주는 전달방법의 다양성과 융통성은 효과적인 수업을 결정하는 주요 핵심행동이다.

지능에 대한 Sternberg의 정의에 따르면, 지능이란 생소한 상황에서 주어진 문제를 해결하기 위해 사전에 발견된 형태와 관계성을 활용해서 학습하고 사고하는 능력이다. 인간은 유아기부터 새로운 과제와 상황을 많이 경험한 것을 통해 전혀 생소한 새로운 문제 상황을 어떻게 해결할 것인가에 대해 안내해 줄 수 있는 형태와 관계성을 발견하게 된다. 다시 말하면, 독특하고 신기한 조건과 마주쳤던 경험이 많으면 많을수록 더 많이 발달하고, 자신이 직면하는 변화 상황에 대해 더 쉽게 적응할 수 있게 된다.

Sternberg는 생소한 과제와 상황에 직면하게 하여 그로부터 무엇인가를 배우게 하는 것이 지성적인 행동을 학습하는 가장 중요한 학습목표가 되어야 한다고 주장했다. 이 부분의 지능은 환경에 적응(외부 세계에 적응하기 위해 행동방식에 변화)하고, 환경을 선택(친숙하지 않은 사물을 회피하고, 친밀하고 편안한 현상을 선택)하며, 환경을 구성(자신의 의도대로 환경을 변화)하는 등에 대해 어떻게 잘 학습할 수 있는가와 직접 관련이 있다. 그래서 지적인 인간은 덜 지적인 사람보다 환경을 적응 · 선택 · 구성하는 일에서 더 탁월한 능력을 발휘한다. 그러므로 Sternberg 이론에서 가장 중요한 측면은 인간의 환경 대처능력이 선천적으로 주어지는 내부의 지적인 과정(예, 기억력, 상징 조작력, 인식속도 등)만큼 유사한 영향력을 지능에 대해 행사한다는 사실이다.

Sternberg(1994, 1995)는 인간의 지성적 행동을 방해하며, 비지성적이거나 비전문가적인 인간에게 흔히 나타나는 특성 20가지를 통해 이러한 환경 대처능력을 설명하고 있다.

- 동기화 결핍
- 충동에 대한 통제 부족
- 인내심 결핍
- 부적절한 능력 사용
- 생각한 바를 행동으로 정확하게 옮기지 못함
- 실천 의지 부족
- 과제를 완수하고 마무리하는 능력 부족
- 선도능력 부족
- 실패에 대한 두려움
- 일 미루기
- 잘못된 것에 대한 책임을 엉뚱한 곳에 전가
- 과도한 자기 연민
- 과도한 의존
- 개인적인 문제에서 헤어나지 못함
- 주의산만과 집중력 부족
- 동시에 너무 많은 일을 도모
- 만족이 너무 빠름
- 나무만 보고 숲을 보지 못함
- 비판적인 사고와 창조적인 사고의 균형감각 부족
- 자신감의 결핍 또는 과도

Sternberg와 Grigorenko(2001)에 의하면, 지능의 여러 요소들은 가르칠 수 있거나 가르쳐져야만 하며, 교실은 위에서 언급한 지성적 행동에 대한 저해요인을 극복할 수 있는 태도와 행동을 제공해 줄 수 있는 가장 이상적인 곳이다.

선행성취가 학습에 미치는 효과

수업의 효과성에 영향을 미치는 중요한 요소 중의 하나는 학생이 습득하여 가지고 있는, 가르치려고 하는 내용과 관련된 선행지식과 기술이다. 이를 '과제 관련'이라고 표현하는데, 과제 관련이란 가르치려고 하는 내용을 잘 학습하기 위해 학생이 미리 알고 있어야 할 사실적 지식, 기술, 이해 등을 의미한다. 즉, 이러한 과제 관련 지식과 기술에 대한 완전학습은 후속학습을 가능케 한다. 따라서 교사가 이러한 학습 내용을 확실하게 파악하는 것은 수업의 계획을 위해 필요할 뿐만 아니라, 어떤 상황에서 어떤 학생들에게 왜 학습이 이루어지지 않는지를 이해하는 데도 중요하다.

이러한 과제 관련성은 여러 가지 형태와 크기로 나타난다. 또한 이는 각 교과 영역에서 수업내용의 논리적인 순서를 정할 때 중요한 역할을 한다. 예를 들어 여러 가지 방법으로 수업내용의 계열화가 사용될 수 있다—개괄적인 내용에서 세부적인 내용으로, 간단한 내용에서 복잡한 내용으로, 구체적인 내용에서 추상적인 내용으로, 개념에서 절차로 등. 이러한 논리적인 순서 정하기는 새로운 학습이 발생하기 위해서 필요한 행동들(과제 관련 지식, 기술, 이해)을 각 단계에서 규명해 주는 학습구조를 말한다. 따라서 많은 과제 관련 선행학습들은 이러한 계열화 속에 내포되어 있게 된다. 지금까지 언급된 관점은 〈그림 2.2〉의 정부 조직에 대한 수업단원과 〈그림 2.3〉의 작문 기술을 가르치는 단원에 각각 잘 나타나 있다.

그림 2.2 정부에 대한 학습단원을 논리적인 계열화로 도식화한 수업내용 구조

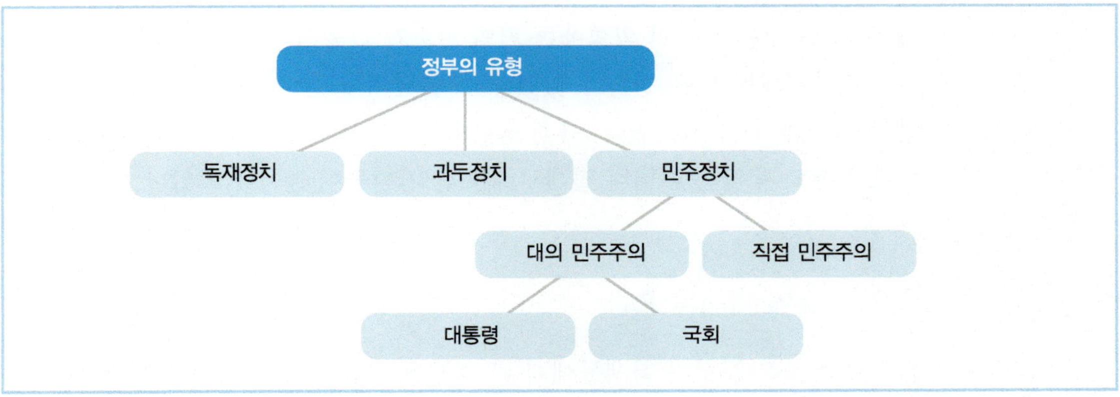

그림 2.3 작문에 대한 학습단원을 논리적인 계열화로 도식화한 수업내용 구조

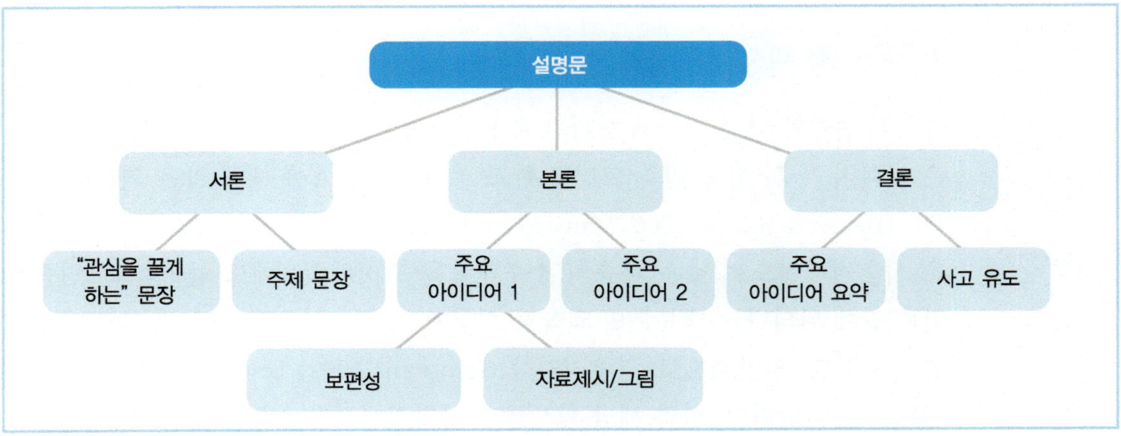

〈그림 2.2〉에서 볼 수 있듯이, 대통령과 국회라는 개념은 대의 민주주의를 이해하기 전에 배워야 할 내용이 된다. 그리고 독재정치, 과두정치, 민주정치는 정부의 유형을 이해하기 전에 가르쳐야 할 개념이다. 이러한 과제 관련 선행성취는 더 큰 개념, 원리, 일반화를 수업이나 단원의 끝부분에서 가르칠 수 있는 학습의 구조를 제공해 준다. 그런데 거의 모든 단계의 수업 흐름에서 발생할 수 있는 구조화 실패(breakdown)는 다음 단계에서 학습이 성취되는 것을 방해하게 된다. 수업의 높은 단계에서 필요한 개념을 습득하는 데 실패하는 것은 학생의 능력 부족 때문이라기보다는 과제 관련 선행행동을 적절하게 습득하지 못한 데서 비롯되었다고 할 수 있다. 따라서 교사는 학생들이 현재 어디에 위치해 있는지, 전체 속에서 현재 배우고 있는 것이 어디쯤에 위치하고 있는지를 잘 파악하여 개념지도를 그릴 수 있게 만들어 주어야 한다.

문화, 사회경제적 위치, 언어가 학습에 미치는 효과

지난 수십 년 동안 학교의 외형에는 거의 변화가 없을지라도 학교에 다니는 사람들, 즉 학생에게는 많은 변화가 있었다. 오늘날의 교실에는 역사상 어느 때보다 다양한 학생들이 다니고 있다. 특히 농촌에는 국제결혼으로 인하여 한국어를 모국어로 사용하지 않는 어머니 밑에서 태어난 자녀들이 늘어나고 있다.

문화가 학습에 미치는 효과

수많은 학자들은 문화가 학생들에게 큰 영향을 미친다고 한다. 문화에 따라 교사가 교실에서 사용하는 음성적, 비음성적 학급경영 테크닉에 다르게 반응한다.

사회경제적 위치가 학습에 미치는 효과

사회적 위치와 학업 성취가 상관관계가 있다는 것은 잘 알려진 사실이다. 학자들은 사회적 계층, 인종/민족 그리고 학교 성적과의 관계에 대해 많은 연구를 수행했다(Banks & Banks, 2006; Mansnerus, 1992; Sleeter & Grant, 1991). 이 연구들은 사회경제적으로 낮은 계층의 소수민족을 고려하였음에도 불구하고, 인종과 민족 간에 나타나는 대부분의 교육적 성취의 차이는 사회적 계층에 의해 나타나는 것이라고 일반적으로 결론지었다(Gamoran, 1992; Levine & Havinghurst, 1984). 달리 말하면, 만약 해당 학생들의 사회경제적인 위치를 안다면 그들의 학업 성취 수준을 어느 정도 정확하게 예측 가능하게 된다. 그러나 학생들의 인종 및 민족에 대한 정보는 그러한 예측을 하는 데 큰 도움을 주지 못한다. 이는 곧 사회적 계층이 학생의 행동에 미치게 되는 강력한 영향력을 의미한다.

그렇다면, 다음과 같은 질문을 생각해 보는 것은 매우 중요하다. "교실에서의 성취에 차이를 가져오는 사회경제적 위치란 과연 무엇인가?" "교사는 이러한 차이가 최소화되도록 어떻게 해야 할 것인가?" 만약 사회경제적 위치가 학업 성취에 확실히 중요한 역할을 한다면, 이는 단순히 학부모의 소득과 교육수준만이 아닌 좀 더 구체적인 무엇인가가 작용한다고 할 수 있다. 연구에 의하면 상위층의 가정과 하위층의 가정 간에는 다르면서 좀 더 의미 있는 수많은 특징들이 학부모의 소득과 교육 수준에 연계되어 나타나고 있다. 결국 이러한 특징—소득과 교육의 간접적 결과—들이 학생들의 학업성취에 영향을 미치는 것으로 생각되고 있다.

사회경제적으로 하위층 출신 학생을 사회경제적으로 중·상위층에 속하는 학생들과 구분되게 만드는 한 특징은, 중·상위층 학생이 자신의 가정과 이웃 밖에 존재하는 세상에 대한 지식을 유아기에서부터 습득할 가능성이 월등히 높다는 사실이다. 즉 책, 잡지, 사회적 네트워크, 문화 행사 등을 통해 중·상위층 학생들은 좀 더 빨리 읽기와 말하기 능력을 개발하게 된다. 이러한 현상은 부모가 제공하는 교육(특정 의사소통 상황에서 독자적으로 사고할 수 있도록 훈련시키는 공식적이고 정교한 언어를 구사하는 경향이 있음)과 결합되어 중·상위층 학생들에게 초기 학교 생활에서부터 유리한 양상이 펼쳐지게 한다. 이러한 양상은 독자적인 사고보다는 복종과 순응이 강조되며, 자율적이며 자기주도적인 학습보다는 단순 암기 위주의 학습에 초점을 맞추는 가정환경에서 자라난 하위층 학생들과는 대조를 이루게 된다(Chiristenson, Rounds, & Franklin, 1992; Grant & Ray, 2009).

위의 현상에 영향을 미치는 또 하나의 사실은 하위층 학생들의 노동 가능 연령 어머니 중 70%가 직업 생활을 영위해야 한다는 사실이다. 지난 30년 동안 미국 가족의 구성은 극적인 변화를 겪어 왔다. 전통적인 가족 단위는 이제 더 이상 일반적인 모습이 아니라 예외적인 모습이 되었다. 1965년경에는 미국 가정의 60% 이상이 전통적이었다—직업을 가진 아버지와 집에서 자녀를 돌보는 전업주부. 그러나 오늘날에는 전체 가족 중 10%만이 과거 세대와 같은 전통적인 가족의 형태를 유지하고 있다. 오늘날의 가족은 맞벌이 부부 가족, 편모나 편부 슬하 가족, 재혼 가정 또는 평균 14회 정도 이사하는 가족 등이 좀 더 일반화된 형태가 되어 가고 있다. 이러한 모든 조건은 곧 가족의 구성과 그 속에서 자라는 학생의 발달에 영향을 미치게 된다.

어떤 예측자료에 의하면, 지금 태어나는 아이들의 대다수가 학부모와 같은 성인이 하루에 10~12시간 동안 가정에 있지 않는 환경에서 살게 될 것이다. 그리고 자녀의 교육에 참여하는 학부모의 시간 감소, 좀 더 산만한 생활방식, 직업 생활에서 받는 스트레스의 증가 등으로 인해 혜택받지 못하는 학생이 더 많이 양산되는 결과를 초래하게 될 것이다. Levin(1986)은 교육적으로 혜택받지 못하는 청소년이 모든 학령의 학생들 중 1/3 이상을 차지하고 있다고 추정했다.

언어가 학습에 미치는 효과

많은 학자들(Banks & Banks, 2006; Delgado-Gaitan, 1992, 2006; Minami & Ovando, 2003; Valencia, 1997)은 이민을 온 학생들의 학업성취도를 설명하는 데에 언어의 역할이 아주 중요하다고 말한다. 오늘날의 교사들은 2~3개의 언어를 구사하는 학생들 속에서 한국어 하나도 제대로 구사하지 못하는 학생을 가르치는 막중한 책임을 지고 있다. 집에서 사용하는 언어가 학교에서 사용하는 언어와 같은 학생들은 학업의 진보속도가 빠르지만 그렇지 않은 경우에는 많은 어려움을 겪는다. 무엇보다 이미 알고 있는 것을 학교에서 배우는 내용과 적절히 연결하기가 쉽지 않다.

교사가 학생의 문화, 언어, 사회경제적 위치를 고려하여 수업을 하고자 할 때 염두에 두어야 할 사항 몇 가지는 다음과 같다.

- 비지시적, 자기주도적인 수업을 진행하여 학생이 자신의 문화와 경험을 학습과정에 반영할 수 있도록 하라.
- 다양성에 구애받지 말고 모든 학생에게 높은 기대치를 설정하라. 교사의 기대치는 낮게 설정되는 것보다 높게 설정되어야만 한다.
- 교육과정 구성, 수업전략 개발, 평가 과정에서 학부모가 참여할 수 있도록 하라.
- 다양한 학생들을 섞어서 가급적이면 이질집단을 구성하라.
- 맞춤식 수업법을 배워서 실험해 보라.

성격과 학습양식이 학습에 미치는 효과

지금까지는 일반 지능, 특정 적성, 과제 관련 선행학습, 가정환경 등이 학습에 미치는 영향에 대해 논의하였다. 이제부터는 학생의 성격과 학습양식이 학습에 미치는 효과를 살펴보도록 하자.

신뢰성, 창조성, 독자성, 불안, 쾌활, 권위성, 공격성 등의 낱말이 학생을 설명하기 위해 활용될 때, 이러한 말들은 학생 성격의 여러 측면을 표현하고 있다고 할 수 있다. 성격은 정서적인 반응, 기질, 가치가 포함된 인간의 특성, 동기, 신념, 능력 등이 결합된 것이다. 성격의 의미는 학자에 따라 광범위하여 때로는 지능과 특정 능력을 포함하기도 한다.

성격의 어떤 부분은 모종의 사태에 의해 행동이 촉발될 때까지 잠재해 있기도 한다. 이는 곧, 예를 들어, 5차시 사회과 수업에서 공격적인 학생이 다른 교사의 7차시 수학시간에는 부끄러워하고 협동적인 행동을 보인다는 사실을 들었을 때 교사가 당황할 수밖에 없는 이유가 된다. 또한 이는 어떤 교사들과 학생들은 수업시간에 전혀 서로 눈을 마주치지 않는 이유도 된다. 다행히도 이러한 성격 갈등은 거의 드물지만, 교실에서 나타나게 되면 교사와 학생 간의 친밀감 형성의 저해요인이 된다.

Erikson의 학교 생활에서의 위기국면

어떤 심리학자들은 상이한 성격이 인간 생애의 특정 기간에서 각각 현저하게 나타난다고 믿고 있다. 예를 들어 성격 형성에 관한 이론을 주창한 Erikson(1968)은 유아기부터 노년기까지의 성격 발달에 있어 8개의 다른 단계(위기국면이라고 부름)가 나타난다고 주장하였다. 그 중에 〈그림 2.4〉에서 보여 주듯이 학교를 다니는 기간에는 세 가지 단계가 나타난다.

1. 성취감 대 열등감의 위기국면
2. 정체성 대 역할 혼돈의 위기국면
3. 친화 대 고립의 위기국면

성취감 대 열등감에 해당하는 첫 번째 위기단계 동안 아동은 타인에게 인정받을 수 있는 결과물이나 성취물을 만드는 방법을 찾게 된다. 이러한 식으로 아동은 성인들이 자신감을 가지고 능력을 발휘하는 경쟁 세계에서 나타날 수 있는 열등감 또는 부적절한 느낌을 떨쳐 버리기 위해 자신의 가치를 만들어 나간다. 먼저 이러한 성취물은 가장 쉬운 형태를 띠게 된다—운동 잘 하기, 학교에서 잘 지내기, 집안일 도와주기 등. 이 단계는 학생이 성취감을 많이 경험하게 하는 것이 자신의 가치를 교실 활동에서 찾도록 하기 위해서 필요하기 때문에 교사에게 있어 특히 중대한 시기이다. 따라서 모든 학생이 교실에서 어떤 형태로든 성공적인 경

그림 2.4 Erikson이 주장한 재학기간 중의 개인적 · 사회적 발달차원에서의 3단계 위기국면

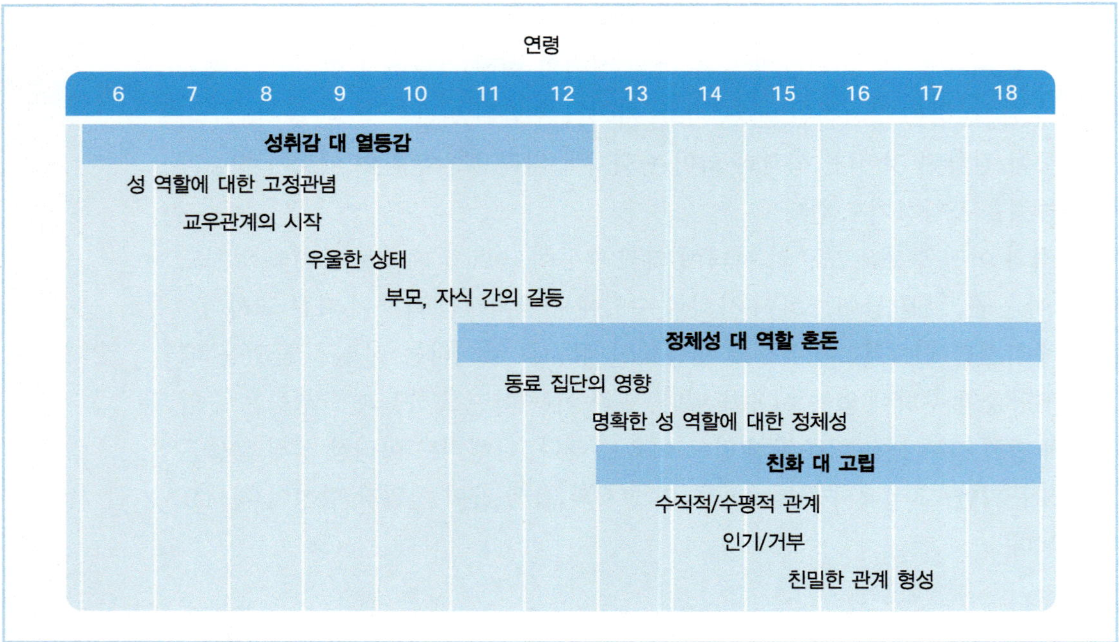

험을 가질 수 있게 하는 것이 이 발달단계의 위기국면을 헤쳐 나가는 데 도움을 주는 원동력이 된다.

Erikson이 제기한 학교생활 동안 겪게 되는 두 번째 위기국면, 정체성 대 역할 혼돈은 학생이 자신을 이해할 필요성에서 발생한다—자신의 정체성, 즉 "진짜 나"를 발견하는 일. 특히 이 시기에는 자신의 성별, 인종, 민족, 종교, 신체적인 매력 등이 일관성 있고 수용 가능한 자신의 이미지를 만들 수 있는지의 여부에 중요한 역할을 하게 된다. 이 단계는 환상, 가공의 이미지, 과장 등에서 탈피하여 진정한 자신을 수용하는 과정이다.

사회심리학자들은 이러한 위기국면에서 자아를 발견하고 수용하는 과정에서, 인간은 자신의 환경과 성취에 대해 통제하는 의식인 인정을 경험해야 한다고 역설하였다. 그래서 어떤 집단에 대한 소속감은 이러한 욕구를 강하게 한다. 사회심리학자들(Harpine, 2008; Patricia & Schmuck, 2001)은 많은 학생들이 인정, 통제, 성취를 느낄 수 있는 기회를 교사들이 제공하도록 하며, 이러한 동기화를 학습목표 성취에 이용할 수 있도록 도와주어야 한다고 주장했다. 그리고 이 사회심리학자들은 경고하기를, 학생들이 교실에서 이 세 가지 기본 욕구(인정, 통제, 성취)를 충족시키지 못하면 많은 학생들은 거부당하고, 관심 밖의 존재가 되고, 무기력해졌다는 의식을 강하게 품게 되어 교실 내에서의 동기화와 행동에 있어 문

제를 불러일으키게 된다고 했다.

Erikson이 제기한 학교생활 동안 겪게 되는 세 번째 위기국면, 친화 대 고립은 타인과 가깝고 친밀한 관계를 계발하는 것과 관련이 있다. 교사, 부모, 동료들과 잘 지내는 방법을 배우는 것은 이 위기국면을 성공적으로 헤쳐 나가는 데 학생이 반드시 터득해야 할 주요 발달과제이다. 수직적 관계(Hartup, 1989; Tremblay, Hartup, & Archer, 2005)라고 말하는 교사, 부모와의 성공적인 관계는 안전, 안도감, 보호에 대한 학생의 욕구를 충족시켜 준다. 그리고 수평적 관계라고 말하는 동료와의 성공적인 관계도 수직적 관계와 마찬가지 의미의 학생 발달을 가져다 준다. 이러한 관계 정립은 학생의 소속감에 대한 욕구를 충족시켜 줌과 동시에 중요한 사회성 기술을 연습하고 습득하는 기회도 제공해 준다. 학교에 들어갔을 때 학생에게 건전한 관계를 정립하는 기회를 제공하는 것은 타인과 잘 지내고 타인을 도와주며 친밀감을 형성하는 데 필요한 중요한 기술을 개발하도록 도와주게 된다. 그런데 건전한 수직적 관계를 경험하고 교우관계를 쌓는 태도와 기술을 배우는 것에 실패하게 되면 바람직하지 못한 결과를 낳게 된다. 이러한 실패를 보통 사회적 거부라고 한다.

현재의 연구결과는 사회적으로 거부당한 아동은 학교에서 공격적이고 파괴적인 행태를 보이며(Bernstein, 2006; Hartup, 1989), 심한 소외감을 경험하고(Cassidy & Asher, 1992), 청소년기와 성년기에 정서적인 난폭성을 보일(Dishon, Patterson, Stoolmiller, & Skinner, 1991; Libal, 2007) 가능성이 높다는 사실을 제시하고 있다. 그러나 학생은 동료들에게 수용될 수 있는 데 필요한 어느 정도의 사회성 기술을 배울 수 있다는 연구결과도 있다. 게다가 학생들이 스스로의 유용한 수평적 관계를 구성할 수 있게 도와주면 그들은 교실에서 바람직한 행동결과를 가져오게 되는 교우관계를 수립하는 태도와 기술을 습득하게 될 것이다.

학생들이 자기 자신에 대해 그리고 자신의 특유성을 표현할 수 있는 방식으로 학습에 적극적으로 참여하게 해 주도록 수업을 계획하는 과제 지향성은 이러한 세 가지 기본 욕구를 충족시키는 데 도움이 될 것이다. 인정, 통제, 성취 등을 위한 기회를 학생에게 제공해 주는 교실활동은 다음과 같다.

- 예술
- 자서전적인 자료 수집
- 협동 활동
- 시범과 전시
- 토의

수평적 관계라 불리는 동료와의 원만한 관계는 학생의 소속감 욕구를 충족시키고 중요한 사회적 기술을 획득하고 연습하게 해 준다. 이러한 우정은 대개 충성, 보호, 상호 이익을 추구하는 또래 집단을 통해 형성된다.

- 연극/즉흥연기
- 모델링
- 포트폴리오
- 프로젝트
- 역할 연기
- 동화구연(이야기 말하기)

학습양식

학업 성취에 영향을 미치는 성격의 또 다른 측면은 학생의 학습양식이다. 학습양식이란 학생이 선호하는 수업이나 학습환경에 관한 조건을 의미한다. 많은 학자들은 왜 어떤 학생은 학습에 대해 접근할 때 분석적이기보다는 종합적인가에 대해 연구하고 있다(Irvine & York, 2001; Mshelia, 2008). 어떤 연구자들은 종합적인 학생을 표현할 때 총체적 · 시각적이라는 용어를, 그리고 이와 상반된 성향을 가진 학생을 표현할 때는 분석적 · 언어적이라는 용어를 사용하기도 한다(Tharp & Gallimore, 1989). 또 다른 학자는 총체적 · 시각적 학생을 장 예민성(field sensitive)으로, 그리고 분석적 · 언어적 학생을 장 둔감성(field insensitive)이라고 한다. 이러한 학자들이 의미하는 바는 무엇인가?

기본적으로 이러한 용어들은 인간이 세상을 어떻게 바라보는가를 지칭하는 것이라고 할 수 있다. 장 의존적(field dependent)인 사람은 세상을 크고 서로 연결된 형태로 바라본다. 예를 들어 화산을 볼 때 장 의존적인 사람은 그 화산의 전체적인 모습, 총체적인 색상, 화산이 속해 있는 지형 등을 주로 인식하게 된다. 이에 반해 장 독립적(field independent)인 사람은 화산을 분리된 부분으로 인식하는 경향을 보인다. 즉, 이러한 사람은 개개의 나무들, 여러 가지 암석들, 칼데라, 전체 화산구조에서 해당 칼데라가 위치한 곳, 용암이 분출되어 형성된 지형 등을 주로 보게 된다. 이러한 장 의존성과 장 독립성을 좀 더 잘 이해하기 위해서 몇몇 학자들이 주장하는 학설을 구체적으로 살펴보도록 하자.

Franklin(1992), Mshelia(2008), Tharp(1989)는 장 의존성과 독립성은 각 개인에게 상당히 영구적으로 나타나는 특성으로서, 특히 학습에 대한 접근방법을 달리하는 데 영향을 미친다고 주장하였다. 〈표 2.2〉는 양쪽 유형의 학생에게 전형적으로 나타나는 몇몇 특성을 요약해 주고 있다. 즉, 이 학자들은 최소한 몇몇 학생들은 자신의 상이한 성격 또는 장 의존적이거나 장 독립적인 성향에 입각해서 학습활동 중에 정보에 대해 다르게 생각하고 처리한다는 사실에 동의하고 있다. 따라서 그들은 성향별 학생들이 〈표 2.3〉에서 제시되고 있는 여러 수업전략의 혜택을 받을 수 있다고 역설하고 있다.

학습양식과 문화 교육 전문가들은 학습양식과 문화와의 상관관계에 많은 관심을 표명해 왔다. 많은 연구에 의하면 인디언, 남미계 사람, 흑인들은 백인과 아시아계 사람들보다 장 의존적이라고 한다(Bennett, 2006; Cushner et al., 2008; Garcia, 1991; Mshelia, 2008; Tharp, 1989; Waxman, Tharp, & Hilberg, 2004). 그래서 이 학자들은 교사가 장 의존성이 높은 학생들을 가르치게 되면 그에 적합한 교수방법을 사용해야 한다고 제안하였다.

소수민족 계통 학생들은 백인과는 다른 학습양식을 가지고 있다는 연구결과가 있는가? 물론 증거는 일관성 있게 나타나지 않지만, 일반적으로 몇몇 연구에서 검증된 사실은 소수민족 계통 학생들이 자신의 학습에 대한 접근방법에 있어 분석적 · 언어적이거나 장 독립적이기보다는 총체적 · 전체적 · 시각적이거나 장 예민성에 가깝다는 점이다. Shade(1982)는 흑인 학생들이 장 예민성에 관한 능력을 강조하는 학습양식을 가지고 있을 뿐만 아니라 대인관계 지향적인 교실활동(협동학습이나 활동)을 선호한다고 말한다. 다른 학자들(Irvine & York, 2001)은 멕시코계 미국인들이 백인보다 장 예민성이 높게 나타난다고 결론지었다. 특히 이들은 멕시코계 미국인들이 자녀를 키울 때 가족애를 중시하며 어른을 공경하고 그의 말에 복종하는 경험을 강조함으로써 장 예민성이 높은 학습양식에 이르게 하는 결과를 낳게 되었다고 주장하였다.

표 2.2 장 의존적인 학생과 장 독립적인 학생의 특성

장 의존적인(장 예민한) 학생	장 독립적인(장 둔감한) 학생
1. 개념이나 자료에 대해 총체적인 관점으로 지각	교육과정 자료의 세부사항에 초점
2. 교육과정의 자기화 개념을 자신의 경험과 연결	사실과 원리에 중점
3. 교사로부터 안내와 시범을 원함	교사와의 물질적인 접촉을 별로 원하지 않음
4. 교사와의 관계를 강화해 주는 보상을 요구	교사와의 공식적인 상호작용은 자신에게 부여된 과제에 국한시킴—비사교적인 보상을 요구
5. 타인과 활동하기를 선호하고 타인의 감정과 의견에 민감	독자적인 활동을 선호
6. 협동하기를 좋아함	경쟁을 좋아함
7. 교사에 의해 구조화된 활동 선호	스스로 정보를 구조화

표 2.3 장 의존적인 학생과 장 독립적인 학생을 위한 수업전략

장 의존적인(장 예민한) 학생	장 독립적인(장 둔감한) 학생
1. 인정과 온정 차원의 물질적이고 언어적인 경험을 제시	학생과 단도직입적인 상호작용 영위—수업내용에 대한 전문성을 보여 줌
2. 사교적이고 몸으로 느낄 수 있는 보상에 의해 동기화	점수와 같이 비사교적인 보상에 의해 동기화
3. 협동학습 활동 활용	완전학습 지향적인 수업전략을 더 많이 사용
4. 교정적인 피드백을 자주 사용	필요시에만 교정적인 피드백을 이용
5. 학습 중에 상호작용 허용	독자적인 프로젝트를 수행하는 활동 강조
6. 수업, 프로젝트, 숙제 등을 구조화	학생 자신의 구조를 개발하도록 격려
7. 강의자, 시연자, 점검자, 강화자, 채점자, 자료 설계자로서의 교사 역할	자문역, 경청자, 중재자, 촉진자로서의 교사 역할

학습양식에 있어서의 문화적 차이 몇 가지 유의사항 대다수의 소수민족 계통 학생들에게 장 예민성 수업방식을 제공해야 하는 정당성이 충분히 부여되었는가? 그래서 교사들은 대부분의 흑인, 남미계, 인디언들을 가르칠 때 협동학습, 대인관계 활동과 동작·행동 지향적인 활동, 시각적·전체적인 학습 등의 교수방법을 더 많이 활용해야 하는가? 이러한 문화적인 차이를 반영한 교육을 하기 전에 반드시 다음의 주의사항을 명심해야 한다.

1. *영속적인 고정관념을 조심해야 한다.* Grant(1991)는 앞에서 서술한 문화적 차이에 대한 정보가 “이러한 학생들은 결손과 부정적인 차이점을 가지고

있어서 백인 학생만큼의 학습능력을 보여 주지 못한다고 교사를 믿게 만드는 문화결핍 가설을 확신하도록" (p. 245) 잘못 이용될 우려가 있다고 경고했다. 다른 학자들(Valencia, 1997; Weisner, Gallimore, & Jordan, 1988)은 소수민족 계통 학생들의 학업 성취의 차이를 문화적으로 설명하는 것은 자칫 소수민족의 문화행태에 대해 검증된 연구결과를 비약하여 전반적이고 고정관념적인 사고방식을 낳게 할 위험성이 존재한다고 역설하였다. 특히 Kendall(1983), Obiakor(2006)는 학업 성취에서 특정 문화를 고려한 학습과 학습양식의 잠재적 효과를 아는 것이 곧 특정 방법으로 특정 학생이 행동하고 학습하는 것을 완전히 예측할 수 있는 것이라고 할 수는 없다고 말했다.

2. *집단 내에서 나타나는 차이를 고려해야 한다.* 여러 소수민족 계통 학생들의 학습양식 선호에 대한 대부분의 연구는 한 문화집단 내에 존재하는 차이 정도가 집단 간에 존재하는 차이와 유사하다고 결론지었다(Cushner et al., 1992; Tharp, 1989). 다시 말하면 인디언, 남미계 미국인, 흑인, 백인 등은 장 의존성과 장 독립성 검사에서 상당한 차이를 보인다. 어떤 백인들은 검사결과에서 장 의존성이 높게 나오고, 또 어떤 인디언들은 장 독립적이라는 검사결과를 얻기도 한다. 평균적으로 각 집단들은 다르게 나타난다. 그러나 그 평균의 차이가 상당히 다양하게 나타난다. 따라서 동일 문화집단으로 구성된 교실에서 장 의존적인 학습양식을 활용하게 되면 최소한 몇몇 학생들에게는 부적절한 교육이 될 가능성도 배제할 수 없다.
3. *문화적인 차이를 고려하는 데 집중하다가 전문가적인 업무를 도외시할 위험성이 있다.* Gardner 등(Catledge, Gardner & Ford, 2007), Lindsley (1992)와 같은 교육 전문가들은 학습양식에 따른 학업 성취의 차이에 대해 가정할 때, 비효과적인 수업방법과 같은 학생 외부에 존재하는 요인은 빼놓고 생각해야 한다고 했다. 또한 소수민족 계통 학생에게 제공되는 수업의 질은 백인에게 제공되는 것과 같아야 하고, 교사가 소수민족 계통 학생들에게 특히 적합한 수업방법을 계획하기 전에 다수민족과 소수민족 계통 학생들은 마땅히 학습자원, 교사의 질, 기대수준, 수업에서의 전문가적인 기법, 시험, 동기화 전략 등에서 같은 경험을 할 수 있도록 배려되어야 한다고 했다. 비록 흑인과 인디언 계통 학생들이 문화적인 차이를 반영한 학습방법을 통한 읽기와 수학에서 학업 성취가 향상되었다는 몇몇 연구(Franklin, 1992; Tharp, 1989; Waxman, Tharp, & Hilberg, 2004)가 있지만, 전통적인 방법을 사용한 전문성이 높은 수업이 유사하거나 동일한 학습효과를 가져

오지 못했다는 것을 검증하는 데 실패하였다.

또래 집단이 학습에 미치는 효과

학생의 행동에 가장 강력한 영향을 미치면서도 가장 덜 논의되고 있는 요인들 중의 하나가 또래 집단이다. 잠재적 교육과정의 주요 원천이라고 하는 또래 집단은 학생에게 교실에서 어떻게 행동하고, 시험을 위해 어떻게 공부해야 하며, 교사 및 학교 행정가들을 어떻게 대할 것인가 등에 대해 영향을 미칠 수 있고, 또한 가르쳐 주기도 하며, 결국은 여러 가지 방법으로 학교에서의 성취와 실패를 좌우할 수도 있다. 초등학교의 놀이집단에서 고등학교의 10대들 모임에 이르기까지 학생은 타인의 관점에서 수용될 수 있도록 어떻게 행동하고 자신의 위치를 확보할 수 있는가에 대해 배우게 된다. 그러한 위치를 확보한다는 것은 또래 집단으로부터의 인정을 의미하며, 이는 곧 좋은 자아개념을 증진시키게 된다(Prinstein & Dodge, 2008).

개별 학생들의 행동에 영향을 미치는 또래 집단의 힘은 학생이 대의명분에 대한 복종의 뜻을 자발적으로 표명하는 것에서 나타나게 된다. 교사와 부모는 자신들의 학생과 자녀에게 적절한 행동을 요구하기 위해서 때때로 부탁 · 간청 · 벌 · 보상을 해야만 한다. 그러나 종종 구체적으로 언급된 것도 아니며 추상적인 행동 원칙에 대해 전적으로 따르는데, 그러한 행동들이 또래 집단에게는 필요하지 않다. 즉, 유행에 민감한 학교 패션, 새로운 속어, 모이는 장소, 수용 가능한 친구 유형, 허용되는 학교 외 활동 등은 수업계획서, 교과서 또는 직접적인 설명 없이도 완벽하게 전달되고 가르쳐진다. 대신에 이러한 행동들은 '튀는 타인' 에 의해 전달되고, 특정 또래 집단에 대한 소속감을 유지하고, 그 집단에게 수용되길 간절히 원하는 학생들에 의해 받아들여지게 된다.

우정의 형태는 대체로 또래 집단을 통해 이루어지며, 때때로 충성심, 보호, 호혜에 대한 강력한 헌신을 바탕으로 또래 집단에 대해 집착하게 된다. 이러한 헌신은 개별 또래 문화나 학교 내 불량조직까지도 초래할 수 있다. 그러한 문화는 교실에서 형성된 학업에 헌신하는 분위기와 경쟁할 수 있으며, 자주 그러한 분위기를 밀어 내기도 한다. 따라서 시험을 위한 공부 또는 과제 완성이 또래 집단의 이익을 위해 희생되는 일이 빈번하게 발생한다. 그리고 또래 집단은 지성, 학업 성취, 성격, 가정 형편, 외모, 개인 및 사회적 관심사 등의 다양한 개인차에 입각해서 형성될 수 있다. 그러나 또래 집단은 외부인이 전혀 알아 낼 수 없으며, 때로는 또래 집단 내의 학생도 정확히 알 수 없는, 복합적인 개인차들의 결합을 통해 형

교실에서 또래 집단에게 긍정적인 영향을 줄 수 있는 하나의 좋은 방법은 사회적으로 인정받기 위해 학급원이 해야 할 일과 하지 말아야 할 일 그리고 서로에게 기대하는 행동방식 등과 관련된 교실규칙에 대해 논의하는 모둠토의를 시행하는 것이다.

성된다(Hartup, 1989; Maynard & Martini, 2005; Schmuck & Schmuck, 2001).

교실에서 또래 집단의 특성이 중요하게 부각되는 이유는 동료가 학습과정에 적극적으로 참여하는 행동을 촉진하는 데 활용될 수 있기 때문이다. 학습목표 달성을 위해 또래관계를 건설적으로 이용하는 다양한 접근방법은 다음과 같다.

1. *다른 또래 집단으로 구성된 모둠(조별) 활동을 강조한다.* 조를 편성할 때 상이한 배경과 흥미를 가진 학생들끼리 짝지어지도록 해서 과제를 위해 다양한 기술과 재능이 발휘될 수 있게 한다. 다른 유형의 학생들이 협동학습에 배정되면 모둠활동은 극단적이거나 파괴적인 행동을 지양하고 중용을 택하는 경향을 보인다.
2. *사회적으로 수용되는 차원에서 학생들이 해야 하거나 하지 말아야 할 교실 수칙에 대해 논의한다.* 전체 학생에게 교사가 그들에게 원하는 것이 무엇인지 예를 들어 설명해 준다. Glasser(1998a), Brookfield와 Preskill(2005), Sartor와 Brown(2004)은 교실이 어떻게 운영되어야 하는지, 학업 수행에 방해가 되는 문제들은 무엇인지, 그리고 이에 필요한 규칙과 일과는 어떤 것인지 등에 대해, 교사는 학생들과 의견을 교환하는 토의를 주재해야 한다고 제안하였다.
3. *학생들이 서로 매력을 느끼도록 해서 집단의 결속력을 다진다.* 다음과 같은 활동들을 통해 학생들이 서로를 잘 알 수 있는 기회를 제공해 준다—우정이라는 주제로 게시판을 구성한다. 모든 학생들이 읽을 각자의 간단한 자서전을 쓰도록 한다. 이름 · 취미 · 장래 희망 직업 등이 포함된 교실 인명록

을 출판한다. 각자 자신이 직접 만든 것이나 가장 아끼는 것(장난감, 도구, 모형 등)을 가져와서 서로 보여 준다.

4. *역할모범으로 존중받을 만한 측면에서 나이가 많거나 성숙한 학생들이 또래 학습도우미 상황에서 더 어린 학생들과 상호작용하고 도와주도록 한다.* 많은 학교가 학습도우미라고 불리는 프로그램을 시행하고 있는데, 여기서 도우미는 상급 학년에서 선정되어 주로 일탈 또는 좌절한 학생인 아래 학년 학생을 도와주게 된다. 연구에 의하면 또래 학습도우미는 어떻게 가르칠 것인가에 대해 훈련을 받고 도우미 역할에 대한 구체적인 안내를 받게 될 때 가장 성공적이라고 한다.

학생의 가정생활과 사회적 맥락이 학습에 미치는 효과

학습에 있어 또래 집단의 영향과 가장 밀접한 관계를 가지고 있는 것이 학생이 살고 있고, 놀며, 일하는 사회적 상황이라고 할 수 있다. 이러한 상황에서 가장 현저한 영향을 주는 원천은 학생의 가족과 그 가족이 학교와 맺고 있는 관계이다.

1993년에 열린교육 개혁을 위한 전체 주지사 회의에서 놀라운 의제가 선정되었다. 결국 1994년에 국회에서 개정 · 승인된 이 의제는 2000년대의 첫 10년 동안 달성할 다음과 같은 교육목표를 제안하였다(U.S. Department of Education, 1998).

1. 미국의 모든 학생이 취학연령에 맞게 학교에 다닌다.
2. 고등학교 졸업률을 최소한 90%까지 끌어올린다.
3. 모든 학생들이 과학과 인문학에서 필요한 기본적인 능력을 갖추고 4, 8, 12 학년을 수료하도록 한다.
4. 교사들이 전문 연수 프로그램을 받을 수 있는 기회를 가지게 한다.
5. 학생들이 수학과 과학의 학업 성취에서 세계 최고가 되도록 한다.
6. 모든 성인은 문맹에서 벗어나고, 세계화 경제에서 경쟁하는 데 필요한 지식과 기술을 갖추며, 민주시민으로서의 권리와 의무를 실천한다.
7. 모든 학교가 마약과 폭력으로부터 해방되고 학습에 전념할 수 있는 올바른 분위기를 조성한다.
8. 모든 학교는 학생의 사회적, 정서적, 학업상의 성장을 위해 학부모의 참여와 연계를 촉진한다.

주지사의 의제에 관한 해설을 통해 출현한 주제는, 학교가 이러한 목표를 달성하기 위해 학부모와 진정한 동반자 관계를 맺는 것을 실현한다는 내용이다. 교사, 학부모, 행정가 중 어느 한 집단만을 개혁의 주체로 초점을 맞추게 되면 희망하는 결과를 얻지 못할 것이다. 그보다는 학부모, 지역사회 인사, 교육자들이 서로 동반자 관계를 맺고 적극적으로 참여하는 것만이 바람직한 결과를 창출해 내는 지름길이 될 것이다(Epstein, 2001; Lambert, 1991).

학부모와 교사가 동반자 관계가 되었을 때 학생의 학업 성취를 높일 수 있을 뿐만 아니라 학부모가 교사와 학교에 대해 이해할 수 있게 될 것이다. 즉, 가정과 학교 사이에서 조정과 협조가 이루어지면 학업 성취, 학교에 대한 태도, 교실 행동, 학부모와 교사의 사기를 향상시킨다는 연구결과가 있다(Cochran & Dean, 1991; Wright, Stegelin, & Hartle, 2006). 교사가 학생의 학부모나 보호자와 진정한 동반자 관계를 형성하는 것은 질서정연한 교실 풍토 정착, 관리가 뛰어난 업무환경 수립, 교육목표와 학습목표 개발, 효과적인 수업 실행, 학생 성취 평가와 같은 교사의 주요 임무들과 똑같이 중요하다.

학부모를 학교 운영에 참여하게 하는 일은 교사로 하여금 학부모의 참여와 협조를 연결하는 체제가 1년 내내 잘 가동되도록 구축하고 강화하는 역할을 요구한다. 가정과 학교의 연결체제는 학교와 가정의 동참을 위한 기회이며, 교사와 학부모 회의, 가정 방문, 지역사회 행사에서의 교사 참여, 소식지, 전화 통화, 개인 메모, 교실 도우미로서의 자원봉사, 가정 기반 교육과정 자료의 활용 등을 포함하고 있다. 이러한 노력은 학년 초에 학부모들에게 단순히 가정 통지문을 발송하고, "학부모 오시는 날"에 시범수업을 제공하거나 일상적으로 가정에 메모를 보내는 일 이상의 것을 의미한다. 이러한 연결체제를 구축하고 키워 나가는 노력은 성공적인 교실 업무환경을 수립하는 교사에게 가장 중요한 활동이다.

이러한 과정에 도움을 주기 위해 Bronfenbrenner(1989)는 가정과 학교의 동반자 관계를 체제 생태학적 관점에서 바라볼 것을 주창하였다. Bronfenbrenner는 동물학자가 자연을 하나의 생태계로 보는 것과 같은 관점으로 학생을 보았다. 이러한 학생의 생태계에서 주요 체제에는 가족, 학교, 또래 집단 등이 있다.

학생의 생태계를 도식화하는 한 방법은 〈그림 2.5〉에서 제시한 바대로 여러 겹의 동심원의 형태로 나타내는 것이다. 여기서 각 동심원과 그들 간의 연결에는 특별한 의미가 담겨 있다. 가장 중앙에 있는 층은 미시체제라고 부른다. 이 동심원은 학생이 자신의 시간 대부분을 꾸려 나가거나 보내는 모든 곳을 포함하고 있다—가족, 학교, 교실, 탁아시설, 놀이터, 만약 학생이 나이가 있다면 직업 생활 등. Bronfenbrenner는 이러한 장소들을 하위 체제라고 명명했다.

각 하위 체제는 자체 내에서는 하나의 체제로서 간주되고 있다. 즉, 학교체제 자체는 교사, 학교 행정가, 사무직원, 학교 운영위원회, 학생 등의 하위 체제로 구성되어 있다. 또한 가족체제는 부부, 부모, 형제, 때로는 조부모 등의 하위 체제를 포함하고 있다. 그리고 동료체제는 사회적 친구관계, 학교 친구, 운동이나 취미로 인한 친구관계 등을 내포하고 있다.

그 다음 층의 체제는 학생들이 직접 경험하지는 않지만 그들이 미시체제에서 살아가는 데 미치는 효과 때문에 학생들에게 영향을 주는 하위 체제들로 구성되어 있다. 이 층은 외부체제라고 한다. 이 체제는 부모의 직장, 부모의 친지, 사친회(PTA), 학교 운영위원회 등을 포함하고 있다.

마지막으로 미시체제와 외부체제는 거시체제라고 불리는 커다란 환경 내에 존재하고 있다. 따라서 이 체제는 미시체제와 거시체제가 기능하는 커다란 문화나 사회를 지칭한다. 〈그림 2.6〉은 이 체제들 사이의 관계성을 제시하고 있다.

체제 생태학적 관점은 학생의 행동을 개인 단독의 산물이 아니라 학생이 한 구성원인 여러 체제 내에서 작용하는 학생, 요구, 세력들에 의해 나타나는 총체적인 결과물이라는 관점에서 바라보아야 한다는 것을 강조하고 있다. 가족의 경험과 가족체제의 문화가 학교에서의 행동과 학업 성취에 영향을 주며, 결국 가족체제에 다시 영향을 미치게 된다. 즉, 가족 내의 문제의 영향을 받은 학교 적응문

그림 2.5 체제 생태학적 관점에서 본 아동

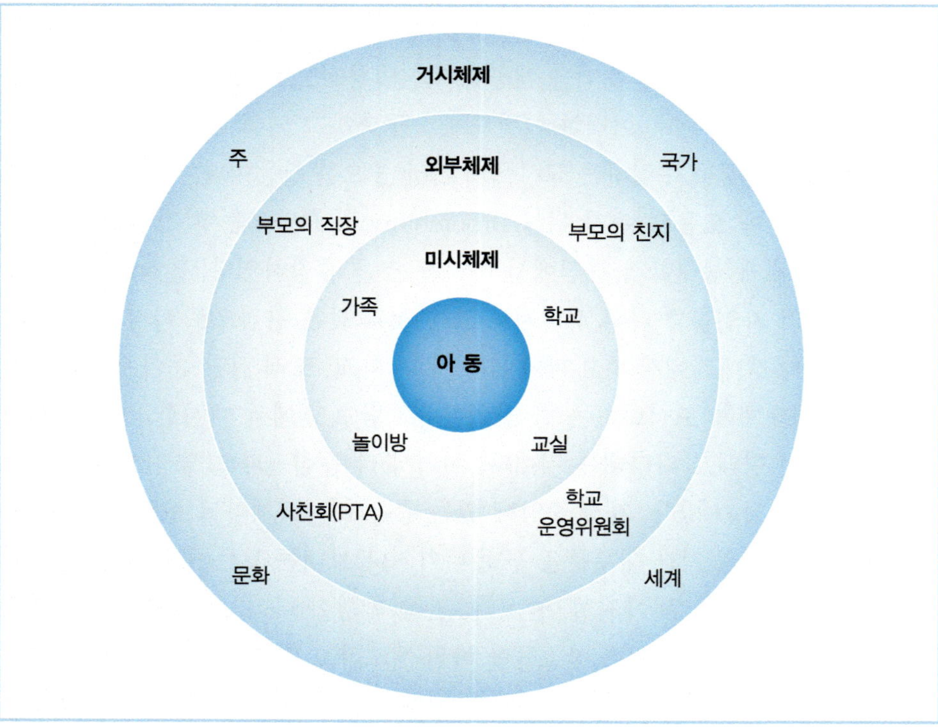

제들은 종국적으로 다시 가족체제 자체 내의 조건을 악화시킬 수 있다. 예를 들어 가정 통지문에 전혀 서명하지도 않고 되돌려 보내지도 않는 부모들이, 예상한 것과는 달리 자녀에게 전혀 관심도 없고 관여하지 않는 부모가 아닐 수도 있다. 즉, 가족체제 내의 역학관계(예, 집중적인 보살핌이 필요한 형제가 있거나 새로 태어난 아기 양육에 헌신해야 하는 경우)가 그들의 자녀 교육에 있어 명백한 관여 부족을 설명해 줄 수도 있다.

따라서 부모, 교사, 학생들의 행동을 이해하려고 시도할 때 체제 생태학적 관점은 우리 스스로에게 "가족-학교 환경 내에서 어떤 힘이 작용해서 그 사람을 이렇게 행동하게 만들었는가?"를 반문해야 한다고 권장하고 있다. 만약 목표가 학생의 학업과 사회성 발달을 촉진시키는 것이라면 체제 생태학적 관점은 가족-학교의 동반자 관계에 있어 가장 중요한 현안에 초점을 맞춘다.

교실에서 가족-학교의 동반자 관계를 이해하고 촉진하기 위한 제언으로 다음과 같은 사항들을 유념할 필요가 있다.

1. *가족을 체제 생태학적 관점에서 바라보아야 한다.* 학생 또는 학부모의 행동을 단순히 개인의 심리적인 요인으로부터 비롯된 산물이라고 생각해서는 안 된다. 그 대신에 가족체제는 부부체제, 부모체제, 형제체제, 조부모나 고용주와 같은 추가 가족 또는 외부체제 등과 같은 여러 하위 체제로 구성

그림 2.6 아동의 생태계

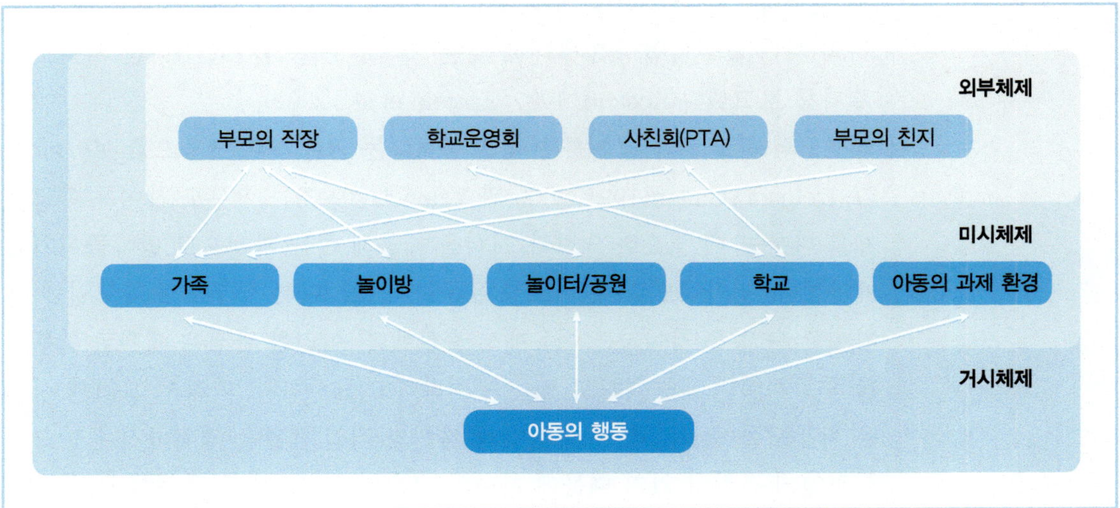

출처: From *The Developing Child*, 6th edition, by Helen Bee. Copyright © 1992 by Allyn and Bacon, Boston, MA. Adapted by permission of the publisher.

되어 있다는 사실을 인식하고 있어야 한다. 하나의 하위 체제에서의 변화는 불가피하게 다른 체제에서의 변화를 불러온다. 밤에 자녀에게 일찍 잠자리에 들도록 하는 책임을 강화하도록 부모에게 요구하면 그 가정에서 부부간의 논쟁, 자녀에 대한 벌, 형제로부터의 조롱, 친척들에 의한 개입과 비판 등을 초래할 수도 있다. 마찬가지로 부모에게 자녀가 숙제를 완성하도록 독려하라는 요구는 불가피하게 그 반향이 전체 가족체제에 퍼지게 된다. 이러한 영향은 부모의 역할행동에 상당한 변화를 가져올 정도로 매우 크다고 할 수 있다.

2. *미국 가족체제가 변했다는 것을 인식해야 한다.* 여러 가정 중 맞벌이 부부가 많다. 맞벌이 부부 가정에 대한 교사들의 의식에 관한 한 연구는 맞벌이 부모들이 자녀 교육에 덜 관여하는 것으로 교사들이 믿고 있다고 결론지었다(Coontz, Parson, & Raley, 1998; Linney & Vernberg, 1983). 그러나 Delgato-Gaitan(1991, 1992, 2006)의 연구에 의해 직장을 가진 어머니나 전업주부나 자녀와 관련된 활동에 보내는 시간이 같다는 사실이 입증되었다. 더 나아가 그들의 연구에서 일을 하는 어머니의 자녀가 전업주부 자녀만큼 특별활동에 참여한다는 결과도 나왔다.

   전체 가정에서 편부모 슬하 자녀의 가족이 약 25%를 차지하고 있다. 그런데 여전히 교사는 이러한 가족 형태를 결손가정으로 보고 있다(Carlson, 1992). 존스홉킨스대학 초·중등교육연구소(Johns Hopkins Center for Research on Elementary and Middle Schools)에 근무하는 연구원인 조이스 엡스타인은 아무런 근거자료가 없음에도 불구하고 교사들은 편부모 슬하의 자녀들의 학업성취에 대해 낮은 기대수준을 가지고 있다는 의식조사 결과를 보고했다(Epstein, 1987; Epstein et al., 2002).

3. *학부모의 학교 교육 참여를 부족 모형보다는 권한 부여 모형으로 보아야 한다.* Delgado-Gaitan(1991, 2006)과 Valencia(1997)는 학부모 참여를 학교체제를 다루는 데 필요한 역량과 지식을 제공해 주는 과정으로 받아들이기를 제안했다. 일반적으로 부족 모형은 문화적으로 다른 학부모가 학교일에 잘 참여할 수 없을 것이라는 이유에서 출발했다. 이러한 관점은 때때로 학부모를 수동적이며 무능력하고 또는 무지하다고 묘사한다. 따라서 그러한 시각은 학부모들이 가정을 떠나 장시간 자신의 직업 생활을 영위하거나 단순히 학교일에 관심이 없기 때문에 자녀의 교육에 성공적으로 관여할 수 없다고 생각한다. 그러나 Delgato-Gaitan은 좀 더 면밀히 살펴보면 영어를 잘 못하고 학교와는 다른 문화를 가지고 있는 남미계통 학부모들도 자녀들 교육에

진정으로 관심을 기울이고 있으며, 자녀들을 지원할 능력도 충분히 가지고 있다는 연구결과를 내놓았다. 이러한 사실은 흑인, 남미계 미국인, 인디언, 그리고 기타 소수민족 계통 학부모에게도 마찬가지로 나타난다. 중요한 것은 이 학부모들이 학교와 진정한 동반자가 될 수 없다고 생각하기보다는 그들이 진정한 동반자가 되기 위해서 그들에게 권한을 어떻게 부여하는가를 반문해 보는 것이다.

4. *학부모가 참여하는 기회를 계획할 때 어머니와 아버지가 각각 가지고 있는 독특한 요구를 반영하도록 노력해야 한다.* Turnbull과 Turnbull(1986)은 교사들은 학부모 참여를 성차별 의식이 없는 관점에서 보아야 한다고 지적하였다. 그래서 교사들은 가정-학교 연결체제를 설계할 때 어머니와 아버지가 각각 다 중요하다는 사고방식을 가져야 한다. 부모가 다 방문할 수 있는 기회를 부여하고 양측 부모의 직장 스케줄에 맞출 수 있는 시간계획을 개발해야 한다. 양측 부모 모두에게 자녀와 학교에 대한 정보를 보내야 한다. 그리고 아버지뿐만 아니라 어머니의 가르치는 기술을 촉진하도록 공히 노력해야 한다. 마지막으로 가정에서 자녀들을 교육시키는 방법을 제시할 때 아버지의 관심과 요구를 반영해야 한다.
5. *학부모도 다 같은 사람이라는 것을 인정해야 한다—그들도 정기적으로 정서적, 가족, 경제적 문제에 부딪히게 된다.* 많은 학부모들이 잘 드러내지는 않지만 개인적, 가족, 직장, 건강 등에 관해, 그리고 그 외의 다양한 문제들을 가지고 있을 수 있다. 특히 학부모가 교사의 요청에 대해 제때에 반응하지 않을 경우에는 그러한 문제에 직면하고 있을 것이라고 생각해 볼 필요도 있다. Carlson(1992)은 경제적으로 상당히 어려울 뿐만 아니라 이혼, 구류, 건강문제에 시달리고 있는 편부모들의 실상에 대해 구체적으로 서술한 연구를 수행했다. 그들이 자녀의 숙제, 출석, 학습 태만 등을 점검할 수 없는 것은 관심 부족이라기보다는 매일 봉착하는 일상의 문제를 해결하는 데 급급한 상황 때문이라고 이 연구자는 주장했다. 그러므로 학부모가 교사의 기대대로 움직이지 않는다고 개인적인 비판을 가하는 것은 금물이다.
6. *다양한 학교-가정 연결체제를 이해하면서 학부모가 다양한 형태로 학교에 참여하는 것을 존중해야 한다.* 학년 초에 학부모 참여를 계획하면서 교사는 학부모가 참여할 수 있는 가능한 모든 방법과 활동을 고려하고 선정해야 한다. 이러한 활동은 학부모를 정보의 수신자(학부모-교사 회의, 가정 통지문, 교실 소식지 등)로 참여시키는 것에서부터, 다른 한편으로는 적극적인 의사결정자(학교 및 교실 교육과정 자문위원회, 개인교수 등)로 학부모를

참여시키는 것까지 다양하게 나타날 수 있다. 학부모와 동반자 관계를 형성하는 일은 학년 초에 교사가 해야 하는 중요한 업무인 교실에서의 행동수칙, 일과, 학습목표 등을 계획하는 것만큼 중요하다는 것을 인식해야 한다. 연구결과가 제시해 주는 바와 같이 학생의 학업 성취, 행동수칙과 일과에의 충실, 학교에 대한 태도와 기대치는 학부모를 동반자로 인정할 때 향상될 수 있다.

모든 학생의 학업 성취를 높이기 위한 교사의 역할

교실은 사회경제적 위치에 따라 나타나는 학업 성취의 차이를 줄일 수 있는 가장 이상적인 곳이라고 할 수 있다. 이에 따라 학령 전 학교에서부터 중앙정부에서 지원하는 보충교육 프로그램까지 많은 공식적인 해결책들이 이러한 차이를 감소시키기 위해 시도되고 있다. 그러나 이러한 해결책과 프로그램은 상당히 다변화되어 있는 가정과 가족의 생활방식을 가지고 있는 다양한 집단의 학생들 사이에서 나타나는 성취의 차이를 없애기에는 미흡한 것처럼 보인다.

이러한 상황은 곧 교사들에게 이러한 차이를 일상적으로 다루어야 하는 임무를 부여하게 되었다. 일반적인 경향은 명확하다. 사회경제적으로 차이를 보이는 학생들은 학교생활에 대해 각각 다르게 준비되어 있다. 그러므로 교사들에게 주어진 과제는 가능한 한 이러한 차이를 최소화할 수 있는 방법을 적용해서 수업을 계획하는 것이다.

교실에서 나타나는 학업 성취의 차이를 좀 더 쉽게 줄일 수 있는 여러 가지 교수방법이 있다. 그 중 하나는 수업에서 다양한 학습 보조도구(시청각 매체, 학습센터, 탐구자료 등)를 활용하려는 교사의 의지이다. 이러한 다양한 자료는 학생이 자신이 배운 것을 구성하고 표현하는 데 있어 스스로의 경험, 과거에 학습한 내용, 선호하는 학습양식 등을 활용할 수 있도록 격려해 주게 된다. 따라서 수업의 다양성은 다른 방식의 학습으로부터 혜택받을 수 있는 학생들에게는 중요한 자원이 될 수 있다.

사회 계층으로 인해 나타나는 학업 성취의 차이를 감소시킬 수 있는 또 하나의 방법은 모든 학생들에 대해 높은 기대수준을 가지고 그들의 성취에 대해 보상해 주는 것이다. 하지만 교실 밖에서는 학습을 위한 충분히 높은 기대수준과 보상이 모든 학생에게 공평하게 이루어지지 않는다. 그러므로 교실에서 높은 기대수준, 지원, 격려 등을 제공해 주는 교사의 역할은 학생 사이에서 나타나는 성취의 차이를 어느 정도 극복하는 데 도움을 줄 수 있을 것이다.

끝으로 효과적인 교사로서 학생에게 자신이 알고 있는 것을 자신의 의미로 표현할 수 있는 기회와, 배운 지식이나 아이디어들 간의 연계성이나 관련성을 자신의 경험을 동원해서 수립할 수 있는 기회를 제공해 주어야 한다. 즉, 자신이 가장 선호하는 형태로 자신만의 이해와 의미를 구성하고 표현하도록 학생을 독려하는 것이 특히 중요하다. 이러한 관점은 학습목표를 달성하는 데 있어 두 가지 중요한 효과를 낼 수 있다. 즉, 말할 가치가 있는 것을 자신이 가지고 있다는 강한 인식을 학생에게 심어 주는 동시에 해당 교과에 대한 학생의 적극적인 참여와 흥미를 유발시킨다.

학업 성취의 차이를 줄일 수 있는 또 다른 방법은 다음과 같다.

1. 교수학습 활동을 학생이 이미 알고 있는 중요한 아이디어를 중심으로 구성한다.
2. 학생이 알고 있는 것과 교사가 가르치는 내용을 학생이 비교하도록 해서 선행학습의 중요성을 일깨워 준다.
3. 갈등 상황을 해결하고 스스로 새로운 의미를 구성하는 기회를 학생에게 제공하는 수업을 설계하여 학생의 선행지식이 얼마나 정확한가를 검증해 본다.
4. 실제 세계에서 다양한 해결책이 나올 수 있는 문제 상황에 대한 탐색을 통해 불확실성과 불명확성에 직면하게 되는 과제를 제시한다.
5. 학습목표를 달성하기 위해 필요한 자신만의 접근방법을 어떻게 찾을 것인지 가르쳐 준다.
6. 지식의 구성은 독자적인 학습활동이나 전적으로 교사의 통제하에 이루어지는 활동이라기보다는 공동의 노력이라는 것을 일깨워 준다.
7. 학생이 습득한 것에 대해 평가하고 수업 중에 피드백을 제공한다.

교실에 존재하는 문화적, 언어적, 사회경제적 위치와 관련된 편견

학생들의 개인차에 대한 대부분의 연구에서 강조하는 것은 교실에서의 편견을 배제하는 계획을 세우는 일이 효과적인 교사가 되기 위해 필수 불가결한 역할이라는 점이다. 교사가 교실에서 학생과 상호작용하는 방식은 학생의 학교에 대한 태도 및 동기에 아주 큰 영향을 미친다(Pintrich & Schunk, 2002; Wolpert, 2005).

모든 사람이 의식적이건 무의식적이건 한 가지 이상의 편견에 사로잡혀 있다는 연구결과는 많은 반향을 불러일으켰다. 자기 자신의 행동에 영향을 끼치지만 다른 사람의 행동에는 영향을 미치지 않는 방법으로 적용되는 것을 선호라고 한다. 그런 반면에 편견은 타인에게 피해를 주게 된다. 즉, 편견은 타인의 안녕과 개인적인 성장에 해를 입히며, 저지되지 않으면 학생의 성장과 발달에 심각한 타격을 주게 된다. 교사가 보여 줄 수 있는 편견에는 어떤 것들이 있는지 살펴보도록 하자.

교사들이 가질 수 있는 편견은 학자들에 의해 잘 정리되었다. 예를 들어, Good과 Brophy(2007)는 교사가 공부 잘하는 학생과 못하는 학생을 대할 때에, 공부 못하는 학생에게는 기대치가 낮고, 오답에 대한 비판의 수위가 높다는 것을 발견하였다. 어떤 학자들은 교사가 자신이 속한 인종에 속하지 않는 학생을 대할 때에는 좀 다르게 반응한다는 사실을 발견하였다(Banks & Banks, 2006; Compton-Lilly, 2000; DeLeon, 1996; Lockwood & Secada, 1999; Schwartz, 1998). 이러한 학자들은 교사가 학업성취도가 낮거나 또는 교사 자신의 문화와 다른 학생을 가르칠 때 다음과 같은 행동을 보인다는 것을 발견하였다.

- 응답시간을 길게 준다.
- 학생이 조금만 주저해도 답을 말해 준다.
- 별로 신통치 않은 답변을 해도 칭찬을 해준다.
- 오답을 말했을 때 더 자주 비판을 한다.
- 정답을 말했을 때 덜 칭찬을 한다.
- 그 답이 왜 오답인지 피드백을 제대로 제공하지 않는다.
- 그런 학생을 더 쳐다보지만 실제로 지명하지는 않는다.
- 교사로부터 멀리 떨어져 있는 자리에 앉힌다.
- 학생이 쉽게 포기하는 것을 허용한다.

일반적으로 이러한 발견은, 교사가 자신이 속한 문화와 다른 학생, 성취도가 낮은 학생, 특별한 도움이 필요한 학생에게는 교사 자신과 접촉할 수 있는 기회와 반응할 수 있는 기회를 별로 제공하지 않는다는 것을 의미한다.

교사가 학생을 지명하는 데 영향을 미치는 또 다른 종류의 편견이 있다. 예를 들어 Gage와 Berliner(1992)는 교사가 학생과 상호작용하면서 나타나는 여러 가지 편견사례들을 정리한 후, 경험 많은 교사가 이러한 편견을 실제로 교실에서 얼마나 보여 주는가를 분석했다. 이러한 편견에는 교사가 학생과 불공평하게 상호작용하거나 요구하는 다음과 같은 방법이 포함되어 있다.

- 주류 집단 대 비주류 집단

- 교실 앞쪽에 앉은 집단 대 뒤쪽에 앉은 학생
- 외모가 준수한 학생 대 평범한 학생
- 능력이 뛰어난 학생 대 능력이 부족한 학생

Gage와 Berliner는 위의 분류에 해당될 것으로 예상되는 학생-교사 상호작용의 수를 계산한 후에 관찰을 통해 실제로 나타난 상호작용 수를 결정하였다. 다소 놀랍게도 모든 교사는 이러한 유형 차원에서 어느 정도의 편견을 나타내고 있다는 사실이 검증되었다. 부연하면 모든 교사는 이름 부르기, 요구하기, 정보 요구하기, 그리고 불공평하게 한쪽 유형의 학생들과 많이 상호작용하는 행위 등을 통해 한쪽 유형의 학생을 다른 유형의 학생보다 좋아했다.

이러한 편견은 한 차시 수업에서는 별 의미가 없을 수 있지만, 만약 몇 주, 몇 달 또는 1년 내내 지속된다면 학생에게는 심각하면서도 영구적인 정서적 영향을 미칠 수 있다. 교실에서 발생하는 체계적인 편견이 이렇게 축적된다는 사실은 그 편견이 얼마나 의도적이었는가와는 아무 상관없이, 피해 학생에게 그들이 다른 학생에 비해 바람직하지 못하면서 주의를 끌 만한 가치도 없다고 여겨지게 만드는 공개적인 메시지라고 할 수 있다. 이러한 편견이 팽배된 메시지는 해당 학생들의 발달과 학습에 악영향을 미치는 차원에서 그 학생들의 동기화, 자아개념, 불안수준에 심각한 변화를 일으키게 된다.

교사가 학생과 상호작용하는 방식에서 발생하는 편견은 어떤 형태이건 바람직하지 못하며, 특히 이러한 편견이 학생의 인종과 관계된 것이라면 엄청나게 역겨운 일이 된다. 미국이라는 국가와 미국의 교육체제는 모든 유형의 개인차를 존중하는 데 기반을 두고 있다. 이는 우리 교실이 미국 민주주의의 가치를 보여주는 가장 중요한 전시장이라는 의미를 내포하고 있다. 그러나 학자들에 의해 다인종 교실에서 학생-교사의 상호작용이 이루어지는 동안 빈번한 인종적인 편견이나 문화적인 둔감성이 연구를 통해 보고되는 것에 대해 불쾌한 마음을 금할 수가 없다. 특히 많은 연구들(Dillon, 1989; Tharp & Gallimore, 1989)은 교사의 편견에 치우친 많은 행위가 소수민족 계통 학생들의 학습 참여를 저해하고, 문화적으로 부적절한 교사의 행동으로 인해 분노를 자아내기도 한다고 지적하고 있다.

Stipek(2003), Gage와 Berliner(1998), Bowers와 Flinders(1991)는 교실에서 편견을 배제하고 문화적인 민감성을 높일 수 있는 방안을 다음과 같이 제시하고 있다.

1. 어떤 학생들에게 상호작용을 요구할 것인가를 미리 결정해서 학생들 유형

에 따라 교사의 상호작용이 공평하게 배분되도록 계획한다. 많은 잠재적 편견을 동시에 고려하기에는 부담이 크기 때문에, 교사가 생각했을 때 가장 잘못하고 있다고 생각되는 한두 개의 편견유형을 선택한다.

2. 만약 몇 명의 학생에게만 특별과제를 내줄 계획이라면 학생들을 무작위로 선정해야 한다. 용기 속에 모든 학생들의 이름을 넣고 한 학생에게 특별과제를 할 학생들의 이름을 뽑도록 한다. 이러한 방법은 교사가 무의식적으로 선호하는 학생의 이름을 불러서 다른 학생들로부터 그 학생들만 편애한다는 인상을 주는 문제를 극복할 수 있다.
3. 교사가 생각했을 때 편견이 일어날 가능성이 높은 유형 측면에서 서로 반대되는 학생끼리 의식적으로 짝을 지어 준다. 예를 들어 백인과 소수민족 학생, 능력 있는 학생과 능력이 부족한 학생, 대하기 쉬운 학생과 어려운 학생 등으로 짝을 만든다. 이러한 방식대로 하여 한 짝의 한 학생과 상호작용하게 되면 교사는 다른 학생과도 상호작용해야 한다는 것을 깨닫게 된다. 자주 짝을 바꿔 주어서 교사가 맺어 준 짝이 고착되지 않도록 한다.
4. 편견을 스스로 발견하게 되면 그 편견을 알아볼 수 있는 암호를 설정해서 강의안, 교과서, 수업계획서 등에 적절한 형태로 반영해야 한다. 예를 들어 능력 있는 학생들을 체계적으로 좋아하는 편견을 본인이 발견하면, 다음 질문에 대한 대답을 능력이 모자라는 학생들이 할 수 있도록 강의안에 암호형태로 표시해 둔다.

교사는 수업을 할 때 늘 자신의 행동을 돌아보면서 자신의 문화와 다른 학생, 공부를 잘 못하는 학생, 특별한 도움이 필요한 학생들에게 편견을 노출하고 있지는 않은가를 살펴야 한다.

맺는말

학생에게 나타나는 지능, 학업 성취, 성격, 가정생활, 또래 집단, 사회적 환경 등에서의 개인차가 교수방법과 학습효과에도 상당한 영향을 미칠 수 있다는 사실은 의심할 여지가 없다. 그렇다면 왜 그런 다양한 학생들이 같은 교실에서 교육을 받는가? 학생들을 지능, 학업 성취수준, 성격유형, 혜택받지 못한 정도 또는 차라리 가장 친한 또래 집단 등에 따라 분리시키는 것이 더 효율적이지 않은가? 만약 그런 시도를 한다면 결과는 상당히 놀라울 것이다.

우리는 복잡하고 다변화된 세계에서 살고 일하고 놀기 때문에 그렇게 분리된

환경에서의 삶을 상상하기 힘들다. 하지만 우리의 조상들은 이러한 물음에 대해 신중하게 생각했다. 권리장전이라고도 하는 미국 헌법에 대한 처음 10개 수정안과 미국 독립 선언문 등에서 모든 시민에게 "삶, 자유, 행복 추구"에 대해 무제한의 권리를 주었다. 이러한 헌법상의 보장은 한 집단을 위해 다른 어떤 집단을 희생시키는 모든 시도를 철저히 배격한다. "별개이면서 평등한" 대우가 합당하다는 논리로 집단을 분리하는 시도를 배격한다. 왜냐하면 집단들을 다르다고 낙인찍는 것조차도 어떤 동기에서 그것을 형성했는가에 관계없이 불평등을 암시하기 때문이다.

이것은 미국 교실에 대해 중요한 헌법적인 의미를 던져 준다. 이는 곧 개인들 간의 차이를 용납할 뿐만 아니라 인간 잠재력에 있어 다양성을 칭송하는 환경을 촉진해 준다. 공해, 지병, 문맹, 교통 혼잡 등의 사회적, 기술적 문제점들이 복합되어 나타나고 있는 세상에서 우리는 이러한 문제들을 다룰 수 있는 다변화된 관점, 다양한 능력, 여러 가지 가치관들을 필요로 한다. 즉, 단일한 형태의 기술, 태도, 기질, 성격 또는 능력은 우리가 직면하고 있는 문제를 해결하는 데 필요한 모든 것을 제공해 주지 못한다.

수업에서 융통성을 가지려는 교사의 의지는 학생들의 장점에 적합한 수업의 계획, 다른 민족적 · 인종적 배경을 가진 학생들을 위한 적절한 수업방법의 활용, 가정-학교 동반자 관계의 촉진 등을 통해 이러한 문제들을 해결하는 데 필요한 다양성을 이용할 수 있다. 무엇보다도 수업은 모든 학생들이 다른 학생들과 협동하며 학습하는 중요성을 강조해야 한다. 앞으로 다룰 여러 장에서 이러한 주요 목표를 성취할 수 있는 여러 가지 방법을 탐색해 볼 것이다.

현장사례

Case History and Licensure Preparation

김효성은 중학교 2학년 학생으로, 자신이 다니는 중학교로부터 약 1.6km 정도 떨어진 평범한 집에서 부모님 및 5명의 형제 · 자매들과 살고 있다. 효성이 위로는 오빠가 둘 있는데, 한 명은 고등학교 운동선수이고 다른 한 명은 밴드부에서 트럼펫을 분다. 효성이에게는 또한 언니가 한 명 있는데, 그 언니는 16살 때인 2년 전에 학교를 중퇴하였고 2살 된 아들까지 있다. 효성이는 주말이면 어린 조카를 돌보기도 하고, 7살과 9살 된 2명의 여동생과 놀아 주기도 한다.

효성이는 인내심이 매우 강해서 어린 조카나 동생들을 돌볼 때 여간해서는 화를 내지 않고 아주 잘 놀아 준다. 효성이는 그림 그리기를 좋아해서 언니와 함께 쓰는 효성이의 방 벽은 효성이가 그린 그림들로 장식되어 있다. 효성이의 오빠는 이런 효성이에게 '다빈치' 라는 별명을 붙여 주었다.

효성이는 또한 부모님을 즐겨 돕는다. 엄마가 부엌에서 요리를 할 때면 효성이는 야채를 썰기도 하고 상을 차리기도 한다. 부엌에서 엄마를 도울 때에 효성이는 아주 편안하고 행복해한다.

그러나 이태형 선생님이 담당하는 수학시간만 되면 효성이는 전혀 다른 사람이 된다. 교실 뒤의 구석에 배정된 자리에 앉아 얼굴을 찡그리며 문제를 풀지 않고 공책에 그림만 그린다. 답을 얘기할 때가 되면 효성이는 고개를 들지 못하고 책상만 쳐다본다. 여러 학생들이 서로 대답하겠다고 손을 들고 답을 말하면, 선생님은 칭찬을 하고 그 답을 칠판에 적는다. 그러면 효성이는 문제와 답을 공책에 옮겨 적는다. 선생님이 질문이 있느냐고 물으면, 효성이는 수학문제를 이해하지 못했으면서도 아무런 질문도 하지 않는다.

이태형 선생님은 공부를 잘 하는 이소현 학생에게 퍼센트의 개념을 설명하는 부분을 읽어 보라고 한다. 소현이가 책을 읽는 도중 종종 질문을 한다.

"1/2을 퍼센트로 환산하면 얼마일까요?"

소현이는 수학 수업시간에 손을 자주 드는 성적이 우수한 학생들 중의 하나이다. 따라서 이태형 선생님은 소현이를 자주 시킨다.

"50%입니다." 소현이가 대답한다.

"아주 대답 잘 했어요. 퍼센트는 돈을 바꾸는 것과 마찬가지입니다. 100원의 1/2은 50원이듯이 100원의 50%는 1/2입니다."

이태형 선생님은 효성이가 다시 공책 뒷면에 그림을 그리는 것을 목격하고는 효성이에게 다가가서 그 그림을 집어 들면서 약간 비꼬는 듯한 웃음을 지으며 말한다.

"아하, 나는 네가 50%를 나타내는 그래프를 그리는 줄 알았더니 그저 그림을 다시 그렸구나?"

이 말에 다른 모든 학생들이 큰 웃음을 터뜨리고 효성이는 얼굴이 붉어진다.

"효성아, 200의 50%는 얼마지?"

효성이는 고개를 숙이고 잠시 동안 생각에 잠긴다. 이윽고 효성이가 답을 말하려고 할 즈음에 이태형 선생님은 손을 들어 흔들어 대고 있는 강은지 학생을 지적한다. 은지는 정답을 말한다.

수학시간의 마지막 부분은 협동학습으로 이루어진다. 이태형 선생님은 마음에 맞는 사람들끼리 그룹을 만들어 숙제를 하라고 지시한다. 이태형 선생님은 협동학습을 별로 좋아하지 않기에 수업시간에 별로 사용하지 않는다. 왜냐하면 협동학습은 문제를 풀 때에 옆 사람의 도움을 받기 때문에 일종의 컨닝으로 생각되기 때문이다. 그러나 각종 현직연수에서는 협동학습을 강조하기 때문에 이를 학습지도안에 포함시키지 않으면 좋은 평가를 받을 수 없다는 것을 이태형 선생님은 잘 알고 있다.

수학성적이 좋은 학생들은 그룹을 지어 숙제를 하지만 사실은 각자 문제를 푼다. 이들은 수업 끝종이 울리기 전에 모든 문제를 푼다. 효성이도 초등학교 때부터 알고 지내는 친구들과 그룹을 지어 수학문제를 푼다. 그러나 서로서로 돕는 일은 거의 일어나지 않는다. 효성이는 수업 끝종이 울리기 전까지 오직 몇 문제만을 풀지만, 푼 문제조차 그것이 정답인지 확신하지 못한다.

종이 울리고 효성이는 교실을 나선다. 그러나 효성이의 발걸음은 가볍고 활력이 넘친다. 왜냐하면 다음 시간은 미술시간이기 때문이다.

질문

효성이가 집에서 하는 행동으로 보았을 때 효성이는 협동학습에 가장 잘 어울리는 학생인 것처럼 보인다. 그런데 이태형 선생님의 수업시간에는 이 협동학습이 왜 성공을 거두지 못하고 있다고 생각하는가? 이태형 선생님이 협동학습을 성공적으로 이끌려면 어떻게 해야 한다고 생각하는가?

요약 *Summumg up*

학생은 모두 다르다!

1. 교사가 일상적인 수업을 통해 수업내용을 쏟아부어 주는 빈 그릇으로 학생을 보는 것이 수업에 대한 초기의 관점이었다. 이러한 개념화는 개인차가 학습에 미치는 영향을 고려하는 데 실패하고 말았다.
2. 학생들 사이에서 나타나는 개인차를 인식하는 것은 (1) 개인의 학습 요구에 맞게 수업을 계획하고, (2) 개별 학생들의 학업 성취 뒤에 숨어 있는 이유들을 이해하고 올바르게 아는 데 중요한 의미를 가진다.

일반 지능이 학습에 미치는 효과

3. 몇몇 교사와 학부모들이 지능에 대해 잘못 알고 있는 점은 지능이 단편적이고 단일한 차원이라는 것이다.
4. 지능에 대한 특정 적성이 일반 지능보다 학업 성취와 특정 직업에서의 성공을 더 잘 예

측할 수 있다.

5. 학생의 강점과 약점을 파악해서 학습목표와 교수방법에 변화를 주게 되면 학생들의 일반 지능에 따라 학생을 구분해서 가르치는 것보다 훨씬 더 나은 학습을 제공해 줄 수 있다.

선행성취가 학습에 미치는 효과

6. 과제 관련 선행학습은 후속학습을 위해 반드시 배워야 할 사실적 지식, 기술, 이해를 의미한다. 그래서 과제 관련 학습의 숙달은 관련된 후속학습을 위해 필요한 요소다.

문화, 사회경제적 위치, 언어가 학습에 미치는 효과

7. 사회경제적으로 낮은 계층의 학생들이 중산층과 상류층 학생들과 다른 중요한 특성은 후자의 학생들이 자신의 가정과 이웃 밖의 세상에 대한 지식을 더 빨리 습득했다는 것이다.
8. 문화 결핍 모델은 아동이 속한 문화에서 부족한 것이 무엇인지를 강조한다. 문화 결핍 모델은 학업성취도를 높이기 위해 아동에게 초점을 맞추기보다는 아동을 둘러싼 문화를 풍부히 하는 일에 초점을 맞춘다.

성격과 학습양식이 학습에 미치는 효과

9. Erikson이 주장한 재학기간 중에 나타나는 세 위기국면은 (1) 성취감 대 열등감, (2) 정체성 대 역할 혼돈, (3) 친화 대 고립이다.
10. 학습양식은 어떤 학생이 선호하는 교실 또는 환경의 조건을 지칭한다. 가장 많이 연구되고 있는 것은 장 독립성과 장 의존성이다.
11. 연구에 의하면 어떤 학생들은 장 민감성(또는 총체적 · 시각적)인 반면에, 다른 학생들은 장 민감성이 낮게 나타나는 대신 언어적 · 분석적인 면이 높게 나타난다.
12. 학생의 학습양식에 적합한 수업전략을 실행하기 전에 교사는 고정관념을 가지지 않고, 집단 내의 차이를 무시하지 않도록 유의해야 한다.

또래 집단이 학습에 미치는 효과

13. 또래 집단은 교실 내외에서 나타나는 학생의 행동에 영향을 미치는 원천이다. 협동학습, 전체 규칙, 모둠의 결속력, 또래 학습도우미 등은 또래 집단의 영향을 학습목표 달성을 촉진시키는 수단으로 활용하는 방법들이다.

학생의 가정생활과 사회적 맥락이 학습에 미치는 효과

14. 학습에서의 또래 집단의 영향과 밀접한 관계를 가지고 있는 것이 학생이 살고 놀고 일하는 사회적 환경이다. 이러한 환경에서 가장 현저한 영향을 미치는 원천은 학생의 가정 그리고 가정-학교의 관계성이다.

모든 학생의 학업 성취를 높이기 위한 교사의 역할

15. 사회경제적 위치가 다르면 학생을 준비시키는 정도에 차이가 난다. 따라서 교사는 가능한 한 맞춤식 교육을 실시하여 불리한 학생을 도와야 한다.

교실에 존재하는 문화적, 언어적, 사회경제적 위치와 관련된 편견

16. 대부분의 교사들은 학생과의 상호작용에서

편견을 보여 준다. 편견은 다음과 같은 방법으로 극복할 수 있다.

- 의식적으로 교사가 편견을 보일 수 있는 유형의 학생들에게 공평한 상호작용 기회를 부여한다.
- 몇 명만이 하게 되는 특별 과제를 할 학생을 무작위로 선정한다.
- 편견과 관련하여 반대유형의 학생끼리 드러내지 않으면서 짝을 지어준 다음 그 짝의 양쪽 학생들과 공히 상호작용한다.
- 교사가 편견을 가지고 있는 학생과 상호작용하기 위해 강의안에 특별한 암호로 표시한다.

토의 및 연습문제 *Discussion and Practice Questions*

1. 좀 더 효과적인 교사가 되기 위해 학생의 개인차를 활용할 수 있는 두 가지 방법은 무엇인가?
2. 학교에서 일반적인 IQ 점수를 활용하는 데 있어 환경론자와 유전론자의 입장을 서술하시오. 각 이론에 대한 극단론자의 주장을 반박할 수 있는 반론을 각각 만드시오.
3. 사회적 역량이 학습에서 어떤 역할을 하는지 설명하시오. 사회경제적인 위치와 전적으로 관련된 행동들이 배제된다면 IQ 점수에 어떤 변화가 있을까?
4. 특정 교과목과 직업에서의 성공을 일반적인 IQ보다 잘 예측할 수 있는 적성들을 나열하시오.
5. 다음과 같은 학습목표를 성공적으로 달성하기 위해 필요한 과제 관련 선행지식의 예를 제시하시오.
   a. 두 자리 수 덧셈
   b. 지도에서 위도와 경도 읽기
   c. 네 문장의 문단 쓰기
   d. 현미경으로 아메바 관찰하기
   e. 두 음절의 영어 단어를 정확히 발음하기
   f. 정부의 각 부서가 하는 일 알기
   g. 반칙하지 않고 10분 동안 농구 경기하기
   h. 화재 경보에 정확하게 대응하기
   i. $c^2=a^2+b^2$ 방정식 풀기
   j. 2개의 독립된 절에 구두점 찍기
6. 여러분이 아는 한 아동의 삶을 체제 생태학적 관점에서 구체적으로 설명하시오.
7. Gage와 Berliner(1998)는 학생과 교사의 상호작용에 편견이 작용하는 여러 유형들을 묘사했다. 네 가지 유형을 말해 보고, 게이지와 벌라이너가 다루지 않았다고 생각되는 편견유형 하나를 제시하시오. 당신이 제시한 그 유형이 왜 중요하다고 생각하는가? 그러한 유형의 편견을 직접 보거나 경험한 적이 있는가?
8. 학생과 상호작용할 때 교사가 보일 수 있는 편견들을 제거하거나 최소화하는 네 가지 방법을 제시하시오. 어느 것이 실행하기에 가장 쉽고 어느 것이 가장 어렵다고 생각하는가?

3

이 장을 마치면 여러분은 다음 질문에 답할 수 있을 것이다.

1. 새로운 시대의 중요한 교육목표에는 어떤 것들이 있는가?
2. 교육목적은 무엇이며, 어디에서 유래된 것인가?
3. 행동적 수업목표는 왜 필요한가?
4. 행동적 수업목표를 쓰는 데 어떤 단계들을 거치는가?
5. 나는 어떤 종류의 인지적, 정의적, 심체적 행동을 교실에서 가르치고 싶은가?
6. 나는 어떤 식으로 학생들에게 문제 파악하기, 결정 내리기, 비판적 사고하기, 가치 두기 등의 고등 사고력을 가르칠 수 있는가?

교육목적, 교육목표 및 수업목표

제1장과 2장은 교사에게 필요한 가르치는 방법들을 소개하며, 교실 내 학생들 사이에서 느낄 수 있을 개개인의 개성과 다른 점들에 대해 설명하였다. 이 장과 그 다음 장들은 교사가 학생들의 개별적인 차이를 보완할 수 있도록 누구를, 무엇을, 어떻게 가르쳐야 하는지를 다룬다. 먼저, 교육목적, 교육목표, 그리고 수업목표를 구분하여, 이러한 것들이 교사가 모든 학생들에게 가르치도록 어떤 식으로 도와주는지 알아보자.

교육목적, 교육목표, 수업목표

교육목적, 교육목표, 수업목표는 거의 비슷한 의미로 사용되어 왔다. 그러나 이 세 단어는 서로 다른 의미를 가지고 있다. **교육목적**은 일반적으로 교육의 커다란 방향을 의미하며, 납세자, 부모 혹은 국민 전체가 바라는 교육의 궁극적인 지향 방향이다. **교육목표**는 학생이 교사의 지도를 통해 무엇을 배우게 될 것인지를 나타낸다. 따라서 교육목적과 교육목표는 "교사가 어떠한 내용을 왜 가르치는가?"에 대한 일반적인 답을 주지만, "무엇을 가르쳐야 하는가?"는 구체적으로 안내하지 못한다. "교사가 학생들에게 무엇을 어떻게 가르쳐야 하는가?"에 대한 구체적인 답을 얻기 위해서는 학습조건, 학습활동 그리고 평가기준을 제시해 주는 **수업목표**가 필요하다. 〈표 3.1〉에 교육목적, 교육목표, 수업목표의 차이를 설명하였다.

Tyler의 교육목표 개발방법

20세기 초, Tyler(1934)는 많은 교사들이 학생들에게 "무엇을 가르쳐야 하는가?"에 대해 고민을 하고 있다는 것을 알게 되었다. Tyler는 미래 사회는 더욱 복잡해지고 사람들이 배워야 할 것이 더 많아질 것이라고 예상했다. 그러나 지식과 기술의 양이 늘어남에 비하여 학습할 시간은 상대적으로 적어지고, 따라서 교육자들은 가치 있는 교육목표를 선정해야만 한다고 생각하였다.

표 3.1 교육목적, 교육목표, 수업목표의 차이

교육목적	교육목표	수업목표
교육 방향을 나타내는 가치관	학생들은 무엇을 학습해야 하는가?	어떤 조건에서 어떤 행동을 얼마만큼 달성해야 하는가?
예:	예:	예:
1. 모든 시민은 정보 사회에서 일할 준비가 되어 있어야 한다.	1. 학생들은 집과 직장에서 컴퓨터를 사용할 수 있어야 한다.	1. 학생들은 컴퓨터로 15분 안에 오타 없이 2쪽 분량의 문서를 작성할 수 있다.
2. 모든 성인은 문자를 읽고 쓸 수 있어야 한다.	2. 학생들은 직업을 구하는 데 어려움이 없을 만큼 읽고 쓸 줄 알아야 한다.	2. 12학년 학생들은 문법과 구두법을 2개 이상 틀리지 않고 500자 이내의 수필을 쓸 수 있다.
3. 모든 국민은 민주 시민으로서 투표를 할 수 있어야 한다.	3. 학생들은 선거에서 후보자를 고르고 투표하는 방법을 알아야 한다.	3. 학생들은 8학년 말에 정부에 관한 단원을 배우고 나서 모의 선거를 한 후 후보자를 선출하고, 선출한 이유를 말할 수 있다.

Tyler는 "학생들에게 무엇을 가르쳐야 하는가?"에 대한 교육목표 선정기준을 다음과 같이 제시하였다.

1. 교육내용에 대한 전문성(교사가 가르칠 내용에 대해 충분히 알고 있는가?)
2. 사회적인 관심(국가와 지역사회가 어떠한 내용을 교육하기를 원하는가?)
3. 학생들의 요구, 흥미, 능력, 선행지식
4. 학교의 교육철학과 지역사회의 요구
5. 교육 연구들이 제시하는 학습내용

교육목표는 학생들과 학부모 그리고 지역사회의 구성원들에게 교육의 방향에 대해 설명해 준다. 이러한 교육목표는 다음과 같은 역할을 한다.

- 교사에게 학습단원과 학습계획의 방향을 제시해 준다.
- 학부모와 지역사회에 교사가 행하는 교육의 중요성을 알려 준다.
- 학생들이 학습과정에 더 적극적으로 참여할 수 있도록 안내한다.

교육목표를 선정하기 위한 Tyler의 접근법을 요약하면 〈그림 3.1〉과 같다.

교육목표의 유래

지난 10년 동안 많은 학자들은 교육의 목표가 무엇이고, 그 목표의 달성 여부를 어떻게 측정해야 하는가를 연구해 왔다. 교육과정 전문가들과 교육위원들은 그

그림 3.1 Tyler의 교육목표 선정방법

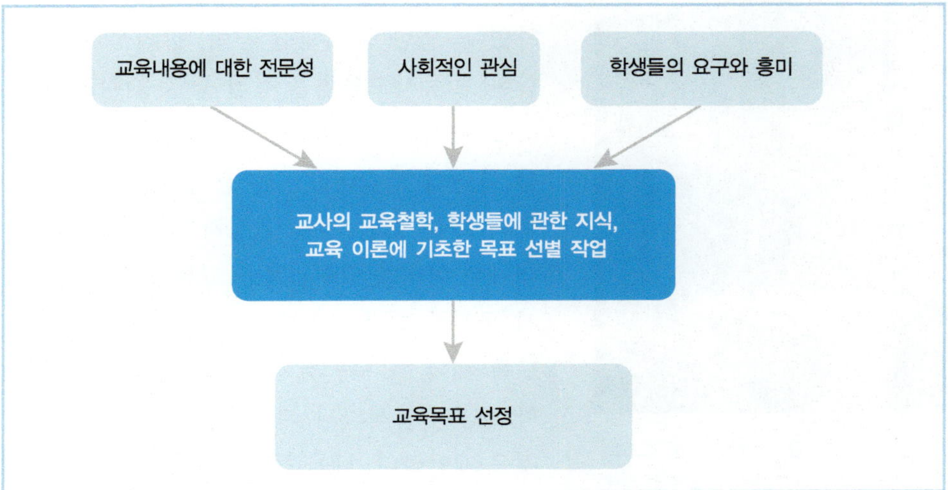

출처: Based on Tyler, 1934.

동안 미국의 초·중등학교 교육이 학생들의 학습결과를 측정하기 위해 사실 이해 위주의 평가에만 치중하고 있음을 지적하였다. 그리고 이들은 교과별로 새로운 평가기준, 즉 수학교사협회가 정한 수학 평가기준, 과학발전위원회가 정한 과학 교육기준, 사회교육위원회가 정한 사회 교육기준, 국내연구위원회가 정한 국내 과학 교육기준, 영어교사위원회가 정한 영어 교육기준 등을 만들었다.

이러한 새로운 기준들은 지금까지 거의 모든 학교 교육이 단순암기나 반복연습 혹은 연습문제 풀이에 너무 치중하고 있음을 지적하였다. 또한 이러한 기준들은 교육이 학생이 비판적이고 논리적으로 사고하여 현실 세계의 문제들을 해결할 수 있도록 해야 한다는 것을 강조하였다. 그리고 각 학교에서 학생의 학습능력을 제대로 측정하기 위해 수행평가 중심의 평가제도를 활용할 것을 권장하였다.

전체적으로 사회 여러 분야 대부분의 사람들—납세자, 학부모, 입법자, 경제계, 군부, 일부 교사 집단 등—이 공교육을 불신하였고, 이로 인해 새로운 교육과정을 만들 필요성이 대두되었다. 이러한 불신은 교육과정의 문제에 국한되지 않고 교육의 질 문제와 교사 교육 문제로까지 확장되어 교사 채용시험에 관한 사항이나 교사의 자격요건에 관한 새로운 요구조건까지 나오게 되었다. 사회 각 분야에서 현 교육의 잘못된 점과 이에 대한 해결방법의 모색에 많은 관심을 가지게 되었다.

미래형 교육과정 개정에서 가장 중요한 것은 학생 스스로 공부하도록 조성하고, 문제해결력과 고등 사고력을 개발하도록 안내하는 것이다.

특히 많은 교육 연구 보고서들이 수학, 과학, 영어, 외국어, 사회 교육을 강화하는 것이 필요하다고 지적하였다. 또한 이러한 연구들은 컴퓨터 교육을 강조하며, 효과적인 학습을 위해 능숙한 컴퓨터 사용능력이 필요하다고 하였다. 또한 문제해결 능력, 창의성 등을 포함한 고등 사고능력을 길러 줄 것을 강조한다.

교육 연구 보고서들은 특히 중등학교에서 각 학년의 학습내용 수준을 높이거나 필수과목의 수를 늘릴 것을 권장하였다. 그리고 각 대학은 이러한 필수과목을 고등학교에서 반드시 공부한 학생들에게만 대학 입학을 허가하도록 해야 한다는 것이다. 대부분의 보고서가 학교의 수업시간과 과제해결 시간을 연장할 것을 제안한다. 예를 들어 이러한 보고서는 최소한 하루에 7시간의 수업을 하고, 1년에 200

일 이상 수업을 해야 한다고 제안하였다(대부분의 학교가 180일 정도 수업을 한다).

특히, 많은 교육 연구 보고서들이 2000년대 사회적 교육목표로 다음과 같은 내용을 강조하였다.

- 기술 세계에서 잘 살아 나갈 수 있도록 훈련하여야 한다.
- 읽기, 쓰기, 수학에 대한 최소한의 능력을 갖추어야 한다.
- 고등 사고능력, 개념적 사고능력, 문제해결 능력을 갖추어야 한다.
- 각 학년별 필수과목들을 반드시 배워야 한다.
- 스스로 학습할 수 있도록 훈련하여야 한다.
- 출석일수와 교육시간을 늘려야 한다.
- 문제해결 능력과 고등 사고능력이 요구되는 활동을 더 많이 경험해야 한다.

국가 수준 포괄적 목표들을 근거로, 주 교육전문 기관들은 교사들에게 더욱 쉽게 와 닿는 교육목적들을 만들었다. 이 교육목적들은 한 주(state) 내에서 보다 통일성 있는 교육이 이루어질 수 있도록 잣대역할을 하였으며, 각각의 학교들과 학군들이 특정 인구를 위해 큰 차이를 나타내는 교육을 하는 위험을 줄였다. 결과적으로 중요한 내용을 포괄적으로 다루는 구체적인 교육과정이 만들어진다. 아래의 예시들은 몇 개 주의 초, 중, 고 수준 교육과정의 구체적인 교육목표들이며, 이것들은 교실 내에서 국어, 과학, 사회 과목 등에 관련하여 가르쳐져야 할 내용들과 행동들을 제시한다.

3학년 국어

읽기/단어이해. 학생은 단어 이해를 위해 여러 가지 전략을 이용한다. 학생은:

a. 단어에서 글자-소리의 관계를 이해한다.
b. 자음과 모음의 소리를 섞어 단어를 읽는다.
c. 여러 개의 소리단위가 있는 단어들을 이해한다.
d. 접두사, 접미사 등을 이용하여 단어를 이해한다.
e. 문법 또는 전후맥락을 이용하여 단어를 이해하고 뜻을 재확인한다.

8학년 과학

과학적 과정들. 학생은 안전하고, 친환경적이며, 윤리적인 여러 가지 실험을 한다. 학생은:

a. 질문하기, 시험 가능한 가설이나 추측 세우기, 실험 도구 고르고 사용하기 등의 조사적인 과정들을 계획하고 실행한다.
b. 관찰하고 측정하면서 자료를 수집한다.
c. 정리하고, 분석하며, 추론을 세우고, 과학적 추세를 예측한다.
d. 타당한 결론을 내린다.
e. 컴퓨터를 이용하여 그래프, 표, 지도, 차트 등을 만들며 자료를 살펴보고 평가한다.

고등학교 역사

미국역사. 학생은 미국 내 1877년부터 현재까지의 전통적인 역사적 평가기준을 이해한다. 학생은:

a. 미국 역사 중 1877년부터 현재까지 주요 시대들을 이해한다.
b. 절대적, 상대적 연대표를 적용하여 주요 인물들, 사건들, 그리고 시대들을 나열한다.
c. 소수집단들, 미성년 노동, 도시들의 발전, 이민자들의 문제 등 사회적인 이슈들을 이해하고 더 나아가 분석한다.

이러한 교육목표들은 한마디로 학교에서 "학생들의 사고능력을 키워 주어야 한다"는 것을 강조한다. 전통적으로 학교 교육은 영어, 수학, 외국어, 사회와 같은 필수과목 위주로 이루어졌다. 그리고 이러한 교과내용 교육에 치우쳐 "학생들이 어떻게 생각해야 하는가?"에 대해 가르칠 시간은 상대적으로 적었다. 새로운 교육과정은 고등 사고능력, 질적 평가기준, 수행평가 등을 포함하여야 한다. 문제해결 학습, 의사결정 학습, 가치판단 학습을 통해 사고능력을 키우는 것은 학생들이 고등교육을 받기 위해서나 직업 세계에 적응하기 위해 매우 중요하다.

〈그림 3.2〉의 깔때기 모형은 사회적 목적을 반영하는 교육목표가 구체적인 수업목표로 전환되는 과정을 보여 준다. '2000년대의 교육목표'와 같은 사회의 일반적인 교육목표가 점차적으로 교육을 위한 구체적 수업목표로 변환되는 것이다.

수업목표

수업목표는 두 가지의 실제적 목적을 가지고 있다. 첫째는 추상적인 교육목표를 교실에서 이룰 수 있는 구체적 목표로 전환하는 것이다. 둘째는 학생들의 수업목

그림 3.2 교육목표가 수업목표로 변환되는 과정

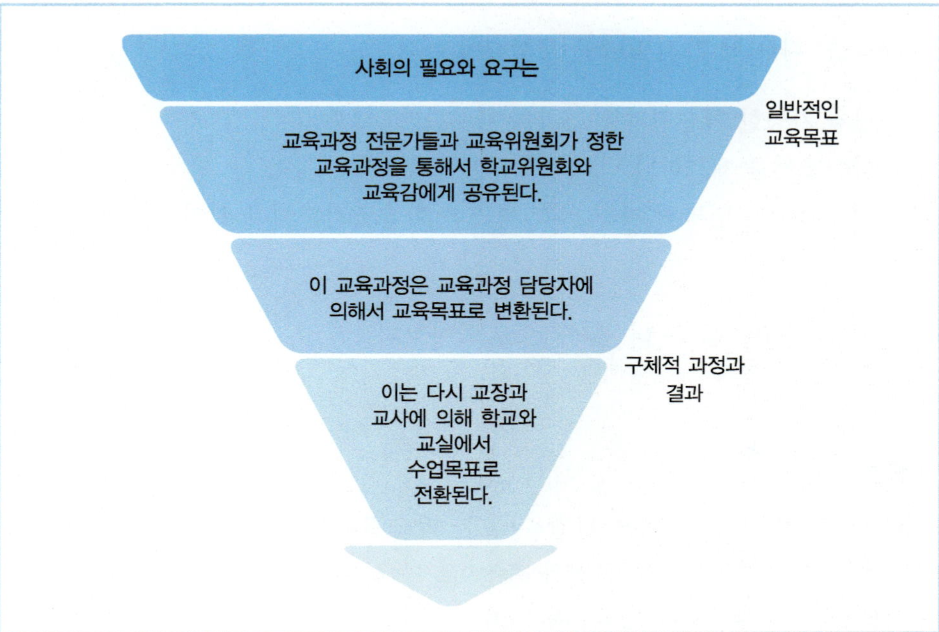

출처: Adapted from *Educational Testing and Measurement: Classroom Application and Practice*, 8th edition, by T. Kubiszyn and G. Borich.

표 달성 여부를 측정할 수 있는 형태로 학습내용을 제시하는 것이다. 이 두 가지의 목적을 달성하기 위해 제시하는 문장을 우리는 **행동목표**라고 한다.

행동이란 무엇을 뜻하는가?

행동목표란 학습이 관찰될 수 있는 행동으로 진술된 목표를 의미한다. 그러므로 행동목표는 관찰과 측정이 가능해야 한다. 학생의 마음 속에서 일어나는 일들은 관찰할 수 없기 때문에 행동목표가 될 수 없다. 마음 속의 이미지처럼 관찰이 불가능한 행동은 학습에 선행될 수 있겠지만, 직접 관찰할 수는 없기 때문에 학습이 일어났다는 증거를 제시하지 못한다. 더구나 학생의 행동은 학습내용, 교육활동, 교육자료 등을 사용하는 일정한 수업시간 내에 관찰할 수 있어야 한다. 그렇기 때문에 행동목표는 행동범위를 학교 교육과정 운영의 형태, 즉 단위수업, 단원, 학년 등과 같은 일정한 범위 안으로 한정한다.

행동목표를 준비하는 과정

행동목표는 다음 세 가지 요소를 포함해야 한다.

1. 관찰 가능한 학습결과를 명확히 제시한다.
2. 학습조건을 제시한다.
3. 평가기준을 명확히 제시한다. 특별한 학습조건하에서 일어날 행동의 숙달 정도

이 세 가지 요소를 좀 더 구체적으로 알아보자.

학습결과 제시하기

행동목표를 쓰는 첫 단계는 관찰 가능한 학습결과를 명확히 제시하는 것이다(Yelon, 1996). 행동목표는 관찰과 측정이 가능하여 학생들에게 그 행동이 완전히 나타났는지, 부분적으로 나타났는지, 아니면 나타나지 않았는지를 교사가 측정할 수 있어야 한다. 관찰 가능한 학습결과를 명확히 제시하기 위하여 행동을 나타내는 동사를 신중하게 선택해야 한다.

행동목표를 제시할 때에는 단어 선정이 아주 중요한데, 그 이유는 같은 단어라도 사람에 따라서 다르게 해석할 수 있기 때문이다. 예를 들어 보자. "둥글둥글한 사람" 이란 원만한 사람을 말하는가, 아니면 잘 먹어서 뚱뚱해진 사람을 말하는가와 같이 의미가 모호한 단어를 사용하는 것은 문제가 된다. 교사는 행동목표를 쓸 때 학습결과를 직접 관찰 가능한 형태로 써야 한다. 이것은 신문, TV 혹은 다른 책에서 행동을 설명하는 방법과는 다르다.

신문이나 TV와 같은 자료에 제시된 행동목표는 관찰과 측정이 쉽지 않다. 예를 들어 다음과 같은 일반적인 행동목표를 신문이나 TV에서 많이 보았을 것이다.

- 정신적으로 건강한 시민
- 교육을 잘 받은 사람
- 스스로 실천하는 학교 어린이
- 견문이 넓은 성인
- 견문이 넓은 대중

그러나 '정신적으로 건강한, 교육을 잘 받은, 스스로 실천하는, 견문이 넓은' 이라는 말이 정말로 의미하는 것이 무엇인가? 사람들에게 이 단어들의 의미를 말

해 보라고 한다면 너무나 다양하게 답할 것이다. 게다가 각각의 답에 해당하는 바람직한 행동을 어떻게 달성해야 하며, 결과를 어떻게 측정해야 하는지에 대해서도 다양한 답을 말할 것이다. 단어의 의미가 모호하여 사람들이 여러 가지 의미로 해석하기 때문이다.

요점을 정리하면, 의미가 모호한 단어들은 학생들이 학습문제를 해결하기 위해 어떤 행동을 해야 하는지 정확하게 안내해 줄 수 없다는 것이다. 이러한 문제가 발생하지 않도록 교사는 관찰과 측정이 가능하며, 논쟁의 여지가 없고, 어떤 행동을 해야 하는지가 분명한 단어를 선정하여 학습목표를 제시해야 한다. 즉, 모든 사람들이 같은 의미로 받아들일 수 있는 단어를 사용하여 행동목표를 제시해야 한다. 예를 들어 다음과 같은 구체적인 표현을 사용할 수 있다.

- ~의 차이점을 제시하여라.
- ~의 결과를 제시하여라.
- ~에 관한 해결방법을 제시하여라.
- ~에 대하여 비교하거나 대조하여라.

이런 표현들은 학생이 어떤 행동을 해야 하는지를 좀 더 명확하게 설명해 준다. 행동동사가 행동목표의 학습결과를 명확히 제시해 주기는 하지만 모든 동사가 학습의 결과를 명확히 안내해 주는 것은 아니다. 어떤 동사들은 단지 학습활동을 설명하기만 한다. 학습결과와 학습활동은 자주 혼동된다. 예를 들어, 다음 중에서 어떤 것이 학습결과를 나타낸 것이고 어떤 것이 학습활동을 나타낸 것인지 구분해 보자.

1. 단어에 알맞은 그림을 제시할 수 있다.
2. 시를 듣고 그 느낌을 표현할 수 있다.
3. 한 자리 수 뺄셈을 할 수 있다.
4. 구두법에 대한 이해를 보여 줄 수 있다.
5. 구구단을 연습할 수 있다.
6. '반짝반짝 작은 별' 이라는 노래를 부를 수 있다.

앞의 1번부터 4번까지의 학습목표에서 행동동사인 '제시하다', '표현하다', '뺄셈을 하다', '보여 주다' 등은 모두 학습의 결과(어떤 단원을 배우고 난 후에 최종적으로 얻을 수 있는)를 의미한다. 그러나 다섯 번째 학습목표에 있는 '연습하다' 라는 동사는 단지 학습활동을 표현할 뿐이다. 학습활동은 그것 자체가 목적이 아니라 어떤 학습결과를 얻기 위해 중간 단계에서 할 행동이다. 여섯 번째 학습목표는 더 모호하다. '노래를 부르다' 라는 것이 행동인가, 결과인가? 만약 무대 공포증이 있는 학생이 사람들 앞에서 노래 부르게 하는 것이 목적이었다면 노래를 부르는 것은 학습결과가 된다. 그러나 노래 부르는 것이 그 뒤에 이어질 어떤 공연을 위한 연습이었다면 그것은 학습활동이다.

물론, 학습활동은 학습결과 성취와 깊은 관계를 가지고 있다. 학습결과를 명확히 제시하지 않으면, 학생들이 어떠한 활동을 해야 하는지 혼동하게 된다.

다음의 예는 학습결과와 학습활동을 나타내는 동사들을 비교한 것이다.

학습결과(목적)	학습활동(방법)
제시하다	공부하다
기억하다	보다
나열하다	듣다
쓰다	읽다

행동목표는 반드시 학습결과를 제시해야 한다. 왜냐하면 학습결과를 고려하여 수업을 계획하고, 학습목표 성취 여부도 이 학습결과를 기준으로 측정할 수 있기 때문이다.

학습조건 제시하기

행동목표를 쓰는 두 번째의 단계는 학습조건을 명확히 제시해 주는 것이다. 만약 특별한 자료나 장비, 도구 등을 사용해야 한다면 학습목표에 그 조건들을 모두 써 주어야 한다. 다음은 조건을 제시한 학습목표의 예이다.

- 사탕가게 가격표를 만들어서 가짜 돈을 이용하여 여러 가지를 구매한다. 서로 다른 액수의 동전들을 이용하여 어떻게 액수를 더하는지 보여 주고, 어떠한 식으로 정확하게 잔돈을 계산하고 줄 수 있는지 설명한다.
- 나누어 준 지도를 사용하여 남북전쟁이 남부지역에 미친 경제적 영향을 제시할 수 있다.
- 『샬롯의 거미줄』의 첫 단원에서 우리는 펀을 만난다. 펀을 정확하게 묘사하는 모든 형용사에 동그라미를 그리자: 설득력 있는, 게으른, 공평한, 감정적인, 냉정한.
- 전자계산기를 사용하여 두 자리 수 덧셈문제의 답을 구할 수 있다.
- 14세기 고딕 양식과 18세기 바로크 양식의 유럽 대성당 그림을 보고 건축

양식을 비교할 수 있다.

학습조건이 특별한 것이 아니라면 제시할 필요가 없다. 예를 들어 "필기도구와 종이를 사용하여 짧은 이야기를 써라."와 같은 학습목표에서는 학습조건을 쓸 필요가 없다. 반면에 학습내용에 영향을 미칠 수 있는 학습조건은 반드시 학습목표에 제시되어야 한다. 예를 들어 학생들이 아무런 학습조건도 없이 미국 문학에서의 자연주의와 사실주의를 비교해야 하는 상황을 생각해 보자. 이 경우 특정한 작가의 작품조건을 제시하지 않는다면 답안은 너무 일반적으로 쓰여질 것이다. 반면에 학생들에게 위와 같이 조건을 제시해 준다면 학습목표에 제시된 방향으로 비교의 초점을 맞출 수 있을 것이다.

학습목표에 학습조건을 제시하지 않으면 학생들은 교사가 의도한 것과는 다른 조건을 나름대로 생각할 수 있다. 어떤 학생들은 두 작품 간의 철학적인 차이점에 대해 쓸지도 모른다. 또 다른 학생들은 두 작품을 오직 문법적으로만 분석하려 할지도 모른다. 이럴 경우 평가에도 문제가 생긴다. 다행히 교사가 의도한 것과 같은 생각을 한 학생들은 좋은 성적을 얻을 수 있겠지만, 그렇지 않은 학생들은 좋지 못한 성적을 얻게 될 것이다.

앞의 예에서 지도, 전자계산기, 14세기와 18세기 대성당 그림 등의 조건을 제시하지 않는다면 학습결과는 많이 달라질 것이다. 학습은 교사가 학습목표에 조건을 제시해 줄 때 더 체계적으로 이루어질 수 있다. 그리고 학습조건을 명확히 제시해 주어야 공정한 시험결과를 가져올 것이다.

학습목표에는 한 가지 또는 여러 가지의 조건을 제시할 수 있다. 자세한 학습조건을 제시하는 것이 학습을 효과적으로 하도록 도와준다. 여러 가지 조건이 들어 있는 학습목표의 예를 몇 가지 들어 보자.

- 『샬롯의 거미줄』의 첫 단원에서 우리는 펀을 만난다. 펀을 정확하게 묘사하는 모든 형용사에 동그라미를 그리자: 설득력 있는, 게으른, 공평한, 감정적인, 냉정한.
- 섭씨 온도계를 사용하여 25cm 높이 물 $2l$의 온도를 측정할 수 있다.
- 컴퍼스, 자, 각도기를 사용하여 각기 다른 크기의 원뿔 단면도와 다른 모양의 삼각형 3개를 그릴 수 있다.
- 4g의 탄산나트륨과 중탄산나트륨을 사용하여 물에서 서로 어떻게 다르게 반응하는지 비교할 수 있다.
- 주어진 음식 리스트를 이용하여, 식품 피라미드의 빈칸을 채워 건강하고 균형 있는 식생활을 대표한다.

- 주어진 참고서를 사용하여 15분 이내에 전력, 전압, 전류, 저항의 관계식을 쓸 수 있다.
- 워드 프로세서를 사용하여 20분 이내에 2쪽 분량의 글을 철자법과 구두법에 틀리지 않고 작성할 수 있다.

한편, 학습목표에 너무 사소한 여러 가지 조건을 제시하지 않도록 한다. 중요하고 꼭 필요한 조건만을 제시하도록 한다.

평가기준 제시하기

행동목표를 쓰는 세 번째 단계는 목표 달성 평가기준을 제시하는 것이다. 행동목표에서 학습결과와 조건은 관찰 가능한 행동을 이끌어 내기 위한 것이다. 행동목표의 또 하나의 중요한 요소는 "그 행동이 어느 정도까지 나타나야 학습목표가 달성되었다고 할 수 있는가?" 하는 점이다. 이것을 **평가기준**이라고 한다.

평가기준은 "학습목표가 어느 정도까지 달성되었는가?"를 측정하려는 것이다. 대부분 평가기준은 한 번 정하면 그대로 고정시켜 제시하는 것이라고 생각한다. 이것은 잘못된 생각이다. 평가기준은 학생들의 학습목표 달성 정도에 따라 조절하여야 한다. 또한 교사는 학습결과 행동이 교실 밖에서나 후속학습에서도 잘 적용될 수 있도록 평가기준을 수시로 조절하여야 한다. 그러나 평가기준이 각 개개인의 학생들에게 모두 같지 않다는 것을 기억해야 한다. 평가기준은 다양한 방법으로 제시할 수 있다. 예를 들어 보자.

- 시험에서 맞은 문항 수
- 연속적으로 맞은 정확한 답 수(연속적으로 실수 없이 행동하기)
- 반드시 포함되어야 하는 필수항목 수
- 제한된 시간 안에 완성 정도(수행속도가 중요한 경우)
- 정확한 정도(98% 정확도 등)

"John Steinbeck과 Mark Twain의 단편을 읽고 미국 문학에 있어서 자연주의와 사실주의를 비교할 수 있다."는 학습목표를 생각해 보자. 평가기준은 학습목표가 어느 정도까지 달성되어야 하는가를 나타내는 척도이다. 그런데 이 학습목표에는 학생들이 어느 정도의 목표를 달성해야 하는지 평가기준이 없다. 학습목표에 평가기준을 명확히 제시해 줌으로써 학생들이 어느 정도까지 학습목표를 달성해야 하는지를 판단할 수 있다. 예를 들어 다음과 같다.

- John Steinbeck과 Mark Twain의 단편을 읽고, 두 작가의 글 쓰는 스타일에 나타난 네 가지 표현을 골라 미국 문학에 있어서 자연주의와 사실주의를 비교할 수 있다.

평가기준을 제시하는 유형도 다양할 수 있다. 어떤 평가기준은 학생이 배운 학습내용을 다른 학습에 적용하는 정도를 평가한다. 이러한 유형의 학습목표를 '표현적인 목표' 라고 한다(Eisner, 1969, 1998). 이러한 목표는 단 하나의 정확한 답을 요구하는 것이 아니라 다양한 답을 인정한다. 학습목표는 경우에 따라 정확한 평가기준을 제시할 수도 있고 융통성이 있는 평가기준을 제시할 수도 있다.

또 다른 예를 생각해 보자.

- 전자계산기를 사용하여 두 자리 수 덧셈 문제를 풀 수 있다.

이 학습목표에 평가기준이 제시되어 있는가? 이 학습목표만으로는 학생들이 목표를 잘 달성했는지를 정확히 알기 어렵다. 여기에 평가기준을 첨가해 보자.

- 전자계산기를 사용하여 두 자리 수 덧셈 문제 10개 중 8문제를 풀 수 있다.

이 학습목표는 어느 정도까지 학습목표를 달성해야 하는지를 정확하게 제시해 준다. 또한 앞에서 본 표현적인 목표에 비해 평가기준에 융통성이 전혀 없다. 수학 교과는 문학 교과보다 융통성이 매우 적다. 수학과 같은 교과는 구조적이고 답도 거의 정해져 있다. 다음 두 가지 학습목표는 "교사가 평가기준을 어떠한 범위로 할 것인가?" 에 따라 학습목표가 달라진다는 것을 보여 준다.

이전에 제시되었던 학습목표에 평가기준을 첨가한 학습목표를 살펴보자.

- 섭씨 온도계를 사용하여 25cm 높이 물 2*l*의 온도를 1° 오차 한계에서 측정할 수 있다.
- 컴퍼스와 자, 각도기를 사용하여 각기 다른 크기의 원뿔 단면도와 다른 모양의 삼각형 3개를 그릴 수 있다.
- 4g의 탄산나트륨과 4g의 중탄산나트륨을 사용하여 물에서 서로 어떻게 다르게 반응하는지 비교할 수 있다(물의 알칼리성을 실험하고 ppm당 결과가 어떻게 나타나는지를 잘 살펴보면서).
- 주어진 참고서를 사용하여 15분 이내에 전력, 전압, 전류, 저항의 관계식을 쓸 수 있다(정확히 공식으로).
- 워드 프로세서를 사용하여 20분 이내에 2쪽 분량의 글을 철자법과 구두법에 틀리지 않고 작성할 수 있다(100% 정확도로).

지금까지 학습결과를 제시하는 방법, 학습조건을 제시하는 방법 그리고 평가기준을 제시하는 방법을 살펴보았다. 학습목표를 준비하는 데 있어서 한 가지 더욱 중요한 사항이 있다. 학습목표를 간단히 서술해야 한다는 것이다.

학습목표 간단히 제시하기

가끔 교사들은 학습목표를 필요 이상으로 복잡하게 제시하기도 한다. 예를 들어 진수가 이름을 쓸 수 있는지 알고 싶다면 그에게 이름을 써 보라고 말하면 된다. 어렵고 복잡하게 만들 필요가 없다.

- 『톰 소여』에 나오는 주인공들의 성격을 그림으로 표현할 수 있다.
- 전화기와 텔레비전의 차이를 전자 다이어그램을 그려서 설명할 수 있다.
- 어떤 특정 주제에 관한 내용이 브리태니커 백과사전 몇 쪽에 수록되어 있는지를 말하여 백과사전 목차 사용법을 이해했음을 보여 줄 수 있다.

첫 번째 예에서 그림을 그리는 것은 학생들이 『톰소여』에 나오는 주인공들의 성격을 잘 기억하고 있는지를 알기 위한 것이다. 그렇다면 더 쉬운 방법은 없을까? 학생들에게 성격을 이야기해 보라고 하는 것은 어떤가? 만약에 학습목표가 주인공들의 성격을 기억하는지를 알고자 하는 것이라면 성격을 이야기해 보는 것으로도 충분하다. 두 번째 예에서는 텔레비전이나 전화기를 직접 보여 주고 차이를 말로 설명하거나 글로 써 보게 하는 것이 더 나을 것이다. 세 번째 예는 적절하다. 이 학습목표는 백과사전의 목차 사용방법을 아는지를 측정하기에 적절한 방법이라고 할 수 있다.

학습목표를 쓸 때 다음 세 가지의 필수요소를 반드시 기억하고 포함시켜야 한다?: (1) 관찰 가능한 학습결과, (2) 학습조건, (3) 평가기준.

인지적, 정의적, 심체적 영역

지금까지 예로 제시하였던 학습목표들은 서로 매우 다른 학습결과 행동을 가져올 것이다. 예를 들어 다음 학습목표들의 학습결과 행동을 비교해 보자.

- John Steinbeck과 Mark Twain의 단편을 읽고, 두 작가의 글 쓰는 스타일에 나타난 네 가지 표현을 골라 미국 문학에 있어서 자연주의와 사실주의를 비교할 수 있다.

- 섭씨 온도계를 사용하여 25cm 높이 물 $2l$의 온도를 1° 오차 한계에서 측정할 수 있다.

위의 두 가지 학습목표에서 기대하는 학습결과 행동은 서로 다르다. 앞의 학습목표의 경우 내용 분석에 초점을 둔다. 자연주의와 사실주의의 핵심을 제시하고, 둘의 관계를 설명하며, 유사점과 차이점을 말하고, 그러한 차이점을 실제 자연주의적이거나 사실주의적인 글 표현에서 찾아야 하는 등 모두 분석적 사고를 하는 것이다. 이러한 사고과정은 두 번째 학습목표와 비교하면 상당히 복잡한 과정이다. 두 번째 학습목표는 섭씨 온도계 눈금 사이의 거리를 정확하게 측정하는 것이다. 이 학습은 섭씨 온도계의 눈금이 가리키는 숫자를 정확히 읽어 내고 그 단계 사이의 공간을 측정하기 위한 것이다.

또한 각 학습목표를 달성하기 위한 학습시간도 서로 다르다. 두 번째 학습목표는 몇 분 안에 학습할 수 있지만, 첫 번째 학습목표는 몇 시간, 며칠 혹은 몇 주가 걸릴 수도 있다. 다양한 학습목표 달성을 위해 다양한 학습영역의 행동목표를 제시하게 된다.

학습목표는 인지적 영역뿐 아니라 정의적, 심체적 영역의 행동들도 다양한 수준으로 제시할 수 있다. 학습 영역을 크게 다음 세 가지로 분류할 수 있다.

- **인지적 영역**(지적 능력 및 기능 발달)
- **정의적 영역**(태도, 믿음, 가치관 발달)
- **심체적 영역**(신체적인 활동 및 기능 발달)

인지적 영역

Bloom, Englehart, Hill, Furst, Krathwohl(1984)은 인지적 영역을 복잡성 정도에 따라 분류하였다. 그들은 인지적 영역을 지식수준(인지적으로 가장 단순한 수준)에서 평가수준(인지적으로 가장 복잡한 수준)까지 6단계로 분류하였다. 〈그림 3.3〉과 같이 Bloom 등은 높은 수준의 인지능력은 낮은 수준의 인지능력을 기초로 하고 있음을 단계적으로 나타내었다. 따라서 평가단계 학습목표는 지식단계 학습목표보다 훨씬 더 복잡한 인지적 활동을 요구한다.

또한 높은 수준의 학습목표는 낮은 수준의 학습목표보다 훨씬 더 실제적이라고 한다. '실제적' 이라는 의미를 알아보자. 지금까지 이 장에서 학생들이 학습하는 다양한 기능과 행동 예를 제시하였다. 이 중 어떤 행동은 단어, 구구단, 역사적 사건이 일어난 날, 중요한 인물의 이름 등을 암기하는 것이고, 또 어떤 행동은 물

그림 3.3 학습목표 분류: 인지적 영역

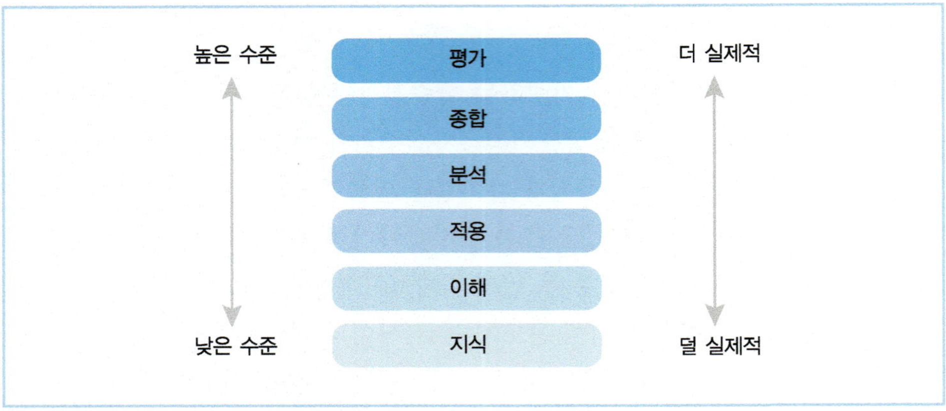

출처: Based on Bloom et al., 1984.

체를 그리는 것, 수학 계산, 전자계산기를 사용하거나 손으로 글 쓰는 연습을 하는 것 등이었다. 또 다른 형태의 학습목표는 학생들이 글을 읽은 후 분석하고, 개념이나 일반적인 규칙을 깨달아 자신의 글로 써야 한다.

또 기타의 기능들과 행동들은 학생들 스스로가 자신들의 사고와 판단에 대해 생각해 보며, 언제 적당한 결과에 다다르는지, 또 언제 그렇지 못하는지를 결정하기를 원한다. 예를 들어, 신발끈을 묶는 과정에 대해 아는 것, 그 과정이 얼마나 효과적인지를 관찰하는 것, 그리고 그 과정을 미래에도 사용하겠다는 인식적 약속 등이 있다. 이러한 행동은 **메타인지**라고 하며, 자신이 사고하는 것을 사고하여 스스로의 이해 능력을 알아보는 것이다.

이러한 학습행동들의 일부는 지필평가를 통해 학습목표를 잘 수행했는지 평가할 수 있다. 그러나 개인적인 판단, 비판적인 사고, 의사결정 능력과 같은 것들의 평가로는 지필평가보다는 수행평가 방법이 더 적합하다. **수행평가**는 어떤 행동이나 기능을 실생활에서 직접 잘 적용할 수 있는지를 측정한다.

초등학교에서는 수행평가보다 거의 지필평가를 하는 실정이다. 예를 들어 학생들이 과학실험 방법을 이해했는지를 평가하기 위해서 교사는 학생의 실험계획이나 실험 진행과정, 실험결과 등을 평가하는 것이 아니라(직접평가) 단지 아이들에게 실험단계를 나열하게 하거나, 이론과 가설의 차이점을 써 보게 하거나, 실험조건이 무엇인지를 말하게 하는 등의 방법(간접평가)을 사용한다. 혹은 아이들이 직접 음식을 사고 돈을 지불한 후 정확한 거스름돈을 받아 오게 하는 직접평가 대신, 그들에게 1달러는 몇 페니이고, 만약에 6.75달러짜리 셔츠를 사고 10달러 지폐를 내었다면 얼마를 거슬러 받을 것인지를 계산해 보도록 한다.

높은 수준의 인지적, 정의적, 심체적 학습목표는 학생들이 실생활에 바로 적용할 수 있는 행동들을 성취하도록 하므로 매우 실제적이다.

간접평가 방법의 장점은 시간을 절약할 수 있다는 것이다. 또, 교실에서 일어나는 모든 학습을 직접적으로 평가할 수만은 없을 것이다. 그러나 간접평가 방법은 한 가지 문제점을 가지고 있다. 간접평가는 교사가 가르친 행동과 기능들을 학생이 실생활에 직접 잘 적용할 수 있을지 확실하게 측정하기 어렵다는 것이다. 직접평가는 학생이 교실 밖, 즉 실생활에서 학습한 행동과 기능을 적용할 수 있는가를 평가한다.

만약 교사가 학생에게 현미경 초점 맞추는 방법을 보여 주고 학생들이 실제로 연습하는 것을 도와주었다면, 직접평가는 실제로 학생들이 현미경의 초점을 맞추어 어떤 사물을 관찰할 수 있는지를 평가할 것이다. 간접평가는 현미경 그림 속의 각 부분의 이름이 무엇인가를 물어 보는 평가를 할 것이다. 만약 학습목표가 현미경 부분에 대한 이름을 아는 것이라면 학생들이 현미경 그림 속의 각 부분에 대한 이름을 쓰는 것이 실제적인 평가가 될 수도 있다.

높은 수준의 인지적, 정의적, 심체적 활동을 요구하는 학습목표는 학생들의 실생활에 바로 적용할 수 있는 행동들을 성취하도록 하므로 매우 실제적인 학습목표이다.

이제 인지적 영역의 행동들이 인지수준과 실제성에 따라서 얼마나 다양한지 살펴보자. 이러한 행동들을 나타내는 행동동사와 함께 설명하도록 하겠다.

지식 지식수준의 학습목표는 학생들이 사실, 용어, 문제해결 전략, 규칙 등을 기억하도록 한다.

다음은 지식수준을 나타내는 동사들이다.

정의하여라	나열하여라	기억하여라
묘사하여라	연결하여라	암송하여라
제시하여라	명명하여라	선택하여라
분류하여라	요점을 정리하여라	서술하여라

이런 동사를 사용한 지식수준 학습목표의 예들을 살펴보자.

- 4대 영양소를 기억할 수 있다.
- 80%의 정확도로 미국의 주요 전쟁과 장군의 이름을 연결할 수 있다.

이해 이해수준의 학습목표는 학습내용의 이해를 요구한다. 이러한 학습목표는 학생들이 읽은 내용을 대화체로 바꿀 수 있거나, 자신의 언어로 바꾸어 말하거나, 관계를 연결하거나(해석) 혹은 결론을 끌어 낼 수 있도록 한다(추론).

다음은 이해수준을 나타내는 동사들이다.

바꾸어 말하여라	추정하여라	추론하여라
정당화하여라	설명하여라	번역하여라
구별하여라	확장하여라	예측하여라
구분하여라	일반화하여라	요약하여라

이런 동사를 사용한 이해수준 학습목표의 예들을 살펴보자.

- 이야기의 주요 사건을 요약할 수 있다.
- 글을 읽고 자연주의와 사실주의의 차이점을 구별할 수 있다.

적용 적용수준의 학습목표는 이전에 배운 것을 다른 곳에 적용할 것을 요구한다. 적용수준 학습목표는 현재 학습한 내용을 이용하여 다른 문제를 해결할 수 있어야 한다는 점에서 이해수준 학습목표와는 다르다. 학생들은 기존에 배운 학습내용 그 자체만 아는 것이 아니라 다른 문제 상황에 적용할 수 있어야 할 것이다.

다음은 적용수준을 나타내는 동사들이다.

바꾸어라	수정하여라	연관시켜라
계산하여라	조작하여라	문제를 풀어라
보여 주어라	조직하여라	변환하여라
개발하여라	준비하여라	사용하여라

이런 동사를 사용한 적용수준 학습목표의 예들을 살펴보자.

- 에너지 보존 법칙을 실제 생활에 적용하여 반 학생들에게 보여 줄 수 있다.
- 85%의 정확도로 수업에서 아직 다루지 않은 분수들의 곱셈을 할 수 있다.

분석 분석수준의 학습목표는 논리적인 오류를 찾아내거나(모순되거나 오류가 있는 추론을 찾아내는 것) 사실, 의견, 추측, 가설, 결론 간의 차이를 구별해 낼 것을 요구한다. 분석수준에서 학생들은 여러 생각들 사이의 관계를 비교하거나 대조해 보아야 한다.

다음은 분석수준을 나타내는 동사들이다.

분류하여라	구별하여라	지적하여라
추출하여라	예를 들어라	관계지어라
도표로 나타내어라	추론하여라	나누어라
구분하여라	요점을 말하여라	세분하여라

이런 동사를 사용한 분석수준 학습목표의 예들을 살펴보자.

- 주어진 대통령 연설을 듣고 개인주의를 비난하는 부분을 지적할 수 있다.
- 문장("한 남자가 두 번 감기에 걸렸는데, 처음에는 죽었고 다음에는 빨리 회복되었다.")을 보고 모순을 지적할 수 있다.

종합 종합수준의 학습목표는 학생들이 고유하고 독창적인 어떤 것을 만들어낼 것을 요구한다. 학생들은 독특한 방법으로 어려운 문제를 해결하거나 창의적인 해결방법을 제시할 수 있어야 한다.

다음은 종합수준을 나타내는 동사들이다.

범주화하여라	창조하여라	공식화하여라
편집하여라	디자인하여라	예측하여라
구성하여라	고안하여라	생산하여라

이런 동사를 사용한 종합수준 학습목표의 예들을 살펴보자.

- 주어진 짧은 이야기를 읽고 이야기의 결말을 쓸 수 있다.
- 주어진 문제를 해결할 수 있는 과학적인 실험방법을 고안하여 종이에 그릴 수 있다.

평가 평가수준의 학습목표는 어떤 방법, 생각, 사람들, 물건들에 대해 비판이나 판단할 것을 요구한다. 학생들은 왜 그러한 판단을 하게 되었는지도 말할 수 있어야 한다.

다음은 평가수준을 나타내는 동사들이다.

가치를 평가하여라	비판하여라	정의하여라
비교하여라	정당화하여라	지지하여라
대조하여라	판단하여라	실증하여라

이런 동사를 사용한 평가수준 학습목표의 예들을 살펴보자.

- 주어진 글을 읽고 제시된 다섯 가지 판단기준에 따라 글의 가치를 판단할 수 있다.
- 주어진 한 나라의 경제구조에 대한 설명을 읽고, 민주주의의 원칙을 기초로 그 경제구조를 정당화할 수 있다.

Anderson과 Krathwohl(2001)은 Bloom의 교육목표 분류체계를 수정보완하였다. 그들은 교육과정을 세 가지 관점—인지학습 관점, 수업 관점, 평가 관점—에서 보고 이러한 세 가지 관점을 연결할 수 있는 학습목표 제시 체계를 제공하였다. 〈그림 3.4〉는 이 작가들이 어떤 식으로 기존 분류체계를 발전시키고 확장시켰는지를 보여 주며, 가장 효과적인 수업목표와 지도전략을 선정할 때 사실적, 구상적, 절차상의, 그리고 메타인지적 지식을 구분하는 것의 중요성을 재강조한다.

정의적 영역

Krathwohl, Bloom, Masia(1964)는 정의적 영역의 학습목표를 분류하였다. 이들은 정의적인 행동을 학생이 단순히 받아들이는 수준에서부터 성격화하는 수준까지 5단계로 분류하였다(그림 3.4). 인지적 영역처럼, 이러한 단계들은 위계적이고 높은 단계는 낮은 단계의 정의적 특성을 모두 포함하고 있다. 높은 단계의 정의적 영역으로 올라갈수록 다른 사람의 느낌, 태도, 가치에 좌우되지 않고 학생 스스로의 결정이나 가치판단에 따른다.

5단계는 수용, 반응, 가치화, 조직화, 성격화 단계이고 각 단계별 행동을 나타내는 행동동사들과 함께 설명하기도 한다.

수용 수용수준의 학습목표는 어떤 현상이나 자극을 수동적으로 받아들이고 이것을 인식하는 것을 요구한다. 이 수준의 학생들은 단지 듣거나 주의를 기울이면

그림 3.4 배우는 것, 가르치는 것, 평가하는 것의 분류체계

	인지적 과정 단계					
지식 단계	1. 기억	2. 이해	3. 적용	4. 분석	5. 평가	6. 창조
A. 사실적 지식: 한 분야에서 기본적으로 알아야 할 사실들						
B. 개념적 지식: 개념을 만들기 위해 함께 작용하는 상호관계들						
C. 과정적 지식: 기능들, 알고리즘들, 기술들, 그리고 방법들의 적용방식						
D. 메타인지적 지식: 스스로의 사고상태를 알고 이해하는 것						

출처: Adapted from *Taxonomy for Learning, Teaching, and Assessing: A Revision of Bloom's Taxonomy of Educational Objectives*, by L. Anderson and D. Krathwohl (Eds.), 2001. New York: Longman.

된다.

다음은 수용수준을 나타내는 동사들이다.

주의집중하여라	식별하여라	보아라
조심하여라	들어라	주목하여라
조절하여라	주의 깊게 들어라	

이런 동사를 사용한 수용수준 학습목표의 예들을 살펴보자.

- 수업이 대집단 토의에서 소집단 토의으로 바뀔 때 그 변화를 알아차릴 수 있다.
- 자리를 뜨지 않고 모차르트 협주곡을 모두 들을 수 있다.

반응 반응수준의 학습목표는 학생들이 어떤 자극에 대해 반응을 하거나 기대되는 행동을 보여 줄 것을 요구한다.

다음은 반응수준을 나타내는 동사들이다.

박수 쳐라	따르라	가지고 놀아라

응하여라	복종하여라	연습하여라
논쟁하여라	참여하여라	자원하여라

이런 동사를 사용한 반응수준 학습목표의 예들을 살펴보자.

- 책에 쓰인 지시대로 따라 할 수 있다.
- 교사의 지시에 따라 악기를 연습할 수 있다.

가치화 가치화 수준의 학습목표는 학생들에게 강요하지 않아도 어떤 상황에서나 일관된 태도와 믿음을 가지고 행동할 것을 요구한다. 학생들은 확신을 가지고 행동해야 하며, 자신이 좋아하는 것과 그렇지 않은 것을 확실하게 말할 수 있어야 한다.

다음은 가치화 수준을 나타내는 동사들이다.

행동하여라	토의하여라	도와라
논쟁하여라	보여 주어라	조직하여라
확신하여라	표현하여라	선호하는 것을 나타내어라

이런 동사를 사용한 가치화 수준 학습목표의 예들을 살펴보자.

- 국제적인 이슈로 떠오른 핵무기 축소에 대한 자신의 의견을 말할 수 있다.
- 사회적으로 문제가 되고 있는 포르노를 제거하는 것에 대한 자신의 의견을 말할 수 있다.

조직화 조직화 수준의 학습목표는 학생들에게 자신의 가치에 대한 책임을 요구한다. 학생들은 가치가 있는 것과 가치가 없는 것을 판단할 수 있고, 가치 있는 것과 가치 없는 것 사이에서 바른 선택을 해야 한다. 학생들은 각자의 가치관에 따라 선택하여야 한다.

다음은 조직화 수준을 나타내는 동사들이다.

요약하여라	결정하여라	골라라
균형을 맞추어라	정의하여라	조직화하여라
비교하여라	공식화하여라	이론화하여라

이런 동사를 사용한 조직화 수준 학습목표의 예들을 살펴보자.

- 사형제도 찬반론을 비교하고 자신의 신념과 맞는 의견을 결정할 수 있다.
- 시민 권리에 대한 입법 지지 이유를 설명하고 자신의 믿음과 상반되는 법

도 구분할 수 있다.

성격화 성격화 수준의 학습목표는 학생들의 가치에 따른 지속적이고 일관성 있는 행동을 요구한다. 이 수준의 학생들은 이전 단계 수준에서 요구한 행동들을 모두 마스터하고 있어야 한다. 또한 자신의 가치체계와 사회의 가치체계 사이에서 큰 마찰 없이 행동할 수 있어야 한다.

다음은 성격화 수준을 나타내는 동사들이다.

피하여라　　내면화하여라　　저항하여라
보여 주어라　　다루어라　　결정하여라
전시하여라　　요구하여라　　수정하여라

이런 동사를 사용한 성격화 수준 학습목표의 예들을 살펴보자.

- 교실 안팎에서 장애가 있는 학우들을 도와줄 수 있다.
- 문제의 대안이 분명하지 않을 때 언제나 가설을 세우고 검증하는 탐구적인 태도를 보여 줄 수 있다.

심체적 영역

Harrow(1972)와 Moore(1992)는 심체적 영역의 학습목표를 분류하였다. Harrow는 단순한 모방에서 숙달된 수준까지 심체적 영역을 다섯 가지 단계로 분류하였다. 〈그림 3.5〉는 심체적 영역의 단계별 순서를 보여 준다.

그림 3.5 학습목표 분류: 정의적 영역

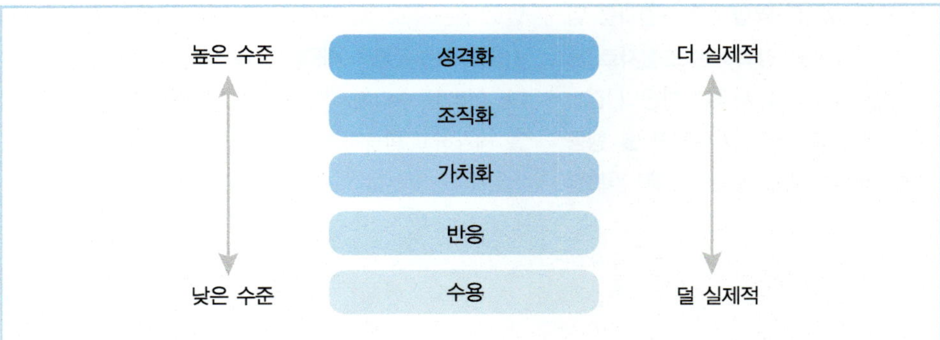

출처: Based on Krathwohl et al., 1999.

이론의 교실 적용

인지과학의 새로운 영역

3장에서 인지적 영역 학습목표를 두 가지로 구분하고 있다: 하나는 Bloom 이론에 근거하고 다른 하나는 Anderson과 Krathwohl의 주장에 기초를 둔다. 인지에 대한 이해가 점차적으로 학습결과를 달성하기 위해 학습환경과 조건을 강조하는 행동주의 입장에서 문제를 해결하거나 결정을 할 때 뇌가 어떻게 기능하는지에 더 중심을 두는 인지주의적 입장으로 발전한다. 두 가지 입장 모두 인지활동에서 지식 습득을 강조하고 있으나 Anderson은 Bloom의 인지단계에 학습자들의 생각과 고등 사고능력을 더 신장할 수 있는 2가지 단계(인지와 메타인지)를 더 추가한다. 우리가 학습에 대한 인지 및 평가에 대해 아는 지식과 또 더 알아가고자 하는 내용이 대체로 인지과학 분야이다.

행동주의

Skinner는 많은 실험에 의해 행동주의 이론을 정립하였다. 행동주의 이론가들은 관찰할 수 있는 학습결과와 이러한 행동이 학습방법에 어떠한 의미를 주는지에 관심을 가진다. 이들은 눈에 보이는 원인과 결과 관계를 강조한다.

행동주의 학자들은 교사의 역할을 학습결과를 얻기 위해 학습조건과 행동을 강화하는 조절자로 본다. 행동주의 학자들은 학습을 자극과 반응의 결과라고 생각한다. 그들은 교사들이 가르쳐야 할 행동을 정하고 학생들이 단계별로 달성하도록 가르칠 수 있다고 한다.

인지주의

교육심리학자들은 행동주의 이론이 학습과정을 다 설명하기 어렵다는 것을 알았다. 특히, 문제해결을 위해 관찰이 불가능한 뇌가 어떻게 작동하는지에 관심을 가졌다. Dewey, Vygotsky, Piaget, Bruner 등이 주요 인지주의 이론 정립에 기초를 마련한 학자들이다. 이들은 학습자들은 사회적인 상호작용을 통해 자신의 지식을 스스로 구성한다고 주장하였다. Vygotsky에 따르면 학습은 학습자 스스로 할 수 있는 것과 도움을 받아 할 수 있는 차이가 나타나는 근접발달영역에서 일어난다는 것이다. 학생들에게 교사가 도전적인 과제를 제공하고 비계역할의 도움을 주면 스스로 다른 여러 접근방법을 시도하며 학습한다는 것이다.

행동주의들이 기대하는 학습결과를 얻기 위해 학습환경을 강조하는 반면, 인지주의는 활발한 사고과정을 중시한다. 인지주의자들은 학습자가 어려도 거의 모든 학습내용에 대해 기본 지식이 있다고 믿는다. 이 인지주의적 접근은 구성주의이론과 밀접하게 연계되어 있다. 구성주의 방법은 학습자들이 실제 생활에서의 실제문제 해결을 강조한다. 학생들은 개별보다는 주로 협동적으로 공부하고 어떠한 특정 기술보다는 문제의 해결방안을 찾아내는 학습을 한다. 이러한 수업에서의 교사의 역할은 학습 자료들을 제공하고 학습과정의 안내자이다.

심체적 영역의 행동들은 결국 민첩한 행동을 위한 신경근육 기능 발달을 강조한다. 심체적 영역의 단계 위로 올라갈수록 더 복잡하고 좀 더 빠르게 움직이는 기능을 요구한다. 심체적 영역 각각의 수준—모방, 조작, 정확, 연합, 숙달—은 서로 다른 특성을 갖고 있다. 한 가지씩 살펴보기로 하자.

모방 모방수준의 학습목표는 학생들이 관찰 가능한 행동을 보고 나서 그것을 그대로 따라하도록 요구한다. 예를 들어 교사가 현미경의 표본접시에 슬라이드를 어떻게 놓는지 보여 주고 학생들은 그 행동을 정확하게 따라 해야 한다. 이 수준의 행동은 비교적 단순한 행동이다. 이 수준에서 학생들은 어떤 행동을 관찰하고 따라 하고 그것을 반복하면 된다.

다음은 모방수준을 나타내는 동사들이다.

정열하여라	추적하여라	반복하여라
균형을 맞추어라	쥐어라	머물러라
따르라	위치시켜라	걸음을 옮겨라

이런 동사를 사용한 모방수준 학습목표의 예들을 살펴보자.

- 물을 끓는점까지 안전하게 끓이는 방법을 보고 따라 할 수 있다.
- 도구 없이 평행사변형을 그리는 것을 보고 따라 그릴 수 있다.

조작 조작수준의 학습목표는 학생들이 시각적인 모델이 없이 설명을 듣거나 읽고 특정 행동을 할 것을 요구한다. 학생들은 지시를 듣거나 읽은 후에 어떤 행동을 해야 한다. 이 수준의 행동도 비교적 단순한 행동들이다. 모방단계의 학습결과와 조작단계의 학습결과는 거의 비슷하다. 조작단계에서는 행동 설명이 말이나 글로써 제시된다는 것이 다를 뿐이다.

조작수준 학습목표의 예들을 살펴보자.

- 책에 나온 그림과 형식을 보고 고용인에게 할 인사말을 쓸 수 있다.
- 나누어 준 자료를 읽고 현미경의 초점을 맞출 수 있다.

정확 정확수준의 학습목표는 학생들이 정확하게 어떤 행동을 할 것을 요구한다. 행동은 정확해야 하며 균형이 잘 맞아야 한다. 학생들은 자신의 행동을 조절하여 실수가 없도록 해야 한다.

다음은 정확수준을 나타내는 표현들이다.

정확하게	독립적으로	조절하여

그림 3.6 학습목표 분류: 심체적 영역

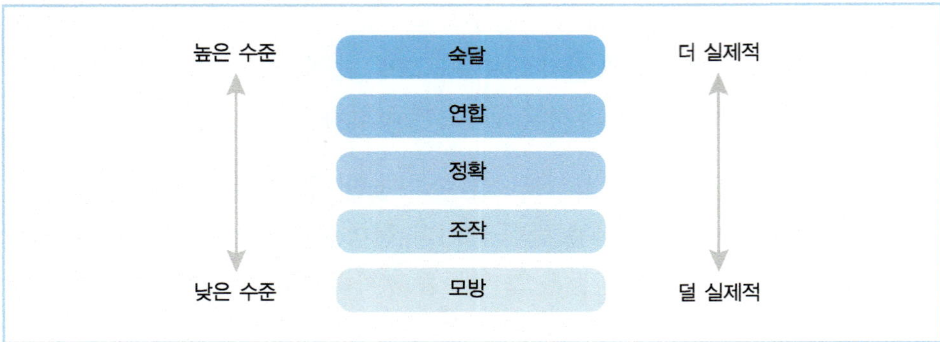

출처: Based on Harrow, 1972.

실수 없이 | 능숙하게 | 균형을 맞추어서

이런 단어를 사용한 정확수준 학습목표의 예들을 살펴보자.

- 현미경 표본접시 위에 표본을 올려 놓고, 초점을 정확하게 맞추어서 주어진 물질 네 가지 중 세 가지를 알아맞출 수 있다.
- 포인터의 균형을 정확하게 잡아 컴퓨터 모니터에서 잘못된 철자를 지적할 수 있다.

연합 연합수준의 학습목표는 학생들이 여러 단계의 행동순서에 따라 정확하게 행동할 것을 요구한다. 특히 이 수준의 행동은 시간과 속도 조절이 필요하다.

다음은 연합수준을 나타내는 표현들이다.

신뢰감	통합	속도
협응	배율량	안정감
조화	부드러움	시간

이런 단어를 사용한 연합수준 학습목표의 예들을 살펴보자.

- 10분 이내에 알파벳 대문자와 소문자 크기를 적합한 비율로 모두 쓸 수 있다.
- 90초 이내에 전자계산기를 사용하여 간단한 산수 10문제를 정확하게 풀 수 있다.

숙달 숙달수준의 학습목표는 학생들이 배운 기술이나 행동을 아주 능숙하게 해낼 것을 요구한다. 이 수준의 행동은 자동적으로 할 수 있어야 한다.

다음은 숙달수준을 나타내는 표현들이다.

자동적으로	전문적으로	쉽게
힘들지 않게	일상적으로	완벽하게
자연스럽게	즉흥적으로	안정적으로

이런 단어들을 사용한 숙달수준 학습목표의 예들을 살펴보자.

- 학기 말까지 알파벳과 100까지의 숫자를 자연스럽게 쓸 수 있다.
- 1학년 말까지 이등변삼각형, 정삼각형을 모형 없이 자동적으로 그릴 수 있다.

행동목표에 대한 오해

학습목표를 직접 써 보기 전에 인지적, 정의적, 심체적 영역의 행동목표에 대한 몇 가지 오해를 바로잡자. 다음은 행동목표를 쓸 때 염두에 두어야 할 몇 가지 주의사항이다.

어떤 행동이 더 중요한가?

인지적, 정의적, 심체적 영역에 대한 오해 중의 하나는 분석력, 종합력, 의사결정 능력을 요구하는 높은 수준의 인지활동들이 어떠한 사실이나 날짜를 기억하는 것과 같은 낮은 수준 인지활동보다 더 중요하다고 생각하는 것이다. 그러나 세 가지 영역별로 복잡하고 높은 수준의 행동이 반드시 더 중요한 것은 아니다. 왜냐하면 높은 수준의 행동을 하기 위해서는 낮은 수준의 행동을 먼저 잘 학습해야 하기 때문이다.

어떤 일부 교사들은 높은 수준의 학습목표만 중요하다고 생각한다. 이러한 교사들은 단순한 행동들이 복잡하고 실제적인 학습목표 달성을 위해 얼마나 필수적인지 모르고 있다. 학생들이 낮은 수준의 행동을 제대로 익히지 못하면 높은 수준의 학습목표 달성에 많은 실수를 하게 될 것이다.

지금까지 이 장에서 공부한 행동목표 분류체계들은 세 가지 학습영역의 행동단계를 쉽게 구분할 수 있게 해 준다. 이 분류표를 이용하여 높고 낮은 수준의 행동들을 적절하게 선정하여 학습목표를 제시하는 것이 바람직할 것이다.

무엇이 실제적인 행동인가?

많은 사람들이 실제적이라는 단어에 대해서 오해를 하곤 한다. 실제적이라는 단어는 실생활과의 관련성을 의미한다. 만약에 학생이 직장이나 집 같은 실생활에서 대통령의 이름을 외워야 할 필요가 있다면 대통령의 이름을 암기하는 것은 실제적인 행동이다. 교실 밖에서 대통령의 이름을 외워야 하는 상황이 반드시 생긴다면 교실에서 이를 위한 교육이 이루어져야 한다. 그리고 이것은 실제적인 학습목표가 될 수 있다. 그러나 실제 직장이나 일상생활에서 대통령의 이름을 외워야 할 필요는 거의 없을 것이다.

세 가지 학습영역별로 가장 낮은 수준인 지식(인지적 영역), 수용(정의적 영역), 모방(심체적 영역)만으로는 실세계에서 살아가기 힘들다. 이러한 행동은 더 복잡한 행동을 위해 반드시 필요하지만 그 자체로는 불충분하다. 한편 영역별로 가장 높은 수준인 평가(인지적 영역), 성격화(정의적 영역), 숙달(심체적 영역)은 실생활에서 매우 중요한 행동들이다. 올바른 사회를 위해 어떤 후보자를 뽑을지 결정하는 것, 정확하게 투표절차를 밟는 것 등은 실생활에서 반드시 필요한 일이고 모두 실제적인 행동이다. 이러한 높은 수준의 인지적 기능은 낮은 수준의 인지적 기능보다 더 실제적일 수 있다. 따라서 교사는 교실에서 높은 수준의 인지적, 정의적, 심체적 행동들을 교육하여야 한다.

앞에서 살펴본 단어들이 높은 수준의 인지적, 정의적, 심체적 행동 중 실생활에서 필요한 행동을 모두 표현한 것은 아니다. 교사는 학습내용이나 학년에 따라 이러한 단어들을 분석, 종합, 평가하여 학습목표를 가장 잘 표현하는 방법으로 적절히 조절해야 한다. 중요한 것은 학생들이 학습 후 어떠한 실제적 행동을 할 수 있어야 하는지에 대해 교사가 확실히 알아야 한다는 것이다.

단순한 행동을 가르치기가 더 쉬운가?

흔히 단순한 행동을 가르치기가 더 쉽다고 생각한다. 복잡한 행동—특히 인지적 영역—은 시간도 많이 걸리며 가르치기 어렵다고 생각한다. 그러나 단순한 행동이 시간이 적게 들고 가르치기 쉬울 것이라는 생각은 잘못된 것이다. 예를 들어 카드에 화학 주기율표를 외워서 써야 하는 경우를 생각해 보자. 이 경우에는 오히려 주기율표를 이용하여 문제 푸는 방법을 가르치는 것이 시간도 적게 들고 가르치기 쉬울 수 있다. 주기율표를 외우고 그것을 카드에 옮겨 쓰는 시간과 비용이 더 많이 들어갈 것이다.

이러한 예들은 낮은 수준의 행동을 가르치는 것이 높은 수준의 행동을 가르치는 것보다 시간, 노력, 학습자료가 적게 들 것이라는 생각이 잘못되었음을 보여준다. 쉽게 가르칠 수 있다는 것은 분류표상 수준과 상관없다. 분류표의 수준은 학생들에게 요구되는 정신적인 활동수준을 말한 것이지—주로 인지적 활동—교사가 얼마나 가르치기 쉽고 어려운가를 말해 주는 것은 아니다.

인지적, 정의적, 심체적 영역의 행동은 서로 별개인가?

인지적, 정의적, 심체적 영역의 행동은 서로 밀접한 관계가 있다. 예를 들어 우리는 어떤 것에 대해 느끼지 않고서는 생각할 수 없고, 어떤 것에 대한 인지적 활동 없이 반응을 할 수 없다. 또한 많은 생각은 행동을 하면서 생기고, 이때 행동을 하기 위해서는 심체적 능력이 필요하다. 예를 들어 실험실에서 실험을 하는 일은 인지적으로 생각하는 것뿐만 아니라, 시험관에 액체를 붓고, 버너에 불을 붙이고, 현미경을 정확하게 조절하는 등의 행동을 함께 하게 된다. 또한 생각과 실험결과를 제시하기 위해 신경근육의 협응과 조절도 필요하다.

한 차시의 학습목표를 제시할 때는 세 영역 중 한 가지 영역에 중점을 두고 선정하는 것이 편리하다. 그러나 한 영역을 선정하더라도 그 행동이 잘 수행되기 위해서는 다른 영역의 행동들이 필요하다는 사실을 명심해야 한다—학습태도가 좋을 때 암기도 더 잘 된다. 세 영역의 학습목표가 골고루 준비되어야 하며 이 세 영역이 깊이 연관되어 있다는 사실을 기억해 두자.

현장사례 *Case History and Licensure Preparation*

배예리 선생님은 교사교육 프로그램 마지막 단계를 다니고 있는 유망한 예비교사이다. 오늘 배예리 선생님은 중학교에서 2개의 과학반을 관찰하게 될 것이다.

이용주 선생님의 과학교실

이용주 선생님 반의 학생들은 공부하는 중이다. 그들은 나뭇잎들을 분류하는 2주간의 연구를 진행하고 있다. 연구의 방향은 이용주 선생님과 배예리 선생님이 가지고 있는 유인물에 쓰여 있다. 학생들은 학교에서 산책할 때뿐만 아니라 집에 가는 동안 표본을 사용하여 지역에 있는 10개의 나뭇잎들을 모으고, 확인하고, 분류할 것이다.

몇몇 학생들은 나뭇잎이 자세히 그려져 있는 그림과 컬러 사진들이 있는 책을 보기 위해 참고자료실을 활용한다. 학생들은 나뭇잎을 분류할 가능한 방법들을 찾기 위해 서로 돕는다. 이용주 선생님은 이런 학생들의 협동 활동을 지원하고 용기를 북돋아 준다.

한 테이블에는 얇게 자르는 기계가 있다. 오로라의 눈이 플라스틱 안에 넣어진 먼지 낀 빨간 참나무 잎을 보며 빛난다.

어떤 학생들은 라벨링을 하기 위해서 교대로 붓을 사용한다. 또 다른 학생들은 라벨링을 하려고 컴퓨터를 사용하기 위해 기다리고 있다.

4~5명의 학생들은 나무에 관한 그들의 느낌(감각)을 잘 나타내는 '시' 를 찾아내기 위해 도서관 한쪽에 있는 카펫에 있다. 만약 반 친구들 앞에서 시를 한 가지 암송하면 그들은 10점 학점을 추가로 받을 수 있다.

이태형 선생님의 과학교실

배예리 선생님은 또한 이태형 선생님이 과학 수업을 연구하는 것을 보고 있다. 며칠 동안 수업에서는 지역 뉴스에 나온 사슴문제에 대해 토의하고 있다. 최근에 한 여자가 자동차에 뛰어드는 사슴 때문에 심각하게 다쳤다. 반 학생 중 한 명이 생태에 대한 그 반의 토의주제로 이 문제를 제기하였다. 이태형 선생님이 원래의 연구주제였던 지역 시냇물 맑기에 관한 조사연구를 보류하고 사슴문제에 대한 연구를 허락하여 학생들의 흥미가 아주 높아져 있다.

배예리 선생님은 학생들이 신문과 라디오에 나온 사건들에 대해 토의하는 것을 관찰하고 있다. 이태형 선생님은 보드에 학생들의 생각을 적고 있다. 각 생각 옆에는 '찬성' 과 '반대' 라는 라벨을 붙이는 곳이 있다. 수업내용은 주민들이 사슴에게 먹이 주는 것을 불법으로 해야 한다는 것에 대해 토의하고 있다. 윤영복은 이런 법을 반대하는 주장을 하도록 되어 있다.

"우리나라는 자유와 사유재산권을 기본으로 하고 있다. 누구의 허락 없이 사슴에게 먹이를 줄 권리가 있다." 이태형 선생님은 반대란 밑에 '자유와 소유권 무시' 라고 써 놓았다.

"그것은 사람들이 사고를 일으킬 수 있는 동물들을 애완동물처럼 다루는 것이다."

다친 여자를 알고 있는 임연경은 손을 들지도 않고 흥분하여 불쑥 이렇게 말했다.

이태형 선생님은 찬성란에 임연경의 생각을 '안전 문제' 라고 적고 연구를 다음과 같이 이끌었다.

"우리의 토의 내용과 신문에 제안된 생각을 종합하여 사슴문제에 관한 제안서를 만들어라. 개인의 창의적인 해결방법과 토의 내용을 통합하여 할 수 있다. 제안서는 300~400단어 길이로 하고 상식과 과학 원리를 바탕으로 타당한 근거를 가지고 뒷받침하여야 한다. 3일 내에 최종 제출하여야 한다."

요약

Summing up

교육목적, 교육목표, 수업목표

1. 교육방향은 사회 구성원 다수가 충분히 받아들일 만한 보편적인 사회적 가치를 나타낸다.
2. 교육목표는 교사가 학생들에게 가르칠 내용을 나타낸다.
3. 학습목표는 두 가지 목적이 있다. 첫째는 일반적인 교육목적을 교실에서 이룰 수 있는 구체적 목표로 전환하는 것이다. 둘째는 학습자들의 학습목표 달성여부를 측정할 수 있는 형태로 학습내용을 제시하는 것이다.
4. 행동목표란 학습이 관찰할 수 있는 행동으로 진술된 목표이다.
5. 행동목표는 학생들이 스스로 학습을 해야 한다는 이유 때문에 더 강조된다.

행동목표를 준비하는 과정

6. 행동목표는 다음과 같이 만든다.
   - 학습결과를 관찰할 수 있는 구체적인 행동으로 제시한다.
   - 학습이 일어날 수 있는 조건을 제시한다.
   - 어느 정도의 행동이 일어나야 하는지 그 수준을 명확히 해 준다.
7. 행동목표의 행위동사는 학습 결과 학습자가 어떠한 행동을 해야 할지를 자세히 제시해 준다.
8. 학습목표에 제시되는 학습 결과는 구체적인 행동 결과(예를 들면 제시하여라, 암기하여라, 나열하여라 등)로 표현되어야지 결과를 달성하기 위한 과정(예를 들면 공부하여라, 보아라, 들어라)으로 표현되어서는 안 된다.
9. 학습결과를 위해 특별한 학습 자료나 도구가 필요하다면 이러한 조건들은 반드시 학습목표에 제시해야 한다.
10. 학습목표에 제시하는 조건은 하나일 수도 있고 여러 가지일 수도 있다.
11. 학습조건은 학습이 일어날 실제 상황과 밀접하게 관련된 것이어야 한다.
12. 숙련도는 학습자가 학습목표를 어느 정도까지 달성하여야 하는가에 대한 기준이다.
13. 숙련도는 교실 수업 이후에 실생활에서 학습한 행동이 얼마나 잘 적용되어야 하는지를 보여 주는 교육적인 예상이기도 하다.
14. 학습목표를 어떻게 표현하느냐에 따라 학생

들의 반응범위도 달라진다. 어떤 학습목표는 한 가지의 대답만을 요구한다. 반면에 표현적인 학습목표는 여러 가지 대답을 수용할 수 있다.

인지적, 정의적, 심체적 영역

15. 인지적, 정의적, 심체적 영역에 있어서 '복잡성' 이라는 것은 학생들의 학습행동에 관한 것이지, 교사의 교수행동이 얼마나 복잡한가를 나타내는 것은 아니다.
16. 인지적 영역의 난이도는 지식, 이해, 적용, 분석, 종합, 평가 단계로 구분된다.
17. 정의적 영역의 난이도는 감수, 반응, 가치화, 조직화, 성격화 단계로 구분된다.
18. 심체적 영역의 난이도는 모방, 조작, 정밀, 명확한 행동, 자동화 단계로 구분된다.

행동목표에 대한 오해

19. 행동목표는 전체 국민들의 교육적인 가치관에서 비롯된다. 교재, 교육과정, 학교의 정책 등은 국민들이 가지고 있는 가치관을 반영하고 이를 실현하기 위해 구체적인 행동목표로 표현하는 것이다.
20. 행동목표의 단계 분류표를 사용할 때 주의해야 할 네 가지 사항이 있다.
    - 인지적, 정의적, 심체적 영역 중 특별히 어느 목표가 더 중요한 것은 아니다.
    - 높은 단계의 인지적 기능은 낮은 단계의 인지적 기능보다 실생활과 관계가 더 깊다.
    - 쉬운 행동이 복잡한 행동에 비해서 가르치기가 쉽거나 시간이 적게 들거나 학습자료가 적게 드는 것은 아니다.
    - 한 영역(인지적 영역, 정의적 영역, 심체적 영역)의 행동이 달성되려면 반드시 다른 영역의 행동이 함께 달성되어야 한다.

토의 및 연습문제 *Discussion and Practice Questions*

1. 학습목표의 두 가지 일반적인 목적을 써 보시오. 만약 이 두 가지 목적 중 더 중요한 한 가지를 선택하라고 한다면 어떤 것을 선택하겠는가? 그 이유를 설명해 보시오.
2. 학습목표에 있어서 '행동적' 이라는 말의 의미 세 가지를 설명하시오.
3. 학습목표를 잘 서술하기 위해 필요한 세 가지 요소를 제시하고 설명하시오.
4. 역사적으로 볼 때 왜 행동적 목표라는 개념이 나오게 되었는가?
5. 정신이 건전한 시민, 교양 있는 시민, 스스로 행동할 수 있는 시민과 같은 교육목표를 행동적인 결과로 바꾸기 위해 왜 행위동사가 필요한가?
6. 학습결과(ends)에는 O를, 학습활동(Activities)에는 A를 쓰시오.

   _______ 자동차 라디오를 작동시키는 것
   _______ 표시된 수를 정확하게 더하기
   _______ 바이올린 연습하기
   _______ 야구 놀이하기

_______ 현미경 사용하기

_______ 아메바 가려내기

_______ 연설을 일곱 부분으로 나누어 명명하기

_______ 구두법을 정확히 수필 쓰기

7. 행동목표의 조건을 써 보시오. 그리고 실제 예를 세 가지 드시오.
8. 학습조건을 구체화하는 것이 어떻게 학생들의 공부와 시험 준비를 잘 도울 수 있는가?
9. 학습목표에 조건을 제시하려고 할 때 가장 중요하게 고려해야 할 사항은 무엇인가?
10. 행동목표에 있어서 평가수준은 무엇을 의미하는가? 평가수준 세 가지 예를 제시하시오.
11. 학습자의 반응을 허용하는 정도가 다른 행동목표의 예를 두 가지 제시하시오.
12. group A는 학습목표이고 group B는 인지적인 행동수준을 나타낸 것이다. group A에 있는 학습목표에 가장 적당한 group B의 인지적 행동수준을 표시하시오. 단 group B의 인지적 행동수준은 한 번 이상 사용될 수 있다.

Group A: 학습목표

_______ 1. 두 쪽 분량의 수필을 읽고, 작가의 위치에서 기본적인 가정들을 구별할 수 있다.

_______ 2. Mountain의 철자를 정확하게 쓸 수 있다.

_______ 3. 영어로 쓰여진 문단을 스페인어로 바꿀 수 있다.

_______ 4. 수업에서 강조된 분류 체계에 따라 산문과 시를 새롭게 쓸 수 있다.

_______ 5. 여객선이 가라앉아 가고 구명보트는 한 대밖에 없다. 여러분이 선장으로서 승객들의 사회적인 가치를 기준으로 결정을 한다면 누가 마지막으로 보트에 타야 하는가?

Group B: 인지적 행동 단계

a. 지식
b. 이해
c. 적용
d. 분석
e. 종합
f. 평가

4

이 장을 마치면 여러분은 다음 질문에 답할 수 있을 것이다.

1. 수업을 계획하기 위해 각 주의 교육목적과 교육과정을 어떻게 사용할 것인가?
2. 단원계획은 어떻게 세우는가?
3. 효과적인 수업계획은 무엇인가?
4. 학생들의 현재 이해 단계에 맞는 또는 조금 높은 수업을 어떻게 준비하는가?
5. 서로 다른 학생들의 개인차를 존중하며 가르치기 위해 어떻게 수업을 준비할 것인가?

단원계획과 수업계획

학생들이 무엇을, 어떻게 배울 것인지에 대한 결정을 내리는 체계적인 과정이다. Clark과 Peterson(1986)에 의하면, 교사들은 가르치는 동안 평균적으로 2분에 한 번씩 이러한 결정을 내린다. 그러나 이러한 결정은 전체적인 결정 과정의 일부분이다. 교사들은 지도 방식과 내용에 대한 결정도 많이 내린다. 예를 들어, 얼마만큼 가르치고 질문할지, 토의를 할 것인지, 시간 내에 얼마만큼의 내용을 다룰 것인지, 학생 개개인의 필요사항을 맞춰줄 수 있는 지도를 하기 위해 어떻게 준비해야 하는지 등이 있다.

3장에서는 설계과정에서 교육목표와 수업목표를 세우는 것의 중요성에 대해 알아보았다. 이제는 이 설계과정에서 세 가지 다른 요소들을 살펴보자. 이 요소들은 다음과 같다: 학생을 잘 파악하는 것, 가르치는 과목이나 분야를 잘 알고 있는 것, 가르치는 방법을 잘 이해하는 것이다.

의사결정자로서의 교사

교육목표와 수업목표에 대한 이해

제3장에서 살펴본 것과 같이 수업설계를 위해 교육목표와 수업목표를 결정해야 한다. 수업목표는 수업설계의 기본 방향과 틀을 안내해 줄 뿐 아니라 사회적으로 중요한 가치와 직결되어 있기 때문에 효과적인 수업계획안을 짜는 데 매우 중요하다.

제4장에서는 사회적으로 중요한 이러한 가치를 교육과정과 수업에 반영하기 위해 단원과 수업설계를 어떻게 하는지를 공부할 것이다.

학생에 대한 이해

제2장에서는 학생의 요구에 대한 이해가 중요하다는 것을 살펴보았다. 즉, 교사가 수업설계를 할 때 다른 요소들에 비하여 학생의 특성을 가장 많이 고려해야 한다(Clark & Peterson, 1986). 학습에 영향을 미치는 학생 특성은 학습능력, 학습의욕, 학습양식, 자아개념, 친구관계, 가정환경 등 여러 가지가 있다. 따라서 교사는 이러한 학생의 특성을 고려하여 수업목표, 내용, 방법, 자료 등을 선택해야 한다. 이것이 학생을 존중하는 수업설계이다. 학생 특성을 면밀히 분석하는 것이 반드시 필요하다.

학습내용에 대한 이해

학생에 대한 이해 못지않게 학습내용에 대한 이해도 중요하다. 가르쳐야 할 학습내용에 대해 많은 것을 알아야 한다. 교과서 집필자나 교수들이 학문영역의 내용을 어떻게 체계화하였는지 알아야 한다. 학습내용 중 전체와 부분이 어떤 관계를 가지고 있는지, 내용의 위계는 어떠한지, 주제들 간의 차이는 무엇인지, 어떤 내용이 더 중요하고 덜 중요한지에 대한 내용도 알아야 한다. 교육자료, 교과서, 교육과정 해설서 등에 제시된 학습내용 체계는 수업내용을 선정하고, 학습순서를 정하고, 수업시간 계획을 짜기 위한 좋은 참고자료이다.

교수방법에 대한 이해

학생과 학습내용에 대한 이해와 함께 교수방법에 대한 이해도 필요하다. 교수방법을 여러 가지로 분류해 볼 수 있다.

- 속도(내용을 전달하는 속도)
- 프레젠테이션 형태(설명 대 집단 토의)
- 학급배열(소집단, 전체 학급, 개별학습)
- 학급경영(손 들기, 큰 소리로 발표하기)

수업설계 과정에서 전체 수업운영 방법에 대한 속도, 프레젠테이션 형태, 학급배열, 학급경영에 관한 결정을 해야 한다.

수업설계에 필요한 요소

수업설계 과정에 필요한 네 가지 기본 요소는 다음과 같다.

1. 교육목표와 수업목표에 대한 이해
2. 학생에 대한 이해
3. 학습내용에 대한 이해
4. 교수방법에 대한 이해

Shulman(1992)은 교육목표와 수업목표, 학생, 학습내용, 교수방법에 관한 이해를 넓히기 위한 네 가지 구체적인 방법을 제시했다.

(1) 학급관찰, 교육실습, 수업경험과 같은 실제적 경험 하기
(2) 유능한 교사와 그렇지 못한 교사 행동에 대한 사례논문 읽기
(3) 수업에 관한 개념이나 패러다임 변화에 대한 기사 읽기
(4) 교과내용과 교수방법에 대한 연구논문 읽기

이 네 가지 방법은 수업설계에 필수적인 교육목표와 수업목표, 학생, 학습내용, 교수방법에 대한 이해의 폭을 확장시키는 데 매우 효과적인 방법이다.

성찰적 적용 및 묵시적 지식

대부분의 초임교사들은 대학에서 교과내용과 수업방법에 대해 충분히 공부했다고 생각하지만 이것은 시작에 불과하다. 책에서 배운 지식은 수업현장 경험을 통해 더욱 신장되고 변화된다.

이러한 변화는 **성찰적 적용** 때문에 일어난다(Canning, 1991; Polanyi, 1958).

그림 4.1 수업설계에 필요한 요소

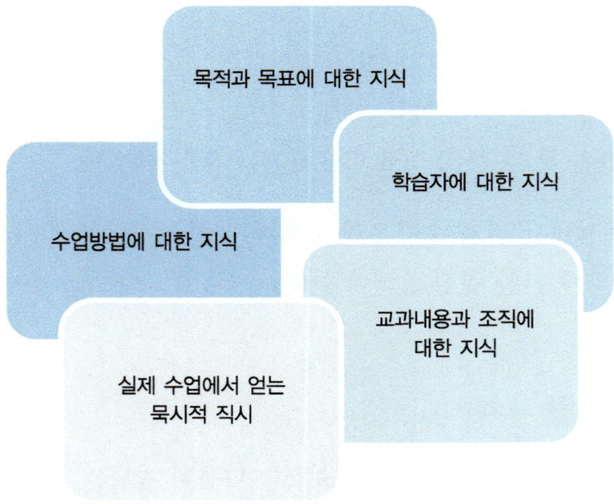

묵시적 지식이란 시간이 지나면서 직접적인 경험을 통해 생기는 능력을 의미한다. 수업관찰, 수업설계, 교생실습 등의 경험을 통해 책에서 배운 지식을 더 효과적으로 활용할 수 있는 묵시적 지식을 얻을 수 있을 것이다. 그리고 이러한 묵시적 지식이 좀 더 효과적인 수업설계를 할 수 있도록 도와줄 것이다.

유능한 교사는 매일의 수업 경험을 검토하고 그 경험을 다음 수업설계에 반영한다. 경험을 기초로 수업설계를 하는 것이 수업을 좀 더 융통성 있고 유연하게 만들어 줄 것이다. 이러한 이유로 〈그림 4.1〉에서처럼 수업설계 과정에 필요한 요소로 다섯 번째 요소, 즉 묵시적 지식을 첨가하기도 한다.

단원설계와 수업설계

단원과 수업의 설계 과정은 다섯 가지 수업설계 요소(그림 4.1)를 적용하는 과정이다. 이러한 수업설계 과정은 체제, 즉 하나의 단위수업은 커다란 대단원의 일부분이라는 관점으로 보아야 한다.

체제라는 말은 여러 가지 구성요소들이 서로 관련되어 있으며 이러한 요소들은 하나의 전체 틀 속의 일부라는 것을 의미한다. 학교체제의 예를 들면, 6학년에서 공부한 지식은 그 자체로도 중요하지만 7학년에 이어질 후속학습이나 성인 생활에 필요한 지식과 기술을 배우기 위해서도 중요하다는 것이다.

체제의 장점은 전체가 부분의 합보다 크다는 것이다. 만약 개별수업으로 구성된 체제가 개별수업의 합보다 더 나은 결과를 낳지 못한다면 무엇인가 잘못된 것이다. 바로 개별수업들 간의 관계가 잘못 형성된 것이다. 개별수업들 간의 관계는 선행수업의 결과가 후속수업의 기반이 될 수 있도록 계획되어야 한다. 지식이나 이해는 점차적으로 보다 어렵고 복잡한 내용을 학습하기 위해 발전해 간다. 따라서 단원과 수업 간의 관계는 눈에 보이지 않지만 매우 중요하다.

단원이라고 해서 무조건 부분의 합보다 큰 결과를 얻을 수 있는 것은 아니다. 선행수업이 후속수업을 위한 기반이 되도록 체계적으로 잘 계획되지 않은 경우에는 체제의 효과를 기대할 수 없다. 이러한 경우는 다락방에 쌓아 놓은 잡다한 물건들처럼 하나의 단원 안에 여러 내용들을 나열해 놓았을 뿐인 것이다. 난잡하게 나열되어 있는 내용들은 하나의 주제로 통일되지 못하고 학습내용을 더욱 복잡하게 만든다.

단원 및 수업 설계와 교육과정 해설서의 관계를 이해하는 것도 중요하다. 한 단원은 일반적으로 1주에서 4주 정도에 걸쳐 수업을 하게 된다. 보통 단원별 주제는 교육과정 해설서에 제시되는 학습주제와 거의 일치한다. 하지만 수업은 그 단위가 작기 때문에 교육과정 해설서에 상세하게 설명되어 있지 않다. 교육과정 해설서를 보면 단원내용은 체계적으로 잘 제시되어 있지만 단위수업에 대해서는 매우 피상적인 경우가 많다.

따라서 개별 수업내용은 학생의 특성, 교사의 준비도, 해당 학교나 지역사회에서 요구하는 특정 내용 등에 따라서 융통성 있게 조정되어야 한다. 단원수준의 전체적인 틀은 교육과정 해설서를 그대로 따를 수 있지만, 수업수준에서는 상당 부분 교사의 개별적인 판단과 결정이 적용되어야 한다. 〈그림 4.2〉는 교육과정 틀이 단원과 수업 설계로 전환되는 과정을 보여 준다.

설계에 대한 의사결정

단원설계는 교육목표, 학생의 특성, 학습내용, 교수방법에 대한 이해와 함께 시작된다. 설계과정에서 결정해야 할 이러한 네 가지 요소들을 하나씩 살펴보자.

교육목표

교육과정 해설서는 어떤 기간에 어떤 내용을 가르쳐야 하는지를 일반적으로 제시한다. 그러나 실제로 학생들이 어떤 행동을 성취해야 하는지 구체적으로 제시하지는 못한다. 예를 들어 교육과정 해설서에 제시된 교육목표들을 살펴보도록

그림 4.2 수업내용 전환과정(국가 수준에서 학급 수준까지)

국가 수준 교육과정의 틀 →	교육청 수준 교육과정 해설서 →	교사의 단원과 수업 설계 →	교사의 기록부
• 교육과정 기반이 되는 철학을 제시한다. • 각 학년에서 배워야 할 필수적인 내용을 제시한다. 학생들의 발달과정에 따라 내용도 단계적으로 제시한다. • 특별한 지도가 필요한 학생(문제아, 영재아, 장애아)을 위해 교육과정을 융통성 있게 사용할 것을 제시한다.	• 국가 교육과정 중심으로 교육목적을 제시한다. • 적절한 교수활동과 전략을 제시한다. • 단원계획의 기본 틀을 제시한다. 주제를 계열화해서 제시한다. • 교육목표를 달성하기 위해 지역에 적합한 방법을 제시한다.	• 교육과정 해설서의 교육목표가 수업에서 어떻게 적용되는지를 제시한다. • 학습주제, 학습자료, 학습활동을 제시한다. • 평가전략을 제시한다. • 특별한 지도가 필요한 학생을 위한 교육방법을 제시한다.	• 달성된 교육목표를 기록한다. • 재수업과 개선이 필요한 내용을 기록한다. • 학습 진전사항을 제시한다. • 진급/유급 결정을 위한 자료를 기록한다.

하자.

영어 교육과정에 제시된 교육목표는 다음과 같다.

1. *쓰기 기능.* 학생들은 다음 내용을 학습한다.
   a. 작문
   b. 묘사적, 대화적, 서술적 문단
   c. 다문단 작문
   d. 논설문
   e. 회화체, 속어, 관용어, 사투리의 의미 이해와 사용

생명과학 교육과정에 제시된 교육목표는 다음과 같다.

2. *생명과학.* 학생들은 다음 내용을 학습한다.
   a. 감각을 통해 필요한 정보를 얻는 기술
   b. 자료의 순서를 정하고 계열화하는 분류 기술
   c. 자료를 구두 혹은 작문으로 전달하는 기술
   d. 관계와 기준을 이용한 측정 기술
   e. 논리적 추론, 결과 예측, 일반화 기술

지리학 교육과정에서는 다음과 같은 정보가 해설서에 포함됐을 수 있다.

3. *지리학.* 학생들은 다음 내용을 학습한다.
   a. 여러 방향들을 이용하여 아마존 강, 히말라야 산, 워싱턴 DC 등을 지도와 지구본에서 찾아내는 기술
   b. 지도와 지구본 위에 서로 다른 장소들 간 거리를 축척을 이용하여 알 수 있는 기술
   c. 방위도, 격자무늬, 그리고 기호들을 사용하여 지도와 지구본 위에 여러 장소들을 찾는 기술
   d. 방위도, 범례, 축척, 격자무늬 등 지도의 여러 요소들이 포함된 지도를 그리는 기술

이 발췌 부분을 보면 어떤 내용을 가르쳐야 할지는 안내하고 있지만, 수업에서 어떠한 행동을 어느 정도 수준으로 지도해야 하는지 분명하게 제시하고 있지 않다. 이것이 교육과정 해설서의 전형적인 형식이다.

수업을 위한 직접적인 수업목표 결정을 위해서는 교사가 두 가지 사항, 즉 (1) 단위수업에서 가르치고자 하는 학습내용 정도, (2) 수업 후 평가하고자 하는 활동 수준을 고려해야 한다. 따라서 교육과정 해설서의 교육목표 범위 내에서 구체적인 수업목표를 융통성 있게 조정해야 한다. 수업목표는 학생의 특성, 시간, 단원 수준에서 요구하는 전체적인 행동결과 등을 고려해서 교사가 결정해야 한다.

학생의 특성

교육과정 해설서는 학생의 수준과 특성에 따라 융통성 있게 사용할 수 있다. 학생들은 학습능력, 선행성취 수준, 학습의욕, 자아개념, 학습양식, 가정환경 등에서 개인차를 나타낸다. 또한 한 학급에는 문제아, 영재아, 학습부진아, 장애아 등 다양한 특성을 가진 학생들이 있다. 따라서 개별수업, 능력별 집단 등 학습을 위한 여러 가지 집단 편성이 필요하기도 하다.

교사는 단원이나 수업목표의 행동수준을 융통성 있게 결정해야 한다. 학생들의 답변이나 수행평가, 시험결과 등을 통해 학생의 특성과 수준을 판단하고, 이를 기초로 수업목표 수준을 학생들에게 적합하게 조정하고 결정할 수 있어야 한다.

교육내용

초임교사가 가장 중요하게 생각하는 것은 아마 가르칠 내용일 것이다. 그리고 단원내용이 잘 정리되어 있는 교육과정 해설서나 교과서가 있으므로 교사가 가르칠 내용을 준비하는 데 그다지 큰 어려움이 없을 것이라고 생각한다.

그러나 교육과정 해설서나 교과서 내용이 다양한 학생의 요구에 적합하게 조직되어 있지는 않다. 이러한 이유로, 각 교육청은 다양한 학생 집단에 따라 보다 적합한 내용 선택을 할 수 있도록 여러 가지 교재와 자료를 제공하고 있다. 교사는 학생의 특성에 따라 적합한 수준의 수업목표를 결정하고, 교과서와 교육과정 해설서 내용을 기초로 내용을 더욱 확장 발전시켜 수업을 해 나가야 한다. 가르쳐야 할 내용이 교과서에 제시되어 있더라도 학생이 가장 적합한 행동수준으로 학습할 수 있도록 수업목표와 수업내용을 조절해야 한다.

결과

수업 간의 관계를 조직하는 것은 수업설계 과정에서 매우 중요한 부분이다. 수업 간의 관계 조직은 학생이 한 단원에서 인지적, 정의적, 심체적 행동을 얼마나 잘 성취할 수 있을 것인가를 좌우할 수도 있다. 결과적으로 수업 간의 관계 조직은 단원과 수업 설계가 교육과정을 얼마나 잘 반영하였는지를 나타내 준다.

복잡하고 높은 수준의 행동은 한 번의 수업만으로는 달성되기 어렵다. 그러므로 이러한 행동은 단원 내에서 여러 수업을 통해 체계적으로 이루어져야 한다. 즉, 높은 수준의 행동을 성취하기 위해서는 낮은 수준의 행동수업을 기초로 수업이 연계적으로 이루어져야 한다. 따라서 단원설계를 할 때 수업 간의 내용체계를 조직하는 것이 매우 중요하다. 전후로 내용체계가 잘 짜여진 여러 수업의 결과는 개별단위 수업결과의 합 그 이상이 될 것이다.

단원을 조직할 때는 단원목표와 학생 특성 둘 다를 신중하게 고려해야 한다. 예를 들어 구체적인 것에서 추상적인 것으로 내용을 조직하는 이유는 학습동기가 낮은 학생들이 높은 수준의 행동결과를 성취할 수 있도록 하기 위해서이다. 또한 쉬운 것에서 어려운 것으로 내용을 조직하는 이유는 학생들이 어려운 내용 전에 쉬운 내용을 배움으로써 흥미를 갖게 되고, 학습이 진행될수록 문제해결 능력이나 비판적 사고능력을 기를 수 있도록 하기 위해서이다. 모든 경우에 단원목표와 학생의 특성은 단원을 조직하는 데 중요한 기준이 된다. 그러므로 단원을 어떻게 조직할 것인가는 명확한 단원목표와 학생에 대한 이해가 기초되어야 한다.

수직적 단원설계와 수평적 단원설계

단원설계에 대한 구체적 방법을 알아보자.

단원설계를 하는 첫 번째 방법은 수직적으로 계획을 세우는 것이다. **수직적 단원설계**는 과목 내의 가르치고자 하는 내용을 단계적으로 배열하여, 후속수업을 위해 필요한 모든 선행학습 내용이 선행수업에서 다루어질 수 있도록 단원을 설계하는 방법이다. 예를 들어 단순한 것→복잡한 것, 구체적인 것→추상적인 것 등의 순서로 수업을 설계하는 것이다.

두 번째 방법으로 수평적 단원설계가 있다. **수평적 단원설계**는 서로 다른 지식영역을 체계적으로 연결하기 위해 주제 중심으로 단원을 종합적으로 설계하는 방법이다. 수평적 단원설계는, 전체는 부분의 합보다 크다는 것을 강조하며, 여러 가지 범주의 내용을 포함시켜 문제해결, 비판적 사고, 협동활동, 개별사고 등의 종합적인 사고활동을 할 수 있도록 단원을 설계한다.

교사는 수직적 단원설계와 수평적 단원설계 방법을 모두 잘 알고 있어야 한다.

학문적(수직적) 단원설계

중국 옛 속담에 "백문이 불여일견"이라는 말이 있다. 여기서도 수직적 단원설계를 직접 그림으로 나타내 보자. 글과 그림을 함께 사용하여 어떻게 단원설계를 나타낼 수 있는지 살펴보자.

시각적 방법은 사고과정을 체계적으로 보여 주기에 효과적인 방법이다. 과학자나 사업가들은 플로차트나 도표와 같은 시각적 방법을 핵심개념을 전달하는데 매우 효과적으로 사용하였다. 교사 역시 단원설계 방법으로 시각적 방법을 많이 사용한다. 교사가 사용하는 시각적 방법들은 다소 차이가 있기는 하지만, 두 가지 공통적인 규칙이 있다. 한 가지 규칙은 전체에 대한 부분의 관계(단원에 대한 수업의 관계)를 위계적으로 보여 주고, 또 다른 규칙은 수업의 전후 순서를 계열적으로 보여 준다(Walberg, 1991, p. 38).

수직적 단원설계를 그림으로 나타낼 때 이 두 가지 규칙을 적용해야 한다. 첫째는 단원의 전체적 목표가 어떻게 세부적인 수업목표로 나누어지는지 체계를 보여 주고, 둘째는 수업 간의 전후 계열성을 보여 주는 것이다. 이 두 가지 규칙을 좀 더 자세히 살펴보자.

수업활동 체계 나타내기 첫 번째 규칙은 단원의 체계를 보여 주는 것이다. 작은 상자 그림을 이용하여 단원수준 목표를 수업수준 목표로 세분화하여 전체 체계

그림 4.3 다양한 수준의 읽기 내용체계

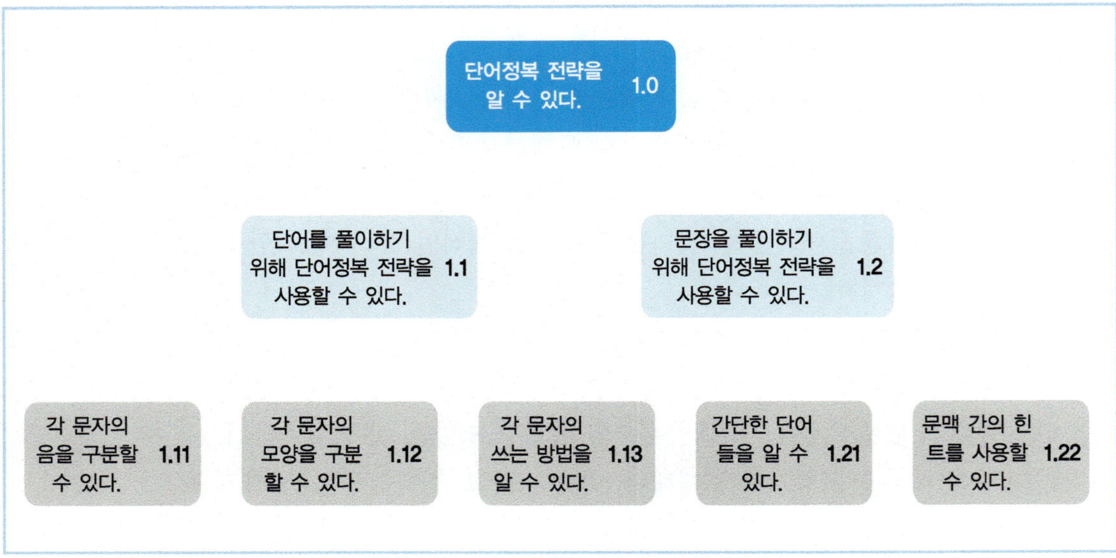

를 나타낼 수 있다. 〈그림 4.3〉은 세 가지 수준으로 되어 있는데, 최상단은 교과서나 교육과정 해설서에 제시된 단원의 일반적인 목표이고, 최하단은 개별수업의 수업목표를 나타낸다.

단원설계를 할 때는 상위 내용을 세분화하여 하위 내용을 결정하게 되는데, 이때 하위 내용을 적당한 분량으로 나누어야 한다. 그렇다면 개별수업을 위한 적당한 분량은 어떻게 결정할 수 있을까?

〈그림 4.3〉에서 둘째 줄에 있는 상자들은 일반적인 단원목표에서 구체적인 수업내용을 이끌어 내기 위한 중간 단계이다. 수업수준에 적당한 내용 분량을 정하기 위해서는 중간 사고과정이 필요하다. 그럼, 얼마나 많은 중간 과정을 거쳐야 하는가? 이것은 단원 전체 목표가 얼마나 광범위한가와 목표를 달성하기 위해 필요한 단계가 얼마나 되는가에 달려 있다. 교육과정 해설서나 교과서에 제시된 내용체계도 도움이 되겠지만, 역시 교사의 경험과 판단이 가장 큰 도움이 될 것이다.

단원목표에서 개별수업내용을 결정하는 과정은 한 단계일 수도 있고, 여러 단계를 거쳐야 할 수도 있다. 수업수준의 내용을 단원목표에서 바로 결정할 수가 없다면 단원목표를 2개 이상의 하위 목표로 나눈 후, 각각의 목표에서 다시 새로운 체계를 만들어 가는 것이 좋다. 〈그림 4.3〉에서는 단원을 2개의 하위 목표로 나누었다. 이렇게 내용체계를 구축하게 되면 단원과 수업 간의 관계를 한눈에 알아볼 수 있다.

그림 4.4 수업 간의 계열이 뚜렷한 단원설계

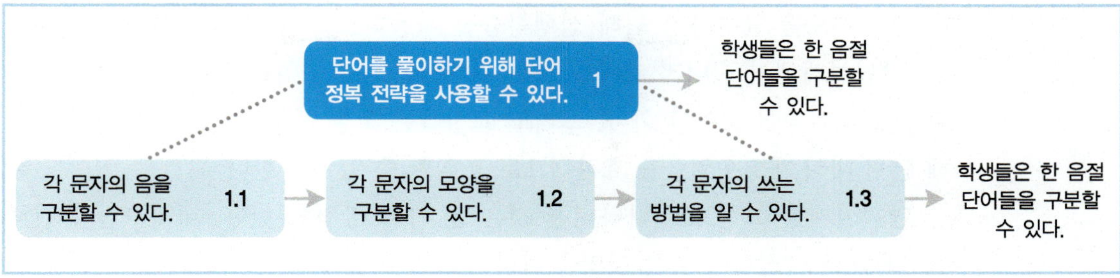

그림 4.5 수업 간의 계열이 없는 단원설계 (수업 1.1, 1.2, 1.3이 어떤 순서로든 진행될 수 있다.)

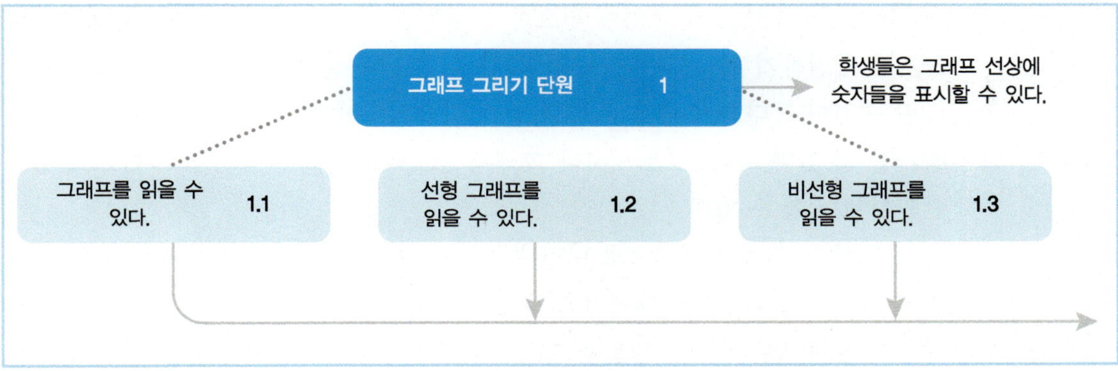

수업활동 계열 나타내기 두 번째 규칙은 수업의 계열을 보여 주는 것이다. 〈그림 4.4〉는 수업의 계열성이 뚜렷한 경우의 단원설계이다. 단원목표로는 〈그림 4.3〉의 둘째 줄 첫 번째 상자(1.1) 목표를 선택하였다. 그 옆의 화살표는 학습결과를 설명해 놓은 것이다. 어떤 경우에는 수업 간의 계열이 필요하지 않을 수도 있고(그림 4.5), 수업 간의 계열이 부분적으로만 필요할 수도 있다(그림 4.6).

그림 4.6 수업 간의 계열이 부분적으로 있는 단원설계 (수업 1.1이 1.2보다 먼저 이루어져야 한다.)

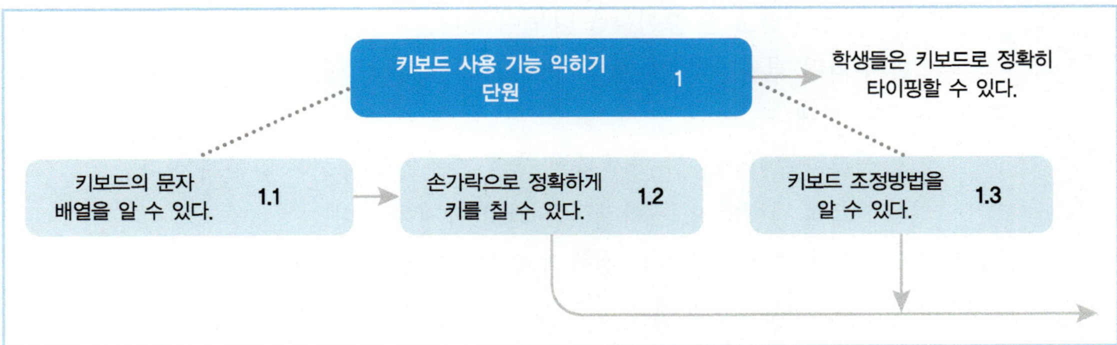

수업의 계열은 선행수업이 후속수업에 어떤 영향을 주는지를 보여 준다. 복잡한 단원목표를 달성하기 위해 선행학습을 활용하도록 수업을 계열화하는 것이다. 단원설계에서 시너지 효과를 보기 위해서는 개별수업들이 반드시 서로 체계적으로 조직되어 있어야 한다. 그리고 교사들은 고등 사고능력을 신장시키기 위해 단원 내의 개별수업들을 효과적으로 조직할 수 있어야 한다.

단원설계를 그림으로 나타내는 것은 몇 가지 장점이 있다. 개별수업이 전체 단원목표를 달성하기 위한 것임을 나타냄으로써 각 수업 간의 관계를 더 잘 파악할 수 있을 것이고, 선행수업과 후속수업의 관계 이해에도 도움을 줄 것이다. 그림으로 된 단원설계는 이러한 관계를 쉽게 보여 준다. 단원 전체 내에서 개별수업을 살펴보는 목적은 각 수업에 필요한 선행학습 내용이 계열성 있게 잘 계획되었는지를 확인하기 위해서이다. 수업설계보다는 단원설계가 먼저 이루어지므로 빠뜨린 수업이나 다음 수업을 위해 사전에 학습되어야 할 내용들을 확인하고 쉽게 첨가할 수 있다. 워드 프로세서나 그래픽 소프트웨어를 사용하면 그림으로 쉽게 단원설계를 할 수 있다.

수업설계 순서를 그림으로 나타내는 것은 어떤 내용들을 가르치는 순서를 보여 줄 수 있지만, 특정 그룹에서 개개인이나 그룹의 요구들을 나타내지는 못한다. 배우는 방식, 언어 발전, 특별한 필요사항, 그리고 집안 환경 등이 학생들의 학습 정도에 어떠한 영향을 끼치는가? 예를 들어, 학생의 신체적, 청각적, 의사소통적, 또는 시각적 장애, 언어 발전, 집안 환경이나 문화, 또는 선행학습이 현재 수업에 영향을 주지 않도록 만들 수 있는가? 이러한 특징들이 학습에 미치는 영향이 크다면, 이 특징들을 수업설계도에 표시하고 개개인의 필요사항을 충족시키기 위한 기술, 자원, 자료, 전략 등을 계획할 수 있어야 한다.

아래는 교사들이 수업설계도에 제시한 자료와 전략 예로서, 한 학기 동안 학생들의 필요사항을 충분히 충족시킬 수 있도록 도와주었다. 관련이 있는 단원이나 수업계획 아래 1, 2, 3 등의 번호로 표시하였다.

1. 두 나라 말로 쓴 종이들을 나누어 준다.
2. 주의력 결핍 및 과잉 행동 장애를 가진 학생들을 위해선 더 많은 시간을 함께 보낸다.
3. 심화학습이 가능한 학생들은 작은 그룹으로 나누어 일하게 한다.
4. 신체적 장애가 있는 학생들은 따로 짝지어 준다.
5. 보충적인 일에 관해선 컴퓨터 수업을 제공한다.
6. 사전 스테이션을 연다.

7. 학업 성취도가 비교적 낮은 학생들을 확인시킨다.
8. 숙제 도움을 위해 학생들을 짝지어 준다.
9. 필요 이상으로 큰 시각자료들은 참고하기 위해 복사한다.
10. 학업 성취도가 낮은 학생들 스스로가 답변 형식을 고르게 한다.

작문형식의 단원설계 그림으로 단원을 설계하면 단원을 체계적으로 계열화할 수 있고, 개별수업내용을 간단히 제시할 수 있다. 그러나 단원의 세부적인 내용을 제시하기 위해서는 좀 더 자세한 보충설명이 필요하다.

〈그림 4.7〉은 작문형식의 단원설계의 예이다. 이 단원설계는 (1) 단원목표, (2) 학습목표, (3) 학습내용, (4) 절차와 활동, (5) 교수자료, (6) 평가방법으로 나누어 제시하였다. 한눈에 단원의 조직, 계열, 세부사항에 대한 개요를 살펴볼 수 있도록 그림형식의 단원설계를 함께 첨부하는 것도 효과적이다.

〈그림 4.7〉의 단원설계의 목표나 내용은 낮은 수준(이해, 적용, 모방)에서부터 높은 수준(분석, 종합, 정확)으로 발전되고 있다. 이것은 단원 전체 목표를 달성하기 위해 낮은 수준의 학습이 높은 수준의 목표를 달성하기 위한 기초가 되어야 함을 나타낸다(Kagan & Tippins, 1992).

교학문적(수평적) 단원설계

최근의 연구에 따르면 주제통합 학습은 고등 사고능력을 키워 줄 수 있는 매우 효과적인 방법이라고 한다(Aschlbacher, 1991; Richmond & Striley, 1994; Shavelson & Baxter, 1992). 교학문적(interdisciplinary: 이 용어를 습관적으로 '간학문적'으로 번역하지만, 이는 정확한 번역이 아니어서 '교학문적'으로 번역하였다.) 단원은 특정 주제를 중심으로 여러 교과내용을 수평적으로 통합한 단원이다.

교학문적 교육의 목표는 특정 과목내용에 한정되지 않고 다양한 지식체계를 통합하고 내용 간의 관계를 이해할 수 있는 방법으로 교육기회를 주려는 것이다(Martin, 1995; Martinello & Cook, 1994). 예를 들어 영어, 읽기, 과학, 사회, 미술과 같은 몇 개의 과목에서 동시에 다루는 관련 주제를 함께 학습하도록 하는 것이다. 교학문적 단원을 효과적으로 학습하기 위해서는 학생들의 조별 협동연구와 개별학습이 함께 필요하다. 교학문적 단원은 학생들이 비판적으로 추론하고, 예측하고, 교사의 도움을 받아 스스로 학습과정을 평가할 수 있는 기회 등을 많이 제공한다.

Roberts와 Kellough(1996)가 제시한 교학문적 단원설계 예를 살펴보자. 한 중

그림 4.7 작문형식 단원설계의 예

학년: 10학년
단원명: 이스트 반죽으로 만든 피자
과목명: 가정경제
기간: 1주일

1. 단원목표

이 단원의 목표는 학생들이 이스트 반죽으로 피자를 만드는 방법에 대해 알도록 하는 것이다. 피자의 역사적 배경, 영양적 가치, 다양한 종류에 대한 내용도 다룬다.

2. 학습목표

a. 이스트 반죽에 들어가는 재료의 기능을 설명한다(인지적 지식).
b. 이스트 반죽을 만드는 과정을 설명한다(인지적 이해).
c. 피자 크러스트를 위한 이스트 반죽을 만든다(인지적 적용과 심체적 모방).
d. 피자의 역사에 대해 간단하게 설명한다(인지적 지식).
e. 피자에 들어 있는 재료를 그것들이 속해 있는 식품군과 연결시킨다(인지적 지식).
f. 피자의 다양한 형태를 살펴보고, 예를 들어 본다(인지적 분석).
g. 선택에 따라 피자를 굽는다(인지적 종합과 심체적 정확).

3. 학습내용

a. 이스트 반죽을 하는 데 필수적인 재료
 (1) 밀가루
 (2) 이스트
 (3) 물
 (4) 설탕
 (5) 소금
b. 부가적인 재료
 (1) 기름
 (2) 달걀
 (3) 기타 재료(과일이나 땅콩)
c. 이스트 반죽 준비하기
 (1) 섞기
 (2) 반죽하기
 (3) 발효시키기
 (4) 두드리기
 (5) 모양 만들기
 (6) 굽기
d. 피자의 역사
 (1) 최초의 피자는 나폴리에서 시작되었다.
 (2) 피자는 파이라는 의미의 이탈리아어이다.
 (3) 원래는 가난한 사람들이 먹었으나, 부유한 사람들도 피자를 즐겨 먹었다.
 (4) 이탈리아 이민자들이 1800년대 후반 미국으로 가져왔다.
e. 피자의 종류
 (1) 나폴리탄
 (2) 시칠리안
 (3) 피자 러스티카
 (4) 피자 디 플랜타
f. 피자의 영양적 가치
 (1) 영양가 있는 식사 혹은 간식
 (2) 4대 영양소 모두 포함
 (3) 치즈 피자에 들어 있는 영양소
  (a) 단백질 (b) 비타민 (c) 무기질
g. 피자 만들기
 (1) 반죽 준비하기
 (2) 반죽 밀기
 (3) 팬으로 옮기기
 (4) 소스 뿌리기
 (5) 원하는 대로 꾸미기
 (6) 굽기

4. 절차와 활동

a. 공식적인 강의
b. 토의
c. 반죽 만드는 시범
d. 피자에 관한 필름
e. 교육적 게임(피자리아): 학생들이 피자나 이스트 반죽에 대한 질문에 올바로 대답할 때마다 피자 조각을 준다. 제일 먼저 피자를 완성시키는 사람이 승자이다.
f. 요리 실습

5. 교수자료

a. 교재: Guide to Modern Meals(Webster, McGraw-Hill, 1970)
b. 필름: Pizza, Pizza 10 minutes
c. 피자, 요리사 Boyardee의 피자 요리책
d. 교육적 게임(피자리아)
e. Bake-it-easy Yeast Book
f. 포스터(다양한 종류의 피자 그림)

6. 평가방법

a. 단원 테스트
b. 실습

출처: From *Curriculum Planning: A Ten-Step Process*, by W. Zenger and S. Zenger, 1982. Palo Alto, CA: R and E Research Associates.

학교 교사는 환상적인 우주여행을 한 어떤 소년 이야기를 중심으로 교학문적 단원을 설계했다. 이 이야기에서 소년은 우주의 여러 행성들을 여행하며 새로운 문화에 적응하기 위해 고립과 외로움, 지배와 구속 등을 실제 경험하게 된다. 이야기 내용을 바탕으로 다른 몇 개의 과목들을 연결해서 단원을 계획했다. 이 단원 학습을 위해 다음과 같은 교학문적 활동을 계획하였다.

- *영어와 연계*: 이야기 속의 상황 변화에 나타난 문학적 표현에 대해 토의한다.
- *표현예술과 연계*: 행성과 건물들의 모형을 만들고 이야기에 등장한 로봇을 디자인한다. 그리고 이야기를 극으로 공연한다.
- *과학과 연계*: 일부 학생들은 행성의 식물과 동물에 대해 연구하고 그것을 우리나라의 식물, 동물과 비교한다. 다른 학생들은 그 행성의 환경을 조사하고 태양계 내에서 그 행성의 위치를 찾아본다.
- *사회교과와 연계*: 이야기에 등장한 행성에 새로운 형태의 정부를 만들어 주고, 여러 행성 주민의 자유와 권리 선언에 나오는 자유를 비교하며 사회 구조에 대해 토의한다.
- *기타*: 이 이야기에서 중요한 역할을 하는 꿈과 인간의 수면에 대해 더 공부한다.

이 통합단원의 여러 과목들 간의 연계성은 그냥 만들어진 것이 아니다. 이 교사는 관련된 주제 목록을 만들고 그것을 중심으로 관련 내용을 선택하거나 필요한 내용을 덧붙이면서 단원을 설계했다. 이 교사는 〈표 4.1〉과 같은 주제 목록을 작성했다. 개념, 주제, 범위는 원래 교과내용이고, 이것들을 기초로 실생활과 관련지어 교학문적 주제단원을 개발하였다.

표 4.1 교학문적 단원을 위한 주제 개발

개념	주제	범위
자유	개인	자서전
협동	사회	꿈
도전	공동체	환상
갈등	관계	긴 이야기
발견	세계적 관심	실험
문화	전쟁	기본적인 계산
변화	동료의식	
보존		

교학문적 단원은 다음과 같은 교육목표를 달성하는 데 효과적이다.

1. 학습과정이 특정 과목의 단순연결보다 전체를 추구한다.
2. 학습의 사회적 가치를 강조하여 협동적으로 학습할 수 있도록 한다.
3. 학생들이 주도적으로 문제를 해결하고 사고할 수 있도록 한다.
4. 자신의 관심 분야와 학습양식을 계발시킬 수 있도록 한다.
5. 학생 스스로 무엇을 배워야 하고, 무엇이 필요한지 찾도록 한다.

교학문적 단원을 효과적으로 운영하기 위해서는 다양한 교수전략이 필요하다. 이해를 증진시키고 학습동기를 유발하기 위해 학생들에게 다양한 활동과 자료, 학습전략을 제공해야 한다. 때로는 개별적으로 활동을 할 수도 있지만 읽기, 꾸미기, 문제 조사하기, 프로젝트 완성하기 등의 활동은 협력적으로 이루어지도록 해야 한다. 이러한 방법을 통해 학생들은 상대방과 상호작용하며 서로 배울 수 있다. 이러한 수업에서 교사의 역할은 학습조력자여야 한다.

통합단원 설계단계 Robert와 Kellough(1996), Stevenson과 Carr(1993)는 통합단원을 설계하기 위한 방법을 4단계로 제시했다.

- 1단계: 첫 번째 단계에서는 다양한 교과목에서 서로 관련 있는 주제를 찾아 내도록 한다. 예를 들어 과학이나 지리과목에서 기후에 관한 주제와 사회 과목에서 지역사회라는 주제를 끌어 내어 "자연재해는 지역사회에 영향을 미친다."라는 통합주제를 만들 수 있다. 교사는 단원이 시작될 때, "자연재해는 사회에 어떠한 영향을 미치는가?"라는 질문을 함으로써 교학문적 단원의 중심주제를 안내해 준다. 이 단계에서 학생들이 다양한 질문이나 내용을 보충할 수 있도록 해 준다.
- 2단계: 두 번째 단계에서는 동료 교사들과 함께 하나의 통합주제를 정하는 것이다. 교학문적 단원에 참여하기로 결정한 각 교사들은 담당 수업시간에 통합주제에 관련된 내용을 가르치게 된다. 이 경우에 학생들은 여러 수업을 통해 통합주제와 관련된 내용을 여러 교사들에게서 배우게 된다. 교과별 담당교사가 따로 없는 초등학교 저학년의 경우에는 담임교사가 개별수업을 하면서 사회, 과학, 수학에서의 관련 개념을 함께 지도할 수도 있다. 과목 간의 관련 내용을 연결한 통합주제를 교실 게시판에 붙여 두면 교사와 학생들이 각 학습활동 간의 관계를 파악하는 데 도움이 될 것이다.
- 3단계: 세 번째 단계에서는 교사와 학생이 함께 여러 과목 간의 공통된 주제 목록을 작성한다. 예를 들어 고학년 학생들에게 교과별 교과서 종류나

학습내용을 조사해 오라는 과제를 내줄 수도 있다. 여러 교사들과 통합주제를 함께 선정하였다면 교사들이 각 수업시간에 통합주제 단원과 관련되는 내용을 지도함으로써 내용 간의 연계성을 더욱 강화시켜 줄 수 있을 것이다. 이 단계 활동은 팀으로 협동하는 것이 효과적이다.

- 4단계: 네 번째 단계에서는 학생 스스로 과목들 간의 공통 학습주제나 학습문제에 대한 목록을 작성한다. 교사의 역할은 개별 교과목이나 내용영역만으로는 다룰 수 없는 통합주제를 이끌어 내는 것이다. 다시 말해 교사는 학생들이 한두 교과목 내용만으로는 해결할 수 없는 현재의 시대적인 딜레마, 도덕적 이슈 등의 광범위한 학습문제를 찾아낼 수 있도록 도와야 한다. 이 과정을 통해 학생들은 "누군가 정말로 죽었다는 것을 어떻게 알 수 있을까?"와 같이 의학, 종교, 철학 등이 동시에 관련된 문제나 "생명을 위협하는 오염을 어떻게 막을 수 있을까?"와 같은 과학, 물리, 화학, 사회, 정부, 법 등이 함께 연관된 학습문제를 이끌어 낼 수 있다. 이 단계에서 학생들은 자기 주도적인 학생 역할을 하고, 교사는 학생들의 사고활동을 도와주는 조력자의 역할을 한다.

그림형식의 단원설계 교학문적 단원은 수평적 지식을 강조하기 때문에 교학문적 단원 그림은 수직적 지식을 강조하는 경우와 다르다. 교학문적 단원을 나타내는 그림은 수업내용을 네트워크로 엮어 나타낸다. 이렇게 네트워킹 형태로 나타내는 그림을 개념지도 혹은 주제망이라고 부른다(Buzan, 1994; Dochy & Alexander, 1995; Hyerle, 1995~1996). 주제망은 내용이 서로 어떤 관계를 가지고 있는지, 같은 주제 안에 어떤 과목들이 통합되었는지, 한 주제가 다른 내용영역과 어떻게 관련을 맺고 있는지 등을 한눈에 잘 보여 준다. 이러한 주제망을 그리기 위해서는 다음과 같은 규칙을 따르면 편리하다.

- 중심주제나 아이디어를 결정한다.
- 중심주제나 아이디어를 네트워킹의 중앙에 놓는다.
- 중심주제를 중심으로 화살표나 선을 그어 중심주제와 하위 내용들 간의 관계를 나타낸다.
- 주제 간의 관계가 잘 나타나도록 화살표를 그리고 내용별로 간단한 제목과 설명을 붙인다.

〈그림 4.8〉과 〈그림 4.9〉는 교학문적 단원을 주제망으로 나타낸 예이다.

작문형식의 단원설계 교학문적 단원설계도 학문적 단원설계(수직적 설계)와 마

그림 4.8 교학문적 단원 '루이스와 클라크의 모험' 주제망으로 나타내기

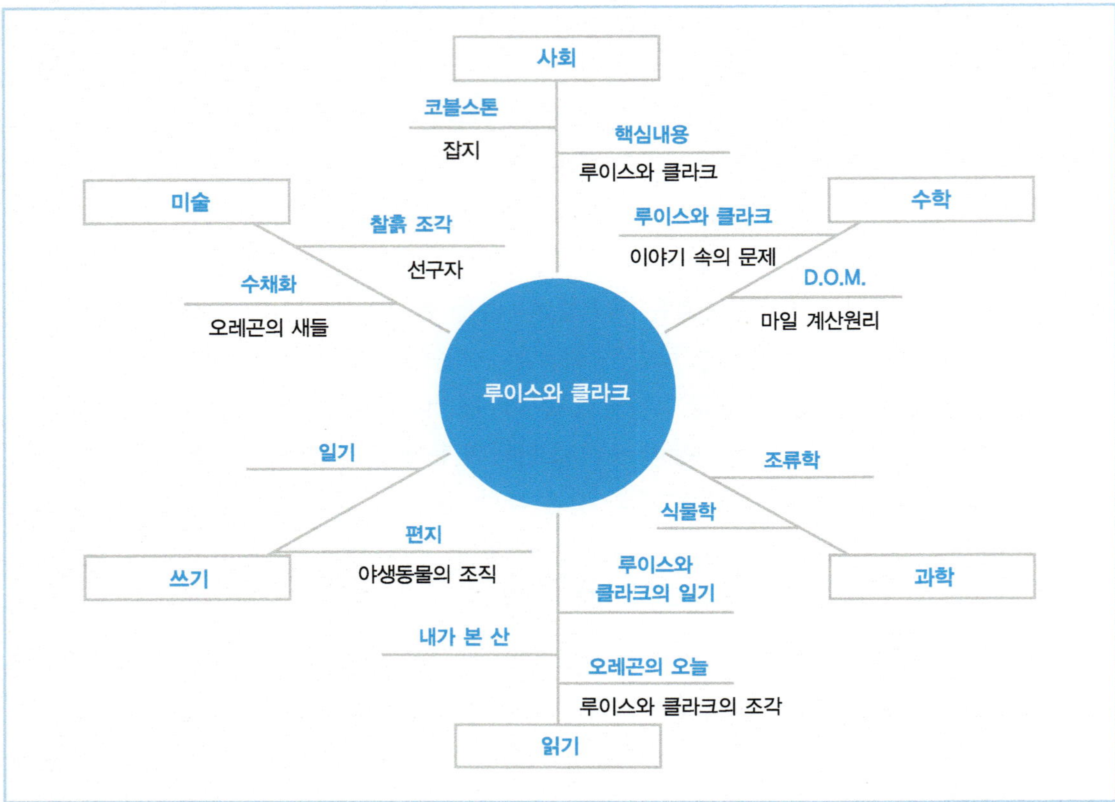

출처: From *The Classroom of the 21st Century*, by S. Kovalik, 1994. Federal Way, WA: Books for Educators. Copyright © 1994 by S. Kovalik. Reprinted with permission.

찬가지로 작문형식의 단원설계가 함께 필요하다. 작문형식 단원설계에는 (1) 단원목표, (2) 학습목표, (3) 학습내용, (4) 절차와 활동, (5) 교수자료, (6) 평가방법에 대한 계획을 제시한다. 통합주제와 내용들 간의 관련성을 제시해 주는 주제망도 함께 작성하는 것이 좋다. 〈그림 4.10〉은 작문형식으로 만든 교학문적 단원설계의 예이다.

수업설계

지금까지 학생들의 사고활동을 돕기 위해서는 각 단위 수업목표보다는 전체 단원목표를 더 높은 수준으로 설정해야 한다는 것을 강조하였다. 만약 개별 수업설계를 하면서 단원의 전체 목표를 염두에 두지 않으면 수업 간의 연계성 없이 개별수업에만 관심을 두게 될 것이다. 이렇게 되면 낮은 수준의 지식습득 수업이나

그림 4.9 교학문적 단원 '시간의 세계' 주제망으로 나타내기

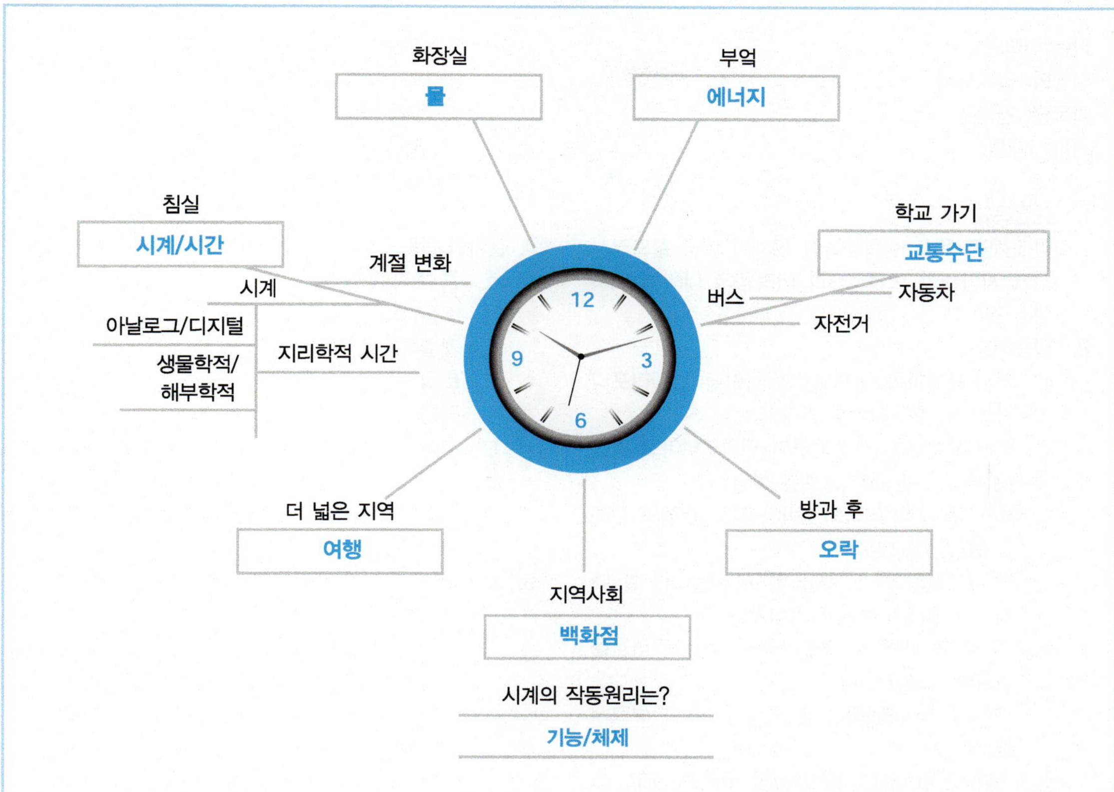

출처: From *Kid's Eye View of Science: A Teacher's Handbook for Teaching Science That Matters*, by S. Kovalik, 2002. Federal Way, WA: Books for Educators. Copyright © 2002 by S. Kovalik. Reprinted with permission.

높은 수준의 문제해결 수업 등이 서로 연계성을 갖지 못하고 각각의 개별수업으로 끝나게 된다. 대부분의 높은 수준 행동목표는 한 번의 수업만으로는 달성하기 어렵기 때문에 단원설계 안에서 개별수업이 체계적이고 연계적으로 계획되어야 한다.

실제적으로 수업설계를 하기 전에 기본적으로 고려해야 할 두 가지 사항이 있다: (1) 학습수준, (2) 학생의 개인차를 고려하는 교수방법.

학습수준

초임교사가 수업설계를 할 때 가장 어려운 것은 수업의 수준을 결정하는 것이다. 지식을 가르치는 수준으로 수업을 시작할 것인가? 아니면 적용이나 종합, 의사결정 수준으로 수업을 시작할 것인가? 두 가지 수준으로 모두 수업을 할 수 있지만,

그림 4.10 작문형식 교학문적 단원설계의 예

학년: 5학년
단원명: 골드러시
과목명: 간학문
기간: 1개월

1. **단원목표**
   이 단원의 목표는 학생들이 19세기 미국 골드러시 시기 사람들의 도전의식과 어려움에 대해 알도록 하는 것이다.
2. **학습목표**
   a. 역사/사회과학: 1840년대 사람들이 캘리포니아로 이주한 이유를 안다.
   b. 역사/사회과학: 개척자들이 캘리포니아로 가는 데 사용한 세 가지 통로를 설명한다.
   c. 역사/사회과학: 미국의 1840년대의 생활과 현재의 생활을 비교한다.
   d. 역사/사회과학: 개척자들이 서부로 여행할 때 지녔던 물건의 목록을 작성한다.
   e. 언어예술: 서부로 여행하면서 겪은 어려움을 설명하는 글을 쓴다.
   f. 과학: 금을 채굴하는 방법을 조사하고 보고서를 작성한다.
   g. 수학: 금덩어리(색칠한 돌)의 무게를 재고, 그것의 금전적 가치를 계산한다.
   h. 미술: 천 조각을 이용하여 대초원 문양의 퀼트 작품을 디자인한다.

3. **학습내용**
   a. 1840년대 사람들이 캘리포니아로 떠난 이유
      (1) 금
      (2) 직업기회
      (3) 기후
   b. 여행을 위한 물건
      (1) 연장
      (2) 개인용품
      (3) 음식
      (4) 가정용품
   c. 서부에서의 생활
      (1) 기후조건
      (2) 남자, 여자, 아이의 역할
      (3) 여행길의 위험
   d. 도착 후 캘리포니아에서의 생활
      (1) 물가 인상
      (2) 말뚝 박아 땅 차지하기
      (3) 광맥 발견
      (4) 광부의 일상적인 하루

4. **절차와 활동**
   a. 큰 소리로 읽기
   b. 소집단으로 읽기
   c. 개별적으로 읽기
   d. 토의
   e. 작문
   f. 측정
   g. 요리
   h. 노래 부르기

5. **교수자료**
   a. 문학작품 선택
      (1) *Patty Reed's Doll*
      (2) *By the Great Horn Spoon*
      (3) *If You Traveled West in a Covered Wagon*
      (4) *Children of the Wild West*
      (5) *Joshua's Westward Journal*
      (6) *The Way West, Journal of a Pioneer Woman*
      (7) *The Little House Cookbook*
   b. 그 시대를 대표하는 물건들
      (1) 철 후라이팬
      (2) 보닛이나 가죽 모자
      (3) 오래된 연장

6. **평가방법**
   다음 과제를 평가하기 위한 기준을 만든다.
   a. 에세이: 캘리포니아를 가는 길로 이용되었던 통로 중 하나를 선택하여 그 여행을 묘사한다.
   b. 골드러시 게임판: 캘리포니아로 가는 여행을 세밀하게 표현하여 게임판을 만든다. 캘리포니아에 도착해서 제일 먼저 금광을 찾는 사람이 승자이다.

출처: Written by Cynthia Kiel, teacher, Glendale, California.

이론의 교실 적용

통합 수업안 작성

김인숙 선생님은 문학 시간에 학생들에게 저명한 작가의 출생과 사망 일자를 알려주고 학생들로 하여금 그 작가의 사망 당시 나이를 알아내게 하였다. 학생들이 고민하며 머리를 긁적이는 동안 침묵이 교실을 뒤덮었다. 한 학생이 외쳤다, "문학 시간에 수학을 하는 건 너무 어려워요!"

얼마나 자주 우리는 우리의 학생들이 이미 알고 있는 지식을 이용해 새로운 문제를 해결하지 못하거나 새롭지만 이미 알고 있던 것과 관련된 지식을 이해하는 것에 어려움을 겪는 것을 발견하는가? 이 현상은 학생들이 처음에 정보를 배우는 방법과 직접적으로 관련될 수 있다. 전문화된 지식 습득을 강조했던 시기에, 구분되어 있는 교과 영역 수업들은 학생들로 하여금 그들이 배우고 있는 교과목 사이의 중요한 상호관련성을 알 수 없게 방해했다.

교육과정의 폭과 깊이 사이의 건강하고 의미 있는 균형을 찾는 것은 교사에게 던져진 도전이다. 학생들의 학습 방법에 대한 연구의 오랜 역사는 학제간 지도가 가치 있음을 보여 주는 강력한 근거다. 인지과학의 연구는 이러한 견해를 강력히 지지한다. Ausubel(1968), Neisser(1976)을 비롯한 1980년대와 1990년대의 연구들은 뇌의 도식 구조에 대한 현재의 개념을 이끌었다. 수백의, 때로는 수천의 정보가 서로 연결되어 있는 이러한 도식 구조들은 지식의 틀을 제공한다. 우리 도식 구조의 이점은 우리에게 제시된 정보를 처음에 가공하는 것에 매우 의존적이라는 것이다. Ausubel은 이것을 'cognitive hooks'라고 불렀다. 학생들에게 별개의 지식 조각을 연결할 수 있는 고리를 제공하는 수업은 학생들의 인지 능력을 높여 주고 이전에 알고 있던 지식을 관련된 학습 상황에 적용할 수 있게 한다.

학제간 수업안 작성의 장애물

통합된 학습을 경험하는 것이 중요함에도 불구하고 교사들은 종종 학생들을 위한 그러한 경험을 계획하는 데 어려움을 겪는다. 현재 초등 교육과정에서의 총체적 언어 교육을 강조하는 것은 우리가 학생들로 하여금 읽기, 쓰기, 말하기 사이의 관계를 이해하게 할 때 도움을 준다. 그러나 대부분의 학교 교육과정은 여전히 통합되지 않은 교과목 중심 수업 방식을 유지하고 있다. 교과서와 지도서는 주요 집중 교과 영역과 다른 과목들 사이의 관계를 거의 강조하지 않고 있다. 그 결과, 교사들은 교육과정을 계획할 때 학제간 수업을 경험하기 위해 현실적으로 필요한 시간과 정보를 얻지 못한다.

비록 우리가 언제나 현존하는 중·고등학교 교육과정 자료를 순식간에, 혹은 직접적으로 바꿀 수는 없을지라도, 우리는 정기적으로 과목 간의 개념과 활동을 교수 전략에 포함시킬 수 있는 계획 절차를 이용할 수 있다.

계획을 위한 지침

우리 각자는 특정 주제에 대한 전문 지식을 가지고 있고 또한 다른 분야에 대한 관심과 지식을 쌓아왔다. 게다가, 우리는 관심 있는 주제가 서로 다른 동료들을 만나 왔다. 이러한 자원을 이용해서 우리는 교과목 간의 흥미롭고도 중요한 관계들을 학생들이 이해하는 데 도움을 줄 수 있는 수업을 구성하고 개념화할 수 있다. 다음의 지침들은 우리가 학제간 수업을 준비할 때 도움을 줄 것이다.

1. 수업에서 이해하고자 하는 원리와 개념을 나타내는 목표 문장을 명확히 만들어라. 당신이 수업을 통해서 학생들이 이해했으면 하는 주요 정보와 개념이 무엇인가? 종종

학제간 수업은 특정 기술을 숙달하는 것에 중요성을 두지 않는다. 학제간 수업은 보통 새로운 상황에 기술과 지식을 적용하는 데 집중한다. 이러한 이유로, 학제간 수업의 목표는 학생들로 하여금 그들이 이미 가지고 있는 기술과 지식이 해결하고자 하는 문제 상황과 어떻게 관련이 있고 어떻게 상황을 설명할 수 있는지 이해할 수 있도록 돕는 것을 포함한다.

2. 수업의 촉매 역할을 할 주요 내용의 토대를 선정하라. 종종 수업내용의 토대는 교과서에 의해 결정된다. 그러나 수업목표가 다른 보조 자료들을 필요로 할 때가 있다. 어떠한 경우에도 수업을 끌고갈 주요 수단을 결정하라. (예, 미술 작품 또는 문학 작품, 과학적인 원리 또는 수학적인 원리, 역사적인 사건 또는 역사 시대)
3. 가르치고자 하는 주요 내용 토대와 관계가 있는 다른 교과목의 시사점, 주목할 점, 저술을 찾아보라. 동료들과의 대화와 스스로 브레인스토밍을 통해서 주요 수업내용과 관련이 있어 보이는 다른 과목 속 정보들을 생각해 보라. 이러한 점에서, 당신은 당신이 사용하고 있는 교과서에 있는 내용 체계를 보는 것이 도움이 된다는 것을 알게 될지도 모른다. 그러나 당신의 전문 지식, 당신이 보았던 영화나 연극들, 당신이 읽은 책과 기사들, 그리고 당신 인생의 경험에 의존하지 말라.
4. 당신이 세운 수업의 최종 목표와 일치하는 과목들 사이의 핵심적인 교차점을 결정하라. 각각의 과목들 간의 관계 개념을 더 깊이 탐구할수록 당신 수업의 최종 목표를 계속 명심하라. 우리는 종종 개념 그 자체에 사로잡혀서 주요 수업목표를 놓치곤 한다. 이것은 지적으로는 즐거우나 시간을 낭비하는 것이다. 몇몇 아이디어들은 너무 복잡하거나 또는 수업목표를 제대로 설명하지 않기 때문에 제외될 필요가 있을 것이다. 어떤 아이디어들은 너무나 혁신적이어서 당신으로 하여금 그것을 수업의 최종 목표에 반영하게 만들 수도 있다.
5. 수업목표를 진술하라. 대부분의 학제간 수업은 특정 기술 숙달에 초점을 두지 않을 것이다. 그럼에도 불구하고 학생들이 수업을 완전히 마쳤을 때 당신이 학생에게 무엇을 기대하는지를 분명히 정하는 것은 중요하다. 다른 수업을 계획할 때도 목표는 당신이 사용할 수업 전략과 활동의 발판 역할을 한다.
6. 당신이 가르칠 각 과목에 대해서 학생들이 반드시 갖고 있어야 할 선행 지식이 무엇인지를 확인하라. 만약 학생들이 각 과목의 핵심 원리와 개념에 대한 지식이 부족하다면, 학제간 수업은 분리될 수 있다. 당신이 미리 세워둔 목표를 학생들이 성공적으로 달성하기 전에 학생들이 반드시 가지고 있어야 할 선행 지식이 무엇인지를 신중히 고려하라. 때로는 부족한 기술과 정보의 조각을 다소 빨리 가르칠 수 있다. 그러나 만약 그렇지 않을 경우, 학제간 수업의 내용을 수정하는 것이 필요하다.
7. 학생들이 한 교과에서 배운 지식을 다른 과목을 더 잘 이해하고 평가할 수 있도록 하는 수업 전략을 만들어라. 학생들은 한 과목을 공부하는 동안에 다른 과목 지식을 활성화하는 데 익숙하지 않다. 이러한 이유로 일부러 학생들의 지식을 전환시키는 활동을 만들 필요가 있다. 수업의 내용과 분량에 따라서 당신은 마인드맵 만들기, 토의, 그룹 프로젝트, 다양한 발견학습 기술을 사용할 수 있다. 학제간 수업의 가장 중요한 요소는 활동적이고 안내된 참여이다.

학생들에게 그들이 공부하고 있는 교과목 사이의 상호 관계를 탐구하는 기회를 주는 것은 많은 이점을 가진다. 학생들이 교과목 간의 대단히 흥미롭고 주목하지 않을 수 없는 관계를 발견할 때, 학제간 수업은 학습에 의미와 타당성을 더해 준다.

학생의 특성과 수업 간의 관련성에 따라 수준을 결정해야 한다.

지식(회상, 암기 등)수준으로 수업이나 단원을 시작하는 것은 가르치고자 하는 주제가 새로운 것일 경우이다. 보통 한 단원은 지식수준에서 시작해서 그 지식을 발전시켜 나가면서 적용, 종합, 평가의 수준으로 마무리된다. 선행학습이 없는 새로운 내용일 경우에는 지식이나 이해의 수준에서 수업을 시작한다. 그렇지만 선행지식이 이미 학습되었을 경우에는 좀 더 높은 수준에서 수업을 시작할 수 있다. 〈그림 4.7〉의 단원설계 예를 보면 낮은 수준의 수업 후에 높은 수준의 수업이 진행됨을 알 수 있다. 선행수업의 결과에 따라 후속수업의 수준이 결정된다고 볼 수 있다.

단원 전체 설계는 낮은 수준의 행동에서 높은 수준의 행동까지 모두 포함한다. 만약 선행학습이 이루어진 상태라면 단원을 적용수준에서 시작할 수 있다. 당연히 단원이 추구하는 목표도 더 고차원적이 될 것이다. 또한 한 수업 내에 여러 가지 수준의 활동을 달성할 수 있다. 예를 들어 한 수업 내에 지식, 이해, 적용 수준의 활동을 함께 포함시킬 수 있다. 아래의 3학년 사회교과 수업을 살펴보자.

단원명: 나라, 도, 우리 고장의 지리
수업명: 우리 고장의 지리

활동

- 우리 고장의 지리적 위치를 알 수 있다(지식).
- 우리 고장의 자연특징을 설명할 수 있다(이해).
- 지도와 지구본에서 우리 고장의 위치를 표시할 수 있다(적용).
- 우리 고장이 다른 지역과 어떤 점이 비슷하고 어떤 점이 다른지 설명할 수 있다(분석).

이 수업에서 학생들은 낮은 수준의 학습내용을 기초로 이를 활용하여 높은 수준의 학습을 하게 된다. 한 수업 내에 여러 가지 학습수준 활동을 계획한다면 새로운 수준 활동에 들어가기에 앞서 "필요한 모든 선행학습 내용을 지도했는가?"를 확인해 보아야 하고, 선행학습 지도가 충분히 이루어졌다고 판단될 때 교사는 다음 수준의 활동을 지도할 수 있다.

학생 개인차를 고려하는 교수방법과 기술

수업설계를 할 때 학생의 다양한 개인차를 고려해야 한다. 수업설계를 할 때 일반적으로 학생들이 다양한 특성을 가지고 있고 학습능력도 각기 다르다는 것을 간과해 왔다. 그러나 학생의 개인차는 존중되어야 한다.

한 학급에는 교사의 수업설계에 따라 학습을 잘 하는 학생도 있고 그렇지 못한 학생도 있다. 그러나 단원과 수업 설계는 학습을 최적화하기 위해 학습의 모든 과정을 개별화하지 않는 한(프로그램 학습이나 CAI 과정의 경우) 평균적인 학생을 중심으로 설계할 수밖에 없다.

그렇다 할지라도 수업방법이나 기술을 이용하여 이러한 문제점을 보완할 수 있어야 한다. 학생들의 개인차를 고려하기 위해 일반적으로 다음과 같은 학습환경을 제공해 주어야 한다.

- 학생의 성취 정도에 따라 학습내용을 선택할 수 있도록 해 준다.
- 학생의 학습속도와 학습수준에 따라 학습을 할 수 있는 융통성을 준다.
- 학생의 응답에 대해 즉각적인 피드백을 제공해 준다.
- 학습을 학생 스스로 하도록 도와준다.

수업설계를 할 때, 학생들의 개인차를 고려하기 위한 개별화 수업방법과 기술을 결정해야 한다. 개별화 수업을 위한 몇 가지 구체적인 방법을 알아보자.

능력별 집단 편성 학생들의 학습능력에 따라 몇 개의 집단으로 나누어 수업을 할 수 있다. 예를 들어 교사가 중간 수준이나 좀 미숙한 학생들을 가르치는 동안, 읽기능력이 뛰어난 학생들은 먼저 읽고 개별적으로 심화연습을 할 수가 있다. 학생들의 개인차가 큰 경우에 교사는 학습목표, 활동, 자료, 시험 등을 별도로 준비하여 개별적으로 지도할 수도 있다. 그러나 개별수업을 위한 집단 편성은 전 수업과정 내내 고정된 능력별 집단이 아니라 상황에 따라 새롭게 재편성해야 한다. 과목이나 주제에 따라 학생들이 다른 능력을 가지고 있는 경우가 많기 때문이다.

학습센터 학생들은 실생활과 관련이 높은 방법으로 학습을 할 때 더 효과적으로 학습한다고 한다(Boyer, 1993). 그래서 많은 학교들은 실생활과 관련이 높은 형태로 교육과정을 재구성하고 있다. 개별 학생이 배운 내용을 직접 적용시켜 볼 수 있도록 돕는 방법 중 한 가지가 학습센터를 운영하는 것이다. 학습센터는 학습과제와 관련된 선행지식이나 기술이 부족한 학생들에게 개별적으로 연습과 복습을 할 수 있는 기회를 준다. 학습센터에 수업내용과 직접 관련된 교육매체나 보충자료가 갖추어져 있고, 학생들이 개별적으로 이를 이용하여 학습내용을 보충학습해 볼 수 있다면, 개별화 수업을 위해 수업설계에 학습센터 활용계획도 함께 포함시키는 것이 좋을 것이다.

학습센터는 새로운 학습내용을 배우기에 선행지식이나 기술이 부족한 학생들에게 개별적으로 연습과 복습을 할 수 있는 기회를 준다. 수업설계에 학습센터 이용 여부를 표시해야 한다.

복습과 보충자료 어떤 수업의 경우는 관련된 선행지식을 반드시 기억하고 있어야 한다. 이럴 경우 개별 학생들에게 보충자료를 나누어 주면 필요한 내용을 잘 기억하게 할 수 있다. 중요한 것은 반드시 필요한 선행지식이 잘 기억되도록 자료를 세심하게 준비해야 한다는 것이다. 이렇게 하면 최소한의 시간에 필수적인 내용을 복습할 수 있게 된다.

교육용 게임과 시뮬레이션 수업목표를 달성하기 위해 시뮬레이션이나 게임 등을 이용할 수도 있다. 전체 학습으로 수업을 진행한 다음, 학생의 능력이나 흥미에 따라 교육용 게임이나 시뮬레이션(Grabe & Grabe, 1996; K. Jones, 1995; Wood, 1992)을 이용하게 하여 전체 학습에서 학습한 내용을 보충 심화할 수 있다. 교과서를 만들 때 관련된 기본내용을 가르치기 위해 컴퓨터 시뮬레이션과 연습활동 자료 등을 함께 제공하기도 하며, 학생은 이러한 자료를 개별학습 자료로 사용할 수 있다.

프로그램 학습 프로그램 학습은 학생의 학습 수준과 속도에 따라 스스로 활용할 수 있는 교수자료를 이용하는 학습방법이다. 프로그램 학습자료는 일반적으로 학습위계에 따라 내용을 세부적으로 나누고, 학생은 단계적인 순서에 따라 학습하게 된다. 단계별로 학습을 하면서 문제에 대한 답을 바로바로 확인할 수 있게 해 줌으로써 학생들이 적극적으로 학습할 수 있도록 이끌어 준다. 이러한 프로그램 학습은 학생들이 새로운 학습내용을 혼자 공부하는 방법으로는 전통적인 수업방법에 비하여 큰 효과가 없는 것으로 나타났다(Bangert, Kuilk, & Kuilk, 1983; Slavin, 1993). 오히려 프로그램 학습자료가 익숙한 내용으로 구성되어 있고 능력이 다른 학생들이 서로 도와가며 학습할 경우에 훨씬 더 효과적이라고 한다(Slavin, 1993).

개별지도 동료 개별지도는 같은 학년 또래 학생이 다른 학생을 가르쳐 주는 방법이다. 학년 간 개별지도는 지도하는 학생이 배우는 학생보다 몇 학년 혹은 몇 살 위인 경우를 말한다. 일반적으로 학년이 높은 학생이 내용을 더 잘 알고 있고 역할모델도 되어 주기 때문에 동료 개별지도보다는 학년 간 개별지도가 더욱 효과적이다(Devin-Sheehan, Feldman, & Allen, 1976). 학년 간 개별지도자는 2~3학년 정도 차이가 나는 학생이 좋다. 개별지도는 전체 학급이나 그룹으로 학습할 때보다 개인적인 연습기회를 더 많이 제공해 준다. 따라서 정규수업의 보조방법으로 매우 효과적일 수 있다. 특히 개별지도자가 지도방법에 대해 교육을 받았을 경우 더 효과적인 개별지도를 할 수 있다.

CAI(Computer-Assisted Instruction) CAI는 프로그램 학습이나 개별지도처럼 학습내용을 연습할 기회를 많이 준다. CAI는 학습내용을 연습할 기회를 제공할 뿐만 아니라 이해 정도를 평가하고 틀린 문제를 교정도 해 준다. 인쇄물 형태의 프로그램 학습이나 동료 개별지도에 비해 CAI는 학생의 응답을 바로 평가해 주며, 학생의 수준에 맞게 학습 난이도와 순서를 조정할 수 있는 장점이 있다. 학생이 특정 학습내용을 얼마나 잘 이해했느냐에 따라 연습내용을 조정할 수가 있다. 학생들은 어떠한 학습에 대한 연습을 더 많이 할 수도 있고, 선행학습 내용을 복습하기 위해 프로그램 시작단계부터 다시 학습할 수도 있다. CAI는 일반적으로 컬러 사진, 차트, 도표 등을 함께 제시해 준다. 이러한 자료들이 학생들에게 학습동기를 부여하고 학습을 훨씬 실제적으로 만들어 준다. 다른 개별화 학습방법과 마찬가지로 CAI도 이미 학습한 내용에 대한 연습기회를 제공하는 데 효과적인 방법이다(Atkinson, 1984; Kulik & Kuilk, 1984).

양방향 비디오디스크와 CD-ROM 양방향 비디오디스크—레이저 디스크—는 음악을 녹음하는 CD와 비슷하다. CD-ROM은 비디오디스크와 비슷하지만 더 작고 더 많은 정보를 저장할 수 있다. 크기는 작아도 많은 자료를 저장하는 비디오디스크와 CD-ROM은 인쇄물이나 CAI 자료와 다른 장점이 있다. 이러한 레이저 기술은 텍스트, 표, 슬라이드, 지도, 필름, 애니메이션 등 다양한 형태의 자료를 저장하고 또 쉽게 편집할 수 있도록 해 준다. 따라서 전통적인 프로그램 학습보다 훨씬 자유롭게 다양한 내용을 저장할 수 있다. 또한 인쇄물이나 컴퓨터 디스켓보다 관리하기 편하고 안전하다. 양방향 비디오디스크나 CD-ROM은 고등 사고능력을 키워 주는 시뮬레이션이나 동영상 등을 생동감 있게 보여 주는 데 효과적인 방법이다.

광학기술/텔레커뮤니케이션 광학기술/텔레커뮤니케이션 기술은 멀티미디어를 통해 보다 융통성 있고 개별화된 학습환경을 제공한다. 살아 있는 교육과정을 만들어 주는 광학기술과 텔레커뮤니케이션 기술은 양방향 비디오디스크 기술과 유사한 면이 많다. 학생들은 이러한 고속통신 기술을 통해 지리적 한계를 넘어 세계적으로 언제든지 필요한 정보를 얻을 수 있게 되었다.

광학기술과 텔레커뮤니케이션의 도움으로 학생은 학습한 내용을 연습하고 바로 적용하는 것이 수월해졌다. 학생들은 사실적인 세부사항이나 전문지식을 검색하고, 그 내용을 학습하고, 직접 적용할 수도 있다. 학생들의 학습영역은 교실을 벗어나 세계적으로 확대되었고 다른 학생, 전문가들과의 협동활동이 훨씬 수월해졌다. 광학기술이 더 많은 학습기회를 제공해 주는 예를 살펴보자.

- *지역 도서관 범위 밖에 있는 자료를 조사한다.* 국회 도서관에서 초기의 비행에 관한 자료를 찾아보거나 전자메일을 통해 우주 박물관의 관장에게 질문할 수 있다.
- *학습내용을 더욱 전문적으로 다룬다.* 「뉴욕 타임즈」가 구축한 데이터베이스를 검색하거나, 유전자 접합에 대한 최근의 연구를 살펴보기 위해 Scientific America의 최근 목록을 살펴보거나 남극에 있는 연구자와 전자메일

표 4.2 다양한 학습영역에 광학기술 접목하기

학문영역	적용
읽기/언어	• 읽기 기술을 개발하기 위한 프로그램 • 쓰기 능력을 길러주기 위한 워드 프로그램 • 연구 능력을 길러주기 위한 인터넷 검색
수학	• 수학 지식을 익히기 위한 튜터리얼이나 반복연습 프로그램 • 추상적 개념을 설명하기 위한 그래프 • 도형 개념을 설명하기 위한 프로그램
과학	• 복잡한 현상을 설명하는 시뮬레이션 • 실험실 안과 밖에 실험을 위한 데이터 수집 도구 • 정보나 다른 과학자들과 연결해 주는 인터넷
사회	• 시간과 장소를 뛰어넘는 시뮬레이션 • 오랜기간 동안의 과학 연구 자료기록 • 정보를 정리하는 데이터베이스 및 스프레드시트

을 통해 의사소통을 한다.

- *다른 지역의 학생과 협력할 수 있다.* 산성비, 산림 개간, 글로벌 경제 등에 대한 공통의 관심사를 공유하기 위해 다른 지역의 학생들과 협력학습을 한다.
- *학교 밖의 다양한 연령층의 인적 자원들과 함께 활동할 수 있다.* 학문과 직업의 연계를 조사하거나 원리나 개념이 실생활(예, 후속학습, 직장, 다른 지역사회 상황 등)에서 어떻게 사용되는지 살펴본다.

지금까지 학생의 다양한 개인차를 고려하기 위한 여러 가지 수업방법과 기술들을 살펴보았다.

효과성을 높이기 위해서는 교육과정 내내 많은 기술이 사용되어야 한다(Roblyer, 2005). 〈표 4.2〉는 읽기, 언어, 수학, 과학, 사회 등에 이용될 수 있는 몇 가지의 기술 적용방법을 제시하고, 〈그림 4.11〉은 미디어와 새로운 기술들이 여러 학문 분야에 걸친, 종합적이고 차별화된 중학교 단원 설계에 어떻게 사용되었는지를 보여 준다. 기타 학년과 과목 분야의 차별화된 수업과 단원 설계의 예시들을 보기 위해선 다음의 홈페이지를 참고하자: http://schools.dixonusd.org/gate/lessons.htm.

수업단계

수업수준과 학생의 다양한 개인차를 고려한 수업방법을 결정했다면 이제 수업을 설계할 수 있다. 이제부터 수업설계를 위한 수업단계를 살펴보자. 여기에서 우리는 수업과 학습을 구별해야 한다. 학습은 학생의 머릿속에서 일어나는 내적인 활동이고, 수업은 학생의 내적 활동을 효과적으로 돕기 위해 교사가 제공하는 모든 외적 교육활동을 의미한다.

교사가 수업을 계획할 때 이러한 외적 계획이 학습을 도와주도록 설계해야 한다. 수업과 학습은 서로 밀접한 관련이 있다. 수업의 단계는 학생을 학습과정에 능동적으로 참여시키기 위해 수업이라는 외부적 조건과 학습이라는 내부적 활동을 밀접하게 관련시키는 과정이다.

다음 질문들을 고려함으로써, 교사가 하는 일과 학생들의 생각에 깊은 관계를 형성시킬 수 있다. 이 질문들에 대한 교사의 답변이 수업설계 과정에서 많은 도움을 줄 것이다.

시작하기: 수업설계에 관한 질문들

- 학생들이 무엇을 알기를 원하며 어떠한 능력을 키우기를 바라는가?

그림 4.11 중등학교 통합수업 단원계획

이 단원계획은 미술 과목, 언어 과목, 컴퓨터와 인터넷 과목을 포함한다. 이것은 이집트에 관한 4차시 수업으로 구성된 중등학교 사회 과목의 말미에 있는 최종 프로젝트이다. 이 단원의 주요 목표는 학생들이 이집트에 관해서 그들이 무엇을 배워 왔는지를 보여 주는 데 어려움을 겪도록 하는 다른 방법들을 제시함으로써 가르침을 차별화하는 것이고 모든 학생들에게 학업 성취를 얻을 수 있는 기회를 제공하는 것이다.

이 교사는 1, 2, 5, 8점짜리로 다양한 활동을 구성했다. 이 점수들은 학생들이 흥미와 능력에 따라 활동을 고를 수 있음을 의미하고 여기에 10배 한 값은 100점을 나타낸다. 즉 8점짜리 활동은 80점이다. 활동이 더 어렵고 시간이 더 많이 걸릴수록, 점수는 증가한다. 교사는 높은 수준의 학생들이 8점짜리 활동을 선택하게 장려함으로써 시작한다. 또 학생들이 다양한 선택 사항 중에서 그들의 관심을 끄는 것을 선택하게끔 유도한다.

활동

모든 사람은 10을 곱했을 때 최대 100점까지의 가치를 갖는 활동들을 선택해야 한다.

1점짜리 활동

A. 교실 컴퓨터에 있는 이집트 어휘 CD를 본 후, 3단원(7, 8, 9장)에 있는 다음의 단어들을 자신만의 언어를 사용해서 정의하여라. 만약 교과서를 보고 정의를 내렸다면 점수가 주어지지 않는다.

   예: 주어진 이집트 어휘) delta, pharaoh, Old Kingdom, Middle Kingdom, New Kingdom, Hyksos, scribes, pyramids, mummies, hieroglyphics, papyrus, Great Pyramid

B. 당신의 사후 삶에 가져갈 필요가 있다고 생각하는 적어도 5개의 물품들을 당신이 이집트 문화에 대해 알고 있는 지식을 이용해서 목록으로 만들어라. 목록에 이 물품들이 어떻게 생겼는지 반 친구들에게 보여줄 미술 학습 센터에서 그린 그림을 함께 넣어라. 피드백과 제안을 받기 위해서 반 친구들과 목록을 나눠보아라.

   이 활동을 위해서 다음 사이트를 참고할 수 있다:
   www. woodlandsjunior.kent.sch.uk/Homework/egypt/mummies.htm

C. Tut 왕의 그림을 미술 학습 센터에서 그려 보아라. 이것은 그에게, 그의 나라를 위한 노고에 영광이 될 것이다. 그림을 꾸미기 위해서 센터에 있는 다른 재료들을 사용하여라.(예: 장식용 반짝이, 구슬, 보석 등)

2점짜리 활동

A. 이집트에 관한 어휘, 장소, 그 밖의 다른 정보를 이용하여 가로세로 퍼즐을 만들어라. 당신은 최소 12개의 단어와 힌트를 만들 수 있다.

   이 활동을 위해서, 다음 사이트를 참고할 수 있다:
   www.historyforkids.org/learn/egypt

B. 색깔 있는 이집트 지도를 만들어라. 다음의 장소들을 붙이고 반 친구들에게 그것의 의미나 어떻게 이것이 이집트와 관계가 있는지 설명할 준비를 하여라. (당신은 지도를 반 친구들에게 보여줄 것이다.)

   나일강, 나일강 삼각주, 지중해, 홍해, 사하라 사막, 기자, 멤피스, 메소포타미아

   이 활동을 위해서 이 사이트를 방문해 보자:
   www.ancient-egypt-online.com/ancient-egypt-maps.html("지도"를 클릭하세요.)

C. 아스완 댐을 검색하기 위해서 인터넷에 들어가자. 한 문단으로 댐에 대해 요약하고 왜 그 댐이 건설되어야 했다고 믿는지에 대한 당신의 생각을 적어보자. 그렇게 생각하는 이유를 적어도 3가지 제시하여라.

   이 활동을 위해서 다음 사이트를 방문해 보자:
   http://carbon.cudenver.edu/stc-link/aswan1, www.mbarron.net/Nile/envir_nf.html

그림 4.11 중등학교 통합수업 단원계획(계속)

D. 칠판에 있는 이집트 빵 만들기 방법을 따라 해 보자. 집에 가서 빵을 만들어 보고, 그 빵을 수업 발표날에 맛볼 수 있도록 가져오자. 만약 당신이 이 활동을 선택한다면, 부모님이 재료와 당신이 빵을 만드는 것을 돕는 데 동의한다는 내용에 서명할 수 있는 편지가 부모님께 갈 것이다.

E. 말하기 학습 센터에서 자료들을 찾아 읽고 이집트 역사에서 다섯 명의 파라오를 골라라. 각각의 파라오들이 말하는 것처럼 인용문을 하나 만들자. 당신의 인용문을 교실에서 발표하고 반 친구들이 당신이 묘사하고 있는 파라오가 누군지 알아맞혀 보도록 하여라.

이 활동을 위해서 다음 사이트를 방문해 보자:
www.ancient-egypt-online.com/ancient-egypt-maps.html('이집트 파라오' 클릭)

F. 이집트 문명과 메소포타미아 문명 사이의 차이점과 비슷한 점을 보여 주는 벤다이어그램을 만들어라. 만든 리스트를 바탕으로 각각의 문명을 대표하는 상징을 만들어라. 만든 상징과 다이어그램을 반 친구들에게 보여 주고 피드백을 받아 보자.

5점짜리 활동

A. 이집트 숫자 체제 기반 게임을 만들어라. 게임은 재미있고 쉬워야 한다. 게임을 반 친구들에게 소개했을 때, 모두가 참여할 수 있도록 만들자.

B. 상형문자 가로세로 퍼즐을 만들자. 26개의 알파벳 중 적어도 15를 나타내는 상형문자를 만들어야 한다. 당신의 힌트는 반드시 상형문자 형태여야 하지만, 정답은 영어로 나타낼 수 있다. 가로세로 퍼즐은 이집트에 관한 용어와 정보를 포함하고 있어야 한다. 최소 8개의 단어와 힌트를 만들어라.

이 활동을 위해서 다음 사이트를 참고하자:
www.ancient-egypt-online.com/ancient-egyptian-pyramids.html('상형문자' 클릭),
www.thekeep.org/~kunoichi/kunoichi/themestream/glyphs_1.html

C. 피라미드 입체 그림책을 만들어라. 그림책은 반드시 이집트 피라미드에 대한 정보(피라미드는 무엇을 위해 쓰였나, 어떻게 만들어졌는가, 피라미드 내부에서 무엇을 발견할 수 있는가)를 포함하고 있어야 한다. 또한 그림, 그림을 설명하는 글, 피라미드 그림, 페이지마다 적어도 하나의 입체 그림이 있어야 한다. 최소 4쪽으로 만들 수 있고 만든 후 반 친구들에게 보여 주고 피드백을 받아 보자.

이 활동을 위해서 다음 사이트를 방문해 보자:
www.nationalgeographic.com/pyramids/pyramids.html
www.ask-aladdin.com/pyramid.htm

D. 짝과 함께 의사 결정을 내려야 하는 파라오에 대한 대본을 만들고 역할 놀이를 해 보자. 파라오의 가장 중요한 업무는 세상에 진실, 질서, 정의를 세우는 것이다. 고대 이집트에서 파라오의 말은 곧 법이었다. 한 명은 파라오 역할을 맡을 것이다. 나머지는 파라오 앞에 나와 분쟁을 만드는 두 사람 역할을 맡는다. 파트너들은 파라오 앞에서 제시할 분쟁 상황에 대한 설명을 그것이 받아들여질 수 있도록 상세하게 적어야 한다. 그러고 나서 파라오는 제기된 상황을 통해서 판결을 내려야 한다.

여기에 몇몇의 가능한 분쟁 상황이 있다.

- 노예가 잔인한 주인으로부터 도망가려고 했다.
- 하인이 명령을 거부했다.
- 누군가 파라오의 결정 중 하나를 의심하는 것을 우연히 듣는다.
- 농부가 파라오의 피라미드를 만드는 일을 하지 않으려고 핑계를 댄다.
- 부자 주인이 전차로 하인을 죽였다.

그림 4.11 중등학교 통합수업 단원계획(계속)

8점짜리 활동

선택한 8점짜리 활동의 절반은 파트1과 함께 시작되고, 나머지 절반은 파트2와 시작된다. 파트2를 끝낸 사람은 파트2를 시작하는 사람의 상담자가 되고, 파트1을 끝낸 사람은 파트1을 시작하는 사람의 상담자가 된다. 모든 학생은 파트1과 파트2를 모두 완성해야 한다.

이 활동을 위해서 다음 사이트를 방문해 보자:
www.ancient-egypt-online.com/ancient-egyptian-pyramids.html

파트1. 메소포타미아 문명과 이집트 문명을 비교하고 대조하는 에세이를 작성하여라. 그들이 어떤 점에서 비슷하고 다른지를 적어 보자. 당신의 글은 반드시 사람들이 입었던 옷, 먹었던 음식, 숭배했던 대상, 사회에 기여한 점, 교육받은 방법, 했던 일을 포함해야 한다.

어떤 문명이 가장 성공적이었다고 생각하는가? 그 이유는?

현대의 삶에 어떤 문명이 더 기여했다고 생각하는가? 그 이유는?

주장을 뒷받침할 수 있는 증거를 제시하여라.

파트2. 고대 이집트 시대의 파라오 중 한 명을 선택하여라. 그의 삶을 자세히 설명하는 글을 작성하여라. 그가 결혼을 했는가? 몇 명의 자녀가 있었는가? 어떻게 그리고 언제 파라오가 되었는가? 그의 통치 기간에 일어난 중요한 사건에 대해서 써보자.

이 활동을 위해서 다음 사이트를 방문해 보자:
www.ancient-egypt-online.com/ancient-egypt-maps.html('이집트 파라오' 클릭)

파트1, 파트2 글은 최소 800여 개의 단어로 1.5쪽 분량이어야 한다.

출처: Contributed by Natalie Doverspike.

- 이 내용이 어떠한 주 교육목적과 교육과정 안내에 관련되어 있는가?
- 학생들이 이 주제에 대하여 상관하거나 알고 싶어하는 이유는 무엇인가?
- 학생들이 수업의 목표를 달성했을 때 본인은 어떻게 그것을 알 수 있는가?
- 학생들의 어떠한 특정 필요 사항이나 관심사, 그리고 이전의 학습경험이 이 수업의 기본 토대가 될 것인가?
- 많은 참여를 요하는, 가치 있는 학습활동은 어떠한 식으로 시키겠는가?
- 수업의 평가적인 피드백을 주기 위해 어떠한 활동들을 제공할 수 있는가?

이 질문들에 답함으로써 수업설계 과정에서 학생들을 중심으로 고려하며 학생들을 위해 수업을 준비할 때 필요할 대부분의 정보를 미리 정리해 본다.

Gagne와 Briggs(2005)가 제안했듯이, 교사는 총 일곱 개의 수업단계를 고려함으로써 학습을 더욱 깊이 있게 만들 수 있다. 이 단계들을 잘 고려하였을 때, 교사는 스스로 효과적인 수업준비 모델을 창조해 낼 수 있게 된다. 서로 다른 수업설계 모델의 단계들이 모든 수업에 적용될 수는 없으나, 본인이 기타 많은 수업

계획들을 세우는 데 분명히 좋은 기반이 될 것이다. Gagne와 Briggs(2005)가 제시한 지도적 활동들을 고려해 보고, 학생들이 이러한 활동에 능동적으로 참여할 수 있도록 도와주는 방법을 살펴보자. 관련 용어들과 수업설계 질문들은 괄호 안이나 이탤릭체로 표기되어 있다.

1단계: 주의집중시키기

학생들이 이 주제에 대하여 알고 싶어하는 이유는 무엇인가?

학생들이 수업에 흥미를 보이지 않는다면 학습에 능동적으로 참여하기 어려울 것이다. 그러므로 수업설계에서 주의집중은 매우 중요하다. 주의를 집중시킨다는 것은 산만한 상태에서 시·청각적으로 민감하게 변화를 주는 것, 혹은 이미 집중이 된 상태에서 더 높은 수준의 호기심과 관심을 불러일으키는 것이라고도 할 수 있다. 수업이 언제 시작되느냐에 따라 주의를 집중시키는 방법도 달라질 수 있다. 점심식사 후인 5교시에 수업을 할 때는 1교시보다 더 극적인 방법을 사용해야 학생들을 집중시킬 수 있다. 따라서 학생의 상황에 적합한 주의집중 방법을 찾아내야 한다.

주의를 집중시키는 방법 중의 하나는 호기심을 유발하는 것이다. 보통 호기심을 일으키는 발문을 함으로써 주의를 집중시킬 수 있다.

- 어떻게 우리가 마력이라는 단어를 쓰게 되었는지 생각해 본 적이 있나요? 누가 말해 볼까요?(에너지에 대한 수업)
- 그리스 신의 이름을 가진 자동차를 알고 있나요?(신화에 대한 수업의 도입 부분)
- 어떻게 어떤 동물들은 물에서도 살고 육지에서도 살 수 있을까요?(양서류에 대한 수업)

이러한 주의집중을 위한 발문들은 하나의 정답이 정해져 있거나 앞으로 배우게 될 내용의 직접적인 내용이 되어서는 곤란하다. 주의집중을 유도하는 발문은 앞으로 배우게 될 내용에 관심을 가질 수 있도록 흥미롭고 재미있는 것이어야 한다. 이러한 발문의 예를 들어 보자.

- 왜 과학자들은 우주여행이 우주여행자를 젊게 만든다고 생각했을까요?(물리 수업)
- 왜 its와 it' s는 발음이 같을까요?(발음 수업)

- 오늘날 스위스보다 멕시코에서 달러의 가치가 높은 것은 무엇 때문일까요?(경제 수업)
- 왜 유능한 변호사들이 배심원들의 지지를 받지 못하는 경우가 생기는 걸까요?(대중연설 시간)

학생의 흥미를 유발시키는 또 다른 방법들이 있다.

- 명백한 모순: "왜 그리스는 가장 세력이 강할 때 멸망했을까요?"
- 실제와 불일치: "왜 어떤 하등생물은 인간보다 더 오래 사는 걸까요?"
- 비논리적 상황: "왜 항상 하나가 앞으로 가면 하나는 뒤로 가는 걸까요?"

예컨대 음수/양수에 대한 수업을 시작하면서 2개의 음수를 곱하면 항상 양수가 된다는 것을 예로 들면 학생들은 혼란스러워하지만, 어떻게 2개의 음수가 양수가 될 수 있는지에 호기심을 갖게 된다. 분명히 모순된 것처럼 보이는 이 수학적 문제의 규칙을 설명하면서 수업을 진행하면 주의를 집중시킬 수 있다.

도표, 그림, 실제 모델 등도 주의를 집중시키는 도구가 될 수 있다. 학생의 청각과 시각을 동시에 자극할 수 있는 도구를 사용하는 것이 효과적이다. 특히 음성적인 설명보다 시각적인 자료가 훨씬 효과적이다. 수업시간에 사용될 자료의 샘플이나 도구(자, 계량기 등)를 미리 보여 주는 것도 주의를 집중시키는 하나의 방법이 될 수 있다.

새로운 학습내용을 제시하기 전에 관련된 선행학습 내용을 확인시켜 주어야 한다. 선행학습의 핵심내용을 복습, 요약, 재진술하는 방법을 이용하여 확인시켜 줄 수 있다.

2단계: 목표 알려 주기(기대목표, 수업목표, 목적)

학생들이 무엇을 알기를 원하며 어떠한 능력을 키우기를 바라는가?

학생이 수업내용에 흥미를 갖게 되었다고 해서 수업준비가 다 된 것은 아니다. 학생에게 수업목표를 알려 주어야 한다. 수업목표를 알려 주면 학생들은 수업에 더 잘 집중하게 된다. 따라서 수업을 시작하면서 수업목표가 무엇인지, 그리고 어떻게 평가할 것인지 설명해 주는 것이 좋다. 학습목표의 몇 가지 예를 살펴보자.

- 힘의 네 가지 정의를 말할 수 있다(과학).
- 문장에서 주어를 찾아 전체 앞에서 발표할 수 있다(영어).
- 현미경을 이용해서 하등생물의 표본을 관찰하고 어떤 생물인지 발표할 수 있다(생명과학).
- 사형제도에 대한 생각을 말할 수 있다(사회).

이렇게 언제, 무엇을, 어떻게 해야 할 것인지를 미리 안내해 줄 수 있다. 학생들이 에너지에 대한 수업에서 힘의 네 가지 정의가 중요하다는 것을 미리 알고 있으면, 수업을 하는 동안 힘에 대한 정의에 중점을 두고 학습을 할 것이다.

학습목표를 미리 알리는 것은 중요한 내용에 집중하고 사고를 체계화할 수 있도록 도와준다. 또한 학습과정을 활성화시켜 준다.

학습목표 제시 단계에서 중요한 것은 목표를 분명하게 전달하는 것이다. 그러므로 학생들의 어휘수준에 맞는 단어를 사용하여 학습목표를 제시해야 한다. 또한 학습목표를 분명하게 전달하려면 수업을 하고 난 후 학생들이 어떤 활동을 할 수 있어야 하는지 제시해 주어야 한다. 예를 들어 하등생물에 관련된 대단원을 시작하면서 칠판에 여러 활동내용을 적어 놓고, 단위수업이 시작될 때 그 시간에 다룰 내용을 체크하는 방법도 사용할 수 있다.

____✔____ 아메바를 정의해 보시오.
____✔____ 아메바의 세포구조를 그려 보시오.
_________ 아메바의 분열에 대해 설명해 보시오.
_________ 현미경을 사용하여 다른 단세포 생물과 아메바를 구별해 보시오.

이러한 수업결과에는 단순히 어떠한 사실을 기억하는 것부터 실제 생물적인 환경에서 결정이나 판단을 내리는 일까지 있다는 것을 기억하자.

학생들이 이 중 어떠한 단계까지 성취 가능한지를 미리 파악하지 않으면 학생들이 교사의 지도를 잘 따를 수 없다. 이것은 학생들이 수업의 다른 면들을 아예 무시해도 된다는 뜻이 절대 아니다. 학생들은 이러한 기타 요소들을 최대한 학업 성취를 위한 기구나 방법으로 활용할 수 있다.

3단계: 선행학습 기억시키기(복습)

학생들의 특정 관심사와 사전 학습경험이 이 수업에 어떠한 토대가 될 것인가?

이 단계는 현재 학습내용을 제시하기 전 도입 부분의 마지막 단계이다. 현재 학습을 위해 선행학습 내용을 잘 기억시켜 주어야 한다. 예를 들어 "현미경을 사용하여 아메바와 다른 단세포 생물을 구분하는 것"이 현재 학습목표라면 "단세포 생물의 정의, 아메바의 독특한 특징, 현미경 사용법"과 같은 선행학습 내용은 본 학습목표 달성을 위해 중요한 선행지식이 된다.

선행학습 내용을 기억시켜 주기 위해 중요한 내용을 간단하고 이해하기 쉬운 형태로 요약해 주는 방법이 있다. 짧은 시간 안에 많은 내용을 모두 요약하는 것은 실용적이지 못하다. 전체적인 선행학습 내용을 다루기 위해서는 사고를 촉진시킬 수 있는 기술이 필요하다. 이때 선행학습 내용과 관계되는 발문을 하여 중요한 선행학습 내용을 기억시켜 줄 수 있다.

- 왜 진수가 현미경으로 아메바와 다른 단세포 생물을 구분하지 못했을까요?(고배율이 아니라 저배율에서 보았기 때문이다.)
- 윤정이가 아메바의 분열과정과 인간의 생식과의 관계에 대해 세웠던 재미있는 가설이 기억나나요?(세포의 분열을 아이가 태어나는 것과 동일한 것으로 생각했다.)
- 철수가 그린 아메바의 세포구조가 생각나나요?(모든 학생들이 그 그림이 얼마나 사실적인가에 대해 논의했다.)

이러한 발문을 활용하면 관련된 마음 속의 이미지를 이끌어 냄으로써 전체 내용을 서술적으로 요약하지 않고서도 선행학습 내용의 핵심을 상기시킬 수 있다. 한 번 전체 이미지를 기억하면 그 이미지를 기초로 세부적인 내용을 기억해 낼 수 있을 것이다. 이 단계에서는 선행학습 내용을 상기시킬 수 있는 효과적인 방법을 활용해야 한다.

4단계: 자료 제시하기(공급, 모델링)

어떠한 주 교육목적들과 교육과정 안내의 내용들을 가르칠 것인가? 어떠한 활동

들을 수업 중에 할 것인가?

학습내용을 제시하는 것은 수업의 핵심이다. 이 단계에서는 실제성, 선택성, 다양성의 세 가지 원칙에 따라 자료를 선택하고 제시해야 한다.

실제성 학습내용은 실제적인 방법으로 제시되어야 한다. 만약 단세포 생물의 관찰을 위해 현미경 사용법을 가르치는 것이 수업의 목표라면, 현미경의 부분 이름에 대해 가르치는 것은 실제적이지 못하다. 부분의 이름을 아는 것이 선행학습의 중요한 목표일지 모르나 이번 수업목표와는 관련이 적다. 학습내용은 학습목표를 기준으로 실제 적용에 필요한 내용을 가르쳐야 한다는 것이다.

실제적인 학습내용 제시방법으로 다양한 실제 상황에서 학습을 하게 할 수 있다. 다음과 같은 예를 보자.

- 수학시간에 세로식과 가로식 계산방법을 함께 보여 준다(수학).
- 교과서 외의 잡지를 이용해서 올바른 구두점의 사용 예를 소개한다(영어/외국어).
- 전자의 법칙이 실험실의 전기회로는 물론이고 천둥 번개의 빛에도 적용됨을 보여 준다(과학).
- 인간 사이의 사회적 규칙을 동물 사이의 규칙과 비교한다(사회).
- 컴퓨터의 중앙 연산장치와 인간 두뇌의 정보처리 과정을 비교한다(컴퓨터 과학).
- 특정 전쟁의 원인이 몇 백 년 전의 다른 전쟁 상황에도 적용될 수 있음을 보여 준다(역사).

이 예들은 학습의 핵심내용을 다른 실제 상황에 적용해 봄으로써 학습의 실제성을 높여 본 것이다. 그 결과 학생은 (1) 문제의 형식보다는 올바른 수학적 연산에 초점을 맞추게 되고, (2) 잡지에서도 구두점이 잘못된 부분을 발견할 수 있게 되고, (3) 전기에 대한 물리 법칙의 일반성을 이해하게 되고, (4) 사회적 규칙이 인간만의 특성은 아니라는 것을 알게 되고, (5) 정보가 하드웨어나 기기의 일만이 아니라는 것을 이해하게 되고, (6) 갈등이나 적대감, 전쟁의 원인이 특수할 뿐 아니라 아주 일반적이기도 하다는 것을 알게 된다.

선택성 학습내용 제시를 위해 두 번째로 고려해야 할 사항은 핵심내용을 선택하여 강조해야 한다는 것이다. 학생들이 배우는 내용이 모두 중요한 것은 아니다. 각 단원에서 가장 중요한 내용을 강조해 주어야 학생들이 학습을 효과적으로 하고 수업의 중심내용을 기억할 수 있을 것이다. 예를 들어 "50쪽 아래쪽에 있는 6

개의 개념"이나 "3장 마지막에 있는 표와 그림" 등을 강조하면 학생들이 수업내용을 복습할 때 효과적으로 참고할 수 있을 것이다.

수업내용 중 중요한 부분을 강조하는 방법으로는, 예를 들어 영화를 볼 때 어떤 것을 주의해서 보라고 말해 주는 것(혹은 중요한 부분에서 정지시킬 수도 있음), 판서내용에 밑줄을 치거나 다른 색깔로 칠해서 주요 단어를 강조하는 것, 언어적 표현("이건 정말 중요해요." "이것과 관련지어 보세요." "나중에 또 사용할 수 있을 거예요.") 등을 사용할 수 있다. 이 단계에서 중요한 것은 수업의 핵심내용을 선택적으로 강조해야 한다는 것이다.

다양성 학습내용을 제시할 때 다양한 방법으로 제시해야 한다. 수업을 시작할 때 학생의 관심을 유발시키는 것도 중요하지만, 그 관심을 유지시키는 것도 중요하다. 다양한 교수자료(시각적, 청각적, 촉각적)와 수업활동(강의, 문답, 소집단 토의)은 학생들의 사고를 촉진하고 흥미를 증진시켜 준다. 시각적으로 보는 것 위주의 수업에서 청각적으로 듣는 것 위주의 수업으로 전환하거나(혹은 동시에 사용) 수업을 몇 단계 활동(설명 후에 묻고 답하기)으로 나누는 등 다양한 방법을 적용하도록 해야 한다.

다양한 교수자료와 활동으로 학습내용을 제시하면 학생들은 자신의 학습양식에 맞는 방법으로 학습내용을 이해할 수 있다. 당연히 학습효과는 커질 것이다. 배운 내용을 같은 방법으로 반복하는 것보다 다양한 방법으로 학습하면 더 효과적인 학습을 할 수 있을 것이다. 수업에 다양성이 있어야 학생들이 학습에 대한 관심을 유지하고 학습과정에 적극적으로 참여하게 된다는 것은 잘 알려진 사실이다. 이 단계에서는 수업에 다양성을 제공할 수 있는 방법들을 고려해 보아야 한다.

5단계: 학습활동 유발시키기(이해 정도 확인하기, 안내가 주어진 활동)

많이 참여할 수 있는 학습활동은 어떠한 식으로 시키겠는가?

학습내용을 제시한 후에는 학생이 학습에 직접 참여하도록 도와주어야 한다. 학생의 적극적인 참여 없이는 학습이 이루어지지 않기 때문에 학생들을 학습에 적극적으로 참여시키는 것이 중요하다.

학생들이 학습활동에 참여하도록 하는 방법은 여러 가지가 있다. 예를 들어 학생의 흥미 유발, 수업목표의 제시, 선행학습 내용의 복습 등으로 자연스럽게 참여를 유도할 수 있다. 그러나 이 정도 수준의 활동만으로는 곤란하다. 특히 학생들을 적합한 수준의 학습활동에 적극적으로 참여시킨다는 것은 매우 어려운 일이다. 따라서 학습활동 유발 단계에서는 학생들이 적극적인 학습활동을 할 수 있도록 도와주어야 한다.

활동 유발 단계는 학생이 소극적으로 참여하는 앞의 네 단계와는 다르다. 학생은 학습내용에 대한 요약, 재해석, 적용, 문제해결 등 시행착오를 거치면서 내용을 더 잘 이해하려는 적극적인 자세를 가져야 한다.

학습내용을 직접 학습하도록 도와주는 학습활동으로 학습지, 교과서 연습문제, 질문과 대답 등을 사용할 수 있다. 새로운 내용을 제시한 후에는 그 내용을 직접 적용하도록 여러 학습활동을 제시해야 한다. 학습내용을 제시하면서 수업 중간 중간에 적용할 기회를 줄 수도 있고, 학습내용을 모두 전달한 후에 적용할 기회를 줄 수도 있다.

어느 경우든지 학습활동 유도는 학생들이 적극적인 사고활동을 할 수 있도록 도와주어야 한다. 설명을 하면서 그때그때 질문을 할 수도 있고, 설명이 끝난 후 연습문제를 풀어 보게 할 수도 있다. 여기서 중요한 것은 학생들이 자유롭게 활동하고 대답할 수 있도록 해야 한다는 점이다. Rosenshine과 Stevens(1986)은 학습활동을 유발하는 몇 가지 구체적 방법을 다음과 같이 제안하였다.

- 미리 많은 질문을 준비해 놓아야 한다.
- 중요한 점, 부수적인 점, 과정 등에 대해 간단한 질문을 자주 한다(또는 학생들이 질문을 만들어 보도록 지도한다).
- 자발적인 학생 외에 손을 들지 않은 학생들도 시켜 본다.
- 학생에게 자신의 언어로 규칙이나 과정을 설명해 보도록 시켜 본다.
- 종이나 칠판에 답을 적게 하고, 교사는 학생들 사이를 순회한다.
- 학생들에게 답을 적게 하고, 주위의 친구들과 답을 비교해 보게 한다.
- 강의/토의가 끝나면 칠판에 핵심내용을 판서하고, 집단별로 서로 중요한 점에 대해 요약해 보게 한다.

6단계: 피드백 제공하기(안내가 주어진 활동, 마무리)

수업의 평가적 피드백을 주기 위해 어떠한 활동들을 할 수 있는가?

여섯 번째 수업 단계는 다섯 번째 단계와 밀접하게 연결되어 있다. 학생들은 활동을 하면서 자신이 제대로 학습하고 있는지 아닌지를 파악할 수 있어야 한다. 학생이 어떤 학습문제에 대해 응답하는 방법은 기억, 요약, 재해석, 적용 등 매우 개별적인 활동이다. 하지만 이런 개별적인 응답에 대한 교사의 피드백은 전체 학급을 대상으로 하게 되는 경우가 많다. 예를 들어 어떤 학생의 응답을 전체 학생이 듣고 서로의 응답을 비교해 볼 수 있을 것이다.

피드백 단계에서 학생들의 반응에 대해 '맞다', '틀리다' 라는 단편적인 평가는 하지 않도록 한다. 대신 학생이 잘못된 응답을 하였을 경우에 오히려 스스로 문제점을 찾아낼 수 있도록 생각과 행동의 방향을 안내해 주고 용기를 주는 것이 중요하다. 예를 들어 "정말 새로운 생각이네요." "오늘 우리가 하려고 하는 것과는 좀 다른 것 같은데, 어떻게 생각해요?" "더 생각해 보세요." 등과 같은 피드백으로 학생들의 잘못된 반응을 단적으로 평가하지 않고 더 바람직한 방향으로 지도해 줄 수 있을 것이다.

또한 정답을 확인해 주는 방법으로는 큰 소리로 답을 불러 주거나, 답안지를 나누어 주는 것, 혹은 OHP를 활용해 직접 학생들이 답이라고 발표하는 내용을 적어서 보여 주는 방법을 사용할 수 있다. 학생이 자리에 앉아 활동을 하고 있다면 교실을 돌아다니면서 고개를 끄덕이거나 미소를 지어 주면서 학생의 학습활동에 대한 피드백을 간접적으로 해 줄 수도 있다. 수업설계에는 이러한 피드백 관련 계획이 포함되어야 한다. 〈표 4.3〉을 보면 개별 학생, 소집단, 전체 학급 단위로 피드백을 제공하는 방법들이 제시되어 있다.

표 4.3 피드백 방법

개별 학생	소집단	전체 학급
• 지나가면서 고개를 끄덕인다. • 교재에서 옳은 답을 가리킨다. • 학생에게 힌트를 준다. • 틀린 답 옆에다 표시를 해 준다. • 교과서나 참고자료를 사용해서 서로 다른 학생들의 것을 채점한다.	• 소집단 구성원들과 함께 앉아 답에 대해 논의한다. • 그룹 간의 답에 대해 서로 평가한다. • 각 집단에 힌트를 준다. • 집단 간에 다른 집단의 답을 채점하게 한다.	• OHP 필름에 답을 적어 보여 준다. • 유인물에 답을 적어 나눠 준다. • 큰 소리로 답을 읽어 준다. • 칠판에 답을 적는다. • 학생을 선정하여 큰 소리로 자신의 답을 말하게 한다. • 교사가 불러 준 답대로 상대방의 시험지를 채점하게 한다.

7단계: 수업결과 평가하기(자치활동)

학생들이 수업목표를 달성했을 때 본인은 어떻게 그것을 알 수 있는가?

교사가 계획한 학습활동을 한 차시 안에 모두 달성하는 것이 어려울 경우도 있다. 학생들을 학습에 참여시키고 학습결과를 이끌어 내는 방법으로 시험, 과제, 장기과제(시간을 주고 제출하도록 하는 것으로 에세이, 조사보고서, 포트폴리오 등) 등도 있다. 시험, 학기말 보고서, 프로젝트 등은 여러 차례의 개별수업을 통하여 이루어진다. 따라서 이러한 평가방법들은 개별수업보다 더 광범위한 학습활동을 하게 하며, 계획한 학습활동이 얼마나 잘 이루어졌는지를 종합적으로 평가할 수 있도록 해 준다.

수업설계의 마지막 단계에서 어떻게 평가를 할 것인지 구체적인 계획을 세워야 한다. 학습활동 평가는 학습 즉시 혹은 시간을 두고 이루어지거나(예, 구두질문－연구보고서), 평가적 혹은 비평가적인 방법으로 이루어진다. 학습활동 유발과 피드백 제공 단계에서는 즉각적이고 비평가적인 평가를 하여야 한다. 평가 단계에서는 비즉각적이고 평가적인 평가를 하여야 한다.

시험, 연구보고서, 숙제, 포트폴리오와 같은 평가적 활동은 학습 초기 단계에서는 오히려 방해가 될 수 있다. 이러한 평가적 활동은 오히려 모험적 활동을 제한할 뿐만 아니라 활동에 대한 피드백을 바로 주기도 어렵기 때문이다. 수업목표가 즉각적인 학생의 응답을 필요로 하는 것이라면 즉각적이고 비평가적인 피드백을 활용하는 것이 좋다.

학습활동을 평가하는 방법으로 아래와 같은 방법을 사용할 수 있다.

시험과 퀴즈	발표	숙제
에세이	학습지	조사보고서
수행평가	개별연습	실험실습
포트폴리오		

수업설계의 예

이제 일곱 가지의 수업단계를 실제로 수업설계에 적용해 보자. 수업설계가 실용적이고 효과적이기 위해서는 수업에 필요한 모든 구성요소를 간단하게 제시해야만 한다. 다음 예를 살펴보면 일곱 가지 수업단계별로 수업설계를 어떻게 계획할 수 있는지 알 수 있다.

수업설계의 예

읽기

단원명: 읽기—단어 정복하기(수직적으로 설계된 단원)

수업명: 알파벳 음 구분하기—수업 2.1

단원명과 수업명은 해당 단원제목과 수업의 전반적인 내용을 제시한다. 〈그림 4.12〉의 단원설계도에서 2.1은 수업이 2단원의 첫 번째 수업임을 나타내 준다.

1 **주의집중시키기** 한 음절씩 분명한 발음이 녹음된 오디오테이프를 들려 준다.

이 단계에서는 학생들의 관심을 끌어 내고 학습내용에 관심을 집중시킨다. 여기서 사용하는 방법이나 도구는 학생의 관심을 유발할 뿐만 아니라 지속적으로 학습내용에 대한 관심을 유지시킬 수 있는 것이어야 한다. 일반적으로 학생들은 하고 있던 활동을 계속하려고 하고, 아주 흥미 있는 것이 아닌 이상 새로운 것에 관심을 가지려고 하지 않는다. 특히 시청각 자료가 인쇄문자나 언어적 자료보다 학생들의 흥미를 더 효과적으로 끌 수 있다.

2 **목표 알려 주기** 이 수업이 끝나면 오디오테이프 없이도 모음을 발음할 수 있어야 한다는 것을 알려 준다.

그림 4.12 교과, 단원, 수업 간의 관계

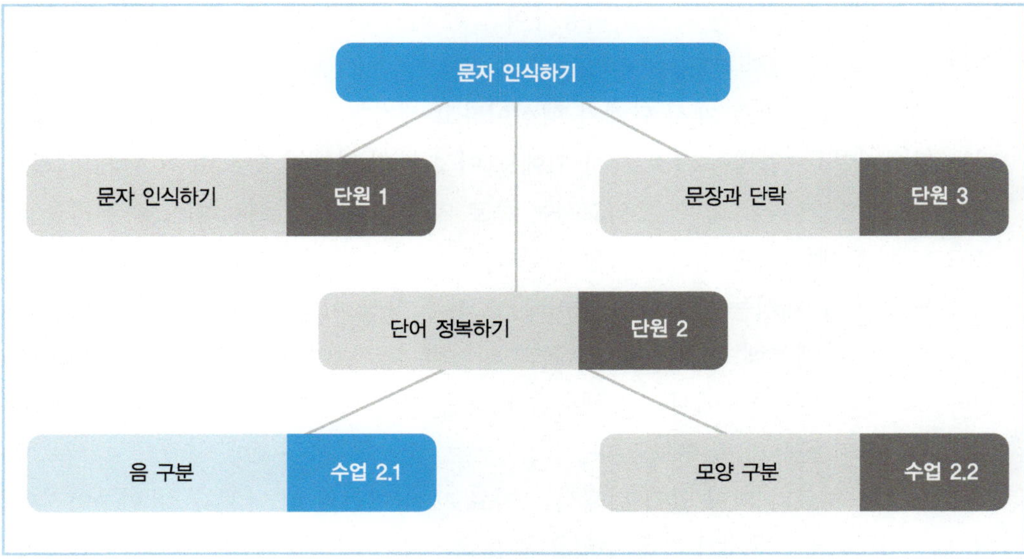

이 단계는 수업의 행동목표를 학생에게 안내한다. 이 수업에서는 수업목표가 인지영역의 이해수준으로 제시되었으나, 학습결과 행동은 듣기에서 말하기로 전환할 수 있도록 하였다.

주의집중 방법은 학습내용에 대한 관심과 흥미를 동시에 이끌어 낼 수 있는 것으로 선택해야 한다. 단순히 수업 시작 단계에 박수를 쳐서 주의집중을 시키는 것보다는 학습목표를 직접 제시하는 방법이 수업 전반적으로 주의집중을 시키는 데 더 효과적일 것이다.

이 수업에서는 수업내용과 밀접한 오디오테이프를 사용해서 학생들의 관심과 흥미를 유발시키면서 수업목표를 제시함으로써 두 단계를 동시에 진행하였다. 수업목표를 안내하면서도 간단하고 효과적으로 관심을 끌 수 있는 방법으로 수업내용과 관련된 그림을 보여 주거나, 질문을 하거나, 직접 시범을 보이는 방법 등을 사용할 수 있다.

3 **선행학습 기억시키기** 입과 입술 모양에 따라 모음이 어떻게 소리 나는지를 보여 준다.

수업목표를 달성하기 위해 선행학습을 확인해 주는 것이 중요하다. 교사가 선행학습을 확인해 주지 않으면 현재 학습내용을 제대로 이해하지 못하는 학생이 나올 수 있다. 학생들이 수업목표를 달성하지 못하는 것은 선행학습에 대한 이해가 부족하기 때문일 수도 있다.

대부분의 수업은 배경지식이나 기초적인 기능이 필요하기 때문에 이 단계에서는 선행학습 내용을 상기시켜 주어야 한다. 지난 시간 배운 내용의 요점을 간단히 정리해 주는 것도 좋은 방법이다.

4 **자료 제시하기** 교사가 각 모음의 소리를 발음하고 학생들이 따라 하도록 한다. 각각의 모음을 발음하는 동안 차트를 이용하여 입과 혀의 위치를 정확히 보여 준다. 자주 사용하는 모음부터 먼저 한다.

수업에서 아마 자료 제시 단계가 핵심이라고 생각할지도 모른다. 물론 어느 정도는 맞는 말이지만, 수업에는 자료 제시 외에도 여섯 가지 단계가 있으며 각 단계의 계획을 세부적으로 잘 세워야 한다. 초임교사는 주로 새로운 자료를 제시하는 데 신경을 많이 쓰고 그 외 단계는 소홀히 하는 경향이 있다.

분명히 자료 제시는 중요한 단계이다. 그러나 항상 이 단계에 치중할 필요는 없다. 수업에서 자료 제시에 치중하면 학생들의 이해범위를 넘어 너무 많은 내용을 제시하게 된다. 그 결과 후속학습에서는 선행학습 내용을 다시 다루어야 하고 결국 전체 단원을 제대로 끝내지 못하게 될 수도 있다.

제시하는 자료가 의미 있기 위해서는 자료 제시 이전의 세 단계가 잘 이루어져야 하며, 현 수업의 자료 제시가 다음 수업을 위한 촉진제가 되기 위해서는 뒤의 세 단계가 잘 실행되어야 한다.

5 **학습활동 유발시키기** 교과서 그림에 따라 각 모음에 알맞은 입과 혀의 모양을 연습시킨다.

이 단계에서는 학생들이 해야 할 활동을 안내하고 연습할 기회를 주어야 한다. 직접 학습활동 기회를 주지 않으면 수업효과가 감소된다. 학생들은 편안하고 비평가적인 분위기에서 반복적으로 활동을 연습할 수 있어야 한다. 자발적으로 활동을 시도하고 실수를 허용하는 자유스러운 분위기와 즉각적인 피드백이 필요하다. 학생의 활동을 평가하는 것은 활동 유발 단계에서는 적합하지 않다.

6 **피드백 제공하기** 학생들을 임의로 호명해서 모음을 발음해 보도록 시킨다. 학생들의 발음에서 잘못된 부분을 지적해 주면서 학생들 전체에게 올바른 발음을 들려 준다.

피드백은 학습활동이 일어난 직후에 주어져야 한다. 학습활동과 피드백 사이의 시간이 짧을수록 학습이 효과적으로 일어난다.

피드백은 학습활동 유발 단계에서 줄 수도 있고 독립적으로 피드백 제공 단계에서 줄 수도 있다. 현 수업설계의 학습활동 유발 단계에서는 피드백이 제공되지 않았기 때문에 학생은 자신의 행동(입과 혀의 움직임)이 바른지 잘못되었는지 알 수가 없다. 교과서의 그림을 보고 어떻게 해야 하는지는 알 수 있지만, 학생은 자신의 모습을 볼 수 없기 때문에 자신이 바르게 하고 있는지는 알 수 없다. 이 경우에는 학습활동을 유발한 뒤에 피드백을 제시하였다. 학습활동을 유발하며 피드백을 동시에 제공할 수도 있다. 예를 들어 학생들에게 소리를 내어 발음하게 하고, 그 발음이 정확한가를 그때그때 지적해 주는 것도 가능한 방법이다. 학습활동과 피드백은 가능한 한 즉시 이루어져야 한다.

7 **평가하기** 수업목표는 전체 단원 시험이나 학습지를 이용하여 평가한다.

개별수업 시험을 통해 수업목표를 평가하는 경우는 드물다. 효과적인 평가를 위해서는 여러 가지 학습결과물이 필요하다. 단원의 전체 교육목표 평가는 여러 가지 수업결과물(학급활동, 프로젝트, 포트폴리오)을 이용한다.

평가는 수업내용에 대한 학생의 성취 정도를 측정하기 위해 다양한 방법을 적용할 필요가 있다. 수업내용에 따라 다른 평가방법들(시험, 연습문제, 숙제, 유인물, 구두질문)을 사용하기도 한다. 평가결과는 새로운 학습내용에 대한 학생들의 준비도를 측정하거나 후속수업의 목표를 성취하지 못했을 경우 문제의 원인을 분석하는 중요한 자료가 된다.

출처: Written by Cynthia Kiel, teacher, Glendora, California.

수업설계의 예

문학과 미국 역사

단원명: 골드러시(수평적으로 설계된 단원)

수업명: Westward Journals

관련 교과: 역사/사회과학, 언어, 예술

앞에 제시된 단원명과 수업명은 단원제목과 일반적인 수업내용이다. 이 수업은 「Westward Journals」라는 작품을 중심으로 <그림 4.13>에 보이는 것처럼 교학문적 단원형식으로 계획한 수업이다.

1 주의집중시키기 개척자들이 서부로 여행을 하면서 지니고 다녔던 물건이나 사진을 제시한다. 예를 들어 일기장, 보닛, 낡은 연장, 성서 등을 사용한다.

그림 4.13 교학문적 단원 'Gold Rush'와 학습주제 'Westward Journals'

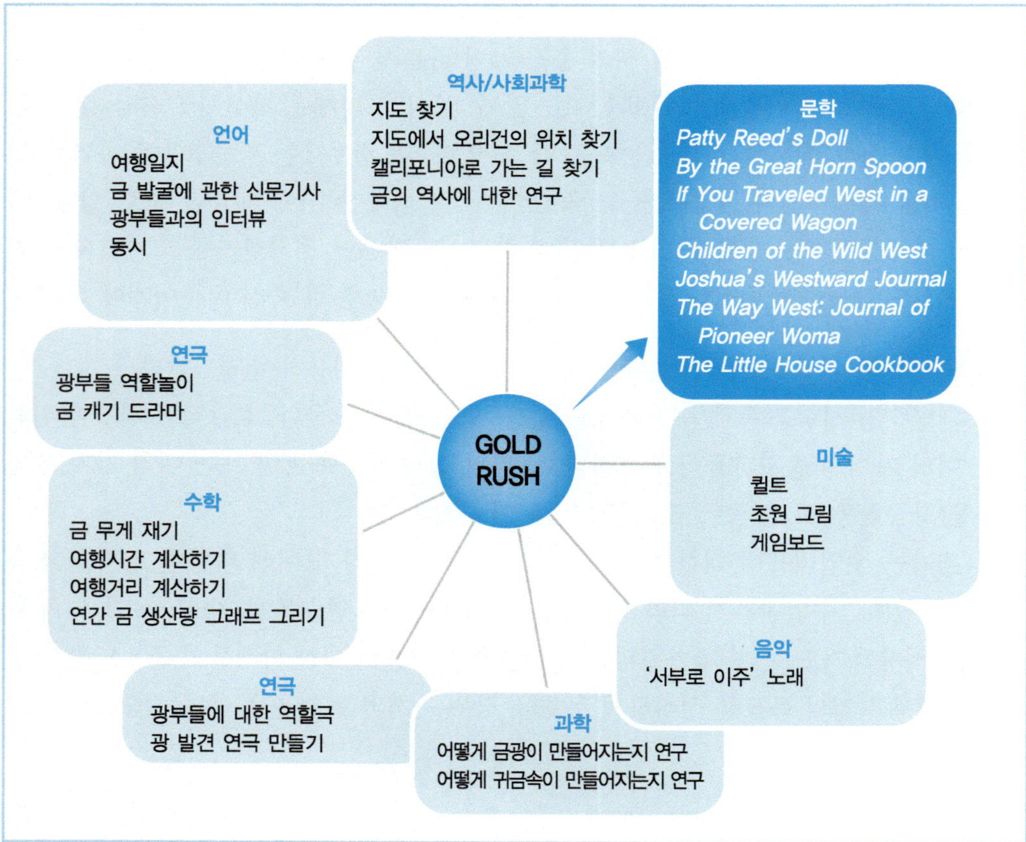

출처: Developed by Cynthia Kiel, teacher, Glendora, California.

2 **목표 알려 주기** 캘리포니아로 가는 길을 하나 선택한 후, 1840년대 개척 여행의 하루 일과를 자세히 표현한 글을 쓴다. 일기나 저널 형식으로 글을 쓰거나 종이 마차나 배에 글을 써 보는 등 독창적인 방법으로 자신의 작품을 발표한다.

3 **선행학습 기억시키기** 서부 여행에 대해 배운 다양한 사건들을 브레인스토밍하여 큰 차트에 정리한다.

4 **자료 제시하기** Amelia가 쓴 「The Way West, Journal of a Pioneer Woman」과 Joan이 쓴 「Joshua' s Westward Journal」의 이야기를 읽어 준다. 각 작가들이 서부로 향한 여행을 어떻게 표현하였는지 토의한다.

5 **학습활동 유발시키기** 학생들에게 자신이 1840년대 마차나 배를 타고 서부로 여행을 하는 아이들이라고 상상하고 그 경험에 대해 신문기사나 일기를 써 보게 한다. 다양한 원고용지와 색종이를 제공해서 창의적으로 작품을 구성할 수 있도록 한다.

6 **피드백 제공하기** 자신이 쓴 글의 내용을 다른 학생들과 이야기해 보고, 수업 앞부분에서 작성한 브레인스토밍 차트에 있는 사건들을 어떤 식으로 포함하고 있는지 확인해 보게 한다.

7 **평가하기** 글의 내용을 평가하기 위한 기준을 만들어야 한다. 1840년대의 실제 사건에 대한 충실성, 묘사력, 창의력 등이 기준이 될 수 있다.

출처: Written by Cynthia Kiel, teacher, Glendora, California.

〈표 4.4〉는 대략 50분을 1시간 수업 기준으로 하였을 때 수업단계별 시간을 어떻게 분배할 것인가를 보여 준다. 어떤 수업은 이와는 많이 다르게 시간을 분배해야 할 경우도 있을 것이다. 예를 들어 선행학습을 기억하는 데 수업시간 대부분을 활용하는 경우도 있을 수 있다. 하지만 교사로서 풍부한 경험과 내용에 대한 전문성, 상식을 기초로 수업시간을 분배한다면 큰 무리 없이 시간계획을 짤 수 있을 것이다.

〈표 4.4〉에서 볼 수 있듯이 수업에서 어느 한 단계에 시간비중을 많이 두면 다른 단계에는 상대적으로 시간을 적게 분배할 수밖에 없다. 교사들은 늘 시간이 부족하다고 생각하겠지만 제한된 수업시간 안에 수업을 할 수 있도록 단계별 시간계획을 하여야 한다. 〈표 4.4〉는 이러한 시간계획의 예를 보여 준다.

다음 수업설계들은 다른 학습내용 영역과 다른 학년수준 수업설계 예들이다.

표 4.4 50분 수업을 기준으로 수업단계별 시간 분배

수업단계	분	비율
주의집중시키기	1~5	2~10
목표 알려 주기	1~3	2~6
선행학습 기억시키기	5~10	10~20
자료 제시하기	10~20	20~40
학습활동 유발시키기	10~20	20~40
피드백 제공하기	5~10	10~20
평가하기	0~10	0~20

수업설계의 예

미국 역사

단원명: 미국 역사

수업명: 미국 남북전쟁의 원인—수업 2.3

1 **주의집중시키기** OHP를 이용하여 다음 전쟁의 목록을 보여 준다.

프랑스와 인디언 전쟁, 1754~1769
독립전쟁, 1775~1781
제1차 세계대전, 1914~1918
제2차 세계대전, 1941~1945
한국전쟁, 1950~1953
베트남전쟁, 1965~1975

2 **목표 알려 주기** 학생들은 남북전쟁의 원인을 알고 이러한 원인이 위 목록에 제시된 다른 전쟁의 원인이 되기도 했다는 것을 알 수 있다.

3 **선행학습 기억시키기** 수업 2.1과 2.2에서 다루었던 프랑스와 인디언의 전쟁과 미국 독립전쟁의 원인을 간단히 복습한다.

4 **자료 제시하기** (1) 남북 전쟁을 발생시킨 주요한 사건들을 요약한다, (2) 남북 전쟁의 핵심 인물과 그들의 업적을 확인한다. (3) 전쟁을 일으키는 일반적인 원인들을 설명하고, 남북전쟁과 가장 관련이 깊은 원인을 제시한다.

5 **학습활동 유발시키기** 학생들이 남북전쟁의 원인이 된 네 가지 주원인을 파악할 수 있도록 한다.

6 **피드백 제공하기** 학생들에게 질문을 하고, 대답한 학생들의 답에 대하여 피드백을 준다.

7 **평가하기** 목록에 나온 전쟁 중 한 전쟁의 원인을 네 가지로 정리하고 이를 평가하기 위한 수필과제를 내준다.

수업설계의 예

언어

단원명: 글쓰기의 개념과 기술

수업명: 묘사체, 대화체, 해설체 문장—수업 1.3

1 **주의집중시키기** 일요신문 기사 중 묘사체, 대화체, 해설체 기사내용을 읽어 준다.

2 **목표 알려 주기** 학생들은 신문기사 제목에서 묘사체, 대화체, 해설체 단락을 구분할 수 있다.

3 **선행학습 기억시키기** 일상생활에서 사용하는 세 가지 단어, 즉 묘사, 대화, 해설의 의미를 확인한다.

4 **자료 제시하기** 일요신문의 주요 기사 제목을 이용하여 이 기사를 어떻게 묘사체, 대화체, 해설체의 단락으로 쓸 수 있는지 예를 들어 설명한다.

5 **학습활동 유발시키기** 일요신문 기사의 다른 기사를 이용하여 학생들이 묘사체, 대화체, 해설체 중 한 가지 방법으로 기사를 다시 써 보게 한다.

6 **피드백 제공하기** 학생들의 글을 읽어 보고 학생들이 의도한 형태의 글이 잘 표현되지 않은 부분을 지적해 준다.

7 **평가하기** 단원평가에 묘사체, 대화체, 해설체의 다양한 단락을 구별할 수 있는 객관식 문제를 제시한다. 학생들이 수업시간에 써 본 글을 수정하도록 과제를 내준다.

수업설계의 예

수학

단원명: 소비자 수학

수업명: 비율 계산하기—수업 3.3

1 **주의집중시키기** 음료수 한 병, 스파게티 한 봉지, 시리얼 박스를 보여 준다.

2 **목표 알려 주기** 학생들은 음식물 상표를 보고 비, 비율, 백분율을 계산할 수 있다.

3 **선행학습 기억시키기** 수학 학습지를 이용하여 비, 비율, 백분율의 의미를 확인한다.

4 **자료 제시하기** 음료수 병의 상표를 실물화상기로 제시하고 염분의 비율을 설명한다.

5 **학습활동 유발시키기** 칠판에 시리얼의 여러 가지 주성분을 써 주고, 학생들이 (1) 단백질 필요량의 비율, (2) 비타민 A 필요량의 비율, (3) 단백질 필요량에 대한 탄수화물 필요량의 비율 등을 계산하게 한다.

6 **피드백 제공하기** 칠판에 활동 (1)과 (2)의 답을 써 주고 활동 (3)의 답을 어떻게 계산하는지 보여 준다.

7 **평가하기** 퀴즈시험으로 음식물 상표를 이용한 비, 비율, 백분율 이해도를 측정한다.

수업설계의 예

과학

단원명: 실험기기 사용방법

수업명: 현미경 사용방법—수업 1.1

1 **주의집중시키기** 렌즈를 어떻게 조정하는지 5분 정도 길이의 비디오를 보여 준다.

2 **목표 알려 주기** 학생들은 현미경 렌즈를 조정하여 단세포 동물의 표본을 관찰하도록

초점을 맞출 수 있다.

3 **선행학습 기억시키기** 단세포 동물의 표본을 만드는 과정과 현미경 유리에 정확히 올려 놓는 과정을 복습한다.

4 **자료 제시하기** 학생 1명을 대표로 선정하여 전체 앞에서 현미경 렌즈를 조정하는 정확한 방법을 보여 주도록 도와준다.

5 **학습활동 유발시키기** 학생들에게 세포 표본을 모두 나누어 주고 차례로 현미경에 올려 놓고 저배율 렌즈를 조정하여 관찰하게 하고 필요한 경우 바로 피드백을 준다. 또한 고배율 렌즈를 조정하도록 하고 필요한 경우 바로 피드백을 준다.

6 **피드백 제공하기** 이 수업에서는 학습활동 단계에서 피드백을 바로바로 제공하였다. 책에 있는 그림으로 초점이 맞는 경우와 맞지 않는 표본을 구별하게 한다.

7 **평가하기** 단원이 끝날 때 실험실에서 학생들이 직접 현미경 렌즈를 조정하여 세 가지 단세포 동물의 표본을 구분할 수 있는지를 평가할 것이다.

현장사례 *Case History and Licensure Preparation*

혜란이는 종아리와 샌들 신은 발이 내보이는 토가(고대 로마시민이 입던 헐거운 겉옷)를 입고 있다. 10학년 영어교실에 로마인들이 루페르쿠스 축제 때 어떻게 입고 행동했는지 보여 주기 위해 초대받은 혜란이의 손에는 작은 가죽조각이 매달려 있다. 그는 반 친구의 등을 치며 장난스럽게 웃고 다닌다.

"이것이 바로 루페르쿠스 축제의 전부이다."라고 혜란이가 말했다. "젊은 로마 남자들은 다산을 상징하는 염소가죽 조각을 달고 경주를 했다. 아이를 가지길 원하는 여인들은 그 가죽을 만지고 싶어 길을 따라 나란히 서 있었다.

몇몇의 학생들이 혜란이에게 루페르쿠스 축제에 대해 더 묻자, 교재의 단원 '세익스피어의 Julius Caesar' 에는 나와 있지 않은 경기와 대회에 대해 더 말해 주었다. "그래서 카이사르는 그의 부인이 아기를 가질 수 있게 하기 위해서 안토니우스의 길에 서 있기를 원했나요?" 종훈이가 묻자, 선생님은 대답하는 대신 질문을 한다. "종훈아, 만약 그것이 사실이라도 그것이 왜 중요하니? 그 질문이 카이사르의 야망과 무슨 관계가 있니?"

"그는 가족이 있기를 원했던 것입니다. 황제가 되는 것만으로 그는 행복하지 않았어요." 수정이는 교과서 사이에 끼어 있는 성인잡지를 보다가 말했다.

"아니야." 종훈이가 말했다. "그것은 그가 후계자를 갖기를 원했던 거야. 황제가 된 것만으로는 그의 삶이 만족스럽지 않았던 거야. 그는 그의 왕조가 시작되기를 원했던 거라고 생각해."

"종훈이가, 정확히 맞았어. 지금 너는 왜 상원의원들이 걱정을 하는지 알았을 거야." 선생님은 안경을 만지작거리며 책을 폈다. "어제 공부했던 '카이사의 질병' 부분으로 돌아가 보자." 그는 학생들이 책을 펴고 그 페이지를 보기를 기다린다.

"태현아, 카이사의 질병이 무엇이니?" 선생님은 태현이가 대답하기를 기다린다. 태현이는 몇 번 서투르게 발음하더니 "간질" 이라고 대답한다.

"우리는 어제 상원의원들이 어떻게 카이사르의 신체적 약점을 비웃음거리로 만들었는지에 대해 얘기했어요. 그리고 여러분들 중 몇 명은 그들이 천박한 생각을 한다고 느꼈어요. 지금, 여러분들 중 일부는 이런 주제에 관심을 가지고 자발적으로 역사수업을 듣고 있는 중이에요. 나머지는 친척들에게 물어 보기 바랍니다."

"할아버지는 미국 대통령 Franklin Roosevelt가 소아마비를 앓았으나, 휠체어를 타고 나타난 적이 없다고 말씀하셨어요." 민수가 말했다.

"선생님, 저는 그 행동이 예의 없다고 생각하지는 않아요. 하지만 저는 우리 대통령이 총사령관이라 생각해요. 그는 전쟁 중에 우리를 이끌 준비가 되어 있어야 하기 때문에 건강해야만 해요." 철수가 이 교과서를 보다가 고개를 들고 말했다.

"그러나, Franklin Roosevelt가 군대를 이끌 필요가 없었다. 휠체어를 탔든 안 탔든, Franklin Roosevelt는 제2차 세계대전에서 우리를 승리로 이끌었다." 주희는 선생님이 토의를 진행하기 위해 끝까지 말하지 않고 있던 결정적인 말을 했다.

"이제 20분 동안 우리의 생각을 글로 정리합시다."

"우리가 무엇을 위해 로마의 Julius Caesar 시대와 같이, 우리 지도자가 신체적으로 힘이 있어야 한다고 생각할까요? 이 주제에 대한 여러분의 생각은 무엇입니까? 주장에 대한 근거를 제시해 보세요."

요약

Summing up

의사결정자로서의 교사

1. 수업을 설계하기 위한 가장 기본적인 4가지 활동은 수업목표 정하기, 학습자들의 요구 분석하기, 내용 선정하기, 내용 조직하기이다.
2. 수업설계를 위한 4단계를 위한 자료 및 소스들은 (1) 수업을 통한 실제경험, (2) 좋은 수업과 그렇지 못한 수업에 대한 사례들, (3) 교과별 수업 및 가르치는 일에 대한 문헌들, (4) 각 과목과 어떻게 가르쳐야 할지에 대한 연구결과들 등이 있다.
3. 단원계획을 하는 2가지 목적은 (1) 일반적인 교육목적을 구체적인 수업과 학습목표로 전환하는 것과 (2) 궁극적인 목적에 대한 그림을 제공하는 것이다.

단원설계와 수업설계

4. 한 단원은 하나의 시스템으로 생각할 수 있다. 그리고 수업은 단원의 구성 요소이다.
5. '위계성' 이라는 것은 전체에서 부분(단원에서 수업)의 관계를 보여 주고 '계열' 이라는 것은 여러 수업에서 어느 수업이 어느 수업보다 먼저 이루어져야 하는지를 보여 준다.

수직적 및 수평적 단원설계

6. 단원은 수직적으로 수업내용의 위계성과 계열성 중심으로 설계할 수 있다. 또한 단원은 수평적으로 학문 간의 지식을 한 가지 주제 중심으로 통합하여 설계할 수도 있다.
7. 수직적 단원설계에서 작은 상자들이 내용 영역이나 학습목표를 수준별로 나타낸다. 줄과 화살표가 수업 간의 계열을 표시해 주고 수업결과들이 결국 단원목표를 달성하기 위해 서로 어떻게 연관되어 있는지를 보여 준다.
8. 수직적 단원설계를 하는 3단계 방법은 다음과 같다.
   - 수업단계의 목표보다 높은 수준의 단원목표를 행동 분류표를 참고하여 선정하여라.
   - 선수학습 결과가 후속학습에 영향을 주는 방법으로 수업계열을 세워라.
   - 학습내용을 보충하거나 수업순서를 필요에 따라 재조정하여라.
9. 수평적 단원설계에서는 중심주제가 선정되고 선과 화살표로 관련 주제들이 연결된다.
10. 수평적 단원설계를 하는 3단계 방법은 다음과 같다.
    - 교학문적 학습주제를 선정하여라.
    - 학문 간의 관련 내용을 찾아 선정하여라.
    - 전체 주제에 대한 다양한 내용을 관련성이 높은 것끼리 묶어 구분하여라.

수업설계

11. 수업설계를 하기 전에 학습목표의 행동수준(지식, 이해, 적용 등)을 정해야 하고 다양한 학생들의 개인차이를 위해 어떠한 수업전략(또래 지도, 협동학습, 학습지 등)을 사용할 것인지 결정하여야 한다.

수업단계

12. 학습은 학습자의 내면에서 교사가 제공하는 외적인 수업을 통하여 일어나는 활동이다. 따라서, 학습과 수업은 다르지만 또한 관련

이 깊다.

13. 수업설계에는 다음과 같은 7가지 단계가 있다.
    - 주의집중시키기
    - 목표 알려 주기
    - 선행학습 기억시키기
    - 자료 제시하기
    - 학습활동 유발시키기
    - 피드백 제공하기
    - 평가하기
14. 주의집중시키기는 학습자들의 흥미를 유도하는 것이고 학습을 할 내용에 대한 관심을 끄는 것이다.
15. 학습목표를 제시하는 것은 학습자들에게 수업을 통해 어떠한 행동을 할 수 있어야 하는지를 미리 안내하는 것이다
16. 선행학습 기억시키기는 본 수업을 위해 필요한 선행학습 내용을 기억하도록 해 주는 것이다.
17. 자료 제시하기는 학습내용과 관련하여 학생들의 사고활동을 촉진하고 학습에 대한 흥미를 유지할 수 있도록 다양한 자료를 제시하는 것이다.
18. 학습활동 유발시키는 학습목표 행동을 기대하는 수준 정도로 학습자들이 직접 해 볼 수 있는 기회를 주는 것이다.
19. 피드백 제공하기는 학습자들의 행동이나 학습활동에 대하여 비평가적인 방법으로 학습 행동의 정확성에 대하여 말해 주는 것이다.
20. 평가하기는 학생들의 숙제나, 시험, 장기간 프로젝트 등을 이용하여 학습자의 학습결과를 평가하는 것이다.

토의 및 연습문제 *Discussion and Practice Questions*

1. 수업계획을 하기 전 고려해야 할 5가지 사항에 대하여 설명하시오. 수업이나 단원을 계획할 때 언제 각 사항들을 고려할 것인가?
2. 한 단원 전체의 학습결과가 개별적인 여러 수업 결과 그 이상일 수 있다는 것을 구체적으로 학습내용을 예로 들어 설명해 보시오.
3. 위계성과 선수지식이라는 의미를 설명해 보시오.
4. 인지적, 정의적, 심체적 영역의 행동수준 단계를 각각 써 보시오.
5. 수직적 단원설계에서 위 단계에 있는 상자들과 아래 단계 있는 상자들이 어떻게 다른가? 4번에 대한 본인의 답을 예로 들어 설명해 보시오.
6. 수직적 단원설계 그림 표현과 수평적 단원설계 그림 표현이 어떻게 다른지 설명하시오.
7. 수업과 학습의 차이점을 설명해 보시오. 실제 수업에서는 어떠한 예들이 있는가?
8. 수업의 다양성이 가장 중요한 수업 단계는 무엇인가?
9. 학습자의 성공이 가장 중요한 수업 단계는 무엇인가?
10. 학습자의 참여가 가장 중요한 수업 단계는 무엇인가?
11. 7가지 수업 단계에서 피드백 제공과 평가가 어떻게 다른지 피드백의 평가적 측면과 신속성 측면에서 차이를 설명해 보시오.

5

이 장을 마치면 여러분은 다음 질문에 답할 수 있을 것이다.

1. 학생들이 서로 신뢰하고 한 학급의 일원임을 느낄 수 있도록 교사가 학년 초 첫 주 동안에 할 수 있는 일은 무엇인가?
2. 학생들이 학급의 문제를 스스로 토의하고 결정할 수 있도록 만들려면 교사로서 무엇을 가르쳐야 하는가?
3. 담임한 학급이 집단의 기준을 만들도록 하기 위해 교사는 어떻게 해야 하는가?
4. 어떤 종류의 학급규칙이 필요한가?
5. 교사는 학급에서 문화적 격차를 줄이기 위해 사회적 조직을 어떻게 사용해야 하는가?

학급경영 1: 학습 분위기 조성 요령

대부분의 교사는 학생들의 문제행동을 매일 경험한다. 이러한 문제들은 학교나 학급 규칙의 단순한 위반부터 시작해 나아가서는 경멸, 시험 부정행위, 외설적인 언어나 행동, 적개심의 표현 등을 포함한다.

학급경영의 출발점을 학생들과의 신뢰관계 발전에 두는 것은 매우 중요하다. 교사와 학생 간에 믿음과 존경의 감정이 없을 경우, 교사는 학급에서 교육적인 지도자의 역할을 제대로 할 수 없다. 이를 위해 이 장에서는 다음과 같은 내용을 살펴볼 것이다.

1. 교사가 세운 교육목표에 도달할 수 있도록 돕는 정돈된 학급환경을 어떻게 만들 수 있는가?
2. 학생들이 존중하고 따를 학급기준을 어떻게 만들 수 있는가?
3. 비생산적인 규칙, 절차, 관행에 부딪혔을 경우에 어떻게 대처해야 하는가?
4. 소속감과 공동체 의식을 기를 수 있는 학급환경을 어떻게 유지할 수 있는가?
5. 학부모나 다른 학교의 교사들로부터 어떻게 도움을 받을 수 있는가?

신뢰 획득과 지도자 되기: 옛날 방법

사회심리학자들(French & Raven, 1959; Raven, 1974; Schmuck & Schmuck, 2001)에 따르면, 효과적인 지도자가 되기 위해서 교사들은 학생들의 신뢰와 존경을 반드시 얻어야만 한다. 그렇다면 그 방법은 무엇인가?

French와 Raven(1959)은 "**사회적 힘**을 어떻게 얻게 되는가?"라는 질문을 하면서 교사가 학생들로부터 존경을 받는 방법을 설명하고 있다. French와 Raven은 교사들이 얻으려고 힘쓰는 사회적 힘 혹은 지도력을 다섯 가지 유형으로 나누고 있는데, 그 다섯 가지는 (1) 전문가적 힘, (2) 인간적 힘, (3) 법적 힘, (4) 보상적 힘, (5) 통제적 힘 등이다.

전문가적 힘

어떤 사람들은 다른 사람들이 그들을 전문가로 인식하기 때문에 지도자가 된다. 성공적인 교사에게는 **전문가적 힘**이 있다. 그러한 교사의 학생들은 그 교사가 특정한 것을 유능하게 설명하거나 수행할 수 있는 능력이 있고, 아울러 특정 주제에 관한 지식을 많이 갖추고 있다고 본다. 그와 같은 영향력은 특정한 직위에서 저절로 나오는 것이 아니라 노력을 통해 획득하는 것이다. 전문가적 힘을 지닌 교사들은 사물을 잘 설명하고, 자신이 가르치는 것에 대한 열정과 흥분을 보여 주며, 학생들 앞에서 자신 있게 행동한다.

초임교사들은 종종 전문가적 힘을 통해 리더십을 얻는 것이 어렵다는 것을 알게 된다. 비록 그들이 해박한 지식을 가지고 있고 그들의 분야에서 유능할지라도 집단 앞에 서 본 경험의 부족과 불확실성은 그들을 자신 없게 만든다. 학생들은 자신감의 부족과 우유부단함을 나타내는 몸짓에 초점을 맞추어서 교사의 유능함을 시험하고, 담당한 과목에 자신이 없어 보이는 교사들의 권위에 도전하기도 한다.

인간적 힘

학생들은 종종 그들이 좋아하고 존경하는 교사를 지도자로 받아들인다. 학생들은 그런 교사를 믿을 만하고 공정하며 자신들에게 관심이 있는 것으로 본다(Glasser, 1998b; Goodlad, 2004). **인간적 힘**은 이런 식으로 얻어지는 지도력을 가리킨다. 중학생이나 고등학생들에게 특정 교사를 왜 좋아하는지 물어 보면 그들은 변함없이 그 교사를 '공정하고', '학생들에게 관심이 많고', '말을 걸 수 있는 사람' 으로 묘사한다. 전문가적 능력이 있는 교사도 인간관계를 잘 맺는 능력이 없으면 권위에 도전을 받거나 권위가 무시된다.

교사들은 종종 마치 존경받는 것과 호감을 얻는 것이 서로 양립할 수 없는 것처럼 생각하면서, 학생들의 호감을 사기보다는 차라리 존경을 얻겠다고 말하곤 한다. Soar 등(Soar & Soar, 1983; Letts, 1999)의 연구에 따르면, 교사들은 존경과 호감을 모두 얻을 수 있다. 존경과 호감을 모두 얻는 교사는 학생들이 더 크게 만족하고 더 높은 학업성취를 이룩하게 만들 수 있다. Glasser(1998a)는 학급에 소속되고자 하는 학생의 욕구는 따뜻하고 유능하다고 인식되는 교사에 의해 더욱 충족될 것이라고 강조한다.

법적 힘

어떤 역할들은 그것의 본래 성질에 의해 영향력과 권력을 수반한다. 경찰관, 대통령, 판사 등은 그들의 직위로 인해 사회적 힘과 지도력을 행사한다. 이 경우에는 영향력이 그 역할을 맡은 사람의 천성에 의해서라기보다 그 역할 자체에서 나온다. Savage(1999)는 이런 유형의 힘을 **법적 힘**이라고 부른다. 이는 전문가적 힘이나 인간적 힘과는 달리 노력으로 획득되지 않는다. 교사들은 어느 정도의 직위에서 나오는 힘을 가지고 있다. 우리 사회는 학생들이 교사에게 주의를 기울이고, 그들을 존경하며, 그들의 요구에 따를 것을 기대한다. 또한 대부분의 가정은 교사의 말을 경청하는 것의 중요성을 강조한다. 모든 초임교사는 첫 수업을 법적인 힘으로 시작한다.

그러므로 법적인 힘은 초임교사들에게 학교에서의 첫 몇 주 동안 숨쉴 여유를 준다고 할 수 있다. 대부분의 학생은 교사의 권위로 인해 처음부터 순종하고 초임교사의 권위를 받아들인다. 그러나 오로지 법적인 힘을 통해서만 학급 리더십을 세우는 것은 모래 위에 집을 짓는 것과 같다. 교사들은 법적 힘을 인간적 힘과 전문가적 힘을 마련하는 데 사용해야만 한다.

보상적 힘

권위적인 위치에 있는 개인들은 자신이 이끄는 사람들의 관계에서 **보상적 힘**을 행사할 수 있다. 이러한 보상은 특권, 인정, 돈과 같은 좀 더 구체적인 대가의 형태로 주어지기도 한다. 학생들이 교사에 의해 수여되는 보상을 원하는 한 교사는 지도력과 권위를 세울 수 있다. 그러나 교사가 사용할 수 있는 보상은 극소수이고 학생들이 받는 대부분의 보상은 교사의 도움 없이 얻을 수 있다. 좋은 성적이나 교사의 승인에 별로 신경을 쓰지 않는 학생들을 교사가 보상적 힘을 통해 이끌기는 쉽지 않은 노릇이다. 학생들은 그들에게 강화되는 많은 것들을 학교 밖에서 달성할 수 있기 때문이다. 이러한 경우에 어떤 교사들은 학생이 좋아하는 활동, 물건, 심지어는 음식에의 접근성과 같은 구체적인 강화물을 사용하기도 한다. 이 장에서는 보상권력이 학급에서 효과적인 수단이 될 수는 있지만 전문가적 힘과 인간적 힘을 대신할 수는 없다는 것을 배우게 될 것이다.

통제적 힘

국가와 지방의 정부를 통해서 교사들은 부모의 위치에 서서 행동하도록 허락된다. 따라서 일정한 한계 속에서 학교는 교사의 권위와 지도권에 도전하는 학생들을 처벌할 수 있는데, 주로 정학, 퇴학, 특권의 박탈, 퇴실 등과 같은 방법이 사용된다. 교실에서 사회적인 힘을 유지하지 위해 이러한 방법에 의지하는 교사들은 **통제적 힘**을 사용하고 있는 것이다. 그 통제적인 힘은 한동안은 부정행위를 멈추게 할지도 모른다. 하지만 이것은 때때로 신뢰 구축 저해, 학생들의 필요 불충족과 같은 대가를 치르게도 한다. 통제적인 힘에 지나치게 의존하는 것은 학생들의 학습과정 이탈, 적개심과 같은 태도를 증가시킬 위험이 있다.

지금까지 살펴본 힘들은 적절히 사용될 때에 학급을 잘 경영하기 위한 합법적인 도구임에 틀림없다. 그러나 교사들, 특히 초임교사들은 전문가적 힘과 인간적 힘을 빨리 가질 수 있도록 노력해야만 한다. 교사는 전문가적 힘을 키우기 위하여 부지런히 각종 연수에 등록하고, 대학원에 다니고, 각종 세미나나 워크숍에 참가하며, 동료 장학 프로그램에 열심히 참석할 필요가 있다. 발령이 난 첫날부터 교사는 학생들에게 소속감과 수용감을 제공함으로써 인간적 힘을 발휘할 수 있다.

집단 발전의 단계

사회심리학자 Schmuck과 Schmuck(2001), Curtis와 Carter(2007) 등에 의하면, 교사가 얻게 되는 사회적 힘의 원천은 집단 형성의 과정을 통해서 학생들을 안내하는 데 중요하다. 그들은 모든 성공적인 집단은 어떤 과제를 성취하거나 문제를 해결하는 동안 일련의 **발전 단계**를 통과한다고 믿었다. 어떤 집단이 과제를 성취하고 문제를 해결하는 방식은 교사가 그 집단을 효율적이고 효과적으로 다루는 정도와 학급목표 달성도를 결정한다. Mauer(1985)는 이러한 발전 단계를 다음과 같이 제시하였다.

- *1단계 형성하기*: 수락과 책임에 대한 근심 해결
- *2단계 스토밍하기*: 분담하는 영향에 대한 근심 해결
- *3단계 규준 정하기*: 어떻게 일을 하는지에 대한 근심 해결
- *4단계 수행하기*: 자유, 조절, 자기 조절에 대한 근심 해결

1단계: 형성하기

학생들은 학년 초에 새로운 학급이 편성되면 대개 다음과 같은 두 가지 문제, 즉 (1) 사회적인 구조에서 자신의 위치를 찾는 일과 (2) 자신이 하도록 기대되는 것을 찾는 일에 관심을 갖는다. 이 첫 번째 문제는 소속에 대한 관심, 즉 집단 회원됨에 대한 관심이다.

새 학급이 편성되면 처음 며칠 동안 학생들은(그리고 교사들은) 자연스럽게 다음과 같이 묻게 된다. "내가 어떻게 끼여들 수 있을까?" "누가 나를 받아들이거나 거절할까?" "내가 존경받기 위해서 무엇을 해야만 하는가?" 이 기간에 시험이라고 불리는 현상이 일어난다. 학생들은 교사와 동료로부터 어떤 반응이 나오는지를 알아보기 위하여 어떤 특별한 행동을 취한다. 이러한 집단 형성의 단계에서 학생들은 서로에 대해 궁금해한다. 그들은 자기 반의 다른 학생들이 어디에 살며, 그들의 친구는 누구이고, 그들이 좋아하는 것은 무엇이고, 그들이 가기 좋아하는 곳은 어디인지에 대해 알기를 원한다. 학생들은 서로에 대해 좀 더 알아 가면서 자신은 어떻게, 누구와 어울릴 수 있는지를 탐색하기 시작한다. Castaneda (2004)는 학년 초 몇 주 동안 교사들은 학생들이 서로를 믿고 한 집단의 구성원이라는 느낌을 가질 수 있도록 돕는 활동을 하라고 촉구한다.

사회심리학자는 자신이 교사에 의해 받아들여질지 어쩔지를 잘 모르는 학생들과 한 집단의 가치 있는 구성원으로서의 위치를 잘 찾지 못한 학생들은 학업에 집중하는 일이 어려울 것이라고 경고한다(Schmuck & Schmuck, 2001).

〈표 5.1〉은 형성 단계 동안에 집단 형성을 촉진하기 위해 교사가 물을 수 있는 질문목록이다.

표 5.1 집단 발전에 관한 중요한 질문들

1단계: 형성하기	2단계: 스토밍하기	3단계: 규준 정하기	4단계: 수행하기
1. 서로를 알기 위해 모든 사람이 함께 할 수 있는 활동이 있는가?	1. 갈등을 공개하고 토의하였는가?	1. 갈등해결을 위한 과정이 있는가?	1. 그 집단이 자신의 효과성을 평가할 수 있는가?
2. 모든 사람이 자신을 소개할 기회를 가졌는가?	2. 그 집단이 그 기능을 평가할 수 있는가?	2. 그 집단이 목표를 정할 수 있는가?	2. 집단과 그 구성원들이 자신의 문제를 풀 수 있는가?
3. 학생들이 다양한 급우들과 교류하고 있는가?	3. 새롭고 상이한 의견들에 주의를 기울이고 평가하고 있는가?	3. 학생들이 자신이 해야 할 바를 표현할 수 있는가?	3. 집단이 독자적으로 일할 기회가 있으며 스스로 선택한 방법으로 자신을 표현하는가?
4. 교사와 학생이 서로의 말에 귀 기울이고 있는가?	4. 모든 구성원의 기능이 사용되고 있는가?	4. 교사와 학생 간에 상호 존경이 있는가?	4. 구성원들이 자신을 평가할 수 있으며 개인적 향상을 위해 목표를 설정할 수 있는가?
5. 학업이나 행동상의 기대에 관한 걱정이나 관심사를 충분히 다루어 주었는가?	5. 모든 학생이 지도력과 책임감을 나눌 기회를 가지고 있는가?	5. 규준을 어긴 학생에게는 무슨 일이 일어나는가?	5. 그 집단은 해산할 준비가 되어 있는가?

출처: From Richard A. Schmuck and Patricia A. Schmuck, *Group Processes in the Classroom*, 6th edition. Copyright © 2001, 1992 Wm. C. Brown Communications, Inc., Dubuque, Iowa. Reproduced with permission of The McGraw-Hill Companies.

2단계: 스토밍하기

집단 발전에서 형성 단계의 목적은 학생들이 안전하게 느낄 수 있도록, 학급의 구성원으로서 그들 자신을 인식할 수 있도록 돕기 위함이다. 이 단계에서 학생들이 교사를 리더로 받아들이고, 규칙과 절차를 따르는 데 헌신적이며, 학급에서 다른 구성원들을 존중하는 데 동의하면 건전한 집단 생활이 일어나게 된다.

집단 발전의 스토밍 단계 동안 학생들은 헌신의 한계를 테스트하기 시작한다. 이 한계 테스트는 학습기대(숙제, 교실 내에서의 공부, 시험 등)와 규칙들에 대한 애교적인 도전의 형태를 띨 수도 있다. 학생은 좌석배열, 숙제에 대한 책임, 책상에 앉아서 처리해야 하는 일상적인 일 등에 대해서 의문을 제기할 수도 있다. 사회심리학자는 이러한 교사의 권위와 지도력에 대한 애교적인 도전을 거리 유지 행동의 예로서 간주한다. 거리 유지 행동은 능력이나 신뢰보다 오히려 지위를 수단으로 하여 권위를 세우고자 하는 리더가 존재하는 집단에서는 항상 나타난다.

애교적인 한계 테스트의 두 번째 유형은 중심 확보 행동이라 하는데, 이는 종종 거리 유지 행동을 수반한다. 중심 확보 행동은 학생들이 어떤 집단의 한 구성원이 되는 것으로부터 그들이 어떤 개인적인 이익을 얻을 수 있는가에 대한 의문을 제기할 때 발생한다. 그들의 행동은 "그 집단에 참여하면 나에게 어떤 이익이 있지?" 등과 같은 질문으로 나타난다. 학생들이 제기하는 질문과 내세우는 주장은 공정함에 대한 선입견을 반영한다. 학생들은 집단 구성원들 중 누가 교사의 편애를 받으면 이를 재빨리 알아차린다.

교사와 학생 간, 학생과 학생 간에 일어나는 이러한 거리 유지 행동과 중심 확보 행동은 집단 발전 단계의 자연스러운 일부이다. 사회심리학자는 교사에게 이 단계에서의 과잉반응을 경계하라고 한다. 교사는 이러한 행동이 나타날 때 학급 내의 규칙과 절차가 제대로 지켜지고 있는지를 모니터링하면서, 만일 잘 지켜지지 않는 규칙이나 절차가 있다면 이것을 기꺼이 개정하는 것도 고려해 보아야 한다.

Buehl(2008), Glasser(1998b), Kreidler(2005) 등은 집단 내의 갈등해결에서 학급토의를 가질 것을 교사에게 언급하고 있다. 그들은 교사가 아래와 같은 절차를 사용하여 학생들에게 문제를 해결하는 방법을 가르칠 것을 추천한다.

1. *문제 동의:* 교사는 학급의 모든 구성원으로 하여금 학급에 해결해야 할 문제가 있으며, 이 문제를 함께 힘을 모아 풀어야 한다는 사실에 학급 구성원 모두가 동의하도록 만들어야 한다.
2. *갈등 진술:* 교사는 현재 갈등을 일으키고 있는 것이 무엇인지 정확히 진술하고, 모든 학생들에게 그들의 생각을 말할 수 있는 기회를 주어야만 한다.
3. *응답 확인과 선택:* 교사와 학생들은 그 문제에 대한 브레인스토밍을 하고 그 결과를 기록한다. 그리고 제시된 다양한 해결책들의 장단기 결과를 평가하고 부정적인 결과를 초래하는 것들은 버린다.
4. *해결책 형성:* 학급 구성원 모두가 기본적으로 동의하게 될 한 가지 해결책에 대해 토의하고 기록한다.
5. *계획설계와 실행:* 언제, 어디서, 어떻게 갈등을 해결할 것인가에 대한 구체적인 내용을 토의하고 그대로 실천한다.
6. *계획의 성공 여부 평가:* 계획이 성공했는지를 결정할 수 있는 정보를 모은다. 교사는 학생들이 어떻게 하고 있는지를 체크리스트를 만들어 평가한다. 갈등이 해결되었을 때 전체 학급 구성원이 그 문제해결 과정의 가치에 대해서 토의한다.

스토밍 단계에서 집단 발전을 촉진하기 위해 교사가 물을 수 있는 질문은 〈표 5.1〉에 제시되어 있다.

3단계: 규준 정하기

학생들이 형성 단계에서 얻게 되는 안전감은 스토밍 단계 동안 교사의 권위에 도전할 수 있는 안전한 토대를 제공한다. 스토밍 단계 동안에 숙련된 리더십을 가진 교사는 학생들에게 교사가 자신의 말에 귀를 기울이고, 공정하게 대우하며, 또 힘과 영향력의 공유를 허가한다는 것을 확신시킨다. 이러한 확신은 규준 설정 단계 동안 학생들의 학구적인 기대와 절차, 집단에 대한 규칙, 다양한 집단 구성원들의 역할과 기능 모두를 받아들이도록 이끈다.

규준은 집단 구성원들이 어떻게 생각하고 느끼고 행동해야만 하는지를 안내해 주는 집단 구성원들 간의 공유된 기대이다. 사회심리학자는 규준을 집단행동의 주된 규제자라고 본다(Di Giullio, 2006; Schmuck & Schmuck, 2001; Zimbardo, 1992). 규준은 모든 또는 대부분의 집단이 자발적으로 따르기로 동의하는 성문 또는 비성문 규칙의 형태를 띤다. 학급은 학생 대부분이 사회적으로 용인 가능한 학급 품행과 그렇지 않은 것에 동의할 때 규준을 가진다.

규준은 학생들의 학급 내 행동을 통제하는 데 중요한 역할을 한다. 하지만 규준의 역할은 규칙, 운영절차의 역할과는 다르다. 규준은 아래의 예에서 보는 바와 같이 규칙보다 개인적인 의미가 크다.

그 선생님과 이야기하는 것을 남들이 보아도 괜찮다.
이 교실 안의 학생들은 서로서로를 도와야 한다.
우리는 모두 우리 자신의 학습에 책임이 있다.
우리는 친구 중에 1명이 틀린 답을 말했을 때 고소한 듯이 바라보아서는 안 된다.
우리는 다른 사람의 사생활을 존중할 필요가 있다.
이 교실에서 가장 중요한 것은 배움이다.

사회심리학자는 긍정적인 규준이 교실에 몇 가지 중요한 기능을 한다고 믿고 있다(Gerrig & Zimbardo, 2007; Putnam, 2006; Schmuck & Schmuck, 2001).

- 규준은 적절한 또는 적절치 않은 사회적인 상호작용을 알게 하고, 이러한 상호작용을 조절한다. 규준이 있을 때 학생들은 자신이 교실 안에서 어떻게 행동해야 할지를 알고, 또한 다른 학생들이 어떻게 행동할지 예상할 수

있게 된다.

- 규준은 집단의 동일감과 집단 결합력을 만든다(Gerrig & Zimbardo, 2007; Zimbardo, 1992). 사회심리학자는 집단 구성원들이 집단의 규준을 지키기로 동의했을 때 집단 형성의 과정이 시작된다고 믿는다. 이 과정은 집단 발달의 형성 단계 동안에 시작하여 규준 설정 단계 동안에 끝난다.
- 규준은 학업성취도와 학급 학생들 간의 긍정적인 관계를 증진시킨다. 학업적, 사회적 목표는 일관된 규준들과 함께 학급에서 더 많이 성취될 것이다. 예를 들어 동료 집단의 규준은 학교 생활에 아주 중요한 영향을 미치는 것들 중의 하나이다(Schmuck & Schmuck, 2001).

집단규준은 그것이 교사의 목표를 지지하든 반대하든, 학습 첫날부터 집단 발전의 형성 단계 동안 발달하기 시작한다. 사회심리학자들은 규준이 발전하는 두 가지 기본적인 과정을 확인했는데, 그것은 확산과 구체화이다. **확산**은 학생이 한 집단이나 학급에 처음 들어갈 때 발생한다. 학생들은 다른 학급에서의 경험, 다른 집단의 구성원이었을 때의 경험, 성장할 때의 경험을 가지고 있기 때문에 새 집단의 구성원들에게 기대를 불러일으킨다. 학생들은 쉬는 시간 동안 서로 이야기하고 어울린다. 그리하여 학생들의 사회적, 학구적 행동에 대한 다양한 기대는 확산되고 전체 교실의 구석구석까지 뻗어 나간다. 궁극적으로, 학생들이 갖가지 활동에 함께 참여함에 따라 그들의 기대는 수렴되기 시작해서 교실 생활의 공유된 시각으로 **구체화**되는 것이다.

교사는 학급목표를 달성하는 데 도움이 되는 규준의 발전에 영향을 미치기 위하여 할 수 있는 모든 것을 해야만 한다. 교사가 교실규준의 발전에 긍정적인 영향을 미치는 법을 아는 것과 기존의 규준을 확인하고 바꾸는 방법을 아는 것은 아주 중요하다. 집단규준의 발전, 확인, 개정을 위한 몇 가지 방법을 제안하면 다음과 같다.

- 학급에 집단규준의 개념을 설명한다. 학생들과 함께 규준의 목록을 작성하고, 지속적으로 집단의 임무를 도와주는 규준은 추가하고 방해하는 규준은 삭제한다.
- 학급규준을 토의에 부치고 학생들이 그것에 대해서 서로 이야기하도록 격려한다. Glasser(1998b)는 학급 운영방식과 집단의 임무를 방해하는 문제들, 필요한 규칙과 일과에 대한 생각을 토의할 것을 제안했다.
- 학급 분위기와 생산성 향상을 위해 자문하는 역할을 하는 학급 임원을 임명하거나 선출한다. 이 임원들로 하여금 규준이 잘 운영되는지를 평가하도

록 한다.

- 학생들이 따르기를 원하는 존경심, 일관성, 책임감의 모델을 제공한다.

규준 정하기 단계가 건강하게 발전하면 학생들의 학업 성취도에 초점이 모아진다.

4단계: 수행하기

집단이 네 번째 발전 단계에 도달할 즈음에 학생들은 서로에게 편안해지고, 규칙과 그들의 역할을 알고, 집단규준을 수락하며, 학급일과를 잘 알게 된다. 이제 네 번째 단계에서 집단을 위한 주된 관심은 집단의 독립성을 확립하는 것이다.

발달의 스토밍 단계가 한계시험으로 특징지어지듯이 수행 단계는 학생이 교사로부터 독립하여 어떤 일들을 해낼 수 있다는 것을 보여 주기 원하는 단계로 특징지어진다. 사회심리학자들은 이 단계에서 학생들의 독립하고자 하는 욕구를 격려하기 위해 교사들이 교실 통제에 초점을 맞추기보다는 우선순위를 정하는 법, 적절히 시간을 안배하는 법, 자기를 통제하는 법 등을 각 집단에 가르치는 일에 초점을 맞출 것을 제안하고 있다.

수행 단계는 학년 또는 학기가 끝날 때 종료된다. 따라서 이 수행 단계는 변화를 나타낸다. 집단 발전의 네 단계가 성공적으로 완료되었을 경우, 학생들은 다른 학생들이나 교사와의 관계가 발달하였을 것이다.

효과적인 학급 분위기 조성

학급 분위기란 교사와 학생 간의 상호작용이 일어나는 분위기, 즉 무드를 말한다. 학급 분위기는 교사들이 권위를 행사하는 방식, 교사가 보여 주는 인간적 따뜻함과 후원, 경쟁이나 협동의 격려, 독립적인 판단과 선택의 허락 등의 정도에 따라 조성된다. 여러분이 담임하고 있는 학급의 분위기는 교수법과 마찬가지로 여러분의 선택의 문제이다.

이 절에서는 효과적인 학급 분위기와 관련된 두 가지 내용을 소개하고자 한다. 첫째는 **사회환경**인데, 이는 교사들이 학급에서 조성하는 상호작용의 형태(패턴)를 가리킨다. 둘째는 **조직환경**으로서, 이것은 학급 내의 물리적 또는 시각적 배열을 뜻한다. 이 두 가지 모두 교사의 선택이고, 교사들은 알맞은 학급 분위기를 만들기 위해 이것들을 바꿀 수 있다.

이론의 교실 적용

민주적인 학급경영 요령

최새롬 선생님은 집에서 하는 가족회의를 본떠서 학급에서도 학급회의를 운영하신다. 학생들은 학급회의 시간에 자신의 생각을 자유롭게 말하면서 학급내부의 문제를 스스로 해결한다. 학급회의를 할 때 학생들은 번갈아가며 의장을 맡는다. 최 선생님은 학생들이 서로 존중하고 열심히 참여하도록 옆에서 도와주기만 하고 회의 진행은 전적으로 학생들에게 맡겨 둔다. 이런 학급운영 방식에 대한 학생들의 반응이 뜨거워 최 선생님은 자신의 경험을 다른 반 선생님들과 공유하기도 하였다.

최새롬 선생님의 학급운영 방식은 오랜 교직경험을 통해 터득한 것이지만, 교사이기 이전에 부모로서의 경험이 그 속에 녹아들어 있다.

> "우리 부부는 가정에서 가족회의를 통해 집안일을 결정했습니다. 우리 아이들의 반응이 아주 좋았어요. 가족회의를 통해 아이들이 집안일에 적극적으로 참여하게 되었고, 서로의 감정을 나누게 되었습니다. 우리는 가족회의가 아이들의 자존감을 향상시킨다는 것을 알게 되었습니다. 그래서 우리는 이런 방법을 학급에서도 사용하면 좋을 것이라고 생각하게 된 것입니다."

최새롬 선생님이 보기에, 가족회의 같은 학급회의는 학생들의 정서적, 도덕적, 지적 발달을 돕는 데 아주 도움이 되는 것 같았다. 뿐만 아니라 가족회의 같은 학급회의는 학생의 인격을 성숙시키고, 학생의 지도력, 대중 앞에서 말하는 능력, 사고력, 사태를 파악하는 능력, 문제해결력, 대인관계 기술 등도 향상시키는 것 같다.

공유하고 싶은 생각

최새롬 선생님의 경험에 의하면, 학급회의를 통한 학급문제 해결이라는 학급경영 방식이 성공을 거두려면, 따뜻하고, 서로 돌보아 주고, 서로 격려해 주는 분위기가 학급에 반드시 필요하다. 이런 분위기가 조성되어야 학생들은 서로에게 배우려 하고, 자신의 생각을 거리낌 없이 말하게 되며, 모르는 것을 편하게 질문하게 된다.

최새롬 선생님이 발견한, 학급회의를 성공적으로 이끄는 데 필요한 몇 가지 요소는 다음과 같다.

- 학생들의 자리배치를 원형으로 한다.
- 학급회의를 매주 연다.
- 정한 절차를 따라 회의를 진행한다.
- 학생들이 번갈아가며 회의의 사회를 맡는다.
- 문제와 해결책을 동시에 논의한다.
- 학생들이 서로 칭찬하고 격려하는 분위기를 만든다.

학급회의 진행하기

"학급회의는 잘 운영되고 있는 학급이 더 잘 운영되게 만드는 힘을 가지고 있지요." 최새롬 선생님의 말이다. 학급회의의 진정한 가치는, 이 회의가 학생들에게 자신의 문제를 스스로 해결하는 능력을 길러주고, 학습 동기를 부여하며, 자신의 소질을 발견하는 기회를 제공한다는 것이다. 교사와 학생이 서로의 의견을 조용히 나눌 수 있을 때 상호존중과 이해의 분위기가 형성된다. 학급회의를 통하여 학생들은 자신들이 속한 학급이 선생님의 학급이 아니라 '우리의' 학급이라는 생각을 가지게 된다.

최새롬 선생님의 학급회의 운영방식을 구체적으로 설명하면 이렇다. 학생들은 학급에 비치된 조그마한 상자에 다음 회의 때 논의했으면 하는 안건을 적어 넣는다. 이때 자신의 이름과 날짜도 적는다. 학생들이 적어 넣은 안건은 대개 다음과 같은 세 가지였다. 첫째, 한두 명과 관련되어 있는 문제, 둘째, 학급 전원과 관련되어 있는 문제, 셋째, 학급활동을 위한 제안.

학급회의 진행순서는 대개 이렇다. 의자를 벽 쪽으로 빙 둘러 붙이는 방법으로 원형 회의장을 만든다. 의장이 개회선언을 한다. 안건을 나열하고, 하나씩 토의한다. 서로가 서로를 칭찬하는 말을 하고 회의를 끝낸다.

학급회의가 진행되는 동안 교사는 주로 다음과 같은 활동을 한다.

- 코치 역할–필요한 경우 의장에게 도움을 준다.
- 비서 역할
- 학급 구성원 한 사람으로서의 역할

학급회의 의장의 역할은 다음과 같다.

- 원만한 회의 진행
- 개회 및 폐회 인사
- 회의 진행절차에 따른 회의 진행
- 문제해결을 위한 회의진행
- 제안사항 토의를 위한 회의 진행
- 발언하는 사람과 서로 눈을 맞추도록 유도
- 다른 학생과 동일한 회의 구성원 역할
- 토의가 주제에서 벗어나지 않도록 교통정리
- 문제나 생각을 명료하게 정리
- 요약
- 크고 분명한 목소리로 회의 진행

학급회의의 효과

학급회의를 통해 학급에서 발생하는 모든 문제를 토의하다 보니 훈육문제가 저절로 해결되었다. 학생들은 일단 자신들이 동의한 규칙을 잘 지키게 되었고, 상호간에 문제를 일으키는 일도 줄었다.

사회환경

학급의 사회환경은 권위형부터 자유방임형까지 다양하게 형성될 수 있다. 권위형은 정보 · 의견 · 설명의 주요한 제공자가 교사이고, 자유방임형은 학생들이 정보 · 의견 · 설명의 주요한 제공자가 된다. 이 두 극단적인 방법 사이에 중간 성격을 갖는 방법이 있는데, 교사와 학생이 책임을 공유하는 것이다. 학생에게는 선택과 교사의 지도에 따른 판단의 자유가 주어진다. 이 외에도 여러 가지 변형이 가능하다.

예를 들어 어떤 집단의 토의는 경직된 권위적인 분위기에서는 잘 이루어지지 않을 수도 있다. 왜냐하면 이런 학급 분위기는 학생들에게 그들의 의견이 교사의 의견보다 덜 중요하고, 학생이 아닌 교사에 의해 수업시간이 시작되어야만 하며, 자발적으로 의견을 나타내는 자유는 교사의 권리이지 학생의 권리가 아니라는 것을 암시하기 때문이다. 좀 더 개방적인 학급 분위기 속에서 토의는 훌륭하게 진행될 것이다. 왜냐하면 개방적 학급 분위기는 좋은 토의의 요인들—의사표현의 자유, 많은 학생의 발언기회, 자발성—을 모두 제공하기 때문이다.

교사가 만드는 사회적 분위기는 그것이 권위주의적이든지, 자유방임적이든지, 아니면 이 두 방법의 중간쯤 되는 것이든지 간에 교사가 자기 자신을 어떻게 보느냐에 따라 결정된다. 여러분은 모든 학습자극을 제공하고 조직함으로써 학생들의 행동을 세심하게 통제하고 지시하는 학급 내의 최고 명령권자인가, 아니면 학생들 생각의 번역자이거나 요약자인가, 아니면 학생과 함께 생각하고 문제를 해결하려는 학생의 동등한 동료인가? 각각의 학급 분위기를 생각해 보고 교사는 그러한 학급 분위기를 어떻게 만들 수 있을 것인지를 궁리해야 한다.

효과적인 교사는 다양한 교수방법을 사용할 뿐만 아니라 다양한 학급 분위기를 만든다. 그러나 특정한 학급 분위기를 만드는 교사의 능력 못지않게 목표나 상황에 따라 학급 분위기를 바꾸는 능력도 중요하다. 사회심리학자들은 오래전부터 학급 분위기가 학생의 행동에 가장 큰 영향을 미친다는 것을 증명하려고 노력하고 있지만(Lippitt & Gold, 1959), 그 연구결과에 의하면 서로 다른 학급 분위기는 장단점을 모두 가지고 있는데 이는 설정된 목표에 따라 달라진다고 한다.

목표는 단원마다, 주마다 변하기 때문에 학급 분위기 또한 그 목표를 달성하기 위해서는 변해야만 한다. 목표는 변했으나 학급 분위기가 변하지 않으면 학급에 혼란이 일어나고 분열되며, 학생들 사이에 대립하는 행동이 존재하게 된다.

경쟁, 협동, 개인주의 우리는 교사가 교사의 목표에 따라 교사나 학생의 권한을 바꿀 수 있는 몇 가지 방법을 이미 알아보았다. 이런 변화들은 교사의 권한과 학

교실 내부를 물리적·시각적으로 잘 배열하는 것은 효과적인 수업 분위기 형성에 매우 중요하다. 교실 내부의 배열은 수업목표에 따라 달라질 수 있다.

표 5.2 세 가지 유형의 학급 분위기

학급 분위기	활동의 예	학생에게 부여된 권한	교사에게 부여된 권한
경쟁적: 학생들은 정답을 찾기 위해 경쟁하거나 교사가 정한 기준에 따라 경쟁한다. 교사는 대답의 타당성을 혼자 판단한다.	훈련과 연습	없다.	수업을 조직하고, 매체를 선택하며, 학생 응답의 정확성을 평가한다.
협동적: 학생들은 교사의 감독하에 토의한다. 교사는 아이디어를 다듬고 토의를 좀 더 높은 수준으로 발전시키기 위해 체계적으로 개입한다.	크고 작은 집단토의	의견을 제시하고, 아이디어를 제공하며, 자유롭게 자발적으로 발언하고 토의한다.	토의를 자극하고, 이견을 중재하며, 학생들의 공헌을 조직하고 요약한다.
개인적: 학생들은 교사가 제시한 과제를 수행한다. 학생들은 자신이 최선이라고 생각하는 답을 가지고 숙제를 하도록 격려된다. 과제 완성과 자기 평가가 특히 강조된다.	독립된 자습과제	가장 잘 할 수 있는 수단으로 과제를 완성한다.	과제를 부과하고 이를 검사한다.

습과정에서 교사의 통제를 얼마나 많이 포기하는가와 일치할 뿐만 아니라, 학급에서 학생 간에 일어나는 상호작용이 얼마나 경쟁적, 협동적 또는 개인적이기를 교사가 바라느냐 하는 것과도 일치한다. 이 세 가지 조건은 〈표 5.2〉에 잘 나타나 있는데, 이 표를 보면 알 수 있는 바와 같이 교사들이 학급 분위기를 경쟁적인 분위기에서 협동적인 분위기로 또는 개인적인 분위기로 바꿈에 따라 학습과정상에서 통제력을 포기하게 된다. 개인적인 분위기에서 학생들은 자신의 과제에 대한 판단의 책임을 자신만이 지게 된다.

세 가지 학급 분위기의 적용 주어진 수업활동을 위해 적절한 학급 분위기를 조성하는 것 외에 교사가 결정해야만 하는 것은 이러한 각각의 분위기를 학급 전체, 집단 그리고 학생 개개인에게 동일하게 적용할 것이냐 말 것이냐이다. 예를 들어 〈표 5.3〉에서 알 수 있는 바와 같이 모든 집단토의가 협동적 학급 분위기를 필요로 하지는 않는다.

〈표 5.3〉의 어떤 항목은 다른 것보다 조금 더 인기가 있을지라도 수업목표에 따라 학생과 학급 분위기의 다양한 구성이 가능하다. 교사가 해야 할 일은 수업목표에 적합한 권위를 사용하는 것이다.

조직환경

학급의 사회적 분위기를 정하는 것 외에 교사가 정해야만 하는 다른 하나는 바로

표 5.3 학급환경의 세 가지 유형에 대한 대상

	경쟁적	협동적	개인적
학급 전체	학생들은 자신들의 차례가 되었을 때 정답을 갖고 다른 학생들과 경쟁한다.	학생들은 정답을 찾는 데 어려움을 느낄 때 힌트를 요청할 수 있다.	전체 학생들은 한 목소리로 정답을 외운다.
집단	하위집단별로 다른 집단들과 경쟁한다.	하위집단은 구분되어 학습하나 그들이 최종적으로 제출하는 보고서는 하나의 주제에 관련된다.	각 하위집단은 자신들에게 할당된 과제를 완성한다. 보고서는 전체 학급과 공유되지 않는다.
개인	개인은 똑같은 질문에 대답하기 위해 서로서로 경쟁한다. 가장 빠르고 정확한 대답을 한 사람이 이긴다.	2명씩 짝을 이루어 서로 보고서를 교환하고, 답을 서로 교환하고, 서로의 잘못을 수정해 주며 협력한다.	개인은 자신의 자리에서 교사의 참견 없이 과제를 완성한다.

물리적 분위기이다. 교실이 학생들에게 매력적이고 적당히 밝고 편안하고 화려해야 한다는 것은 말할 필요가 없다. 그러나 화려한 게시판과 깔끔함을 제외하고 교사들은 교실 외부의 특징에는 별 영향을 미칠 수 없다. 이러한 외부환경을 향상시키기 위한 시도는 노력할 가치는 있으나 반복해서 요구해 보아도 별 효과가 없다.

그러나 이러한 교실 외부환경보다 더욱 중요한 것은 교실 내부(책상, 의자, 테이블)를 정렬하는 방식이다. 학생들은 외부적 특징에는 그것이 좋든 나쁘든 간에 빠르게 적응한다. 그러나 내부적 배열은 그 학년 내내 매일매일 학생들에게 영향을 줄 것이다.

가장 융통성 있는 책상배열은 교사의 책상을 교실의 앞에 놓고 학생들의 책상을 열을 맞추어 정렬하는 것이다. 이런 전통적인 방법이 융통성 있는 방법이라고 말하면 이상하게 들리겠지만 이와 같은 배열방법은 경쟁, 협동, 개별학습 환경을 만들어 낼 수 있다. 바로 이러한 사실로 인해서 전통적인 책상 배열방법이 50년 전이나 지금이나 똑같이 널리 사용되고 있다. 물론 그러한 이면에는 사회가 요구하는 분위기에 따라 교실의 책상배열을 달리하기가 사실상 어려운 면이 있기 때문인 탓도 있음은 부인할 수 없다.

그러나 좀 더 많은 경쟁, 협동, 집단활동을 위한 환경을 위해 교사가 배치를 반드시 바꾸어야만 하는 경우가 있다. 이러한 경우의 학급배열은 교실 외부의 특징과 이용 가능한 가구에 따라서 다양하게 이루어질 수 있다. 학급배열의 한 가지 예는 〈그림 5.1〉에 나타나 있다.

그림 5.1 긍정적 관계와 협동학습을 강조한 교실 배열

여기서 중요한 점은 학생들이 함께 어울리도록 의도적인 노력이 필요하다는 것이다. 의사소통 및 개인 간의 공유 장애는 항상 책상의 경직된 배열의 결과로 일어나는데, 이런 것들은 좀 더 비정형화, 그러면서 여전히 조직화된 가구배열로 피할 수 있다. 이러한 배열들은 개인 간의 의사소통과 공유를 허용하고 증대시키는 것을 암시하기 때문에 교사가 바라건 바라지 않건 간에 개인 간의 의사소통과 공유의 증가현상이 발생하게 된다.

학생들의 책상을 4~5개씩 집단화함으로써 교사는 학생들의 활발한 의사표현, 발언의 증가, 반응의 자발성 등을 기대한다. 이것은 다음과 같은 중요한 점, 즉 교사의 말과 행동에 의해 만들어진 사회적 환경은 항상 학급의 물리적 환경의 재배열에 의해 만들어진 조직적인 환경과 일치해야만 한다는 것을 강조하는 것이다.

물론 변화를 주기 위하여 가끔 교실의 내부적 배열을 달리하는 것은 신선함을 준다. 교사는 정형적인 학급의 기본적인 특색을 유지하면서 개인 상호간의 의사소통과 나눔을 요하는 교육적 목적으로 사용하고자 할 때 필요한 비정형적인 공간을 마련하기 위하여 1~2개 정도의 테이블을 별도로 설치하거나 공간을 확보하

그림 5.2 개별학습, 소집단학습, 협동학습이 모두 가능하도록 한 교실 배열

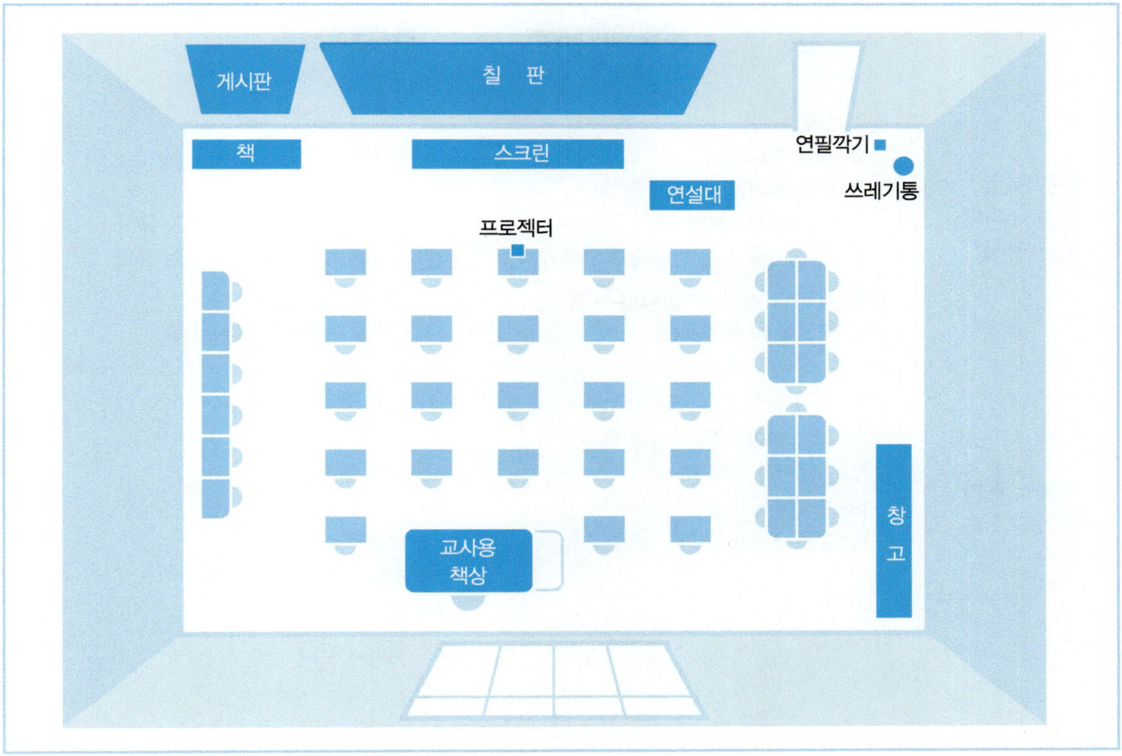

는 일이 필요하다. 〈그림 5.2〉는 이러한 배열을 잘 보여 주고 있다.

규칙과 절차의 설정

학급규율 문제 발생빈도를 줄이기 위해서 **규칙과 절차**를 설정하는 것은 교실운영의 중요한 활동 중 하나이다(Emmer & Evertson, 2009; Evertson, 1995; Evertson & Emmer, 2009; Evertson & Harris, 1992). 이런 규칙과 절차는 새로운 학년을 시작하기 전에 교사가 명확히 만들고 있어야만 하는 것인데, 이것은 문제를 방지하고 해결책을 제시하기 위한 교사의 공약이 된다.

교사들에게는 효율적인 학급경영을 위해 다양한 규칙과 절차가 필요한데, 이러한 규칙과 절차는 다음과 같은 네 가지 부류의 하나에 속하게 된다.

- 학업과 관련된 규칙
- 교실 내의 행동과 관련된 규칙
- 수업 첫날 학생들에게 전달해야만 하는 규칙

그림 5.3 행동 및 학업과 관련된 학급규칙

	교실 내 행동과 관련된 규칙	교실 내 학업과 관련된 규칙
등교 첫날 알려 주어야 하는 규칙	1. 앉을 좌석 2. 좌석 배정방법 3. 종이 울리기 전 해야 할 일 4. 자기 의사표현법 5. 종 소리에 따라 교실에서 나가기 6. 음료수, 음식, 껌에 관한 규칙 7. 화장실 및 매점 사용	8. 수업에 필요한 자료 9. 숙제검사 10. 보충학습 11. 숙제를 끝내지 못했을 때의 규칙 12. 퀴즈와 시험을 놓쳤을 때의 규칙 13. 성적 산출방식 14. 규칙을 위반했을 때의 처벌
나중에 알려 주어야 하는 규칙	15. 지각/결석 16. 교사 책상 앞으로 나올 때 17. 방문자가 있을 때 18. 교실에서 나갈 때 19. 규칙 위반의 결과	20. 노트 정리 21. 도움 요청 22. 노트 필기 23. 친구들과의 과제 공유 24. 학습자료실의 사용 25. 집단과제시의 의사소통 26. 정리정돈 27. 실험실 안전

- 적당한 시기에 학생들에게 전달될 수 있는 규칙

〈그림 5.3〉의 상반부는 학생들이 묻거나 행사일정상 거론될 가능성이 높은 등교 첫날에 필요한 규칙들이다. 이 등교 첫날에 알려 줄 필요가 있는 규칙들이 행동과 관련된 규칙 일곱 개, 학업과 관련된 규칙 일곱 개로 구성되어 있는 것에 주목할 필요가 있다. 초등학교에서는 이러한 규칙을 먼저 말로 설명하고, 이를 종이에 프린트하여 나누어 주며, 학생들이 후에 참조할 수 있도록 교실에 붙여 놓는 일을 병행하는 것이 최상의 방법이다.

저학년 학생들은 입으로 전한 전달사항을 빨리 잊기 쉽고, 기억을 상기시켜 주는 구체물이 없을 경우에는 이를 무시하는 경향이 있다. 초등학교 고학년이나 중학교에서는 교사가 규칙을 불러 주고 학생들이 노트에 받아 적도록 하는 정도면 충분하다. 고등학생의 경우는 규칙을 말해 주고 게시판에 붙여 놓는 정도로 충분할 것이다.

모든 규칙을 첫 등교일에 제시하는 것이 어느 경우에서나 좋은 것은 아니고 특수한 상황적 요구에 따라 달라져야 한다. 그러나 발언과 대답, 학업 보충, 성적 산출, 제출기한 위반에 대한 규칙들은 무엇보다 중요하다(〈그림 5.4〉 참고). 등교

그림 5.4 교실규칙을 정할 때 고려해야 할 사항

발언과 대답
- 반드시 손을 들어야 하는가?
- 받아들였음을 알리는 표현수단은?(예, 머리를 끄덕이는 것)
- 다른 사람이 발언할 때 떠들면 어떻게 되는가?
- 소리를 지르거나 언성을 높이면 어떻게 되는가?

학업 보충
- 학업 보충은 허락되는가?
- 학업 보충을 하지 않으면 처벌이 뒤따르는가?
- 학업 보충결과는 성적에 반영되는가?
- 학업 보충 여부를 결정하는 것은 누구의 책임인가?

성적 산출
- 퀴즈와 시험은 총 성적의 몇 퍼센트를 차지하는가?
- 수업 참여도는 총 성적의 몇 퍼센트를 차지하는가?
- 학업 실패에 대해서는 언제 통보되는가?
- 숙제가 차지하는 비중은 얼마나 되는가?

규칙 위반
- 여러 번 반복해서 위반했을 경우는 어떻게 되는가?
- 결석했을 경우 학생들은 과제 제출기한을 어디서 알 수 있는가?
- 다른 사람의 숙제를 복사했을 경우 어떤 처벌을 받게 되는가?
- 과제 제출기한을 어겼을 경우 보충과제가 요구될 것인가?

자리 이탈
- 언제 자리를 이탈해도 되는가?
- 언제 교사의 책상에 다가와도 되는가?
- 언제 학습자료실을 방문할 수 있는가?
- 다른 친구에게 다가가면 어떻게 되는가?

자습의 이른 완수
- 다른 수업이나 과목을 공부해도 되는가?
- 신문이나 잡지를 읽을 수 있는가?
- 다음 번 연습문제나 숙제를 해도 되는가?
- 책상에 엎드려 쉬어도 되는가?

집단활동 시간의 대화
- 배정받은 자리에서 일어날 수 있는가?
- 얼마나 큰 소리로 말할 수 있는가?
- 다음에 누가 말할지는 누가 정하는가?
- 집단 리더는 있을 것인가?

규칙 위반
- 칠판에 이름을 적을 것인가?
- 벌칙으로 추가과제가 주어지는가?
- 방과 후 남겨 둘 것인가?
- 언제 징계위원회가 만들어지는가?

첫날 일어날 수 있는 혼란은 바로 이러한 영역에 걸친 것이다.

〈그림 5.3〉의 하반부는 상황이 발생했을 때 이야기될 수 있는 규칙들을 나타낸 것이다. 이 중 일부는 어떤 구체적 상황(예, 실험실 안전, 노트 정리 완성, 도움 요청)에서 사용할 수 있는 것이다. 그것들은 그 규칙이 적용되는 상황이나 사건을 함께 제시할 때 쉽게 기억될 것이다. 그러나 이 영역에 속한 대부분의 규칙들은 학기 시작 후 며칠 또는 몇 주에 필요한 것이다(예, 지각/결석, 종친 후 이동, 노트 필기). 교사가 이와 같은 규칙들을 비록 학기 첫날에 말할 필요는 없지만 이러한 규칙들은 빠른 시일 내에 학생들에게 전달되어야 하므로, 교사는 반드시 학기 시작 전에 이러한 규칙을 만들고 있어야만 한다.

학급규칙을 만드는 데 필요한 일반적인 주의사항 몇 가지를 나열하면 다음과 같다.

- 꼭 필요한 규칙만을 만든다. 규칙을 만들어야 하는 이유는 네 가지가 있는데, 각 규칙은 최소한 이 중 한 가지를 가지고 있어야 한다—참여도를 높이고 방해행동을 최소화하기 위하여, 신체적 · 심리적 안정성을 증대시키기 위하여, 다른 사람이나 다른 학급 활동의 방해를 막기 위하여, 바른 예절과 인간관계의 증진을 위하여.
- 자신이 만들고자 하는 학급 분위기와 일치하는 규칙을 만든다. 초임교사로서 이 시점이 바로 학급경영에 있어서 자신의 가치와 선호하는 바를 알릴 때이다. 학급경영의 개인적인 철학을 분명히 하고 학급규칙에 이 철학을 반영하도록 한다. 예를 들어 학급 분위기가 독립적인 판단, 자발성, 위험감수 등의 방향으로 흐르기를 원하는가? 아니면 교사 주도의 상호작용, 공식적인 학급규칙, 교사가 원하는 반응 유도 등의 방향으로 흐르기를 원하는가?
- 강요할 수 없는 규칙을 세우지 않는다. '말하지 말기', '자리를 옮기지 말기' 라는 규칙은 교사의 개인적인 철학이 자발성과 문제해결, 집단활동을 지속적으로 격려할 때에는 강요하기 어려울지도 모른다. 불공평함과 일관성의 결여는 교사조차도 완전히 확신하지 못하는 규칙을 적용하는 것으로 귀결될지도 모른다.
- 다양한 행동을 모두 포함할 수 있을 만큼 규칙을 충분히, 일반적으로 기술한다. '타인과 타인의 소유물을 존중하기' 라는 규칙은 허락 없이 물건 빌리지 않기, 물건을 던지지 않기 등의 다양한 문제를 포함한다. 마찬가지로 '선생님의 요구에 따르기' 라는 규칙은 규칙목록에 포함되어 있지 않은 혼란한 행동이 일어날 때 적용할 수 있다. 그러나 학생들에게 불분명한 내용을 담고 있는 지나치게 일반적인 규칙을 기술하지 않도록 유의한다. 예를 들어 '존경심을 나타내기' 나 '선생님께 복종하기' 는 너무 애매하여 대부분의 학생들에게 무시당할 것이고, 또 교사 자신도 강요하기 힘들 것이다. 교사가 지금까지 논의한 이러한 제안들을 받아들인다면 교사는 아마 네 가지에서 여섯 가지의 학급규칙을 갖게 될 것이다.

만일 규칙을 명료하게 알려 주지도 않고 이를 일관되게 적용하지도 않는다면, 규칙을 만드는 데 들인 모든 수고가 무의미해질 것이다. 일관성이야말로 규칙이 효과를 발휘하도록 만드는 핵심요소이다. 강요할 수 없는 규칙 또는 시간이 지남에 따라 일관되게 적용되지 못하는 규칙은 그러한 규칙을 만들고 규칙의 시행에 책임을 맡은 사람에 대한 존경과 권위를 앗아가는 결과를 초래할 것이다.

어떤 특정한 규칙들이 왜 일관되게 적용되지 못하는지 그 가장 빈번하게 발생하는 이유들을 제시하면 다음과 같다(Emmer & Evertson, 2009; Evertson & Emmer, 2009).

1. 쓸모없거나 적절하지 못한 규칙. 그 규칙을 지켜야 할 아동들의 본성에 비추어 보았을 때, 어떤 특정한 맥락에 적합하지 않거나 합리성을 결여한 규칙인 경우
2. 교사가 학생들을 면밀하게 관찰하는 것에 실패해서 결과적으로 규칙을 어긴 학생들 중에서 어떤 사람은 걸리고 어떤 사람은 안 걸릴 경우
3. 교사 자신이 그 규칙을 강력하게 적용해야 할 확신이 서지 않아 많은 예외사항을 만들어 놓은 경우

어떤 학생이 규칙을 경미하게 어겼을 경우에 이를 시정하기 위해서 (1) 수업을 적절치 않게 중단해야 하는 경우나 (2) 그 위반사항이 일시적이어서 다시 반복될 것 같지 않은 경우에는 이를 지적하지 말고 지나치는 편이 현명하다. 그러나 시간이 지나면서 규칙을 일관되게 적용하는 일에 문제가 생길 경우에는 보다 학생들을 세심하게 살피든지, 아니면 좀 더 유연하게 규칙을 조절하는 것이 좋다(예, 도움을 요청하려고 허락 없이 교사의 책상으로 오는 것은 수용하되, 단지 얘기를 하려고 오는 것은 수용하지 않는다.).

학급경영의 문제영역

효율적으로 교실수업을 관리하는 주된 목적은 학생들로 하여금 능동적으로 학습과정에 참여하도록 하는 것이다. 학습과정에 능동적으로 참여한다는 것은 제시된 학습자료를 가지고 열심히 활동하는 것을 의미하는데, 이는 학습자료에의 세심한 주의집중, 자습속도에 있어서의 진보, 전체 토의에의 참여 등과 같은 징표로 나타난다.

이 절에서는 학생들이 학습과정에 능동적으로 참여하도록 하는 데 아주 결정적인 역할을 하는 네 가지 사항을 기술한다. 이 네 가지는 학생 모니터링, 관심사 전환, 과제 부과, 수업 마무리이다. 지금부터 이 네 가지를 차례로 살펴보도록 하자.

학생 모니터링

모니터링이란 학생의 학습과정을 관찰하고 머릿속으로 기록하며, 필요할 경우 학생의 행동을 교정하거나 재지시하는 과정이다. 교사는 토의시간에 누가 적극적으로 참여하는지, 부과된 과제를 누가 열심히 하는지, 질의응답 시간에 누가 열심히 참여하는지 등을 자세히 살피게 되는데, 이러한 활동이 바로 모니터링이다. 이러한 모니터링 활동을 통하여 교사는 누가 열심히 참여하는지(또는 참여하지 않는지)를 알게 되고, 이러한 정보는 강의속도의 조절, 과제의 난이도 조절, 심지어 수업활동 그 자체를 조절하는 데 유용하게 쓰인다.

Kounin(1970)은 학생들의 참여도를 나타내는 다양한 증거를 파악하는 교사의 능력을 일컫기 위하여 '민감성' 이라는 단어를 사용하였다. Kounin은 효율적인 학급경영자와 비효율적인 학급경영자를 구별하는 가장 중요한 요소로 교사의 민감성을 꼽았다. 민감성이 높은 교사는 교실 내에서 일어나고 있는 다양한 일들을 잘 파악하고 있었다. 뿐만 아니라 이러한 교사는 자신이 관찰한 내용을 기초로 학생들과 대화를 아주 잘 하고 있었다.

교사의 민감성을 높이고 학생들의 학습과정 참여도를 높이는 몇 가지 간단한 방법이 있다. 한 가지 방법은 여러 학생들과 눈을 자주 마주치면서 학생들 앞에 자주 나타나는 것이다. 만일 교사가 교실 어느 한쪽에만 신경을 쓰면 다른 쪽에서 일어나는 일을 파악하기 힘들다. 초임교사들은 놀랍게도 다음과 같은 특징을 가지고 있다.

- 교실의 중간쯤 되는 줄에만 대고 말한다.
- 흑판에 판서할 때 완전히 돌아서서 학생들을 등 뒤에 두고 이야기한다.
- 창문이나 천정을 보면서 말한다.
- 어떤 학생들에게 가로막혀 모든 학생들을 바라볼 수 없는 가운데 말한다.

이런 상황에서 여러분은 단지 교실의 일부분만을 보게 된다. 그리고 학생들은 여러분이 교실의 특정 부분만을 본다는 것을 안다. 교실 내의 모든 학생들과 눈을 마주치는 것은 여러분이 민감성을 가지고 있다는 것을 나타내 주는 가장 중요한 요소이다.

민감성을 높이는 둘째 요소는 동시에 여러 가지 행동을 모니터링하는 것을 터득하는 것이다. 이때 중요한 것은 교실 곳곳을 쳐다보며 눈을 맞추는 것과 주의의 초점을 바꾸는 것이다. 예를 들어 앞줄에 앉은 학생들을 둘러보면서 이들이 배정받은 과제를 얼마나 완성했는지를 알아보는 것이 관찰의 초점이 될 수 있다. 그러나 교실 뒷자리에 앉아 있는 학생들을 살펴보면서는 잠재적으로 문제가 될 만한 행동이 나타나고 있는지를 살필 수 있다.

학생들과 눈을 마주칠 때마다 한 번은 행위를 관찰하고 다음 번에는 학업을 관찰하는 등 그 관찰하는 내용을 바꾸어야만 한다. 그러나 교사들은 흔히 학업상의 문제를 가진 학생을 관찰할 때는 학업문제만을, 행동상의 문제를 가진 학생을 관찰할 때는 행동문제만을 관찰하는 경향을 가지고 있다. 학생들이 이러한 사실을 알게 되면 교사가 현재 쳐다보고 있지 않은 쪽에서 문제가 발생하는 것을 막을 도리가 없다.

관심사 전환

또 하나의 문제영역은 관심사 전환이다. 어떤 교수활동에서 다른 교수활동으로 넘어갈 때 학생들의 주의를 집중시키는 것은 쉽지 않다. 학급 전원이 적절하고 질서 있게 한 활동에서 다른 활동으로 넘어가도록 만드는 것은 중요한 일이다. 이러한 과정에서 발생하는 문제는 주로 다음과 같은 두 가지 요인에 기인한다: (1) 학생들이 다음 학습을 실행할 준비가 안 되어 있는 경우(또는 그 학습에 대해 전혀 모르는 경우), (2) 학생들이 그 전환과정에 필요한 적절한 행동을 잘 모르고 있는 경우.

다음에 공부할 내용에 대해 학생들이 정확하게 인식하지 못할 때, 그들은 자연히 자신의 실행능력과 전환능력에 대해 불안해하게 된다. 그리하여 전환과정이 시끄러워지게 되고, 어떤 학생들은 예전의 학습에 더 편안함을 느낀 나머지 다음 학습으로 넘어가지 않으려고 한다. 매 새 학년 초는 바로 이러한 전환으로 인해 소란한 시기로서, 학생들은 적절한 자료를 찾고 자신이 무엇을 해야 하는지를 알기 위해 이리저리 헤맨다. 학생들은 새로운 활동에 잘 참여하지 않으려 하는데, 그 이유는 대개 새로운 학습을 좋아하지 않거나 잘 해낼 수 없을 것이라는 불안감이 있기 때문이다.

이런 의미에서 전환은 활동들 사이의 실제적 구별만큼이나 심리적 장벽을 가지고 있다. 학생들은 책이나 자료들에 적응하는 것과 마찬가지로 다음 학습에 심리적으로도 적응해야만 한다. 교사는 학생들에게 교사가 기대하는 바를 말해 줌으로써 그들의 적응을 도울 수 있다. 이런 교사의 기대는 몇 주 후에는 제2의 천성이 될 것이지만, 학기 첫날에는 아주 신경을 써야만 한다. 이 첫날에 교사는 매일의 활동들과 그것들이 일어나는 순서를 자세히 설명해야 한다(예, 10분간의 강의, 15분간의 질문과 대답, 15분간의 자습, 10분간의 테스트와 오답 정정).

학급 전체가 한 활동에서 다른 활동으로 제 시간에 질서 있게 넘어가도록 하는 한 가지 방법은 각 활동에 허용된 시간을 분명히 알려 주는 것이다.

〈표 5.4〉는 관심사 전환시에 나타날 수 있는 문제를 다룰 때 필요한 사항이다.

표 5.4 관심사 전환시에 나타날 수 있는 문제와 그 해결책

문제	해결책
전환기에 학생들이 큰 소리로 떠든다.	작은 소리로만 떠들도록 허락하는 것은 힘들다. 따라서 전환기에는 아예 떠들지 못하도록 규칙을 정한다.
전환기에 학생들은 친구를 사귀느라고 다음 활동 착수가 늦어진다.	활동에 필요한 시간을 계산하여 그 시간만을 허용한다(예, 책 덮기, 자료 수집하기, 새로운 자료 선택하기).
학생들이 예정한 시간보다 먼저 과제를 끝낸다.	시간을 다 소모할 만큼의 과제를 낸다. 항상 연습문제를 넉넉하게 제시하여 이를 풀게 만든다.
학습활동이 바뀐 후에도 이전 시간의 활동을 계속한다.	어떤 학습이 끝나기 5분 전, 2분 전에 주의를 준다. "이제 곧 마무리할 시간이에요." "이 내용을 마무리하고 다음 활동으로 넘어가요." 등과 같은 말을 한다. 각 활동의 명확한 시작과 끝을 정한다. 예를 들어 "자, 이제 그만. 지금부터는 ~를 시작합시다." 또는 "종이를 치우고 ~쪽을 펴세요." 등과 같은 말을 한다.
이전의 활동을 채 마무리하지 못하고 다른 학생들보다 뒤처진 학생들이 있다.	뒤처진 학생들을 기다리지 않는다. 제 시간에 새 활동을 시작한다. 쉬는 시간에 아직도 이전 학습에 매달려 있는 아이들에게 가서 이전 학습은 이제 그만 하고 다른 학습을 해야 한다는 걸 말한다. 이때 그 학생들이 끝내지 못한 이유를 꼭 기억해 두어야 한다(예, 너무 어려운 학습내용, 동기 부족, 다른 활동에의 참여).
교사가 캐비닛 열쇠, 학습자료, 근무당번표, 참고서 등을 찾기 위해 새 활동의 시작을 지연한다.	항상 준비한다. 새로운 활동을 시작할 때 필요한 자료는 미리미리 준비한다.

과제 부과

효과적인 학급경영이 중요시되는 또 하나의 시점은 교사들이 숙제를 내줄 때, 즉 숙제를 설명할 때이다. 숙제를 내줄 때 특히 문제가 발생하는데, 그 이유는 학생들이 대개 숙제를 싫어하기 때문이다. 방과 후에 해야 할 숙제를 내줄 때 학생들은 거부의 표시로 신음 소리를 낸다. 이러는 가운데 바람직하지 않은 행동이 나타날 수도 있다.

Evertson과 Emmer(1982)는 효과적인 학급경영자와 비효과적인 학급경영자 사이에 나타나는 한 가지 차이점은 교사들이 과제, 특히 집에서 해야 하는 숙제 같은 것을 내줄 때의 방식에 있다는 것을 발견하였다. 이 차이는 초임교사에게서는 나타나지 않지만 경력교사에게서는 나타나는 몇 가지 단순한 방식들에서 잘 발견할 수 있다.

첫째는 학급 내 학습활동 말미에 바로 과제를 부과하는 것이다. 그렇게 함으로써 교사는 어색한 멈춤과 전환기의 필요를 피할 수 있다. 왜냐하면 그 과제는 지금까지 행한 활동의 논리적인 연장선상에 놓인 것으로 보이기 때문이다. 반대로, 다음과 같은 상황하에서 과제가 주어진다고 했을 때 어떤 느낌이 들지를 한번 상상해 보자.

김 교사: 지금부터 몇 가지 숙제를 내주는 것이 좋지 않을까 생각해요. 61쪽 문제 1번부터 10번까지 풀어 오세요.

이 교사: 연습문제 A와 연습문제 B 아래에 있는 문제들을 집에서 풀어서 반드시 내일까지 제출하세요.

최 교사: 시간이 부족한 것 같군요. 남은 문제는 스스로 반드시 풀어야만 해요.

이러한 과제 부과방식은 숙제가 사실은 그다지 필요하지 않다거나, 그저 기계적으로 주어진다거나, 또는 일종의 처벌 형태로 주어진다는 것을 은연중에 암시하고 있다. 도대체 교사가 그 숙제를 왜 냈는지는 학생들에게 수수께끼로 남게 된다. 왜냐하면 그 숙제가 학습활동과 어떤 관련이 있으며, 학생들이 그 숙제를 하면서 어떤 것을 배우게 될 것인지를 교사가 전혀 언급하지 않았기 때문이다. 학생들은 교사가 숙제를 낼 때 그 숙제를 왜 내는지 그 이유를 알고 싶어한다.

다음과 같은 과제 부과방식, 즉 그 과제를 부과하는 설명이 뒤따르는 과제 부과방식을 잠깐 살펴보자.

김 교사: 오늘 우리는 시민 전쟁의 기원과 그것에 앞서 나타난 경제적인 불황에 대해서 많은 이야기를 했어요. 그러나 시민 전쟁이 일어난 원인에

는 이 경제적 요인 외에 또 다른 요인들이 있어요. 이러한 요인들은 이 전쟁이 발생한 진짜 원인을 이해하는 데 아주 중요해요. 60쪽 1번에서 10번까지의 문제는 이 원인을 이해하는 데 도움을 줄 거예요.

이 교사: 우리 모두는 소유격을 만드는 방법을 지금까지 배웠어요. 그러나 여러분이 이미 깨달았듯이 그것은 보기보다는 훨씬 어려워요. 집에 가서 오늘 밤에 연습문제 A와 B를 풀어 보도록 하세요. 그러면 소유격을 만드는 방법을 충분히 연습할 수 있을 거예요.

최 교사: 모든 문제를 다 풀기에는 시간이 좀 부족할 것 같네요. 다음에 우리가 공부할 문제들은 오늘 배운 것을 기초로 하니까 집에 가서 오늘 밤에 오늘 수업시간에 풀지 않은 문제들을 마저 풀어 보도록 하세요. 그러면 아마 개념이 충분히 잡힐 거예요. 그렇게 하면 다음 시간에 배울 내용이 훨씬 쉬울 거예요.

위에서 알 수 있는 바와 같이, 효과적인 학급경영자는 단원이나 활동이 끝난 직후에 바로 과제를 내주면서 그 과제와 수업내용이 어떤 관련이 있는지를 설명한다. 또한 이들은 숙제가 수업활동이라기보다는 처벌처럼 느껴지게 하는 불필요한 부정적인 말, 즉 "그것을 모두 끝내세요." "그것이 정확한지 반드시 확인하세요." "시간을 엄수하세요." 등과 같은 말을 사용하지 않는다.

둘째는 교사가 학생들에게 숙제를 내줄 때 학생들의 동기를 유발해야 한다는 것이다. 교사가 학생들에게 숙제를 내줄 때 학생들의 동기를 유발하고 긍정적인 인상을 주어 학생들이 숙제활동에 적극적으로 참여하게끔 할 수 있는 다섯 가지 방법을 살펴보면 〈표 5.5〉와 같다.

끝으로, 교실 어디에든지 숙제를 게시하여 숙제를 잊어버리는 학생들이 교사에게 물어 보지 않아도 되도록 하는 것도 좋다. 60cm 정도 되는 두꺼운 종이에 월과 일로 나누는 표를 그리고 그 위에 약간 두꺼운 비닐을 씌우면 재사용이 가능한 훌륭한 숙제 게시판이 될 것이다.

수업 마무리

효과적인 학급경영이 필요한 또 하나의 시기는 바로 수업을 끝마치는 때이다. 이 시기는 학생들이 수업의 끝이 임박했음을 감지하고 학습 참여도가 떨어지는 시기이다. 또한 이 시간은 소음의 강도가 증가하고, 학생들은 다음 수업이나 활동을 준비하며, 책, 노트, 개인적인 소지품을 만지작거리기는 때이기도 하다.

표 5.5 동기를 북돋을 수 있는 표현

동기를 북돋는 것	사용할 수 있는 표현
칭찬과 격려	해냈구나. 참 잘했어. 좋은 시도야. 참 빨리 했구나.
설명 제공	그것이 중요한 이유는 바로 …… 우리가 이 숙제를 하는 이유는 …… 이것은 어려울 거야. 그러나 ~에 적합할 거야. 경험에 의하면 이걸 모르면 다음 장은 아주 어려울 거야.
도움 제공	네가 도움이 필요하면 언제든지 물어 보거라. 문제가 있으면 주저하지 말고 물어 보거라. 내가 저기 있을 테니까 필요하면 언제든지 나에게 오거라.
다양성 수용	내가 기대한 답은 아니지만 네 말에도 일리가 있구나. 나는 그렇게 보지 않지만 그처럼 생각하는 사람들도 이해한다. 나는 그런 생각은 전혀 해 보지 못했다. 어디서 그런 아이디어를 얻었니? 난 한 번도 그런 말을 들어 본 일이 없구나. 그 말의 뜻을 좀 설명해 주겠니?
강화와 보상의 강조	모든 숙제를 마친 사람은 5점의 가산점을 받아요. 연습문제를 모두 마친 사람은 학습자료실에 갈 수 있어요. 평균 C학점을 받은 사람은 자신이 원하는 논술주제를 선택할 수 있어요.

수업을 마무리하는 코멘트는 두 가지 목적을 가지고 있다. 첫째는 말 그대로 수업을 종료하는 것이고, 둘째는 학생들로 하여금 가장 중요한 요점을 복습하고 요약하고 밑줄을 치게 하여 수업이 완전히 끝날 때까지 학생들이 이탈하지 않도록 하는 것이다. 따라서 수업 마무리는 단순히 수업의 끝을 알리는 것보다 훨씬 많은 의미를 지닌다. 그것은 학생들이 그 시간에 배운 내용을 기존의 지식에 잘 통합하게 하여 수업의 관성을 유지시키는 행위이기도 하다. 학생들이 수업 말미에도 적극적으로 수업에 참여하고 방금 배운 내용을 잊지 않도록 하는 방법 몇 가지를 소개하면 다음과 같다.

요점 결합 또는 간추리기 수업을 끝마치는 한 가지 방법은 그 수업의 내용을 하나의 전반적인 결론으로 결합해 주는 것이다. 아래의 예를 읽어 보자.

교사: 오늘 우리는 자본주의, 사회주의 그리고 공산주의라는 경제체제를 공부했어요. 우리는 이 세 체제 모두 어떤 상품과 서비스를 정부가 소유하고 있다는 점에서 비슷하다는 것을 알았어요. 그러나 그 상품과 서비스를 정부가 소유하고 있는 정도에는 각 체제에 따라 차이가

> 있다는 것도 알았어요. 자본주의 체제를 가진 정부가 가장 적은 수의 상품과 서비스를 소유하고 공산주의 체제를 가진 정부가 가장 많은 수의 상품과 서비스를 소유한다는 것을 알았어요.

이 교사는 그날의 수업에서 가장 중요한 결론을 끌어내어 학생들에게 제시하고 있다. 이 교사는 자세한 세부사항을 언급하지 않고 그날 배운 내용으로부터 고도의 일반화, 즉 결론을 이끌어 내고 있는 것이다.

핵심내용 요약 또는 복습 수업을 마무리하는 또 하나의 절차는 주요 내용을 요약하거나 복습하는 것이다. 교사는 모든 학생들이 수업내용을 확실히 이해하게 하기 위해 중요한 내용을 복습한다. 그러나 모든 내용이 반복될 수는 없는 것이고 중요한 내용만을 선택하면 된다. 아래의 예를 읽어 보자.

교사: 수업을 마치기 전에 우리가 배운 두 가지 규칙을 다시 복습해 봐요. 규칙 1: of 구문이 명사로서 대체될 수 있을 때에는 소유격 형태를 사용하여라. 규칙 2: s로 끝나는 단어를 소유를 의미하는 단어로 만들고 싶을 때 아포스트로피를 그 단어의 앞이 아니라 뒤에 위치시켜라. 두 가지 규칙 모두 아포스트로피를 사용한다는 것을 기억하세요.

지금 교사는 수업의 중요한 각각의 부분들을 요약하거나 지적함으로써 수업내용을 통합하고 있는 것이다. 교사의 내용 복습은 신속해야 하고, 핵심을 짚어야 하며, 수업의 주요 내용에 대해 학생들이 이해하는 정도의 차이를 메울 수 있도록 기회를 제공해야 한다.

구조 제공 수업을 마치는 또 하나의 방법은 학생들이 실제로 복습하는 일 없이도 주요 사실과 개념들을 기억할 수 있도록 구조를 제공하는 것이다. 이러한 절차를 통해 교사는 학생들이 쉽게 회상할 수 있도록 학습의 구조 속에서 사실과 생각들을 재조직한다. 아래의 예를 살펴보자.

교사: 오늘 우리는 소유격을 만드는 방법을 배웠어요. 우리가 사용했던 두 가지 규칙을 떠올려 보세요. 하나는 of 구문에서 소유격 형태가 명사로 대체될 수 있다는 것이고, 다른 하나는 s로 끝나는 단어의 소유격 형태라는 거예요. 그럼 지금부터 이 두 가지 규칙을 of 규칙과 s 규칙이라고 부르도록 해요. 그런데 이 두 규칙 모두 아포스트로피를 사용한다는 것을 명심하세요.

of 규칙과 s 규칙을 학생들이 기억하도록 하기 위해 구조를 제공함으로써 교사는 내용을 조직하고, 그것이 어떻게 저장되고 기억되어야만 하는지를 보여 준다. 이 방법의 가장 중요한 점은 학생들이 수업내용을 보다 쉽게 저장하고 나중에 그것을 떠올리는 데 쉽도록 하는 부호와 상징을 제공하는 것이다.

지금까지 우리가 살펴본 방법들의 공통점은 교사가 수업내용을 요약하고 핵심요소들을 강조하면서 수업을 마친다는 것이다. 첫째 예에서 교사는 고도의 일반적인 원리를 재진술하면서 수업을 마치고 있다. 둘째 예에서는 가르쳤던 내용을 학생들 수준에 맞게 요약하는 것이었고, 셋째 예에서는 학생들에게 부호와 상징을 제공함으로써 중요한 정보의 범주를 기억하도록 도와주는 것이었다. 위에서 나열한 각각의 수업 종결방법은 교사의 수업 중 주요한 부분이 끝나 가고 있을 때 학생들이 이에 참여하도록 하는 잠재력을 가지고 있다. 좋은 수업의 끝은 좋은 이야기책의 끝과 같은 것이다. 좋은 이야기책은 여러분을 책 속의 내용에 빠져들게 하고, 읽는 동안에 조마조마하게 만들며, 여러분이 이야기를 이해하고 나중에 그것을 오래도록 기억하게 만들어 준다.

문화 반응적 학급경영

많은 학자들이 다양한 학급경영 형태의 효과와 학생의 참여를 연구하였다. 예를 들어 다음과 같은 학자들(Cheng, 1996; Cheng et al., 1997; Griggs & Dunn, 1995; Weinstein, Tomlinson-Clarke, & Curran, 2005)은 공간적 거리와 학급질서와의 관련성을 밝혀냈다. 그에 따르면 교사와 학생 사이의 공간적 거리가 크면 클수록 학생들이 점차 수동적인 자세를 가지게 되며, 과제 수행을 하지 않게 된다고 한다. 교사가 학생에게 가까이 다가갈수록 의사소통은 원활해지고 더 많은 학생들이 교사가 원하는 바에 부합하는 경향이 있다. 개개의 학생들에게 가까이 다가서는 것은 학생들로 하여금 비언어적인 의사소통, 예를 들어 시선의 마주침, 억양의 변화, 관련 내용을 표현하는 몸동작에 끌리게 하기 때문에 학급규칙을 더 잘 따르게 할 수 있다.

이와 유사하게 Bowers와 Flinders(1991)는 공간의 사용이 참여도 혹은 비참여도를 증가시킬 수 있는 사회적 권력감을 나타낼 수 있다는 것을 발견하였다. 이들은 바퀴 달린 회전의자에 앉아 학생 사이를 다니며 지도하는 교사의 학급에서 어떤 일이 일어났는지를 보고하였는데, 이 보고서에 의하면 이런 방식으로 교사는 더욱 자발적이고 편안한 학생들의 반응을 유도할 수 있었다고 한다. 그리하여 결과적으로 더 많은 학생들이 학급활동에 참여하고 규칙에 순응하게 된다는 것이다. 이런 현상은 특히 전통적인 교사 중심 학급에서는 언어, 문화, 인종적 배경 때문에 주목받기를 꺼리는 학생들 사이에서 두드러졌다.

그 밖에 다양한 학급경영 방식과 학생의 문화 및 인종적 배경과의 적합성에 대한 연구도 있다. 학자들(Cartledge, Gardner, & Ford, 2008; Compton-Lilly, 2000; DeLeon, 1996; Lockwood & Secada, 1999)은 설득력 있는 이론을 내놓았는데, 그것은 다양한 문화는 음성적 혹은 비음성적인 학급경영 방식들—공간과 거리의 사용, 시선의 마주침, 경고, 학급배열—에 각각 다르게 반응한다는 것이다. 더구나 그들은 서로 다른 문화를 가진 교사들이 학생들의 행동을 각각 다르게 해석한다는 많은 예를 열거하고 있다. 예를 들어 질책할 때의 얼굴 표정은 그 질책의 중요성에 대한 다른 메시지를 전달하는 것으로 밝혀졌다. 또한 여러 연구(Delgado-Gaitan, 2006; Dillon, 1989; Putnum & Burke, 1998)는 교사들의 많은 행동이 인종적 소수집단에 속한 학생들의 참여도를 감소시킬 수 있고 또한 학생들의 불만을 야기할 수도 있다는 것을 지적하고 있는데, 그 이유는 교사들의 행동이 그 학생들의 문화와 일치하지 않기 때문이다. 그리하여 Dillon은 교사들은 학생들이 얼마나 다른지를 알고, 또 그러한 문화적 차이를 줄이기 위한 학급의 사회적 구성을 사용하기 위해서 그들의 가치와 신념체계를 한 번 검토해 보아야 한다고 제안한다.

- 학생들이 성숙한 신뢰와 자신감을 경험할 수 있도록 열려 있고 부담 없는 학급 분위기를 만든다.
- 학생들의 흥미와 요구에 맞는 수업을 계획하고 구성한다.
- 학생들이 그들 문화에 맞는 활동과 책임감을 통해 적극적인 학생이 될 수 있도록 수업을 실행한다.
- 과제 마감일, 과제 난이도, 피드백 제공 방식 등에서 최대한 맞춤형 수업을 실시한다.

위의 사항들은 학급 학생들의 문화와 인종적 배경을 이해하기 위해, 또한 문화적으로 민감한 학급경영 체계를 세우는 데 필요한 아주 중요한 것이다.

교사가 학생들을 학습활동에 참여하도록 유도하는 과정에서 부딪히게 될 또 하나의 학급경영상의 문제는 바로 **학습부진아**와 관련된 것이다(Kaufman, Alt, & Chapman, 2001; Schargel, 2003, 2005; Smink & Schargel, 2004). 학습부진아들은 과제를 하지 않고 학습활동에도 참여하지 않는 학생들이다. 이들은 교실 내의 평균적인 학생들을 대상으로 제작된 학습자료, 문제집, 교과서, 교수자료 등을 잘 따라오지 못하는 학생들이다. 따라서 이 학생들이 수업과정에 적극적으로 참여하도록 하기 위해서는 수업 속도를 조절할 필요가 있고, 피드백을 자주 제공해야 하며, 보충학습 자료를 제공해야 하고, 교수자료를 적절하게 수정할 필요가 있다.

학습부진아들은 주로 다음의 두 가지 방식 중 하나로 지도하는 것이 좋다: (1) 보통의 학생들로만 구성된 학급에 편성하는 방법, (2) 특별히 학업성취도가 낮은 학생들로만 구성된 학급에 편성하는 방법. 후자의 방법은 **수준별 학급편성법**의 한 부분인데, 수준별 학급편성법은 학생들을 능력에 따라 상 · 중 · 하로 나눈 다음, 그 능력에 맞는 내용을 가르치는 것을 말한다.

그러나 다양한 수준별 학급편성법이 과연 바람직한 것인지, 공평한 것인지에 대해서는 현재 그 논쟁이 뜨겁다(Free, 2004; Gamoran, 1992; Good & Brophy, 2007; Lou, Abrami, & Spence, 2000; Ready, Behhetto, & LoGerfo, 2005; Slavin, 1991a). 수준별 학급편성법을 지지하는 사람들의 대표적인 논리는 수준별 학급편성을 통하여 높은 학업성취자는 도전의 기회를, 낮은 학업성취자는 보충할 수 있는 기회를 가질 수 있기 때문에 학생들의 능력에 맞춘 분화된 교육이 가능하다는 것이다. 그러나 이 방법에 반대하는 사람들은 지적하기를, (1) 교실 밖의 실세계에서는 능력이 동일한 사람들만이 함께 모여 사는 것이 아니므로 학교에서만 유별나게 능력별로 인간을 분류하여 동질의 집단을 편성하는 것은 결코 민주적이라 할 수 없는 것이며, (2) 최근의 연구결과에 의하면 동질 집단에 속한 학생들이 이질 집단에 속한 학생들보다 학업성취도가 높지 않다(Gamoran, 1992; Good & Brophy, 2007; Skirtic, 1991; Slavin, 1990)고 하였다.

여러분이 정상적인 학급의 학습부진아를 가르치든, 수준별로 편성된 학급에서 학습부진아를 가르치든 간에 학습부진아를 지도하는 데에는 다양한 제시방법(예, 직접, 간접), 다양한 학급 분위기(예, 협동적, 경쟁적), 다양한 교수자료(예, 실습활동, 학습자료실)가 필요하다.

소위 학습부진아로 분류되는 학생들이 그처럼 학습상의 곤란 또는 행동상의 문제를 보이는 이유는 그들이 읽기, 쓰기, 셈하기 등의 기초기능에 결함이 있거나, 추상적인 사고를 하는 데 어려움이 있거나, 적절한 학습전략을 사용하는 것과 같은 학습습관을 형성하지 못했기 때문이다. 따라서 교사가 수업시간에 적절한 수업전략을 사용하지 않으면 이런 부류에 속한 학생들은 자신이 성취할 수 있는 것보다 덜 성취하게 될 것이며, 이는 부정적 자아개념을 가지게 만들고, 비행행동으로 빠지게 만들고, 학교 생활에 흥미를 잃게 만들어 결과적으로 학업 중퇴를 초래하게 된다(Child Trends DataBank, 2005; Shore, 2003; Walker & Sylwester, 1991).

그러나 학습부진아로 분류되는 학생들에 대한 여러분의 선입견을 너무 광범위하게 일반화하는 일은 결코 현명한 일이 못 된다. 최근 탄력성에 대한 연구(Benard, 1997; Doll, Zucker, & Brehm, 2004)가 보여 주듯이 학생들의 성향과 행동은 종종 의외성을 수반한다. '탄력적' 인 아동이란 '의외의 일에 도전하는' 아동으로서 가정환경과는 판이하게 생산적이고 행복해하기까지 한다. 장기간에 걸쳐 이루어진 여러 연구들을 종합해 보면 '탄력적' 인 아동들은 우리가 예상하고 있는 것보다 훨씬 많다. Werner와 Smith(1992)에 의하면, 아주 불우한 환경에서 태어난 아동 중 50~70%는 "사회적 지표로 보았을 때 성공을 할 뿐만 아니라 '자신 있고, 능력 있고, 다른 사람을 보살피는' 성인이 된다." (Benard, 1997, p. 2). 더 나아가 많은 교사들과 학자들은 '탄력성' 이 모든 청소년들에게서 함양될 수 있다고 믿고 있다.

학습부진아들이 학업을 포기하지 않고 수업에 열심히 참여할 수 있도록 만드는 데 도움이 되는 수업전략 몇 가지를 소개하면 다음과 같다.

- *학생들의 흥미, 필요, 경험에 바탕을 둔 수업을 전개한다.* 이것은 학습부진아들의 주의를 높일 수 있고 그들을 배움의 과정에 적극적으로 참여하도록 도와줄 것이다. 학습부진아들의 구체적인 흥미나 경험을 염두에 두고 수업을 계획한다. 지금까지 자신이 지나온 길을 구두 또는 서면으로 작성하게 하거나 자신의 취미 또는 특별했던 경험을 나타내는 물건들을 가지고 오도록 하는 것도 좋다.
- *말 또는 문장으로 학생들을 격려한다.* 학습부진아들은 작문숙제를 별로 좋아하지 않는다. 왜냐하면 자신의 글이 최소한의 작문기준에도 못 미친다는 것을 알고 있기 때문이다. 따라서 자신의 생각을 글 대신 녹음하거나 비디오로 찍어서 제출하도록 하는 것도 고려해 볼 가치가 있다. 이렇게 함으로써 그 학생들은 철자나 문법에 신경을 쓰느라 시간을 많이 소모하지 않고도 작문숙제를 해낼 수 있다.
- *학습보조물을 제공한다.* 학습보조물을 사용하면 가장 중요한 문제나 내용에 학생들이 주의를 기울이도록 해 준다. 또한 학습보조물은 실제로는 별로 중요하지 않지만 학습부진아들의 눈에는 중요하게 보이는 자세한 사항들을 제거해 준다. 예제문제나 예상문제는 학생들이 어느 방향으로 노력을 기울여야 할지를 알게 해 준다.
- *학습전략을 가르친다.* 8장에서 살펴본 학습전략은 학생들이 어떤 과목을 공부하든지 간에 사용할 수 있는 일반적인 방법이다. 이 학습전략은 학생

들이 정보를 받아들이고, 기억 속에 저장하고, 필요할 때 활성화시키는 방식을 향상시킨다. 따라서 교사는 조직화와 정교화 전략(예, 노트 정리와 요약), 이해 여부의 모니터링(예, 목표 설정, 주의집중, 자기 강화), 문제해결 전략(예, 소리내어 또는 조용히 연습하는 것) 등을 학습부진아에게 가르쳐서 이들의 학습 참여도를 높일 수 있다.

첫 수업계획

만약 여러분의 첫 수업이 대부분의 교사들의 수업과 크게 다르지 않다면, 그것은 다음과 같은 활동의 몇 가지 또는 모두를 포함할 것이다(Wong, 1998).

- 시작종이 울리기 전의 질서 유지
- 자기 소개
- 학급경영상의 업무 처리
- 규칙과 기대 설명
- 과목 소개
- 마치기

이 여섯 가지 영역에서 교사가 수업 첫날 보인 반응은 1년 내내 그 학급의 분위기에 영향을 미치므로, 이 여섯 가지를 어떻게 준비할 것인지를 하나씩 자세히 살펴보도록 하자.

시작종이 울리기 전에 할 일

여러분이 담임하고 있는 학급에 대한 책임자로서 여러분의 책임은 수업시간에만 국한된 것이 아니고 학생들의 학교 생활 전반에 걸쳐 있다. 따라서 교사는 아침 첫 수업시작 전, 수업과 수업 사이의 쉬는 시간, 하루의 수업이 끝난 후 등 항상 보살필 준비가 되어 있어야만 한다. 학년 초의 첫 수업은 특히 중요한데, 그 이유는 수업 시작 전에 학생들은 교사의 눈치를 살펴서 교사가 틈을 보이면 수업 시작 전에 했던 행동을 수업이 시작된 후에도 지속하기 때문이다. 첫 수업시간에 교사가 활용할 수 있는 몇 가지 사항을 제안하면 다음과 같다.

1. 교사가 학생들에게 깊은 관심을 가지고 있다는 표시를 하기 위해 학생들이 교실에 들어갈 때 문 옆에 서 있는다. 이렇게 하면 교사는 학생 개개인과 접

촉할 수 있고 학생들이 각자 자신의 자리에 앉을 때까지 쳐다볼 수 있다. 학생들이 교실에 들어올 때 반드시 교사를 가까이서 지나치도록 하는 것은 학생들이 교실에 출입할 때 질서를 지키게 하는 효과가 있다. 교사의 수업은 첫 번째 학생이 교실 문을 통과했을 때 시작된다는 것을 명심한다.

2. 규칙(행동상의 규칙과 학업상의 규칙)을 대략 4~6개 정도 만들어서 칠판에 적어 놓거나, 게시판에 붙여 놓거나, OHP를 통해 보여 주거나, 또는 종이에 프린트하여 각 학생의 책상 위에 올려놓아 학생들이 이 규칙을 잘 볼 수 있도록 한다. 교사들은 〈그림 5.3〉의 상반부에 제시된 것이 학년 초 수일 동안 학생들에게 주지시킬 필요가 있는 규칙이라고 생각할 수도 있을 것이다. 이러한 규칙을 자세히 소개하는 일은 훗날 하더라도 학생들이 이 규칙들을 수업 첫날 분명히 볼 수 있도록 하는 것은 아주 중요하다.
3. 수업 첫날의 일과를 간략하게 요약하여 가지고 있는다. 이 개요에는 첫날 해야 할 일이 빠짐 없이 포함되어야 한다. 첫날 해야 할 사항들을 잊지 않기 위하여 조그마한 카드에 적어 활용하면 좋다. 첫날 일과에는 다음과 같은 사항이 포함될 것이다.

- 학생들과 인사하고 자기 소개하기(5분)
- 출석 부르기(5분)
- 서식 기입하기(10분)
- 교과서 분배하기(15분)
- 규칙 제시하기(10분)
- 코스내용 소개하기(10분)
- 준비물 가져올 것을 상기시키기(2분)
- 마치기(3분)

자기 소개

자기 소개를 할 때 자신의 이름을 말하면서 뭔가 자신에 관한 특별한 것을 덧붙이는 것이 좋다. 여러분의 성격은 처음 몇 주 동안 조금 드러날 것이다. 급하게 서둘 필요는 없다. 그러나 여러분이 교실 밖에서는 어떤 종류의 사람인지를 학생들에게 약간 알려 주는 것은 여러분을 교사로서뿐만 아니라 친구로서 다가서기를 원하는 학생들에게 도움을 줄 수 있을 것이다. 여러분의 홍미, 취미 또는 특별한 관심, 심지어 가족관계나 가정 생활에 대해 약간 언급하면 학생들이 여러분을 기억하는 데 많은 도움을 줄 수 있을 것이다.

학급경영 업무

교사가 학생을 가까이에서 만나는 첫 기회는 출석을 부를 때이다. 출석을 부를 때 학생들은 자신의 자리에서 고개를 돌려 대답하는 사람을 쳐다보고 서로 얼굴을 익힐 수 있으며, 대답하는 사람은 자신의 흥미, 취미, 특별한 경험, 특히 여러분이 잠시 뒤 수업시간에 가르치고자 하는 내용과 관련된 경험을 말할 수 있을 것이다.

이 시기에 교사가 해야 할 행정적인 업무는 적지 않아, 고학년의 경우에는 출석 부르고 남은 시간을 모두 차지할 수도 있고 저학년의 경우는 1시간 또는 그 이상이 걸릴 수도 있다. 학교측에서 요구하는 각종 양식을 채우고, 시간표를 확인하고, 교실을 제대로 찾지 못한 학생들을 안내하고, 수업 도중에 들어오는 새로운 학생들을 맞이하는 일 등이 수업 첫날 교사가 해야 하는 일이다.

규칙과 기대

시간을 약간 할애하여 학생들이 교실 내에서 지켜야 할 규칙과 행동 및 학업 면에서 교사가 학생들에게 무엇을 기대하는지를 설명하는 것이 좋다. 이렇게 함으로써 학생들이 가지고 있을 불확실감을 제거할 수 있고, 여러분의 학생들에게 기대하는 바가 무엇인지를 확실히 할 수 있게 된다. 학생들에게 규칙과 교사의 기대를 알려 주는 방법으로서 게시판에 부착하였거나 인쇄하여 나누어 준 행동 및 학습상의 규칙을 하나씩 설명하는 것보다 더 좋은 방법은 없다.

과목 소개

수업 첫날에 해야 할 일이 많은 관계로 과목의 내용을 충분히 소개하기는 어렵지만, 다음과 같은 요령을 사용하면 과목을 효율적으로 소개할 수 있다.

1. 일제학습 방식으로 수업을 시작한다. 수업 첫 시간은 학생들의 집단활동에의 참여도가 낮고 탐구활동이나 문제해결 활동과제에 의미 있는 공헌을 할 수 있을 만큼 분위기가 무르익지 않은 때이다. 비지시적이고 자기 주도적인 형태의 수업은 학생들이 교사를 겪으면서 얻게 되는 신뢰감과 자신감에 많

이 좌우된다. 학생들은 이러한 신뢰감과 자신감을 학기 초 몇 주 동안에 획득하게 된다.

2. 수업 초기에 모든 학생들이 성공적으로 완수할 수 있는 활동을 선택한다. 이 시기에 교사는 어떤 정도의 난이도가 학생들에게 적합한지 잘 모르므로 쉬운 것부터 시작하여 점차 난이도를 높이는 것이 좋다.

수업 종료

첫날 수업을 마칠 때 사용할 분명한 절차를 만들어 기억하고 있어야 한다. 예를 들어 다음 수업내용을 소개하거나 다음 시간에 가지고 와야 할 물건을 상기시키는 활동이 그것이다. 끝종이 울리기 3분 전에 수업 종료절차에 들어가도록 한다. 학급 내의 모든 학생들이 이번 학년에 아주 공부를 잘 할 수 있을 것이라는 격려의 말을 하면서 수업을 마친다.

이러한 사항을 잘 지킨다면 수업 첫날을 아주 성공적으로 보내게 될 것이다!

현장사례 *Case History and Licensure Preparation*

손영민 선생님은 초임교사로서 2학년 담임을 맡고 있다. 손 선생님 반에는 여러 가지 기준에 의해 '학습부진아' 로 불릴 만한 학생들이 다수 소속되어 있다. 많은 학생들이 편부 또는 편모 슬하에 있으며, 학급 전원의 2/3에 달하는 학생들이 점심 급식비를 할인받고 있다. 또한 거의 1/3 정도의 학생들이 영어 이외의 언어를 사용하고 있다.

학기가 시작한 지 3주가 지났음에도 불구하고, 손 선생님의 예상과는 달리 손 선생님이 걱정하는 문제가 하나도 나타나지 않았다. 학생들은 어떠한 학습경영상의 문제도 일으키지 않았다. 질서를 잘 지켰고, 행동도 바르게 하였으며, 교실에서 매우 조용하게 행동하였다. 손 선생님이 학급 게시판에 붙인 규칙은 다음과 같았다.

- 다른 사람을 존중하고 다른 사람의 물건을 소중히 다룰 것
- 발언하기 전에는 반드시 손을 들 것
- 다른 사람이 말할 때에는 잘 들을 것

손 선생님은 이와 같은 규칙을 어겼을 경우 받게 될 대가를 설명하느라 많은 시간을 할애하였지만 , 지금은 그런 노력이 시간낭비였다고 느끼고 있다. 손 선생님이 현재 안고 있는 문제는 학생들이 손을 들지 않고 발언을 한다는 것이 아니라, 아예 수업시간에 전혀 발언을 하지 않는다는 것이다. '다른 사람이 말할 때에는 잘 들을 것' 이라는 규칙을 정해 놓은 것이 무색할 정도로 학생들은 발언을 하지 않는다. 손 선생님이 질문을 해도 극소수의 학생만이 아주 짧게 대답할 뿐이다. 학생들은 가나다 순으로 정해 준 자리에 앉아서 칠판에 써 준 내용을 조용히 베끼고 있으며 글씨 연습도 열심히 한다.

손영민 선생님은 그동안 9살짜리 초등학교 2학년 꼬마들이 교실에서 수업시간에 마구 떠들어 댈 것을 예상하여 이를 '관리' 할 방안만을 연구하였으나, 이제는 내성적이고 피동적인 학생들을 수업에 참여하도록 자극하는 일이 손 선생님의 연구거리가 되었다.

손영민 선생님은 주말 대부분을 "어떻게 하면 학생들이 수업에 적극적으로 참여하도록 할 수 있을까?" 를 생각하며 보낸다. 손 선생님이 생각해 낸 한 가지 방법은 학생들이 교실에 들어올 때 교실 입구에 근엄한 얼굴을 하고 서서 목례를 하기보다는 환한 미소를 띤 얼굴로 다정한 말을 걸며(예, "예쁜 옷을 입었구나." "가방 참 멋진데!") 학생들을 맞이하는 것이다.

뿐만 아니라, 학생들을 가나다 순으로 앉히기보다는 책상 위에 임의로 이름표를 놓아 두고 자기 이름표가 놓인 곳에 앉으라고 하였다. 또한 5~6명씩 모둠을 지어 학생들을 앉히면서 영어를 잘 하는 학생이 최소한 2명, 영어와 스페인 어를 모두 잘 하는 학생이 최소한 1명 정도 포함되도록 하였다. 그리고 각 모둠에 다음과 같이 말하였다.

"여러분, 각 모둠끼리 앞으로 한 팀이 되어서 숙제도 함께 하고 프로젝트도 함께 하게 될 거예요. 따라서 여러분, 서로서로 친하게 지내기 바랍니다. 여러분이 서로 친해지도록 여러분이 가장 좋아하는 동물이 무엇인지를 생각하여 말해 보는 시간을 갖도록 하겠습니다. 자, 자신이 하룻동안 동물이 되어야 한다면 어떤 동물이 되고 싶은지 생각해 보세요. 선생님부터 말해 보겠습니다. 나는 남원 운봉의 지리산을 오르내리는 아주 빠른 야생마가 되고 싶습니다. 빨리 달리면서 갈기에 바람을 느끼며 대지를 가로질러 하늘이 맞닿은 곳까지 뛰어가고 싶어요. 나는 정말이지 그렇게 뛰어다니는 말이 누리고 있는 자유, 아름다움, 힘, 속도를 부러워한답니다. 자, 몇 분 동안 어떤 동물이 되고 싶은지 생각해 보고 차례대로 이야기해 봅시다. 여러분이 말한 이름들 중에서 각 모둠의 이름을 정할 거예요."

손영민 선생님은 채 1분도 지나지 않아 많은 학생들이 어떤 동물이 되고 싶은지에 대하여 서로 이야기하기 시작하는 데 매우 놀랐다. 평소 매우 수줍어하며 눈을 내리깔기만 하던 이태형은 원숭이가 되고 싶다며 원숭이 흉내를 내면서 킥킥 웃었다. 영어 단어 몇 개밖에 모르는 강영훈은 아주 활발한 모습으로 친구들과 어울리고 있었다.

학생들의 대화가 아주 활발해지자 손 선생님은 학생들에게 목소리를 조금 낮추라고 말하면서 스스로 묘한 만족스러운 웃음을 짓고 있었다.

요약 *Summing up*

학생의 신뢰를 얻고 지도자가 되기 위한 옛날 방법

1. 교사들이 얻으려고 힘쓰는 사회적 힘 혹은 지도력은 다섯 가지 유형으로 나뉘는데, 그 다섯 가지는 (1) 전문가적 힘, (2) 인간적 힘, (3) 법적 힘, (4) 보상적 힘, (5) 통제적 힘이다.

집단 발전의 단계

2. 성공적인 집단이 통과하는 4개의 발전 단계는 형성하기, 스토밍하기, 규준 정하기, 수행하기 등이다.
3. 거리 유지 행동이란 일종의 애교 있는 한계 테스트로서 집단 구성원들이 교사의 학업상의 기대와 규칙이 어떤 조건하에서 적용되는지를 알아보는 것을 가리킨다.
4. 중심 확보 행동이란 애교적인 한계 테스트의 두 번째 유형으로서, 학생들이 어떤 집단의 한 구성원이 되는 것으로부터 그들이 어떤 개인적인 이익을 얻을 수 있는가에 대한 의문을 제기하는 것을 가리킨다.
5. 규준이 발전하는 두 가지 기본적인 과정은 확산과 구체화이다. 확산은 한 구성원의 학업상 및 사회적 기대가 전 구성원에게 퍼지는 것을 말하고, 구체화는 그 기대가 하나의 공유된 관점이 되는 것을 말한다.

효과적인 학급 분위기 조성

6. 학급 분위기란 교사와 학생 간의 상호작용이 일어나는 분위기, 즉 무드를 말한다. 학급 분위기는 사회환경과 조직환경에 의하여 만들어지는데, 사회환경은 교사가 자신의 학급에서 사용하고자 하는 상호작용의 유형과 밀접하게 관련이 있고, 조직환경은 교실의 물리적 · 시각적 배열과 관련이 있다.
7. 학급의 사회환경은 권위형부터 자유방임형까지 다양하게 형성될 수 있다. 권위형은 정보, 의견, 설명의 주요한 제공자가 교사이고, 자유방임형은 학생들이 정보, 의견, 설명의 주요한 제공자이다.
8. 학급에서 권위를 설정하고 사회적 분위기를 만드는 데 있어 교사의 역할은 다양할 수 있다. 교사가 취할 수 있는 서로 다른 역할의 예를 들면 다음과 같다.

- 교사가 학생의 학습에 필요한 모든 자극을 제공하고 조직하는 등 학생의 행동을 세심하게 일일이 통제하는 지휘자
- 학생이 제시한 아이디어를 옮기고 요약하는 번역자 또는 요약자
- 아이디어와 문제에 대한 해결책을 학생과 함께 만드는 동등한 협력자

9. 학급의 사회적 분위기는 교사가 자신이 맡고 있는 학급 구성원들 간의 상호작용이 경쟁적이기를 원하는가, 협동적이기를 원하는가, 아니면 개인적이기를 원하는가에 따라 달라진다. 이 세 가지 유형 사이의 차이는 학생들에게 의견을 표현할 수 있는 기회를 얼마나 주는가, 학생들이 발언할 시간을 얼마나 주는가, 학생들이 얼마나 자발적으로 응답할 수 있도록 허용하는가의 정도에서 나타난다.
10. 학급의 조직상의 분위기는 교실의 물리적 · 시각적 배열과 관련이 있는 것으로서 책상, 의자, 테이블 및 기타 교실 내의 다른 가구들을 배치하는 방식에 따라 결정된다.
11. 교사가 조성한 교실의 사회적, 조직적 분위기의 결과로서 학생의 경쟁적, 협동적, 개인주의적 행동의 정도가 결정된다.
12. 학급 내의 규칙은 다음과 같은 네 가지 부류의 하나에 속하게 된다.
    - 학업과 관련된 규칙
    - 교실 내의 행동과 관련된 규칙
    - 수업 첫날 학생들에게 전달해야 하는 규칙
    - 적당한 시기에 학생들에게 전달될 수 있는 규칙
13. 학생들에게 규칙을 전달하는 방법으로는 말로 하거나, 게시판에 붙이거나, OHP로 만들어 보여 주거나, 프린트하여 나누어 주거나 하는 등의 방법이 있다. 초등학교 저학년에서는 먼저 말로 설명하고, 이를 종이에 프린트하여 나누어 주고, 학생들이 후에 참조할 수 있도록 교실에 붙여 놓는 일을 병행하는 것이 최상의 방법이다. 초등학교 고학년이나 중학교에서는 규칙을 외우게 하고 노트에 적도록 하는 것이 좋다. 고등학교에서는 말로 설명하고 게시판에 붙이는 것만으로도 충분하다.
14. 교사가 규칙을 만들 때 참고할 사항은 다음과 같다.
    - 규칙이 학급 분위기와 어울리도록 만든다.
    - 강요할 수 없는 규칙은 만들지 않는다.
    - 꼭 필요한 규칙만을 만든다.
    - 비슷한 행동을 모두 포괄할 수 있을 만큼 일반적으로 진술한다.
15. 학생들에게 만들어진 어떤 규칙을 지키도록 요구하는 일을 이제 더 이상 할 수 없다면 그것이 바로 그 규칙을 개정해야 할 징조이다.

학급경영의 문제영역

16. 학급경영에서 특히 골치 아픈 네 가지 영역은 학생 모니터링, 관심사 전환, 과제 부과, 수업 마무리이다.
17. 민감성은 일종의 모니터링으로서 학생들이 참여하는 여러 가지 활동을 동시에 관찰할 수 있는 교사의 능력을 말한다.
18. 과제를 긍정적으로 부과하고 학생들의 동기를 북돋는 방법은 다음과 같다.
    - 학생들을 칭찬하고 격려한다.
    - 친절하게 설명한다.

- 도움을 제공한다.
- 다양성을 용납한다.
- 보상을 강조하고 처벌을 앞세우지 않는다.

19. 관심사 전환기에 문제가 발생하는 이유는 학생들이 다음 활동을 수행할 준비가 되지 않았거나 관심사 전환기에 어떤 행동을 하는 것이 적절한지를 모르기 때문이다.
20. 숙제는 수업이 끝난 직후에 바로 내주는 것이 좋은데, 이때 부정적인 말을 사용하지 말아야 한다.
21. 수업을 끝낼 때에는 요점을 복습하거나 요약하면서 뒤에 그 내용을 학생들이 쉽게 기억할 수 있도록 일목요연하게 정리해 주어야만 한다.

문화 반응적인 학급경영

22. 교사는 학급 내의 문제적 차이를 극복하기 위하여 다음과 같은 방법을 사용하는 것이 좋다.
    - 편안한 열린 분위기를 형성한다.
    - 학생의 흥미와 필요에 부합하는 수업을 계획한다.
    - 학생의 문화와 일치하는 활동과 책임감을 허용한다.

토의 및 연습문제 *Discussion and Practice Questions*

1. 초임교사들이 가장 빨리 획득해야만 하는 사회적인 힘 두 가지를 자신의 말로 설명하시오. 여러분은 이러한 힘을 어떻게 획득하겠는가?
2. 규범의 확산과 구체화란 무엇을 의미하며, 규범 발달의 이 두 가지 기본적 과정이 어떤 순서로 일어나리라고 보는가?
3. 여러분이 학급에서 취할 수 있는 권위를 전달하는 세 가지 역할은 무엇인가? 학생의 의견표현, 교사 발언과 학생 발언의 비율, 대답의 자발성이 이러한 세 가지 역할의 각각의 함수로서 어떻게 변화하는가?
4. 교실의 내적 특징을 표로 작성하고 6번 질문에 있는 세 가지 학급 분위기 중 하나를 촉진시키는 방법을 설명하시오.
5. 수업 첫날에 필요한 학업상의 규칙 네 가지와 행동상의 규칙 네 가지를 열거하고, 이러한 여덟 가지 영역의 각각에 대하여 수업 첫날에 학생들에게 유인물이나 OHP를 통해 보여 주고 싶은 그대로 규칙을 하나씩 만드시오.
6. 어떤 상황의 맥락 속에서 전달하면 기억하기 쉬운 규칙 두 가지를 들고, 각각의 상황을 묘사하시오.
7. 효과적인 학급규칙을 만들기 위한 세 가지 지침을 설명하고, 이 지침에 따라 네 가지 규칙을 만드시오.
8. 어떤 규칙을 언제 개정하고 없애야 하는지를 결정하기 위한 실용적인 전략은 무엇인가? 학업상의 규칙과 행동상의 규칙 중에서 어떤 분야의 규칙이 가장 빈번하게 개정될 것으로 보는가?
9. 관심사 전환기에 바람직하지 않은 행동을 피할 수 있게 돕는 네 가지 요령은 무엇인

가? 어떤 방법을 가장 사용하고 싶은가?

10. 집에서 해야 할 숙제가 의미 있고 학생들에게 수용될 수 있도록 하기 위해 이 장에서 논의한 방법 두 가지는 무엇인가? 이 두 가지 외에 또 다른 방법을 생각해 보시오.

11. 학생들이 수업내용을 조직하도록 도우면서 수업을 끝내는 방법 세 가지는 무엇인가? 이 세 가지 중에서 여러분이 가르치는 학생들에게 어떤 방법이 가장 적합한가? 그 이유는 무엇인가?

6

이 장을 마치면 여러분은 다음 질문에 답할 수 있을 것이다.

1. 효과적인 학급경영 계획은 무엇인가?
2. 효과적인 학급경영자가 갖춰야 할 행동은 무엇인가?
3. 학생의 행동을 변화시키는 데 더 효과적인 것은 무엇인가? 보상인가, 처벌인가?
4. 교사-학부모 협의회를 어떻게 계획하는가?
5. 문화 반응적 학급경영이란 무엇인가?

학급경영 2: 학생 참여 촉진

신문을 읽거나 관직 입후보자의 연설을 듣거나, 학급운영위원회에 참석하거나 혹은 교사 휴게실에서의 대화를 우연히 들은 사람은 학급질서 유지와 훈육이 교육 전반에 걸쳐 가장 빈번하게 논의되는 주제라는 것을 인식할 수 있을 것이다. 학급을 통제할 수 있는 능력이 없다는 것은 교사 해고나 재임용 실패에 가장 일반적으로 언급되는 이유이며, 그래서 초임교사들은 언제나 학급 훈육에 가장 큰 관심을 기울인다(Kirsch, 2005; Rose & Gallup, 2002; Weiner, 2002).

제5장에서는 학급경영 요령에 대해 배웠다. 이 장에서는 학급 분위기를 해치는 행동을 예방하는 기법과 효과적으로 학습환경을 관리하는 기법을 구체적으로 살펴볼 것이다.

학급경영 체제

학급경영 접근방법은 세 가지 유형으로 나눌 수 있다. 첫째 유형은 교사와 학생 간의 대화와 문제해결이 아주 중요하다고 강조하는 입장이다. 이것을 학급경영의 **인간주의적 접근**이라 한다(Ginott, Ginott, & Goddard, 2003; Glasser, 1998a, b, c; Jones & Jones, 2007; Mendler, Curwin & Mendler, 2007). 둘째 유형은 **행동분석 응용 접근**에서 유래한 입장으로, 학급경영에 있어서 행동수정 기술과 강화학습 이론을 적용할 것을 강조한다(Alberto & Troutman, 2009; Canter, 2005; Landrum & Kauffman, 2006). 세 번째 유형은 가장 최근의 것으로 수업활동의 조직, 경영, 교과내용 전달 등과 관련된 수업 기술을 강조하는 입장인데, 이것을 **학급경영 전통**이라 한다(Cotton, 1996; Emmer & Evertson, 2009; Evertson & Emmer, 2009). 이 셋째 접근방법은 인간주의적 접근법이나 행동분석 응용 접근법보다 학급 행동 관리에서 예방이 아주 중요한 역할을 담당한다는 입장을 취한다.

이 장에서는 이 세 유형의 주요 특징을 간단히 요약하며 교실에서 어떻게 사용될 수 있는지를 지적하고, 각 접근법의 장점만을 취하여 어떻게 한 가지 접근법으로 결합할 수 있는지를 살펴보고자 한다. 먼저 효과적인 학급경영 계획의 여섯 가지 기준을 살펴보도록 하자.

1. *모든 학급 구성원 사이에 긍정적인 관계를 확립한다.* 신뢰할 수 있는 관계를 형성하고자 하는 학생들의 요구를 충족시키는, 긍정적이고 지지적인 학급 분위기는 질서 있는 학급관리를 위한 필수적인 기본 요소이다. 앞 장에서는 신뢰관계를 형성할 수 있는 몇 가지 방법을 알아보았다.
2. *주의끌기와 과업회피 행동을 예방한다.* 학급경영에 할애된 시간은 학습과정에 학생들이 참여하도록 하고 참여를 방해하는 행동을 예방하는 데 전적으로 사용되어야 한다. 참여와 예방은 둘 다 물리적 공간의 배열과 이 공간에서 활동할 때 지켜야 할 규칙에 대한 가르침을 포함한다. 앞 장에는 학급 분위기의 중요성을 살펴보았고, 학급규칙을 가르칠 때 필요한 몇 가지 지침과 예를 공부하였다.
3. *문제행동이 발생하면 빠르고 조용하게 해결한다.* 대부분 학급문제는 수업 시간에 다른 짓을 하거나 주의 끌기 행동의 형태로 나타난다. 이런 문제를 해결하는 방식은 그 문제행동 자체보다 더 많은 혼란을 일으키지 말아야 한다.
4. *간단하고 일관되게 사용할 수 있는 전략들을 가지고 지속적이고 만성적인 문제행동을 중지시킨다.* 모든 긍정적, 부정적인 행동에 대처할 수 있는 학

급관리법은 오늘날의 바쁜 학급 안에서 일관되게 사용되기에는 아주 실용적이지 못하다.

5. *자기조절을 가르친다.* 교사가 외적인 통제를 강요하기 전에 학생들은 내적인 조절을 연습할 수 있는 기회를 가져야 한다. 외적 통제가 주어졌을 때에는 그 외적 통제를 점차 줄이는 과정도 반드시 병행해야 한다.
6. *문화적 차이점을 존중한다.* 그릇된 행동을 교정하기 위한 음성적 혹은 비음성적 방법은 서로 다른 문화를 가진 학생들에게 다르게 적용해야 한다. 마찬가지로 보상과 그에 따른 결과를 포함하는 체계적 전략들도 문화를 고려해야 한다.

지금부터 학급경영에 대한 세 가지 접근법에 대해 알아보도록 하자. 읽어 가면서 이 세 가지 접근법이 어떻게 위의 기준에 들어맞는지를 살펴본다.

학급경영에서 인간주의적 전통

인간주의적 전통의 근간이 되는 원리는 임상 및 상담심리학에서 도출되었다. 이것은 인간주의라 불리는데, 그 이유는 이 방법이 기본적으로 인간 내면의 생각, 감정, 정신적 요구, 학생 개인의 정서에 초점을 맞추기 때문이다. 인간주의적 접근은 학생들의 행동을 즉각적으로 교정하거나 복종하게 만들기보다는 학생들이 스스로 자신의 행동을 통제하는 능력을 키우도록 시간을 허용하는 것이 중요함을 강조한다. 인간주의 접근을 사용하는 교사는 이러한 목적을 의사소통 기술의 사용, 학생들의 동기 이해, 개인적인 면담, 개인 및 단체 문제해결, 참조적 · 전문가적 힘 등을 강조하는 방법 등을 통하여 이루려고 한다.

Ginott 등(Ginott, 1995; Ginott, Ginott, & Goddard, 2003)의 적절한 대화(의사소통 기술 접근법이라고도 함)를 통한 협동과 Glasser(1998b, c)의 개인 및 집단 문제해결(협동학습과 현실치료라고도 함)을 통한 협동은 인간주의적 전통의 예이다. 이 두 가지 방법이 효과적인 학급경영자가 지녀야 할 기술의 서로 다른 측면을 강조하고 있기는 하지만, 이것들은 기본적으로 동전의 양면이라고 할 수 있다.

적절한 대화

Ginott의 **적절한 대화 기술 접근법**의 기본 원리는, 만약 교사가 학생에게 어떤 행동을 해도 좋다고 허락한다면 학생들은 스스로 자신의 행동을 통제할 수 있다는 것이다. 교사는 학생들에게 어떻게 자신의 행동을 바꿀 것인지, 어떻게 학급을 운영하면 좋을 것인지를 선택하도록 허락하여 학생들의 통제력을 길러 준다. 이와 병행하여, 교사는 효과적인 의사소통 기술을 사용하여 학생이 마음 속에 품고 있는 생각과 감정을 다스릴 수 있도록 돕는다.

대화 기술을 사용하는 것은 학생의 자존심에 영향을 미치는 중요한 것인데, 이 자존심은 바람직한 행동의 기초를 이루는 중요한 힘이다. 그러므로 인간주의적 전통은 먼저 학생들의 자기 존중감을 높임으로써 학생들의 행동에 영향을 주려고 노력한다. 이러한 접근에 찬성하는 사람들에 의하면, 적절한 대화는 자기 존중감을 신장시키는 수단이라고 한다.

교사들은 학교에 근무하는 동안 적절한 대화법을 학생들에게 적용할 수 있는 많은 기회를 가진다. 대개 이러한 기회는 그릇된 행동을 한 학생과의 개인면담에서 비롯된다. 그러나 이러한 대화는 또한 학급 학생 전원과 함께 문제를 해결하는 과정에서도 사용될 수 있다. 이런 경우에 교사는 아래의 사항을 따르며 적절하게 대화하여야 한다.

1. *사리분별력 있는 메시지를 표현한다.* 사리분별력 있는 메시지는 학생들에게 그들의 행동이 적합하지 않다는 것을 말해 준다. 단, 혼내거나 꾸짖거나 위협하거나 모욕하지 않는 태도로 말해야 한다. 사리분별력 있는 메시지는 학생들의 행동 자체를 나무라는 것보다 그들이 무엇을 해야 하는지를 제시한다. 예를 들어 "철수야, 너는 항상 문 근처에서 잡담을 하고 수업시간에도 늦는구나!" 라고 말하기보다는 "철수야, 우리는 종이 울리기 전까지 자리에 앉아 있기로 되어 있었지!" 라고 말해야 한다.
2. *감정을 부정하기보다는 받아준다.* 교사는 학생의 개인적 상황을 꼬치꼬치 따지기보다는 학생 개개인의 감정을 받아들여야만 한다. 만약 학생이 "저는 친구가 없어요." 라고 불평을 하면, 교사는 학생의 고립감을 받아들여야 하고 학생과 동일시되어야 한다. 즉, 학생이 사회 상황을 제대로 이해하지 못했음을 깨닫게 만들기보다는 "그래, 너는 어느 집단에도 속하지 않는다고 느끼는구나!" 라고 해야 한다.
3. *학생의 특징을 단정적으로 나타내는 단어의 사용을 피한다.* 학생이 잘못할 경우, 이를 표현하기 위하여 '게으르다' '단정치 못하다' '나쁜 행동이다' '헌신적이다' '똑똑하다' '완벽하다' 등과 같은 단어의 사용을 피해야 한다. 대신에 교사는 순수하게 행동적인 용어로 교사가 무엇을 좋아하고 좋아

하지 않는지를 묘사해야 한다. "너의 숙제는 지저분하구나!" 대신에 "너의 숙제에는 지우개로 지운 흔적이 많구나." "너는 좋은 작가로구나!" 대신에 "너는 편지를 정확하게 썼구나."라고 말을 해야 한다.

4. *조심스럽게 칭찬을 한다.* Ginott은 많은 교사들이 학생의 훌륭한 행동을 알아주기 위해서보다는 학생들의 행동을 통제하기 위해서 지나치게 그리고 교묘하게 칭찬을 한다고 믿고 있다. 교사들은 판단적으로 칭찬을 하고("임연경, 너는 좋은 학생이구나!"), 정확성을 우수성과 혼동하기도 하며(실수를 적게 하여 완벽하게 일을 한 학생을 좋은 학생이라 언급함), 아무것도 아닌 행동을 다른 아이들 앞에서 칭찬한다("수민이가 의자에 앉는 태도가 마음에 들어요."). 너무 빈번하게 칭찬을 하면 칭찬의 가치가 떨어지고 학생들은 교사의 칭찬에 더 이상 감격하지 않는다. Ginott은 교사들에게 아주 훌륭한 행동에 대해서만 칭찬을 하라고 말한다. 이때 중요한 것은 그 행동을 한 사람으로부터 분리시켜 표현하는 것이다. 예를 들어 "그 글은 아주 독창적인 생각과 연구로 가득 차 있다."라고 말하는 것이다.
5. *협동을 이끌어 낸다.* 교사와 학생이 일단 행동상의 관심사를 확인하면, 교사는 학생들에게 강제적으로 무엇을 하도록 지시하기보다는 학생들이 선택하여 문제를 해결할 수 있도록 양자택일의 문제를 주는 것이 좋다고 기놋은 말한다. "강요하지 말고 협동하라."는 말을 명심해야 한다.
6. *화가 날 때는 말을 한다.* 교사도 사람이다. 그들도 다른 사람들처럼 실망하거나 화가 나기도 한다. 기놋은 교사들이 감정을 '너 메시지' 보다는 '나 메시지' 로 표현해야 한다고 믿고 있다. 나 메시지는 교사들을 화나게 한 행동과 상황에 대한 교사들의 느낌에 초점이 놓여 있다("너희들이 초청인사가 강의를 하는 동안에 떠들어서 나는 매우 마음이 상했고 당황스러움을 느꼈단다."). 반면 너 메시지는 전형적으로 학생들을 책망하거나 혼내는 것에 초점이 맞추어져 있다("너희들은 초청인사에게 매우 무례했다."). 교사들은 문제가 발생하여 화가 나고 속이 상할 때 나 메시지를 사용해야만 한다.

인간주의적 전통을 가지고 교실 문제를 해결하려고 하는 교사는 그 발생한 문제에 학생들의 주의를 환기시키기 위하여 공개토의를 해야 할 것이다. 그런 다음, 교사는 서로 동의한 규칙과 결과를 만들기 위해 학생들의 협동을 이끌어 낼 수 있을 것이다. 마지막으로, 문제가 일어났을 때 교사는 학생과 개인면담을 하면서 위의 1부터 6까지의 단계를 사용하면 좋을 것이다.

협동학습

Glasser는 효율적으로 학급을 경영하는 교사들은 학생들이 있고 싶어하는 학급 환경을 조성하고, 그 환경을 유지하기 위해서 학생들이 반드시 따라야 하는 합의된 행동규칙을 만들며, 이 규칙을 어기는 학생들과 그 문제해결을 위한 상담지도를 하라고 지적하고 있다. Glasser는 **협동학습**이 바로 학생들이 소속되고 싶어하는 학급을 만드는 하나의 방법이라고 옹호한다. 그는 협동학습을 강조하는 학급은 모든 학생들로 하여금 학습활동에 참여하도록 동기를 북돋운다고 믿고 있다. 그는 제한된 보상을 놓고 학생 상호간 경쟁하는 일제수업은 필연적으로 그 중 절반 가량의 학생들이 학습에 흥미를 느끼지 못하고 좌절하게 만들며, 심지어는 그 학급의 문제학생이 되도록 만들기도 한다고 주장하고 있다.

Glasser는 학생들이 학급에의 소속감, 학급에 대한 영향력 그리고 자유를 경험할 수 있는 교실환경—다른 말로 학생들이 안에 있고 싶어하는—이 주어진다면 문제 학생들을 지도하는 것은 간단한 일이라고 말한다. 학생들의 필요로 만들어진 학급규칙을 지키지 않는 학생들을 만난다면, 교사는 학생들에 대한 믿음으로 개별적인 상담을 하면서 학생들에게 규칙을 상기시키고 학생의 잘못된 행동을 지적해야만 한다. 규칙을 따를 것을 납득시켜야 하며 규칙을 어긴 것에 대해서는 명확한 결과를 보여 주어야 한다. 예를 들어 학생이 규칙을 따르겠다고 할 때까지 교실 밖에 격리시키는 것이다. Glasser는 교사들이 규칙을 어긴 학생의 변명을 들어 주지 말 것을 당부한다. Glasser는 교사가 올바른 선택을 하지 않고 학생들에 대한 변명이나 속죄양으로서 사회경제적 또는 사회문화적 조건을 들먹이는

Glasser는 학생이 부정적 행동을 보이면 학생과 그 문제에 관해 논의해야 하며, 논의시간 중에는 올바른 선택의 중요성을 강조하고 그의 잘못된 행동에 대한 어떠한 변명도 받아주지 말아야 한다고 충고한다.

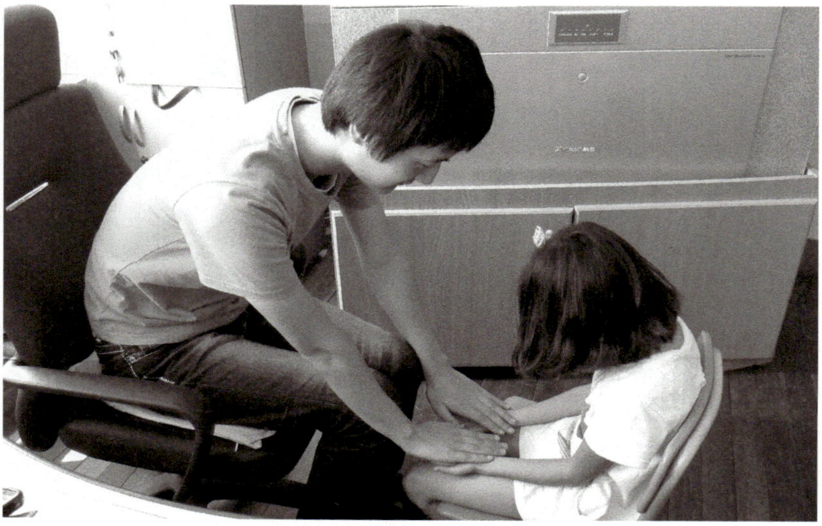

것에 동의하지 않는다. 학생들 스스로의 필요를 충족시키기 위한 환경을 어기는 것에 대해서는 어떠한 변명도 있을 수 없다는 것이다. 더 나아가 Glasser는 만일 학생들이 이런 환경에서 쫓겨날 사태에 직면하면 교사가 강요하지 않아도 스스로 알아서 행동을 바르게 할 것이라고 믿고 있다.

Glasser는 학급경영을 시작하는 교사들에게 명료한 지침을 제시하고 있는데, 그것은 "협동학습 원리에 기초한 더욱 친근한 교실을 만들라."는 것이다. 세부적인 방안으로 다음과 같은 사항을 추천하고 있다.

- 학생과 함께 학급규칙을 만든다.
- 학교측의 행정적 지원을 받아 문제를 일으키는 학생을 격리시킬 수 있는 공간을 마련한다.
- 격리시킨 학생들에게 올바른 선택의 중요성을 강조하고, 그의 잘못된 행동에 대한 어떠한 변명도 허용하지 않는 태도를 유지하면서 개별적인 상담을 한다.
- 문제학생들을 격리시키되, 그들이 학급규칙을 따르겠다고 할 때에는 정상적인 학급 생활로 돌아갈 수 있는 기회를 예외 없이 제공한다.

학급경영에서의 행동분석 응용 전통

학급경영에서의 행동분석 응용 전통은 Skinner(1953)의 행동주의 또는 조작적 조건화와 가깝게 관련되어 있다. 행동수정 기법은 바로 이 이론에 기초한 것이다. 교육, 사업 그리고 사회과학 분야에서 사회적으로 중요한 행동을 변화시키기 위하여 행동수정 기법을 사용하는 것을 '행동분석 응용'이라 한다. 이 전통의 장단점을 알아보기 위해서 우리는 먼저 이 접근법에서 유래한 행동수정 기법의 구성요소들을 살펴볼 필요가 있다.

행동수정

행동수정이란 그 이름이 의미하는 것처럼 행동의 변화나 수정에 초점을 맞춘다. 행동이란 볼 수 있고, 들을 수 있고, 셀 수 있고, 사진이나 비디오로 포착할 수 있는 개인의 움직임이다.

〈그림 6.1〉은 행동수정의 가장 중요한 개념 몇몇을 요약한 것이다. 〈그림 6.1〉에 나타난 바와 같이, 학생들에게 새로운 행동을 가르치고 싶거나 현재 행동

그림 6.1 행동수정의 과정

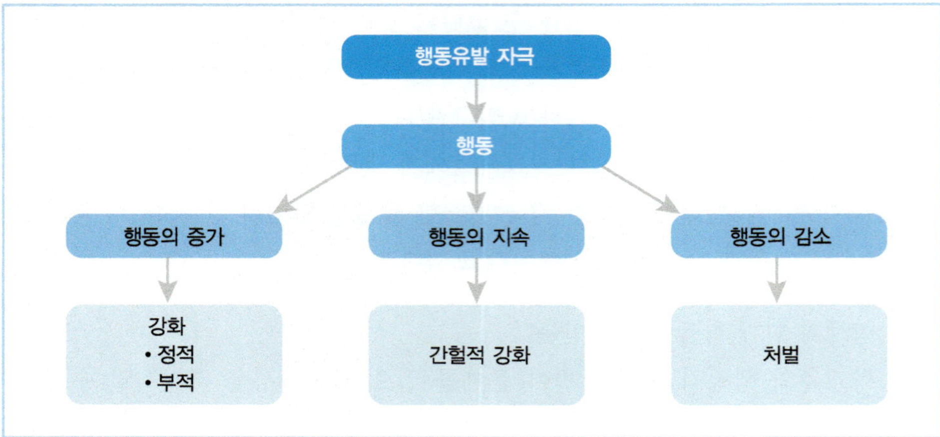

이 더 자주 나타나도록 하고 싶을 때(예, 더 많은 단어를 올바르게 쓰게 하는 것) 교사는 몇 가지 강화방법을 따라야 한다. 강화는 정적일 수도 있고 부적일 수도 있다. **정적 강화**는 교사가 바람직한 격려와 보상을 제공한 후 행동의 발생빈도가 증가할 때 나타난다. **부적 강화**는 고통스럽거나 불편하거나 기피하는 상황을 끝냄으로써 행동빈도가 증가할 때 나타난다. 다시 말해 시끄러운 소리를 그치게 하고 싶을 때(라디오를 끔), 두통을 낫게 하고 싶을 때(아스피린을 복용함), 좌절스러운 경험을 끝내고 싶을 때(교실 밖으로 쫓겨남) 수행했던 행동들은 다음번 비슷한 불쾌감, 불편함, 좌절감 등을 경험하면 다시 반복될(학습될) 것이다.

부적 강화는 단순히 벌을 가하는 것을 의미하는 것이 아니고 행동강화를 위한 회피학습을 의미한다. 예를 들어 Thorndike(1913)는 고양이에게 퍼즐상자를 벗어나는 방법을 가르치는 데 부적 강화를 사용하였다. 상자를 벗어나기 위해서 고양이는 상자 꼭대기에 매달려 있는 새끼줄을 당겨야만 했다. 고양이가 성공하자마자 상자의 문이 열리고 고양이는 나올 수 있었다. 그 다음에 고양이가 같은 상자에 넣어졌을 때 고양이는 어떻게 해야 그 불편한 상황에서 벗어나는지를 이미 배웠기 때문에 새끼줄을 잡아당겼다.

부적 강화가 교실 내에서 중요한 이유는 학생들이 종종 회피하고 싶은 사태를 경험하기 때문이다—지루하거나 힘든 공부, 꾸중, 하기 싫어하는 것을 하라는 요구, 계속하고 싶은 일들을 하지 못하게 막는 것 등. 예를 들어 한 수줍은 학생이 교사를 쳐다보고 있지 않을 때 교사가 자신을 부르지 않는다는 것을 배우게 되면 교사에게 집중하지 않는 행동에는 부적 강화가 일어날 것이다. 또, 어떤 학생이 수업 중에 교사가 자신을 교실 밖으로 쫓아 내도록 만들기 위해 떠든다면 교사는 떠드는 행동을 부적 강화하는 것이다. 그리고 몇몇 학생들이 교사가 수업을 중단하도록 하기 위해서 집중을 하지 않을 경우 집중하지 않는 행동은 부적으로 강화된다. 다시 말해서, 교사는 이 학생들이 재미 없는 상황에서 벗어나기 위해 어떤 특정 행동을 하도록 가르치고 있는 것이다.

이러한 예에서 알 수 있는 바와 같이 교사는 학생들이 무의식중에 설치한 부적 강화라는 함정에 부주의하게 빠질 수 있다. 사실 어떤 심리학자들은 학생들이 부적절한 행동을 정적 강화보다 부적 강화를 통해 더 많이 배운다고 믿고 있다. 즉, 어떤 적절한 행동에 대한 보상(정적 강화)을 받는 경험보다 모종의 불편한 상황을 벗어나기 위해 취한 행동을 통해 부적절한 행동이 증가한다는 것이다(Iwata, 1987).

교사가 특정 행동에 만족하고 그 행동을 자주 유발하고자 할 때에는 그 시점에서 **간헐적 강화**를 사용하면 된다. 예를 들어 학기 초에는 계속 지각을 하고 수업 준비를 하지 않았지만 지금은 제 시간에 오는 학생을 생각해 보자. 교사는 학생에게 일정치 않은 간헐적인 계획, 예를 들어 이틀이나 나흘 또는 임의의 날에 강화함으로써 이 행동을 지속시킬 수 있다. 이러한 조치를 간헐적 강화라 한다. 간헐적 강화의 예로는 여러분이 최근에 이긴 슬롯머신에 토큰을 넣는다거나 최근에 물고기가 입질을 했던 곳에서 낚시를 하는 것 등을 들 수 있다.

행동유발 자극이란 교사가 특정 행동을 유발시키고자 하는 행동을 취했을 때 제시되는 자극을 말한다. 행동유발 자극에는 다음과 같은 것들이 있다.

- *소리:* 시끄러운 교실은 학생들이 더욱 떠들도록 영향을 주고, 동료로부터 당한 모욕을 교사에게 되돌려 주고, 또는 교사의 꾸짖는 목소리의 톤은 학생들을 대들도록 만든다.
- *시각:* 조용히 시키려고 입술에 손가락을 댄다거나 전등 스위치를 켜거나 끈다.
- *사람:* 교장 선생님이 들어오면 모두가 조용해진다.
- *학습자료:* 수학문제는 신음 소리를 이끌어 낸다.
- *장소:* 강당은 교장실과는 다른 행동을 유발시킨다.

행동주의자들은 환경적 자극(소리, 시각, 사람, 학습자료)에 의한 행동에 따라 반복된 강화나 처벌 때문에 우리의 많은 행동들이 자극의 영향(행동유발 자극 통제)하에 있다고 확신하고 있다.

이러한 원리는 학생들의 행동을 바꾸기 위한 다양한 시스템이나 절차로 제작되어 학교에 적용되었다. 이 절차 중 몇몇은 잘못된 행동을 막고 즉시 정적 행동을 강화하는 데 영향을 주었다. 이 절차는 혼란을 일으키는 학생들이 남보다 튀어 보이고 싶은 욕구충족 방법을 잘못 터득했다는 가정에 기초를 두고 있다. 학생들이 바르게 행동했을 때에만 승인과 보상을 얻는다(정적 강화)는 것을 배울 때 이런 혼란을 일으키는 행동은 줄어들 것이다.

또 다른 시스템은 학생들이 어떤 잘못된 행동을 했을 때 어른들이 즉시 벌을 주거나 바른 행동에 대해서 바로 보상을 해 줌으로써 바람직한 행동을 배운다는 가정에 기초를 두고 있다. 이러한 시스템의 창시자는 어른들이 벌이나 강화를 하나씩 사용하기보다 적절하게 함께 사용했을 경우에 행동이 빠르게 개선된다고 주장한다. 이러한 시스템은 으레 다음과 같은 처벌조치, 즉 교사가 잘못된 행동에 따른 어떠한 강화도 받지 못하는 장소로 학생을 즉시 내쫓는 타임아웃, 교사가 잘못된 행동에 대해 학생의 특권, 강화, 몫을 박탈하는 나쁜 행동에 대한 대가(벌칙이라고도 함), 학생이 잘못한 것에 대한 배상뿐만 아니라 봉사활동까지 하도록 하는 가중징계 등을 포함한다. 예를 들어 책상에 낙서한 학생은 자신이 더럽힌 책상뿐만 아니라 교실의 다른 책상까지도 깨끗이 해야 한다. 또는 다른 학생에게 욕을 한 학생은 그 학생에게는 물론 학급 전체에 사과하는 것이다.

구체적인 접근법에 따라 조금씩 다르지만, 만약 학생의 문제행동을 해결하기 위해 행동분석 응용을 사용하려 한다면 다음과 같은 단계를 따르는 것이 좋다.

1. 개선되기 원하는 나쁜 행동과 그것을 대체할 만한 적절한 행동을 확인한다.
2. 바르지 못한 행동과 바른 행동에 대한 행동유발 자극(예, 영향력이 있는 동료)을 확인하고, 행동이 일어나는 것을 미리 막고, 나중에 비슷한 행동이 증가하지 않도록 교실환경(예, 좌석배치의 변경)을 바꾼다.
3. 바르지 못한 행동에 깔려 있는 학생의 의도를 파악하고(예, 교사의 관심을 끌기 위함), 이러한 의도를 충족시킬 수 있는 행동을 교사(혹은 반 친구들)가 하지 않는다.
4. 바르지 못한 행동을 대신하는 바른 행동을 강화하기 위한 조치를 확립한다.
5. 벌은 마지막 방책으로만 사용한다.

학급경영 전통

20세기 후반까지 학급의 규율은 학생의 그릇된 행동에 대해 어떻게 가장 적절히 대처할 것인가에 초점이 맞추어져 있었다. 학급경영에 대한 인간주의적 접근과 행동분석 응용 접근은 이 기간 동안 거의 동등하게 주목을 받았다. 앞 절에서 살펴본 바와 같이, 이 두 전통은 원래 학급경영에 있어서 예방적 시스템이라기보다는 근본적으로 반응적 시스템이다.

그러나 최근에는 학급질서 유지와 훈육 문제를 예방차원에서 접근하기 시작했다. 이러한 접근은 유능한 교사는 학생들의 그른 행동을 예방하기 위해 무엇을 하고 있으며, 반면에 덜 유능한 교사들은 어떻게 해서 학생들이 그와 같은 행동을 일으키게 만드는지에 대한 조사에 기초를 두고 있다. 이 연구 중 몇몇은 노련한 교사와 노련하지 않은 교사의 수업에 대한 관찰과 분석을 시도하였다. 이 연구들의 주된 결론은 유능한 교사와 그렇지 못한 교사는 잘못된 행동에 대한 반응이 아닌, 그것을 막기 위해 취하는 조치 면에서 구별될 수 있다는 것이었다. 이 절에서는 학자들이 어떻게 이 결론에 도달했는지, 또 그들이 찾아낸 효율적인 학급경영자의 특징들을 알아볼 것이다. 그러면 먼저 학급경영 연구 하나와 그것이 어떻게 수행되었는지를 살펴보도록 하자.

Emmer, Evertson, Anderson(1980)은 1년 동안의 관찰 연구를 목적으로 8개의 초등학교에서 3학년 교사 27명을 모집했다. 학년 시작 후 첫 3주 동안 수집한 학생들의 수업시간 동안의 평균 참여도와 수업시간에 다른 짓을 하는 학생들의 행동 내용을 사용하여, 연구자들은 교사들을 효과적인 교사집단과 비효과적인 교사집단으로 나누었다. 효과적인 학급경영자로 분류된 교사들에서는 그 해 동안 많은 비율의 학생들이 과제를 수행했고(더 많은 학생들이 수업목표 달성에 참여했음), 과제를 해 오지 않은 학생의 비율은 극히 낮았다(질책이나 경고도 거의 없었음). 그런 다음, 이 연구자들은 두 집단을 비교하기 위해 이 교사들의 학급경영 과정과 관련된 첫 3주 동안의 관찰자료를 사용하였다.

처음 3주간 관찰자들은 학급배정, 학급규칙, 그릇된 행동에 대한 처벌, 부적절한 행동에 대한 반응, 교사 반응의 일관성, 감독과 보상체계 등을 포함하는 교사 각각에 대한 여러 가지 정보를 수집했다. 또한 관찰자들은 학생들이 어느 정도까지 교사를 따르는지를 알아보기 위해 15분 간격으로 과제를 하는 학생과 그렇지 않은 학생의 수를 조사했다. 더 유능한 교사들은 학년 초에 자신이 교육의 리더임을 분명히 했다. 그들은 학생들이 규칙과 절차를 확실히 배우도록 가르쳤다. 수업 내용도 이 교사들에게 중요했지만, 이들은 모두 지켜야 할 학급규칙을 강조하면서 학급의 결속력과 사회화를 강조했다. 처음 3주가 끝날 때쯤에 이 학급들은 그 해의 나머지 기간에 대한 준비가 되어 있었다.

효과적인 교사들과는 반대로, 비효과적인 교사들은 잘 해결할 수 있는 절차를 사전에 가지고 있지 않았다. 이런 현상은 초임교사에게서 두드러졌다. 예컨대 화장실, 연필깎기, 식수대 사용법에 관한 절차도 마련하지 않은 초임교사도 있었다. 그 결과 아이들은 초임교사의 지시에 혼란스러워했고 오락가락하는 것처럼 보였다. 무능한 교사들도 유능한 교사들과 마찬가지로 규칙을 가지고 있기는 하지만 그 규칙을 제시하고 유지하는 방법이 달랐다. 몇몇의 경우 그 규칙들은 애매했다–"적합한 시간에 적당한 장소에 있어라." 또 다른 경우 규칙들은 토의과정 없이 불쑥 소개되었고, 대부분의 학생들로 하여금 언제 어디에 규칙을 적용할지 알 수 없게 하였다.

무능한 교사들은 또한 학급에서 비효율적인 감시자였다. 이것은 부분적으로 학생들의 행동에 대한 효율적인 감시절차의 부족으로 인한 것이었다. 또 다른 경우 이것은 교사들이 학생 개개인까지 상세히 관리하는 학급 전체의 적극적인 감시를 소홀히 한 결과였다. 규칙이 애매하고, 제대로 가르치지도 않으며, 학생들의 생활을 모니터링하기 위한 절차가 제대로 확립되어 있지 않음으로써 학생들은 자신들이 따라야 할 지침을 몰라 방황하고 있었다.

무능한 교사들의 또 하나의 특징은 좋은 행동과 부적절한 행동에 대한 결과들이 눈에 보이지도 않고 제때에 전달되지도 않는다는 것이다. 예를 들어, 때때로 교사들은 규칙을 어기는 어떤 특정 학생이나 특별한 사건들에 대해 제대로 확인하지 않은 막연한 비판을 가하였다. 이런 교사들 중 일부는 종종 학생들을 협박하거나 경고하기도 했으나, 약간의 경고뿐 그 문제를 끝까지 매듭짓지는 않았다. 이것은 학생들로 하여금 교사를 한계에 다다르게 했으며 많은 문제를 일으켰다. 또 다른 교사들은 의도적으로 떠드는 학생이나 집단에게 주의를 주는 데 초점을 맞추지 않고, 애매한 규율적 메시지("얘, 너무 소란스럽구나.")만을 말하곤 했다.

요약하면, 규칙과 습관의 확립, 감시, 상벌과 같은 것의 부재가 전체적 학급경영과 조직화에 부정적인 영향을 미친다는 것을 쉽게 볼 수 있었다. 대부분의 경우 이러한 결핍은 그릇된 행동, 과제를 안 하는 행동, 학급목표에 참여하지 않는 행동의 대부분을 자극하는 기회가 되었다. 단 몇 주가 지난 후에 무능한 교사의 교실에서는 바람직하지 않은 행동양식과 교사의 위신이 낮게 확립되는 경향이 있었고, 이는 학년 내내 계속되었다.

학급경영에 대한 이 연구와 관련된 다른 연구들(Emmer & Evertson, 2009; Evertson, 2005; Evertson & Emmer, 2009; Tauber, 1990)로부터 우리는 유능한 학급경영자들은 다음과 같은 세 가지의 효율적 행동을 보여 주고 있음을 알아냈다.

- 효율적인 학급경영자는 분열을 최소화하고 학습 참여가 높은 학급을 만들기 위해 학급을 계획하고 구성하면서 처음 몇 주 동안 많은 시간을 투자한다.
- 효율적인 학급경영자는 규칙과 습관을 가르칠 때에도 과목을 가르칠 때처

럼 방법적으로 접근한다. 이들은 처음 몇 주간 학생들에게 받아들여질 수 있는 행동을 명확히 가르치고 이러한 지시에 학생들이 따르는지 주의 깊게 관찰한다.

- 효율적인 학급경영자는 규칙을 어긴 대가에 대해서 학생들에게 알려 주고 이 대가를 일관되게 집행한다.

지금까지 살펴보았듯이 학급경영 전통은 본질적으로 예방적 접근이다. 이 접근법은 어떻게 하면 문제행동이 일어나지 않게 할 수 있을까에 대해서 많은 논의를 하고 있다. 그러나 이 접근법은 사후 해결책보다는 사전 예방계획을 강조하고 있기 때문에 문제 발생시의 즉각적인 해결책을 거의 제시하지 않고 있다. 여러분은 여러분의 학급을 공부하기 좋은 장소로 만들기 위해서 모든 세 가지 전통을 통합하는 포괄적인 계획을 필요로 할 것이다.

학급경영에 대한 통합된 접근

학급경영에 대한 세 가지 접근법 모두 장단점을 가지고 있다. 각 접근법이 모두 효과적인 학급경영을 이해하는 데 많은 도움을 주고 있을지라도 교사들은 이 세 방법 중 어느 하나만을 선택하여 이를 고집할 필요는 없다. 사실, Emmer, Evertson, Anderson(1980), Emmer, Evertson(2009), Evertson, Emmer(1982, 2009), Doyle(1986)은 가장 효과적인 학급경영자는 세 가지 접근법에서 가장 좋은 부분만을 취하여 혼용할 수 있는 사람이라고 하였다. 〈그림 6.2〉에는 이 세 가지 접근법이 잘 요약되어 있다.

그러면 지금부터 이와 같은 효과적인 교사가 될 수 있는 방법 몇 가지를 살펴보도록 하자.

낮은 수준의 학급통제

Logan(2003), Rinne(1997), Leriche(1992)가 도입한 **낮은 수준의 학급통제**의 개념은 수업의 흐름을 방해하지 않고 잘못된 행동을 멈추게 하는 효과적인 방법이다. 이 방법은 혼란스러운 학급 속에서 대부분 나타나는 표면행동에 효과적이다(Levin & Nolan, 2006). 이러한 행동의 예로는 웃기, 순서를 지키지 않고 말하기, 쪽지 건네기, 낮잠 자기, 지시를 이행하지 않기, 머리 빗기, 낙서하기, 콧노래 부르기, 두드리기 등이 있다. 이러한 행동들은 많은 학생들이 좁은 교실에 있을 때

그림 6.2 세 가지 학습경영 접근법 요약

인간주의적 전통	행동분석 응용 전통	학급경영 전통
• 학생의 감정, 심리적 필요 느낌에 초점을 맞춤 • 학생 · 학부모 · 교사가 함께하는 소집단 모임 활용 • 교사, 다른 학생과 함께하는 정서 지원 네트워크 강조 • 잠깐 동안의 격리, 타임아웃과 같은 규칙에 찬성	• 부적절한 행동의 수정에 초점을 맞춤 • 부적 강화보다는 정적 강화 활용 • 바람직한 행동에 대한 즉각적 강화 강조 • 타임아웃, 행동교정 등의 방법에 찬성	• 비행의 사전 예방에 초점을 맞춤 • 학급내 규칙 활용 • 개학 후 첫 한 달간 각종 학급규칙 마련 강조 • 학생이 지켜야 할 규칙을 공표하는 것에 찬성

자신이 있다는 것을 나타내고 싶어하는 정상 발달행동으로, 표면행동이라 불린다. 이런 행동들은 정서장애나 인성의 문제는 아니다. 그러나 이런 행동들은 적절히 통제되지 않을 경우 수업의 흐름과 다른 학생들의 공부를 방해할 수 있다.

〈그림 6.3〉에는 낮은 수준의 학급통제의 구성요소가 잘 나타나 있다. 표면적인 잘못된 행동을 다스리기 위해 사용하는 낮은 수준의 학급통제는 사실 일련의 테크닉으로서, 문제행동이 발생하기 전에 이를 예방하기 위한 교사의 예상, 막 일어나고 있는 잘못된 행동을 교정하기 위한 시정, 문제행동이 발생한 직후 이를 조용히 멈추게 하는 대응으로 구성된다.

예상 예민한 교사들은 학생들의 동기, 주의력, 각성수준, 흥분도 등이 변했거나 막 변화하려고 할 때 이를 감지하기 위하여 촉각을 곤두세운다. 교사들은 1년 중 특정한 기간(휴일 기간의 전후), 특정한 주(주요한 행사 직전), 특정한 시간(회의나 체육수업 직후)에는 학생들의 수업 준비가 평소와 다를 것이라는 걸 안다. 아주 능숙한 교사는 집단의 동기나 주의수준의 변화뿐만 아니라 학생 개개인의 변화를 그들이 교실에 들어올 때에 감지한다.

예상은 눈을 크게 뜨고 잠재적 문제의 심각성을 재빨리 조사하여 만일 문제가 발생하거나 발생한 문제가 더 커질 경우 이를 막는 것을 포함한다. 예를 들어 주말을 보낸 학생들이 약간 무기력한 상태에 빠져 있을 때 학습속도를 조절해 주거나, 긴 휴일 전에 들떠 있는 학생들의 주의력을 혼란케 하는 잡지나 다른 요소를 제거해 주는 것이다. 어떤 교사들은 학생들이 일상적인 일에 집중하기 어려울 때 그들의 흥미를 높여 주기 위한 다른 활동을 준비한다. 또 다른 교사들은 학생들의 의욕이 약해질 때 좀 더 적극적이고 열성적으로 만들기 위해 의도적으로 흥미를

그림 6.3 낮은 수준의 학급통제의 특성

예상	시정	대응
더 낮은 자세	↔	더 높은 자세
• 문제의 심각성 조사하기 • 학습속도 조절하기 • 유혹 제거하기 • 흥미유발하기 • 자리배치 변경하기	• 학생에게 다가가기 • 눈맞추기 • 주의 환기하기 • 이름 넣기 • 동료 칭찬하기	• 경고하기 • 특권 박탈하기 • 타임아웃 • 교실 밖으로 나가게 하기 • 방과 후 학교에 남게 하기

높인다. 예를 들어 교사 자신의 음성을 높이거나 낮추는 행위 또는 교실 안에서 자주 이쪽 저쪽으로 움직이는 것 등이다. 또 다른 경우에는 학생들 사이에 다툼이 일어났을 때 적대심을 최소화하기 위해서 자리배치를 신속하게 변경하는 것이 필요하다. 예상은 아이들이 찾고자 하는 것이 무엇인지뿐만 아니라 그것을 언제, 어디에서 찾는지 아는 것도 포함한다. 예상은 또한 어떤 문제가 발생하거나 확대되는 것을 막기 위해 신속하게 학생에게 예고 없이 학급 분위기를 바꿔 주는 기술도 포함한다.

시정 앞에서 언급하였듯이, 유능한 교사들은 학생들이 어떤 문제를 막 일으키려고 할 때 이를 바로 감지한다. 교사들은 문제행동에 앞서 나타내는 학생들의 음성적 또는 비음성적 단서를 잘 감지한다. 행동분석 응용기법을 사용하는 사람들은 이러한 행동적 단서를 행동유발 자극 또는 조짐이라고 한다. 이러한 행동유발 자극에는 힐끗 보기, 돌연 퉁명스럽게 교과서를 덮는 행동, 아무것도 안 하고 앉아 있기, 몸부림치기, 방해되는 질문 하기, 선생님의 요구 무시하기, 절망적인 한숨 쉬기, 짜증스럽거나 화난 표정 짓기 등이 해당된다. 비록 이러한 행동 하나가 교실 전체를 산만하게 할 수는 없지만, 이러한 행동들은 더욱 혼란스러운 문제들이 막 나타나기 시작했다는 신호가 될 수 있다.

몇몇 교사들은 이러한 조짐의 의미를 발견할 수 있으며, 이제 막 잘못된 행동을 하려는 학생들에게 가까이 다가가는 것만으로도 그들을 다시 수업에 집중시키고, 더욱 잘못된 행동이 생기는 것을 막을 수 있다. 또, 어떤 교사들은 경고를 주기 위해 눈썹을 올린다거나 머리를 살짝 기울이는 등 특정한 표정으로 학생들과 눈을 마주치기도 한다. 두 가지 모두 잠재적인 문제를 시정하기 위해 비음성적 암시를 효과적으로 사용한다.

음성적 시정 테크닉 역시 효과적이다. 음성적 시정 테크닉에는 여러 가지가 있다. 교사가 학생들에게 교실의 규칙을 상기시키거나, "지금은 수학을 공부할 때예요."라고 말하는 주의환기, 교사가 설명이나 강의의 내용 속에 문제를 일으키고 있는 학생의 이름을 자연스럽게 넣는 이름 넣기, 교사가 모범적인 행동을 하는 학생을 다른 학생들 앞에서 칭찬하여 인식하게 하는 동료 칭찬 등이 그것이다. 어떤 문제가 커질 가능성이 증가하면, 효과적인 교사들은 막 발생하려는 문제들의 심각성에 맞추어 비음성적 테크닉으로 전환한다.

대응 예상과 시정은 수업의 흐름을 방해하는 행동들을 효율적이면서도 조용한 가운데 막을 수 있다. 이것들은 학생들에게 스스로 자신의 행동을 고칠 수 있는 기회를 줌으로써 자기 조절 능력을 기를 수 있게 한다. 그러나 교실은 바쁜 장소이고 신경을 써야 할 일이 많기 때문에 학생들의 문제를 예상하거나 시정하기란 쉽지 않다.

예상치 못한 행동이나 조용히 해결할 수 없는 행동이 나타나면 교사의 일차적 목표는 가능한 한 빨리 그 사태를 끝내는 것이다. 그러므로 유능한 교사는 가끔 긍정적 자기 조절을 촉진하기 위한 경고나 격려를 제공하여 어떤 행동에 대응해야만 한다. 교사가 학생들의 문제행동에 대응할 때 가장 먼저 해야 할 일은 그 문제행동과 그 행동을 했을 경우 뒤따르는 결과를 규정하는 규칙을 학급규칙 속에 포함시키는 것이다.

Glasser(1998b)는 교실이 학생들이 머무르기를 원하는 곳이라고 가정했을 때, 규칙을 위반한 학생을 일시적으로 교실에서 내보내거나, 특권을 빼앗거나, 방과 후에 남게 하거나, 휴식시간을 주지 않거나, 학생들이 좋아하는 다른 활동을 못하게 하는 방법을 제시하였다.

문제가 생겼을 때, 교사의 예상—시정—대응 과정은 다음과 같다.

1. 학생이 문제를 일으키면, 모범적인 행동을 하는 가까운 급우를 칭찬한다. "유진아, 선생님은 네가 받아쓰기를 아주 열심히 해 주어서 매우 고맙게 생각하고 있어." 이렇게 말한 뒤에 문제의 아이가 행동을 바꾸는지 15초 동안 기다린다.
2. 계속 문제를 일으키면 이렇게 말한다. "최규훈, 이건 경고야. 받아쓰기 숙제를 끝내라. 그리고 종민이를 그만 괴롭혀!" 그리고 15초 동안 기다린다.
3. 만약 학생이 교사의 경고 후에도 말을 듣지 않는다면 이렇게 말한다. "최규훈, 아까 경고했지. 지금부터 5분 동안 교실 밖에 나가 있어(또는 "점심시간 동안 나가지 말고 안에 있어." 또는 "오늘은 자료실에 갈 수 없어."). 쉬는

시간에 나와 같이 이야기 좀 하자."

지속되는 문제행동 다루기

예상, 시정, 대응 등의 낮은 수준의 학습통제를 잘만 사용하면 수업의 흐름은 향상될 것이다. 경우에 따라서 이러한 방법이 특정 학생이나 집단에 별로 효과가 없을 때 이는 학생의 필요가 충족되지 않고 있다는 신호일 수 있다. 문제행동이 지속되거나 교사 자신이 그 행위를 처리하는 데 낮은 수준의 학급통제 기법을 사용하고 있다는 확신이 든다면, 교사는 그 문제에 대한 대응강도를 높여야 할 것이다.

잘못된 행동을 하는 학생들에 대한 대응

잘못된 행동을 하는 학생들을 다루는 방법에는 여러 가지가 있다. 행위가 순간적이거나 재발할 것 같지 않다면 교사는 그러한 위반행위를 무시해도 무방하다(예, 학생이 오랜 학습 끝에 벌떡 일어나거나 다리를 펴기 위해 의자를 뒤로 미는 것과 같은 행위). 극단적인 경우, 교사는 그 문제를 해결하기 위해 학교 직원의 도움이 필요할 수도 있다. 이러한 양 극단 사이에는 여러 대안이 있다. 이러한 대안을 강도가 낮은 것에서 높은 것으로 나열하면 다음과 같다.

- 학생을 단호하게 쳐다본다.
- 학생에게 다가간다.
- 다음 반응을 하기 위해 그 학생의 이름을 부른다.
- 학생에게 중지하도록 명령한다.
- 학생과 문제에 대해 의논한다.
- 문제행동을 하는 학생의 자리를 다른 곳으로 옮긴다.
- 쓰기 숙제와 같은 벌을 준다.
- 방과 후에 학교에 남아 있도록 한다.
- 학부모에게 쪽지를 쓴다.
- 학부모에게 전화를 한다.

이러한 대안은 학생에게 불만의 표정을 지어 보이는 것부터 학부모에게 그 문제를 알리는 것까지 그 엄격함의 강도가 다양하다. 그러나 이러한 대안의 다양성보다 더욱 중요한 것은 발생한 비행의 유형에 따라 올바른 대응을 하는 교사의 능력이다. 학급질서를 효과적으로 유지하는 데 있어서 교사가 직면하는 가장 어려운 문제들 중의 하나는 너무 경미하지도 않고 너무 심하지도 않은 수준의 반응을 결정하는 것이다(Emmer & Evertson, 2009; Evertson & Emmer, 2009; Manning & Bucher, 2006; Sugai, 1996).

비록 모든 규칙위반에는 언제나 어떤 대응이 뒤따르지만, 결과의 엄격함은 과거에 일어난 위반행위의 특성과 빈도의 성질에 따라 다양할 수 있고 또 그래야만 한다. 만일 교사가 전에 여러 번 중요한 규칙을 위반했던 학생에게 너무 경미하게 대응한다면 아무것도 바꿀 수 없을 것이다. 또, 교사가 경미한 위반을 저지른 학생에게 초기에 너무 과도하게 대응한다면 교사는 공정하지 못하다. 융통성은 훈육 문제의 해결에 있어서 중요하며, 이것은 나쁜 행동이 발생한 맥락과 발생한 나쁜 행동의 유형 모두를 포함한 것이어야 한다.

그 심각성이 경미한 나쁜 행동, 심각성이 중간 정도 되는 나쁜 행동, 심각성이 아주 큰 나쁜 행동들을 다룰 때 필요한 몇 가지 지침을 제시하면 다음과 같다.

- 잡담, 장난행동, 자리이탈, 다른 학생 방해 또는 그와 유사한 경미한 행동에 대해 경미한 대응조치가 이루어져야 한다. 그러나 만일 학생이 지속적으로 그러한 행동을 하면 중간의 대응조치가 적절할 것이다. 수업을 방해하는 지속적인 잡담과 같은 특별한 경우에는 엄중한 대응이 필요하다.
- 처음에는 수업의 흐름을 끊거나 다른 학생을 매도하는 행동, 싸움, 모독과 같은 보통의 비행에 대해 적당한 대응을 해야 한다. 그러나 만약 이러한 행동이 자주 나타난다면 엄중한 대응이 필요하다.
- 시험 부정행위, 표절, 도둑질, 기물파손과 같은 심한 비행은 엄중한 대응을 받아야 한다. 이러한 행동이 일어나면 교실 내에서 혼자 해결하려고 하지 말고 즉시 학교 직원들(교장, 교감 등)에게 알린다.

〈표 6.1〉은 교사가 경미한, 보통의, 심한 비행에 대해 조치할 수 있는 대응을 나타낸 것이다.

교실에 적용된 강화 이론

학급에서 질서를 유지하는 데 있어 교사의 권위를 사용하는 방법은 다양하며(학생이 규칙을 어겼을 경우의 결과를 교사가 단독으로 결정할 수도 있고, 학생들에게 공동책임을 물을 수도 있고, 학생들이 제공한 선택지 중에서 하나를 취할 수도 있음), 그 반응의 강도 또한 여러 단계로 나뉜다(엄한 눈초리에서부터 부모님 호

표 6.1 경미한, 보통의, 심한 비행의 예와 몇 가지 반응대안

비행	반응대안
가벼운 비행 • 학교 재산이나 다른 사람 물건의 경미한 훼손 • 억압된 감정 등을 행동화하기(난폭한 놀이나 난투) • 말대꾸 • 손을 들지 않고 말하기 • 자리에서 일어서기 • 다른 사람들을 방해하며 어지럽히기 • 수업 중에 잠자기 • 지각 • 물건 던지기 • 부적절한 친근감의 표현(입맞춤, 포옹) • 도박 • 수업 중에 음식 먹기	**가벼운 대응** • 경고 • 학생에게 피드백하기 • 중지시키기 • 좌석 지정을 변경하기 • 특권 박탈하기 • 방과 후 잡아 두기 • 학부모에게 전화/알림
약간 심각한 비행 • 허락받지 않고 교실 이탈하기 • 다른 사람들에 대한 매도행위 • 불복종 • 교실에서 담배를 피우거나 담배로 장난하기 • 수업 빠지기 • 부정행위, 표절, 거짓말하기 • 불경스럽고 저속한 언어나 음란한 제스처 사용하기 • 싸움	**약간 강한 대응** • 근신 • 행동계약 맺기 • 특권 박탈하기 • 학부모에게 전화/알림 • 학부모와 회의 • 정학 • 손해배상 • 학교봉사(예, 청소, 다른 학생 가르치기)
심각한 비행 • 학교 재산이나 다른 사람의 물건 훼손 • 도둑질, 점유 또는 남의 물건 팔기 • 무단결석 • 상시 흡연 또는 음주 • 다른 사람에게 술, 마약, 무기류를 팔거나 주거나 배달하기 • 선생님을 공격하거나 욕설하기 • 교정 불가능한 행위, 불복종	**강력한 대응** • 근신 • 학부모에게 전화/알림 • 학부모와 회의 • 정학 • 퇴학

출까지). 그러나 아직 선택해야 할 것이 몇 가지 더 있다. 이 절에서는 학생들이 보상과 벌에 대해 어떻게 반응하는지, 왜 서로 다른 반응을 보이는지, 어떻게 하면 교실에서 그 상과 벌을 효과적으로 이용할 수 있는지를 알아보도록 하겠다.

강화 이론에 의하면 행동에 바로 뒤따르는 결과를 가지고 행동을 제어할 수 있다. 여기서 '제어'라는 말은 어떤 특정한 행동의 결과가 그 행동이 되풀이될 가

능성을 변화시킬 수 있다는 것을 의미한다. 다음을 생각해 보자.

사건	**결과**	**미래의 사건**
공부하기 위해 도서관에 가기 시작한다.	성적이 오른다.	더 자주 도서관에 간다.
새로운 식당에 간다.	형편 없는 서비스를 받는다.	다시는 그 식당에 가지 않는다.
큰 시험을 앞둔 여자 친구에게 격려의 말을 한다.	그녀가 키스와 함께 가볍게 포옹해 준다.	큰 시험이 있을 때마다 매번 격려의 말을 한다.

행동에 따르는 결과가 그 행동의 발생 가능성을 변화시킬 때(성적 상승, 다시는 식당에 가지 않음, 더 많은 키스와 포옹을 받음) 강화가 일어난다.

교실에서 교사가 의도했건 하지 않았건 간에 많은 사건들과 그 결과들이 강화 효과로 나타나는 것을 볼 수 있다. 교사는 의도하지는 않았지만 강화를 통해 학급에서 바람직하지 않은 행동의 빈도를 증가시킨다는 것을 알면 놀랄 것이다. 어떻게 이런 일이 일어날 수 있는 것일까? 여러분의 학급에서 부지불식간에 일어날지 모르는 일련의 다른 행동들을 생각해 보도록 하자.

사건	**결과**	**미래의 사건**
OO는 시험 볼 때 부정행위를 한다.	좋은 성적을 받는다.	OO는 다시 부정행위를 하려고 계획한다.
△△는 남자친구에게 쪽지를 보낸다.	남자친구는 답지를 보낼 수 있다.	△△는 수업 중에 더 많은 쪽지를 쓰기 위해 향이 나는 특별한 종이가 덧대어진 종이를 산다.
☆☆는 중간치기를 한다.	주유소에서 일하는 친구를 도와 만 원을 번다.	☆☆는 친구에게 도움이 필요할 때 다시 학교를 빠질 생각을 한다.

각각의 상황에서 바람직하지 못한 행동이 강화되었다(좋은 성적으로, 답장으로, 만 원으로). 각각의 경우에 결과가 각자 원하는 바대로 되었기 때문에 반복의 가능성이 증대되었다. 이러한 예의 경우, 교사의 감시는 본래 완벽할 수 없는 것이기에 교사가 마땅히 조치를 취했어야만 했는데 취한 것이 없다. 교사는 시험 부정행위, 쪽지 보내기, 학생이 합당하지 않은 이유로 결석했다는 것을 알지 못했

다. 그러나 교사가 부지불식간에 바람직하지 못한 행동들을 강화했을 수도 있으므로 교사는 다음과 같은 일을 하지 말아야 한다.

- 어느 학생은 자신의 시험점수를 너무 나쁘게 주었다고 끊임없이 불평한다. 그 학생의 불평을 멈추려고 교사가 그 학생의 점수를 몇 점 올려 준다. 그 학생은 강화를 받아 나머지 학기 동안 모든 시험마다 불평을 한다.
- 어느 학부모가 교사에게 자기 자녀의 학급 참여점수가 낮은 것에 대해 불평한다. 교사는 그 학생을 보다 자주 지명하기 시작하고, 자세히 보살피며, 응답을 유도한다. 강화된 그 학생은 더 이상 지원하거나 손을 들 필요가 없다고 생각하게 된다.
- 한 학생은 교사가 부를 때마다 매번 말대꾸를 한다. 그래서 교사가 다시는 그를 부르지 않게 된다. 강화된 그 학생은 다른 수업에서도 똑같이 행동하고 홀로 남는다.

각각의 경우에서 교사는 행위, 결과, 그리고 결과에 대한 학생의 지각으로 이어지는 연결고리를 즉시 알 수 없었을 수도 있다. 그럼에도 불구하고 바람직하지 않은 행동의 강화가 일어났다.

위의 각 예에서 문제는 교사가 잘못된 행동을 없애기 위해 학생에게 보상하는 방법을 선택했다는 점이다. 그것에 의해 실제로 나쁜 행동이 강화되었다. 각 경우마다 교사는 자신의 조치가 나쁜 행동을 강화시켰다는 점을 깨닫지 못하고, 오직 교사 자신만의 관점에서 자신의 행동결과를 고려했다(예, 불평하는 학생 달래기, 학부모로부터 전화오는 것 막기, 예의 없는 학생 피하기).

지금까지 강화 이론이 어떻게 작용하는지를 살펴보았는데, 이러한 강화 이론이 교사를 방해하기보다는 교사를 돕도록 하기 위한 몇 가지 지침을 살펴보도록 하자.

보상과 강화 바람직한 반응이 일어날 가능성을 높여 주는 보상이나 강화물에는 여러 가지가 있다. 보상 혹은 강화물은 밖에서 주어지는 외적인 것일 수도 있고, 학생 스스로 주는 내적인 것일 수도 있다. 학급에서 흔히 관찰할 수 있는 외적 보상을 열거하면 다음과 같다.

- 말이나 글로 하는 칭찬
- 미소, 머리를 끄덕임
- 특별한 혜택(예, 학습센터, 도서관 방문 등)
- 특별한 연구과제를 수행하도록 일상적인 과제 끝내주기(예, 실험실습)

- 주제나 숙제를 선택할 수 있는 허가권
- 집단을 만들어 과제를 할 수 있도록 하는 것
- 가산점 부여
- 숙제에 '스마일 스티커' 부착
- 시험지나 보고서 위에 부모에게 보내는 짤막한 메모 쓰기
- 다른 학생들이 볼 수 있도록 모범답안 또는 숙제 게시하기
- 특별한 인정과 증명(예, '매우 향상', '모범상장', '가장 잘 함', '노력상', '가장 깨끗함', '가장 열심히 함' 등)

그러나 이와 같은 외적인 보상의 강화 정도는 다를 수 있다. 어떤 학생은 언어적 칭찬을 무시할지도 모르고, 다른 학생들은 도서관이나 학습센터를 방문하고 싶지 않을 것이다. 어떤 학생들은 호명되는 것을 좋아할지 모르나, 어떤 학생들은 부끄럼을 많이 타고 타인의 주목을 받는 것을 싫어할지도 모른다. 어떤 학생에게는 강력한 강화물이 다른 학생에게는 아주 별로일 수 있다.

학생들이 학급에서 공부에 집중하고 예의 바르게 행동하도록 만들기 위해 교사들이 학생들을 인위적, 외적 보상에 열중하도록 만든다는 비판도 있다. 이러한 비판은 **내적 보상**(**자연적 강화물**이라고도 함)의 사용에 대한 관심도를 높이는 데 기여하였다. 내적(자연적) 보상과 강화기제는 행동이 일어나는 상황에서 자연스럽게 발생하는 것이다.

어떤 학생들은 쓰고, 읽고, 색칠하고, 질문에 답하고, 운동경기를 하고, 방정식을 풀고, 교과서 문제를 풀고, 에세이를 쓰는 것 등을 배우면서 자연적으로 강

학급목표와 일관되고 학생들의 흥미와 일치하는 보상은 학생들이 학습과정에 적극적으로 참여하게 하고, 정확한 대답을 아주 잘 할 수 있게 만든다.

화된다. 그러나 어떤 학생들은 그렇지 않다. 많은 학생들은 자연적인 강화방법을 찾을 수 없는 특정 수업활동을 시작하기 위하여 외적 강화기제를 필요로 한다. 이러한 학생들에게 외적 강화기제는 활동에 중요한 역할을 담당한다. 외적 강화물은 (1) 교사로 하여금 정적 강화를 통하여 교사가 바라는 행동을 형성하고 발달시키며, (2) 학생의 행동통제를 자연적 강화기제로 전환시키는 것도 가능케 한다. 이러한 외적 통제로부터 내적 통제로의 전환을 소위 **조작적 조건화**라고 한다(Hor-cones, 1992). 십 수년 동안 연구자들은 외적 강화물에 의한 통제로부터 자연적 강화물에 의한 통제로 전환하는 전략을 연구하고 있다.

1단계: 목표행동을 선택한다. 편지 제대로 쓰기, 곱셈문제 풀기, 기하학적 도형 그리기, 각 분할, 작문 등 어떤 것이라도 목표행동이 될 수 있다.

2단계: 선택된 행동의 자연적인 결과물을 확인한다. 예를 들어 종이에 글을 쓰는 것은 수많은 자연적 결과물이 생긴다—긁는 소리, 편지의 모양새, 쪽수의 증가, 연필의 닳아짐 등. 수필을 쓰는 것도 유사한 자연적인 결과물을 만들어 내지만, 이와 같은 것 외에 수필을 쓰는 것은 생각, 아이디어, 이미지 등을 표현하는 문장도 만들어 낸다.

3단계: 내적 결과물을 선택한다. 자연적 결과물에 대한 목록에서 어느 특정 학생을 강화할 가능성이 있고 그 활동의 목적과 관련이 있는 것을 선택한다. 예를 들어 편지의 모양새는 종이를 긁는 소리나 쪽수를 채우는 것보다 관심을 기울여야 할 훨씬 적절한 결과물이다.

4단계: 학생들이 보다 더 쉽게 주목할 만한 결과물을 확인한다. 학생들의 눈에 잘 보이는 결과물일수록 더 자연적인 강화물이 되기 쉽다. 예를 들어 인쇄된 단어의 형태는 눈에 잘 띄는 정확한 필체의 결과물이며 자연적 강화기제로서 작용할 수 있다. 마찬가지로 완전한 생각 적기, 교과서 뒤의 문제에 답을 적어 제출하기 또는 무엇인가를 끝냈을 때 얻는 느낌 등은 모두 자연적 강화기제로 사용될 수 있다.

5단계: 자연적 결과물이 확실히 나타날 수 있도록 수업을 계획한다. 문제에 대한 정답을 찾는 데에만 초점을 맞추지 말고 학생을 위해서 그 과정에 초점을 맞춘다. 다시 말하면, 최종 결과물에만 초점을 맞추지 말고 그 결과물이 어떻게 해서 나왔는지에 관심을 기울여야 한다.

6단계: 적절한 뒷받침을 하는 강화물을 선택한다. 외적 강화물에 의한 행동통제로부터 자연적 결과물에 의한 행동통제로 넘어가기 위하여 교사는 뒤를 받쳐 주는 강화물을 선택해야만 한다. 이러한 뒤를 받쳐 주는 강화물들은 교육적인 가

치를 지니고 있어야만 하며, 교실에서 쉽게 찾을 수 있는 것이어야 한다(Horcones, 1991).

7단계: 자연적 강화물을 조건화한다. 학생들이 활동에 참여하게 한다. 가능한 한 빨리 비공식적인 피드백을 제공하고, 자연적 강화기제가 되기를 바라는 자연적 결과물을 지적한다. 그런 다음 즉시 뒤를 받쳐 주는 강화물을 제공한다. 점차적으로 학습환경에서부터 이 강화기제들을 제거하되, 학생들이 행한 일의 자연적 결과물들을 꾸준히 지적하고 부각시킨다. 점차 자연적 결과물에 대한 지적을 조금씩 줄여 간다. 가끔 뒷받침하는 강화물을 자연적 결과물과 함께 제공한다.

처벌

처벌은 어떤 행동이 일어날 가능성을 감소시키기 위해 사용된다. 예를 들어 교사는 규훈이가 자기 자리에 앉아 있게 하기 위해서 (1) 그가 자리를 뜰 때마다 추가 과제를 부여하든가, (2) 30분 동안 자리에 앉아 있으면 재미있는 책이 구비된 도서관에 다녀올 수 있도록 허락할 수도 있다. 첫 번째 경우는 규훈이에게 기대되는 행동을 장려하기 위해 처벌을 제공한 것이고, 두 번째 경우는 같은 목적을 달성하기 위하여 보상을 제공한 것이다. 처벌은 바람직하지 않은 행동을 하지 않게 한다. 반면 보상은 바람직한 행동을 하면 즉시 어떤 즐거운 일이나 보상을 제공하여 그 바람직한 행동이 일어나도록 하는 것이다.

그러나 보상이나 처벌은 일반적으로 바람직한 행동을 증진시키는 면에서 그 효과가 동일하지 않다. 규훈이를 자리에 앉히기 위한 두 가지 선택이 주어졌을 때—별도의 과제를 부과하거나 어떤 흥미로운 보상을 하는 것—보상쪽이 통상 훨씬 더 성공적일 것이다. 그 이유는 다음과 같다.

- *처벌을 한다고 하여 바람직한 반응이 일어나리라는 보장이 없기 때문이다.* 규훈이에게 부과한 별도의 과제가 돌아다니려고 하는 규훈이를 자리에 묶어 둘 수는 있지만, 규훈이가 자리에 앉아서 의미 있는 수업활동에 참여한다고 보장할 수는 없다. 대신 규훈이는 공상에 잠길 수도 있고, 친구와 쪽지를 주고받으며 잡담을 할 수 있고, 심지어 지선이의 머리카락을 잡아당길 수도 있다. 이러한 행동들은 자리이탈로 인한 처벌을 피하면서 가능한 것들이다. 보상 없이 처벌만 하는 것은 또 다른 바람직하지 않은 행동을 유발할 수 있다.
- *처벌의 효과는 항상 특정한 행동과 맥락에만 국한되기 때문이다.* 일일대치

교사가 수업을 할 때에는 별도의 과제를 부과하는 것이 결코 규훈이의 자리이탈 행동을 막을 수 없다. 왜냐하면 대치교사는 처벌을 부여한 교사가 아니기 때문이다. 또한 위의 처벌은 규훈이가 지선이의 머리카락을 잡아끄는 행동을 그만두게 할 수 없을 것이다. 왜냐하면 그 처벌은 단지 규훈이를 자기 자리에 앉혀 두는 것과 관련이 있기 때문이다. 처벌은 그것과 가장 가깝게 연결된 특정한 상황과 행동 외의 바람직하지 않은 행동을 좀처럼 그만두게 할 수 없다.

- *처벌의 효과는 바람직하지 않은 부작용을 가져올 수 있기 때문이다.* 만약 별도의 숙제가 규훈이에게 정말로 혐오스러운 것이라면—만약 그 숙제가 그의 눈에서 피눈물이 흐르게 하고 고통스러운 결과를 불러일으킬 정도라면—규훈이는 다시는 자리를 뜨지 않을 결심을 할지도 모른다. 규훈이는 예외 없이 항상 자리에 앉아 있어야 한다고 생각할지도 모르고, 그 결과 그는 자리를 떠도 괜찮을 때와 괜찮지 않을 때를 구별할 수 있는 판단력을 상실할지도 모른다.
- *처벌은 때때로 적개적인 반응과 공격적인 반응을 유도하기 때문이다.* 어떤 처벌 하나가 감정적인 반응을 불러일으키지는 않지만, 학생들은 하루 종일 집과 학교에서 여러 가지 형태의 처벌을 받는다. 만일 교사의 처벌이 마치 '성난 호랑이 건드리기' 격이라면 그 학생의 쌓인 감정은 폭발할 것이고, 교사는 그만한 처벌로 학생이 감정을 폭발시킨다고 놀라서는 안 된다. 이것은 처벌이 반드시 필요할 때 처벌을 하지 않는 충분한 이유가 되지는 못하지만, 처벌을 삼가야 하고 보상과 함께 사용해야 할 이유는 된다.
- *처벌은 처벌자와 연결될 수 있기 때문이다.* 만일 처벌을 바람직한 행동이 일어날 가능성을 증진시키기 위한 도구로 시종일관 사용한다면, 교사는 학급을 효과적으로 경영하기 위한 학생들의 협조를 잃을지도 모른다. 이 협력이 사라진다면 학급경영 기술의 작동을 위해 절대적으로 필요한 연결고리가 끊어진다는 것을 알게 될 것이다. 모든 학급 문제를 처벌을 통하여 해결하리라 마음먹어서는 안 된다. 그렇지 않으면, 여러분이 장려하고자 했던 바람직한 행동보다도 처벌이 교사인 여러분과 더 강하게 연결될 것이다.
- *처벌은 바람직하지 않은 행동을 멈추게 하기 위해 제공되는 것이기 때문이다.* 그러나 처벌은 바람직한 행동과 즉시 연결되는 것이 아니고, 그 효과도 좀처럼 지속되지 않는다. 만일 처벌을 가할 때 기대하는 바람직한 행동이 여러분의 학생들에게 명확하지 않다면, 학생들은 처벌을 단지 고통을 가하기 위한 수단으로 받아들이지, 바람직한 행동을 장려하기 위한 수단으로

생각하지 않을 것이다.

경고 처벌이 유일한 대안인 경우, 경고는 사소한 문제들이 커지는 것을 방지할 수 있다. 〈표 6.1〉에 열거된 가벼운 바람직하지 않은 행동들에 대해서는 어떤 종류의 처벌을 하기 전에 약간의 경고를 하는 것이 일반적이다. 그러나 두세 번의 경고 후에는 모종의 처벌을 해야만 하는데, 그 이유는 처벌을 늦추면 교사가 그 나쁜 행동을 별로 심각하게 여기지 않는다는 학생의 신념을 강화시키기 때문이다. 이는 그 위반된 규칙의 본래의 모습을 훼손할 뿐만 아니라 교사의 신뢰성도 훼손한다.

체벌 〈표 6.1〉에는 없지만 학생의 엉덩이를 때리는 것과 같은 체벌도 처벌의 한 형태이다. 학교에 따라 체벌을 허락하기도 하는데, 이러한 체벌이 나쁜 행동을 통제하는 데 특히 효과가 있다는 것이 증명된 것은 아니다.

그 이유는 처벌 당시 학생들(과 교사)의 격양된 감정과 불안이 "처벌이란 격려를 하기 위한 것이다."라는 이성적 논의를 방해하기 때문이다. 게다가 체벌은 쉽게 학생과 부모 모두에게 공격심과 적개심을 불러일으킬 수 있다. 이것은 처벌 후 즉시 발생할 수 있는 이점보다 중대한 문제일 수 있다.

일반적으로 여러분은 학생과의 신체적 접촉을 반드시 피해야만 하는데, 그 이유는 신체적 접촉은 쉽게 오해를 불러일으키기 때문이다. 신체적 접촉이 학생을 처벌하기 위한 접촉이든, 학생을 격려하기 위한 접촉이든(발표를 잘 한 학생의 등을 가볍게 두드리는 것), 도움을 주기 위한 접촉이든(아주 불안해하는 학생을 양 팔로 감싸안아 주는 것) 간에 신체적 접촉은 피해야 한다. 비록 교사 자신의 판단, 그 상황, 학생의 나이 등이 교사의 행동을 안내하는 지침이 되겠지만, 교사의 도움이 즉시 요구되는 상황 외에는 신체적 접촉을 해서는 안 된다. 예를 들어 신체적 상해를 막기 위해 싸움을 말리는 것, 다른 학생들을 때리려고 다가서는 학생을 막는 것, 자해행동을 제지하는 것 등이다. 그러한 경우 가능한 한 빨리 학교 직원들을 불러야 한다.

학부모-교사 면담

학교나 학급 규칙의 중대한 위반이 발생하였을 때, 어떤 형태의 체벌보다 더 효과적인 것이 학부모와 교사의 면담이다. 이것은 학생의 어머니나 아버지 혹은 둘 모두에게 잘못된 행동의 심각성을 알리고, 그것을 방지하는 데 학부모의 적극적인 도움을 이끌어 낼 수 있는 기회이다. 가정에서 적절한 상과 벌을 주는 학생 가족의 도움이 없다면 학교에서의 훈육은 그 잘못된 행동을 막는 데 지속적인 영향력을 갖지 못할 것이다(Lawrence-Lightfoot, 2003). 가정에서 부모가 자녀에게 요구하는 여러 가지 규칙이나 일들, 예컨대 몇 시까지는 집에 들어와야 한다거나, 몇 시부터 몇 시까지는 자기 방에서 조용히 공부를 해야 한다거나, 집안 청소 등과 같은 규칙이나 임무는 학교 생활 중에 주어지는 어떠한 처벌보다도 항상 더 많은 영향을 미친다. 단, 이 가정에서 정한 규칙이나 일이 바람직한 행동에 대한 완벽한 이해와 함께 시행되었을 때 그 효과가 크다.

만약 학급에서 생긴 특별한 문제로 인해 회의가 필요하다면 그것을 학부모에게 알리는 것은 교사의 책임이다. 이 통지는 학부모나 보호자에게 아래와 같은 내용을 알리는 전화나 편지를 포함해야 한다.

1. 학교에서 학생이 성공할 수 있도록 돕기 위한 공동의 목표에 대한 설명을 포함한 회의의 목적
2. 규율 적용과정에서 부모의 필수역할을 나타내는 설명(이것은 그 문제에 관한 학교 정책이나 어떤 보고서에서 인용할 수도 있음)
3. 가능한 날짜, 시간, 장소
4. 학부모가 교사에게 전화했을 때 교사가 전화를 받을 수 없을 경우, 대신 전화를 받을 수 있는 사람의 이름과 전화번호

만약 여러분이 전화로 학부모와의 면담을 요청한다면 학부모에게 면담할 날짜, 시간, 장소, 참석할 사람을 물어 봐야 한다. 회의시간에 교사가 해야 할 내용은 다음과 같다.

- 학부모가 그 문제에 대해 이해하고 규율 적용과정에 참여하도록 한다.
- 가정과 학교에서 그 문제를 다루기 위한 행동계획을 제안한다.
- 계속되는 활동들을 확인한다(예, 집에서 매주 경과를 적기, 만약 문제가 다시 발생했을 때 즉시 전화 연락하기, 다음 학부모와 교사의 모임 때 그 상황을 재검토하기).
- 동의 여부를 포함하여 회의에서 논의된 일에 대해 기록한다.

학부모 면담 진행

위와 같은 일반적인 지침에 덧붙여, 학부모 회의시 교사는 단순하게 말하고 듣고 나 메시지를 사용하는 것이 좋다.

단순한 용어 새로운 교사들은, 특히 모임에서 학부모들을 처음 초청하고 만났을 때, 교사에게 익숙한 전문용어를 사용한다. 평균성적, 계발의 필요성, 이질 집단, 인식력, 고차원 사고와 같은 용어들은 아주 소수의 학부모만이 이해할 수 있다. 전문용어는 교사에게는 익숙할 테지만 학부모들에게는 오히려 교사에 대한 신뢰감을 떨어뜨리는 역할을 할 것이다.

경청 경청은 가장 중요한 의사소통 능력이다. 특히 학부모들은 화가 났을 때 자신의 말을 들어주길 원한다. 교사에 대하여 학부모들이 느끼는 가장 빈번한 불평 중 하나는 교사들이 그들의 말을 잘 들어주지 않는다는 것이다. 애팔래치아 교육연구소(Shalaway, 1989)에서는 교사가 훌륭한 청취자가 되기 위한 방법들을 아래와 같이 제시하고 있다.

1. 지속적으로 눈(시선)을 맞춘다(화자와 얼굴을 마주하고, 시선은 똑바로 앞쪽을 향한다).
2. 머리를 끄덕이고 다른 말로 말을 끊지 않는다.
3. 화자의 말이 끊어졌을 때 중단시키지 말고 그가 말을 계속 이어 나갈 수 있도록 한다. 화자가 말을 끝마칠 때까지 기다린다.
4. 어떤 사람의 말에 주의를 기울일 때 여러분의 주목을 끌려는 다른 사람들을 무시한다.
5. 화자가 말하고자 하는 것이나 전달하고자 하는 생각의 본질적인 면을 요약하여 말함으로써 교사가 이해하고 있다는 것을 확인시켜 준다.
6. 필요하다면 설명을 요청한다.

3, 5, 6번 사항은 전화로 학부모를 접촉할 때에도 지켜야 할 매우 중요한 사항이다.

적극적인 경청은 아주 중요하다. 이는 특히 반발적인 학부모 회의나 교사의 언행으로 화가 난 학부모들이 주최한 회의 중에 유익하다. 이 같은 회의는 자칫 감정적일 수 있다. 전형적으로 교사들은 화가 난 학부모와 맞설 때 방어적이거나 공격적인 태도를 취한다. 학부모들이 말하는 것을 듣기보다는—그 말이 얼마나 부정확한가에 관계 없이—부정적인 말로 학부모를 대하고, 더 이상 대화가 이어지는 것에 거부감을 가진다.

화자가 전달하려고 했던 메시지와 감정에 대해 청자가 다시 반응하는 적극적인 청취는 화자로 하여금 자신이 충분히 이해되고 있음을 알게 함으로써 대화가 더 심도 있게 이어질 수 있도록 한다고 주장한다. 적극적인 청취는 학부모들이나 학생들이 사용할 수 있는 중요한 화술이다. 하지만 그 능력을 배우는 것은 어려운 일이다. 그것은 심지어 누군가의 말에 강하게 반대하고 있을 때에도 그 말에 집중하는 능력을 요구한다. 다른 기술과 마찬가지로 이 기술을 자연스럽고 자동적으로 사용할 수 있으려면 많은 연습이 뒤따라야 한다.

교사의 감정을 표현할 때 '나 메시지' 사용하기 교사는 학생의 행동이나 학부모의 언어와 행동에 대해 특히 화가 났을 때 자신의 생각을 명확하게 전달하는 것이 중요하다. 그러나 이것은 너 메시지를 사용하여 상대방을 나무라거나 비판하기보다는 오히려 (1) 교사가 받은 공격을 묘사하고("부모님께서 ~라고 말씀하신 것은 …….") , (2) 공격받았을 때 교사가 경험한 느낌이나 정서상태를 묘사하고("저는 ~라고 느꼈습니다.") (3) 그렇게 느낀 이유를 설명함으로("그 이유는 ~입니다.") 가능하다. 예를 들어 "희철이가 교사인 제게 말로 대들었을 때, 그런 그의 행동이 학급 전체에 방해가 됐고 저는 화가 났습니다. 왜냐하면 그에게 주의를 주기 위해 다른 학생들의 시간을 빼앗았기 때문입니다." 이러한 대화는 그 학생이 무엇을 말하고 행동했는가가 아니라 그 문제에 교사가 어떻게 대응하는가에 초점이 맞춰져 있다. 이러한 대화는 학부모와 보다 많은 대화를 긍정적으로 나눌 수 있는 길을 열어 준다.

학부모 회의 평가

회의에 이어 논의되고 동의된 내용을 요약 · 정리하고 교사나 학부모가 취해야 할 행동의 목록을 작성한다. 계속해서 전화 연락을 취하며, 기록한 내용을 전하고, 교사는 교사가 맡은 역할을 수행한다. 마지막으로 학부모들과의 대화가 얼마나 잘 이루어졌고 교사의 목표가 잘 성취되었는지, 그리고 다음 학부모 면담 때 무엇을 고치고 바꿔야 할지에 대해 반성할 시간을 갖는다. 이 반성의 시간은 학부모 회의를 이끌어 가는 교사의 능력을 길러 주는 데 가장 중요한 도움을 줄 것이다.

교실 내 문제행동에 미치는 가족과 가정의 영향

마지막으로, 교사가 수업시간에 직면하게 되는 훈육상의 문제는 학생의 가정에 원인이 있다는 것을 알아차리는 것이 중요하다. 그 변화의 속도가 빠르고 상향 지향적 사회에서 살아가는 우리는 조부모 세대에서는 생각하지도 못한 가족 간의 스트레스와 긴장을 겪으며 살고 있다. 우리 조부모들이 자라면서 겪었던 삶이 오늘날의 학생들이 성장하며 겪는 삶보다 결코 순탄했던 것은 아니지만, 오늘날 학생들이 경험하는 성장단계와 생활주기 변화의 강도나 속도에서 보면 조부모 세대의 삶과는 확실히 다른 면이 있다.

예를 들어, 어떤 사람들이 추정하기를 남아와 여아는 50년 전보다 훨씬 빨리 성숙하고 있다. 이것은 학생들이 부모의 영향보다 성, 공격적 행위, 사랑, 패거리에 가입하기, 질투, 경쟁 등의 강렬한 감정의 영향 속에 있다는 것을 의미한다. 초등학교 교사들은 대중매체가 매력적으로 포장한 성인들의 삶의 방식, 특히 의류, 이성관계, 유행 등을 흉내 내는 어린이들의 능력과 이해의 깊이에 이제는 더 이상 놀라지도 않는다.

눈에 잘 띄지 않는 이러한 세대간의 차이를 교사보다 학부모가 더 받아들이기 힘들어한다. 그리하여 학교에서 보기에는 그리 대수롭지 않은 바람직하지 않은 행동이 가정에서는 종종 마찰을 일으키기도 한다. 교사는 학생들의 가정 내 마찰에 대해서는 취할 수 있는 방법이 거의 없다.

어떠한 처벌이나 보상도 소용이 없을 때가 있는데, 이런 경우는 그 문제의 근원이 가정 내에 있고 그 문제가 교사들이 생각하는 것보다 훨씬 심각하기 때문이다. 이런 문제로는 가족 간의 불화, 언어적 · 육체적 학대, 형제자매 간의 경쟁, 재정적 어려움, 이혼 등이 포함된다. 이러한 문제의 하나 또는 둘이 바로 여러분이 담임한 학급 학생들의 가정에서 일어날 수도 있다.

학생들에게 이러한 문제들은 결코 가벼운 짐이 아니다. 특히 이러한 문제들이 학교에서 받는 사회적 · 학구적인 압박, 미래의 직업이나 교육의 불확실성, 그리고 학생들이 유년기와 성인기 사이에 끼어서 느끼게 되는 긴장감과 결합되었을 때, 이런 불화는 학생들에게 가벼운 짐이 아니다(Erikson, 1968). 만약 문제가 지속되고 교사의 보상이나 처벌이 아무런 소용이 없다면, 교사는 반드시 가족 내에 문제가 있을 가능성을 고려해야 한다. 학생의 가정에서 어떠한 문제가 있는지를 아는 방법이 쉽지는 않더라도, 학생들에게 물어 보면 많은 학생들은 이러한 문제들의 본질에 대해 이야기하는 걸 환영한다. 삶에서 야기되는 이런 사건들의 감정적 괴로움을 발산하고자 하는 어떤 학생들에게는 교사의 상담이 발산기회를 마련해 줄 수도 있다.

이러한 문제들을 해결하는 것은 교사의 역할이 아니다. 그러나 그러한 문제들이 발생한 이유를 아는 것은 왜 교사의 보상이나 처벌이 작용하지 않았는지를 설명해 줄 것이다. 또한 그 발생원인을 아는 것은 이 문제를 해결하는 데 도움을 줄 수 있는 위치에 있는 사람들, 즉 사회사업가, 카운슬러, 학교 심리학자 등에게 의뢰하는 것이 좋을지 어떨지를 결정할 수 있게 해 준다.

이론의 교실 적용

학부모의 참여

학부모가 학교행사에 적극적으로 참여하면 학생을 위하여 여러 가지로 유익하다. 무엇보다 학습동기가 올라가고 학교생활에 적극적이 된다. 그러나 학부모가 숙제를 도와주게 되면 사정이 달라진다. 숙제를 도와주는 것이 반드시 학습에 긍정적으로 작용하지만은 않는다. 그렇다면, 학부모가 어느 정도까지 개입하는 것이 자녀의 학습동기 향상과 학교생활 참여도를 높이는 데 바람직할까?

첫째, 교사가 학부모에게 기대하는 것을 학부모가 파악하는 일은 매우 중요하다. 특히 숙제와 관련해서 학부모는 교사의 기대를 정확히 파악해야 한다. 어떤 학부모는 자녀의 학업을 돕고 있다고 생각하겠지만 교사는 이를 간섭이나 부정행위로 인식할 수도 있다. 교사가 학부모에게 당연시하고 요구하는 것—숙제를 검토하고 사인하기, 틀린 철자를 고쳐 써 주기 등—이 사실 어떤 학부모에게는 그의 능력을 넘어서는 것일 수도 있다. 따라서 교사는 학부모와 긴밀히 의사소통을 하면서 학부모에게 원하는 사항을 정확히 전달해야 한다. 물론 이때 교사가 학부모에게 기대하는 사항은 학부모의 능력과 생활형편을 고려한 현실적인 것이어야 한다.

둘째, 학부모가 어떤 방식으로 자녀의 학업을 돕는 것이 좋을지를 신중하게 생각해 보아야 한다. 연구결과에 의하면, 자녀의 성적이 좋으면 상을 주고 나쁘면 벌을 주는 것은 학습동기를 떨어뜨린다. 처벌에 대한 공포, 부모의 기대에 부응해야 한다는 불안, 다른 형제·자매와의 비교에 대한 걱정은 자녀에게 스트레스를 줄 뿐만 아니라 내적 동기를 감소시키고 배움에 대한 즐거움을 앗아간다. 이 말은 부모가 자녀의 성적에 관심을 가지지 말라는 뜻은 결코 아니다. 이 말의 진의는 부모가 자녀의 학업성취도를 향상시키는 데에 좀 더 생산적이고 건설적인 방법이 있음을 깨달아야 한다는 것이다.

집과 학교에서 자녀가 공부를 열심히 하도록 돕기 위해 학부모가 사용할 수 있는 좋은 방법으로는 다음과 같은 것들이 있다.

- 공부하기에 좋은 가정분위기·환경을 만들어 주어라. 적절한 밝기의 조명과 조용한 집안 분위기는 좋은 학습환경 조성에서 매우 중요하다. 학생마다 학습양식이 다르기는 하지만, 대개 학생들은 텔레비전을 끄고 정신을 산란하게 하는 방해요소가 없어야 공부에 집중할 수 있다.
- 매일 일정시간을 숙제하는 데 보내도록 습관을 만들어 주어라. 가능하면 숙제를 마치기 전에는 텔레비전을 보지 말도록, 전화통화도 삼가도록 하는 것이 좋다. 이 때 주의할 점은 숙제 때문에 창의적 활동이 위축되지 않도록 하는 것이다. 숙제를 지나치게 강조하면 자녀는 숙제를 대충 빨리 마치고 놀려고 할 것이다. Paulu(1998)의 연구에 의하면, 매일 일정시간 숙제하는 시간을 떼어놓고 노는 학생들은 성적이 좋았다.
- 자녀가 학업에 필요한 것을 모두 가지고 있는지 확인하여라. 부모는 자녀가 특정 프로젝트를 시작하기 전에 필요한 것을 모두 가지고 있는지 주기적으로 확인해야 한다. 다음 날 아침 그림을 학교에 제출해야 하는데, 그 전날 밤 9시에 그림물감이나 도화지를 사러 문방구에 가는 것은 현명하지 못하다.
- 자녀가 질문할 때에는 항상 답해 주어라. 자녀가 숙제를 하는 도중 모르는 것이나 분명치 않은 것을 질문할 때에는 진지하게 도와주어

야 한다. 그렇다고 숙제를 대신 해주는 것은 바람직하지 않다.

- 교사와 정규적으로 소통하는 시간을 가지도록 노력하여라. 부모는 교사에게 자신이 기대하는 바를 분명하게 말할 필요가 있다. 자녀의 학업과 관련하여 가정에서 어떻게 도우면 좋을지를 교사에게 물어 파악하는 것은 매우 중요하다. 이 과정에서 교사는 "기초학력이 부족하니 일정기간 개인교습을 통해 보충하는 것이 좋겠다."와 같은 조언을 할 수 있을 것이다.
- 학교 성적에 따라 보상하거나 처벌하지 말아라. 자녀의 학교 성적에 관심을 가지는 것은 부모로서 당연하고 또 중요하다. 그렇다고 성적을 외적인 보상수단으로 끌어 올리려고 하는 것은 결코 바람직하지 않다. 배움의 즐거움, 배움의 가치를 강조하면서 열심히 하는 태도 그 자체, 그리고 이에 따른 성취 정도를 칭찬하는 것이 바람직하다.

교사는 이와 같은 사항을 인쇄하여 학기 초에 학부모에게 전달하면 좋다. 또한 학부모 회의나 교육과정설명회 같은 모임을 이용하여 다시 안내해도 좋을 것이다.

문화 반응적 학급경영

학급경영을 이해하는 데 있어서 가장 흥미롭고 고무적인 발전 중 하나는 **문화적으로 민감하게 반응하는 수업**과 최근에 부각된 '행동관리'라는 영역이다. 앞 장에서 살펴본 바와 같이, Bowers와 Flinders(1991), Delpit와 그의 동료들(Delpit and colleagues, 2003), Delpit와 Dowdy(2008), Gay(2000), Tharp와 Gallimore(1991), Tharp(1997)는 그들의 저서나 연구에서 눈 맞추기, 경고, 학급경영 등을 포함한 비언어적이거나 언어적인 행동관리 기술은 문화권에 따라 각기 다르게 반응한다는 설득력 있는 논리를 펼치고 있다. 더군다나 그들은 한 문화권에서 성장한 교사가 각기 다른 문화적 배경을 지닌 학생들의 혼란스러운 행동을 어떻게 이해하는지에 대하여 수많은 예를 들고 있다. 따라서 이 장과 앞 장에서 언급한 행동관리에 대한 많은 기술들이 문화적으로 민감할 수 있다는 것을 아는 것과, 유능한 학급경영자가 되려면 그 사용하는 기술이 처한 상황에 적합할 뿐만 아니라 학생의 문화적 역사와도 잘 어울려야 한다는 것을 아는 것은 매우 중요하다.

만약 문화적으로 민감하게 반응하는 교수법을 지지하고 있는 연구가 문화적으로 다른 학생들을 가르치는 것에 대한 명백한 방법을 제시하고 있다면, 이러한 연구가 복합문화적 학급의 학생들을 더 잘 이해하는 것에 대해서는 어떤 시사점을 줄 수 있을까?

학급 연구를 수행할 때 사용한 전통적인 방법은 대규모 집단의 교사들을 표집·조사하여 그들의 교수방법을 분류한 뒤, 학생들에게 성취도 검사를 치르게 해서 성취도 검사 점수와 그 특정한 교수법 사이의 관계를 밝히는 것이다. 그러나 Dillon(1989)은 다른 접근방법을 사용하였다. Dillon은 Appleby라는 교사 1명을 선정하여 1년 동안 그 교사의 수업을 미세민속기술지라고 불리는 연구방법을 사용하여 연구하였다. 이 연구에서 Dillon은 문화적으로 다른 학생들이 학구적·개인적인 성공을 경험하는 학급을 만들기 위해서 교사가 무엇을 할 수 있는지에 대하여 아주 귀중한 통찰을 제공하고 있다.

Dillon은 결론짓기를, 학급 담임으로서 Appleby 선생님의 효과성은 학교의 중산층 문화에 있는 학생과 하층 흑인 문화 학생 사이에서 '통역자와 서로 다른 문화의 중개인' 으로서의 역할을 맡은 그의 능력 덕분이라고 하였다. 문화의 중개인 그리고 통역자로서, Appleby 선생님은 자기 학생들의 문화적 배경에 관하여 철저히 알고 있었고, 그 결과 학교와 사회 그리고 가정 문화 사이의 차이점들에 대하여 가교 역할을 할 수 있었다. 그는 Lustig와 Koester(2009)가 **다문화 능력**이라고 이름 붙인 능력을 아주 잘 획득한 것이다(DeMeulenaere, 2001). 이러한 문화적 지식을 가지고 Appleby 선생님은 다음의 세 가지 중요한 특징이 있는 학급을 창조할 수 있었다.

1. 그는 교사와 학생이 서로를 알고 서로를 신뢰하며, 자신의 감정이나 의견을 자유롭게 표현할 수 있는 사회적인 구조를 창조했다.
2. 그는 자신의 학생들이 가진 선행지식이나 경험에 기초한 수업을 하였다. 학생들의 배경에 관한 지식 덕분에 그는 학생들의 지식과 기술 그리고 학습할 내용에 대한 학생들의 태도에 대해서 잘 알고 있었다. 이러한 지식은 그 교사로 하여금 자신이 설명하고 있는 교과 내용을 학생들이 이미 알고 느끼던 것과 연결하도록 격려하는 방식의 수업을 가능하게 하였다.
3. 그는 학생들이 학습에 능동적으로 참여하게 만들고, 그들 문화의 언어나 사회언어학적인 양식을 사용하도록 허용하며, 교사와 학생들 모두가 잘 알고 있는 언어와 상호작용 양식의 사용을 허락하는 교수법을 사용하였다.

Anton-Oldenburg(2000), Delpit와 Dowdy(2008), Miller(2000), Lustig와 Koester(2009) 등은 다문화 학급에서 성공적으로 가르치기 위해서 교사가 알아야 할 것은 선호하는 학습양식이나 인지양식 또는 교사가 지켜야 할 사항과 피해야 할 사항 등에 관한 지식보다 오히려 학생들의 가치, 사회화 과정, 취미, 학생들의 관심사 등에 관한 지식과 더욱 밀접한 관계가 있다고 결론짓고 있다. 더 나아가 학자들은 Appleby 선생님이 자신의 학생들에 대해 가지고 있었던 것과 같은 문화적 지식은 교사들로 하여금 수업내용을 학생들에게 보다 의미 있는 방법으로 전달할 수 있게 해 주고, 학생들의 능동적인 참여를 이끌어 내는 수업으로 발전할 수 있게 해 주며, 학생들이 학급 내에서 그들 스스로 편안하게 느낄 수 있는 사회 구조를 창조할 수 있게 한다고 확신하고 있다.

현장사례 *Case History and Licensure Preparation*

최권 선생님은 6학년을 맡고 있는데, 최근 세익스피어가 쓴 희곡 「시저」의 한 부분을 공부하였다. 오늘은 이 연극의 핵심개념을 파악하기 위하여 토의를 하고자 한다. 제대로 된 토의는 세익스피어 작품에 대한 학기말 시험을 준비하는 데에도 도움이 될 것으로 최 선생님은 보고 있다. 그러나 과거의 경험에 비추어 보면, 토의는 성적과는 직접적 관련이 없기 때문에 학생들이 적극적으로 참여하지 않았다.

오늘 최 선생님은 수업시간에 토의에 대하여 이야기하면서 이것이 성적에 반영될 것임을 분명히 하였다. 학생들이 토의에 적극 참여할 수 있도록 최 선생님은 한 가지 조치를 취하였는데, 그것은 박유진 학생으로 하여금 누가 토의에 열심히 참여하였는지를 기록하게 하는 것이었다. 유진이는 아주 성적이 좋은 학생인데, 한 가지 문제가 있다면 너무 뛰어나서 학급 분위기를 지배한다는 것이다. 학생들은 심지어 자신의 의견을 개진하기보다는 유진이가 어떤 말을 할지 기다릴 정도이다. 따라서 토의는 자연히 유진이 중심으로 진행된다. 이런 현상을 방지하기 위하여 최 선생님은 유진이에게는 토의성적 만점을 약속하고, 대신 토의에는 끼여들지 말고 누가 열심히 토의에 참여하는지를 기록만 하는 역할을 시킨 것이다. 다음 토의의 기록자는 이번 토의시간에 가장 높은 점수를 얻은 학생이 이어받게 된다.

유진이는 교실 앞에 앉아 좌석표를 보면서 동료 학생들이 코멘트를 할 때마다 그 표에 표시를 한다. 토의시간에 발언 횟수 1회당 5점이 주어지는데, 발언 횟수로 인정을 받기 위해서는 손을 들고 발언 신청을 한 다음 최 선생님의 지명이 있어야 한다. 어떤 경우에는 한 번 발언을 해도 그 횟수가 2회로 계산되기도 하는데, 그런 경우는 대개 어려운 질문에 답변을 하거나 동료 학생의 코멘트에 기초하여 좋은 아이디어를 생각해 낸 경우이다.

수업시간에 늦지 않고 제 시간에 도착한 학생들은 기본 점수 70점을 받고, 지각을 한 학생들은 기본 점수에서 10점을 깎는다.

최권 선생님이 첫 번째 질문을 던진다. "대부분의 학자들은 이 연극의 주인공이 줄리어스 시저라고 생각합니다. 하지만 어떤 학자들은 도덕적 갈등을 겪는 브루터스가 이 연극을 주도하고 있으므로 브루터스가 주인공이라고 주장합니다. 여러분들은 누가 이 연극의 주인공이라고 생각합니까? 그 이유와 함께 말해 보세요."

모든 학생들이 일제히 박유진을 쳐다보았지만 유진이는 발언을 할 수가 없었다. 약간의 침묵이 흐른 뒤 최용수 학생이 손들 들어 발언권을 얻은 다음 의견을 발표하였다. "제 생각에는 두 번째 의견이 더 타당한 것 같습니다. 이 연극에서 우리가 더 관심을 가지는 인물은 브루터스입니다. 시저는 평소 죽을 만한 행동을 했기 때문에 그가 죽임을 당한 것이 별로 나빠 보이지 않습니다. 그러나 브루터스가 자살을 했을 때는 정말 슬펐습니다." 최권 선생님은 유진이가 기록을 제대로 하고 있는지 확인하고는 홍창우 학생에게 발언권을 주었다.

"나는 이 연극에서 브루터스가 주인공이 되어야 할지 아닐지에 대해서는 솔직히 잘 모르겠습니다. 다만 시저는 3막에서 죽기 때문에 이 연극의 절반 정도는 시저 없이 진행됩니다. 이에 반해 브루터스는 연극이 끝날 때까지 살아 있습니다."

지각을 하여 이제 막 자리를 정리하고 앉은 장다솜 학생이 손을 들어 발언권을 얻었다. "시저가 3막에서 죽은 것은 사실입니다. 그렇지만 그의 유령은 4막에서도 계속 등장합니다. 그리고 브루터스가 자살을 할 때조차 시저의 이름을 언급합니다. 따라서 시저의 영혼은 이 연극의 전체에 스며 있다고 생각합니다."

장다솜의 발언에 만족한 최 선생님은 그가 지각으로 얻은 벌점 10점을 감해 주었다.

이상민 학생이 갑자기 큰 소리로 외쳤다. "선생님, 저는 안토니가 주인공이 아닌가 생각됩니다." 최권 선생님은 이상민 학생이 발언권을 얻어서 발언을 한 것이 아닌 까닭에 못 들은 척하였다. 그러자 이상민이 손을 들어 발언권을 신청하였다. 발언권을 얻은 이상민은 다음과 같이 발언하였다. "안토니는 '친구들이여, 로마 시민들이여, 나는 시저를 매장하러 온 것이지 그를 찬양하기 위해 온 것이 아닙니다.' 라는 연설을 하였는데, 저는 이 연설이 가장 멋진 연설이라고 생각합니다. 그리고 이 연설을 하는 순간이 이 연극의 진정한 클라이맥스라고 생각합니다."

"자, 그럼 이 연극의 주인공 후보는 이제 시저, 브루터스, 안토니 세 사람이 되었군요. 이 새로운 의견에 대해 말해 볼 사람 없나요?" 많은 학생들이 발언권을 얻으려고 손을 들고 흔들어 댔다.

요약

Summing up

학급경영에서 인간주의적 전통

1. 대부분의 학급질서 문제들은 강도가 낮고, 지속적이며, 크고 심각한 사건과는 관련이 없다.
2. 학급경영에 관한 인간주의적 전통은 내적 사고, 느낌, 심리적인 욕구, 학생 개개인의 정서에 초점을 맞춘다. 인간주의적 접근법은 학생에게 스스로 자신의 행동을 통제할 수 있는 시간을 제공하는 것의 중요성을 강조한다.
3. Ginott의 사리분별력 있는 메시지란 학생들에게 "그들의 행동이 용납되기 어렵다."는 것을 말해 주되 비난하거나 꾸짖거나 창피를 주어서는 안 된다는 것이다.
4. Glasser의 협동학습은 어떤 학생이 나쁜 행동을 하여 그 교실 밖으로 쫓겨나는 것을 아주 후회할 정도로 친밀한 학급을 만드는 것을 강조한다.
5. 인간주의적 전통은 규칙 만들기, 학교 직원으로부터 도움 받기, 학생들과 사적인 모임 갖기, 그리고 학생을 교실 밖으로 내보내야 할 때의 절차 등에 초점을 맞춘다.

학급경영에서 행동분석 응용 전통

6. 학급경영의 행동분석 응용 전통은 사회적으로 중요한 행동을 변화시키기 위해 조작적 조건화의 기법을 사용한다.
7. 행동수정은 강화물을 이용하여 행동을 변화시키거나 수정하는 것에 초점을 맞춘다.
8. 정적 강화는 바람직한 행동이 나타난 후 이것의 발생빈도를 높이기 위해 바람직한 자극과 보상을 제공할 때 나타난다.
9. 부적 강화는 바람직한 행동의 발생빈도를 높이기 위하여 고통스럽거나 불편하거나 혐오스러운 상태를 종료할 때 나타난다.
10. 행동유발 자극이란 교사가 특정 행동을 이끌어 내거나 유발시키기 위해 제시하는 자극 또는 사태로서 소리, 제스처, 사람 등을 가리킨다.
11. 행동분석 응용 전통은 적절한 행동과 부적절한 행동을 확인하고, 이러한 행동을 일으키는 행동 유발 자극을 확인하며, 바람직하지 않은 행동을 하는 학생의 목적을 알아내고, 적절한 행동을 강화시키는 절차를 확인하는 일에 초점을 맞춘다.

학급경영 전통

12. 학급경영 전통은 학급질서 유지와 훈육의 문제를 사후 조치보다는 사전 예방의 관점에서 접근한다.
13. 학급경영 전통은 학급의 계획과 조직, 규칙과 일과를 가르치는 것, 규칙을 어겼을 때의 결과를 학생에게 알리는 것 등에 초점을 맞춘다.

학급경영에 대한 통합된 접근

14. 낮은 수준의 학급통제란 수업의 흐름을 방해하지 않고 잘못된 행동을 멈추게 하기 위해 효과적인 교사가 사용하는 대처전략을 가리킨다.
15. 잘못된 행동을 다룰 때 교사가 권위를 사용하는 세 가지 방법은 아래와 같다.
    - 무엇이 발생했고 어떤 처벌을 내려야 하는가를 교사 혼자서 결정한다.

- 교사가 여러 가지 처벌대안을 제시하고 학생이 이 중에서 하나를 선택하도록 한다.
- 학생이 제시하는 처벌대안 중에서 교사가 하나를 선택한다.

16. 바람직하지 않은 어떤 행동이 발생했을 때 그 행동에 대한 교사의 대응은 그 행동의 심각성 수준에 부합해야 한다.
17. 강화 이론의 기저에 깔린 아이디어는 모든 행동은 바로 뒤따르는 결과에 의해 통제될 수 있다는 것이다. 어떤 행동에 뒤따른 결과가 그 행동의 되풀이 가능성을 변화시킬 때 강화가 일어나고 있는 것이다.
18. 학급에서 일어나는 바람직하지 않은 행동은 강화를 통하여 부지불식간에 증가한다. 왜냐하면 바람직한 행동 뒤에 나타나는 결과를 학생들은 바람직한 것으로 인식하기 때문이다.
19. 보상과 처벌 모두 어떤 행동의 발생 가능성을 증가시킬 수 있으나, 보상 없는 처벌은 그 효과가 미미하다.
20. 보상은 주지 않고 처벌만 하는 것은 바람직한 행동의 발생 가능성을 증가시키는 데 비효과적인데, 그 이유는 다음과 같다.
    - 처벌은 바람직한 행동의 발생을 보장하지 못한다.
    - 처벌의 효과는 특정 맥락에서만 제한적으로 나타난다.
    - 처벌의 효과는 바람직하지 못한 행동을 유발할 수도 있다.
    - 처벌은 적대적이고 공격적인 반응을 유도할 수 있다.
    - 처벌은 처벌자와 연결될 수도 있다.
21. 두세 번의 경고 후에는 반드시 처벌을 해야 한다.
22. • 체벌은 바람직하지 않은 행동을 그만두게 하는 데 거의 효과가 없다.

학부모-교사 면담

23. 학부모-교사 면담이 학생의 행동수정에 효과적인 이유는 학부모가 참여하기 때문이다.
24. 학부모 면담시 교사는 평범한 용어와 나 메시지를 사용해야 하고, 학부모의 말을 적극적으로 경청해야 한다.

문화 반응적 학급경영

25. 문화 반응적 수업이란 학생의 문화를 고려해서 맞춤식 수업을 하는 교사의 능력을 의미한다.
26. 다문화 능력이란 교사가 문화 간, 인종 간, 계층 간 중재 및 중계 역할을 잘 하는 것을 가리킨다.

토의 및 연습문제 *Discussion and Practice Questions*

1. 효과적인 학급경영 계획안을 만드는 여섯 가지 기준은 무엇인가? 여러분의 생각에 교실에서 실현하기 가장 쉬운 것은 무엇이고, 가장 어려운 것은 무엇인가?
2. 학급을 경영하기 시작할 때 교사가 따라야 할 사항으로 Glasser가 추천한 것은 무엇인가? 이것들 중 가장 중요하다고 생각하는 것은 무엇인가?
3. 학생이 지속적으로 잡담하는 것을 멈추게 하기 위해서 정적 강화와 부적 강화를 어떻게 사용할 것인가? 여러분의 논지를 분명히 드러내는 예를 들어 설명하시오.
4. 타임아웃과 나쁜 행동에 대한 대가에 대해 기술하시오. 여러분이 이것들을 각각 사용한다면 어떤 학급상황이 되겠는가?
5. 학급경영에 관한 연구에 따르면 세 가지의 일반적인 예방적 학급경영 기술은 무엇인가? 여러분이 담당한 학년수준에서 적용하기 가장 쉬운 것부터 어려운 순서로 이 세 가지 기술을 나열하시오.
6. 바람직하지 않은 행동을 저지른 학생에게 그 행동에 대한 응분의 결과를 주기 위하여 여러분은 어떤 방법으로 교사의 권위를 사용할 것인가? 여러분은 어떤 방법이 가장 편하게 느껴지는가?
7. 아래와 같은 바람직하지 않은 행동에 대해서 어떻게 대응할 것인지 그 대응방법을 말하시오. 동일한 대응방법을 한 번 이상 사용하지 마시오.
   - 말대꾸
   - 수업 빠지기
   - 수업 중에 음식 먹기
   - 자리에서 뛰기
   - 수업 중에 잠자기
   - 거친 행동
   - 음란한 몸짓 하기
   - 마약을 팔거나 사용하기
   - 싸움
8. 학생들이 아래와 같은 행동을 했을 때 여러분은 어떤 보상을 주겠는가?
   - 숙제
   - 떠드는 것을 멈추기
   - 말대꾸하는 것을 멈추기
   - 제 시간에 과제 제출하기
   - 정시에 수업에 들어오기
   - 펜과 연필을 가져오는 것을 기억하기
   - 손 들고 이야기하기
9. 외적 강화물에 의한 통제로부터 내적 강화물에 의한 통제로 전환하기 위해서 교사는 어떤 단계를 따라야 하는가? 여러분이 담당한 학년에서 사용할 수 있는 강화물을 말하시오.
10. 보상 없이 처벌만 하는 것이 왜 거의 효과가 없는지 다섯 가지 이유를 기술하시오. 여러분의 학창시절을 돌이켜 볼 때 어느 것이 가장 효과적이었는가? 왜 그렇게 생각하는가?
11. 이 장에서 논의하고 있는 학부모-교사 면담의 두 가지 목표는 무엇인가? 또, 어떤 것들이 이 회의의 목표가 될 수 있는가?

7

이 장을 마치면 여러분은 다음 질문에 답할 수 있을 것이다.

1. 직접수업 모형이란 무엇인가?
2. 직접수업법으로 가르치려면 수업내용을 어떻게 조직해야 하는가?
3. 직접수업법으로 가르칠 때 학생들을 적극적으로 참여시키려면 어떻게 해야 하는가?
4. 직접수업법으로 가르칠 때 어떤 매체와 공학을 사용할 것인가?
5. 문화적 배경이 다양한 학급에서 직접수업법의 목표를 촉진하는 효과적인 방법은 무엇인가?

직접수업 전략

제4장에서는 수업계획의 골격이 되는 일곱 가지의 교수사태에 대하여 설명하였다.

1. 주의집중시키기
2. 목표 알려 주기
3. 선행학습 기억시키기
4. 자료 제시하기
5. 학습활동 유발시키기
6. 피드백 제공하기
7. 평가하기

이 장과 다음 장에서는 이들 일곱 가지 교수사태가 적용될 수 있는 다양한 수업전략을 설명할 것이다. 이 장에서는 직접수업을 위한 전략인 강의-암기식(lecture-recitation format) 수업에서 도입할 수 있는 설명, 예시, 반복, 연습 및 피드백을 소개한다.

혹시 인기 있는 교사들의 비결에 대하여 궁금해한 적이 있는가? 학생들은 그런 교사들의 수업 시간을 무척 고대하지만 그렇지 않은 교사들의 수업은 별로 반기지 않는다. 인기 있는 교사들의 특징을 나타내는 말은 대개 다음과 같다: '성품이 좋다', '친절하고 자상하다'.

이 문구들이 인기 있는 교사들의 특성을 말해 준다 할지라도, 교사의 인기가 반드시 그런 것으로 결정되는 것만은 아니다.

학생들에게 인기 있는 교사들의 가장 중요한 특징은 다양한 수업방법을 적용하는 능력이다. 교직경력이 많은 교사와 초임교사에 대한 연구(Emmer et al., 1980; Emmer & Evertson, 2009; Evertson & Emmer, 2009)에 의하면 다양한 수업방법을 사용하면서도 유연하게 대처하는 경력 많은 교사들은 여러 가지 수업방법에 대한 지식이 부족한 초임교사들보다 더 인기가 있었다.

다양한 수업전략을 알고(다양성), 같은 수업시간 동안이나 수업들 간에 그 전략들을 유연하게 적용하는 능력(유연성)은 교사들이 갖추어야 할 가장 중요한 두 가지 자산이다(Emmer et al., 1997). 그러나 학생들의 관심과 주의력을 집중시킬 수 있는 다양성과 유연성이 없다면, 어떤 중요한 요소로 열심히 가르친다 하더라도 동일한 효과를 가져오지 못할 것이다. 그러므로 이 장에서는 교사들이 수업계획을 짤 때 직접수업법을 사용하여 수업에 흥미와 다양성을 제공하는 분위기를 만들고 유지할 수 있는 다양한 수업전략을 소개할 것이다.

수업과 학습의 범주

목수와 카센터 직원들이 특정한 작업을 위하여 적합한 연장을 선택하는 것처럼 교사들도 특정한 학습결과(learning outcome)를 위하여 그에 적합한 수업전략을 선정해야만 한다. 수업전략을 선택하는 것을 돕기 위하여 학습결과를 두 유형으로 분류해 보자.

제1유형: 사실, 규칙, 행동절차
제2유형: 개념, 패턴, 추상화

제1유형의 결과는 인지적, 정의적, 심동적 영역에서 복잡성의 정도가 낮은 행동을 일컫는다. 인지적 영역에서는 지식, 이해, 적용 수준; 정의적 영역에서는 감수, 반응, 가치화 수준; 심동적 영역에서는 모방, 조작, 정교화 수준을 말한다.

반면에 제2유형의 결과는 인지적, 정의적, 심동적 영역에서 복잡성의 정도가 높은 행동을 일컫는다. 인지적 영역에서는 종합, 분석, 평가; 정의적 영역에서는 조직, 내면화; 심동적 영역에서는 숙련된 운동기능, 동작적 의사소통을 말한다. 이 두 유형의 결과에 대한 실례는 〈표 7.1〉과 〈표 7.2〉에 제시된다.

이들 두 유형에 요구되는 수업목표 간의 중요한 차이점은 〈표 7.3〉에 제시되

표 7.1 제1유형 결과의 예(사실, 규칙, 행동절차)

사실	규칙	행동계열
1. 두 자리 수의 곱셈임을 인식하기	두 자리의 곱셈 수행하기	'1000' 까지 곱하기
2. 소유격의 's 알기	's가 붙은 단어 찾기	's가 들어가는 문장 만들기
3. 음절수가 많은 단어 선정하기	음절수가 많은 단어를 발음하기	음절수가 많은 단어가 포함된 이야기 읽기
4. 물의 화학적 구조 진술하기	수소 2분자와 산소 1분자 결합하기	물에 대한 표현 쓰기

표 7.2 제2유형 결과의 예(개념, 패턴, 추상화)

개념	패턴	추상화
1. 양수와 음수	−3(−4)11=　　10×(−6)=	정수(signed numbers)
2. 소유격	Police officer's daughter Mrs. Burn's paper	소유권
3. 모음과 자음	모음/자음 혼합 자음+모음+자음 순서	자음+모음 순서
4. 원소, 원자의 무게, 균형	H_2O	분자 구조

었다.

〈표 7.3〉의 좌우 칸을 유심히 비교해 보자. 왼쪽 칸에서 제1유형의 과제는 지식과 이해 수준의 사실과 규칙을 관찰, 암기, 연습에 의하여 배울 수 있는 행동의 절차와 연결시키기를 요구한다.

학생들은 교사가 보여 주는 내용을 기억하고 연습함으로써 정답을 찾을 수 있다.

오른쪽 칸에는 제2유형의 학습이 요구된다. 정답은 한정된 상황 속에서 기억하거나 연습으로 충분한 사실, 규칙 또는 행동절차와는 그리 관련성이 많지 않다. 이러한 것들에서 한 걸음 더 나아가 창조하고 종합하며 궁극적으로는 보여 주거나 기억하기가 쉽지 않은 어떠한 해결책을 확인하거나 깨닫는 것이다. 그것을 가능하게 하는 연결고리는 개념이라고 불리는 추상화를 배우는 것이다.

예를 들어, 개구리의 개념을 배우는 것은 개구리의 독특한 특징을 배우고, 개구리가 매우 흡사하게 생긴 동물(녹색 카멜레온)과 구별이 되는 특성을 배우는 것이다. 바꿔 말하면, 학습자들은 개구리의 특성을 알아야 할 뿐만 아니라 다른

표 7.3 제1유형과 제2유형의 학습결과에서 요구되는 수업목표

제1유형: 사실, 규칙, 절차에 요구되는 목표	제2유형: 개념, 패턴, 추상화에 요구되는 목표
1. **만약** 목표가 '1000'까지 곱하기를 인식하기 **이면** 구구단을 가르쳐라. 그 다음 학생들에게 예를 들어 보게 하라.	**그러나 만약** 목표가 정수의 곱하기를 이해하기 **이면** 음수와 양수의 개념을 **가르쳐라.** 그 다음 그 수를 곱하는 방법을 보여 줘라.
2. **만약** 목표가 ''s'를 확인하기 **이면** ''s'가 들어 있는 단어를 **가르쳐라.** 그 다음 학생들에게 소유격을 나타내는 단어를 찾게 하라.	**그러나 만약** 목표가 소유권을 표현하기 **이면** 소유격의 개념을 **가르쳐라.** 그 다음 학생들에게 소유격이 들어 있는 문단을 써 보게 하라.
3. **만약** 목표가 다음절어를 선정하기 **이면** 여러 단어 중에서 다음절어를 찾는 방법을 **가르쳐라.** 그 다음 학생들에게 단어들을 써 보게 하라.	**그러나 만약** 목표가 자음과 모음이 들어 있는 단어를 발음하기 **이면** 자음과 모음을 **가르쳐라.** 그 다음 학생들에게 이야기책을 읽어 보게 하라.
4. **만약** 목표가 '물의 화학구조'를 설명하기 **이면** 수소 2분자와 산소 1분자의 식을 **가르쳐라.** 그 다음 학생들에게 물의 화학구조를 쓰게 하라.	**그러나 만약** 목표가 화학물질의 분자구조를 결정하기 **이면** 원소, 원자의 무게, 균형의 개념을 **가르쳐라.** 그 다음 학생들에게 화학물질의 원자무게가 균형을 이루게 하라.

동물과도 구별할 수 있어야 한다. 만약에 개구리가 녹색이고 다리가 네 개이며, 곤충을 먹고 양서류라고만 특징지운다면 어떤 거북이는 개구리로 잘못 분류될 수가 있다. 배워야 하는 지식의 또 하나의 범주는 개구리를 다른 동물들과 구분하는 것이다(즉, 부드러운 몸, 촉촉한 피부, 강한 뒷다리, 변하지 않는 색깔 등).

〈그림 7.1〉은 개구리의 개념을 학습하는 데 필요한 풍부한 정보를 보여 주는 선행조직자(제8장 참조)를 나타낸다. 개구리가 유사한 동물들과 구별되는 특징 가운데 *고유한(essential) 것*과 *고유하지 않은(nonessential) 것*을 배워서 분류할 수 있어야 한다. 고유하지 않은 특성은 부적절한 사례(반사례: nonexample)를 통해서만 배울 수 있는데 이를 통해 학습자들은 개구리에게서 볼 수 없는 특징들을 제거할 수 있다. 마지막으로 학습자들은 적절한 사례와 부적절한 사례를 많이 관

그림 7.1 개구리에 대한 개념 학습

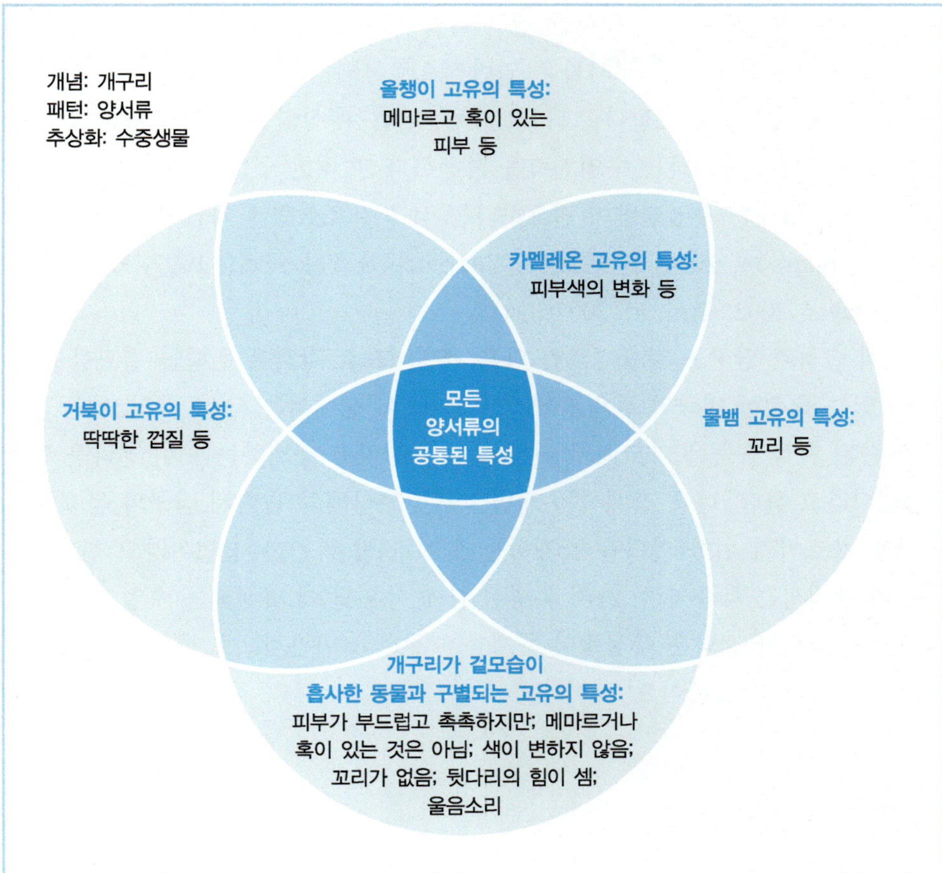

찰함으로써 개구리의 개념을 특성과 튼튼하게 연관지어 배우게 된다. 그렇게 될 때 학습자들이 개구리의 독특한 특성에 초점을 맞추고 색깔과 같은 피상적인 특성은 무시할 수 있게 된다.

이 시점에서 학습자들은 개구리의 고유한 특성에 대한 중요한 사실을 몇 가지 발견하여 초보적인 개념을 형성하게 된다. 이러한 교수/학습 과정이 학생들에게 개구리에 관한 사실(개구리는 녹색이고 다리는 네 개이며 곤충을 먹고 헤엄을 칠 수 있다)을 단순히 암기시키는 것과 다른 점에 유의하자. 학생들이 이러한 것을 외우면 개구리의 개념, 개구리가 양서류라는 패턴, 개구리가 수중생물로 추상화되고 일반화되는 지식을 배웠는지를 알 수 없다. 그들이 개구리를 어떻게 다루는지를 매우 자세하게 배웠다 하더라도 그들은 개구리의 *개념*을 배운 것은 아니다. 다만 여러 개의 사실을 행동절차로 배열하는 것을 배웠을 뿐이다.

위에서는 사실, 규칙, 행동절차를 배우기 위해 사용되는 과정이 개념, 패턴,

추상화를 배우기 위해 사용되는 것과는 다르다는 점을 설명했다. 학습마다 서로 다른 과정이 적용되듯이 각기 다른 결과(학습목표)를 가르치기 위해서는 서로 다른 수업전략이 필요하다. 교사들은 일반적으로 사실, 개념, 행동절차를 가르칠 때는 *지식의 습득*을 강조한다. 그리고 개념, 패턴, 추상화를 가르칠 때는 ***탐구나 문제해결 방법***을 강조하는 수업전략을 사용한다. 이러한 구분은 위의 두 가지 학습유형별로 별개의 수업전략이 필요하다는 점을 강조했던 학자들의 견해를 따른 것이다(Anderson, 2004; E. Gagne, Yekovich & Yekovich, 1997; Horffman, 2005; Mayer, 2002; Ormrod, 2007b).

지식 습득과 탐구는 학습결과가 다른 유형이므로 각각은 원하는 결과를 가져올 수 있는 특정한 전략과 관련지어야만 한다. 이 장에서는 사실, 규칙, 행동절차와 관련된 지식 습득을 가르치기 위한 다양한 전략을 소개하는데 이 전략을 **직접수업법**이라고 한다. 다음 장에서는 개념, 패턴, 추상화와 관련된 탐구와 문제해결 방법을 가르치기 위한 전략을 소개하는데 이 전략을 **간접수업법**이라고 한다. 그 다음의 장에서는 학습의 두 가지 유형이 함께 사용될 때 파생되는 수업전략을 소개하는데 이러한 전략은 학생들이 문제를 해결하고 비판적으로 사고하여 협동하면서 공부하는 데 도움이 될 것이다.

직접수업법의 개관

앞에서 살펴본 바와 같이 사실, 규칙, 행동절차를 가르치는 것을 가장 효과적으로 성취하려면 **직접수업법 모델**의 과정을 적용해야 한다. 직접수업법은 교사(또는 소프트웨어)중심 전략으로 교사(또는 컴퓨터)가 주요한 정보를 제공해 준다. 직접수업법 모델에서는 교사가 학생들에게 사실, 규칙, 행동절차를 가장 직접적인 방식으로 전해 준다. 그렇게 하려면 수업은 대개 강의식이 되어 설명, 예시, 연습과 피드백의 기회 등으로 진행된다. 직접적인 강의-암기식 교수법은 다양한 면을 지닌 프레젠테이션으로 설명할 때 말을 많이 해야 할 뿐만 아니라 질의응답, 복습과 연습, 잘못을 고치는 등의 교사 · 학생 간 상호작용도 포함한다. 우선 교사가 가르치는 상황에서 효과적인 직접수업법의 특징을 몇 가지 살펴보자.

직접수업법 모델에서는 초 · 중등학교의 강의와 대학의 강의가 크게 차이가 난다. 전형적인 대학강의 모습은 초 · 중등학교 교실에서는 기대할 수 없다. 어린 학생들은 집중하는 시간, 흥미 수준, 동기 등이 대학생들과는 다르기 때문이다. 그러므로 초 · 중등학교에서의 강의는 긴 독백도 아니고, 학생들이 관심을 보이는 문제에 대하여 개방된 분위기에서 자유롭게 토의하는 것도 아니다. 그 대신 교사들이 수업의 내용인 사실, 규칙, 행동절차를 미리 정하여 보조에 맞춰서 고도로 조직하여 가르친다.

Angelillo(2008), Rosenshine과 Stevens(1986)는 직접수업법이 효과적일 때는 다음과 같은 항목들이 나타난다고 주장했다.

1. 목표와 주요 사항을 분명하게 제시하기
   a. 수업의 목적과 목표를 사전에 분명하게 설명한다.
   b. 한 번에 한 가지 생각(항목, 지시)에만 초점을 맞춘다.
   c. 주제에서 벗어나지 않는다.
   d. 애매모호한 표현이나 발음을 하지 않는다.
2. 내용을 순차적으로 제시하기
   a. 자료를 작은 단계로 제시한다.
   b. 자료를 조직적으로 제시하여 학습자가 하나를 배우고 그 다음으로 넘어가게 한다.
   c. 지시를 할 때는 분명하고 단계적으로 한다.
   d. 자료가 복잡할 때는 전체의 개요를 설명한다.
3. 특별하고 구체적으로 제시하기
   a. 기술이나 절차를(적절할 때) 직접 보여 준다.
   b. 어려운 점에 대해서는 상세하고 충분하게 설명한다.
   c. 구체적이고 다양한 사례를 제공한다.
4. 학생들이 수업내용을 이해했는지를 점검하다.
   a. 다음 단계로 넘어가기 전에 학생들이 지금 배우는 것을 이해했는지를 확인한다.
   b. 학생들에게 질문하여 지금 설명한 것을 이해하고 있는지를 점검한다.
   c. 주요내용을 그들의 언어로 추상화하도록 한다.
   d. 학생들이 이해하기 어려워하는 부분은 다시 가르친다. 한 번 더 가르치거나 설명해 주며 학생들끼리 서로 가르치게 한다.

〈표 7.4〉에는 직접수업법에 가장 적합한 목표에 일치하는 행동 동사가 열거되었다. 이들 결과는 사실, 규칙, 행동절차를 한 시간 동안의 수업을 통해서 배운다. 배운 내용은 선다형, 열거하기, 연결하기, 단답형 등을 통해서 간편하게 점검할 수 있다. 검사 문항은 암기한 이름, 날짜, 기타 사실들을 열거하거나, 배운 내용과 약간 다른 상황이 주어지면 사실, 규칙, 행동절차를 배운 것과 연결시키거나, 배운 것을 적용하여 요약하거나 간결하게 서술하는 것이다.

표 7.4 직접수업법의 목표 달성에 가장 적합한 행동 동사

인지적 목표	정의적 목표	심동적 목표
회상한다	듣는다	반복한다
설명한다	주의하다	따른다
열거한다	감지한다	놓는다
추상화한다	동의한다	정확하게 수행한다
재진술한다	따른다	독립적으로 수행한다
구분한다	순종한다	유창하게 수행한다
사용한다	감정을 나타낸다	신속하게 수행한다
조직한다	표현한다	조화롭게 수행한다
시범을 보인다	선호한다	제시간에 수행한다

직접수업법은 적극적인 수업(active teaching)이라고 하며(Angelillo, 2008; Good, 1979; Guillaume, Edwards & Slowik, 2006; Rosenshine, 1986), 다음과 같은 특징이 있다.

- 일제학습(소집단 학습의 상대어)
- 교사의 발문을 조직함
- 상세하고 충분한 연습의 기회 제공
- 자료를 제시하여 학습자가 하나의 새로운 사실, 규칙, 절차를 배우고 나서 다음 단계로 나아감.
- 암기와 연습이 최대한 이루어질 수 있도록 자리를 배치함

〈그림 7.2〉는 교사들이 직접수업법을 사용하면서 가장 많이 보여 주는 교수 전략들을 제시한다. 이처럼 직접수업법에서는 교사들이 학생들에게 설명하고, 예시하며, 연습과 그에 대한 피드백하기 등으로 정보를 직접 제공하면서 가르치는데 수업시간의 대부분을 투자하는 것을 알 수 있다.

설명하기, 관계를 밝혀 주기, 사례를 제시하기, 잘못을 교정하기 등은 직접수업법을 적용한 전략을 도입함으로써 효과를 거둘 수 있다. 직접수업법 수업전략은 사실, 규칙, 절차를 강조하는 표준화 시험으로 측정하는 시험에서 학생들의 성취와 가장 밀접하게 관련된다는 연구가 많다(L. Anderson, Evertson, & Brophy, 1982; Marzano, Pickering & Pollock, 2004; Rosenshine, 1986, 1995; Walberg, 1991).

그림 7.2 직접수업법의 기능

1. 매일 복습, 어제의 과제 점검, 다시 가르치기
   숙제 검사
   학생들이 실수하는 부분을 다시 가르침
2. 새로운 내용을 제시하고 구조화함
   전체의 개관 제공
   작은 단계로 전진하되(필요하다면), 빠르게 나아감
   필요하다면 자세하고 충분하게 설명함
   새로운 기술은 이전 기술이 측정되면서 단계적으로 도입함
3. 학생들의 연습을 안내함
   학생들은 질문을 자주 하고 연습을 함(교사의 도움을 받거나 자료 참조)
   처음 배우는 동안에는 교사가 자주 독려함
   모든 학생들에게 대답하고 피드백 받는 기회를 제공함
   교사는 학생들의 이해도를 점검하기 위해 그들의 반응을 살핌
   학생들의 반응이 분명할 때까지 연습을 계속함
   처음 배우는 동안의 성취율이 80% 이상 달성되어야 함
4. 피드백과 교정(필요하다면 재수업)
   학생들이 잘 했더라도 자신 없어 보일 때에는 피드백을 줌
   학생들이 실수하면 교사는 교정하거나 다시 가르쳐야 함
   질문, 단서 제공, 단계별 설명 및 복습, 마지막 단계 재수업 등으로 교정함
5. 개별적인 연습은 학생들의 배움을 확실하고 자동적이게 함
   제자리 학습
   통일성과 자동성(연습에서 과다학습까지)
   제자리 학습 동안 학생들의 참여를 확인하는 절차 필요(교사나 도우미의 관찰)
   95% 이상의 성공률
6. 주간과 월간 복습
   필요하면 다시 가르침

출처: From "Teaching Functions in Instructional Programs," by B. Rosenshine, 1983, *Elementary School Journal*, 83, p. 338. 이에 대한 저작권을 소유한 Chicago 대학교의 허가를 받아 게재함.

직접수업법이 적절한 때

직접수업법이 적합한 목적을 위해 올바른 시간에 적절한 내용을 제시하면서 사용된다면, 수업전략에 중요한 요소가 된다. 직접수업법은 수업의 목적이, 소프트

웨어, 교과서나 문제집으로부터는 쉽사리 구할 수 없는 정보를 전달하는 것일 때 가장 적합하다. 그러한 정보를 구할 수 있다면, 학생들은 그러한 자료들을 통해서 교사들이 소개해 주고 체계적으로 조언해 줌으로써 독자적으로도 배울 수 있다. 그렇지만, 교사들이 교재와 연습자료의 전체 내용을 잘게 나누어 컴퓨터나 익힘책으로 공부할 때에만 직접수업법이 적절하다.

두 번째로 직접수업법이 적절한 때는 학생들의 흥미를 불러일으키고자 할 때이다. 학생들은 종종 소프트웨어나 익힘책, 교과서에서 읽어야 하거나 연습해야 할 부분을 끝내지 못하면서, 그 내용이 따분하다거나, 노력했는데도 이해할 수 없다거나, 이미 알고 있는 것이라고 치부해 버린다. 교사들이 수업의 내용을 열심히 설명해 준다면 학생들의 편견을 바꿀 수 있다. 그렇게 하기 위해서는 흥미있는 보조자료를 보여 주고 무미건조한 사실이라도 재미있게 소개하며, 보여 주는 자료들이 쉽게 배울 수 있는 것은 아니지만 예전에 배운 것이 아니고, 앞으로 배울 내용이나 세상살이와 관련이 있음을 시각화하여 제시한다. 교사들이 이렇게 수업내용을 직접적으로 제시한다면 인간적인 요소가 가미되어 학생들 대다수가 열심히 공부하게 된다.

마지막으로, 직접수업법은 다음 차시 학습에 필수적인, 본질적인 사실, 규칙, 행동절차의 내용을 완전히 배워서 오랜 시간이 지난 뒤에도 기억하는 것과 불가분의 관계가 있다(Gentile & Lalley, 2003; Gronlund, 2006; Lindsley, 1992). 그리고 **완전학습**의 정도는 학생들이 수업과정에 적극적으로 참여하는 시간과 직접 관련이 있다. 더 많은 시간을 복습하고 연습하면, 지금 배운 것을 나중에 더 잘 기억하고 연습할 수 있다. 그러므로 수업시간을 효율적으로 사용하고 학생들이 활발하게 연습하는 것이 완전학습의 중요한 요소이다.

완전학습의 목적은 〈그림 7.3〉에 제시된 수업절차인 반복, 새로운 내용 제시, 연습, 피드백, 다시 가르침에 의해서 가장 잘 성취될 수 있다.

이러한 과정들은 직접수업법 수업시간 내내 반복될 것이다. 이 장에 제시된 많은 사례들은 이러한 수업절차를 설명한다. 수업내용이 다음 차시를 위한 과제-관련 선수지식일 경우에는 직접수업법이 그러한 지식을 기억하고 차후에 사용할 수 있게 하는 최선의 보험이다.

하지만 직접수업법이 부적절한 경우도 있다. 수업목표가 사실, 규칙, 행동절차가 아니라면 직접수업법은 덜 효과적이며, 다음 장부터 설명할 탐구학습이나 문제해결 전략이 훨씬 더 효과적이다. 직접수업법이 아닌 다른 교수법이 필요한 상황은 (1) 인지적 영역에서 분석, 종합, 평가의 수업목표를 위한 복잡한 자료를 제시하거나 (2) 장기간 동안 배워야 할 내용을 제시할 경우이다. 이러한 학습은

그림 7.3 완전학습을 위한 직접수업법의 절차

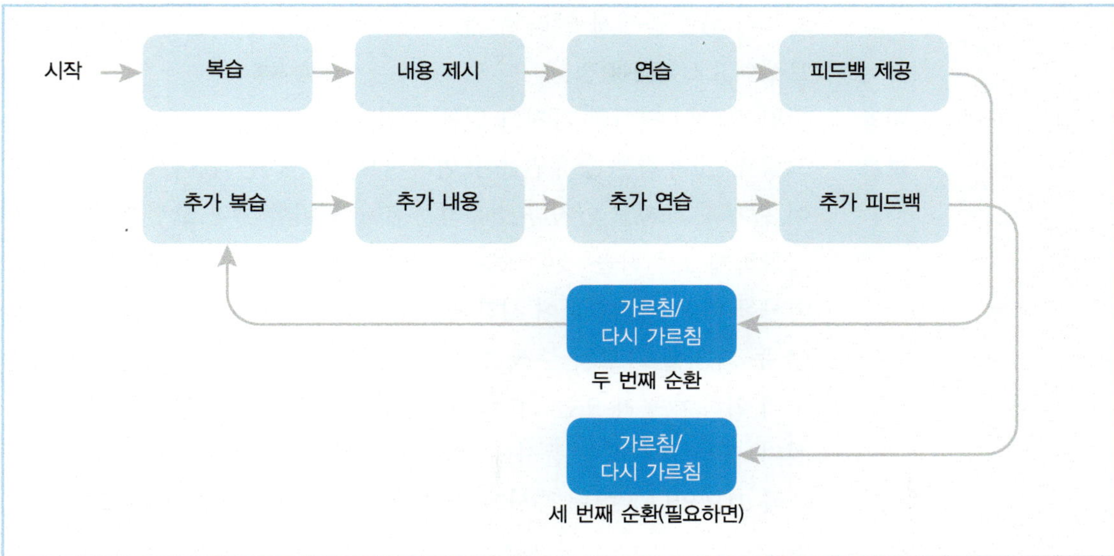

학생들이 수업과정에 매우 진지하게 참여해야 하며, 개념을 배우고 패턴을 인식하기 위하여 필요한 지식구조를 형성해야만 한다. 학생들을 적극적으로 참여시키려면 제8장과 9장에서 설명하는 대로 수업에서의 의사소통 단계를 주의 깊게 계획해야 한다('완전학습 실습' 참조).

마지막으로, 학생들이 문제해결, 비판적 사고 및 의사결정 수준에서의 학습결과를 가져오기 위해 요구되는 기초지식과 과제-관련 선수지식을 이미 알고 있는 경우에도 직접수업법은 비효율적이고 비효과적인 수업이다.

직접수업법의 사례

교실에서 직접수업법이 실천되는 사례를 보기 위하여 다음의 대화를 소개한다. 이 수업에서는 교사가 직접수업법을 이용하여 영어의 소유격에 대한 사실, 규칙, 행동절차를 가르친다. 교사는 학생들에게 수업의 목표를 알려 주면서 시작하는데, 대화의 내용을 읽어 가면서 굵은 고딕체로 표시한 직접수업법의 기능(〈그림 7.2〉에 제시)에 유의하자.

교사: 오늘자 신문에는 소유격 표현이 잘못된 것이 있는데(신문기사의 제목에서 부정확한 소유격에 동그라미 치면서) 이번 시간에는 이러한 오류를 범하지 않는 방법을 배울 것이다. 수업 마지막에는 내가 신문과

잡지에서 수집한 오류들을 제시하면 여러분들은 그것들을 올바르게 고쳐서 급우들에게 알려 주게 된다. 소유격이 무엇인지 누가 설명해 보겠어요? **(복습과 점검)**

지영: 어떤 사람이 뭔가를 가지고 있는 것입니다.

교사: 그렇죠. 소유격은 소유권을 표현하지요. *소유*라는 단어로부터 시작하여 *뭔가를 가지고 있거나 소유하는 것*을 의미합니다. 그런데 소유격을 정확하게 표현하는 것은 쉽지 않아서 이 신문처럼 되기도 한다(신문 기사를 다시 지적함). 이 시간에는 소유격을 정확하게 만들 수 있는 방법 두 가지를 가르쳐 주겠습니다. 첫째, 소유권이나 소유관계를 보여 주기 위하여 누가 또는 어떤 것이 소유하고 있는지를 알아야만 한다. 선미, 지난주에 배운 품사에 대하여 생각나니? (선미는 주저하다가 고개를 끄덕인다.) 어떤 품사가 소유와 가장 가까운가요? **(복습과 점검)**

선미: 음, 제 생각으로는…… 명사가 뭔가를 가질 수 있다고 생각합니다.

교사: 그렇지. 명사는 뭔가를 가질 수 있죠. 철수야, 그러한 명사의 예를 들어 볼래?

철수: 잘 모르겠습니다.

교사: 희경이

희경: 예를 들기가 힘듭니다.

교사: 미숙이가 대답해 볼래?

미숙: 학생은 연필을 가질 수 있습니다. 이 문장에서 학생이라는 단어가 명사입니다.

교사: 대답을 잘 했어요. 그러면 명사에 대하여 정의할 수 있는 사람? **(복습과 점검)**

기복: 사람, 장소, 물건입니다.

교사: 맞아요. 첫째 규칙은 of가 들어 있는 구절이 명사를 대신할 수 있을 때는 언제나 소유격을 사용한다(교사는 칠판에 써 둔 이 규칙을 지적한다). **(제시와 구조화)**

칠판에 적힌 구절 중에서 이 규칙이 적용된 것을 찾아 보세요. 길수야, 찾았니? **(학생의 연습 안내)**

길수: The daughter of policeman입니다.

교사: 소유권을 이와는 다르게 표현할 방법이 있을까?

지영: 'The policeman' s daughter' 라고 할 수 있습니다.

교사: 그렇게 할 수 있지요. 왜냐하면 of로 시작하고 그 뒤에 경찰(policeman)로 끝나는 구는 명사인 policeman으로 대체될 수 있기 때문이다. of가 가운데 들어 있는 두 단어인 policeman과 daughter의 자리를 바꾸기가 얼마나 쉬운지에 유의하라. 이렇게 자리바꿈이 가능할 때에는 언제나 명사에 어포스트로피 에스('s)를 사용하여 소유격을 표현할 수 있다. **(제시와 구조화)**

자, 이 구를 보자(칠판에 쓰면서) policeman' s daughter. 승옥아, 또 다른 예인 holidays of three days(칠판을 가리키며)는 어떻게 바꿀 수 있지? **(학생의 연습 안내)**

승옥: 'three day' s holiday' 라고 바꿀 수 있습니다.

교사: 앞으로 나와서 학교 신문에 게재한다고 생각하고 칠판에 써 보세요. (승옥이가 칠판에 three day' s holiday라고 쓴다.) 이 구를 바꾸어야 한다고 생각하는 사람 있어요?

만수: 확실하지는 않지만 어포스트로피를 days의 s 다음에 찍어야 한다고 생각합니다.

교사: 정확하게 말했어요. **(피드백)** 그 점이 우리가 공부할 두 번째 규칙과 관련이 있어요. 소유를 나타내는 단어가 s로 끝나는 복수형인 경우에는 s 다음에 어포스트로피를 찍는다. 그렇지만 사람의 이름(고유명사라고 함)이 s로 끝나는 경우에는 s 다음에 어포스트로피를 하고 s를 추가해야 한다. 중요하니 기억해 둬라. 이것은 많은 사람들이 소유격을 만들 때 틀리는 점이다. 내가 이 규칙을 칠판에 쓸 테니 공책에 적어서 나중에 참고하세요. **(제시와 구조화)** (칠판에 두 번째 규칙을 적었다.)

지금부터는 내가 OHP로 보여 주는 구를 소유격으로 변형시켜 보세요. 첫째 것의 답을 쓰세요. 모든 사람이 고개를 들면 정답을 알려 주겠어요. **(학생의 연습 안내)**

(모든 학생이 고개를 든다.) 좋아요. 첫 번째의 소유격에 대한 정답을 보세요; 특히 어포스트로피의 위치가 어디인지를 유의하면서 여러분의 답과 내가 적은 것을 비교하세요. (delay of a month를 month' s delay로 바꾼다.) 어려운 점이 있나요? **(점검)** (학생들이 반응하도록 기다린다.) 좋아요, 다음으로 넘어갑시다. (모든 학생들이 고개를 들자 교사는 home of Jenkins를 Jenkins' s home이라고 칠판에 적는다.) 여러분의 생각과 차이가 있나요? (만수의 표정이 이상해 보인다.) **(점검)**

교사: 만수야, 너는 뭐라고 적었니?

만수: J-E-N-K-I-N 어포스트로피 S라고 적었습니다.

교사: 그 남자의 이름이 뭐지?

만수: Jenkins입니다.

교사: 네 공책에서 두 번째 규칙을 봐라. 뭐라고 쓰여 있니? **(피드백과 교정)**

만수: 사람의 이름이 s로 끝나는 경우에는 s 다음에 어포스트로피를 하고 s를 추가한다. 아! 알았습니다. 그의 이름에 이미 s가 있네요. 그래서 s 어포스트로피 s로 해야 하네요. 선생님이 신문기사에서 지적한 점이 바로 이것이었죠?

교사: 그래, 이제 알았으니 다음으로 넘어가자. (다음 구는 위와 같은 방법으로 진행함: speech of the President는 President' s speech로, the television set of Mr. Burns는 Mr. Burns' s television set로, pastimes of boys는 boys' pastimes로.) 여러분, 연습장을 꺼내서 87쪽을 연습하세요.

첫 줄에 앉아 있는 학생부터 시작하여 돌아가면서 여러분들이 고친 소유격을 들어 봅시다. 소유격을 표현하는 단어는 큰 소리로 읽어서 급우들이 여러분이 수정한 것에서 어포스트로피의 위치가 정확하게 되어 있는지 구분할 수 있게 하세요. 선미부터 시작할까요? ('wings of geese' 를 봄.) **(학생의 연습 안내)**

선미: geese wings… W-I-N-G-S 어포스트로피입니다.

교사: 정확하지 않구나. 그 구에서 소유하고 있는 단어는 뭐니? **(피드백과 교정)**

선미: geese입니다. 아, 그래서 G-E-E-S-E 어포스트로피 S라고 해야 하겠네요.

교사: 잘했어요. **(피드백)** 오늘 배운 내용을 복습하기 위해서 마련된 연습문제는 학급 컴퓨터에서 찾을 수 있어요. 다음 시험을 치르기 전에 정답이 90% 이상 될 때까지 시간을 내 공부하세요.

자, 이제 〈그림 7.2〉에 제시된 직접수업법의 여섯 가지 기능을 보면서 위의 대화내용과 관련시켜 보자.

이론의 교실 적용

완전학습

John B. Carroll은 1963년 교수법의 특징에 대한 생각을 근본적으로 변화시켰다. Carroll은 학생의 적성이 학습 속도를 반영하기 때문에 몇몇 학생들은 다른 학생들보다 배우는 시간이 더 많이 필요하다고 주장하였다. 이러한 새로운 패러다임에서 Carroll은 교수법이 같은 내용을 배우는 서로 다른 학생들이 요구하는 시간에 좀 더 초점을 두어야 한다고 제안했다. 이것은 능력차에 초점을 맞추어 모든 학생이 배우는 데 동일한 양의 시간을 주었던 고전적 교수 모델과는 상반된다.

Carroll의 새로운 이론은 모든 학습자가 교사가 제공하는 어떠한 내용도 배울 수 있는 잠재력을 갖고 있지만 학습을 행하는 데는 서로 다른 시간을 갖는다는 생각에 근거한다. Carroll은 학습자의 학습 속도에 영향을 미치는 두 가지 요소, 즉 학생의 인내와 학습의 기회가 있다고 주장하였다. 전자는 학생들이 얼마나 오랜 시간 동안 학습하는가, 즉 학생에게 달려 있는 것이다. 반면 후자는 학습에 필요한 시간을 할당하는 교사에 의해 달라진다.

그러나 현재의 완전학습 개념을 1968년에 완전히 발전시킨 사람은 Benjamin Bloom이었다. 1960년대에 Bloom은 학습에서 개인차의 영향을 조사하는 데 참여하였다. Carroll의 의견에 감명을 받은 Bloom은 그 의견을 더 심화시켜, 만약 적성을 통해 학습자가 배우는 속도를 예측할 수 있다면, 교수자의 통제하의 교수적 변수들(학습의 기회와 가능성, 교수 자료 등)이 모든 학생의 특정 단원 또는 학습목표에의 완전 습득을 이루게 할 수 있다고 확신할 수 있어야 한다고 결론지었다. Bloom은 충분한 시간과 질적인 가르침이 주어진다면 거의 모든 학생이 배울 수 있다고 결론지었다. 또한 Bloom의 완전학습 모델은 Jensen(1969)이 교사가 제공하는 교육적 환경(후천적 요인)이 유전적 요인(선천적 요인)보다 학생에게 더욱 영향을 준다고 주장하면서 시작된 교육의 선천적 요인과 후천적 요인에 대한 논쟁거리가 되었다.

완전학습 이론은 학생의 실패가 학습자의 능력 부족에서 오는 것이 아니라 가르침에서 오는 것이라며 교사에게 책임을 부여하는 급격한 변화를 가져왔다. 이러한 유형의 학습 환경에서는 모든 학생이 같은 수준의 학습을 성취하도록 하기 위해서 충분한 시간을 제공하고 효과적인 교수 전략을 사용해야 한다(Bloom, 1981; Levine, 1985). 이러한 계획교육과정에 차별화 · 개별화된 교수를 위해서 컴퓨터 소프트웨어를 첨가하면, 모든 학습자가 학습에 있어서 서로 다른 속도와 시간을 갖더라도 같은 수준의 학습을 성취해낼 수 있을 것이다.

완전학습을 위해 어떻게 가르쳐야 할 것인가?

1. 단원의 목표를 정확히 진술한다.
2. 단원의 목표를 수업에 따라 자체의 목표와 평가 방법을 갖도록 나눈다.
3. 각 수업마다 가장 효과적으로 진행할 수 있는 학습 자료와 교수 전략(발표, 설명, 시범, 발문, 토의 등)의 조합을 찾도록 한다.
4. 학생들이 그 날의 주제에 대하여 무엇을 알고 무엇을 알지 못하는지를 알기 위한 간단한 진단평가나 형성평가 등으로 단원 또는 수업을 시작한다.

5. 진단평가 결과를 가르치는 수업과 '복습, 내용 발표, 연습, 교육과정 관련 컴퓨터 소프트웨어의 사용으로 개별화된 피드백' 순의 수정 활동을 위해 사용한다.
6. 이러한 사이클을 처음에는 반 전체에게 적용한 후, 그 다음에는 필요한 경우 반 전체나 개인에게 반복한다. 기본적인 제재가 완전히 습득되기 전까지는 새로운 제재로 앞서 나아가는 학생이 있어서는 안 된다.

정리하면, 완전학습은 학습에 적절한 교수법과 충분한 시간을 갖는다면, 모든 학생들이 수업 및 단원 목표에 도달할 수 있다는 원리에 기초한 교수 전략이다. 완전학습은 개인교수 기법과 개별화된 교수법을 그룹 학습 형태로 만들고, 성공적인 학생들의 학습 전략을 주어진 그룹의 거의 모든 학생들에게 전달해 준다. 이러한 완전한 형태는 철학, 교육과정 구조, 교수 모형, 일련의 학생 평가, 교수법을 모두 포함한다.

직접수업 수업에서 교사는 거의 모든 학습자들이 비슷한 수준에의 완전학습을 할 수 있도록 하는 통합적 공학을 선택할 수 있을 것이다. 학생의 능력 수준과 컴퓨터 이용 가능 시간에 따라 직접수업 수업의 내용 안에서 구조의 다소를 조절하면서 난이도 및 '반복, 복습, 연습, 피드백'의 필요에 따라 혜택을 받을 수 있는 학생에게 교수의 차별화를 제공할 수 있다.

매일 전날 배운 내용의 복습과 점검

직접수업법의 첫 번째 요소인 (〈그림 7.2〉 참고) 매일 복습 및 점검은 수업들 간의 관계를 강조하여 이전에 배운 것을 기억하게 하고 그 연장선상에서 새로이 배울 것을 예견하게 하는 것이다. 앞에서 예를 든 수업에서 명사에 대하여 정의하게 한 사실에 유념하자. 그렇게 함으로써 그 날의 수업에 필요한 과제-관련 선행학습을 복습할 수 있게 된다.

복습과 점검을 통해서 학생들은 배우는 것의 전체성과 계속성을 느끼게 되는데, 앞으로 배우는 내용이 이전에 배운 것과 관련 없이 동떨어진 것이 아니라는 것을 알게 된다. 이러한 느낌은 과제-관련 선수지식이 적절한 수준에 이르지 못하거나 친숙하지 않는 내용을 새로이 배우는 것을 두려워하는 학생들을 참여시키려고 할 때 특별히 중요하다.

수업의 도입부분에서 복습과 점검을 실시하는 것이 학생들이 새로운 수업에 요구되는 선행학습을 숙달했는지를 발견할 수 있어서 가장 효율적이고 시의적절하다. 학생들의 숙달도가 낮으면 〈그림 7.2〉에 제시된 대로 결손 부분을 다시 가르쳐야 할 것이다.

매일 복습과 점검의 주요 목적은 수업 간의 관계를 강조하여 학생들이 전체성과 계속성을 느끼게 해 줌으로써, 앞으로 배울 내용이 논리적으로 이전에 숙달한 내용의 연장이라는 것을 확신시킨다.

교사들은 대부분 오늘 수업과 관련된 학생들의 사전지식을 점검한 다음 수업을 시작한다고 생각한다. 하지만 대다수의 교사들은 그렇게 하지 않는다. 이것은 불행한 현실인데, 매일 수업시간의 첫머리에 복습하고 점검하는 것은 다음과 같이 간단하게 성취될 수 있기 때문이다.

1. 수업을 시작할 때 학생들이 서로 옆 사람의 숙제를 점검하게 한다.
2. 특별히 어려웠던 과제는 질의 응답을 통해서 확인한다.
3. 전제 학급의 대표성을 가진 학생들을 표집하여 이해도를 측정한다.
4. 그 날의 수업에 필요한 과제-관련 정보를 공개적으로 복습한다.

Dahllof와 Lundgren(1970)은 성취도가 낮은 학생들을 참조집단(steering group)으로 하여 복습이나 다시 가르치는 정도를 결정하는 방안을 제안했다. 우선 성취도의 상 · 중 · 하 집단별로 2~3명을 뽑아서 그날 수업에 필요한 과제-관련 선행학습에 대하여 수업을 시작하면서 물어볼 수 있다. 상위 성취자가 대부분의 답을 제대로 하지 못한다면 그것은 전체 학생들에게 완전히 다시 가르쳐야 한다는 것을 말해 준다. 상위 성취자들은 모두 정답을 말하는데 중간 성취자들이 그렇게 못하면 본 수업을 시작하기 전에 중요한 부분을 다시 가르쳐야만 한다. 마지막으로 상위와 중간 성취자들이 질문에 대한 답을 정확하게 하고 하위 성취자들은 그렇지 못했다면 그들만을 대상으로 하여 개별화 자료, 보충 독서, 추상화 및 복습 자료, 또래의 지도, 의사소통 매체 등을 마련해 줄 수 있다.

매일 복습과 점검을 위해 엄선된 참조집단을 활용하는 이러한 전략은 이전의 수업이 학생들의 일부나 대부분에게 이해되지 않았다는 것이므로 추가적인 복습과 다시 가르치는 것이 필수적이라는 것을 명백하게 말해 주는 것이므로, 반드시 적용해야 한다.

제시와 구조화

직접수업법의 두 번째 전략은 새로운 내용을 **제시하고 구조화**하는 것이다. 이 교수법의 주요한 요소 가운데 하나는 자료를 작은 단계로 제시하는 것이다. 전체 수업은 학생들의 이전 지식, 능력수준, 경험 정도와 관련성을 가지면서 작게 분할되고 나누어져야만 한다. 마찬가지로 수업의 내용도 분할하고 나누어서 조직할 수 있도록 잘게 쪼개어야 한다. 어느 부분이 너무 내용이 많아서 학생들이 관심 없어하지 않도록 해야 한다.

핵심은 한 번에 하나의 아이디어를 담은 자료를 제작하여 그것을 제시함으로써 학습자들이 하나의 요점을 완전히 배운 후에 다음 요점을 소개하는 것이다. 이렇게 하려면 한 수업을 알기 쉽도록 하위 항목, 규칙, 범주로 나누어야 한다. 이것은 전쟁에서 적군을 무찌를 때 사용하는 분리와 정복의 전략을 교실에 적용하는 원리이다. 훌륭한 병사와 마찬가지로 이 전략으로 인하여 얻는 이득이 크다.

교사들이 가르치는 내용을 스스로 나누어야 한다는 점을 명심하자. 교사들이 항상 교과서, 연습장(워크북), 또는 교육과정 안내서에 소개된 대로 따라야 하는 것은 아니다. 사실 그런 서적에 제시된 내용 분할과 가르칠 때 필요한 내용 분할 사이에는 중요한 차이점이 있다. 교과서, 연습장, 또는 교육과정 안내서에 명시된 내용 분할은 읽는 사람에게 정보를 제공하기 위하여 만들어진 것이지, 특정한 수업을 위한 정해진 시간 내에 학습자들에게 말로 설명하기 위한 내용을 제시하기 위하여 작성된 것이 아니다. 결과적으로 출판물에서 보는 장의 제목, 주제, 개요 등으로 분할된 것은 너무 광범위하여 학생들이 한 시간 내에 쉽게 소화할 수 있도록 잘게 나누기가 힘들다.

불행하게도 대부분의 초임교사들은 교과서에 제시된 단원이나 제목에 너무나 집착하여 각 단원에 포함된 내용의 양이나 그 내용을 설명하고 그림자료를 보여주고 연습하는 데 시간이 얼마나 걸릴지를 의식하지 않는다. 교사들의 임무는 주어진 내용대로 가르치는 것이 아니라, 내용을 작은 단계로 나누어 정해진 시간 내에 가르칠 수 있도록 하는 것이다. 교사들은 자신의 수업에 적합하게 규칙('우리가 따라야 할 규칙이다'), 단계('우리는 먼저 이것을 한 다음에 저것을 한다'), 연습('오늘 우리가 배울 것은 이 다섯 가지이다')의 내용을 세분하여야 한다. 이렇게 세분화된 수업내용은 교사가 미리 매우 잘게 나누어 구조화해야 하고, 가장 중요하게는, 학생들에게 구조화된 내용을 알려 주는 것이다.

제2장(〈그림 2.2〉와 〈그림 2.3〉)에서는 수업내용을 학생들에게 의미가 있는 방법(일반적인 것에서 상세한 것으로, 간단한 것에서 복잡한 것으로)으로 구조화하는 것이 중요하다는 것을 설명했다. 다음에서는 내용을 구조화하는 추가적인 방법을 설명하는데 이것들은 직접수업법과 관련이 있다. 그 방법은 부분-전체, 계열적, 조합적, 구조화된 내용의 비교 등이다.

부분–전체 관계

부분-전체로 조직하는 형식은 주제를 가장 일반적인 형태('소유격이란 무엇인가?')로 소개한 뒤 그 주제를 구별하기 쉬운 형태(규칙 1, 규칙 2)로 나누어 제시한다. 이렇게 함으로써 이해하기 쉬우며 항상 전체와 연결시킬 수 있는 방법이다. 학생들은 항상 특정한 순간에 다루어지는 내용('이것이 규칙 2다')과 그것이 전체(이 규칙은 소유권을 표현하는 두 번째 규칙과 관련이 있다)와 어떤 관련이 있는지에 관심을 기울여야만 한다. 새로운 작은 단계를 연결할 때에는 그것을 학생들이 알아차릴 수 있는 다음과 같은 문장을 이용한다('이것이 규칙 1이다', '이것이 첫째 부분이다', '이것이 말한 유형의 마지막 예이다. 이제 다음 유형을 배우기로 하자').

이 내용 조직 방법의 핵심은 아주 작은 단위(bite-sized chunks)로 나누는 것이다. 이렇게 하면 학생들은 현재 배우고 있는 것을 조직할 수 있고 그것이 전체의 내용 중 어디에 속하는지를 알게 된다. 부분-전체 조직은 〈그림 7.4〉에 제시된다.

그림 7.4 부분–전체 관계의 확인에 의한 구조화

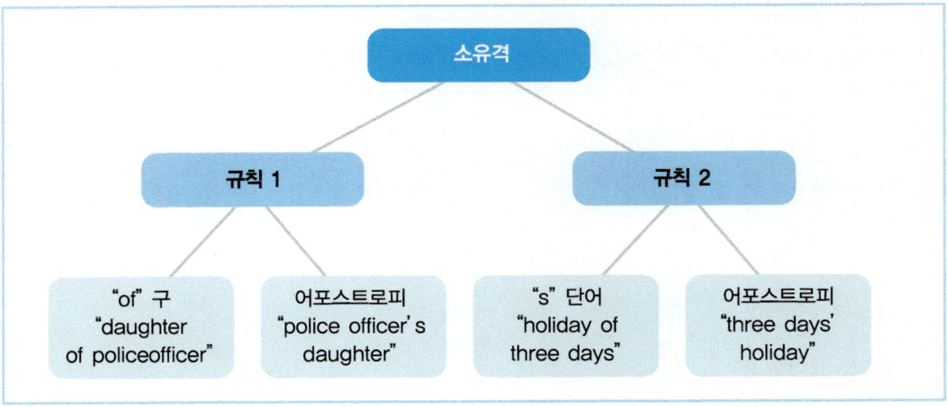

계열적 관계

내용을 구조화하는 또 하나의 방법은 계열적으로 순서화하는 것으로 교사는 사실, 규칙, 절차가 실제 세계에서 일어나는 대로 가르친다. 학생들은 자신의 경험에 의하여 어떤 일이 순서대로 일어났다는 감각을 가지고 있을 것이다.

수학(Algebra)의 예를 들면, 사칙연산에서는 곱셈, 나눗셈, 덧셈, 뺄셈의 순서로 계산한다. 이 순서대로 계산해야 정확한 답을 맞출 수 있다. 계열적으로 구조화된 수업에서는 정수를 계산하는 순서가 곱하기-나누기-더하기-빼기라는 것을 설명하고 사칙연산 등식을 정확하게 풀 수 있는 방법을 제공하여 가르치는 기능이나 행동이 좀 더 실제적이 되도록 해야 한다. 바꾸어 말하면 , 교사들은 정수의 곱하기와 관련된 모든 사례를 전부 가르친 다음 나누기와 관련된 모든 사례를 가르쳐서 내용뿐만 아니라 정확한 절차도 가르쳐야 한다. 계열적 순서의 예는 〈그림 7.5〉에 제시되었다.

조합적 관계

수업내용을 구조화하는 셋째 방법은 사실, 규칙, 절차에 영향을 주는 요소나 측면의 조합을 하나의 형식에 포함시키는 것이다. 이렇게 하면 전체적인 윤곽이 드러나 사실, 규칙, 절차를 조합하는 논리와 그 외의 조합에 대한 논리를 볼 수 있어서 내용의 순서를 직접 알 수 있다.

그림 7.5 계열적 관계의 확인에 의한 구조화

$$y=a-b+\frac{cd}{e}$$

1. 먼저, cd를 결정한다.

   $c=-1,\ d=2$
   $c=0,\ d=-4$
   $c=2,\ d=-3$

2. 다음 $\frac{cd}{e}$를 결정한다.

   $cd=-2,\ e=-2$
   $cd=0,\ e=1$
   $cd=-6,\ e=-4$

3. 다음으로 $b+\frac{cd}{e}$를 결정한다.

   $b=1,\ \frac{cd}{e}=1$
   $b=-2,\ \frac{cd}{e}=0$
   $b=2,\ \frac{cd}{e}=-1.5$

4. 마지막으로 $a-b+\frac{cd}{e}$를 결정한다.

   $a=10,\ b+\frac{cd}{e}=2$
   $a=7,\ b+\frac{cd}{e}=-3$
   $a=5,\ b+\frac{cd}{e}=0.5$

그림 7.6 조합적 관계를 확인하여 수업을 구조화하기

예를 들면, 지리과에서 직접수업법을 이용하면, 교사들은 생산품과 생산품을 시장으로 운송하는 수단의 관계를 밝혀 주는 도식을 만들 수 있을 것이다. 조직적인 도표(〈그림 7.6〉 참고)를 그려서 그 내용을 구조화할 수 있다. 그 도표를 학생들에게 제시하면서 관련된 모든 사실(생산품의 상대적인 무게 등)과 규칙(생산품이 무거울수록 운송수단이 효율적이어야 함), 그리고 행동절차(먼저 생산품의 크기와 무게를 분석한 다음 가장 적합한 위치를 선정함)를 가르칠 수 있다. 〈그림 7.6〉에서 음영 부분은 수업목표와 가장 관련된 조합이나 내용영역을 나타낸다.

비교 관계

수업내용을 비교하여 구조화하려면, 내용이나 주제들을 두 편으로 나누어 놓고 학습자들이 비교하고 대조할 수 있도록 해야 한다. 사실, 규칙, 절차를 두 개 이상의 범주로 나누어 배열하면 학습자들은 그것들 간의 유사성과 차이점을 관찰할 수 있다. 예를 들어, 미국과 영국의 정부 조직을 비교할 수 있으며, 〈그림 7.7〉에 제시된 형식에 따라 수업을 진행할 수 있다. 이 그림의 내용을 왼쪽에서 오른쪽으로 가르치고 나서 위에서 아래로 가르치는데, 즉 관련 경제(경제체제), 정치(정부의 형태), 법의 근본(성문법 대 불문법), 그리고 국민의 대표기관(국회 대 의회) 순서로 진행할 수 있다. 이 도표는 내용을 구조화하므로 학생들은 구조와 다루는 내용을 쉽게 알 수 있다.

그림 7.7 비교 관계를 확인하여 수업 구조화하기

비교할 관점	미국	영국
경제	자본주의	자본주의
정치대표자	민주주의 의회	민주주의
법의 자원	성문법	불문법
국민의 대표기관	국회	의회

구조화하는 방법의 적용

위에서 설명한 구조화 방법 가운데 하나를 적용하든지 둘 이상을 함께 적용할 때에는 내용을 작게 나누어야 한다는 것을 기억하자. 수업내용의 큰 부분을 얼마나 조그맣고 의미 있는 내용 단위로 분류하느냐에 따라 중요한 목적이 달성될 수 있을 것이다.

마지막으로 교사들이 수업의 내용을 조직하여 제시할 때 규칙과 사례를 조합하는 방식에 유의하자. 교사들은 항상 규칙을 먼저 설명한 다음 예를 든다. 교사들은 규칙에 관한 예를 들어 준 다음에 학생들에게 칠판에 적힌 규칙을 공책에 쓰게 하거나 발표하게 함으로써, 규칙 먼저 예 다음을 반복한다.

규칙을 가르치고 예를 들며 규칙을 반복하여 설명하는 것을 **규칙-예-규칙 순서**라고 한다. 이 방법이 규칙을 가르치고 예를 제시하는(규칙-예 순서) 것과, 예를 제시하고 규칙을 가르치는 것보다 효과적이다. 먼저 하나의 감각기관(칠판에 적힌 것을 보기)을 통해서 배운 다음에 다른 감각기관(쓰거나 말하기)을 통해서 다시 공부하는 것은 한 번만 보거나 동일한 형태로 반복하는 것보다 더 효율적인 학습이 일어나게 한다.

학생의 연습 안내

직접수업법의 세 번째 단계는 **학생의 연습 안내**이다. 수업을 계획하면서 구조화할 때 자극요소를 제시한 다음에는 바람직한 행동을 연습하도록 유도해야 한다는 사실을 상기하자. 여기에서는 직접수업법에서 학생들의 연습과 관련한 몇 가지 방안을 소개할 것이다. 연습을 유도하더라도 이것은 교사가 조직하고 직접 가르치는 것이다.

이때 중요한 요소는 학생들의 반응을 이끌어 내는 것임을 기억하자. 그렇게 할 수 있는 한 가지 방법은 무평가적(nonevaluative)인 수업 분위기를 조성하는 것이다. 무평가적인 분위기 속에서 학생들은 자신들이 확신하지 못하는 반응에 대한 위험 부담을 느끼지 않게 되고 그러한 반응을 통해서 정확한 답으로 나아갈 수 있다. 거리가 먼 답이나 틀린 답도, 무평가적인 피드백이나 교정활동 후에 나타나면, 학습의 기본 소재가 될 수 있다.

학생들의 반응을 이끌어 내는 두 번째의 중요한 요소는 드러나지 않는 반응을 활용하는 것이다. 이렇게 하면 위협하지 않는 분위기가 확실히 조성되고 교사가 최소한의 시간과 노력으로 학생들을 학습활동에 참여시킨다. 앞에서 예로 든 수업에서, 학생들은 자신들의 답을 쓰고 나서 OHP를 통하여 정답과 비교했으며 교사들은 학생들이 답을 알 수 있도록 안내했다. 이때 교사가 학생 개개인을 지도할 필요는 없다. 교사는 학생들이 반응하도록 그들을 독려하고 드러나지 않는 반응들을 보상한다.

학생들의 바람직한 행동을 유도할 때 또 하나의 중요한 요소는 학생들의 이해도를 점검하는 것이다. 필요할 때, 틀린 답을 맞는 답으로 바꾸기 위하여 독려한다. 수업의 예에서, 교사는 각 항목을 설명한 다음 잠시 멈춰서 학생들이 어려워하는지를 살피고 필요할 때 학생들이 올바른 답을 이끌어 내도록 독려했다. 독려는 학생들의 바람직한 행동을 유도하는 중요한 부분인데, 그것은 학생들을 강화하고 그들이 정답을 이끌어 내기 위해 주어진 다양한 관점들을 사용하도록 독려함으로써 자신감을 갖게 한다(Gagne et al., 1993). 앞의 수업의 예에서 만수는 그의 반응을 *다시 생각하고* 잘못을 일으킨 문제의 특정 부분에 의식적으로 *초점을 맞추며* 나중에 그러한 잘못을 반복하지 않기 위하여 규칙을 기억하도록 독려받았다.

독려하기

직접수업법을 시행하는 동안 효과적인 교사는 종종 독려, 단서 그리고 다른 수업적 자극을 이용하여 학생들이 정답을 이끌어 내도록 돕는다. 교사는 학습자들이 수행을 올바르게 하도록 하기 위하여 세 가지의 독려 방법을 사용할 수 있다: 언어적 독려, 몸동작 독려, 신체적 독려.

언어적 독려 언어적 독려는 단서, 생각나게 하는 것, 설명 등을 이용하여 학습자들이 배운 기술을 정확하게 수행하도록 돕는 것이다. 예를 들어 초등학교 1학년 학생들이 작문을 할 때 “단어 사이에는 한 칸씩 띄워라”고 말하면, 그는 이전에 글씨를 예쁘게 쓰는 방법에 대하여 들은 것을 기억할 것이다. 그리고 학생들이 현미경을 사용하여 대상을 관찰할 때 "먼저 대물렌즈를 조정한다"고 말하면 학생들은 현미경 사용법을 배우게 된다. 언어적 독려는 학습자들을 도와서 수행하는 것들을 관련시키게 하며 잘못하여 좌절감을 느끼는 것을 예방한다.

몸동작 독려 몸동작 독려는 학습자들이 배워야 할 특정 기능을 직접 보여 주는 것이다. 예를 들어 현미경을 사용한 수업을 한 교사는 현미경의 미동나사(fine adjustment knob)를 가리키면서 손으로 그것을 돌리는 시늉을 해 보이면 이 동작은 독려하기와 생각나게 하기의 역할을 하여 학습자들은 단계를 정확하게 수행할 것이다. 몸동작 독려는 학습자가 실수할 가능성이 보일 때 특히 유용하다. 교사는 이 독려법을 일상적으로 사용하여 학생들에게 종이 접는 법, 가위 쥐는 법, 질문이 있을 때 손을 드는 법, 글씨 쓸 때 연필 쥐는 법 등을 가르칠 수 있다.

신체적 독려 학습자들 가운데는 교사가 보여 주는 시범대로 따라 하거나 동작을 모방하기가 어려울 정도로 움직임이 정교하지 않은 아동들이 있다. 예를 들어 교사가 글자 '아'를 쓰는 순서를 가르쳐 주고 시범을 보여 주었는데도 그 글씨를 제대로 쓰지 못하는 경우가 발생한다. 이 경우에 교사는 어린이의 손을 잡고 쓰는 시범을 보일 수 있다. 이것을 **신체적 독려**라고 한다. 신체적 독려를 하면서 교사는 학습자가 올바르게 수행하도록 *손을 잡아서* 도와준다. 교사들은 신체적 독려를 일상적으로 사용하여 학습자들이 글씨를 쓰고, 종이를 자르며, 신발 끈을 묶고 해부도구를 쥐며 무용 자세를 취하는 것을 도울 수 있다.

최저에서 최대로 관여하며 독려하기 많은 교육자들은 교사가 학습자들의 수행을 안내할 때는 처음에 최소한만 관여하기를 권장한다. 언어적 독려가 최소한으로 관여하는 것이며 신체적 관여가 최대로 관여하는 것이다(Cooper, Heron, & Heward, 1987). 그래서 현미경을 사용하는 시간에, 먼저 "정교하게 조정하는 걸 잊지 마세요!"라고 말하는 것이 학습자의 손을 잡고 신체적으로 독려하는 것보다 더 적절할 것이다. 최저에서 최대로 관여하기를 권장하는 이유는 언어적 독려가 신체적 독려보다 간편하게 도울 수 있기 때문이다. 그리고 학습자들이 정확하게 수행하기 위하여 신체적 독려에 의존한다면 교사가 없는 상황이나 실제적 행동이 요구되는 상황에서 독자적으로 시범을 보이기가 더욱 힘들 것이다.

학생-전체 독려하기 교사는 이해도를 점검하고 전체 학생들이 정확한 반응을 할 수 있도록 독려할 수 있다. 앞의 수업에서 교사가 사용한 방법으로, 학생들이 동시에 각자의 답을 적은 다음에 개인적인 도움(여러분의 생각과 차이가 있나요?)

을 요청하도록 독려했다.

또 하나의 방법은 손을 들게 하여, 독려를 해 주거나 오답을 수정해 주기를 기다리는 학생을 찾아내는 것이다. 이런 식의 한 형태는 **차례대로** 방법으로, 교사가 학급을 한 바퀴 돌면서 손 든 학생들을 가르치고 학생들은 자기 순서가 올 때까지 기다린다. 소규모 학급에서는 이 방법이 학생들을 임의로 불러서 지도하는 것보다 효과적이다. 왜냐하면 모든 학생들이 한 번이나 더 많은 기회를 가질 수 있기 때문이다. 그러나 일반적으로는 일제수업 동안에 질문하는 학생들을 선정하여 수정하는 것보다는 비효율적이다(Anderson, 1982). 왜냐하면 학생들은 개인적으로 기회가 올 때까지 참여하지 않아도 되는 시간을 재기 쉽기 때문이다.

또 하나의 방법은 학생들이 칠판에 답을 쓰고 급우들이 검사하도록 할 수 있다. 그리고 마지막 방법으로 학생들이 흔히 저지를 수 있는 잘못에 대하여 사전에 검사문항을 만드는 것이다. 학생들의 반응이 정확하도록 점검하고 필요한 때 독려한다. 이 방법은 아무도 응답하지 않아서 모든 학생이 이해하지 못했거나 정확한 답을 아는 학생이 없다고 간주될 때 효과적이다. 학자들은 이 방법이 학생들의 성취를 향상시키는 데 매우 효과적이라고 발표했다(Angelillo, 2008; Rosenshine, 1995; RosenShine & Stevens, 1986).

모델링

또 하나의 학생활동은 모델링이다. **모델링**은 교사가 학생들이 행동하거나 생각할 것을 보여 주는 수업활동이다. 정확하게 사용되면, 모델링은 독려의 세 형태를 하나만 사용하는 것보다 학생들이 최소한의 노력으로 인지적이고 사회적인 기능을 습득하도록 도울 수 있는 효율적인 방법이다. 모델링은 특히 말로 장황하게 설명하는 내용을 따라하기 어려운 어린 학생과 수행하기 전에 그것을 보고 싶어하는 시각적 학습자, 그리고 문제를 해결하기 위하여 정신적인 전략을 주고받는 모든 연령의 학습자들에게 효과적이다.

Bandura와 그의 동료들은 사람들이 모델로부터 배우는 방법과 원인에 대하여 연구했다(Bandura, 1986; Griffin, 2007; Zimmerman, 1989). 모델링에 관한 연구는 **사회적 학습이론**이라고 하는데, 사람들이 타인을 관찰하면서 배우는 방법을 설명하기 위한 연구를 수행한다. 그 연구의 결과로 어린이들이 성인과 동료들을 관찰하여 태도, 가치, 행동의 기준뿐만 아니라 신체적, 인지적 기능까지도 배운다는 점을 알게 되었다.

이러한 학습은 교사가 행동하는 것을 직접 모방함으로써 일어나기도 하지만,

때로는 타인이 왜 그런 행동을 하는지, 그렇게 행동하는 사람이 누구인지를 추론하면서 일어나기도 한다. 예를 들면 학생들은 부모, 친구, 교사가 실제 상황에서 행동하는 것을 보면서 가치관을 형성하여, 비슷한 상황에서 어떻게 행동해야 할지를 생각하게 된다. 교사는 항상 모델이 되지만, 모델링의 형태에 따라 더 효과적일 수 있다. Zimmerman(1989)은 모델링의 역할을 수행하는 교사는 그렇지 않는 교사보다 학생들을 가르치는 데 훨씬 더 효과적이라고 주장한다.

모델링은 학습자를 직접 가르치는 활동으로 학생들이 학습할 내용을 관찰하여 추론하거나 시범을 모방하게 한다. 학생들이 모델링을 통해서 배울 때는 다음의 네 가지 심리학적인 절차가 일어나는데, 학생들이 관찰하는 것으로부터 어떻게 배우는지 그 하나 하나를 자세히 살펴보자.

1. 주의(Attention)
2. 파지(Retention)
3. 산출(Production)
4. 동기(Motivation)

주의 시범은 학습자들이 그것을 보고 들을 때에만 가치가 있다. 바꾸어 말하면, 학생들이 주의를 기울이지 않으면 모방이나 관찰학습이 일어날 리가 없다. 이전의 장에서 학습자의 주의를 획득하는 것이 얼마나 중요한지를 강조했다. 모델링에서는 학생들의 주의를 획득하여 수업의 전 과정동안 그것을 유지하는 것이 필요하다. Bandura(1977)는 다음의 상황에서 학습자들이 더욱 주의를 집중한다고 주장한다.

1. 모델이 해당 분야의 전문가로서 존경을 받는 사람일 때
2. 모델이 학습자에게 기능적 가치가 있는 것을 보여 줄 때. 학습자들은 자신에게 직접적인 관련이 없는 것에는 거의 관심을 기울이지 않는다.
3. 시범의 내용이 식별이 가능하도록 잘게 나누어져서 간단 명료하게 제시될 때

파지 교사들은 학생들이 동일한 동작을 재연할 수 있기를 원하기 때문에 모델(방법이나 절차를 보여 줌)을 제시한다. 예를 들어, 교사들은 덧셈의 순서를 보여 주고, 정확한 발음을 하며 문장을 평가하면서 직접 모델을 제시하는 것이다. 그러나 이러한 동작의 전이는 학습자들이 보거나 들은 것을 기억할 때만 일어날 수 있다. 시범을 따라 하도록 하려면 학생들에게 파지하는 것을 목표로 해야만 한다.

학습자들은 다음과 같은 방식으로 시범을 보일 때 더욱 잘 기억한다.

1. 시범이 이전에 학습한 기능이나 아이디어와 관련된다. 의미 있는 시범일수록 파지가 더 잘 된다. ("어제 우리가 한 자리 숫자를 더할 때 어떻게 했는지 기억나니? 오늘 우리는 그와 똑같은 방법으로 두 자리 이상의 숫자를 더할 것이다.")
2. 시범에 간단한 명칭, 생생한 이미지, 축약한 단어, 시각적 기억 보조자료(10장에서 설명)를 포함하여 학습자들이 새로 배운 내용을 기억하도록 돕는다. ("다음의 영어 단어를 발음할 때 나의 입술 모양이 어떠한지를 자세히 보세요.")
3. 시범을 즉시 연습한다. 이러한 연습은 드러나게 할 수도 있고 드러나지 않게 할 수도 있다. 드러나게 하는 경우에 교사는 시범 직후에 학생들이 말하거나 행동하도록 요구하는 것이며, 드러나지 않는 연습은 학생들이 교사의 시범에 대하여 마음 속으로 수행하거나 상상하는 것이다. ("다음 문단을 마음으로 읽은 다음 내가 보여 준 절차를 조용히 반복하세요.")

산출 모델링의 세 번째 요소인 산출은 학습자들이 교사가 시범 보인 것을 직접 행동으로 나타내는 것이다. 이 단계에서는 학습자의 머릿속에 남아 있는 정신적 이미지와 언어적 기호가 실제적인 수행을 지시하는 것이다. 학습자들은 교사들이 보여 준 연습 상황과 언어적 단서를 이용하여 이미지와 기호들을 회상한다. 그러한 영상들이 떠오르면서 시범으로 배운 것을 수행하도록 안내한다.

학습자들은 다음 조건하에서 관찰한 내용을 더욱 잘 산출한다.

1. 산출이 파지 직후에 일어난다. ("자, 이제 여러분은 내가 시범으로 보인 절차를 정확하게 기억하는 것을 배웠으니, 그 기억을 되살려 주어진 문단의 의미를 파악해 보세요.")
2. 연습 상황이 학생들이 파지하고 있는 정신적 이미지나 언어적 단서를 불러일으키는 자극이나 단서를 포함한다. ("다음 영어 단어를 발음할 때에는 지난번 단어를 설명할 때 보여 준 나의 입술모양과 똑같이 해야 한다.")
3. 수행한 다음에는 마음속으로 연습을 한다. ("지금부터는 이전에 본 적이 없는 새로운 사례로 연습해 보자.")

산출 국면은 학생들이 기억한 시범에 대한 영상이 새로이 획득된 행동의 산출을 안내할 가능성을 증가시킨다. 추가적으로 교사는 학습자를 관찰하여 목표로 하는 행동을 어느 정도 잘 수행했는지에 대한 피드백을 줄 수 있다. 학습자들에게 올바른 수행을 하도록 정보를 주는 것은—부정적이나 불만족스럽지 않게—학생들이 정확한 수행을 할 가능성을 증가시킨다(Borich & Tombari, 1997, pp. 341-342).

동기 모델링을 통해 학습이 이루어지는 마지막 단계는 동기로서 학습자들이 수행한 뒤에 그것이 바람직한 산출이라는 것을 알 때 일어난다. 바람직한 산출이란 일반적으로 교사들이 학생들을 칭찬하여 동기를 북돋아서, 그들이 본 것을 미래의 어느 시점에 모방할 의욕이 생기게 한다. 학생들은 그들이 관찰한 것을 모방한 대로 시도할 때 벌을 받았거나 불만족스러운 결과를 초래한 행동은 반복할 가능성이 거의 없다.

반면에 학습자들이 모델을 통해서 관찰한 행동을 즉각적으로 반복하거나 시간이 지나더라도 새로운 상황에 그것을 전이하는 경우가 있는데, 바로 다음의 경우이다.

1. 수행한 직후에 비판보다는 칭찬과 독려를 받았을 때("너의 답은 부분적으로는 정확하다. 조금 전에 논의했던 것을 생각해 봐라." 이와 반대는 "틀렸어. 이번에도 잘 듣지 않았구나.")
2. 수행의 특정한 부분에 대하여 칭찬을 받았을 때("단어 사이에 빈칸을 충분히 두는 아이디어가 좋구나." 이와 반대는 "잘했다.")
3. 수행을 부정확하게 했는데 교정보다는 방향을 제시받은 때("가설을 설정하는 첫 단계를 생각해 봐라." 이와 반대는 "가설을 설정하기 전에 연구 결론을 내리면 안된다.")

피드백과 교정

직접수업법의 다음 단계는 **피드백과 교정**을 제공하는 것으로 이것은 학생들의 답이 옳고 그름을 다루기 위한 전략이다. Rosenshine(1983)은 여러 연구를 분석하여 학생들의 반응이 다음 네 가지 범주로 구별된다는 사실을 밝혀냈다: (1) 정확하며 신속하고 확고함, (2) 정확하지만 주저함, (3) 부주의하여 부정확함, (4) 아는 것이 없어서 부정확함.

정확하며 신속하고 확고함

교사는 학생들의 반응이 정확하고 신속하며 확고하기를 바라면서 노력한다. 그러한 반응은 대개 수업의 마지막에 일어나지만, 수업의 내용을 잘게 나눈다면 수업의 어느 순간에나 발생할 것이다. 수업시간에 학생들이 열심히 참여했다면 절반 이상의 학생들이 이러한 반응을 보이는 것이 중요하다. 모든 학생들의 모든 답이 정확할 수는 없지만, 지식습득을 위한 대부분의 수업에서는 연계된 부분들의 단계를 매우 작게 나누어서 연습과 피드백을 하는 단계에서 약 60%에서 80%의 올바른 답이 나와야 한다(Bennett, Desforges, Cockburn, & Wilkinson, 1981; Brophy & Evertson, 1976b; Lindsley, 1991).

일단 60~80%의 올바른 답이 나오면, 학생들의 주의가 집중되고 참여하는 분위기가 고조되었으므로 과제의 수행정도를 높일 수 있는 분위기를 마련한다. 올바른 답이 활발하게 발표되면 학생들이 관계없는 반응을 보일 가능성이 줄어들고 학급이 산만해질 우려가 적어진다.

정확하지만 주저함

학생들이 반응하는 두 번째 유형은 정확하지만 주저하는 것으로 수업의 초기나 중간에 연습과 피드백을 하는 시간에 빈번하게 일어난다. 이런 반응을 하는 학생들에게는 긍정적인 피드백을 주어야 한다. 특히 교사가 처음 피드백할 때에는 "잘했어" 또는 "정답이다"라는 등의 긍정적이고 독려하는 말을 해야 하는데 그 이유는 정확하지만 주저하는 대답은 다정한 반응과 연결될 때 더욱 잘 기억하기 때문이다. 두 번째 피드백은 학생들이 맞았다는 것을 확인시켜 주기 위해 답을 재진술하는 것이다. 이러한 재진술은 정확한 답을 주저하며 제시하는 학생들을 도울 뿐만 아니라 다른 학생들이 재진술을 듣고 대답하기를 망설이는 것을 방지한다.

부주의하여 부정확함

학생들이 반응하는 세 번째 유형으로, 학생 반응의 약 20%에 해당하며 수업 시간대와 학생들의 피로도와 부주의의 정도에 따라 다르게 나타난다. 이런 일이 발생하면 교사들은 학생들이 정답을 다 알고 있을 것으로 확신하여 그들을 꾸짖거나, 경고하거나 심지어는 학생들이 생각 없이 대답한다고 언어적인 벌을 가할 것이다 (즉, "너희들이 부끄럽다." "멍청한 실수다." "너희들이 더 똑똑한 줄 알았는데.") 그러나 상황이 어떠하든지 이런 말을 하고 싶은 기분을 억눌러야 한다. 진실한 감정을 억누르는 것보다 기분이 언짢은 일은 없지만, 학자들과 경험 있는 교사들은 이런 유형의 반응을 보인 학생들에게 감정적으로 대하면 좋은 점보다는 해로운 점이 많다고 말한다.

언어적인 벌로 인하여 학생들이 부주의한 실수를 하지 않을 가능성은 거의 없다. 최선의 반응은 학생들에게 그 답이 잘못이라는 것을 알려 주고 즉시 다른 학생의 답을 듣는 것이다. 이렇게 함으로써, 부주의한 학생이 정답을 말할 기회와 그로 인한 칭찬을 받지 못했다는 것을 간접적으로 지적할 수 있다.

아는 것이 없어서 부정확함

네 번째 유형의 학생들의 반응은 그들이 몰라서 부정확하게 대답하는 것이다. 그러한 실수는 수업의 맨 처음 단계에서 많이 일어난다. 그럴 때는 학생들에게 정답을 곧바로 가르쳐 주기보다는 정답을 발견할 수 있도록 힌트, 탐문하기, 또는 자극을 마련해 준다. 이 단계에서 가장 중요한 목표는 정답을 찾을 수 있는 과정에 학생들을 참여시키는 것이기 때문이다.

앞의 수업의 예에서 교사는 만수가 고유명사인 Jenkins의 끝에 어포스트로피 s를 표시하지 못하자 s로 끝나는 명사의 소유격 만들기에 대한 규칙을 다시 말해 줌으로써 ' s에 유의하도록 했다. 마찬가지로 선미가 대답을 정확하게 하지 못하자 교사는 "그 구에서 소유하고 있는 단어는 뭐니?" 라고 물음으로써 다시 생각할 기회를 제공했다. 이러한 예에서 교사는 정답을 말해 주지 않고도 학생들을 정답으로 이끌었다. 교사가 이렇게 안내함으로써 학생들이 모든 유사한 상황에서 올바른 답을 할 수 있는 틀을 마련해 줄 수 있다.

부정확한 반응에 대한 전략

부정확한 반응에 대처할 때 가장 널리 사용되는 전략은 다음과 같다.

1. 정확한 답을 구하는 데 필요한 핵심적인 사실이나 규칙을 상기한다.
2. 올바른 해결책에 이르기 위하여 사용하는 절차를 설명한다.
3. 부분적인 정답을 나타내는 단서나 힌트를 준다.
4. 유사하지만 다른 유형의 문제를 제시하여 학생들이 정답을 하도록 안내한다.

이 검토하기, 다시 설명하기, 그리고 독려하기를 계속하여 80% 정도의 학생들이 정답을 맞출 수 있게 한다. 그러한 연후에는 간략한 교정을 제공하여 궁극적으로는 오답을 하는 학생들이 교재에서 연습하도록 하거나 연습을 통해 고쳐 나가도록 안내한다(Bennett & Desforges, 1988).

적극적인 반응과 소극적인 반응은 분명한 차이가 있는데 이것은 학생들 반응의 정확성과 연관된다(Linsley, 1992; Hall, Delguardi, Greenwood, & Thurston, 1982). **적극적인 반응**이란 질문에 응답을 하며 정확한 답을 쓰고, 계산하여 답을 내고, 신체적인 반응(현미경의 초점을 맞춤)을 보이는 등의 활용을 말한다. **소극적인 반응**이란 교사의 대답을 듣고, 정답을 읽으며 동료들이 정답을 말할 때 듣는 것이다.

학생들은 하루 수업 시간의 절반 가량을 소극적인 반응을 보이며 보낸다(Huffman, 2005; Greenwood, Delguardi, & Hall, 1984). 이 연구에 의하면 학습자의 참여와 적극적인 반응 간에는 강하고 긍정적인 상관관계가 있다. 이 연구자들은 교사들이 수업 계획을 충실히 하여 학습자들이 전체 시간의 75% 가량을 적극적으로 참여할 수 있도록 해야 한다고 주장한다.

그들의 연구에 의하면, 교사들이 해당 시간의 연습 자료에 60~80%가량 정답이 나오도록 계획할 때 정답이 나올 가능성은 더욱 높아진다. 학자들에 의하면 학생들은 기본적인 사실과 기능을 배울 때 연습하면서 성공할 가능성이 높을수록 더욱 빠르게 학습한다(Lindsley, 1991).

요약하면, 피드백과 교정을 할 때에는 다음을 시도해 보자.

- 학습자들이 반응해야 할 방향을 제시한다.
- 초기 학습과 연습용 수업 자료를 준비할 때 학습자들이 60~80%의 정답을 맞출 수 있게 계획한다.
- 학생들이 75% 정도의 시간을 적극적으로 참여할 수 있는 활동을 선정한다.

개별적인 연습

직접수업법의 다섯째 요소는 **개별적인 연습**의 기회이다. 교사들이 학생들의 행동을 유도하고 피드백을 마련해 주며, 교정한 다음에는 그들이 수업목표와 관련된 행동들을 독자적으로 연습할 수 있는 기회를 제공할 필요가 있다. 예를 들어, 자동차 운전하기를 배운다면 우선 관련 용어와 규칙에 대한 지식을 알아야 한다. 그러나 지식과 규칙이 함께 조합되어야 만 의미 있는 학습이 일어난다.

독자적인 연습을 하면 주의 깊게 조정되고 조직된 환경을 마련해 주어서 각각의 조각들로부터 전체의 의미를 파악할 수 있게 된다. 교사들이 사실과 규칙을 함께 제공할 때에는 (1) 문제와 관련된 모든 요소들을 동시에 고려해야 하며 (2) 각 요소들을 하나의 조화로운 행동계열 속으로 연결시켜야 한다. 학습이론가들은

독자적으로 연습하는 동안 교사는 교실을 돌아다니면서 답을 둘러보고 대안을 제시하여 필요한 사실이나 규칙을 상기시킨다. 이러한 일은 짧은 순간에 이루어지도록 하여 가능하면 많은 학생들을 점검한다.

이 두 가지 절차를 **통합성(unitization)**과 **자동성(automaticity)**이라고 한다(La Berge & Samuels, 1974).

앞에서 예로 든 수업에서 두 과정들이 요구된 점에 유의한다. 개별적인 요소들은 소유격(사실)에 대한 정의와 소유격을 만드는 두 가지 설명(규칙 1과 2)이었다. 수업은 이 요소들을 두 가지 방법으로 하나의 조화로운 행동계열 속에 연결시켰다. 첫째는 교사가 수업의 마지막에 학생들에게 연습장에 독자적으로 연습할 수 있는 기회를 마련해 준 것이다. 그 연습장의 문장들은 신문이나 잡지 등에서 찾아볼 수 있는 것들이다. 둘째는 수업의 정리 단계에서 실제 신문과 잡지에서 발견되는 오류를 추가적인 연습자료로 제공한 것이다. 〈그림 7.8〉에는 학생들이 사실과 규칙을 하나의 행동계열로 옮기면서 연습장에서 한 문장으로 나타내는 절차를 열거했다.

앞에 예로 든 수업에서, 교사는 신문과 잡지에서 발견한 문법적 오류를 제시하여 학생들이 배운 사실과 규칙들을 활용하여 행동절차를 만들 수 있는 기회를 제공했다. 이렇게 실생활과 관련된 사례는 수업의 실제성을 증진시킨다. 그러므로 교사들은 배운 것을 실제 생활에 적용할 수 있는 기회를 늘려서 학교에서 배운 것과 학교 밖의 생활 간에 구별이 되지 않도록 해야 한다. 신문이나 잡지의 글과 사진을 오려서 제시하는 것이 그렇게 할 수 있는 방법이다. 교사는 학교에 활용할 수 있는 소프트웨어, 교과서, 익힘책을 구하여 학생이 독립적으로 실습할 수 있는 기회를 제공해 주어야 한다.

모든 유형의 독자적인 연습의 목적은 학생들로 하여금 자동적으로 반응할 수 있게 하여, 그들이 대답할 때 배운 내용을 하나씩 회상하는 것이 아니라 전체의

그림 7.8 다음 문장을 소유격으로 올바르게 바꾸는 단계

1단계	이 문장에서 소유권이 나타나 있는가?
2단계	있다면, 어느 부분인가? 이 신문은 Jones 선생님의 것이다. 그 사람은 Robert의 친구이다.
3단계	명사로 대체된 구가 있는가(규칙 1)? 있다면, 어느 부분인가? friend of Robert가 Robert' s friend로 대체되었다.
4단계	소유권을 나타내면서 끝이 s인 단어가 있는가? 있다면, 어느 부분인가? Jones paper는 Jones' s paper로 되어야 맞습니다.
5단계	그러므로 이 문장에 대한 정확한 소유격의 형태는 다음과 같다. "In Mrs. Jones' s paper there was an article about Robert' s friend."

내용을 동시에 사용할 수 있도록 하는 것이다. 그래서 앞에서 예시한 수업의 목적은 "소유격을 정확하게 사용하여 문장을 만들기"이지 "규칙 1과 2를 회상하기"가 아니었다. 자동성이란, 올바른 답을 하고 각 요소들을 하나의 행동절차로 만드는 연습을 충분히 하여, 학습한 요소들을 완전히 이해함으로써 획득된다. 그러므로 교사들은 학생들에게 독자적인 연습시간을 충분히 주어서 그들 각자가 차분한 가운데 자동적으로 응답할 수 있게 해야 한다.

연습활동이 어떤 유형이든지, 다음 지침을 마음에 새겨 두면 효과적인 연습을 촉진하게 될 것이다.

- *학생들은 연습하는 이유를 이해하고 있어야 한다.* 연습하는 것은 종종 학생들만 바쁘게 하여 따분하게 하고 좌절감을 주며 불복종을 초래한다. 학생들이 수업에서 연습을 할 때에는 올림픽에 참가한 선수들이 수영을 하거나 달리는 것과 똑같은 열정으로 할 수 있어야 한다. 그렇게 하려면 (1) 교사들이 학생들에게 연습의 목적을 알리고("여러분들이 이 문제들을 푸는데 익숙해지면 다음 활동을 진행할 수 있다."), (2) 수업 중이나 직후에 연습을 하는 것이다("잠시 멈춰서 이 문제들을 스스로 풀어보렴.").
- *효과적인 연습이 이루어지려면 간단하고 평가하지 않으며 지원적이어야 한다.* "자, 여러분, 익힘책 푸세요. 컴퓨터를 참고하여 공부하세요."라고 말한다고 해서 연습이 제대로 되는 것은 아니다. 교사가 연습시키기 전에 할 일은 다음 세 가지이다. (1) 학생들에게 그들이 해 낼 수 있는 연습을 할 것이라고 말한다("여러분들은 이런 문제들을 전에 푼 적이 있는데 이번 문

제도 별로 다르지 않다."); (2) 학생들을 평가하거나 위협하지 않음으로써 연습을 하는 동안에 느낄 두려움을 없애 준다("너는 전에 그것을 정확하게 했다. 그러니 조금만 더 생각하면 해 낼 수 있을 것이다."); (3) 학생들에게 교사가 돌아다니면서 모르는 학생들의 질문을 받아 도와줄 것이라는 것을 알려 준다("내가 다니면서 도와줄 테니 어려운 점이 있으면 언제든지 말하세요.").

- *연습은 학생들이 성공하도록 계획되어야 한다.* 연습을 통해서 완전해지려면 연습이 매우 정확하게 행해져야 한다. 학생들이 수학이나 영어 공부의 연습을 하면서 실수를 저지른다면 그 연습이 불완전한 것이다. 연습할 때에는 학생들이 실수를 거의 하지 않도록 계획하자. 예를 들어, 학습지나 소프트웨어를 사용할 때에는 학생들이 적어도 60~80%의 문제를 한 번에 정확하게 풀 수 있도록 해야 한다.
- *연습하는 동안에 학생들은 피드백을 받을 수 있어야 한다.* 앞에서 모델링에 대하여 설명할 때, 피드백을 제공하면 학습에 강력한 효과가 있다는 것을 논의하였다. 그러므로 학생들의 과제를 신속하게 점검할 수 있는 절차와 일처리 방법을 개발하여 학생들이 스스로 효과적으로 수행하는 길을 알 수 있도록 해야 한다. 급우끼리 연습한 내용을 점검하도록 하는 것도 효과적이다. 또한 학습지를 조그맣게 만들어 학생들 스스로 자신의 답지를 점검하게 하는 것도 효과적인 피드백 방법일 것이다. 잊지 말고 학생들의 잘못을 찾아내고 현재 이해수준에 적합한 연습을 제공하는 개인교수용 소프트웨어를 구하여야 한다.
- *연습은 질적인 진보, 도전감, 다양성을 가져야 한다.* Kounin(1970)의 연구에 의하면, 학습자들이 지겨워하는 것을 방지하는 가장 좋은 방법은 학습자들로 하여금 자신이 잘해 가고 있다는 것을 실제로 볼 수 있도록 연습 기회를 계획하는 것이다("여러분의 답과 칠판에 적힌 답을 맞춰 보세요."). 추가적으로 연습은 도전감을 주고 열정적인 방법으로 제공하자("이 문제는 여러분이 새롭고 흥미있는 문제를 얼마나 이해했는지 점검할 것이다."). 마지막으로 연습은 그 사례와 상황이 다양해야만 한다.

교사들은 학생들이 연습에 적극적으로 참여할 수 있도록 다음 활동을 수행해야만 한다.

1. 독자적으로 연습하는 처음 몇 문제를 다루는 동안 교실 내를 다니면서 소리내어 알려 줘라. 이러한 활동은 시작 순간을 분명히 알려 주어 과제를 명확

히 이해하지 못한 학생들이 다른 사람을 혼란시키지 않고도 질문할 수 있게 해 준다. 또한 정답을 찾을 수 있는 정신적인 모델을 형성시켜서 학생들이 다음 문제에 활용할 수 있게 한다.

2. 연습을 유도하고 피드백을 준 후에는 가능하면 빨리 학습지나 컴퓨터 자료를 제공하라. 이렇게 하면 학습자들이 독자적인 연습이 직전에 마련되었던 교사가 안내한 연습과 관련이 있다는 점을 이해하게 된다. 그렇게 하지 못하고 다음 날 학습지를 제공한다면, 학생들은 그 문제와 관련하여 질문을 많이 하게 되어 결과적으로는 교사가 전 날 가르친 핵심내용을 반복하게 되어 비효율적이다. 학습의 여러 형태에서와 마찬가지로, 학습한 직후 가능하면 빨리 연습을 해야만 회상과 이해가 최고조에 달한다.
3. 학생들이 독자적으로 연습하는 동안 피드백을 주고, 질문하며, 설명해 주기 위해서 교실 내를 돌아다녀라(Emmer et al., 2003). 돌아다니는 동안에 모든 학생들에게—소수가 아닌—관심을 보여 주자. 한 학생당 30초 이하로 한정하자. 학생들이 독자적으로 연습하는 것을 관찰하는 동안 중요한 직접수업이 이루어질 수 있는데, 이때에는 개별 학생과의 접촉시간은 짧게 하고 간단하게 설명해 주면 도움이 되는 구체적인 이슈에 초점을 둔다.

주간 및 월간 복습

직접수업법의 여섯 번째는 **주간 및 월간 복습**을 시행하는 것이다. 정기적으로 복습을 함으로써 교사가 나중에 가르치는 과제-관련 정보와, 핵심이 되는 사실, 규칙, 그리고 절차를 다시 가르칠 때 필요한 영역을 확실히 알게 해 준다. 이러한 정기적 복습이 없으면 직접수업법이 사실, 규칙, 절차를 가르치는 데 성공적이었는지의 여부를 알 길이 없다.

정기적 복습은 거의 모든 교수전략의 일부가 되어 왔다. 그렇지만 상황에서는 정기적 복습과 수업 단계의 순환 과정은 직접수업이 행해지는 활기찬 분위기로 인하여 중요성이 더해진다. 교사는 수업 속도를 조절하여 연습을 안내하고 피드백을 제공할 때 학습자의 성공률이 60~80%가 되게 한다.

주간 및 월간 복습은 속도가 적절한지의 여부와 조절의 필요성 여부를 판단하게 하여 너무 많은 내용을 다루지 않게 한다. 주간 및 월간 복습 시간에 학생들의 95% 가량이 정확하고 신속하며 확실하게 답을 하면 학습 속도는 적절한 것이다. 독자적인 연습과 숙제는 안내된 연습과 피드백에서 약 60~80%이던 정답률을 주간 및 월간 복습시에는 95%로 높여야 한다. 만약에 결과가 제시된 수치에 다다르지 못하면, 특히 심각하게 낮다면, 진도가 너무 빠르기 때문에 사실, 규칙, 절차를 다시 가르쳐야 하는데 배운 내용이 다음 학습의 선수요소일 때는 반드시 다시 지도해야 한다.

주간 및 월간 복습의 또 다른 이점은 정확하지만 주저하는 반응을 강화시킨다는 사실이다. 나중에 배울 것에 대비하여 이전에 이해했던 과제-관련에 기반한 사실, 규칙, 절차를 복습하는 것은 일부 학생들은 그들이 놓쳤거나 부분적으로 배웠던 사실을 깨달을 수 있는 기회가 된다. 이러한 복습을 좋아하는 학생들이 있다. 그들이 놓쳤을지 모르는 자료, 처음에는 배우기가 어려웠던 자료, 단원 시험에서 다루어질지도 모르는 자료를 검토할 기회가 되기 때문이다.

마지막으로, 정규적인 주간 복습(매우 빈번한 복습이 아닌)이 직접수업법을 시행하는 데 있어서 핵심이다. 주간 복습은 추진력(momentum)을 함양하기 위해서 필요하다. 추진력은 주간 복습의 범위와 깊이를 점차적으로 증가시켜서 나중에 행해질 종합적인 월간 복습이나 시험 기간 때까지 지속된다. 이러한 복습활동은 교사가 계열을 지키고 진도를 유지하게 하며, 나아가 교사용 지도서와 정부의 교육과정 표준을 준수하도록 돕는다.

이러한 복습활동의 목표는 복습 과정을 순환시켜서 〈그림 7.9〉에 나타난 바와 같이 한 달 동안에 복습하는 시기(높은 곳)와 쉬는 시기(낮은 곳)를 반복하게 한다. 순환학습의 낮은 곳은 〈그림 7.9〉에서 보는 바와 같이 직접수업법을 처음

그림 7.9 상향과 하향 활동의 순환

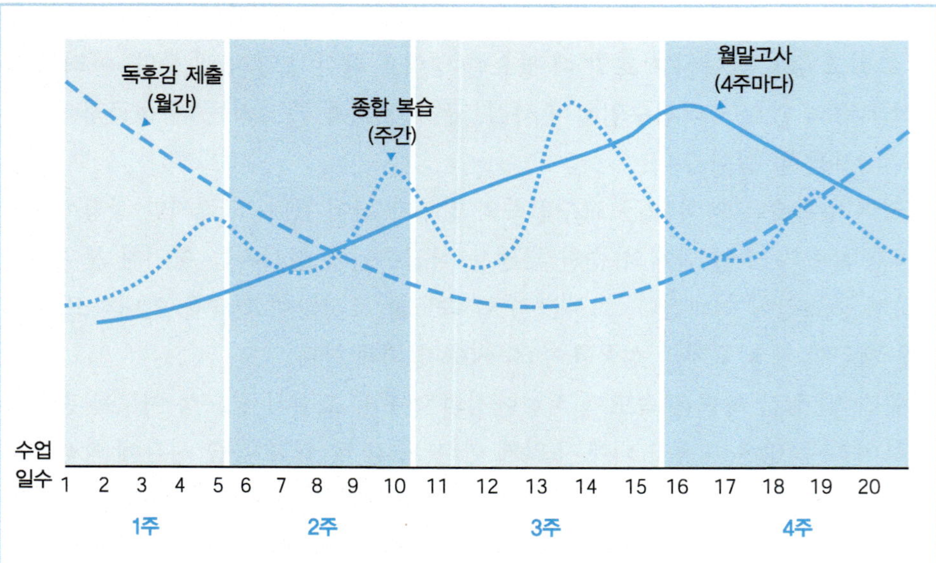

주의: 순환선의 높이는 수업이 중점을 두고 학생이 집중하는 양을 상대적으로 나타낸다.

실시할 때 즉 첫 한 주 동안 배운 내용을 복습할 때 발생한다. 주간 복습은 점점 종합적이 되고 지난 달에 배운 내용을 점검하는 월간 복습에 이르게 된다. 추진력이 생기려면 복습하는 수업량을 점점 늘려가야 한다. 그러는 동안 다른 과제－예를 들어, 독후감 쓰기－는 의도적으로 순환곡선의 낮은 점인 학생들의 학습량이 그다지 많지 않을 때 부과한다. 이러한 과정을 점진적으로 행해야 학생들이 친숙하지 않은 많은 내용에 위압감을 느끼지 않으며 그들이 다음 복습에서 다루어질 내용을 항상 예견할 수 있다.

다른 유형의 직접수업법

마지막으로 직접수업법이 강의-암송 형식의 수업에서만 일어나지 않는다는 점에 유의하자. 강의-암송 형식이 가장 널리 알려져서 그랬지만 다른 형식의 수업에서도 일어난다. 이러한 형식들은 강의-암송 형식과 관련이 있을 수도 있고 없을 수도 있는데, 컴퓨터 보조 수업, 동료나 나이 든 사람들의 가르침, 청각적이거나 의사소통 도구(예를 들어 유아들이 녹음테이프로 읽기를 배우는), 그리고 정보 제공자로서 컴퓨터를 활용하는 것 등이다. 이 형식들을 수업계획에 포함해야 한다.

이 수업 형식들은 창의적으로 프로그래밍되어 있어서 직접수업법의 여섯 가지 기능(복습과 점검, 제시와 구조화, 안내된 연습, 피드백과 교정, 독자적인 연습, 정기적인 점검)을 대부분 포함하고 있어서 차별화된 집단(즉 상위, 중위, 하위 학습자들)에게 수업을 차등화하는 기회를 제공한다.

그러나 이 수업 형식들은 교사가 개인적으로 고안한 강의-암송 형식의 수업에서보다는 교사가 지도하는 부분이 적기 때문에 수업목표나 학생들에게 적용하기 위해서는 세심한 주의가 요청된다. 그러한 형식이나 코스웨어를 사용하고자 할 때에는 그 방법이나 내용이 앞에서 다뤘던 직접수업법의 원리와 어느 정도 관련성이 있는지 미리 살펴보아야 한다.

담임하는 학년에 자주 필요한 기초적인 기능을 다루는 개별화된 코스웨어를 수집해 두는 것은 교사가 학습계획을 차별화하기 위해 해야 할 중요한 일이다. 다음은 제4장에서 제공된 형식에 따라 고안된 직접수업법의 수업계획이다.

직접수업법 수업계획의 예

문법

단원명: 구두법(punctuation)

수업명: 소유격 만들기

1 **주의집중시키기** 10월호 학교 신문에서 제목에 구두점 오류가 있는 내용을 제시한다. 오류를 가리킨다.

2 **학습자에게 목표 알려 주기** 수업을 마치면 학생들은 신문(구두점 파일 참고)에서 오류를 발견하고 필요시에 수정할 수 있다.

3 **선행학습 기억시키기** 품사에 대하여 복습하면서 명사의 정의를 물어 보고 뭔가를 소유한다는 것을 상기시킨다.

4 **자료 제시하기** 소유격의 두 가지 규칙을 제시한다: 규칙 1. of 구가 명사를 대체할 수 있으면 언제든지 소유격을 사용하라. 규칙 2. 복수형이 s 로 끝나면 s 뒤에 어포스트로피를 찍는다. 그러나 고유명사가 s로 끝나면 그 s 뒤에 ' s를 붙인다. 칠판에 규칙을 쓴다.

5 **학습활동 유발시키기** TP에 다음 예를 제시한 뒤 학생들에게 하나씩 소유격으로 변형시키라고 요구한다.

Delay of a month
Speech of the President
Pastimes of boys
Home of Jenkins
The television set of Mr. Burns

(참고: Smith, G. [1995]. Understanding Grammar. New York: City Press, pp. 101-103)

6 **피드백 제공하기** 학생들이 모두 답을 하면 TP에 정답을 쓴다. 학생들이 끝낼 때까지 기다린 후 다음 문제를 제시한다. 완전히 이해했는지를 알기 위해서는 규칙에 대하여 물어 보자. 30분 정도 시간을 두어서 상 · 중 · 하위 수준의 학습자들이 자동 소프트웨어로 개별화된 연습을 하게 하자.

7 **평가하기** 문제집(workbook) 87쪽의 연습문제를 이용하여 학생들의 이해도를 평가

한다. 90% 이상의 학생들이 올바른 답을 할 때까지 지명하면서 암송(ordered- recitation)시킨다. 규칙 1과 2를 적용하는 문제를 10개 제시한다.

문화적으로 반응하는 직접수업법

과제 지향적 교사는 다루는 내용을 최대화하여 학생들이 가장 많이 배울 수 있게 한다. 마찬가지로 학생들이 참여하고 적극적이며 제시되는 자료에 대하여 생각한다면 가장 많이 배울 수 있는 기회를 갖게 된다. 이러한 두 가지 효과적인 수업 요소—과제지향과 학생참여—를 실현하기 위해서는 교사가 학생들이 수업하는 내용에 반응하고 적용하고자 하는 의지를 불러일으킬 수 있어야 한다. 학생들의 개인차가 심하고 문화적 배경이 다른 학급에서는 수행결과를 성취하는 일이 매우 어려운 과제이다.

문화 차이를 좁히기 위하여, 문화적 다양성과 학생 참여를 다룬 한 연구에서는 학생들이 강의-암송 형식의 수업을 받는 동안에 유창함의 차이와 언어적 표현을 조사했다(Delpit, Boyd, Brock, & Rozendal, 2003). 예를 들어, 학습자의 유창하고 신속한 대답이 교사의 의사표현 방식에 의하여 영향을 받을 수 있다(Lustig & Koester, 2009). 그 결과에 의하면 학생들이 대답하기를 망설이거나 학습과정에 참여하는 것은, 일부 학생들에게는, 학생들의 능력보다는 교사의 태도와 문화적 성향과 관련이 있었다. 또한 몸짓, 언어, 눈의 마주침이 학습자가 알아차릴 수 있는 확실한 의사소통(metacommunications)을 만들어 주어 의도적이건 아니건 전달되는 메시지에 따라서 행동하게 한다(Chen & Starasta, 2005). 예를 들어, 학생들의 눈을 바라보지 않고 하는 의례적인 몸짓이나 덤덤한 말투로 하는 질문들은 반응을 일으키지 않을 수도 있다. 바꾸어 말하면, 교사가 학생들을 위하여 노력한다는 느낌을 갖게 가르쳐야 학생들이 참여한다. 직접수업법에서 권장되는 학습자 참여 기법만으로는 학생들의 적극적인 참여를 유도하기에 부족하므로 그 기법에 추가하여 관심과 보살핌을 표현하는 확실한 의사소통을 제공해야 한다. Bowers와 Flinders(1991)는 학생들에게 관심과 보살핌의 마음을 전달하여 학생 참여를 촉진할 수 있는 몇 가지 방법을 제안하였다.

- 적절한 예를 사용하여 개념과 모델 수행을 명확하게 하라.
  "한 가지 예를 들면 여러분들이 관계를 파악하는 데 도움이 될 것이다."

- 학생들이 새로운 개념을 이해하는 방식을 받아들여라. "참 흥미있는 대답이다. 그 대답이 왜 옳다고 생각하는지 말해 줄 수 있니?"
- 경쟁심을 줄여라. "오늘은 여러분들이 원하면 친구와 둘이서 연습할 수 있어요."
- 사회적인 강화의 기회를 증진시켜라. "여러분은 주위의 학생들에게 그들이 문제를 다루는 방식에 대하여 물어 볼 수 있어요."
- 모둠별 성취를 조장하라. "공부를 마친 학생은 다른 모둠에 가서 그 문제들에 대한 도움을 받을 수 있어요."
- 학생들에게 적합한 방식으로 눈을 맞추어라. "미화야, 옆에 앉아서 네가 하는 일을 보고 싶구나."
- 시간을 여유 있게 하여 느리게 진행하라. "시간은 충분하니 여러분들이 답을 생각할 수 있도록 기다리마."
- 학생들이 답을 하는 동안에 독특하거나 관련성이 부족한 질문에도 응답해 줘라. "너는 수업내용과는 좀 다른 질문을 했다. 너의 질문에 대하여 답을 해 준 다음 원래의 질문으로 돌아가겠다."
- 칭찬과 강화의 균형을 맞춰라. "잊지 말자. 천사와 악마는 모두 올바른 답을 알고 있으나 다른 방식으로 대답한다."

직접수업법에서의 문화적인 다양성과 학생 참여에 대해서는 알아야 할 지식이 많지만 한 가지 사실은 분명하다. 어느 문화권에 속한 학생이라도 다음의 분위기 가운데 하나에서는 적극적으로 참여할 것이다: (1) 학습자의 독특한 반응이 중요함을 강조한다. (2) 개인별 경쟁의식을 줄인다. (3) 다양한 감각을 통해서 배우는 학습 분위기를 조성한다(예를 들어, 행동으로 보이기뿐만 아니라 말하기). (4) 사회적 강화와 동료 간의 상호작용을 권장한다. (5) 관심과 보살핌의 느낌을 전달한다.

현장사례

Case History and Licensure Preparation

김효주 선생님은 5학년 28명을 가르친다. 최근에 국가수준의 학력고사를 치렀는데 김 선생님 학교의 점수가 낮았으며 특히 영어의 읽기 성적이 저조하였다. 그 학급의 절반 이상이 전년도 영어와 읽기 시험에서 국가 전체의 하위 3분의 1에 해당되었다.

학교는 이 기능을 향상시키기 위해서 최선을 다하기로 하였다.

김 선생님은 오늘 영어 시간에 there, they' re, their를 적절하게 사용하는 방법을 가르치는 중이다.

이 세 단어를 칠판에 다음과 같이 적었다.

There	They' re	Their
장소	"they are" 의 단축형	they의 소유격

선생님은 첫 단어를 지적하면서 철자를 썼다. "T-H-E-R-E. 이 단어를 사용하면 장소를 의미하지요. '이 책을 저기에 두어라' 라고 말할 수 있어요." 이처럼 T-H-E-R-E는 특정한 장소를 의미한다.

"여기에서 t를 없애 보자. (선생님은 영어의 THERE에서 t를 가린다.) 그러면 here가 되지요. 이것이 실마리에요: here와 there. Here와 there." 선생님은 반복해서 강조하고, 교탁을 가리키며 here라고 하고 교실 중간의 책상을 가리키며 there라고 말하였다.

교사: 기영아, 장소를 의미하는 there를 사용해서 문자를 만들어 볼래?

기영: I want to go out there. (창밖의 야구장을 바라보았다.)

교사: 단어의 철자를 말해보렴.

기영: T-H-E-R-E.

교사: 잘했어. 미라야, 그 단어에서 실마리가 되는 단어가 무엇이었니?

미라: (미라가 답하지 못하고 난처해한다. 선생님이 칠판으로 가서 there에서 t를 가리고 her를 만든다.) Here, H-E-R-E. (선생님은 자기 책상을 가리켰다가 멀리 있는 책상을 가리켰다. 처음에 미라는 아무 말도 하지 않았다. 그래서 선생님이 다시 손짓을 했다.) 아, here와 there, here와 there입니다.

교사: 미라가 실마리를 잘 활용했구나. 훌륭한 형사가 될 수 있겠는데. 자, 이제 다음 단어를 보자. They are, T-H-E-Y-' -R-E. 이 단어는 처음 단어와 같지만 의미는 다르단다. T-H-E-Y-' -R-E 이것은 장소가 아니다. 이것은 두 단어 they와 are를 합친 축약형이야. 어포스트로피(선생님이 칠판에서 가리킨다.)는 단어에서 빼내버린 글자 a를 나타낸다. "They are my friends." 이것을 빨리 말하면 "They' re my friends."가 된다. 찬호야 두 번째 단어인 T-H-E-Y-' -R-E를 사용해서 문장을 만들

어 보렴.

찬호: (찬호는 야구를 잘하는 학생으로 야구 경기에 관심이 많다.) Their team can' t even hit the ball.

교사: 여러분, 찬호가 they are의 축약형인 T-H-E-Y-' -R-E를 사용했어요? 어떻게 생각하니, 민지야?

민지: 사용하지 않았습니다. 'They' re not able to hit the ball' 이라고 해야 합니다. They are의 단축형은 T-H-E-Y-' -R-E입니다.

교사: 민지야, 잘했어. 너는 찬호가 사용한 문장의 의미까지 살렸구나. (교사는 잠시 후 창문으로 걸어간다.) 찬호야, 최 선생님 반은 야구를 잘 못하니? 그러면 다음 주 반 대항 시합에서 우리 반이 이길 수 있겠구나.

요약

Summing up

교수와 학습의 범주

1. 학습을 두 개의 유형으로 광범위하게 분류할 수 있는데 사실, 규칙, 행동절차 등은 제1유형이고 개념, 패턴, 추상화는 제2유형이다.
2. 제1유형의 결과는 인지적, 정의적, 심동적 영역에서 복잡성의 정도가 낮은 행동을 일컫는다. 반면에 제2유형의 결과는 인지적, 정의적, 심동적 영역에서 복잡성의 정도가 높은 행동을 일컫는다.
3. 제1유형의 수업활동에서는 지식과 이해에서의 사실과 규칙을 관찰, 암기, 연습에 의하여 배울 수 있는 행동의 절차와 연결시키기를 요구한다. 그러므로 제1유형의 학습결과는 암기와 연습에 의해 '정답' 을 아는 것이다.
4. 제2유형의 수업활동에서는 사실, 규칙, 절차를 넘어서 학습자들이 따라하거나 암기하기 힘든 창조, 종합, 확인, 인식하기 등의 활동을 돕는다. 그러므로 제2유형의 학습결과는 여러 개의 '정답' 을 포함할 수 있다.
5. 사실, 개념, 행동절차를 가르칠 때는 지식의 습득을 강조한다. 그리고 개념, 패턴, 추상화를 가르칠 때는 개념학습, 탐구, 문제해결 방법을 강조한다.
6. 사실, 규칙, 행동절차를 가르치는 것을 가장 효과적으로 성취하려면 직접수업법 모델의 과정을 적용해야 한다. 직접수업법은 교사-중심 전략으로 수업은 대개 설명할 때 말을 많이 해야 할 뿐만 아니라 질의응답, 복습과 연습, 잘못의 신속한 수정 등을 포함한다.

직접수업 전략의 소개

7. 직접수업법의 특징은 일제학습(소집단 학

습의 상대어), 교사의 발문 조직, 상세하고 충분한 연습 기회 제공(컴퓨터 소프트웨어로 보완할 수 있는), 학습자가 제시된 자료에서 하나의 새로운 사실, 규칙, 절차를 배우고 나서 다음 단계로 나아감, 암기와 연습이 최대한 이루어질 수 있도록 자리를 배치함 등이다.

8. 직접수업법은 수업의 목적이 교과서나 문제집으로부터는 쉽사리 구할 수 없는 정보를 전달하는 것일 때, 학생들의 흥미를 불러일으키고자 할 때, 그리고 가르치는 내용이 이어지는 학습에 대한 과제-관련 선수지식일 때 가장 적합하다.

전일 학습내용의 일일 복습 및 점검

9. 일일 복습 및 점검을 위한 기법은 다음을 포함한다.
   - 특별히 어려웠던 과제는 질의 응답을 통해서 확인한다.
   - 전제 학급의 대표성을 가진 학생들을 표집하여 이해도를 측정한다.
   - 그 날의 수업을 위해 필요한 과제-관련 정보를 공개적으로 복습한다.

제시와 구조화

10. 새로운 내용을 제시하고 구조화하는 기법은 다음을 포함한다.
   - 부분-전체 관계 설정하기
   - 계열적 관계 확인하기
   - 조합적 관계 발견하기
   - 비교 관계 도출하기

안내된 학생 연습

11. 학생의 연습을 안내하는 기법은 다음을 포함한다.
   - 학생들이 개별적으로 반응하도록 한 다음에 한 사람씩 도와준다.
   - 학생들이 손을 들어 반응하도록 한다.
   - 질문을 미리 준비하고, 학생을 임의로 선정하여 물어 본다.

피드백과 교정

12. 피드백과 교정을 적절하게 하려면 다음의 답에 대응하는 방법을 아는 것이다: (1) 정확하며 신속하고 확고함, (2) 정확하지만 주저함, (3) 부주의하여 부정확함, (4) 아는 것이 없어서 부정확함.
13. 학생들이 답을 정확하고 신속하며 확고하게 할 때에는 정답에 감사를 표하며 그 학생들에게 다른 질문을 하거나 다른 학생에게로 넘어갈 수 있다.
14. 정확하지만 주저하면서 대답하는 경우에는 강화하는 말을 해 준 다음, 올바른 답을 구하는 데 필요한 사실, 규칙, 절차에 대하여 신속하게 다시 설명해 준다.
15. 부주의하여 부정확한 반응의 경우에는 그 대답이 부정확함을 지적해 주고, 추가적인 발언을 하지 않은 채 신속하게 다음 학생에게 질문한다.
16. 부주의해서가 아니라 몰라서 부정확하게 대답한 때는 학생들이 정답을 발견할 수 있도록 힌트, 탐문하기, 또는 자극을 마련해 준다.
17. 대부분의 지식 습득 수업에서 수업의 연속적인 단계들은 충분히 작게 조직되어 학생들의 60~80%가량이 연습과 피드백 시간에 정답을 말할 수 있어야 한다.
18. 학생들의 80% 가량이 정답을 말할 때까지

는 복습하기, 다시 설명하기, 독려하기가 효과적이며, 그 이후에는 교정을 더욱 간단하게 하거나 개별화된 학습자료를 제공해야만 한다.

개별 연습

19. 개별적으로 연습할 수 있는 기회를 마련하여 학습자들이 사실과 규칙을 실생활과의 공통점이 많은 행동계열 속으로 연결시킬 수 있게 한다. 개별적 연습 시간은 학습 직후에 제공한다.

주간 및 월간 복습

20. 수업의 속도를 조절하여 주간과 월간 복습 시에는 학생들의 95%가 정확하고, 신속하며, 확고한 대답을 할 수 있게 한다.
21. 독자적인 연습과 숙제를 이용하여, 안내된 연습과 피드백에서 약 60~80%이던 정답률을 주간 및 월간 복습 시에는 95%로 높여야 한다.

문화적으로 반응하는 직접수업법

22. 문화적으로 다양한 학급에서 학생들을 참여시키려면, 독특한 반응을 수용하고, 경쟁심을 줄이며, 동료 간의 대화를 독려하고 관심과 보살핌의 느낌을 전달해야 한다.

토의 및 연습문제 *Discussion and Practice Questions*

1. 제1유형과 제2유형과 관련된 학습의 결과는 무엇인가? 각 유형은 인지적 영역의 어느 수준의 행동을 의미하는가?
2. 어느 유형의 학습결과가 지식 습득을 강조하는 수업전략에 의해서 유도되는가? 어느 유형의 학습결과가 탐구와 문제해결을 강조하는 수업전략에 의해서 유도되는가?
3. 직접수업법 모형에 대하여 설명하고자 한다면, 어떤 특성을 포함할 것인가?
4. 직접수업법에서 기대되는 학습결과를 설명하는 인지적, 정의적, 심동적 영역에서의 행동 동사의 예를 들어 보시오. 어떠한 학습결과를 성취하기가 가장 어렵다고 생각하는가?
5. 어떤 수업목표가 직접수업법을 적용하기에 가장 적절한가? 그런 목표 가운데 이 장에서 언급되지 않은 수업목표가 있는가?
6. 무평가적인 환경 속에서 학생들에게 안내된 연습을 제공하는 것이 학습이 일어나게 하는 데 중요한 이유를 설명하시오. 교사가 내키지 않아 하는 학생들을 독려하여 조악 한 반응이라도 하게 하려면 어떻게 하는 것이 좋은가?
7. 초등학교 2학년 학생들이 "5 더하기 3은 얼마인가?"라는 물음에 다음과 같이 대답했다.
   민수: 8인 것 같은데.
   수진: 9입니다.
   경희: 53입니다.
   지철: 8입니다.
   각 학생들이 정답을 말하거나 좀 더 확신을 가지고 말할 수 있도록 적절하게 독려하는 대화를 구성해 보시오.

8. 고등학교 1학년 학생들이 "남북전쟁의 원인은 무엇인가?"라는 물음에 다음과 같이 대답했다.

   준수: 남쪽 사람들이 북쪽의 영토를 갖고 싶어했다.

   옥경: 종교적인 박해 때문이라고 책에서 읽은 기억이 난다.

   연호: 음, 생각해 보자. 아마 노예와 관련이 있다.

   정혜: 남쪽의 경제사정 때문이다.

   각 학생들이 정답을 말하거나 좀 더 확신을 가지고 말할 수 있도록 적절하게 독려하는 대화를 구성해 보시오.

9. 연습과 피드백 시기에 학생들의 정답률은 약 몇 %에 이르러야 하는가? 만약에 학생들의 30%만이 정답을 말할 수 있다면 교수방법을 어떻게 변화시키겠는가?

10. 독자적인 연습의 주요 목적은 무엇인가? 하나의 단원을 선택하여 이러한 목적을 달성하기 위하여 어떻게 독자적인 연습을 제공할 것인지를 설명하시오. 연습할 시간과 기회가 더 많이 주어진다면 독자적인 연습 기회를 어떻게 다양화할 계획인가?

11. 학생들이 독자적으로 연습을 하는 동안 교실을 돌아다니면서 학생들을 관찰할 때 그 시간을 효과적으로 사용하려면 어떻게 해야 하는가?

12. 주간과 월간 복습 시간에 학생들 반응의 몇 퍼센트 정도가 정확하고 신속하며 확고한 답을 할 수 있어야 하는가? 여러분은 몇 퍼센트 정도가 되면 수업방법을 변화시킬 생각을 하겠는가?

8

이 장을 마치면 여러분은 다음 질문에 답할 수 있을 것이다.

1. 개념학습이란 무엇인가?
2. 탐구학습이란 무엇인가?
3. 문제중심학습이란 무엇인가?
4. 구성주의자들의 수업전략은 어떠한가?
5. 문화적인 배경이 다양한 학급에서 개념학습, 탐구, 문제해결의 목표를 촉진하는 방법은 무엇인가?

간접수업 전략

이미 제7장에서 사실, 규칙, 행동절차를 가르치기 위한 직접수업법을 소개한 바 있다. 이제부터 우리들은 개념, 탐구, 문제해결을 가르치기 위해 간접수업 모형을 고려할 것이다.

옛 속담에 "들은 것은 잊어버린다. 본 것은 기억한다. 참여한 것은 이해한다."라는 말이 있다. 개념, 탐구, 문제해결을 가르칠 때 서로 다른 형태의 간접수업 전략을 제공하는데, 이 수업전략은 학생들이 새로운 지식을 구성하는 동안 문제와 쟁점의 해결책을 찾는 데 적극적으로 참여하게 한다. 간접수업법은 (1) 학습과정이 탐구활동이며, (2) 그 내용이 개념을 포함하고 있으며, (3) 학습상황이 문제 자체인 교수학습 방법이다.

이러한 세 가지 아이디어는 간접수업법 모형에서 특별한 방식으로 결합되어 있다. 이 장에서는 교사들이 간접수업법을 구성하기 위해 사용할 수 있는 수업전략을 제공한다. 이 수업전략에서 교사들은 학생들에게 배우는 데 적극적으로 참여하고 실세계의 문제를 해결하기 위하여 새로운 지식을 활용한 즐거운 경험을 나누도록 요구한다.
두 교실을 살펴보자. 한 교실에서는 최진욱 교사가 직접수업법으로 수업을 한다. 그리고 다른 교실에서는 똑같은 수업을 김가영 교사가 간접수업법 모형으로 수업을 한다.

아래에 예시되는 수업은 4학년 2학기에 최진욱 교사가 담당한 학급에서 가르친 분수단원이다. 그 해 1학기의 3개월 동안 모든 4학년 학생들은 수와 수 이론의 개념에 대하여 배웠다. 그들이 배운 내용은 홀수, 짝수, 양수, 음수 등이다. 4학년 학생들은 모두 배수, 약수, 그리고 10진법과 같은 수리적 개념에 익숙해 있다.

이날 우리는 최진욱 교사의 수업을 참관했다. 그는 크기가 같은 분수를 다양한 방식으로 전개하고 있는 수업을 하였다. 지난 네 번의 수업 동안, 학생들은 양을 나타내는 분수를 공부했고, 실제로 1/2과 2/4처럼 보기에는 다른 분수가 어떻게 같은 양을 나타내는지를 배웠다. 이번 차시의 수업은 이 아이디어를 강화시키려는 의도로 계획되었다.

최진욱 교사는 수업을 시작하면서 이전에 배운 내용을 빠르게 복습해 주었다. 그는 OHP를 사용하여 전체를 다양한 분수로 나타내기 위해, 둥그런 파이와 빵조각 같은 실물 사진을 보여 준다. 사진이 제시될 때마다 학생들은 거기에 해당되는 분수를 큰 소리로 읽는다.

그러고 나서 교사가 나누어지지 않은 물체가 그려진 도표를 제시하면 몇몇 학생들이 나와서 그것들을 직접 이등분, 삼등분, 사등분을 한다. 다른 학생들은 워크북을 사용하여 동일한 작업을 해 나간다. 학생들은 실제 수행한 내용에 대하여 그때마다 즉각적인 피드백을 받는다.

그 다음, 교사는 학생들에게 책상 위에 연필만 남겨 두고 모든 것을 치우게 하고 아이들의 주의를 칠판에 걸려 있는 크고 밝은 색깔의 차트로 집중시킨다(이 차트가 〈그림 8.1〉이다).

최진욱 교사는 학생들에게 똑같이 복사된 차트를 나눠 준다. 그런 다음 그는 분모를 100으로 놓았을 때 각각에 해당하는 것을 분자에 채우도록 설명한다. 그러면 학생들은 세 번째 칸에 그 분수와 동등한 크기를 나타내는 소수를 적는다.

최진욱 교사는 먼저 이 문제를 푸는 방법을 시범으로 보여 준다. 그리고 (이미 학생들이 배운 것을 환기시키면서) 값이 1이 되는 분수를 원래 분수에 곱해서 이와 동등한 분수를 만드는 법을 실제적으로 보여 준다. 그는 학생들이 분수 개념을 파악하고 차트 위에 그 사례를 적을 수 있도록 그 예를 여러 번 확실하게 들어 준다.

그런 다음 그는 여러 학생들을 교탁 앞으로 불러내어 더 많은 예를 들어 보게 한다. 최진욱 교사는 많은 학생들에게 다른 급우들이 들을 수 있도록 문제를 다루고 푸는 법을 설명하도록 시킨다. 그는 학급의 나머지 다른 학생들이 책상 위에 펼쳐져 있는 차트를 잘 채우고 있는지 점검한다.

최종적으로, 그는 학생들을 소집단으로 나눈 다음 차트의 나머지를 채우도록 한다. 그는 각 집단이 차트를 끝내면 곧바로 그들의 답안을 점검하여 피드백을 제

그림 8.1 최진욱 교사의 분수 지도 도표

$\frac{1}{4} \times \frac{25}{25}$	$\frac{25}{100}$	.25
$\frac{1}{2} \times \frac{\ }{50}$	$\frac{\ }{100}$	.
$\frac{1}{5} \times$	$\frac{\ }{100}$	.
$\frac{2}{5}$	$\frac{\ }{100}$	.
$\frac{3}{4}$	$\frac{\ }{100}$	.
$\frac{5}{4}$	$\frac{\ }{100}$	.
$\frac{3}{2}$	$\frac{\ }{100}$	.

공한다. 학생들이 이 일에 열심히 참여할 때, 최진욱 교사는 각 집단을 돌아다니면서 확인 · 점검, 교정 및 피드백을 제공하며 필요에 따라서는 칭찬을 해 준다.

최진욱 교사는 다음과 같은 것을 수업에서 보여 주기 위하여 이를 고안한 것이다. 실제 다르게 표현된 분수도 소수로 표현하면 같을 수 있다는 점과, 소수와 분수의 관계를 드러내 주기 위하여, 그리고 이를 토대로 다음 수업에서 돈(dollars), 소수 및 분수의 관계를 가르치는 기초자료로 활용하기 위해서였다.

최진욱 교사의 옆반 교실에서는 김가영 교사가 똑같은 단원을 가르치고 있다.

수업이 시작되자, 김가영 교사는 희정이에게 어제 배운 분수에 대해 말해 보라 한다. 그러자 그 애는 이렇게 말한다: "1/2과 같은 분수는 숫자가 아니에요. 왜냐하면 그것은 수직선 위에 있지 않기 때문이에요." 그러면서 Denisha는 칠판 꼭대기에 걸려 있는 수직선을 지적하면서, "자, 여러분, 이 수직선에 1/2은 없어요. 보는 바와 같이 1, 2, 3, 4가 있을 뿐이에요."

"자, 여러분, 희정이가 말한 것을 생각해 볼까요? 내가 여러분에게 문제를 하나 낼 테니 그것을 탐구해 보고, 분수가 숫자인지 아닌지를 결론 내려보세요." 교사는 모든 학생들이 볼 수 있도록 다음 문제를 OHP 위에 올려 놓는다.

> 한 아이가 동네 슈퍼에서 산 빵 네 덩어리를 가지고 있어요. 그 아이는 여덟 명의 친구들에게 빵을 똑같이 나누어 주려고 합니다. 한 친구에게 얼마의 빵을 나누어 주어야 할까요?

김가영 교사는 OHP 판 위에 빵 네 조각을 그린다. 그러면 아이들은 5명씩 6개 조로 편성되어 공책에 그것을 그림으로 그린다. 교사는 교실 안을 돌아다니기도 하고 때론 다음과 같은 질문으로 각 소집단을 자극하기도 한다: "각각의 아이들이 빵을 얼마만큼 가질 수 있을까요?"

그들 중에 한 아이가 말문을 열었다: "할 수 없어요!" "빵이 좀 부족해요." "빵 한 덩어리는 몇 개의 조각이죠?" 10분 뒤에 김가영 교사는 이렇게 묻는다: "시간을 더 주면 해결할 수 있겠니?" "몇 명이나 토의할 준비가 되어 있니?"

몇몇 아이가 손을 든다. 나머지는 바삐 그림을 그리고 있고 빵 조각을 다시 그려 보고, 빵을 나누는 선을 그려 보기도 한다. 다시 몇 분이 흐르자, 김가영 교사는 이렇게 말한다: "자 그럼, 누가 이 문제를 풀어 볼래?"

영수가 손을 번쩍 들고, OHP가 있는 데로 걸어 나와서 자신의 답을 그림으로 그린다. "맞는지 모르겠어요." 그는 머뭇거린다. 프랑크는 빵 네 조각을 그리고 각 빵을 여덟 조각으로 나눈다(〈그림 8.2〉 영수의 그림 참조). 그 애는 급우들을 쳐다보며 이렇게 말한다: "각각의 아이들이 네 조각을 얻겠는데." 그러자 미정이가 반박한다: "그게 아니야." "애들은 각각 두 조각을 갖게 될 거야. 자, 잘 봐." 그러면서 미정이는 OHP에 다가가서 빵 네 덩이를 그린 다음 각 빵을 네 조각으로 나눈다(〈그림 8.3〉 미정이의 그림 참조). 그러고 나서 영수가 나눈 것과 같은 양을 가리키면서 "각 친구들이 두 조각을 갖게 될거야."라고 주장한다.

"그렇다면 친구들에게 빵을 반 덩어리씩 주면 안 될까?"라고 호영이가 묻는다.

그림 8.2 영수의 식빵 그림

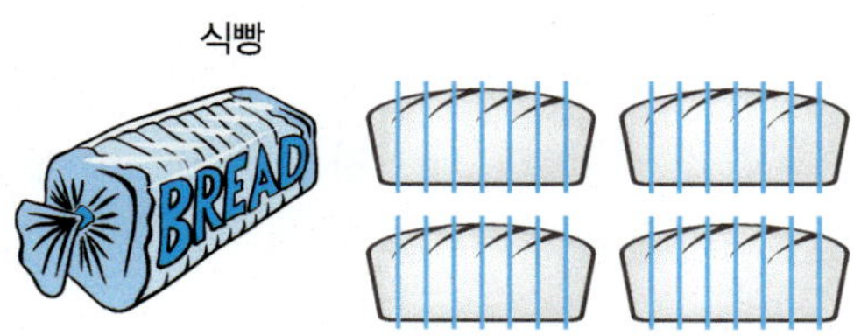

그림 8.3 미정이의 식빵 그림

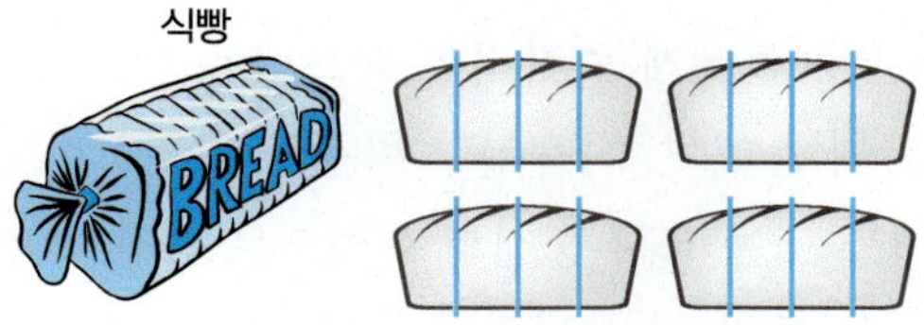

"그럼, 여기 와서 네가 해결한 것을 그림으로 그려 볼래?" 라고 김가영 교사가 말한다. 그러자 호영이가 OHP로 가서 아이들에게 그의 제안을 설명해 보인다. 김가영 교사가 다시 묻는다: "각 학생들이 갖게 되는 양을 수로 써 볼래?" 그러자 호영이가 칠판 위에 '1/2' 이라는 수를 쓴다.

"그런데, 호영이와 미정이의 빵 조각들은 제가 자른 빵 조각들보다 크네요." 라고 영수가 항변한다.

그러자 김가영 교사가 다시 묻는다: "영수, 여덟 명의 친구가 얻게 되는 빵 조각의 양을 수로 한 번 써 볼래? 호영이의 것은 1/2이다. 호영이가 나눈 빵 한 조각의 양은 얼마일까?" 라고 교사가 아이들에게 질문한다.

"1/8" 이라고 주호가 제안한다.

김가영 교사는 "그걸 한 번 써 볼래?" 라고 말한다. 주호가 OHP에 와서 영수가 그린 것 바로 옆에 1/8을 써 놓는다.

아이들이 그들 나름대로 해결한 답을 열거해 놓자 김가영 교사는 OHP 위에 표시된 각각 다른 양과 분수를 지적하면서 다음과 같이 묻는다. "자, 그런데 문제 하나를 푸는 데 어떻게 이렇게 세 가지의 다른 답이 나올 수 있을까? 그 세 가지는 1/2, 2/4, 4/8이다."

몇 초간의 침묵이 흐른 뒤에, 여러 학생들이 손을 들고, 차례로 아이들은 외관상의 불일치에 대한 설명을 늘어놓는다.

수업이 이렇게 결론을 내리지 못하고 흘러갔는데 5분 뒤에 수업 끝을 알리는 종소리가 들렸다. 김가영 교사는 수업을 정리해 주고 분수에 관한 다음 시간의 학습목표를 알려 준다.

이제 김가영 교사와 최진욱 교사의 수업을 비교해 보자. 두 교사의 목표는 다음과 같이 동일하다: 학생들이 분수의 양과 크기의 개념을 이해하도록 돕는 것. 그러나, 그들은 같은 목표를 달성하기 위하여 두 가지의 서로 다른 수업을 하고 있는 셈이다.

여기서 여러분은 직접수업법이 최진욱 교사의 수업에 상당히 영향을 주고 있음을 알았을 것이다. 그는 수업에서 실수를 최소화하는 방향으로 설계했다. 그리고 그의 수업활동은 학생들에게 즉각적인 피드백을 주어서 정확한 반응을 이끌어 낸다. 최진욱 교사에게 있어, 학습이란 학생들이 정확한 반응을 하게 하는 것이고, 이것은 교사-주도 또는 교사-중심의 수업으로 가장 잘 성취된다.

한편, 김가영 교사는 보다 더 간접적 수업 방식을 갖고 있다. 교사는 학생들의 정확하고 빠른 반응에 초점을 두기보다는 개념, 탐구, 문제해결 같은 학생들의 사고과정에 중심을 둔다. 그리고 학생들이 분수에 관하여 이미 정확하거나 부정확한 정보와 신념을 갖고 있음을 고려하고 있다.

김가영 교사는 학생들이 오개념에 노출되기를 원하고 그들 자신의 추론과정을 통하여 기존의 오개념에 대한 보다 정확한 지각을 획득하도록 이끈다. 그래서 김가영교사는 의식적으로 정답을 가르쳐 주기를 회피한다. 여기서 김가영 교사가 의도하는 목적은 학생들이 정확한 답을 이끌어낼 수 있도록 인지과정에 영향을 미침으로써 분수를 이해할 수 있도록 하는 데 있다. 자, 이제 김가영 교사의 수업계획과 관련된 인지적 과정을 들여다보자.

학습의 인지적 과정

인지심리학자들은 유의미한 학습이 일어나려면 세 가지 조건이 필요하다고 주장하는데 그것은 지각, 이용가능성, 활성화다(Anderson, 2005; Mayer, 1987, 2002). *지각*과 *이용가능성*의 상황이 형성되려면, 교사가 학생들에게 주어진 문제에 대하여 주의를 집중하도록 하여 그들에게 예상되는 체계(Hunter, 1982; Serdvukov & Ryan, 2007)나 **선행조직자**(Ausubell, 1968)라고 하는 내용을 의미 있게 제공해야 한다. 교사들은 탐구 과정을 모델링하거나 숙련된 발문기술을 사용함으로써 *활성화*의 조건을 만든다. 학습자가 더 많은 탐구와 문제해결 기술을 발전시켜 감에 따라, 교사는 점차 도움을 줄이고 학생들에게 학습에 대한 더 많은 책임을 부여한다.

이 같은 접근을 지지하는 학습과 수업이 **구성주의**의 이론이다. 구성주의자들의 수업은 교사에 의해 조직화된 형식에 학생들을 노출시켜서 의미를 이해하도록 하는 것이 아니라 학습자들이 그들의 경험을 활용하여 역동적으로 의미를 구성해 가도록 수업을 설계하고 계열화하여 자신들의 경험에 관한 의미를 파악하게 한다(Fosnot, 2005; Llewellyn, 2002; Richardson, 1991).

학생들은 자신의 경험에 대하여 성찰하면서, 그들이 믿는 바를 변경하며 이전에 배운 정보를 버리고 새로운 정보를 받아들이며, 질문하고 탐험하며 그들이 아는 내용을 평가할 것이다. 예를 들어, 사회를 공부하는 학급에서 학생들은 모둠을 만들어 공해와 관련된 문제에 대하여 토의하고 공해와 관련하여 어떤 일을 해야 하는지 의논한다. 교사는 학생들이 문제를 실질적으로 해결할 수 있는 방식으로 그들이 설정한 질문에 초점을 맞추도록 돕는다. 그래서 학생들이 공해와 관련된 자신의 최근 경험을 생각해 보도록 격려한다. 학생 한 명이 다양한 형태의 공해와 연결되면서 하나의 출처를 지적하는 개념을 언급하면, 교사는 전체 학생들에게 그 개념의 중요성을 강조하면서 탐구의 방향을 조절하게 한다. 그리고 학생들이 인터넷을 검색하여 자신들이 도출한 해결책에 대한 가설과 신뢰도를 증명하도록 독려한다. 나중에 학생들은 자신이 배운 내용과, 그들이 관찰 기록한 것과 자료들이 공해의 개념을 이해하는 데 어떻게 도움이 되었는지 발표한다.

이와 같은 예들을 통하여 구성주의자들은 지식이란 자신의 경험에서 개별적으로 구성한 실재라는 믿음을 견지한다. 여기에서 학습은 학습자가 관찰한 것을 혼자서 설명하기 위해 새로운 규칙과 가설을 이끌어 낼 때 일어난다. 이러한 새 규칙을 만들고 가설을 형성해야 하는 필요성은 학급 내의 대화, 문제-해결의 연습, 개인적 과제 해결 그리고 과거 지식과 새로운 관찰 내용 사이에 일어나는 불균형과 불일치를 보여 주는 과제를 제시함으로써 유도된다. 교사들은 직접 경험(Piaget, 1977; Stepian, 2002), 문제중심학습과 프로젝트 중심 학습(Boss, Krauss, & Conery, 2008; Markham, Mergendoller, Laarmer, & Ravitz, 2003), 그리고 균형을 복원시키기 위한 사회적 상호작용(Kumpulainen, 2001; Vygotsky, 1962)을 활용하는 반면에 강의와 설명은 자제한다. 〈표 8.1〉은 구성주의자들이 전통적인 학습에서의 수업과 다르게 가르치는 방법을 제시한다. 최근 읽기, 쓰기, 수학, 과학, 사회과 교육내용은 구성주의자들의 사고와 그러한 사고를 지지하는 간접수업 전략을 채택하고 있다(Chaille, 2007; Fosnot, 2005). 자, 그럼 구성주의자들의 사고를 반영하는 간접수업 전략을 살펴보자.

읽기

20세기의 여러 해 동안 읽기 교육과정은 독해, 혼합(blending), 계열화, 요지 찾기 등과 같은 독서 자체와는 동떨어진 것을 가르쳤다. 이런 기능은 항상 읽기의 기초자료로 사용하기 위해 쓰인 고안된 이야기로 연습했다. 구성주의자들에게 영향받은 현재의 읽기 교육과정은 보다 균형 잡힌 접근방법에 의해 기초적인 읽기 기능을 가르친다. 이를테면, 의미를 탐구하면서 문학작품을 읽는다. 이때 학습

표 8.1 구성주의 교실과 전통적 교실의 비교

전통적 교실	구성주의 교실
교육과정은 부분적인 개념들로부터 시작하여 전체적 개념으로 나아가며, 기본적인 기능을 강조한다.	교육과정은 큰 개념들에 강조점을 두고, 전체적 개념에서 시작하여 더 나아가 각 부분들을 포함한다.
수정된 교육과정을 엄격히 고수하는 것이 중요하다.	학생들의 질문과 관심을 유발시키는 것이 중요하다.
수업자료는 주로 교과서와 익힘책이다.	수업자료는 주로 손으로 조작하는 자료들이거나 정보의 근본적인 자료들이다.
복습이 중요하다.	학습은 학생들이 이미 알고 있는 것에 기반하여 의사소통하는 것이다.
교사는 학생들에게 정보 제공자이며, 학생들은 지식을 수용하는 입장이다.	교사는 학생들과 대화를 하며, 학생들이 그들의 지식을 잘 쌓을 수 있도록 도와주는 조력자의 입장이다.
교사는 권위자로서 지시를 한다.	교사의 역할은 이야기를 통해 상호작용하는 것이다.
평가의 목적은 학생들이 정확하게게 응답하도록 하는 것이다.	평가는 시험뿐만 아니라 학생들의 평소 과제들, 평소의 관찰, 관점들을 통해 이루어진다. 과정이 결과만큼 중요시된다.
지식은 부동적이다.	지식은 역동적이고 경험에 따라 바뀔 수도 있다.
학생들의 수행과제는 주로 각자 혼자서 수행한다.	학생들의 수행과제는 주로 그룹과 함께 수행한다.

출처: *Concept to Classroom: A Series of Workshops*. 2004 Educational Broadcasting Corporation. Available online at www.thirteen.org/edonline/concept2class/constructivism/index.html.

자들은 종종 소집단으로 활동하며, 서로 협력하여 독서하며, 광범위한 읽기 과제에 대하여 질문과 답변의 활동을 하기도 한다. 그러나 사실에 기초한 문제지 풀기는 여기서 강조되지 않는다.

쓰기

쓰기 수업의 구성주의적 접근은 문제해결 상황을 제시하여 학습자들로 하여금 의사소통의 중요성에 집중하도록 한다. 이것은 쓰기 기능을 별도로 연습하는 것이 아니라 학습자들이 실제 청중과 의미있게 아이디어를 소통하도록 요구하는 쓰기 활동을 하게 한다. 처음 쓰기를 시도할 때, 학습자들은 그들이 쓴 것을 누군가가 읽는다는 것을 알게 된다. 따라서, 그들이 쓴 내용은 반드시 이해할 수 있어야 한다. 그래서 쓰기 수업은 초고를 작성한 후에는 실제 세계에서 흔하게 보는 상황 속에서 개정하게 되는데 예를 들면, 기간의 연장, 자원에 대한 평가, 글을 읽은 동료들의 소감 등을 반영한다.

수학과 과학

이 장의 서두에서 김가영 교사가 수업하는 것을 제시한 것처럼 수학과 과학 수업에서의 실질적인 문제들(authentic problems)은 구성주의자의 접근에 초점을 둔다. 그러한 접근 속에서 우리는 불필요한 반복훈련이나 개인적인 수학이나 과학적 사실의 연습에 시간을 허비하지 않는다. 오히려, 학생들은 처음부터 바로 문제해결 또는 맥락의 적용을 배운다. 교사는 학습자들을 탐구, 예견, 추론, 그리고 맥락을 이끌어내는 데 적극 참여시킨다. 그리하여 사실은 수학적 기능과 전략 속에 통합되어 실생활에서 일어나는 실질적 문제에 적용될 수 있다. 6학년부터 고등학교 3학년까지 활용할 수 있는 수학과 과학의 실질적 문제들은 인터넷에서 찾을 수 있다. 실질적 문제들은 학생들이 실시간으로 문제해결을 다루고, 활동을 연관지으며, 다른 자원들과 관련시키도록 한다. 온라인에서 수학과 과학에 관한 구성주의의 교육과정 사례를 보려면 다음 사이트를 방문해 보자: www.internet4classrooms.com/math-gen.htm과 www.goEND.com.

사회과

사회과에서 구성주의적 접근은 제안된 토픽에 대해 학습자들이 풍부한 이해의 망을 습득하도록 돕는 것이 목적이다. Parker(1991)는 K-12 사회과 교육과정이 다섯 가지의 필수적인 요소에 초점을 두어야 한다고 주장한다: 민주적 이상, 문화적 다양성, 경제발전, 국제적 관점, 참여적 시민정신. 하나의 교육과정 내에서 이러한 주요 요소들의 결합은 다음과 같은 점을 촉진시키는 구성주의자들의 교수-학습 관점을 필요로 한다.

1. *심층 연구:* 제한된 수의 중요 토픽에 대한 세밀한 검토
2. *고차원적 도전:* 틀에 박힌 것이 아닌 상황에서, 학생들이 정보를 수집하고 활용하도록 하는 교육과정과 수업의 설계
3. *실제적 평가:* 학생들의 학교활동이 수행-지향성을 드러내도록 지도

위에서 설명한 교과들은 학생들이 교사가 가르친 수업내용을 외우고 있다기보다는 오히려 기능을 이해하여 지식을 구성한다고 가정한다(Sunal & Haas, 2007). 그러므로, 구성주의자들의 수업계획은 다음과 같은 특징을 갖는다.

1. 학생들이 해결할 문제형태로 수업활동을 제시한다.
2. 학생들의 관점과 경험으로부터 문제에 대한 학생들의 답을 개발하고 심화

그림 8.4 통합된 지식을 형성하기 위한 학년별 나선형 필수학습

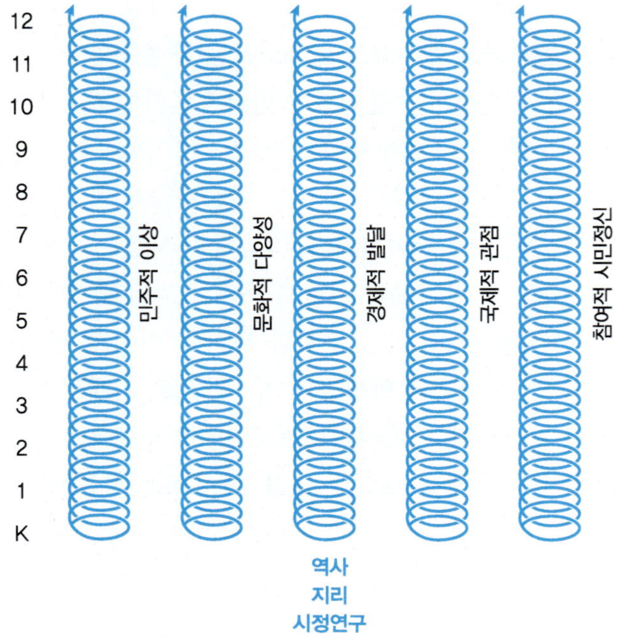

출처: From *Renewing the Social Studies Curriculum* (p. 2), by W. Parker, 1991. Alexandria, VA: ASCD. Copyright 1991 by ASCD. 허가를 받아 게재함.

한다.

3. 교사와 학생, 학생들 간의 상호작용을 격려하는 학습의 사회적 특성을 인정한다.

구성주의자 수업의 또 다른 목적은 **지식의 통합적 형태**를 제시하는 것이다. 통합단원과 통합수업은 〈그림 8.4〉에서 보여 주는 것처럼 상호 관련된 주제 사이의 아이디어나 논리적 합치성 사이의 연결을 강조하는데, 보통으로 교학문적이거나 수업주제를 통합하는 형태를 띤다(Roberts & Kellough, 2006; Ross, 2006; Wiggins & McTighe, 1998). 구성주의적 접근의 역할은 통합된 지식을 기를 수 있도록 학급 내에서 상호작용과 자연스러운 대화를 사용하는 실질적 문제를 제공한다. 자 그럼, 이것이 어떻게 간접수업 모형에서 사용되는지 보자.

직접수업과 간접수업의 비교

직접수업 전략이 사실, 규칙, 행동의 계열성을 가르치는 데 가장 적합하므로, 간

접수업 전략이 개념, 탐구, 문제해결을 가르치는 데 가장 적합하다는 것은 놀랄 것이 없다.

여러분이 학습자에게 내용, 자료, 대상 그리고 사태의 형태로 수업자극을 제공한 뒤 학생들에게 결론과 일반화를 이끌어 내거나, 관련성의 패턴을 발견하도록 요청한다면, 여러분은 간접수업 모형을 활용하게 된다. 이때 간접이란 간접적으로 행동을 습득하는 것으로, 이미 그들에게 제시된 '자극으로서의 학습자료'를 (1) 학습할 내용과 (2) 학생들이 이전에 제시한 응답과는 다른, 의미있는 반응으로 변형 또는 구성하는 것을 말한다. 학습자가 그들의 경험에 따라 내용을 첨가하고 그것을 더욱 의미 있게 다시 배열할 수 있기 때문에, 학습자들의 반응이나 행동은 수많은 다양한 형태로 도출된다. 직접수업 모형과 달리, 간접수업 모형에서는 단 하나의 유일한, 최상의 정답이란 존재하지 않는다. 그 대신에 학습자는 제시된 특수한 문제나 내용을 넘어서 응답하도록 안내된다.

여러분은 직접수업이 많은 사실, 규칙, 행동 계열성을 가르치는 데 효과적이지만 그것이 개념, 탐구, 문제해결을 가르치는 데에는 통용되지 않는다는 점을 의아해할 것이다. 그 이유는 바람직한 모든 수업결과가 가르치는 내용과 정확히 일치하는 반응을 요구하지 않는다는 점 때문이다. 직접수업은 (1) 가르치는 내용을 학생들이 기억할 수 있도록 제한하고, (2) 배우는 내용이 전체를 구성하는 자료가 되도록 제한하여 학습자들이 빠르고 자동적으로 반응할 수 있게 한다.

인지적, 정의적, 심동적 영역의 낮은 수준에서의 학습은 이와 같은 두 과정에 깊이 의존한다. 이 두 과정은 바람직한 반응(이를테면, "이 단어를 보고 말해 보세요.", "내가 소유격을 만드는 것을 보고 여러분은 다음 것을 소유격으로 고쳐 보세요.", "사용안내서를 읽고 현미경의 초점을 맞추어 보세요.")과 밀접하게 연관되는 내용에 의하여 행동으로 유도된다. 바람직한 반응은 제공된 내용을 초월할 필요가 없다. 학습자가 할 일은 단지 자극의 형태와 내용을 반영하는 반응을 산출하는 것이다. 많은 수업은 이러한 간단한 과정을 포함한다. 이 때문에, 직접수업 모형이 가장 효과적이고 효율적이다.

실제 세계의 활동은 흔히 인지적 영역에서는 분석, 종합, 의사결정 활동, 정의적 영역에서는 조직화, 성격화 활동, 그리고 심동적 영역에서는 명료화, 체득화 활동을 포함한다. 이것은 수업을 복잡하게 만든다, 왜냐하면 이러한 활동들은 복잡성이 덜한 내용을 학습하는 것과는 달리, 단순히 부분들을 기억하였다가 이를 다시 자동적이고 신속하게 전체로 결합함으로써 학습되는 것이 아니기 때문이다. 그 대신에, 학습자는 스스로 개인적인 경험과 과거에 배운 것을 활용하여 제시된 내용으로부터 의미를 추출하여 그 내용을 이해하면서 바람직한 행동들을 구성해야만 한다. 좀 더 복잡한 행동을 달성하려면 저차원의 행동이 필요하므로, 고차원적인 결과가 성취되려면 교사와 학생 양자가 더욱 많이 노력해야 한다. 여러분이 이 장에서 배운 대로, 고차원적인 행동을 가르친다는 것은 간접수업 모형을 나타내는 별도의 수업전략을 필요로 한다.

간접수업을 위한 수업전략

학습자들에게 더 고차원의 결과를 성취하도록 허용하는 전략을 기술하기 전에, 고차원의 결과를 필요로 하는 주제를 검토해 보자.

- 2차 방정식의 개념 (대수)
- 문화접변의 과정 (사회과)
- 접촉운동의 의미 (체육과)
- 협주곡 연주 (음악)
- 광합성의 설명 (생물)
- 에너지 보존법칙의 적용 (일반 과학)

이런 주제의 학습은 사실, 규칙, 행동 계열성이 필요한 것이 아니라 더 많은 것을 필요로 한다. 만일 교사가 수직선을 가르치면서 "정의는 이렇다." "사용하는 방법은 이렇다." 또는 "이런 순서를 따라라."라고 하면서 사실, 규칙, 행동 계열성을 소개한다고 가정하자. 학생들은 수직선의 이해를 필요로 하는 문제를 묶는다거나 수직선을 새로운 상황에서 활용하는 방법에 대한 개념을 결코 학습하지 못할 수 있다. 그 대신에, 학생들은 더 복잡한 인지과정을 활용해서 여러분이 제시한 내용에 관하여 첨가, 재배열, 정교화하는 것을 배워야 한다. 자, 그럼 이것이 이루어지는 절차를 살펴보자.

제7장(표 7.3)에 있는 제1유형과 제2유형 사이의 행동의 특이성을 회상해보자. 제1유형의 행동은 사실, 규칙, 계열화를 활용하여 개념, 패턴, 추상화를 형성함으로써 제2유형의 행동이 된다. 또한 이 장에서는 개념, 패턴, 추상화가 개념학습, 탐구, 문제해결 전략과 관련해서 가장 효율적인 지도방법임을 알 수 있다. 예컨대, 만약 학생들이 개구리의 개념을 배우려고 하면서, 그들이 개구리에 관한 사실, 규칙, 행동 계열화를 요구했던 동일한 방식으로 학습하려 했다면 어떤 것이 요구되었을지 주목해 보자.

첫째, 학생들은 가능한 개구리의 모든 사례(수백 개도 될 수 있는)를 기억해 놓아야 한다. 수백 개의 개구리 모습을 그들이 제공받은 동일한 형태로 기억하려고 노력하는 것은 곧바로 학습자들의 기억에 과중한 부담이 된다. 둘째, 많은 형태의 개구리를 기억한 후, 학습자들은 유사한 형태의 동물과 혼동할 수 있다. 왜냐하면 기억화 과정에 개구리만의 특성(예를 들면, 딱딱한 껍질, 건조한 피부, 색깔 변화, 꼬리)이 포함되지 않았기 때문이다.

만약 여러분의 수업에 일반화와 변별의 과정을 포함시킨다면 학생들이 이 두 문제를 극복할 수 있도록 도울 수 있다. **일반화**는 학생들로 하여금 서로 다른 자극에 대하여 유사한 반응을 하도록 도움으로써, 그것에 의하여 어떤 특수한 사실, 규칙, 계열성을 적용하는(예, 모든 형태의 개구리에 대하여) 사례의 범위를 확장시킨다. 덧붙여서, **변별**은 학생들의 기존 개념에 부합되는 듯하지만(예, 카멜레온) 핵심적인 측면에서는 서로 다른(예, 꼬리가 있다) 요소들을 제거함으로써 전체 범위를 선택적으로 제한한다.

일반화와 변별은 학생들로 하여금 핵심적 속성에 기초하여 시각적으로 다른 자극을 같은 범주 속으로 분류하도록 돕는다. 핵심적 속성은 자석과 같아서 모든 동일한 형태의 경우를 끌어당기면서도, 학습자들이 모든 가능한 사례를 기억하지 않아도 된다. 그리고 마치 하나의 개념(개구리)이 다른 개념과 결합하여 더 큰 형태(양서류)를 이루는 것처럼, 복잡성이 증가하는 패턴을 이룬다. 〈그림 8.5〉에서는 과학 교육과정(예를 들어, 기본물질)에서 구체적인 사실, 규칙, 계열성이 고차원의 결과(예를 들어, 다세포 생물체와 생명체의 이해)를 성취하기 하기 위해서는 점차적으로 더욱 추상적인 개념 및 패턴(예를 들어, 세포 형태, 생물 기능, 단세포 생물)과 결합되어야 함을 보여 준다. 수업과 단원의 목표가 점점 위로 올라갈수록 직접적인 교수모형에서 벗어나 간접적인 교수모형으로 지도해야 한다.

교사로서의 여러분의 역할과 여러분이 조직해서 제공하는 자극자료는 개념, 패턴, 추상화의 학습을 위하여 차별화되어야 할 필요가 있다. 고차원적인 행동의 복잡성을 학습하기 위해서는, 자극자료가 학습할 개념에 관련된 모든 사례를 포함할 수는 없다. 그렇지만, 그것은 가장 중요한 차원, 즉 핵심적인 속성들을 구별하는 데 필요한 적절한 연상 또는 일반화는 제공해야 한다.

간접수업 모형은 개념을 형성하기 위하여, 그리고 개념을 더 큰 패턴이나 추상화와 결합시키기 위하여 필요한 인지적 과정을 고무하는 수업전략을 활용한다. 〈그림 8.4〉는 교사가 이 모형을 활용하면서 수행된 간접수업의 여러 전략들을 예시해 준다.

여러분은 간접수업이 직접수업보다 훨씬 복잡함을 〈그림 8.6〉을 통해서 알 수 있다. 수업활동은 교사-중심적인 측면이 덜하다. 이것은 학생들의 아이디어와 경험을 수업 속으로 이끌어내며, 그들의 반응을 스스로 평가하도록 한다. 이와 같

그림 8.5 과학 교육과정에서 수업단위를 나타내는 추상의 위계

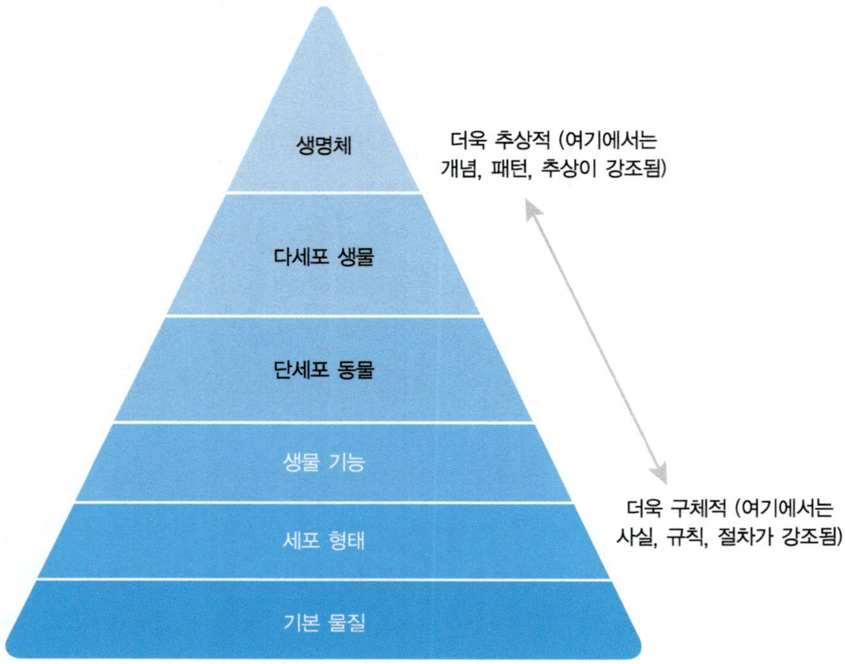

은 결과들은 매우 복잡하기 때문에, 교사가 가르치는 전략 또한 상당히 다양하다. 이러한 결과를 도출하기 위해서는 확장된 형태의 추론과 발문이 필요하다.

간접수업 전략은 〈그림 8.4〉와 같이 작동하며 이를 구성하는 교수 행위는 학습에 대한 적극적인 학생의 태도와 높은 상관을 갖는 교수 기능과 연결된다(Fielding, Kameenui, & Gerstein, 1983). 이것들은 또한 학생들이, 상급학년이 되거나 학교 밖에서, 그리고 성인이 되었을 때 그들의 삶 속에서 활용하게 될 행동을 제공하기에 가장 유용할 거라고 생각되는 교수 기능이다(Borich & Tombari, 2004; Tombari & Borich, 1999; Williams, 2003).

간접수업의 사례

이제 간접수업 전략을 사용하는 교사의 교실수업을 관찰해 보자. 다음 대화는 이전에 가르침을 받은 어떤 사실, 규칙, 계열성을 나타내고 있다. 그러나 궁극적인 목표는 개념의 학습과 탐구와 문제해결의 가르침이다. 여러분이 읽어 가면서, 굵은 고딕체로 강조된 〈그림 8.6〉의 간접수업 전략을 주목해 보자.

그림 8.6 간접수업 전략

1. 내용 조직: 학생들에게 학습의 '실마리'로 작용하는 선행조직자 제공
   - 키 포인트 예시
   - 가장 생산적인 측면의 학습에 초점
2. 개념적 운동: 귀납과 연역 활용
   - 일반적 개념과 패턴을 만드는 사태 선택 (귀납법)
   - 특수한 사태에 적용하는 원리나 일반화 (연역법)
3. 사례와 반사례
   - 정확한 일반화를 가져오는 핵심적 속성 소개
   - 일련의 사례를 점차적으로 확장
   - 비핵심적 속성을 활용한 변별의 고양
4. 발문: 다음과 같은 유도 발문
   - 탐색 그리고 발견 과정의 안내
   - 모순 제시
   - 더 깊은 이해 탐색
   - 논의의 새 방향성 제시
   - 학생에게 학습 책임성 부과
5. 학습자의 경험(학생들의 아이디어 활용): 다음과 같은 점을 학생들에게 고무시킴
   - 학생 자신의 경험을 참고자료로 활용
   - 사례를 활용하여 명료화를 추구
   - 대비와 연관성 도출
6. 학생의 자기평가
   - 학생들에게 자신의 반응의 적절성의 평가 요구
   - 부적절한 반응에 주의를 환기시키는 단서, 질문, 암시 제공
7. 논의: 학생들에게 다음과 같은 점을 격려하는 학급 대화
   - 대안 검토
   - 해결책들을 판단
   - 예측 활동
   - 비판적 사고를 촉진하는 일반화 발견

이 대화는 다양한 경제 체제에 관한 수업이 진행 중인 정부조직(government class)에 대하여 개관하는 것이다. 교사는 세계의 어떤 통치체제가 큰 변혁을 겪고 있는지를 아는 학생이 누구인지를 질문함으로써 학생들의 주의를 환기시킨다. 이때 병수가 손을 든다.

교사: 병수?

병수: 전 그것이 공산주의라고 생각해요. 왜냐하면 소련연방이 무너졌고, 러시아가 민주개혁을 이루어냈기 때문이죠.

교사: 맞아. 지속적인 변화의 과정을 겪고 있는 중동지방의 몇 국가에서도

다르지 않아. 그리고 이러한 변화가 아마 수년간 계속 우리들의 삶에 영향을 미치기 때문에, 어떤 다른 형태의 정부가 있는지, 그리고 어떤 사람들은 왜 그 정부 아래서 살려고 하거나 살지 않으려고 하는지를 알아보는 것은 좋은 아이디어가 될 거야. 자, "국민의, 국민에 의한, 국민을 위한 정부"라는 문구가 어디서 유래하는지 아는 사람? (주희가 손을 번쩍 든다.) 주희?

주희: 링컨의 게티스버그 연설이죠. 거의 마지막 부분에 나와요.

교사: 맞아. 대부분의 국가들은 이와 유사한 문구를 사용하여 법, 관습, 경제에 기반한 기본원리를 표현하고 있어요. 오늘 우리는 국가가 그 경제체제를 안내하고 운용하는 세 가지 체제를 공부할 거예요. 즉 우리가 공부할 세 체제는 자본주의, 사회주의, 공산주의다. 그것들은 흔히 정치체제와 연관되어 있어서 서로 혼동되지요. 정치체제는 국가의 경제체제에 영향을 줄 뿐만 아니라 많은 생활 영역에서 개인의 행위에도 영향을 줘요. 이를테면, 학교에서 가르치는 내용, 교회와 정부 사이의 관계, 국민이 어떻게 정치가를 선출할까, 그리고 어떤 신문이 발행되는 가와 같은 것들이겠지. **(내용조직)**

예를 들어, 미국에서 우리들은 자본주의 원리—또는 개인의 재산 소유권—에 기초한 경제체제를 갖고 있지만, 민주주의 원리—또는 국민에 의한 통치—에 기초한 정치체제를 갖지요. 이 두 가지 원리는 동일한 것이 아니며, 앞으로 며칠 동안 우리는 어떻게 그것들이 조화를 이루고 때로는 오늘날 이전 공산주의 경제에서도 일어났던 것처럼 경제체제 내에 변화를 필요로 하는 모순을 낳게 되는지를 알아보게 될 거예요. **(내용조직)**

오늘은 많은 국가에서 상품과 용역의 개인 소유권을 취급하는 체제, 즉 경제체제만을 다룰 거예요. 나중에 나는 여러분들에게 이것과 정치체제 사이의 차이점을 묻게 될 것이다. 먼저 자본주의가 무엇을 의미하는지 말할 사람 있니? **(발문)**

민철: 그것은 돈 버는 것을 말해요.

교사: 그 밖에 또 무엇이 있을까, 민철?

민철: 토지 소유요. 제가 생각하기에.

교사: 토지뿐만 아니라 또 …… **(심도 있는 이해의 탐색)**

민철: 어떤 것을 소유하는 것입니다.

교사: 자본이란 단어는 만질 수 있는 상품 또는 소유물을 의미한다. 집을 만

질 수 있을까? **(개념학습: 연역법)**

효림: 그렇습니다.

교사: 우정은 어떠니?

효림: 만질 수 있습니다.

교사: 민주는 어떻게 생각하니? **(학생에게 자기평가 요청)**

민주: 전 그렇게 생각하지 않아요.

교사: 왜?

민주: 그것은 만질 수 없으니까요.

교사: 맞아. 여러분은 친구는 만질 수 있지만 우정은 만질 수 없지. 게다가, 여러분은 사람을 소유할 수도 없어. 그렇다면 만질 수 있는 상품에 대한 올바른 정의는 무얼까?

효림: 그것은 우리가 소유하며 만질 수 있고 볼 수 있는 것이죠.

교사: 그렇지. 칠판에 물품의 목록을 만들어 볼까? 여러분은 그것들 중 어느 것을 자본이라고 부를 수 있는지 말해 보세요. (목록을 작성한다.) **(사례와 반사례)**

차

주식과 사채

지역

정보

의류

휴가

됐다. 누가 이것들 중에서 어느 것이 자본인지 말해 볼래? (리키가 손을 든다.) **(개념학습: 연역법)**

정무: 차와 의류 두 가지만 자본이라고 할 수 있어요.

희진: 난 주식과 사채를 추가해요. 그것들을 통채로 소유할 수는 없을지라도 그 일부는 가질 수 있어요.

교사: 그럼 그것을 볼 수 있거나 만질 수 있니? **(발문)**

희진: 예, 만일 여러분이 일부를 소유한 장소나 사물을 보러 간다면요.

교사: 좋아. 휴가는 어떨까? 그것은 좀 어렵지?

미란: 글쎄요, 그걸 가질 수 있어요. 나는 그것에 대하여 여러분이 돈을 지불할 수 있다고 생각해요, 그리고 여러분은 스스로 좋은 시간을 보내는 것도 볼 수 있어요. (아이들이 웃는다.)

교사: 그럴 수 있겠다. 그러면 자본의 정의에 대한 최종 조건을 붙여 보자.

그것을 소유해야 하고, 그것을 보거나 만질 수 있어야 하고, 그리고 그것이 *오랫동안 내구력*—또는 적어도 적절한 기간—을 가지고 있어야 한다. 그래서 지금, 우리가 *자본주의*를 어떻게 정의할 수 있을까? **(개념학습: 귀납법)**

은경: 경제체제는 자본을 소유하도록 허용하고 또는 자신이 소유할 상품으로서의 그것은 일정 기간 동안 내구력을 가지고 있어야 합니다. 그리고 제 생각으로는 원할 때 그것을 팔 수 있어야 해요.

교사: 아주 좋아. 전 세계의 많은 국가들이 이런 형태의 경제체제를 갖고 있지. 여러분이 어떤 생각을 하는지 보기 위해서, 누가 우리나라를 제외하고 만질 수 있는 상품의 소유를 허용하는 세 나라를 들어 볼래? **(학습자 경험)**

성우: 일본, 독일, 캐나다.

교사: 좋아. 이들 국가에서는 만질 수 있는 형태로서의 자본을 개인들이 소유할 수 있다.

이상의 대화는 간접수업 모형의 한 유형을 드러내 준다. 이 수업은 교사가 이미 조직된 형태로 학습내용을 제시하여 학생의 이해를 획득하기보다는 학생들을 격려하면서 학급 내의 대화가 자연스럽게 일어나도록 하여 이 주제와 관련된 자신들의 경험과 이전에 배운 학습경험을 살려 나간다. 이 수업은 학습자들이 교사의 안내하에서 또 다른 예측, 가설, 경험을 활용하여 주제를 집합적으로 이해할 것을 요구한다. 〈그림 8.6〉에는 간접수업에서 활용되는 몇 가지 교수전략을 요약해 놓았다.

내용 조직

직접수업과 간접수업의 대화를 비교해 보면, 어떤 차이가 있을까? 그것들은 분명히 복잡성에서 차이가 있다. 이것은 우연이 아니다. 왜냐하면 더 복잡한 행동을 가르치려면 더 많은 시간과 계획이 필요하기 때문이다. 고차원적 학습에 필요한 보다 포괄적인 계획은 간접수업에서 가장 간과된 면의 하나이다. 폭넓고 복잡한 내용을 가진 수업에서는 내용을 의미 있게 조직할 수 있는 구조 또는 뼈대가 소개되어야 한다. 이것은 간접수업을 설계—미리 내용을 조직하는 것—하기 위한 첫 번째 단계이다.

이런 뼈대를 학생들에게 제공하는 하나의 방식은 선행조직자를 활용하는 것이다(Ausubel, 1968; Glover & Corkill, 1990; Luiten, Ames, & Aerson, 1980; Woolfolk, 2010). 선행조직자는 학습자에게 배울 내용에 대한 *개념적 미리봄*을 제공하여 배울 내용을 저장, 표식, 패키지화하여 기억하거나 나중에 활용할 수 있게 해 준다. 어떤 의미에서, 선행조직자는 나무와 같은 구조를 가지고 있고 말뚝과 지키미의 역할을 하는 중요한 줄기들이 있어서 거기에서 가지가 자랄 수 있게 한다. 내용을 걸치는 줄기가 없다면, 중요한 특징들이 쉽게 퇴색되거나 사라져 버리게 된다.

위에서 인용한 예를 들면, 수업의 대화는 그 시간에 배울 내용에 관한 대략적인 소개로 시작했다. 그 단계를 설정하기 위하여, 교사는 두 개의 추상적 개념(경제체제와 정치체제)을 소개했고, 각각이 복잡한 개념 망(세금, 소유권, 상품, 용역 등)을 이루고 있다고 설명했다. 수업을 시작할 때, 교사는 일찍이 학생들에게 정치체제와 경제체제를 구분하는 것을 유의하게 했다("자본주의, 사회주의, 그리고 공산주의 …… 흔히 정치체제로 혼동하는"; "오늘 우리들은 단지 경제체제만을 포함시킬 것이다. 추후에 나는 여러분들에게 이것들을 정치체제와 구별하는 것을 물을 것이다.") 〈그림 8.7〉은 교사가 수업을 시작하는 데 사용할 수 있는 선행조직자를 그래픽 표현방식으로 나타낸 것이다.

특히 고차원적인 수준의 결과(적용, 분석, 통합, 평가)에서는 선행조직자가 단

그림 8.7 정부에 대한 단원을 위한 선행조직자

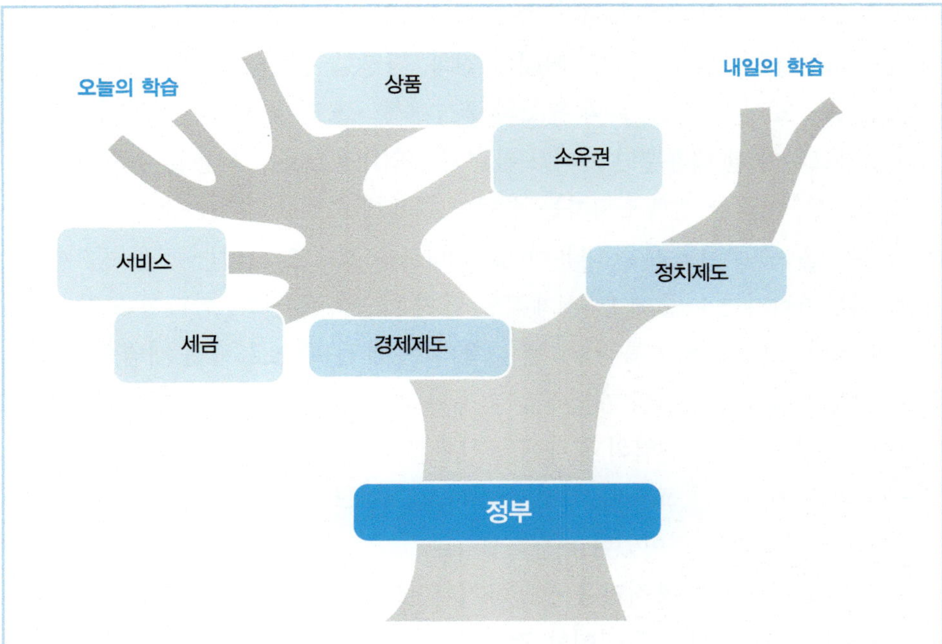

지 말로만 해도 학생들이 깨우칠 수 있는 단어나 구절이 아니다. 그 대신에, 그것은 수업이라는 직물로 짜여진 개념들로서 그날 배울 내용에 대한 윤곽을 제공하고 *나중에 제시되는 모든 주제들*을 관련시킨다. 선행조직자는 말로 할 수 있으며, 〈그림 8.7〉에서 보는 것처럼, 차트나 다이어그램으로 제시할 수도 있다. 다음은 선행조직자 활동의 예시이다.

- 동물의 형태 중 뼈대의 관련성을 설명하기 전에 인간 뼈대의 진화를 보여주는 차트의 제시(생물학)
- 정삼각형의 개념을 소개하기 전에 정, 등변, 이등변 삼각형 사례를 그림(평면 기하학)
- 남북전쟁에서의 주요 전투를 기술하기 전에 남북전쟁의 기원을 토의(미국역사)
- 은유와 직유의 개념을 소개하기 전에 수사적인 표현이 의미하는 바를 설명(영어)
- 모음의 소리를 가르치기 전에 모음과 자음의 사례를 청취(읽기)
- 개별 원소를 소개하기 전에 원소 주기율표의 기원에 대한 예시와 설명(화학)

위의 사례에서, 하루의 수업내용인 구체적 개념들이 그에 부합하는 일반개념 속에서 제시되는 점에 주목하자. 이것은 전에 배운 내용을 복습하는 것만으로는 성취될 수 없는데, 전에 배운 내용은 종종 선행조직자의 아이디어와 혼동되기도 한다. 선행조직자는 개념적 구조—뼈대의 진화, 다양한 형태의 삼각형, 남북전쟁의 기원, 수사적 표현, 알파벳, 화학 원소의 구성체제—를 만들어 내는 것인데, 이것은 우리가 가르쳐야 할 내용뿐만 아니라 관련된 수업내용으로도 사용할 수 있다.

그러므로, 이러한 선행조직자는 수업의 주제에 초점을 맞추는 기초작업을 한다. 그것들은 수업마다 배울 내용이 낯선 새로운 것으로 보이는 것을 방지한다. 결국, 선행조직자는 나중에 더 실제적인 단원 학습목표(진화, 삼각형 모양, 남북전쟁의 결정요인, 언어의 특징)가 될 더욱더 큰 패턴 속으로 관련 개념을 통합시킨다. 선행조직자는 수업의 계열성을 가져와 가장 고차원적인 수준의 행동을 명료화하고 나아가 당일 수업의 결과에 공헌할 것이다. 그 사례로, 이러한 고차원적인 수준의 수업목표는 교사가 미리 소개하고 그래프로 보여 주었던 경제체제와 정치체제를 구별하는 것이었다.

그러나 교사는 선행조직자를 선택하기 전에, 가르칠 내용을 어떻게 조직하고 구조화할 것인지 결정하고 싶어할 것이다. 이것을 위해서, 당신은 개념학습, 탐구학습, 문제중심접근 학습에 대해 고려하기를 원할 것이다.

개념학습

만약 수업의 목표가 개념학습이라면, 아마도 수업에서의 지시사항은 달라 보이는 자료, 정보, 물건 혹은 사건들을 묶어 기본적인 속성들을 강조하는 쪽으로 이루어질 것이다. 개념학습에서 학생들은 어떤 한 대상이나 사건에 대한 예시와 비예시를 봄으로써 개념을 배우는데, 이 예시들을 구분함으로써 학생들은 그 대상이나 사건이 가진 각 주요 속성들을 배우게 된다.

제7장에서 우리는 개구리와, 개구리와 비슷하지만 개구리가 아닌 것들(두꺼비, 거북이, 카멜레온 등)의 기본 속성에 대해 다이어그램을 그려 확인함으로써 수행된 개념학습과 발전된 조직자에 대한 한 사례를 보았다. 학습자가 개구리에 대한 사례 및 반사례와 관련해 더 많은 연습을 할수록, 그 학습자는 주요 속성들이 어떻게 탄탄하게 조합을 이루고 있는지를 깨닫게 되었다(예를 들면, 피부는 부드럽고 축축하다, 사마귀 모양이 아니고 건조하지 않다, 꼬리가 없다, 강한 뒷다리를 가졌다, 거친 숨소리를 낸다). 개념학습은 비슷한 항목들을 가진 공통점과 주어진 그룹이나 범주들 중 사례를 반사례와 구분하는 속성을 조사한다.

개념학습 수업의 절차는 다음 항목들을 포함한다. (1) 교사가 학생들에게 보여 주는 개념의 속성들이 필수적인 것인지 불필요한 것인지를 구분하는 것, (2) 대상의 불필요한 속성들과 필수 속성들을 구별할 수 있는 적절한 예시와 그렇지 못한 예시를 선정하는 것, 그리고 학생을 참여시키면서 (3) 개념을 규정할 수 있는 대상의 필수 속성들을 정의하는 활동을 수행하는 것이다.

다음은 개념학습 수업의 한 예이다: '10이 되는 계산' 이 수업을 위해 교사는 다음을 수행하였다.

- 개념 10에 대해 맞는 예와 틀린 예 두 가지 모두에 대한 목록을 작성한다. 그리고 그 예들을 카드에 적는다. (맞는 예, 6+4, 12−2, 10×1 등, 틀린 예, 7+2, 15−4, 2×4 등)
- 칠판에 '예' 와 '아니오' 라고 크게 둘로 나눠 써 놓는다.
- 우선 6+4가 적힌 카드를 보여 주고 '예' 라 적힌 곳에 그 카드를 놓는다. 다음으로 7+2가 적힌 카드를 보여 주고 '아니오' 가 적힌 곳에 그 카드를 놓는다. 맞는 예와 틀린 예의 카드로 바꿔 가며 이 과정을 몇 번 반복한다.
- 학생들에게 각 '예' 와 '아니오' 아래에 있는 카드의 예시들을 쳐다보라고

한 다음, 그 예시들이 어떻게 같고 어떻게 다른지 생각하게 한다.

- 10과 같은 카드와 아닌 카드들을 더 많이 소개해 주고, 이제 학생들에게 직접 이 카드를 '예' 에 놓아야 할지 '아니오' 에 놓아야 할지 고르라고 한다. 대부분의 학생들이 이 개념을 배울 때까지 반복하여 수행한다.
- 학생들에게 그들이 깨달은 10에 대한 필수적 속성을 반 학생들에게 발표하도록 시킨다.
- 학생들에게 카드에 나오지 않은 자신만의 예를 만들어 보도록 하고, 직접 나와 그 예시를 '예' 와 '아니오' 중 하나로 골라 놓을 수 있도록 시킨다.

특정 개념과 일치하거나 그렇지 않은 숫자를 봄으로써, 학습자들은 점진적으로 비슷한 예들을 그룹화할 수 있게 되며 더 나아가 개념을 정의하도록 하는 필수 속성들까지 깨닫게 된다. 〈그림 8.8〉은 앞서 말한 개념을 소개하고 수업에 이를 이용한 교사의 활동지 양식에서의 발전된 학습자의 활동을 보여 준다.

그림 8.8 개념학습 단원을 위한 선행조직자와 학습지

계산 결과가 10이 되는 식을 구분하시오.

	Yes	No
5+5	5+5	16−5
16−5		
11−1		
12−2		
6+6		
6×2		
10×1		
3+4+4		
3+3		
12−4		
9+1		
2+(2×3)		
4×2		
15−1		
3+4		
16−10		

탐구학습

직접수업법의 고차원적 목적은 또한 탐구학습을 포함할 수 있다. 만약 수업목표가 탐구를 촉진하기 위한 것이라면, 아마도 그 수업은 사물들이 어떻게 조직되어 있는지, 그것이 어떻게 변하는지, 어떻게 서로 연결되어 있는지, 그 안에서 개념학습이 더 큰 탐구학습 과정 내에서 어떤 부분을 차지할 것인지를 강조할 것이다. 여기서 주안점은 *우리가 아는 것*보다는 *우리가 어떻게 그것을 알게 되는가*에 있다(Borich & Hao, 2007; Ong & Borich, 2006).

예를 들어, "10과 동등한 수학적 내용들"에 대한 수업을 하는 교사는 아마도 학생들이 10이라는 숫자를 표현해 내기 위해 숫자들을 더하고, 빼고 하는 숫자 사용을 연구, 질문하도록 만듦으로써 그 수업의 수준을 끌어올릴 수 있다는 것을 알 것이다. 이 탐구활동의 결과는 아마도 개념학습보다는 훨씬 덜 명확할 것이다. 사실상, 그 결과는 종종 탐구를 계속해야 할 더 많은 질문들이다.

예를 들면, 지구의 내부 구조에 대해 배우는 과학 수업에서 사실과 규칙, 행동 절차 등을 장려하는 교사는 아마도 학생들에게 지구 내부의 층들에 대한 각각의 이름과 특징 설명, 즉 *우리가 아는 것*을 알려 줄 것이다. 그러나 탐구학습을 장려하는 교사는 아마도 그런 개념들을 *우리가 어떻게 아는지*에 초점을 둘 것이다. 말하자면, 우리가 지구의 내부를 직접 본 적도 없으면서 어떻게 지구 내부의 구조와 특징을 이렇게 알 수 있는지에 대해 의문을 제기할 것이다. 첫 번째 수업의 경우, 교사에 의해 가르쳐진 지식의 학습이 요구되며, 두 번째 수업의 경우, 학생 스스로가 탐구하고 발견하는 활동이 요구된다. 이 수업에서는 조사활동이 지구 내부 구조에 대한 간접적인 측정과 조사로 이루어질 것이다. 학생들은 아마도 지구의 표면 아래를 탐험하는 데 쓰이는 도구들, 즉 지진으로 인해 생겨난 충격파의 전달과 반사, 석유탐사에 사용되는 진동기록, 또는 세월이 지나면서 지구 표면이 어떻게 변해 왔는지를 증명해 줄 수 있는 지질학적 증거에 대해 문의할 것이다.

세계적으로 발생한 충격파의 예시를 사용함으로써, 교사는 학생들에게 다음과 같이 탐구학습을 조직하기 위해 몇 가지 질문을 하게 될 것이다.

- 즉시 사용가능한 정보를 이용하라. ("가장 최근의 지진으로부터 나온 충격파들을 보면서 우리가 무엇을 알 수 있지?")
- 정보나 생각의 결과들을 해석하라. ("이 두 종류의 다른 지진으로부터 나오는 충격파들은 우리에게 지구 지각의 깊이에 관하여 어떤 점을 알려 주니?")
- 학생들에게 탐구하여 얻은 정보들을 이용하여 예측하게 하라. ("네가 지금

그림 8.9 '지표면 아래'란 주제의 탐구수업 선행조직자

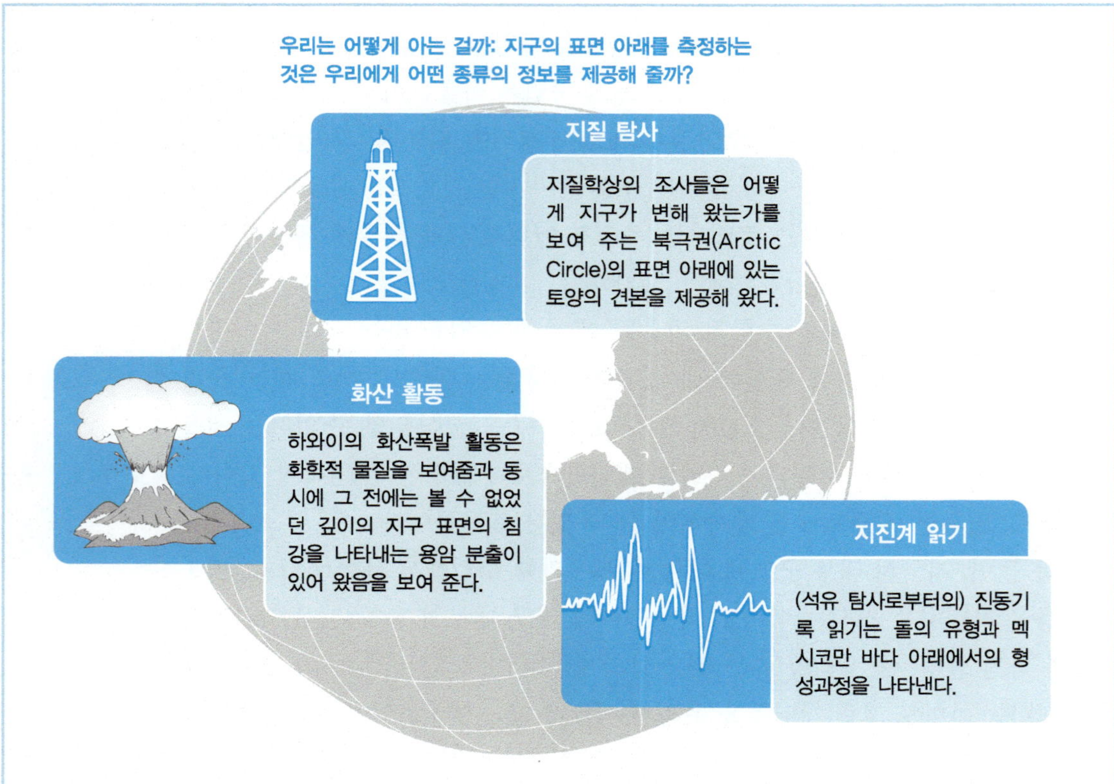

까지 일어난 이 세계의 충격파들을 볼 때, 다음 지진이 어디서 일어날 거라 예상하니?")

탐구 방법은 개념학습과는 다르게, 주제에 대한 새로운 발견과 탐험 과정에의 해결책, 대안점 모색으로 이끌어 준다. 〈그림 8.9〉는 선행조직자를 보여 주는데, 여기서 교사는 '지표면 아래' 라는 수업을 그것에 대한 개념과 조사, 연구를 촉진하는 뼈대와 구조를 소개함으로써 진행하였다. '이론의 교실 적용: 탐구학습' 에서 계속해 볼 수 있다.

문제중심학습

탐구학습이 새로운 정보를 파헤쳐서 대안적인 길과 해결방안으로 이끄는 반면, 문제중심접근은 고차원적 결과를 성취하기 위하여 특수한 문제를 해결하는 데 필요한 모든 단계를 미리 파악하여 학생들에게 제공하는 방법이다. 그래서 학생

그림 8.10 문제중심수업 '중력의 보이지 않는 힘'을 위한 계열적 선행조직자

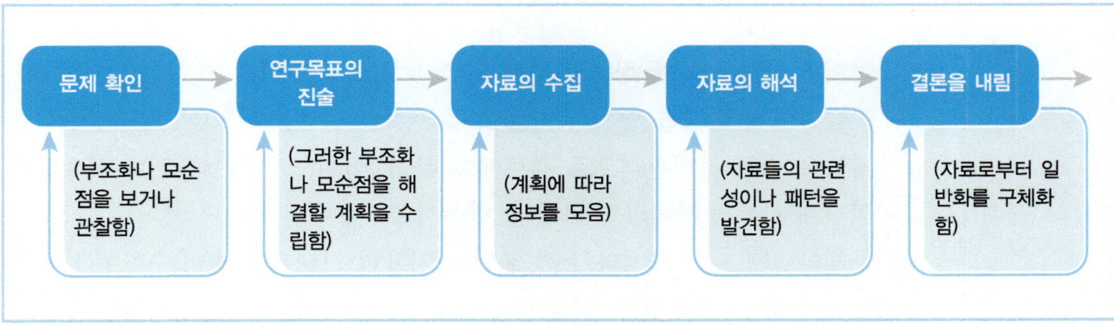

들의 탐구를 통해서 탐험하고 발견하는 과제를 다루는 탐구학습 방법보다는 덜 열려 있다.

예를 들어, '중력의 보이지 않는 힘'이라는 단원의 일반 과학수업을 시작할 때 여러분은 병이 견고하게 밀봉되어 있으면 빨대로 그 액체를 뽑아낼 수 없다는 것을 보여 줄 수 있다. '왜 이런 현상이 일어나는가?'에 대한 질문이 수업 문제가 된다. 그때 교사는 문제를 조사할 수 있도록 안내하는 〈그림 8.10〉에서 제시된 것처럼 문제해결의 계열성을 학생들에게 제공해 줄 수 있을 것이다. 그 각각의 단계는 수업의 특정 부분에 대하여 조직적 요소를 제공한다.

더욱이 내용조직은 〈그림 8.11〉에 나타난 바와 같이 또 하나의 선행조직자 모형에 의해 제공된다. 여기서 문제점은 결론을 도출하기 위해 반드시 따라와야 할 내부적 부분들, 결정 사항들을 보여 주기 위해 계층적으로 조직되었다. 이러한 내용조직자의 형태는 학생들이 문제 해결에 대한 결정에 어느 정도 기여하고, 물음에 답하기 위해 필요한 결정요인(직선을 가리킴)을 추적해 나가면서 문제 해결이 요구될 때 특히 효과적으로 관심을 끌 수 있다. 액체는 왜 빨대 속으로 흐르지 않을까?

문제중심의 수업이나 단원구성은 이전에는 부딪혀 본 적이 없는 상황에 대처하는 기술, 지식과 더불어 문제해결 능력의 향상을 요구한다. 문제중심학습은 수업 안내와 단위 개발에 대한 여러 가지 뚜렷한 특성들을 가진다(Delisle, 1997; Ong & Borich, 2006; Teo, 2006; Wiske, 1997). 문제중심의 단원수업을 짤 때, 다음을 명심하라.

- 문제를 명확하게 정의하라. 비록 해결책이 명확히 보이지 않더라도, 그 문제점은 상세하게 기술되어야 하며 학생들의 일상생활 속에 있는 의미있는 맥락 속에서 다루어져야 한다.

- 학생이 문제를 어떻게 풀어나갈지를 미리 예측하게 하라. 이 예측들은 현실적인 시간 내에, 그리고 활용할 수 있는 자원 내에서 달성할 수 있는 것이어야 하며 새로운 정보를 얻게 되면 바뀔 수도 있다.
- 학습자에게 다양한 출처의 자료에 접근, 평가, 활용하라고 제언하라. 학습자들은 출처를 비판적으로 검토해야 하며, 신뢰도가 떨어지거나 사실보다 의견에 치우친 것이라면 버릴 줄 알아야 한다.
- 문제와 일관되며 가치와 효과가 있는 명확히 진술된 추론이 수반된 해결책을 요구하라(예를 들면, 빠르게 수행할 수 있고, 경제적이며 적합한 결론을 가져오는).

개념학습, 탐구학습, 문제중심학습은 개별적으로나 한데 묶어서 사용할 수 있는 유용한 도구로서, 간접수업법 수업을 조직할 수 있으며 그리고 학생들과 함께 주요 과정, 결과도출, 그리고 배운 것의 상관관계에 관해 소통할 수 있는 선행조직자를 제공할 수 있다. 프로젝트 중심 학습과 같은 다른 접근에 대해서는 앞으로의 장에서 더 논의할 것이다.

〈그림 8.11〉은 의사-결정 접근을 위에서 물어 본 과학적 질문에 어떻게 적용할 수 있는가를 보여 준다. 학생들이 실험이 끝나는 단계가 어떤 위계수준인지를 모르더라도, 학생들은 가능한 대안의 전체 목록을 볼 수 있다. 이런 형태의 선행

그림 8.11 문제해결수업 '중력의 보이지 않는 힘'을 위한 위계적 선행조직자

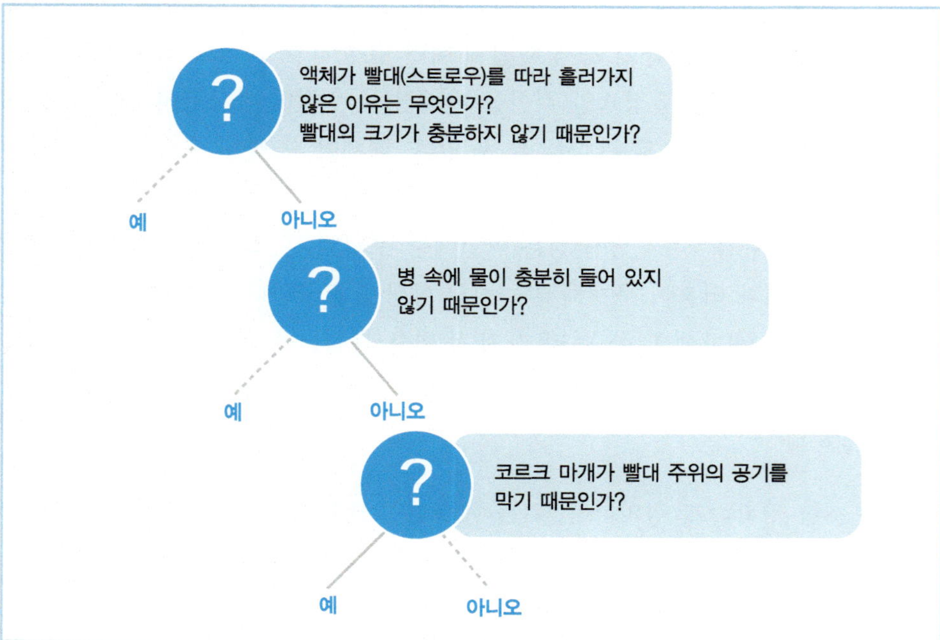

이론의 교실 적용

탐구학습

탐구과정에서 학생들은 문제 파악, 해결책 브레인스토밍, 질문 고안, 문제점 조사, 결과 분석 및 해석, 토의, 반성, 결론 도출의 활동을 거친다(Bruner, 2004; Wiske, 1994). 이러한 탐구의 사이클은 교사들이 탐구 활동을 계획할 때 사용하는 일반적인 모델로서, 탐구 과정을 통해서 학생들을 이끌 수 있게 한다. 아래에 제시된 '질문-조사-창조-토의-반성' 사이클 모형은 탐구학습 사이클을 표현한 것 중 하나이다. 이것은 탐구에 기반을 둔 수업 또는 단원의 수행을 위한 5단계 모델이다.

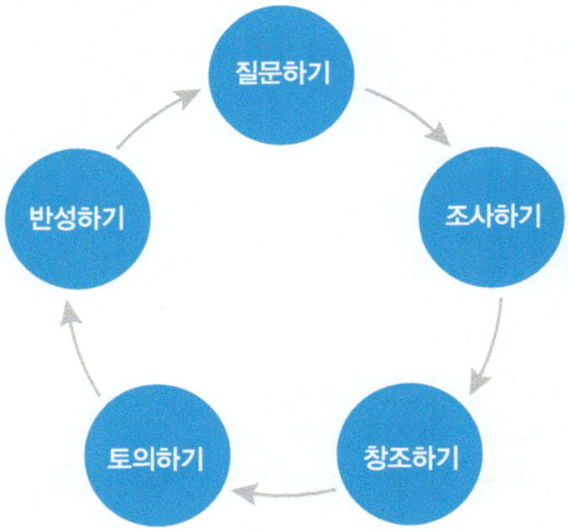

5단계 탐구학습 모형

1단계. 질문

발견에 대한 욕구를 촉진하기 위해서, 교사는 문제를 제기하면서 시작하여 학생들이 탐구 과정과 조사 발표를 준비하도록 이끌어야 한다. 교사는 학습 주제를 질문 형태로 제시하면서 탐구과정을 시작하고, 학생들의 반응에 대하여 심층조사, 독려, 재지시를 하면서 탐구하는 분위기를 형성한다. 이것을 교사 주도적 페이스라고 부른다.

학생들이 이 과정에 익숙해지면, 교사는 학생들이 문제를 제기하고, 그 질문에 답하기 위한 과정을 계획하고, 그 과정을 어떻게 수행할 것인지 결정하고, 또 결과를 어떻게 발표할 것인지를 그들 스스로 정할 수 있도록 장려해야 한다. 이것은 학생 주도적 페이스라고 불린다. 이 페이스는 학생들이 독립적인 탐구 수준에 이르도록 하는 학생 주도적 질문 및 학생 주도적 절차(student-directed procedures)를 구축하기 위한 매개물이다. 이 단계에서는 어쩌면 나중의 탐구 과정에서 재정의될 수 있는 질문이나 문제점이 핵심사항이 된다.

2단계. 조사

학생의 질문이 정해졌다면, 그 다음 단계는 그것에 대해 조사하는 것이다. 이 탐구 단계에서, 학생들은 자료들을 인식하고 행동 계획을 계획하고 수행하면서 사전 지식을 회상하거나 그것을 조사하는 가능한 방법을 브레인스토밍한다. 또한 학생들은 새로운 정보들을 밝힘으로써 그들의 질문을 재정의할 수 있다. 이 정보 수집 단계는 이 학습에 몰두한 학생들이 주인정신으로 수행하는 내적 동기의 과정이다.

3단계. 창조

만약 교사와 학생들이 함께 충분한 정보를 모았다고 생각한다면, 학생들은 정보(증거)와 그들의 질문과의 관계에 대해 비판적으로 사고하기 시작할 필요가 있다. 예를 들어, 그 정보가 질문에 대해 얼마나 완전히 또는 완벽하게 대답해 주는지 또는 대답해 주지 못하는지에 대한 것 등에 대해 비판적으로 사고하라는 것이다. 학생들이 새로운 지식을 창조해 내기 위해 어쩌면 그들의 또는 교사의 사전 경험을 뛰어넘어 그들이 발견한 정보를 통합하는 경우가 있다. 그들은 질문이나 가정의 적절성, 문의 재정의 및/또는 새로운 질문 만들기, 자료를 더 모을지에 대한 결정 등에 대해 비판적으로 생각하기 시작한다. 수집된 정보들을 통합한 차트, 이제까지의 과정을 요약하는 구두 발표, 또는 새롭거나 재정의된 질문 목록 등 몇몇의 중간결과물이 이 단계에서 요구된다.

4단계. 토의

이 단계에서, 학생들은 그들의 발견, 새로운 아이디어와 경험들에 대해 서로 토의한다. 학생들은 그들의 협동학습 집단 또는 반 전체가 될 수도 있는 학습공동체 속에서 경험과 조사를 서로 공유한다. 소집단 토의형식이 사용된다면, 서로 다른 조들이 서로 다른 질문에 답하기 위한, 2단계(조사)와 3단계(창조)로부터 발전된 탐구과정을 사용할 것이다. 이 단계에서의 과제는 비교 기록, 결론 논의 및 다른 조와의 경험 공유를 포함해야 한다.

5단계. 반성

토의를 한 후에, 학생들은 그들이 새로이 얻은 지식을 반성하기 위한 시간으로, 그들의 학습공동체(그룹 또는 반 전체)에게 그들의 결과에 대해 비평하고 의사소통한다. 조사한 것을 발표하는 방법은 교사와 협의하여 선택한다. 이 방법은 전통적인 글쓰기나 구두 기록, 또는 더욱 확장된 멀티미디어 발표, 상연, 전시 등을 포함할 수 있다(Martinello & Cook, 2000). 학생들이 반성해야 할 과제에는 그들의 질문과 조사 방법이 적절한지와 결론이 정확한지가 포함된다. 이러한 과제들은 학생들을 그룹이나 반 전체로 독려하여, 만족스러운 해결책이 도출되었다면 새로운 질문이 정당한지, 만약에 만족스럽다면 이제까지 취한 조치에 대한 목록을 작성하고 새롭게 관찰하여 새로운 질문을 만들어야 하는지를 평가하게 한다. 만약 새로운 질문이 나타난다면, 탐구과정 사이클은 새로운 수업에서 다시 시작된다.

조직자는 여러분이 학생들에게 위계에 대하여 세세한 가지 찾기를 하도록 요청하는 것, 그리고 학생들에게 각 결정의 단계에 도달할 때마다 탐구결과를 추적하도록 허용할 때 학생들의 주의를 끄는 데 특히 효과적이다.

- 학생들에게 그들이 어떻게 문제를 해결할 것인지 예측할 것이라는 언급을 분명히 하도록 한다. 예측은 현실적인 기간 내에 가능한 자원을 가지고 성취가능한 것이어야 하며, 새로 얻은 정보로써 개조될 수 있다.
- 학생들은 다양한 자원으로부터 자료에 대해 접근, 평가, 활용하여야 함을 지시한다. 그들은 자원을 비판적으로 시험할 필요가 있으며, 그것을 신뢰할 수 없거나 그것이 사실보다는 의견일 경우에는 사용하지 않는 것이 좋다.
- 학생들에게 해결책이 문제점에 맞게끔 하고, 그 해결책이 그들의 가치나 효과로써 분명한 근거를 동반하게 하도록 요구한다(그 가치나 효과는 빠르고, 비용이 덜 들거나, 뛰어난 결과일 수 있다).

개념학습, 탐구학습, 문제중심학습은 단독으로 쓰이거나 섞어 쓰이는 것에 관계없이 간접수업을 할 때 수업을 조직화하고 학생들이 배우는 내용에 대한 주요

절차, 결과 및 관계에 사용할 선행조직자를 제공하는 데 효과적인 도구이다. 이것들과 함께 과업중심학습을 포함한 다른 접근법들이 이어지는 장들에서 더 다뤄질 것이다.

개념적 운동: 귀납법과 연역법

귀납적 추론

이제부터는 간접수업 전략의 유형인 귀납법과 연역법을 살펴보자. **귀납적 추론**은 특정한 예로부터 어떤 결론을 이끌어 내거나 일반화할 때 사용되는 추론 형식이다(Stadler, 2004; Tamir, 1995). 그것은 학생들이 특수한 사실을 관찰하여 그것들을 다른 상황에까지 일반화하는 일이다. 우리들의 많은 사고활동은 이런 형태로 진행한다. 그 예는 이렇다.

1. 빗길 도로가 등교 길에 교통사고를 유발한다는 것을 우리들은 알기 때문에, 우리들은 운전할 때 모든 교차로에서 속도를 줄인다.
2. 우리가 화학시험에서 만족할 만한 성적을 얻지 못했기 때문에, 학기 중에 모든 과목을 주당 6시간 이상 공부한다.
3. 절친한 친구가 약물남용으로 곤란을 겪는 것을 볼 때, 우리들은 모든 친구들에게 약물남용에 대한 정보를 자발적으로 일러 준다.
4. 냉혹하고 불친절한 수학교사를 볼 때, 우리는 다시는 수학과목을 수강하지 않기로 결정한다.

이러한 사례들은 공통적으로 그것들이 일련의 제한된 자료에 대한 상세한 관찰로 시작하여 더 광범위한 맥락에서의 일반화로 끝난다. 각 계열의 시작과 끝 사이에서는 관찰된 사태를 해석하고 이 해석을 모든 유사한 상황에 객관화한다.

연역적 추론

연역적 추론은 원리 또는 일반화로부터 구체적 사례로의 적용으로 나아간다. 이 연역적 사고활동은 그것이 구체적 상황에서도 적용가능한지의 여부를 알아보기 위한 일반화의 검증을 포함한다. 일반적으로 과학에서의 실험실 내 실험은 연역적 방법을 따른다. 이 분야에서 실험자는 〈그림 8.10〉의 단계에서 보이는 것처럼 흔히 일어날 내용에 대한 이론 또는 가설로 시작하고 그것이 정확하게 예측되는지를 알아보기 위하여 실험으로 그것을 검증한다. 만약 그 예측이 맞았다면, 실험을 시작할 때의 일반화가 적어도 실험 조건하에서는 참이 된다. 다음 단계는 주로 연역적 사고활동에서 사용된다.

1. 검증할 이론 또는 일반화의 진술
2. 예측의 형태로 가설 설정
3. 가설 검증을 위한 자료의 관찰 또는 수집
4. 예측이 참인지를 결정하기 위한 자료 분석과 해석
5. 검증된 구체적 상황에서 일반화가 참을 유지하는지에 대한 결론 도출

연역법은 우리 삶에서 친숙하다. 예를 들어, 이전에 열거했던 귀납적 사고활동의 네 가지 사례를 연역적 사고활동의 예로 바꿔 보자. 다음이 연역적 사고를 보여 주는 네 가지 사례들이다.

1. 우리는 빗길이 교차로 교통사고를 유발하는 주요 동인이라고 믿는다. 우리는 비 오는 날 등교길을 관찰하고 평상시보다 정말 많은 사고가 교차로에서 일어난다는 것—젖은 도로로 인해 교차로에서 사고가 일어난다는 우리들의 예측이 확증되는 것—을 발견한다.
2. 우리는 더 많은 시간을 공부하는 것이 실질적으로 우리 성적을 끌어올리지 못한다고 믿곤 한다. 그런데 수학시험 때문에 6시간 이상을 공부하자 성적이 올라갔다. 따라서 추가로 공부한 것이 우리 성적에 영향을 주지 않을 거라는 예측은 맞지 *않았다*는 것을 발견하게 된다.
3. 우리는 약물남용이 인간의 신체적, 정서적 건강에 해롭다고 믿는다. 우리는 약물을 남용하는 지인에게서 약물남용의 폐해를 관찰하여 발견할 수 있다. 이로써 약물남용과 신체적, 정서적 손상이 서로 관련된다는 예측이 분명해진다.
4. 수학을 가르치는 교사가 냉정하고 불친절하다면 우리들은 수학수업을 결코 좋아할 수 없다고 믿는다. 우리는 수학수업을 들었고, 그러한 교사가 있었음을 안다. 이 사례에서는 적어도 냉정하고 불친절한 교사가 가르친 수학수업은 결코 좋아할 수 없다는 우리들의 예측이 정확했음을 보여 준다.

이러한 연역법 사례들의 공통점은 일반적 믿음의 진술—이론 또는 가설—로 시작하여 이론이나 가설에 대한 진리를 검증했던 관찰에 기초해서 어떤 결론을 내리는 것으로 끝난다는 점이다. 물론, 이러한 관찰은 이론이나 가설의 오직 한 사례에서만 참이 되고 다른 예에서는 틀릴 수도 있다. 예를 들면, 여러분은 다른

교사가 가르치는 수학을 좋아할 수 있으며, 한때 냉정하고 불친절한 체육 교사에게 배웠다는 사실에도 불구하고 여러분이 운동을 좋아하는 데 결코 문제가 되지 않을 수도 있다. 여러분이 기대하는 것과 같이, 연역적 논리는 과학적 방법과 가장 밀접하게 관련되어 있다.

귀납법과 연역법의 적용

귀납법과 연역법 이 두 가지는 개념, 탐구, 문제해결을 가르치는 데 중요한 방법이다. 경제체제를 다룬 수업의 대화에서 그러한 것들이 어떻게 성취되는지 알아보자.

연역법을 사용할 경우, 교사는 *손으로 만질 수 있는 상품*에 대한 정의를 세웠고, 그것을 자세한 예로 검증했다: "집을 손으로 만질 수 있는가?" 점차 많은 사례를 제시하면서 '만질 수 있는 것'을 추상적으로 더 잘 정의하는지를 주목하자(예, 주식과 채권). 또한, 교사는 사례와 반사례를 모두 제공하여 자본주의 체제에서 존재하는 만질 수 있는 상품을 보여 줌으로써 개념을 정교화하였다. 바꾸어 말하자면, 만질 수 있는 상품은 다양한 추상화 수준에서 존재할 수 있지만, 어떤 추상 개념들(예, 우정, 방학)은 만질 수 있는 상품으로서 자격을 부여할 수 없었다.

또한 연역법으로 들어가는 간단한 활동이 자본주의에 대한 교사의 소개로 끝났다는 것을 주목하라. 학생들에게 자본주의 개념을 적용할 수 있는 세 국가를 들어 보도록 함으로써, 그는 학생들에게 일반 개념에도 들어맞는 특수한 사례를 발견하도록 했다. 교사는 귀납법을 능숙하게 활용하여, 만질 수 있는 상품(이를테

대부분의 탐구와 실험실 실험은 연역적인 방법을 따르므로, 학생들은 어떠한 구체적인 사례가 일어날 것인지에 대하여 예견을 한 다음 예견한 것이 발생하는지를 보기 위하여 조사를 수행한다.

면 땅의 소유)의 구체적인 사례로 시작하여 점차 사례를 확대하여 일반화를 형성하였다(즉, 만질 수 있는 상품은 일정 기간 동안 지속되는 물건이다).

많은 학생들이 첫 수업의 말미에 자본주의 개념을 내구력이 있으면서 손으로 만질 수 있는 상품에 대한 소유를 허용하는 경제체제로 이해했다 하더라도, 그것은 오히려 나중에 치러지는 많은 시험에서 틀릴 수 있는 부정확한 해석이었음을 주목하자. 예컨대, 대부분 사회주의나 공산국가의 시민들도 적정 기간 동안 내구력이 있는 손으로 만질 수 있는 상품(이를테면, 손목시계, 자동차, 주방기구)을 소유한다. 자본주의 개념에 대한 이와 같은 거친 해석이 신중하게 설계된 사례와 반사례를 제공한 후에도 여전히 출현했음을 회고해 보라. 이것은 교사의 업무가 끝나지 않았다는 것을 의미한다. 더 심화된 개념적 운동은 자본주의 개념에 적용할 수 있는 더 정확한 변별을 가져오게 함으로써 그런 개념을 정교하게 다듬어야만 하는 것이다.

이것은 다음과 같은 수업의 연속적인 흐름의 배분으로 일어날 수 있는 것인데, 교사는 학생들을 경제체제의 정의를 손으로 만질 수 있는 상품의 소유권이라는 실용적인 정의로부터 아래에 예시하는 다섯 요소를 포함하는 정의로 이동시킬 수 있다.

1. 모든 사람들이 일상생활의 필수품으로 간주하고
2. 가치를 부여하는
3. 상품과 서비스의
4. 어느 정도는
5. 국가가 소유한다.

간접수업법에서 개념에 대한 수업은 그 안에서 여러분이 처음에는 거칠고 과도하게 제한적인 개념에서 출발하여 더욱 폭넓고 정확한 이해로 나아가면서 귀납적이고 연역적인 사고를 사용한다. 〈표 8.2〉는 귀납적 대 연역적 교수에 포함되는 서로 다른 단계를 보여 준다.

사례와 반사례의 활용법

여러분은 '빨간 신호등에는 멈추어라'는 규칙을 정확하게 배웠지만, 그 규칙을 수정해야 할 때를 보여 주는 사례를 볼 때까지(예, 비상등을 번쩍거리는 응급차가 여러분 뒤에 있을 때), 여러분은 빨간 신호등을 단지 규칙으로만 이해할 뿐 그것의 완전한 개념을 이해하지 못한다.

표 8.2 귀납적 교수 대 연역적 교수의 단계 비교

귀납적 교수법	연역적 교수법
1. 교사는 일반화를 이끌어 낼 수 있는 풍부한 자료를 제공한다.	1. 교사가 학습해야 할 일반화의 내용을 소개한다.
2. 각 학생들이 일반화를 증명할 수 있도록 자료를 관찰하고 탐구할 수 있는 충분한 시간이 주어진다.	2. 교사는 일반화를 구성하기 위하여 필요한 과제-관련 선행 사실, 규칙, 그리고 행동 계열성을 검토한다.
3. 학생들에게 일반화를 포함하는 추가적인 사례와 반사례를 보여 준다.	3. 학생들은 질문하고, 가설을 만들고, 일반화 내용에 포함될 예측적 사고활동을 한다.
4. 학생들의 주의집중은 일반화를 포함하는 자료의 핵심적(관련이 있는)인 측면을 보여 준 다음 비핵심적(관련성이 없는)인 측면으로 안내된다.	4. 예측을 검증하기 위하여 데이터, 사태, 자료 또는 대상이 수집되고 관찰된다.
5. 일반화는 사례와 반사례를 구별할 수 있도록 이루어진다.	5. 검증결과가 분석되고 관찰된 데이터, 사태, 자료, 그리고 대상에 의하여 예측이 지지되는지의 여부로 결론을 내린다.
	6. 수업을 시작할 때 소개된 일반화가 관찰 결과에 의거하여 정련되고 재편집된다.

개념을 학습하기 위하여, 학습자들은 사례와 반사례를 식별할 수 있도록 사실, 규칙, 계열성의 획득을 초월할 필요가 있다. 사례와 반사례를 관찰하는 일—6시간 이상 공부를 했을 때 그리고 그렇지 않을 때, 약물남용 홍보 책자의 유포가 유익하냐 아니냐, 냉정하고 불친절한 교사가 어느 과목의 학업성취에 긍정적이냐 부정적이냐—은 여러분에게 *개념*을 포착하도록 한다.

사례는 좀 더 큰 부류의 구성물로서의 개념을 인식하기 위하여 필수적인 모든 속성을 포함하도록 가르치는 개념을 나타낸다. **반사례**는 더 큰 부류의 구성물로서의 개념을 인식하기 위한 필수적인 하나 이상의 속성을 고의로 포함하지 않음으로써 가르쳐야 할 개념을 제시하지 않는 것이다. 사례와 반사례 두 가지 모두를 사용하여 개념을 확인하는 데 필요한 필수적이고 반필수*적인 속성*을 규정하고 정확한 일반화를 산출한다.

수업대화로부터 사회주의 체제하의 상품과 서비스의 개인 소유를 자본주의와 비교하여 그 차이점을 떠올려 보자. 교사가 이 개념을 어떻게 가르쳐 나가는가? 교사는 다른 경제체제 맥락에서의 상품과 서비스의 개인 소유권이 항상 정도의 문제라는 것을 분명히 해야 한다. 즉, 경제체제는 정부가 소유하는 *내용*을 결정할 뿐만 아니라 *얼마나 많은 것*을 소유하느냐까지도 결정하므로 개인의 소유권을 용납하지 않는다. 따라서, 교사는 이러한 특수한 점을 밝혀내기 위하여 학생들과

의견을 교환할 수 있는 다음과 같은 장면을 마련해야 한다.

교사: 많은 국민들이 모든 사람들의 실존에 절대적으로 필수적인 것으로 동의하는 것은 어떤 것이 있을까요?

민호: 음식요.

교사: 좋아. 그것 말고?

영애: 옷이요.

교사: 아주 좋아. 또 다른 것은?

미영: 고속도로요.

승재: 만약 사람들이 자동차가 모든 사람에게 중요하다는 점에 동의하지 않는다면, 그들은 버스, 기차, 그리고 비행기처럼 대중교통의 중요성에 대해서는 동의해야만 합니다.

교사: 그럼, 그래야 할 거야. 그렇지? 이런 사례들은 다른 경제체제에서의 개인 소유권-(a) 모든 사람이 동등하게 가치를 두며 (b) 모든 사람이 매일의 생존을 위해 필요로 하는-은 정도의 문제라는 점을 보여 준다.

교사는 '많은 국민들이 모든 사람들의 생존을 위하여 절대적으로 필요한 것이 있다는 점에 동의할 수 있는' 것에 대하여 학생들이 사고하도록 다시 논의를 이끌어갔으며, 그것을 통하여 학생들로 하여금 그들이 처음에 좁은 개념으로 정의한 것을 확장시키도록 격려했다. 그 문제는 경제체제에서 사유권을 변별할 수 없는 반사례(예를 들어 음식이나 옷)를 처음으로 유발시켰다. 왜냐하면 다른 경제체제에서 사는 모든 사람들은 의식주를 동등하게 평가한다고 기대할 수 있기 때문이다. 그때 승재는 자본주의 체제(개인적으로 자가용을 가질 수 있는)에서 대다수에 의해 더 가치 있게 여길 수 있다는 중요한 내용을 제안했지만, 사회주의 체제(효과적인 대중교통 시스템)에서는 자가용 이외의 다른 교통수단이 대다수에 의해 가치 있게 여겨질 수 있다.

수업은 사례와 반사례의 사용을 통해 자본주의와 사회주의 사이의 미묘한 차이 중 하나를 도출하는 데 도움을 받는다. 이 교사가 이러한 방법으로 차이를 분명 밝히게 하고 이해를 심화시키기 위해 어떻게 사례와 반사례를 사용하는지도 주목하라.

1. 예를 하나 이상 제공한다.
2. 개념을 정의해 나가면서 중요한 방식이 다양하게 제시된 사례를 활용함(예

를 들면, 집은 손으로 만질 수 있는 것, 주식과 사채는 추상적인 것, 그렇지만 이 둘은 만질 수 있는 상품의 경우들).

3. 개념의 중요한 측면을 소유함에도 불구하고 반사례에 해당하는 사례를 제시함(예, 휴가는 살 수 있지만, 내구성이 없으므로 만질 수 있는 상품의 사례는 아님).
4. 비록 그것들이 사례로서 어떤 동일한 특성을 공유한다 하더라도 반사례가 왜 반사례인지를 설명함. 음식과 의복은 어느 경제체제에서나 동등하게 가치가 있을 것이다. 그러나 자가용 자동차와 대중교통은 경제체제 간에 개인 소유권을 판별할 수 없다.

질문 활용법

질문을 하면서 개념학습, 탐구학습, 문제중심학습으로 안내하는 것은 간접수업법의 네 번째 기능이다.

여러분이 직접수업법과 간접수업법의 수업 차이를 구별할 수 있는 하나의 차이점은 교사가 질문을 하는 *방식*이다. 직접수업법에서의 질문은 오로지 정답을 이끌어 내는 것이 목적이므로 상세하고 적절하게 제공된다. 그러나 간접수업법에서의 질문은 교사의 최소한의 도움으로 학생들이 답을 찾아가게 하는 것이었다. 직접수업에서, 질문에 답하는 것은 학생들이 자신이 아는 바를 보여 주며 (그들의 이해 수준이 나타남) 이때 교사는 학생들에게 단서, 암시, 탐색 내용을 제공할 것이다. 간접수업에서, 교사의 질문은 학생들에게 문제의 새로운 차원 또는 딜레마의 해결 방식을 발견하도록 안내한다.

간접수업의 대화는 탐구과정을 안내했던 여러 개의 질문들을 포함한다. 이러한 교사 질문의 목적은 학생들의 주의를 집중시키고 논제에 대하여 학생들의 관점으로 가장 폭넓게 토의할 수 있도록 촉진하는 것이다. 이런 방식으로 하면 학생들이 과제에 대해 적절한 선행 지식이 있느냐 없느냐에 관계없이, 누구나 그런 수업에 참여할 수 있다. 수업 시작 당시에, 거의 어떤 대답이라도 수용함으로써, 교사는 질문이 잇달아 이어지도록 학생들의 반응을 활용할 수도 있고, 더욱 정확한 반응을 형성하는 과정을 시작할 수 있다.

간접수업에서 질문전략을 사용하는 주안점은 가장 빠르고 가장 효과적인 방식으로 정확한 답에 도달하는 것이 아니다. 주안점은 연속적으로 더 정확한 대답을 형성시킬 뿐만 아니라 학습자에 의하여 선택되고 교사에 의하여 안내된 개인적 탐색과 발견의 과정을 활용함으로써 그러한 대답들을 형성하는 탐구과정을 시작하는 것이다. 예를 들어, 교사는 자본주의가 문구로 보면 '돈 벌기'를 의미한다는 민철의 반응에 대하여 연속으로, "그 밖에 또 무엇이 있니?"라고 질문하여 민철의 다음 반응("토지 소유")으로 연결시켰으며 한 걸음 더 나아가 민철이가 대답을 확장시켜 나가도록 격려하면서 다음 대답("토지뿐만 아니라 또 어떤 것?)을 유도하였다.

교사가 "*자본주의*라는 단어는 너에게 무엇을 의미하니?"와 같은 포괄적인 질문으로 시작하면서, 넓히는 과제가 아니라 좁히는 과제(민철이의 대답과 같은)로 아주 쉽게 수업을 진행할 수도 있었다. 이어진 대화를 보면, 이런 문제가 실제 일어났는데, 왜냐하면 민철이가 자본주의란 '어떤 것의 소유'를 의미한다고 대답했기 때문이다. 이제 할 일은 학생의 반응을 좁혀 가거나 제한하는 것이다, 그리고 그것은 손으로 만질 수 있는 상품이라는 자본주의 개념이 가지는 첫 번째 준거적 속성을 나타내는 것에 의하여 이루어진다.

여러분은 간접수업의 맥락에서 단순하게 안내된 질문이 그 자체만으로는 그다지 유용하지 않다는 점을 알아야 한다. 질문은 연속적으로 학생의 반응에 초점을 두는 다른 질문들로 연결되어야 하고(예컨대, 넓히고, 다시 좁히고, 다시 약간 넓히고 하여) 탐색을 계속 유지시켜야 한다. 그 과정은 카메라가 초점을 맞추는 것과 아주 흡사한데, 왜냐하면 그것은 처음부터 교과목표에 딱 맞는 초점으로 설정된 카메라가 아니기 때문이다. 마찬가지로, 우리는 민철이의 처음 반응에 자본주의 개념이 완벽하게 나타날 것이라고 기대할 수는 없다. 마치 어떤 사람이 카메라의 초점을 올바른 방향으로 맞추기 시작할 때, 종종 초점을 맞추어야 할 대상을 지나쳐 버리는 것처럼, 교사의 꼬리를 물고 이어지는 탐문은 민철이로 하여금 과녁을 지나쳐 너무 포괄적으로 반응(예, 어떤 것을 소유하는 것)하도록 유도했다. 교사는 그러한 실수를 인정하고 "*자본주의*라는 단어는 손으로 만질 수 있는 상품 또는 소유물을 의미한다."라고 말하여 민철이의 반응을 약간 좁혀 주었다.

탐구과정을 안내하는 질문에 추가하여, 다음과 같은 질문을 활용할 수도 있다.

- 풀어야 하는 모순적 요소 제시. "자본주의 체제에서는 누가 고속도로를 소유하는가?"
- 더 깊고 철저한 탐색. "그래서, 손으로 만질 수 있는 상품의 훌륭한 정의는 무엇일까?"
- 논의를 새 영역으로 확대. "국민들이 모든 사람들에게 절대적으로 필요하다고 동의할 수 있는 것은 무엇일까?"

- 학급 학생들에게 학습 책임성을 되돌림. "좋은 질문이야. 사회주의 체제하에서 제공된 서비스에 대하여 임금을 누가 지불하는지 아는 사람 있니?"

이 같은 질문들은 학생들에게 탐구과정을 통하여 점차 더 좋은 반응을 하도록 안내한다. 이런 과정은 고차원적인 결과를 성취하는 데 가장 유용한 방법일 것이다. 학생의 반응에 대해서 밀고 당기는(먼저는 좁히고 나중에 넓히는) 초점화는 흔히 적정한 일반화의 수준에 도달하는 데 필요하다. 질문전략에 대하여는 다음 장에서 상세히 다룬다.

학습자의 경험과 아이디어의 활용

변화하는 관점

최근까지 학생 아이디어의 활용은 간접수업의 장식물로 고려되어 왔다. 그러나 학생들의 아이디어를 활용한다는 것은 학생들의 경험, 관점, 느낌, 문제를, 학생들이 일차적인 수업자료로 활용함으로써 이것들을 수업에 통합시키는 것을 의미한다. 완전한 학생-주도 수업은 학생들에게 교과내용 속에서 관심 있는 문제가 있는지를 물어 보면서 시작할 수 있다; 이러한 문제들은 수업의 초점이 된다. 이 접근은 학생들의 흥미를 배가시키고, 교과내용을 학생들이 관심 있는 문제에 적합하게 조직하고, 학생 개개인에게 적합한 피드백을 주며, 교과에 대한 긍정적인 태도와 느낌을 조장할 수 있다.

소집단 토의를 할 때 교사는 중재자 역할을 수행하는 경우가 있는데, 주기적으로 각 집단에 가서 묻는 말에 대답하기, 복습하거나 요약하기, 할 일을 다시 말해 주기, 새롭거나 더 정확한 정보 제공하기, 합의 이루어 내기 등이다.

이것은 학생들의 아이디어가 때론 빗나가는 것을 활용하기 위한 시도이다. 개방적 논의의 수업 형태에서 학생들의 아이디어를 수업 안으로 끌어들이는 목적은 흔히 학습이 성취되도록 하는 수단보다는 오히려 목적 그 자체가 되기도 한다. 불행히도, 많은 형태의 문제중심학습, 탐구학습, 개념학습은 학생이 결정하는 아이디어와 내용으로 시작하고 결론을 내리는 개방적이고 제멋대로 나아가는 논의와 동일한 것으로 간주해 왔다.

최근의 연구결과처럼, 이 책의 입장은 학생의 흥미를 부각시키고, 학생의 문제에 기반한 내용을 선정하고, 동기를 진작시키는 것이 중요한 목적이며, 이러한 것들은 고차적인 사고활동을 증진시키고자 면밀하게 고안된 교사-학생의 대화 속에서 최상으로 성취된다. 이러한 목적은 학생들에게 참조체제를 구성하도록 하고, 사례를 활용하도록 하며, 그들 자신의 경험에 비추어 유사한 것과 연상되는 것을 이끌어 내도록 격려하는 대화의 맥락 안에서 이루어질 수 있으며 그래야만 한다. 그러므로, 간접수업 모형에서 학생들의 아이디어를 활용한다는 것은 필수적인 개념을 획득하고, 탐구학습을 증진시키며, 더 고차원적인 생각의 문제해결을 위한 수단인 것이다.

학생들 아이디어의 생산적 활용

그러면 교사가 간접수업의 맥락에서 어떻게 학생들의 아이디어를 생산적으로 활용할 수 있을까? 간접수업에서 교사는 다음과 같은 방식으로 학생들의 아이디어를 활용할 수 있다.

- 학생들에게 그들 자신의 경험으로부터 사례와 참조체제를 활용하도록 격려하는데 학생들은 자신의 경험을 통해서 자신들의 의미를 구성할 수 있다.
- 학생들은 질문과 문제를 통해 어떻게 생각하는지를 보고 들음으로써 더욱 쉽고 효과적으로 학습할 수 있는 전략을 공유한다.
- 학생들에게 명료화를 추구하게 하면서, 이미 학습한 내용으로부터 *비유*와 *연상*을 도출시킨다.
- 학생들은 아이디어를 이해하고 파지하며, 아이디어를 자신의 흥미, 관심, 문제과 결부시키게 한다.

이러한 활용법의 사례로서, 경제체제와 관한 대화내용을 다시 회상해 보자. 학생들에게 자신의 나라와 다른 경제체제를 채택하고 있는 세 나라를 발표하라고 함으로써, 교사는 학습자의 경험으로부터 사례와 참조체제를 이끌어 냈다.

아마도 교사가 학생들의 반응을 수업 안에 통합하는 방법이 질문 그 자체보다 중요할 것이다. *자본주의*라는 단어가 '너에게 의미하는' 바를 물음으로써, 이 교사는 학생들에게 그들이 이미 이해한 바―아마도 직업의 소유, 직업에 관한 부모와의 대화내용 회상, 또는 동유럽의 삶에 대한 텔레비전 장면의 회상―를 비유하고 연상하도록 함으로써 그것들을 표현하도록 했다. 이와 같은 비유와 연상은 학생들마다 전혀 다르게 일어날 수 있다. 이것은 학생들의 흥미와 참여의 고양 그리고 학생들에게 다양하게 반응하도록 유도할 때 적합한데, 이러한 반응의 대부분은 학습할 개념의 적절한 사례일 것이다.

학생들의 아이디어를 여러분의 수업 안에 통합시키는 세 번째 방법은 학생들에게 자신의 흥미, 관심, 문제를 활용하여 반응하도록 하는 것이다. 학생의 흥미―그리고 특히 앞으로의 과제에 영향을 주는 개인적 선택―는 장기적이고 많은 시간이 필요한 앞으로의 과제에 학생들의 적극적인 참여를 보장하는 중요한 동기요소가 될 수 있다.

끝으로, 이런 사례의 맥락 안에서조차도 수업은 여전히 *내용-중심*이라는 점을 주목하라. 수업은 학생들에게 학습이 일어나는 *형태*를 결정하는 데 참여하도록 허용하지만 학습할 *내용*을 결정하는 데 참여하도록 허용하지는 않는다. 이 내용은 통상 교육과정 지침서와 교과서에 의하여 결정된다. 그러므로, 우리들의 대화의 사례는 **학생-중심-학습**이라고 불리는 것과 대조되는데, 거기에서는 학생들이 형태와 내용 둘 다 선택하도록 허용한다. 이것은 때론 **안내 없는 발견학습**으로 연상된다. 그 학습의 목적은 학생의 문제 또는 흥미에 기반한 내용 선정과 개별화된 피드백 제공에 의하여 성취된 학생 흥미를 높은 수준으로 유지하는 것이다.

때때로 안내가 없는 발견학습은 독립적으로 행한 실험, 연구과제, 포트폴리오, 연구논문, 그리고 시범의 상황에서 바람직한데, 이러한 상황에서는 학생들이 주제를 선택할 수 있다. 그렇지만 안내가 없는 발견 학습이 바람직할 때에도 학습내용은 반드시 교육과정의 범위 내에서 선택되어야 한다. 그러므로 여러분의 수업방법이 학생 아이디어의 안내된 활용(앞의 사례에서처럼)이나 안내가 없는 것(연구과제와 같은)일지라도, 항상 수업내용의 사전 조직과 구조를 갖춘 다음에 학생들에게 아이디어를 요청하여 활용해야 한다.

학생의 자기평가

간접수업의 여섯 번째 요소는 학생들로 하여금 자신의 반응을 평가하도록 참여시키고 이로 인하여 자신의 학습에 대하여 책임감을 갖도록 하는 것이다. 직접수업법으로 가르칠 때에는 옳은 대답이 다수 존재하기 때문에, 교사가 모든 답에 대한 평가를 내리는 것이 사실상 불가능하다. 직접수업에서 주로 다루게 되는 이미 배운 사실, 규칙 또는 행동절차의 거의 모든 사례는 안내된 독자적인 연습을 하면서 학습될 수 있는 것이다. 그러나 한 개념의 가능한 모든 사례를 상술하는 것은 가능하지도 않으며 효율적이지도 않기 때문에, 교사는 학생들이 자신의 반응을 스스로 비판적으로 볼 수 있도록 간접수업을 이끌어 가야 한다.

여러분은 학생들에게 점차적으로 통제적인 평가기능을 제공하고 그들로 하여금 자신의 답변에 대한 논거를 제공하여 교사와 급우들이 그 답변에 대하여 필요한 변화를 제안할 수 있도록 함으로써 자기-평가를 독려할 수 있다. 앞에서 예시한 대화에서, 교사가 학생들에게 적절한 대답들을 결정하는 책임이 그들에게 있다는 것을 알려 주었던 점을 회상하자. 칠판 위에 목록을 적은 후에 교사는, "좋아. 여러분은 그들 중 어느 것을 자본으로 부를 수 있는지 말해 보세요."라고 말했다. 이 메시지에 대해 정무가 반응하고 희진이가 정무의 대답을 보완하였다.

정무: 차와 의류 두 가지만 자본이라고 할 수 있어요.

희진: 난 주식과 사채를 추가해요. 그것들을 통째로 소유할 수는 없을지라도 그 일부는 가질 수 있어요.

희진이가 정무의 대답을 보완하려고 노력한 이후에도, 교사는 여전히 정답을 가르쳐 주는 것이 아니라 "네가 그것을 보거나 만질 수 있니?"라고 응대함으로써 학생에게 계속 자신의 이전 대답에 대하여 평가하도록 이끌어 간다.

그 목적은 이전 답의 적절성에 초점을 두고 학생의 대화를 유도하는 것이었다. 이러한 자기-평가 전략의 성공은 교사와 학생 사이에서 일어나는 대화의 계열성에서 가장 잘 나타난다. 이 전략은, 교사들에게 더욱 친숙한 교사-대-학생의 상호소통과 반대되는, 학생-대-학생의 상호소통을 증진시킨다. 교사의 역할은 학생들이 그들의 이전 반응을 평가하는 데 활용할 수 있도록 암시를 주고 나아갈 방향에 대하여 언급함으로써 활기찬 상태를 유지하는 것이다. 배우는 내용에 대하여 잘 아는 학생들이 있는 학급에서는 셋, 넷, 심지어는 다섯의 연속적인 교류를 할 수 있다. 그러고 나서 방향을 조정하라고 지시할 필요가 있으며 통제권이 교사에게로 넘어온다. 이 상태는 효과적인 수업의 표식이며 고차원적 사고를 촉진하는 집단 토의를 할 수 있는 단계이다.

이러한 교류과정에서, 학생들은 느리면서도 측정된 단계(measured steps)를 밟거나 또는 종종 다른 학생들로부터 그들의 대답에 대한 논거를 배운다. 부분적으로 옳은 대답이 더 정확한 답을 위한 기초자료가 되도록 함으로써, 교사는 틀린 답이나 특히 부분적으로 맞는 답을 더 정확한 것으로 수정하는 방법을 학생들에게 보여 준다. 특히 문제중심학습, 탐구학습, 개념학습이 일어나는 동안에, 이러한 강화의 층이 학생의 상호소통에 의하여 점진적으로 구축되며 학생들 평가를 돕고 그들의 반응을 세련되게 한다.

집단 토의의 활용

학생-대-학생-대-교사의 상호소통이 대규모의 학생들 사이에서 오랫동안 이루어질 때, **집단 토의**가 시작된다(Burbules & Bruce, 2001). 이런 토의에서, 교사는 요점을 검토하거나 요약해 주기 위해서 중간에 개입할 수 있다. 또한 집단의 진행과정을 평가하기 위하여 그리고 필요하다면 다시 방향을 설정하기 위하여 주기적인 휴식기간(time-outs)을 계획해야 한다.

집단 토의는 비판적 사고의 조장, 학습과정에의 학습자 참여, 민주사회에서 필요한 '함께 추론하기'를 증진하는 데 유용할 것이다(Brookfield & Preskill, 2005; Dillon, 1995; GAll & Gall, 1990; Hale & City, 2006). 집단 토의는 학생들로 하여금 비판적으로 생각하도록 하기 때문에—대안 검토, 해결점의 판단, 예측하기, 일반화의 발견—여전히 개념, 탐구, 문제해결을 가르치는 또 다른 접근 방법이다. 그것이 간접수업의 일곱 번째 최종적인 기능이다.

여러분의 목적이 이미 교과서 또는 워크북에서 구조화되어 있는 잘 정립된 내용을 가르치는 것이라면, 강의-암송법이 토의보다 오히려 더 효율적이고 효과적일 수 있다. 이것은 개인적인 견해 또는 판단이 거의 필요치 않는 주제의 경우이고, 여기서는 주제에 대한 합의가 너무 간단히 이루어져서 토의를 활성화하는 데 요구되는 대안적 견해나 해결책은 필요하지 않다.

그러나 여러분은 때때로 개념학습, 탐구학습, 문제중심학습을 덜 형식적인 구조로 시행할 수 있다. 이때에는 강의-암송보다는 집단 토의를 선호할 수 있다. 주제에 대하여 합의가 이루어지지 않을 때에는 토의가 유용할 수 있다. 다음은 개념학습, 탐구학습, 문제중심학습이 일어날 수 있는 환경에서 토의를 촉진시킬 수 있는 질문들이다.

- 당신은 증가하는 도시 인구를 어떠한 방식으로 수용해야 한다고 생각하는가?
- 위기나 전쟁 시, 정부의 입법부가 행정부에 의해서 어떤 영향을 받는다고 생각하는가?

- 당신은 "Little Red Riding Hood"가 사실이라고 생각하는가, 아니면 허구라고 생각하는가? 작가의 마음속에서는 이것이 어떠한 방식으로 실제로 느껴졌을까?
- 컴퓨터, 자동차, 텔레비전 등의 기술은 우리의 삶을 편리하고 즐겁게 만들지만 게으르게 만들기도 한다. 기술이 우리에게 더 바람직하게 사용될 수 있는 방법은 무엇일까?
- 한때 항생제가 전염병의 위험성을 없앨 수 있을 것이라고 알려져, 마법의 총알이라고 불리기도 했다. 그러나 지금 우리는 항생제의 사용이 위험하고 저항력 있는 신종 세균의 번식을 돕는다는 것을 알고 있다. 이렇듯 과학의 진보가 하나의 문제는 해결했지만 또 다른 문제를 초래한 다른 예로 어떠한 것을 들 수 있을까?
- 신데렐라는 가난하고 사랑받지 못했었지만, 요정의 도움으로 어려움을 벗어날 수 있었다. 『샬롯의 거미줄(Charlotte' s Web)』의 윌버(Wilbur)는 새끼 돼지들 중 가장 작았는데, 펀(Fern)이 처음으로 그를 살려 주었고 그 다음에는 샬롯(Charlotte)이 그를 구해 주었다. 그렇지만 가난하고, 작거나 사랑받지 못하는 대부분의 사람들은 이런 마법 같은, 또는 배후의 지원자가 없다. 그렇다면 이런 사람들이 어떻게 스스로 그 문제들을 이겨낼 수 있을까? 이야기나 영화에서 또는 실제로 자신의 꿈을 이루기 위해 스스로 길을 개척한 사람들을 본 적이 있다면 이야기해 보세오.
- 기술과 경제의 변화로 인해 많은 직업들이 사라졌다. 단적인 예로, 엘리베이터 안내원이나 주유소 직원(미국의 경우)을 더 이상 볼 수 없다. 심지어 인터넷의 발달로 여행사 직원들도 실직의 위기를 절감하고 있다. 이렇듯 기술의 발달로 인해 사라질 가능성이 있는 직업이나 새로이 생길 직업으로 또 어떤 것들이 있을까?

교과서에서 형식적으로 구조화되지 않는 주제들 그리고 높은 수준의 합의가 아직 존재하지 않는 주제들은 문제해결, 탐구증진, 필수 개념을 배우기 위한 토의시간을 위해 좋은 논의거리가 될 수 있다.

토의가 진행되는 동안, 교사는 중재자가 된다. 교사가 중재자로서 해야 할 일은 아래와 같다.

1. *학생들에게 토의의 목적 제시.* "오늘 우리는 국가가 전쟁을 하기로 결정해야만 할 시기를 토의할 것이다. 특히, 우리는 역사에서 일어난 것을 근거로 공격이라는 개념의 의미를 토의할 것이다. 국가 간의 전쟁이라는 맥락에서,

토의의 말미에 여러분이 해야 할 일은 전쟁이 발발할 정도로 충분한 공격이 일어났는지의 여부를 대통령이 결정하는 데 도움을 줄 수 있는 개념에 도달하는 것이다."

2. *필요한 곳에 새롭고 또 더욱 정확한 정보를 제공.* "제2차 세계대전이 진주만 폭격으로 시작되었다는 추정은 옳지 않다. 몇몇 국가들이 공격으로 간주했던 많은 사건이 더 일찍이 유럽 대륙에서 일어났다."
3. *검토, 요약, 또는 견해와 사실을 의미있는 관계 속으로 결합.* "보비, 마리, 그리고 빌리, 여러분은 한 나라가 다른 나라 영토 안을 강제적으로 침범하면 공격하는 것이라고 논의하고 있는 것처럼 보이는데, 다른 학생들은 다른 나라에 대한 경제적 침탈도 공격이 될 수 있다고 말하는 것 같다."
4. *수업목표에 가장 생산적이도록 정보와 아이디어의 흐름을 조정.* "민주, 너는 공격에 대한 정의를 정치적 수단을 통하여, 이를테면 매체의 방송, UN의 연설 등등, 다른 나라 정부를 비판하는 것을 포함시켜 확장시킨 것으로 보인다. 그러나 그것은 냉전시대의 아이디어에 더 부합되는 것으로, 우리는 제2차 세계대전을 촉발시켰던 공격의 실상을 탐구하는 중이다."
5. *적절한 합의에 도달하기 위한 아이디어의 결합과 타협의 증진.* "우리들은 공격에 대한 두 가지 정의를 갖고 있는 것처럼 보인다. 하나는 타국의 영토 속으로 한 국가의 강제적 침입 그리고 다른 하나는 국가의 경제를 침탈해야만 하는 것. 우리가 국민이나 국가 또는 양자의 번영을 위협하는 어떠한 행위도 공격으로 간주될 수 있다고 말함으로써, 이 두 가지 아이디어를 결합할 수 있을까?

바로 위에서 열거한 중재적 기능은 교사로 하여금 아이디어 흐름을 과도하게 제한하지 않고도 대집단 토의를 적절히 안내하고 이끌어 나가도록 도와준다. 대집단 토의 중에 교사는 모둠활동을 계획하게 하고 마지막 구두 보고나 다른 모둠활동으로 옮길 수 있도록 하나 이상의 중재적 기능을 실행에 옮겨야 한다. 주제가 친숙할수록, 일치하는 의견이 많을수록, *교사는 집단에 대하여 행사하는 권위를 더욱더 포기할 수 있다.*

한 집단에 4~6명의 학생이 포함된 **소집단 토의** 역시 간접수업법에 유용하다 (Cohen, 1994; Marriott & Kupperstein, 1997; Nash, 2008). 다양한 토픽을 한 수업에서 동시에 토의해야 할 경우와, 계열적인 순서에 따라 학급 전원이 참여하는 토의를 할 수 없을 경우에는 3, 4, 5개 소집단으로 나누어 동시에 토의하도록 하자. 교사는 그룹을 형성하고 안내할 때 다음과 같은 세 과제를 수행해야 한다: (1)

구성원이 함께 토의할 수 있는 집단 편성, (2) 각 집단이 다양한 학습의 필요를 갖도록 학생들을 배분, (3) 집단 사이에서 주기적으로 논쟁에 초점을 맞추고 문제를 해결하는 중재자 역할 수행. 한 집단에서 발견한 중요한 통찰력을 전체 학생들에게 알려 주거나 또는 집단에게 중재적 기능을 행사하기 위하여 간헐적으로 집단 토의를 중지시키는 것은 각 집단의 결속을 유지하고 교사의 지시와 권위를 유지하는 데 도움이 된다.

간접수업을 위한 또 다른 집단 형태는 짝을 이루거나 팀을 편성하여 활동하게 하는 것이다. 이것은 토의가 글쓰기(예, 요약 보고서 작성)를 수반하거나, 정보를 열람(예, 텍스트나 백과사전 등)하거나, 자료의 준비(예, 차트, 도표, 그래프 등)가 필요할 때 효과적인 형태가 될 수 있다(Gillies, 2007; Johnson & Johnson, 1999; Jolliffe, 2007; Slavin, 2001). **짝 또는 팀 토의**를 배열할 때에 중재자로서의 교사의 업무는 짝과 팀의 수에 비례하여 증가하므로 각 집단과는 간단한 상호작용만 할 수 있다.

짝 또는 팀 접근 방법은 과제가 고도로 구조화되어 있을 때, 이미 주제에 대하여 합의했을 때, 그리고 수업의 초기단계에 각 구성원의 역할이 명확히 정해졌을 때 가장 효과적이다(이를테면, A라는 학생은 정보수집, B라는 학생은 발견한 내용의 요약문 작성, 그리고 두 학생은 최종 합의를 위하여 요약문을 읽는다). 짝 또는 팀을 이루는 접근은 흔히 고도로 과제 지향적이므로, 토의 목적이 말로만 보고하는 것이 아니라 성과를 학생들에게 설명하는 활동을 포함할 때 가장 생산적이다.

Gunter, Estes, Mintz(2006)는 Lyman의 연구에 기초하여 짝 배치(pair arrangement)를 설명하고 있다. **생각하기, 짝 맞추기, 공유하기(Think, Pair, Share)**는 학생들이 다른 급우로부터 배우고 그들의 생각을 학급 전체에게 발표하기 전에 위협적이지 않은 분위기 속에서 표현해 보는 간단한 기법이다. 교사의 입장에서 이 활동의 장점은 교실 내에서 과제에 대한 시간을 늘리면서 학생들의 학급 내 토의의 기여도를 아주 높은 질로 이끄는 것이다.

다음은 생각하기, 짝 맞추기, 공유하기의 네 단계인데, 단계별로 교사가 신호를 주어 시간을 제한한다.

1. *교사가 질문을 던진다.* 생각하기, 짝 맞추기, 공유하기 과정은 교사가 생각을 자극하는 질문을 전체 학급에 던짐으로써 시작한다. 이때 한 가지 명확한 답변을 요구하는 식의 질문은 피한다. 질문은 학생들이 생각해야 할 만한 문제점이나 딜레마에 관한 것이어야 한다.
2. *학생은 개별적으로 생각한다.* 교사의 신호에 따라 학생들은 질문에 대해

그들 나름대로의 답변을 생각할 수 있는 제한 시간을 갖게 된다. 이 시간 제한은 학생들의 지식 수준, 문제의 난이도, 주어진 교수 시간에 따라 교사에 의해 결정된다.

3. *각 학생은 동료 학생의 답변과 자신의 답변을 토의한다.* '생각하기' 단계가 끝났다는 신호와 동시에, 답변에 대한 합의점을 도출하는 활동이 시작된다. 학생들마다 가능성을 시험해 볼 기회가 있다. 학생들이 각기 짝을 이루어 문제의 가능한 해결책에 관해 통찰력을 합쳐 일반적 답변을 새롭게 만들게 된다.
4. *학생들은 그들의 답변을 전체 학급과 공유한다.* 이 마지막 단계에서는 각 개인이 해결책을 개인적으로 발표하거나, 한 쌍이 협동하여 발표할 수 있다. 한 쌍의 팀 중, 한 학생은 답변을 표나 다이어그램과 같이 정리하는 일을 할 수 있고, 한 팀의 두 학생 모두 각자의 활동을 인정받아 점수를 얻게 된다.

생각하기, 짝 맞추기, 공유하기 활동의 성공과 질은 1단계에서 제시한 질문의 질에 달려 있다. 만약 그 질문이 학생들에게 진정한 생각을 촉진시키는 것이라면, 이어서 진정한 토의와 공유 활동이 함께 이루어질 것이다.

다음은 제4장에서 제공한 쓰기 양식에 따라 작성된 간접수업을 위한 수업 계획이다.

간접수업 계획 사례

사회과

단원명: 경제체제

수업명: 자본주의, 사회주의, 공산주의 경제체제의 비교와 대조

1 주의집중시키기 국가가 지배하는 원리와 규칙이 경제체제에도 영향을 미친다는 생각을 구축하기 위하여 '국민의, 국민에 의한, 국민을 위한 정부' 라는 문구가 어디에서 나왔는지 학생들에게 묻는다.

2 학습목표 알려 주기 이번 차시: 경제체제를 다양한 국가에서의 상품과 용역의 소유권과 관련시키기. 다음 차시: 경제체제와 정치체제를 구별할 수 있으며 몇몇 경제체제

가 왜 변화하고 있는지 예시하기

3 선행학습 기억시키기 자본주의에 대한 정의를 묻고 나서 질문과 탐구로 정련화한다. 탐색활동을 계속하여 학생들이 자본주의를 "일정 기간 동안 지속적이며 손으로 만질 수 있는 상품의 소유권을 허용하는 경제체제"로 정의할 수 있게 한다. 자본주의 경제를 채택하고 있는 세 국가(미국 제외)에 대해 질문함으로써 이해도를 확인한다.

4 자료 제시하기 A: *사회주의*라는 단어가 무엇을 의미하는지 묻는다. 사회주의를 다음과 같이 정의하는 데 도달할 때까지 질문과 탐구를 계속하여 정의를 다듬어 간다. 즉, 사회주의란 "정부가 경제체제를 통제하여 (1) 모든 사람이 동등하게 가치를 두고 (2) 모든 사람이 매일의 생존을 위해 필요로 하는 것을 모든 사람이 가능하면 많이 사용할 수 있게 하는 제도이다." 학생들에게 공공 서비스의 소유 정도 그리고 각 체제하에서 부과된 세금 정도에 의거하여 자본주의와 사회주의를 비교하도록 한다.

B: *공산주의*라는 단어가 의미하는 바를 묻고, 이를 공동체의 아이디어와 관련시켜 구축하도록 한다. 질문과 탐색으로 소유권의 정도라는 개념을 사용하여 그 정의를 정련화한 다음 학생들이 공산주의 하의 정부에 의해 소유되고 통제되는 것들의 구체적 사례를 들게 한다.

5 학습활동 유발시키기 A: 사회주의하에서 가장 일반적으로 소유되는 공공 서비스를 명확히 하도록 질문을 하는데, 이를테면, 병원, 기차, 통신체제 등이 여기에 해당한다. 농장과 산업의 몇몇 유형도 그것이 공공의 선함(good)과의 관련성이 이해될 때 공공서비스로 받아들여질 것이다.

B: 대부분의 공산주의하에서 가장 일반적으로 소유되는 공공 서비스를 명확히 하도록 질문을 한다. 이를테면, 음식 공급, 주택, 산업 등이 여기에 해당한다. 이러한 서비스와 상품이 자본주의와 사회주의 체제에서는 다르다는 것을 강조한다.

C: 세 가지 경제체제를 비교하여 정부가 소유한 것들의 양과 유형을 분명히 하도록 질문하여 각 체제 사이에 차이가 있는 것은 소유와 과세의 정도에 따른 문제라는 개념을 정립시킨다.

6 피드백 제공하기 학생들에게 자신의 대답과 다른 학생들의 대답을 평가하게 하는 질문을 던진다. 학생들의 대답이 수용할 만한 대답에 근접할 때까지 질문을 계속한다. 학생들이 모든 체제하에서 정부에 의하여 소유되거나, 특정 체제에서만 소유되거나, 혹은 다른 체제와의 결합으로 소유될 것이라고 생각하는 상품과 서비스들을 칠판에 서로 비교가 되도록 나란히 쓴다. 교사는 학생들이 언급한 이러한 상품과 서비스 그리고 인간

적인 항목(personal items)들을 구분해 줄 수 있다. 여기서 인간적인 항목이란 경제체제를 구별하는 데 사용할 수 없는 의류와 가정용품 같은 것들이다.

7 **평가하기** 학생들은 자신이 선택한 세 국가에 대하여 경제체제를 기술한 보고서를 쓴 후에, 각국은 다른 경제체제를 나타내게 되는데, (1) 소유의 정도 (2) 과세의 정도의 개념에 대한 이해도로 학생들에게 성적을 부과한다[(1)과 (2)는 교과서에 인용된 것을 따른다].

직접수업과 간접수업의 비교

직접수업 모델과 간접수업 모델은 각각이 독특한 수업전략을 포함하고 있기 때문에 별도의 장으로 제시되었다. 어느 모델도 다른 모델을 무시하고는 효과를 거둘수 없다. 많은 경우에 두 모델은 함께 한 가지 주제를 가르치는 데도 효과적으로 사용될 수 있다. 그리고 학습할 개념이나 해결해야 할 문제를 소개하기 전에 사실, 규칙, 행동절차를 먼저 배워야 한다. 여러분이 살펴본 대로, 그 모형들은 두 가지 별개의 목적을 갖는다.

- 직접수업 모형은 사실, 규칙, 행동계열의 가르침에 적합하고 이를 위해서 여섯 가지 교수전략을 포함한다: 매일 복습과 점검, 새로운 내용의 제시와 구조화, 안내된 학생의 연습, 피드백과 교정, 독자적인 연습, 주간 및 월간 복습.
- 간접수업 모형은 개념학습, 탐구학습, 문제해결학습에 가장 적합하고 이를 위해서 일곱 가지 교수전략을 제공한다: 내용의 선행조직자, 귀납법과 연역법, 사례와 반사례의 사용, 질문의 활용, 학생 아이디어의 활용, 학생의 자기평가, 집단 토의.

〈표 8.3〉은 직접과 간접수업 모형의 목적을 나란히 두고 비교하며 각각의 모형에서 구분되는 몇 가지 교수사태를 보여 준다.

직접수업하에서, 수업목표는 사실, 규칙, 행동절차를 신속히 습득하는 것이다. 내용은 잘게 나누어져서 간단한 설명, 사례, 연습, 피드백을 포함하는 강의 형태를 통해서 쉽게 학습할 수 있다. 교사의 엄격한 통제 속에서 안내된 연습과 독

표 8.3 직접수업 모형과 간접수업 모형의 수업사태 사례

직접수업	간접수업
목적: 사실, 규칙, 행동절차의 가르침	목적: 개념, 패턴, 추상활동의 가르침
교사는 전날에 배운 것을 복습하면서 수업을 시작한다.	교사는 전체적인 윤곽을 제공하고 개념의 확장을 허용하는 선행조직자로 수업을 시작한다.
교사는 설명과 사례를 들면서 점진적으로 새로운 내용을 제시한다.	교사는 일반화를 정련화하거나 그것에 초점을 맞추기 위하여 귀납 그리고/또는 연역법을 사용하여 학생 반응에 중심을 맞춘다.
교사는 몇 개의 문제를 출제하여 안내된 연습 기회를 제공한다.	교사는 핵심적 · 비핵심적 속성을 분명히 하기 위하여 일반화의 사례와 반사례를 제공한다.
60~80%의 정확도에 도달할 때까지 필요한 경우에는 독려하고 본을 보인다.	교사는 학생들의 경험, 흥미, 문제로부터 부가적인 사례를 이끌어 낸다.
교사는 답이 정확하고 신속하며 확고한지; 정확하나 주저하는지; 부주의해서 부정확한지 또는 지식이 부족하여 부정확한지에 따라 피드백과 교정을 한다.	교사는 일반화의 발견과 명료화를 안내하기 위하여 발문한다.
교사는 주간 그리고 월간(누적적인) 복습을 제공하고 학습되지 못한 내용을 다시 가르친다.	교사는 학생들이 자신의 반응을 평가하는 데 참여시킨다.
	교사는 일반화를 굳히거나 확장하기 위하여, 필요할 때 토의를 독려하고 중재한다.

자적인 연습은 학생들이 학습과정에 능동적으로 참여하고 높은 성공률을 보이도록 돕는다. 주간과 월간 복습에서는 배운 내용을 보강하고 다시 배울 필요가 있는 내용을 제시한다.

반면에 간접수업하에서, 수업목표는 개념, 패턴, 추상화를 문제중심학습, 탐구학습, 개념학습과 함께 가르치는 것이다. 여기서 교사는 그 날의 수업에 대한 전반적인 구조나 내용체제를 제공함으로써 미리 고차원 수업에 대하여 준비시키고 문제해결, 탐구방법과 개념이 확장되는 것을 허용한다. 처음에는 거칠고 부정확한 반응이, 더 넓은 상황에서 배운 내용으로 일반화하는 데 초점을 맞추면서, 귀납적 · 연역적 운동을 통하여 점진적으로 정련된다. 이렇게 하기 위하여, 사례와 반사례 이 둘은 (어떤 것은 학생의 흥미와 경험으로부터 도출된 것이다) 핵심적인 속성을 비핵심적인 것으로부터 구별하기 위하여 사용된다. 교사는 시종일관 학생들에게 질문을 하여 개념을 발견하고 탐구하며 문제를 해결하고 자신들의 반응을 평가하도록 안내한다. 개념이 비교적 비구조적일 때, 토의 집단은 더욱 많은 교사-통제의 형태로 전환될 수 있다. 이 경우에 교사는 중재자가 된다.

문화적으로 반응하는 간접수업법

문화적으로 예민한 교사는 목표와 활동을 배우는 것을 계획할 때 학생들의 문화와 언어를 고려한다(Delpit et al., 2003). 그들은 또한 학습목표는 단지 내용 지식을 전달하는 것 이상을 포함해야 한다고 자각하고 있다. 문화 배경이 다른 학생들은 종종 정서적이고 개인적인 발달의 기회를 포함하는 목표에 의해서 동기를 부여받는다(Burdules & Bruce, 2001; Burnette, 1999; Lustig & Koester, 2005). 그러므로 효과적인 교사는 어떻게 학생들의 배경, 관점, 경험을 획득할 지식와 성취할 행동의 틀 속에 포함시킬 것인지를 고려한다.

문화적 다양성과 간접수업의 영역에서 가장 최근의 발전상 가운데 하나는 사회적 틀 구축의 개념을 포함한다. **사회적 틀 구축(social framing)**은 메시지가 어떤 수업에서 수용되고 이해되는 맥락을 말한다. Ogbu(1995a, b, 2008)는 틀(frame)을 의미가 도출되는 원천을 제한하는 당연한(taken-for-granted) 맥락으로 규정한다. 교사가 "오늘 수업은 여러분이 자본주의, 사회주의, 공산주의의 차이점을 알기를 기대한다."고 소개할 때, 교사는 학습자가 배우기를 기대하는 내용을 학습자들에게 가르치는 수업의 틀을 암묵적으로 설정한다. 최근 연구는 학습자들이 제시된 내용으로부터 이해를 도출할 수 있도록 하기 위하여 수업의 틀을 가장 최상으로 구축하는 방법과, 대안적 틀에 익숙한 문화적 또는 인종적 집단을 더 잘 이해할 수 있도록 하기 위하여 수업의 틀을 변경하는 방법을 연구해 왔다. 예를 들어, Michaels와 Collins(1984)는 직선적, 주제-중심의 패턴으로 이야기의 틀을 구축한 백인(Anglo) 교사의 사례를 보고한다(이를테면, "오늘 나는 세 주인공의 삶에서 일어났던 일련의 사태를 여러분에게 읽어 줄 것이다."). 반면 그녀가 가르치는 흑인(아프리카 아메리칸) 학생들은 주제-연합 패턴에 따라 과제의 틀을 만들었다(예를 들어, "선생님은 우리들에게 사람들에게 일어날 수 있는 사태의 종류를 말해 줄 것이다."). 한 집단이 이야기의 처음부터 끝까지 전개된 일련의 사태 목록을 주로 살펴보는 동안에, 다른 집단은 사건이 전개되는 사태와 기억에 관해 기록을 했다. 따라서, 틀이 특정 집단에 모호하거나 적절하지 않게 구축되었다면 학습할 내용과 방법을 변경할 수 있다.

Bowers와 Flinders(1991) 그리고 Lustig와 Koester(2009)는 맥락을 이해하기 위해 사례를 들었는데, 다양한 문화는 간접수업 동안에 문화와 각별히 관련 있는 정보를 전해 줄 것으로 기대하게 한다. 그들은 다음과 같은 점을 제안한다. 교사는 (1) 학급에 가장 널리 알려진 틀로부터 내용을 제시한다; (2) 학습자가 내용을 확인해야만 하는 것을 통하여 틀—내용—이 무엇인지를 분명하게 한다(예를 들면, 학습된 사실, 수행했던 기능, 또는 숙고한 개념); 그리고/또는 (3) 필요하다면 수업을 시작할 때 학생들과 틀을 조정한다. Walqui(2000)는 영어를 배우는 학생들이 더 상호작용적인 접근을 기대할 수 있는 틀을 사용하면 더 깊은 언어 처리와 개념학습을 보여 주는 학생이 될 수 있다고 지적하였다. 이러한 틀은 또한 학습자들에게 정서적인 면과 개인적인 측면이 더 크게 발달할 기회를 제공한다.

Bowers와 Flinders(1991)는 학생들이 좋아하는 방식으로 반응하도록 수업을 시작하면서 틀을 구축하는 방식을 제안한다. 이러한 접근은 자기-토로, 유머, 대화를 포함한다. Mendler, Curwin, Mendler(2007)는 하나하나가 효과적인 기법이므로 교사들이 정서적이고 개인적인 영역에 추가하기를 제언한다.

- *자기토로*는 수업을 이끌어 가는 교사의 느낌과 정서를 열어 두는 것을 포함한다. "난 이 주제가 의미있도록 노력하고 있다. 그리고 이것이 내가 동의하는 바다." 이것은 학생들의 자기-토로와 같은 유사한 진술을 자극할 것이다. 그리고 그것은 수업의 틀 구축에서 사용할 수 있다.
- *유머*는 수업을 시작할 때 유연하고, 자발적이고, 활달한 기분을 조성해서 틀 구축이 이루어지게 한다. "나에게 재미난 일이 일어났는데 그것은 우리가 오늘 학습할 내용과 연결되는 것"이라고 말하는 것은 학생들에게 수업의 맥락을 제공하는 데 이용할 수 있는 개인적 일화를 공유하도록 동기를 부여한다.
- *대화*는 수업내용에 대하여 밀고 당기는 토의를 포함하며 임의적이며 자발적이라는 특징을 갖는다. 여기서 모든 학생은 열심히 들을 것으로 기대되고, 교사는 수업내용을 학습자들의 말로 색다르게 표현한다. 교사는 학생들의 반응을 이용하여 수업내용을 고차원적으로 구조화하고 정교화한다.

이러한 각각의 토대 구축 기법은 문화적, 인종적 집단을 초월하여 간접수업을 하는 동안에 학생 참여를 고양시키는 것으로 믿어진다. 이 기법들은 문화와 인종을 넘어 효과적이다. 학생들 중 일부는 미리 준비된 수업계획과 교과서와 같은 전통적 틀에서는 그다지 참여하지 않았을 것이다.

맺는말

이 장과 앞 장에서는 다양한 가르침의 전략들을 제시했다. 이러한 전략들은 적절한 내용과 목적으로 활용될 때, 교사의 교수 효과성을 상당히 개선시킬 수 있다. 비록 이 두 가지의 직접수업과 간접수업 모형이 교수와 학습에 지대한 공헌을 한다 하더라도, 이 두 가지가 교사의 수업양식을 배타적으로 지배할 수는 없다. 만일 여러분이 직접수업 모형과 간접수업 모형 가운데 하나만을 적용한다면 그것은 불행이다. 왜냐하면 이 모형들을 소개하는 일차적 의도가 여러분의 입장에서 수업전략의 다양성을 높이는 것이기 때문이다.

이들 모형들과 그것들의 전략은 여러분이 가르치는 특별한 목표와 학생들에게 부합시키기 위한 수많은 조합으로 혼합될 수 있는 다양한 수업도구를 제공하려는 것이다. 마치 음식점의 음식이름들이 모두 훌륭하여 메뉴판에서 동등한 위치를 갖는 것처럼, 직접수업과 간접수업 모형도 둘 다 훌륭하여 여러분의 수업에서 동등한 위치를 갖는다.

이 두 장의 두드러진 강조점은 여러분이 가르치는 학생들을 위하여 교육적 취향의 탁월한 결합을 창출하기 위하여 직접수업과 간접수업 모형을 대안적으로 사용해야 한다는 점이다. 여러분의 목표는 어느 날에나 원용할 수 있는 메뉴판의 결합 내용을 최상으로 이끄는 것이다. 이어지는 장에서 기본적인 메뉴를 확장하여 여러분이 자유자재로 사용할 수 있도록 더욱 다양한 교수방법을 제공할 것이다.

현장사례 *Case History and Licensure Preparation*

박 선생님의 중학교 2학년 사회과 수업은 다양한 문화의 학생들 30명으로 구성되어 있다. 그들은 현재 경제체제에 관한 단원을 공부하고 있다. 그들은 이미 경제의 사적, 공적 부문의 공통점과 차이점을 익혔다. 오늘 박 선생님은 학생들과 함께 모든 경제에 영향을 주는 요인에 대해 생각해 보는 시간을 갖기를 원한다.

교사: 민희, 너는 대장장이를 몇 명이나 알고 있니?

민희: 글쎄요, 저는 아는 대장장이가 없습니다.

교사: 그렇다면 혹시 경마장에서 일하는 편자공(말발굽 만드는 사람)은 알고 있니?

민희: 그렇지만 선생님, 대장장이랑은 다르게 요즘 편자공이라는 직업은 없지 않나요?

교사: 네 말이 맞아. 요즘 말발굽은 모두 기계로 만들어져 나오지. (교사는 우연히 벽걸이 달력을 보고는 하던 말을 멈춘다.) 음, 그것에 대해 알

아보기 전에, 여름방학이 다가오는군. 내가 계속 일하려면 방학 동안 할 일을 구해야 해. 영만아, 내가 어떤 일을 했으면 좋겠다고 생각해? 나는 주유소 직원을 생각하고 있거든. 나는 차를 항상 좋아해.

영만: (당황한 기색이 역력하다.) 주유소 직원이요? 그러니까 자동차 앞 유리를 닦아 주고 일반 기름이랑 고급기름 중에서 무엇을 넣을지 물어보는 사람들 말씀하시는 거에요? 선생님, 그 직업은 이제 더 이상 없잖아요. (미국에는 주유소 직원이 없고, 차 주인이 가스 스테이션의 주유기에서 직접 주유한다 – 역주).

교사: 그래, 맞아. 그렇다면 승강기 안내원은 어떻지?

승옥: 지금 옛날 영화에서 봤던 "몇 층이십니까, 손님?" 하고 물어 보고 레버 같은 것으로 승강기 문을 열어 주던 그 사람들 말씀하시는 거죠? [웃는다.] 저는 지금 선생님께서 저희를 놀리시려고 하시는 것 같아요. 선생님, 그런 직업들은 이제 더 이상 존재하지 않아요.

교사: 그렇지. 그런 직업들, 대장장이, 주유소 직원, 승강기 안내원은 왜 사라졌을까?

민우: 음, 오늘날에는 재미를 위한 경우를 제외하고는 말을 더 이상 타지 않고, 자동차를 타고 다녀요.

진주: 그래서 이제는 그저 주유소 기계에 신용카드를 넣은 다음 스스로 주유하기만 하면 되잖아요.

승옥: 그리고 승강기에서는 가고 싶은 층의 버튼만 누르면 되고, 문도 자동으로 열려요.

교사: 자, 그렇다면 그것들의 공통점은 무엇일까? (대답이 없다.) 무엇이 그 직업들을 모두 사라지게 했을까? 미숙, 어떻게 생각하니?

미숙: 아마도 시대가 변했기 때문인 것 같아요.

교사: 그렇지만 정확히 무엇이 변했지? 네가 말하는 시대 변화가 머리 스타일이나 대중가요, 또는 신제품 메니큐어의 색이 변한 것을 말하는 거니?

미숙: 아닙니다. (자신의 밝은 청록색 손톱을 내려다보며 웃는다.) 제 말은 지금이 현대 시대라는 거에요. 그러니까, 기계 같은 것들이요.

우영: 미숙, 그러니까 '첨단기술'을 말하려는 거지?

교사: 기계? 첨단기술? 또 다른 의견 있니?

승옥: 음, 저는 첨단 자동차가 얼마나 있는지 모르겠어요. 우영, 자동차는 한 세기 동안 있어 왔어. 첨단 기술보다는 아마도 그냥 기술의 변화라고 말하는 게 좋을 것 같아.

교사: 승옥아, 아주 좋은 용어야. 미숙이가 말한 '시대의 변화' 라는 의견과 우영이의 '첨단 기술' 이라는 의견을 절충했구나. 우영이는 대장장이 예를 포함하기에는 너무 좁은 시각이었고, 아까 내가 보여 주었듯이 미숙이의 '시대의 변화' 는 대중가요부터 시작해서 매니큐어까지 그 범위가 너무 넓어. 그러면, 요약해서 우리는 뭐라고 말할 수 있을까?

영만: 기술의 변화가 몇몇 직업들을 사라지게 함으로써 직업 시장에 영향을 주었다고 말할 수 있어요.

교사: 영만아, 정확히 이야기해 주었어. 다음 시간에는 기술이 새로운 직업들을 탄생시키는 데 하는 역할에 대해 생각해 보기로 하자.

요약 *Summing up*

직접수업법과 간접수업법의 비교

1. 간접수업법은 개념학습, 탐구학습, 문제중심학습을 강조하는 전략 속에서 개념, 패턴, 추상화를 가르치거나 학습하는 접근 방법이다.
2. 간접수업법에서는 제공된 자극 자료를 학습자가 재배열하거나 정교화함으로써 변형시켜서 반응함으로써 정보를 습득한다.
3. 일반화 과정은 학습자들이 다른 자극에 동일하게 반응하도록 도와서 특별한 사실, 규칙, 절차를 적용하는 범위를 증가시킨다.
4. 변별 과정은 동일한 개념으로 보일지라도 핵심적인 측면에서는 다른 요소를 제거함으로써 적용 범위를 선택적으로 제한하게 한다.
5. 일반화와 변별 과정은 둘 다 학생들이 다르게 보이는 자극들을 범주가 지닌 속성에 근거하여 분류할 수 있도록 돕는다. 범주가 지닌 속성은 자석과 같아서 한 개념에 속한 사례를 모두 끌어당기면서도 학습자가 그 모든 사례를 보거나 암기하도록 요구하지는 않는다.
6. 간접수업법의 교수 기능은 다음과 같다.
   - 선행조직자의 사용
   - 개념적 운동: 귀납적과 연역적
   - 사례와 반사례의 사용
   - 질문의 활용
   - 학생 아이디어의 활용
   - 학생의 자기평가
   - 집단 토의의 사용

내용 조직

7. 선행조직자는 학습자에게 앞으로 배울 내용에 대한 개념적 예습을 하게 하여 학습자들이 내용을 저장하고, 이름을 붙이며, 유목화하여 기억하거나 나중에 사용할 수 있게 한다.
8. 내용을 조직하고 선행조직자를 구성하는

세 가지 방법은 문제중심학습, 탐구학습, 개념학습이다.

개념적 운동: 귀납법과 연역법

9. 귀납법은 데이터에 대한 제한적인 상황을 구체적으로 관찰하는 것으로 시작하여 보다 광범위한 상황에 관한 일반화로 마무리 짓는다.
10. 연역법은 원리나 일반화로부터 시작하여 그것을 구체적인 상황에 적용하는 것으로 마무리 짓는다.

사례와 반사례의 활용법

11. 사례와 반사례를 마련해 주면 범주적이고 비범주적인 속성을 정의할 수 있어서 정확한 일반화를 할 수 있게 도와준다.
12. 사례와 반사례의 사용은 반드시 다음 단계들을 포함한다.
    - 하나 이상의 사례를 제공함
    - 정의된 개념과 관련이 없는 다양한 방법의 사례를 사용함
    - 개념의 영역과 관련이 있는 반사례를 사용함
    - 반사례도 사례가 지닌 특성과 똑같은 특성을 몇 가지 지닌 이유를 설명함

질문 활용법

13. 간접수업법에서의 질문은 학생들이 문제의 새로운 영역과 난제를 해결하는 새로운 방법을 발견할 수 있도록 안내하는 역할을 한다.
14. 간접수업법에서의 질문은 다음과 같은 방법으로 사용될 수 있다.
    - 초점을 다시 강조하기
    - 해결될 모순점을 제시하기
    - 반응을 깊고 더욱 철저하게 파헤치기
    - 토의를 새로운 분야로 확장하기
    - 학생들에게 책임감을 부과하기

학습자의 경험과 아이디어의 활용

15. 학생의 아이디어는 그들의 관심을 증폭시키고, 문제들과 관련된 주제를 조직하며, 개별 학생에게 적합한 피드백을 제공하고, 주제에 대한 긍정적인 태도를 조장하기 위하여 사용될 수 있다. 이러한 목표들은 그 자체가 최종 목적이 아니므로 학생의 아이디어를 미리 계획하고 구조화하여 개념학습, 탐구학습, 문제중심학습을 조장해야만 한다.
16. 종종 안내되지 않은 발견학습으로 불리는 학습자 중심 학습에서는 학생들이 학습 경험의 유형과 분량을 선정할 수 있다. 이 학습은 실험, 연구과제, 과학작품전, 시범 등을 독자적으로 수행하는 상황에 적합하다. 그렇다 하더라도 항상 내용을 사전에 조직하여 학생들의 아이디어가 교육과정의 목표를 증진시키는지를 확인할 필요가 있다.

학생의 자기평가

17. 학생들이 응답에 대하여 자기평가를 하기 위해서는 교사가 그들에게 자신들의 답에 대하여 생각할 기회를 주어서 교사와 급우들이 그 답에 필요한 변화를 제언할 수 있도록 해야 한다. 가장 간단한 자기평가는 학생과 학생, 학생과 교사 간에 의사소통이 활발하여 교사가 학생들에게 제언할 것과, 자신들의 답과 다른 학생들의 답의 정확성을 고려하도록 장려하는 상황에서 일

어날 수 있다.

집단 토의의 활용

18. 집단 토의는 다수의 학생들이 성공적으로 상호작용을 통하여 의사소통하는 것을 포함한다. 이러한 의사소통이 일어나는 동안에 교사는 복습과 요약하는 경우에만 간헐적으로 참견한다. 교사는 주기적으로 상호작용할 수 있는 시간을 책정하여 각 집단의 진보를 평가하고 필요한 경우 새로운 지시를 할 수 있다.
19. 토의에 가장 좋은 주제는 교과서와 워크북에 형식적으로 구조화되어 있지 않으며 학생들 간에 다수의 합의가 이루어지지 않은 주제들이다.
20. 토의가 진행되는 동안에 교사들이 할 수 있는 적절한 태도는 다음과 같다.
    - 학생들이 토의의 목표를 염두에 두도록 한다.
    - 필요한 경우에는 새롭거나 더욱 정확한 정보를 제공한다.
    - 복습하고 요약하며, 사실과 의견을 관련짓는다.
    - 정보와 아이디어의 흐름이 토의의 목표를 향하도록 방향을 일러 준다.
    - 아이디어를 결합하고 타협을 촉진하면서 합의하도록 한다.

결론

21. 교사들은 일반적으로 직접수업법과 간접수업법을 함께 사용하므로 하나의 교수법만을 배타적으로 선호해서는 안 된다. 각 교수법은 사실, 규칙, 절차나 문제, 탐구, 개념을 가르치는데 효율적이고 효과적인 방법을 구성하는 일련의 기능들을 내포하고 있다.

토의 및 연습문제 *Discussion and Practice Questions*

1. 간접수업법에서 함께 사용되는 세 가지 학습개념은 무엇인가? 이 세 가지를 모두 포함하는 사례를 하나 드시오.
2. 어떤 유형의 행동결과가 (1) 직접수업법과 (2) 간접수업법으로 성취하기에 가장 효과적인가?
3. 간접수업법에서 말하는 간접의 의미는 무엇인가? 그 요점을 설명할 수 있는 사례를 말할 수 있는가?
4. 직접수업법이 모든 수업에 사용될 수 없는 이유는 무엇인가? 직접수업법이 부적절한 사례를 제시하시오.
5. 일반화와 차별화에 대하여 자신의 말로 설명하시오. 이 둘의 절차를 요구하는 학습과제의 예를 하나 드시오.
6. 다음의 학습과제에서 유형 I에 해당하는 과제(사실, 규칙, 행동절차)와 유형 II에 해당하는 과제(개념학습, 탐구, 문제해결로부터 기대되는 결과)를 구분하시오.
   a. 대통령들의 이름 말하기
   b. 가장 우수한 연설 선정하기
   c. 자동차의 기어 바꾸기

d. 수필 쓰기
e. 조지 오웰의 소설인 『1984』의 주제 설명하기
f. 테니스 공 치기
g. 테니스 시합 이기기
h. 새로운 청량음료 발명하기
i. 모음 소리 발음하기
j. 효과적인 교사 되기

7. 개념이 사실, 규칙, 행동절차가 습득되는 인지과정만을 통해서 학습될 때 우려되는 두 가지 문제를 서술하시오.

8. 다음의 각각에 대하여, 어떻게 하면 그 개념을 귀납적이고 연역적인 두 가지 방법으로 가르칠 수 있는지 구체적인 예를 드시오. 여러분의 수업이 일반화로 시작하는지 마무리하는지에 대하여 특별히 유념하시오.
   - 민주주의
   - 자유
   - 교육
   - 효과적인 수업
   - 부모역할 하기

9. 효과적인 수업이라는 개념에 대하여 함께 정의될 수 있는 필수적인 속성 다섯 가지와 비필수적인 속성 다섯 가지를 말하시오. 그것들을 이용하여 효과적인 수업이 무엇인지를 설명하는 글을 완성하시오.

10. 제7장과 8장에서 배운 내용을 근거로, (1) 직접수업법과 (2) 간접수업법에서 질문을 사용하는 목적이 다른 점을 구분하여 설명하시오.

11. 학생들이 아이디어와 내용을 결정하는 것으로 시작하고 마무리하는 토의에 의하여 나타날 수 있는 유형의 수업은 무엇인가? 이것은 간접수업법의 상황에서 학생들의 아이디어를 사용하는 것과 어떻게 다른가?

12. 다음의 수업목표 가운데 직접수업법을 사용할 목표와 간접수업법을 사용할 목표는 어느 것인가?
a. 노래 부르기
b. 현미경을 제대로 사용하기
c. 밀턴의 실낙원 감상하기
d. 주변에 있는 환경 오염원 감시하기
e. 미지항이 두 개인 방정식 풀기
f. 학년 수준의 읽기
g. 1분당 25단어를 컴퓨터에 입력하기
h. 독창적인 단편 소설 창작하기
i. 과학 작품전에 우수작 출품하기
j. 전쟁과 공격성 구별하기
이것들 가운데 두 가지 교수법을 적용할 수 있는 목표는 어느 것인가?

9

이 장을 마치면 여러분은 다음 질문에 답할 수 있을 것이다.

1. 효과적인 질문이란 무엇인가?
2. 다양한 질문들을 어떤 유형으로 분류할 수 있는가?
3. 질문을 여러 번 하게 될 때 어떤 순서로 할 것인가?
4. 인지적 복잡성에서 서로 다른 수준을 보이는 학생들에게 어떻게 질문할 것인가?
5. 어떻게 질문해야 탐구정신과 문제해결 능력을 촉진시킬 수 있는가?

질문전략

이전 장들에서 있었던 교실 대화들을 보고, 여러분은 질문이 효과적인 수업요소 중 하나로서 매우 중요한 역할을 하고 있음을 느꼈을 것이다. 교사와 학생의 상호작용 중 대부분은 어떤 형태로든지 질문을 포함하고 있기 때문에 질문의 중요성은 결코 우연한 것이 아니다.
이 장에서는 앞에서 나온 대화의 예를 활용하면서 효과적 질문에 대한 정의, 다양한 질문 방법, 그리고 교사가 많이 사용해야 하는 질문의 유형 등을 탐구하고자 한다.

이 장은 또한 질문과 밀접하게 관련된 주제로서 탐사(probe)에 대해서 다룰 것이다. 질문과 마찬가지로, 탐사 역시 다음 다섯 가지 핵심적 수업목표 달성을 도와주는 촉매제이다. 다섯 가지 수업목표는 (1) 수업의 명료화, (2) 수업방법의 다양화, (3) 수업목표에의 집중도 향상, (4) 학생의 적극적 참여 유도, (5) 성공적인 학업성취이다. 이어지는 장들에서는 다른 교수전략과 질문전략을 잘 결합하는 방법을 살펴볼 것이다.

질문이란 무엇인가?

활기 넘치면서 빠르게 진행되는 교수 · 학습 상황에서 질문이 언제나 분명하게 드러나는 것은 아니다. Dantonio와 Beisenherz(2000), Brown과 Wragg(1993) 등이 관찰한 바와 같이 학생들은 종종 어떤 유형의 질문들이 제시되었는지 잘 구별하지 못하며, 심지어는 질문이 있었는지조차 모르고 있다. 예를 들어 다음 두 질문을 가정해 보자.

> 답을 아는 학생은 손을 *드세요*.
> 여러분은 이 질문에 ***대답하지 않을 건가요?***

첫 번째 말은 지시의 형태로 표현되었지만, 그 안에 질문을 내포하고 있다. 두 번째 말은 질문처럼 들리지만, 그 안에 지시가 암암리에 들어 있다. 그렇다면 학생들이 위의 두 표현을 모두 질문으로 인식할 것인가? 두 표현 모두 같은 반응을 유발하게 될까?

발언의 억양도 혼동을 주는 한 요인이다. 문법적으로는 의문문이 아닌데도 음성 억양이 달라져서 질문으로 나타날 수 있기 때문이다. 예를 들어 강약이 다른 다음 두 문장을 음성으로 듣는다고 상상해 보자.

> 학생이 그 대통령은 재선될 것이라고 ***말했지요?***
> 그 대통령이 재선될 ***가능성이*** 있겠지요?

의도했거나 안 했거나에 관계없이 발언의 억양을 적절하게 조절하기만 하면 거의 어떤 문장이라도 질문으로 만들 수 있다. 아울러, 어떤 억양이나 단어를 선택하느냐에 따라 진짜 질문이 단순히 의문문으로 표현되기만 한 것처럼 느끼게 할 수도 있다.

> 우리 모두는 오늘 할 숙제를 다 끝냈지요?

이 문장이 질문이든 아니든 간에, 숙제를 다 끝내지 못한 학생들은 틀림없이 이 질문을 질문 형태만 띤 어떤 주장으로만 받아들일 것이다.

효과적인 질문은 학생들로 하여금 적극적으로 대답하게 하고, 그럼으로써 학습 과정에 적극 참여하도록 만들어 준다(Borich, 2008a; Chuska, 2003; Walsh & Sattes, 2004). 앞의 예에서와 같이, 효과적인 질문은 단순히 단어 자체에만 의존하지 않는다. 억양, 단어 강조, 단어 선택, 질문의 맥락 등도 질문의 효과를 결정한다. 질문은 다양한 방식으로 전개될 수 있는데, 어느 방식에서든지 학생이 질문을 인지하였는지, 했다면 어떻게 인지하였는지를 판단할 수 있다.

이 장에서는 학생들의 대답을 요구하는 것이라면 구두진술이든 몸짓이든 질문으로 간주한다. 그리고 만일 질문이 학생들로 하여금 학습과정에 적극 참여하도록 만들어 준다면, 그것은 효과적 질문이라고 본다. 이 점을 염두에 두면서 이제부터 학생이 학습과정에 적극 참여하도록 질문하는 다양한 방법을 탐구해 보기로 하자.

수업시간의 80%를 차지하는 것

대부분의 교실에서는 교수·학습활동이 일련의 순서대로 이루어진다. 즉, 교사는 토의할 내용을 구조화하고 학생들에게 질문을 권유한 후, 그 질문에 반응한다. 이렇게 교실에서 가장 많이 나타나는 교수·학습활동의 순서를 다음과 같이 정리할 수 있다.

1. 교사가 토의할 주제 또는 문제를 간단히 설명함으로써 수업의 구조를 제시한다.
2. 학생들이 의견을 말하도록 권유하거나, 한 학생 또는 전체 학생에게 질문한다.
3. 학생이 자신의 의견을 말하거나 교사의 질문에 대답한다.
4. 교사는 학생들의 의견 또는 대답에 반응한다.

이러한 활동 순서 속에 들어 있는 교사 행동들은 **구조화**, **권유** 및 **반응** 등이다. 더 나아가, 이러한 순서의 핵심에 있는 것이 권유 즉 질문이다. 질문은 교사가 제시하는 내용 수준과 학생의 이해 수준 사이에 다리를 놓아 준다. 앞으로 이 장에서 전개될 수많은 질문의 유형이나 다양성으로 인하여 질문의 목적 자체를 잊어서는 안 된다. 직접수업 및 간접수업 속에 들어 있는 다른 구성요소들과 같이, 질문은 교사가 구조화한 자료에 대하여 학생들이 사고하고 행동하는 것을 도와주는 도구임을 염두에 두어야 한다.

권유 또는 질문은 매우 자주 사용되어, 전형적인 초·중등학교 교실에서는 한 차시에 질문이 100회 정도까지 전개되기도 한다. 총수업시간 중 때로는 80%까지 질문과 대답에 쓰인다. 하나의 수업전략에 이렇게 집중도가 높은 것은 곧 그 전략(질문)이 그만큼 편리하고 효과적인 것으로 인식되고 있음을 입증한다. 그러나 이미 지적한 바와 같이 모든 질문이 다 효과적인 것은 아니다. 즉, 모든 질문이 학생들을 학습과정에 적극적으로 참여시키고 있지는 못하다.

우리는 올바르게 질문하고 있는가?

몇몇 연구결과는 일부 질문이 학생들을 학습과정에 적극적으로 끌어들이지 못하고 있음을 보여 준다. 이 연구들은 질문 중 70~80%는 사실에 대한 단순한 회상만을 요구하고, 20~30%만이 명료화, 확산, 일반화, 추론 등 고차적 사고과정을 요구하고 있다고 평가하였다(Corey, 1940; Haynes, 1935). 이러한 과거 연구결과들은 현재와 별반 다를 게 없다. 미국과 영국에서 나온 최근 연구들은 평균 다섯 개의 질문 가운데 셋은 단순 회상을 요구하고, 하나는 교실 관리에 관한 것이며, 오직 하나만이 고차적 사고과정을 주문하고 있다고 말한다(Atwood & Wilen, 1991; Brown, 2001; Brown & Wragg, 1993; Wragg, 2001).

교사들은 이렇게 사고 요구 질문에 비해 회상 요구 질문의 비율이 지나치게 높은 것에 주의해야 한다. 장차 실생활에서 일하거나 고급 연수를 받을 때 가장 필요한 사고행동—분석, 종합 및 평가 능력 등 고차적 수준의 인지적 복잡성 관련 행동—이 교실 수업에서는 가장 적게 강조되고 있는 것이다(Chuska, 2003; Dantonio & Beisenherz, 2000; Power & Hubbard, 1999; Wiske, 1997).

질문의 목적은 무엇인가?

모든 질문을 정보 회상을 요구하는 낮은 차원의 질문 또는 분류, 확산, 일반화 및 추론 등을 요구하는 높은 차원의 질문 중 하나로 분류하는 것이 간편할 수도 있다. 그러나 그러한 광범위한 구별은 질문의 구체적인 목적들을 무시할 가능성이 있다. 질문의 목적 중 대부분은 다음과 같은 일반적 범주에 포함될 수 있다.

1. ***흥미유발과 주의집중:*** "만일 여러분이 달에 도착한다면 제일 먼저 무엇을 보게 될까요?"
2. ***진단과 점검:*** "라틴어 via의 뜻은 무엇일까요?"
3. ***구체적인 사실이나 정보의 회상:*** "『허클베리 핀의 모험』에 나오는 주인공들의 이름은 무엇인가요?"
4. ***관리:*** "여러분은 내 허락을 받았나요?"
5. ***고차적 수준의 사고과정 격려:*** "우리가 배운 것을 종합적으로 볼 때, 가정에서 쓰는 제품 중에 소디움(Na+) 원소의 특성을 나타내는 것들은 무엇일까요?"
6. ***구조화 및 다음 학습 안내:*** "지금까지 우리는 이야기체 형식을 모두 배웠는데, 이제 설명문이 무엇인지 말해 봅시다."

7. *정서 표현의 허용:* "여러분은 『생쥐와 인간』에서 어떤 점을 좋게 생각했지요?"

이들 질문 대부분은 학생의 대답을 형성하거나 완성시켜 주려는 목적을 지니고 있다. 이렇게 보면, 잘 제시된 질문은 대답의 기본 틀을 제공하는 선행조직자로서의 기능을 한다.

수렴적 질문과 확산적 질문은 무엇인가?

질문은 범위가 좁거나 넓어서 구체적이고 제한된 대답을 유도하거나 또는 일반적이고 확산적인 대답을 유도할 수가 있다. 하나 또는 적은 수의 대답으로 대답을 한정하는 질문을 **수렴적**(직접적 또는 폐쇄적) **질문**이라 한다. 이런 질문의 경우, 학생은 전에 그 대답을 읽거나 들은 적이 있기 때문에 단지 사실만을 회상하면 된다.

수렴적 질문은 제한되고 규정된 방식으로 학생이 대답하도록 한다. 예를 들어 "라틴어 via의 뜻은 무엇일까요?" "『허클베리 핀의 모험』에 나오는 주인공들의 이름은 무엇인가요?" 등이 그러하다. 이런 질문에 대한 학생의 대답이 맞는지 틀리는지는 쉽게 판단할 수 있다. 수렴적, 폐쇄적 질문은 직접수업법에서 주로 쓰이는데, 앞에서 말한 바와 같이 모든 질문 중 80%는 이러한 유형의 질문이라 할 수 있다.

다른 유형의 질문은 일반적이거나 개방적인 대답을 장려한다. 이것을 **확산적 질문** 또는 **간접적 질문**이라 한다. 여기에는 하나의 정답이 없는 반면, 여러 개의 틀린 대답은 있을 수 있다. 짐작컨대 이 점이 확산적 질문에서 가장 많은 오해를 받는 측면이다. 학생들로 하여금 느낌을 표현하도록 하는 확산적 질문에서조차도 어떤 대답을 정답이라고 할 수는 없다. 만일 어떤 학생이 『생쥐와 인간』에 대하여 좋았던 점을 묻는 물음에 대해 "아무것도 없었어요." 또는 "행복한 결론이요."라고 대답한다면, 그 학생은 책을 읽지 않았거나 책 속의 사건을 좀 더 깊이 이해할 필요가 있다. 그러한 대답에 대해 교사가 수동적 또는 허용적 반응만을 한다면, 개방된 학생 대답을 유도하려고 했던 교사의 의도에도 불구하고 그 반응은 적절하지 못하다.

우리는 수렴적 질문보다 확산적 질문에서 훨씬 다양한 대답을 기대할 수 있다. 이 점은 아마도 모든 질문 중에서 단지 20%의 질문만이 확산적 질문이라는 점의 이유가 될지도 모른다. 수렴적 질문에 대한 대답의 옳고 그름을 결정하는 일이 확산적 질문에 대해 허용 가능한 대답범위를 놓고서 대답을 걸러 내는 일보다는 쉬울 것이기 때문이다. 그럼에도 불구하고 적절하지 못한 대답들을 분석해 내어 그것들을 허용 가능한 범위 속으로 들어가도록 고쳐 주는 일은 교사의 의무이다. 그러므로 교사는 보다 자세하고도 새로운 정보 또는 격려를 제공하며 확산적 질문에 대한 후속질문을 할 필요가 있다. 이러한 의미에서 확산적 질문은 교사의 가르침을 신선하고 흥미롭게 만들어 주는 생생한 보충자료의 원천이 된다.

특기할 점은 같은 질문이라도 어떤 맥락에서는 수렴적 질문이 될 수 있는 동시에 다른 맥락에서는 확산적 질문이 된다는 것이다. 예를 들어, 학생으로 하여금 가정용 제품 중에서 어떤 것이 소디움(나트륨) 원소의 특성을 보여 주는지를 어떤 기준을 통해 결정하거나 평가하라고 질문했다고 하자. 만일 학생이 이전에 암기했던 목록에 있는 제품들을 회상하기만 한다면 그 질문은 수렴적 질문이 된다. 그러나 만일 그 학생이 그런 목록을 본 적이 없고 여러 제품들의 물리적 속성을 스스로 분석해야만 한다면 그 질문은 확산적 질문이 된다.

수렴적 질문은 뜻하지 않게 확산적 질문으로 변하기도 한다. 단순한 회상만을 요구하였던 질문("라틴어 via의 뜻은 무엇일까요?")에 대한 대답을 사전에 알지 못한 상태에서, 학생 자신이 일반화와 귀납적 추리를 통해[예, 영어 단어 '경유(viaduct)' 나 '35번 도로를 경유하여' 의 뜻을 생각함으로써] 정답을 도출해 낸다면 그 질문은 확산적 질문이 된다.

어떤 맥락에서 수렴적 질문이던 것이 다른 맥락에서 확산적 질문이 될 수도 있는 반면, 그 반대의 경우도 있다. "군비 축소에 대하여 어떻게 생각하나요?" 라는 질문이 8학년에게는 평가능력을 발휘하게 만들 수 있으나, "전략적 무기 제한 협정" 의 세부내용의 암기를 막 끝낸 12학년생에게는 단지 사실 회상만을 요구하는 질문일 수 있다. 또한 "군비 축소에 대하여 어떻게 생각하나요?" 및 "댈러스 카우보이(Dallas Cowboys)(역주: 미국의 미식축구팀 이름)에 대하여 어떻게 생각하나요?" 라는 두 질문은 모두 약간의 분석, 종합, 평가를 요구할 것이다. 그러나 대부분의 학생에게 군비 축소가 댈러스 카우보이보다 높은 수준의 사고능력을 요구한다는 점에서 군비 축소에 관한 질문은 보다 더 확산적인 질문이다.

앞에서 본 바와 같이 질문의 효과성 여부는 단순히 단어에만 달려 있는 것이 아니다. 질문의 맥락, 음성의 억양, 강조되는 언어, 선택되는 언어 등에도 달려 있다.

수렴적 질문과 확산적 질문에 대한 연구결과

연구자들은 수렴적 질문과 확산적 질문이 학업성취에 미치는 효과에 대하여 연구해 왔다(Cecil, 1995; Dillon, 2004; Gall, 1984; Hubbard & Power, 2003). 주된 연구결과는 교실 안에서 수렴적 질문이 확산적 질문보다 훨씬 더 많이 제기된다는 것이며, 그 비율은 4 대 1 정도이다. 고차적, 확산적 질문을 사용하는 목적은 비판적 사고를 촉진하고, 개념을 형성하며, 분석 · 종합 · 평가하는 활동을 유도하는 것이다. 그러나 흥미롭게도 고차적 수준의 질문을 사용하는 것이 학업성취의 향상과 관련 있다는 것이 명료하게－적어도 표준화된 성취도 검사를 통해서－실증되지는 못하고 있다(Audet & Jordan, 2005; Bransford, Brown, & Cocking, 2000; Chuska, 2003).

몇몇 연구들은 확산적 질문전략을 사용함으로써 학업성취 점수를 어느 정도 높였다고 보고하고 있으나 다른 연구들은 그렇지 못하다. 심지어 어떤 연구들은 확산적 질문전략에서보다 수렴적 질문에서 학업성취가 더 높았다고 보고하고 있다. 비록 이러한 연구들이 수렴적 질문 쪽을 뚜렷하게 지지하였다 하더라도, 연구결과들을 음미함에 있어 다음 네 가지 요소는 반드시 고려되어야 한다.

1. 성취도 검사－특히 표준화된 성취도 검사－는 선다형 문항들을 쓰고 있는데, 이것들은 대체로 인지적 복잡성이 낮은 수준의 행동들을 검사한다. 그러므로 이러한 연구들에서의 성취도 검사도구는 높은 수준의 인지적 복잡성과 관련된 행동의 향상, 즉 확산적 질문을 통해 얻게 된 향상을 탐지해 내기 어렵다.
2. 확산적 질문에서 흔히 예상되는 대답의 다양성 또는 소요시간의 증가로 인해 고차적 질문에 필요한 시간이 충분하게 확보되지 않을 수가 있다. 수렴적 질문보다 확산적 질문에 소요되는 수업시간이 비교적 적기 때문에, 어떤 연구결과들은 수렴적 질문과 확산적 질문의 상대적 효과보다는 단순히 소요된 수업시간의 차이를 반영할 수도 있다.
3. 현재의 교과서, 워크북 및 교육과정 해설서 등에서는 복잡한 사고행동에 적합한 내용이 적게 들어 있을 수 있다. 이는 교수 · 학습에 대한 구성주의적 관점에 의해 변화되고 있는 추세이지만 수학, 과학, 영어, 심지어 사회과목에서조차도 전형적인 교육과정의 상당 부분은 지식 및 이해 수준에서의 사실과 원리를 강조하고 있다. 이것은 이들의 성취도가 가장 쉽게 측정되기 때문일 것이며, 원했던 바의 향상을 표준화된 검사를 통해 확인할 수 있기 때문일 것이다. 문서화된 교육과정이 고차적 사고과정을 보다 많이 장려하거나 요구하기 전에는 교사들이 실제로 고차적 사고를 위해 더 많은 시간을 투입하지는 않을 것이다.

4. 확산적 질문과 밀접하게 관련된 학생들의 사고 행동이나 문제해결 행동은 보다 덜 복잡한 행동들보다 눈에 잘 띄지 않을 수 있다. 덜 복잡한 행동(소유격 만드는 법 배우기, 라틴 어원 암기하기, 곱셈 구구단 배우기)은 수렴적 질문전략을 통해서 빠르게 드러나고, 수업이나 단원이 끝날 때 치르는 빈칸 채우기, 대응시키기 또는 선다형 등의 시험에서 쉽게 확인된다. 그러나 보다 복잡한 사고행동(정치체제와 경제체제 구별하는 법 배우기, 가정용 제품들이 지닌 화학적 성분 분석법 배우기, 2차 방정식 식별하기)은 배운 것이 측정 가능한 결과로 나타날 때까지는 한 단원 수업기간, 학기 또는 더 많은 시간이 걸릴 수도 있다. 이러한 시간 길이는 수렴적 질문전략과 확산적 전략이 학업성취에 미친 효과를 비교하였던 연구들의 진행시간보다 길다.

그러므로 확산적 질문전략과 수렴적 질문전략의 사용 정도나 효과성에서 나타나는 불균형은 두 전략 자체와는 별 관련이 없을지도 모른다. 사실 회상은 언제나 고차적 사고과정에서 필수 요소이기 때문에, 수많은 수렴적 질문이 항상 고차적 사고행동에 있어서 필수 선행조건이 된다(Bruning, Schraw, Norby, & Ronning, 2004; Mayer, 2002). 또한 고차적 사고 질문들이 효과적으로 사용되기 위해서는 보다 많은 수업시간이 필요하기 때문에, 적절한 양의 확산적 질문을 지속적으로 사용하는 것이 확산적 질문을 짧은 시기 동안 밀도 있게 끼워 넣는 것보다 더욱 효과적일 수 있다. 낮은 수준의 수업내용을 통해 사고의 복잡성을 강조하는 교실에서는 수렴적 대 확산적 질문의 비율을 약 7 대 3으로 하는 것이 대체로 가장 적절하고, 고차적 수준에서의 수업내용을 통해 사고의 복잡성을 강조할 때는 6 대 4의 비율이 대체로 적절하다.

그런데 여기에서 한 가지 중요한 사실이 있다. 그것은 고차적 사고 질문을 통해 학업성취를 높이는 데 실패했던 연구들 중 상당수가, 고차적 질문이 학생들로 하여금 질문에 대한 대답을 위해 고차적 사고과정을 실천하도록 장려하는 경향을 보였다는 점이다. 연구결과(Dillon, 2004)는 분석, 종합, 평가를 요구하는 질문을 하였던 교사들은 고차적 수준의 질문을 거의 하지 않았던 교사들보다 학생들로부터 자주 그러한 고차적 수준의 사고행동을 이끌어 내고 있음을 보여 준다.

그러므로 고차적 수준의 사고과정은 즉시 결과가 드러나는 성취도 검사를 통해 그 효과가 확인되거나 안 되거나에 관계없이 바람직해 보인다. 고차적 수준의 질문이 사고과정에 미치는 효과를 생각할 때, 적절한 비율을 유지하며 고차적 수준의 질문을 지속적으로 활용하는 것은 바람직하다고 할 수 있다(Eggen & Kauchak, 2006; Ormrod, 2007a).

질문의 대상은 누구인가?

다양한 수준의 인지적 복잡성에 관련된 질문이 개인, 소집단 또는 교실 전체를 대상으로 전개될 수 있다. 때로 일부 학생들의 인지수준 이상으로, 때로 다른 학생들의 인지수준 이하로 질문을 던지면 모든 학생들이 방심하지 않고 학습과정에 몰두하게 될 것이다(Stipek, 2003). 보다 동질적 집단으로 이루어진 교실에서는 질문이 개인, 소집단, 그리고 전체 교실에 제시되면서도 때에 따라 학생들에게 가장 적절하게 가공될 수도 있다. 예를 들어 하나의 일반적 질문은 인지적 복잡성과 선행지식의 요구 정도에 따라 다음과 같이 각기 다르게 형성될 수 있다.

덜 복잡한 질문	**더 복잡한 질문**
영후야, 아침 밥상에서는 어떤 음식이 나트륨을 가장 많이 포함하고 있을까?	'빛(光)' 과 '합성' 이라는 단어 각각을 볼 때, '광합성' 의 뜻은 무엇일까?
영후야, 지구상에 들어 있는 나트륨의 유형에는 어떤 것들이 있니?	광합성 작용이 식물의 성장을 어떻게 돕지?
『생쥐와 인간』에서 레니가 죽은 후에 다른 주인공들에게는 어떤 일들이 일어났니?	윤식아, 방정식 10=2/x에서 곱하기나 나누기를 하면 x 값을 찾을 수 있을까?
『생쥐와 인간』에서 대단한 모순이 벌어진 예는 어떤 것이니?	윤식아, 10=2/x에서 x 값을 구할 수 있겠니?

주의할 점은 위의 질문들은 인지적 복잡성에 의해서뿐만 아니라, 질문들이 어떤 방식으로 구성되고 어떤 억양으로 표현되는지에 따라서 달라질 수도 있다는 것이다. 어떤 학생들에게서는 선행조직자, 힌트 또는 실마리 등이 다른 학생들에게서보다 더 큰 효과를 발휘할 수 있다(Ngeow, 1998).

개인차가 심한 교실에서 질문을 구성하는 방법—그럼으로써 교사의 수업을 차별화하는 방법— 중 하나는 학생의 다양한 복잡성 수준에 비추어 여러 대답들이 모두 나름대로 맞는 대답이 되도록 질문을 구성하는 것이다. 만일 대답들이 질문의 수준과 동등한 수준으로 나왔다면, 교사는 덜 복잡한 대답도 복잡한 대답과 마찬가지로 수용할 수 있다. 어떤 학생의 대답이 질문에 비해 덜 복잡하더라도, 교사는 질문이 요구하였던 사고의 복잡성과 그에 대답하는 학생의 능력을 동시에 고려하여 그 대답을 평가할 수 있다. 설명의 정교함이나 이해의 깊이 등에 대

표 9.1 복잡성 수준에 따른 발문의 특징

더 복잡한 발문	덜 복잡한 발문
• 학생으로 하여금 배운 내용을 새로운 문제에 일반화시키도록 요구한다.	• 학생으로 하여금 과제와 관련된 선행지식을 회상하도록 한다.
• 사전에 결정된 정답이 없는 방식으로 학생을 방해하고, 미혹시키며 발문에 대해 도전하게 한다.	• 학생들에게 익숙한 예, 장면 및 사물 등을 자세하고도 구체적으로 활용한다.
• 질문 자체보다 범위가 넓은 탐구나 문제의 맥락에서 질문을 제시한다.	• 단계적 접근방식을 사용하여, 각 질문이 바로 앞의 질문보다 점점 좁혀들어가게 한다.
• 학생들이 내놓는 응답보다 더욱 깊이 들어가게 하고, 명료화하게 하며, 정당성 또는 이유를 추가로 내놓게 한다.	• 선행질문에 대한 응답들을 다르게 표현하여 말하거나 되풀이한다.
• 보다 추상적인 개념들을 사용하면서, 학생들 자신의 대답이 다른 장면들이나 사물에 대해서 어떻게 적용되는지 살펴보게 한다.	• 한두 가지 그럴듯한 대답을 미리 제시함으로써 학생들을 바른 방향으로 유도한다.
• 연속적인 질문의 일부로서 보다 높거나 복잡한 개념, 유형 및 추상화를 형성시켜 준다.	• 점수와 보상이 있는 게임 맥락(예, 스무고개)에서 제시한다.

한 교사의 요구는 학생의 유형에 따라 달라질 수 있는 것이다. 〈표 9.1〉은 교사를 위한 구체적인 질문전략을 제시하고 있다.

어떤 질문 순서가 사용되는가?

질문은 사용되는 **계열**에 따라서도 달라질 수 있다. 앞에서 가장 기본적인 질문 순서는 구조화, 권유 및 반응을 포함하는 것이었음을 기억하기 바란다. 그러나 여기에서 많은 변화를 줄 수 있다.

가장 많이 사용되는 질문 순서 중 하나가 확산적 질문에서 시작하여 수렴적 질문으로 나아가는 것이다. 많은 교사들이 구조화-권유-반응 과정을 개방적 질문을 통해 시작하다가 더욱 구조화시킨 후, 이어서 회상이나 단순한 결론을 포함하는 후속질문을 하고 있다는 것이다. 일반적인 것에서 구체적인 것으로 접근하는 방식은 여러 가지 변형과 반전을 포함한다. 예를 들어 다음의 대화에서와 같이, 교사는 추론과정을 거친 대답을 장려하는 것으로 질문을 시작하였다가 간단한 결론을 요구하는 질문으로 좁혀 들어갈 수 있다.

교사: 우주비행사들은 달에서 무엇을 입나요?

학생: 우주복이요.

교사: 그러면 지구의 대기에 있는 원소 중 어떤 것이 달에는 존재하지 않을까요?

교사가 문제를 제기하고 몇 가지 간단한 회상질문을 한 후에, 문제를 더욱 좁혀가기 위하여 질문을 변형하는 것도 마찬가지 접근방식이다.

교사: 만일에 알래스카 원주민들이 본래 아시아 대륙에 있는 시베리아 지방에서 이주해 왔다면, 그들은 어떤 방법으로 알래스카에 건너왔을까요?

학생들: (대답 없음)

교사: 우리는 북아메리카와 아시아를 경계 짓는 베링 해협에 대해 공부했어요. 이들 두 대륙이 가장 가까이 만나는 지점에서 바다의 넓이는 얼마지요?

학생: 약 60마일이요. 그 사이에는 리틀 아일랜드하고 빅 디오메데스 아일랜드가 있어요.

교사: 어떤 과학자들이 과거에 실제로 그랬다고 믿고 있는 것처럼 이만한 넓이의 바다가 완전히 얼어 붙었다면 아시아 사람들은 북아메리카 대륙으로 어떻게 건너왔을까요?

교사들은 종종 이러한 깔때기형 질문 순서를 사용하면서 질문의 구체성을 증가시키는 조건을 덧붙여 나간다. 그런데 특정한 질문 순서 전략이 학생의 성취도를 향상시키는 데 다른 전략보다 더 효과적이라는 증거는 나타나지 않고 있다. 그러므로 구체적인 질문 순서는 사고행동 목표, 가르치는 수업내용, 학생들의 능력 수준에 따라 달라져야 한다.

구조화, 권유 및 대답이라는 질문 순서의 반복 속에서 교사들이 실행할 수 있는 다른 유형의 질문 순서는 Brown과 Edmondson(1984)이 제언한 바와 같은데, 그것들에 대한 설명은 〈표 9.2〉와 같다. 이러한 다양한 질문 순서 유형을 질문전략 목록에 첨가하면 매우 유익하다.

어떤 수준의 질문이 사용되는가?

앞에서 본 바와 같이 효과적인 질문을 하고자 하는 교사는 확산적 및 수렴적 질문을 만들 수 있고, 여러 유형의 학생에게 맞는 질문을 할 줄 알며, 질문들이 의미있는 계열을 이루도록 배치할 수도 있어야 한다. 교사는 또한 여러 수준의 인지적

표 9.2 몇 가지 질문계열

유형		설명
연장		같은 주제에 대하여 같은 유형의 질문이 연속된다.
연장과 상승		초기 질문들은 같은 유형의 예, 실례를 요구하고, 다른 유형의 질문으로 도약한다. 발문의 공통적 순서는 회상, 간단한 결론 그리고 결론/설명과 이유, 가설 등이다.
깔때기		개방적 질문으로 시작하여 간단한 결론과 회상 또는 이유와 문제해결 방안 등으로 좁혀 간다.
씨 뿌리고 추수하기		문제를 내놓고, 개방적 질문을 하고, 보다 구체적인 질문 및 초기 문제를 재진술한다.
단계적 상승		회상에서 문제해결, 평가 또는 개방형 질문까지 체계적으로 옮겨 간다.
단계적 하강		평가하는 발문에서 시작하여 문제해결을 거쳐 직접적 회상까지 체계적으로 옮겨 내려간다.
급하강		평가 및 문제해결에서 시작하여 단순회상으로 직접 옮겨간다.

출처: From "Asking Questions" by G. Brown and R. Edmondson, in *Classroom Teaching Skills* (pp. 97-119), edited by E. Wragg. Copyright © 1984 by Nichols Publishing Company.

복잡성에 부합되는 질문을 형성할 수도 있어야 한다.

인지적 복잡성에 따라 질문들을 분류한 체계로서 유명한 것은 제3장에서 소개된 인지적 영역에서의 교육목표분류학이다. 앞서 인용된 연구들에서는 중간 정도의 인지적 수준에서 학습결과를 제공하기 위해 '회상이냐 사고냐?' 라는 단순한 이분법적인 구분을 하였는데 교육목표분류학은 이것의 단점을 극복하였다. 이렇게 척도의 양 극단 사이의 연속선으로서 질문의 복잡성을 파악하는 것은 수업에서 질문의 예술성을 드높이기에 유용한 관점이다.

인지적 영역 분류는 인지적 복잡성에 따라 여섯 가지 수준으로 나뉘어졌다는 사실을 기억해야 한다.

표 9.3 질문 분류체계

사고행동의 복잡성 수준	예상되는 학생 행동	수업과정	주요 용어
지식 (기억하기)	정보를 기억하거나 회상할 수 있으며 사실, 용어, 법칙 등을 인지할 수 있다.	반복 암기	정의하여라 묘사하여라 확인하여라
이해 (이해하기)	읽거나 들은 내용을 번역하거나 달리 말함으로써 표현형식을 바꿀 수 있다.	설명 예증	요약하여라 부연하여라 달리 말하여라
적용 (전이하기)	이미 배운 정보를 배울 당시와는 다른 맥락에서 응용할 수 있다.	실습 전이	적용하여라 활용하여라 응용하여라
분석 (관련 짓기)	어떤 문제를 구성하는 부분들로 나눌 수 있고 부분들 사이의 관련을 도출해 낼 수 있다.	연역 귀납	관련지어라 구별하여라 식별하여라
종합 (창조하기)	부분들을 결합하여 독특하거나 새로운 문제해결 방안을 형성할 수 있다.	확산 일반화	공식화하여라 구성하여라 산출하여라
평가 (판단하기)	주어진 기준에 따라 어떤 방법, 아이디어, 사람 또는 산출물의 가치를 결정할 수 있다.	식별 추론	평가하여라 결정하여라 정당화하여라

- 지식
- 이해
- 적용
- 분석
- 종합
- 평가

〈표 9.3〉은 각 수준에서 산출될 학습결과들을 나타낸 것이다. 이 표를 통하여 각각의 수준과 그것에 부합되는 질문제시 전략을 짐작할 수 있다.

지식

제3장에서 살펴본 바와 같이, 지식수준의 목표는 학생으로 하여금 이미 기억하고 있는 사실을 회상하거나, 기술하거나, 정의하거나 또는 인지하도록 요구하고 있다.

다음은 지식수준 질문에서 활용할 수 있는 동사들이다.

정의하여라	열거하여라	묘사하여라
이름을 말하여라	확인하여라	암송하여라

지식수준 질문의 예들을 살펴보자.

- 자본주의의 정의는 무엇이지요?
- 손가락이 몇 개 있어야 12라는 숫자를 만들지요?
- 소유격을 만드는 데 적용되는 첫 번째 법칙을 말해 보세요.
- 삼각형의 정의는 무엇이지요?

이러한 질문은 이전에 암기하였던 사실들을 단순히 회상함으로써 정답을 말할 수 있다는 특징이 있다. 이 질문은 암기하였던 것을 이해하거나 배운 사실들을 문제해결 맥락에서 응용하여 활용하는 것을 요구하지 않는다. 그러나 낱낱의 사실들이 계속되는 수업이나 단원에서의 다른 지식과 연결될 때, 그 사실들은 학습결과에 담겨 있는 사고행동적 복잡성을 점차 증진시키는 데 징검다리가 된다.

지식수준에서의 질문을 과다하게 사용하거나 단편적으로 사용하는 것을 피하기 위해, 교사는 스스로에게 "내 질문에 대한 답으로 기대되는 사실 정보가 후속학습에 필요한 과제 관련 선행지식과 관련이 있는가?" 라고 물어야 한다. 만일 그렇지 않다면 교사는 더 이상의 질문을 하는 대신 그러한 사실 정보를 포함하고 있는 지문, 학습지, 보충 자료를 학생들에게 나눠 주어 학생들이 읽어 보게 하는 것만으로도 충분할 것이다. 반면 질문에서 요구하는 사실 정보가 후속 학습에 관련된 것일 경우 교사는 학생들이 그 사실을 다음 수업에서 어떻게 활용할 수 있을지를 결정하고, 보다 복잡한 사고를 하도록 돕는 최종 질문을 제시해야 한다.

학생들은 대통령의 이름, 독립기념일 또는 주기율표의 원소 등을 암송하는 능력이 필요하지 않을지 모른다. 왜냐하면 이러한 사실들은 보다 복잡한 행동성취를 위해 필요한 과제관련 선행지식이 아닐 수 있기 때문이다. 반면에 학생들은 곱셈 구구단, 연설 구성부분과 덧셈, 뺄셈, 곱셈 및 나눗셈의 법칙 등을 암송할 필요가 있다. 왜냐하면 이것들은 연습문제를 풀거나 보다 복잡한 사고행동 수준에서 문제를 해결하는 데 셀 수 없을 정도로 많이 활용되기 때문이다. 교사는 항상 시간을 내서 자신이 가르치려고 하는 사실이 후속학습을 위해 필요한 과제 관련 선행지식인가를 확인해야 한다. 그렇게 함으로써 사소하거나 적절하지 못한 지식수준 질문을 하는 것을 피하게 된다.

이해

이해를 위한 질문은 학생이 암기했던 사실에 대한 어느 정도의 이해수준을 요구한다. 이러한 질문에 대한 학생의 대답은 학생이 전에 배운 사실을 설명, 요약, 정교화할 수 있는가를 나타내 준다.

다음은 이해수준 질문에서 활용할 수 있는 동사들이다.

전환시켜라	부연하여라	설명하여라
다시 말하여라	확대하여라	요약하여라

이해수준 질문의 예들을 살펴보자.

- 여러분은 자본주의의 개념을 여러분 자신의 말로 설명할 수 있나요?
- 얼마나 많은 단위가 12라는 숫자를 사용하나요?
- 소유격을 다시 비소유격의 형태로 전환시키려고 할 때, 어떤 것을 바꾸어 말해야 첫 번째 법칙을 응용하는 것이 되나요?
- 직선을 그리기 위해서는 어떠한 단계가 요구되지요?

이러한 질문과정에서 교사는 학생이 이전에 배웠던 내용을 그 처음 형태에 변화를 주며 조작하여야 한다. 예를 들어 교사는 자본주의의 정의를 묻는 것이 아니라, 학생들 자신의 용어로 자본주의의 개념을 설명할 것을 요구한다. 이것은 원래 정의(교사의 정의)의 다른 것(학생의 정의)으로의 번역이나 전환을 요구하는 것이다.

지식수준 질문을 이해수준 질문으로 전환시키는 데 있어서 중요한 단계가 있다. 지식수준 질문은 대답할 때 아무런 인지적 과정(사고)을 요구하지 않지만, 이해수준 질문은 요구한다. 전자의 경우, 학생은 실제로 학습내용에 대하여 그것을 처음 배울 때 단 한 번만 생각할 수 있다. 후자의 경우, 학생은 반드시 그 내용에 대하여 두 번—사실을 기억할 때와 그것이 다른 형태의 대답으로 구성되어야 할 때—적극적으로 생각해야 한다. 비록 사실수준 질문이 논리적으로 이해수준 질문에 선행한다 할지라도, 이해를 위한 질문은 장기기억과 이해를 장려하고 궁극적으로는 배운 내용을 실제 상황에서 활용하도록 해 준다는 점에서 지식수준 질문보다는 상위에 있다.

적용

적용수준 질문은 학생이 받아들인 사실과 이해를 믿을 만한 것으로 만들어 준다. 이 질문은 사실의 단순암기와 번역을 넘어선다. 적용질문은 학생으로 하여금 사실들을 처음 배울 때와는 다른 문제, 맥락 또는 여건에 적용할 것을 요구한다. 그리하여 학생은 문제를 해결하는 데 있어서 원래의 맥락이나 원래의 내용에 의존할 수 없게 된다.

다음은 적용수준 질문에서 활용할 수 있는 동사들이다.

응용하여라	작용하여라	증명하여라
해결하여라	채용하여라	활용하여라

적용수준 질문의 예들을 살펴보자.

- 여기에 열거된 나라들 중에서 어떤 나라들이 자본주의 경제체제를 지니고 있나요?
- 연필 12개를 나에게 보여 줄 수 있나요?
- 소유격의 첫 번째 법칙을 고려할 때, 누가 그것을 응용하여 다음 신문기사의 잘못을 바로잡을 수 있나요?
- 여기에 있는 두 점을 잇는 직선을 내 앞에서 그려 볼 수 있나요?

적용질문과 관련하여 교사가 할 일은 학생들이 어떤 내용을 배울 때 경험한 것과는 다른 맥락이나 문제를 제시해 주는 것이다. 적용문제들은 새롭게 학습한 내용이 낯설거나 전혀 다른 환경 속으로 전이되는 것을 도와준다.

적용질문에 답하는 데는 두 가지 인지과정이 관여한다. 그것은 (1) 그 질문과 관련된 개별 단위들(사실들)을 모두 동시에 회상하고 고려하는 일, (2) 사실들이 하나의 조화로운 계열을 이루도록 조합하여 빠르고 자동적인 대답이 이루어지도록 하는 일이다. 적용질문은 실생활에서 부딪히는 문제와 유사한 조건에서 이전에 배웠던 대답을 형성할 것을 요구한다. 보다시피 이러한 행동계열은 두 가지 선행요건을 필요로 한다. 첫째는 지식질문 및 이해질문을 통하여 획득하였던 사실 및 그에 대한 이해, 둘째는 이전에 배웠던 사실과 규칙들을 새로운 맥락에서 활용하는 것이다. 교사가 제시하는 적용질문의 횟수와 질은 학생들의 행동계열이 얼마나 빠르고 자동적이 되는가에 영향을 줄 것이다.

교사가 적용질문을 얼마나 많이 제시하는가보다 더 중요한 것은 교사의 일관성일 것이다. 초임교사들 중 상당수는 적용질문은 단원의 끝이나 심지어 학년 말이전에 나와서는 안 된다는 잘못된 믿음을 갖고 있다. 그러나 앞에서 본 바와 같이, 사실 또는 규칙을 포함하는 빠르고 자동적인 대답이 바람직하다고 판단될 때나 하나의 사고행동 계열을 형성하는 것이 수업목적일 때는 언제나 적용수준 질문이 요청된다. 또 하나 기억해야 할 점은 학습내용이 제시된 후 즉시 연습하는 것이 학습내용을 재생하는 능력을 촉진시킨다는 사실이다.

교사가 제시하는 적용질문의 질은 대체로 학생들이 사실 또는 규칙을 배울 때의 문제, 맥락 또는 환경을 교사가 얼마나 많이 바꾸어 주는가에 따라 결정된다. 만일 교사가 이러한 것들을 조금만 바꾼다면 학습이 광범위한 맥락으로까지 전이되지 않고, 학생들은 이전 맥락에서 배운 사실이나 규칙을 앵무새처럼 암송만 하게 될 것이다. 반면에 교사가 너무 많이 바꾸어 버리면 그 새로운 맥락은 학생들이 감당할 수 없을 정도의 대답을 요구할 것이다. 학습한 내용을 새로운 문제와 상황에 적용하는 질문을 던질 때 교사가 명심해야 할 점은 학생들이 새로운 문제를 해결하기 위해 필요한 사실이나 규칙을 이미 배웠는지를 확인하는 것이다. 적용질문을 가장 쉽게 사용하는 방법은 처음에는 맥락을 아주 조금 바꾸었다가 점점 더 낯선 맥락으로 전환시켜 가는 것이다.

분석

분석수준 질문은 학생으로 하여금 문제를 구성 부분들로 분해함과 아울러 그 부분들 사이의 관련을 도출하도록 요구한다. 분석수준 질문이 지니는 목적 몇 가지는 논리적 오류를 확인하는 것, 사실 · 의견 · 가정 등을 구별하는 것, 결론을 도출하는 것, 추론 또는 일반화 결과를 찾아내는 것 등이다. 간단히 말하여 분석수준의 질문은 주어진 정보 뒤에 숨어 있는 이유를 발견하는 것이다.

다음은 분석수준 질문에서 활용할 수 있는 동사들이다.

분해하여라	가리켜라	구별하여라
관련지어라	식별하여라	지지하여라

분석수준 질문의 예들을 살펴보자.

- 자본주의와 사회주의는 어떤 요인들에 의해 구별되나요?
- 이 상자들 중에서 12개의 물건을 담고 있지 않은 것은 무엇인가요?
- 여러분은 어떤 방법들로 다음 에세이에서 소유격 법칙 1을 어긴 것과 법칙 2를 어긴 것을 구별할 수 있나요?

- 다음 그림 중 어떤 것이 삼각형을 나타내고 있나요?

분석질문은 개념, 패턴 및 추상화 형식으로서 사고행동을 촉진시키는 경향이 있다. 개념학습, 탐구학습, 문제중심학습은 대개 분석질문으로부터 시작되며, 분석질문은 직접수업 전략에서 간접수업 전략으로 전환하는 과정에서 주로 사용된다. 대부분의 분석질문은 사실이나 규칙을 묻는 질문과는 달리 하나의 정답만을 요구하지 않는다. 따라서 교사는 질문에 대한 학습자의 다양한 반응을 평가해야 하는 상황을 만나게 된다. 교사는 분석질문에 대한 다양한 대답에 대하여 스스로 마음의 준비를 하고 있어야 한다. 마음의 준비를 하고 있어야 한다는 말은 교수 · 학습 분위기를 보다 덜 엄격하면서 더욱 느긋하고, 약간 느리게 진행되는 분위기로 바꾸어 놓는 것을 말하는데, 그럼으로써 교사는 교수 · 학습 상황에서 학생 대답을 평가할 수 있는 시간을 벌 수 있게 된다. 그것은 또한 학생의 대답 중 일부는 과거에 전혀 대해 보지 못했던 것이라는 점을 교사가 받아들이는 데 도움을 줄 수 있다.

종합

종합수준 질문은 학생으로 하여금 무언가 새롭고 독창적인 것을 산출하도록—이전에 접해 보거나 해답을 들어 본 적이 없는 문제에 대하여 해결방안을 고안하거나, 대답을 구성하거나, 또는 문제에 대한 결과를 예측하도록—요구한다. 이러한 사고수준은 종종 모든 대답이 동등하게 허용되지 않는 지시된 창의성과도 관련되어 있다(Anderson & Krathwohl, 2001; Marzano & Kendall, 2006). 이전에 겪었던 사실, 규칙, 행동계열, 분석질문은 이제 요구되는 종합의 범위와 방향을 규정해 줄 것이다.

다음은 종합수준 질문에서 활용할 수 있는 동사들이다.

비교하여라	공식화하여라	창조하여라
예측하여라	고안하여라	산출하여라

종합수준 질문의 예들을 살펴보자.

- 자본주의와 사회주의의 주요 특징들을 결합한 경제체제는 어떤 모습을 띠게 될까요?
- 12를 여러 번 더하면 어떤 새로운 숫자들을 만들 수 있을까요?
- 어떠한 소유격도 사용하지 않고 소유의 뜻을 보여 주는 문단을 어떻게 쓸

수 있을까요?

- 여러분은 자를 사용하지 않고 어떻게 삼각형을 만들 수 있을까요?

이러한 질문들을 볼 때, 종합질문에서는 분석질문에서보다 훨씬 더 다양한 대답이 나올 수 있음을 예상하게 된다. 분석수준에서도 그러한 개방성은 분명히 있지만, 종합수준에서는 더욱 강하게 나타난다. 그러므로 다양성에 대한 교사의 준비는 학생들이 교사의 종합질문을 어떻게 인식하는가에 결정적인 영향을 준다. 가령, 주기율표 없이 미발견 원소를 확인하는 방법을 묻는 질문은 수많은 대답의 가능성을 열어 놓는다. 어떤 대답("점성가에게 자문을 구해요.")은 수용할 수 없을 것이나, 어떤 대답("달과 다른 위성에서 채집한 광물을 분석해요.")은 수용할 수 있을 것이다. 비록 교사 자신이 준비한 해결방안이 단지 한두 가지 정도였을지라도 학생들의 대답들 중 합리적인 것은 수용하는 것이 바람직하며, 처음에는 엉뚱한 대답처럼 보여도 추가 질문을 통해 타당한 반응으로 밝혀질 수 있다는 사실을 명심해야 한다.

〈표 9.2〉에 제시된 여러 가지 형태의 질문 순서를 기억하기 바란다. 표에 제시된 질문 순서의 유형들은 학생들로부터 더 정확하고, 타당하고, 효율적인 반응을 이끌어내기 위한 발문에 유용하게 사용될 수 있다. 다음 대화에 이러한 활동이 예시되어 있다.

교사: 주기율표를 활용하는 것 말고 미발견 원소들을 예측하는 방법으로는 어떤 것들이 있을까요?

병민: 우리가 달에 가서 여기에는 없는 어떤 원소들이 있는지를 살펴볼 수 있어요.

은영: 지구의 중심부까지 파고 들어가서 아직 확인되지 않은 어떤 원소를 발견할 수 있어요.

형진: 운석 바위를 대상으로 어떤 미발견 원소가 있는지 조사할 수 있어요.

교사: 앞의 대답들은 모두 좋아요. 그렇지만 만일 달로 여행하거나 지구 중심부로 들어가거나 혹은 운석을 찾는 일 등은 모두 비용과 시간이 지나치게 많이 든다고 생각하지 않나요? 어떤 새로운 원소들을 찾기 위하여 우리가 여기 지구에서 이미 가지고 있는 원소들을 활용하는 방법에는 어떤 것들이 있을까요?

은영: 아! 우리가 가지고 있는 원소들을 가지고 실험해서 그것들로부터 새로운 원소들을 만들어 낼 수 있는지를 알아볼 수 있어요.

이 간단한 상호작용은 하나의 깔때기 전략을 보여 준다. 즉, 광범위하고 확장된 대답들이 허용된 이후에 보다 좁혀진 질문이 이어진다. 이러한 방법은 종합 또는 다른 고차적 수준의 질문으로부터 도출될 수 있는 다양한 대답들을 통해 보다 구조화된 사고과정 속으로 창의적 대답들이 유도되어 비판적 사고능력을 형성할 수 있게 한다.

평가

사고행동의 복잡성에서 가장 높은 수준에 있는 평가수준 질문은 학생들이 정해진 기준을 활용하여 판단하고 의사결정을 내리도록 요구한다. 이러한 기준은 주관적일 수도 있고(개인적 가치체계를 적용하여 의사결정을 할 때) 객관적일 수도 있다(과학적 증거나 절차를 적용하여 어떤 것을 평가할 때). 그런데 두 경우 모두 표명되는 기준이 다른 사람에게 명료하게 이해되어야 한다는 점이 중요하다. 비록 가치를 인정받는 것이 아니더라도 말이다.

다음은 평가수준 질문에서 활용할 수 있는 동사들이다.

평가하여라	옹호하여라	사정(査定)하여라
판단하여라	결정하여라	정당화하여라

평가수준 질문의 예들을 살펴보자.

- 여러분 스스로 선택한 증거를 활용해 볼 때, 자본주의 국가들 또는 사회주의 국가들은 높은 생활수준을 유지하고 있나요?
- 다음 숫자들 중 어떤 것들이 12의 배수인가요?
- 소유격을 만드는 법칙 1과 법칙 2를 적용하고 법칙들을 바르게 사용했을 때마다 1점씩 매긴다면, 당신은 다음 학생의 에세이에 대해 어떤 등급을 매기겠나요?
- 주어진 기하학 조각들 중에서 어떤 것들이 삼각형을 만드는 데 필요한가요?

평가수준 질문은 학생에게 실세계에서 나타나는 것과 같은 문제를 대하게 해 준다는 특징을 가지고 있다. 의사결정 및 판단은 성인 생활에서 가장 중요한 요소이다. 결정하고 판단하는 일은 성인의 삶에서 일상적인 과업이기 때문에 학생들의 연령이나 성숙도에 상관없이 교실에서의 경험은 장차 이들이 살아갈 세상과 관련된 것이어야 한다.

불행하게도 평가질문은 종종 단원의 맨 끝에 가서야 제시된다. 이보다 더욱 잘못된 것은 평가질문이 초등학교 학생들보다는 중학교나 고등학교 학생들에게 더욱 적합하다는 생각이다. 이 두 가지 오해는 평가질문이 학생에게 미치는 영향력을 축소시켰다. 만일 학생들이 실세계의 문제에 언젠가는 대처해야 한다면, 가장 빠른 학년에서 시작하여 학교생활 내내 실세계의 문제에 대처하는 법을 익혀야 한다. 그러므로 학생의 지식과 경험 수준에 맞추어 실세계와 학생을 연결시킬 수 있는 평가질문을 하는 교사의 능력은 효과적인 교사로서 갖추어야 할 가치 있는 능력 중 하나이다.

그러나 이러한 능력은 쉽게 얻어지지 않는다. 평가질문은 앞에서 논의되었던 고차적 질문들—적용, 분석, 종합—이 지니는 많은 특징들을 포함하고 있다. 그런데 평가질문에 대한 학생 반응의 적절성을 결정하는 데 있어서는 여러 기준이 적용되어야 한다. 주목할 점은 앞에 예시된 질문들에서 평가기준(또는 기준의 원천들)이 확인되고 있다는 것이다. 즉, "여러분 스스로 선택한 증거를 활용해 볼 때", "다음 중 어떤 것이", "법칙 1과 법칙 2를 적용하고", "다음 조각들이 주어질 때" 등에는 평가기준이 포함되어 있다. 평가기준이 구체적일수록 학생들이 더 쉽게 이해하게 되며 교사의 질문에 답을 할 때 학생들은 제시된 기준을 적극적으로 활용할 수 있다,

질문유형 요약

여러분은 이제 학생들에게 제시될 수 있는 질문수준과 적절한 질문유형을 선정하는 데 있어서 고려할 몇 가지 요인을 알게 되었다. 요약하면 다음과 같다.

- 제1유형 행동(사실, 규칙, 행동계열에 대한 지시의 획득을 요구하는 것들)은 일반적으로 하나의 정답(또는 쉽게 한정할 수 있는 적은 수의 대답들)만을 지닌 수렴적 질문을 통해 가장 효율적으로 가르칠 수 있다. 제1유형 행동은 지식, 이해, 응용 수준의 수렴적 질문에 초점을 맞춘 직접수업 모형을 사용할 때 가장 효과적으로 학습될 수 있다.
- 제2유형 행동(개념, 패턴, 추상화 등을 획득하는 것을 요구하는 것들)은 일반적으로 서로 다른 여러 대답들이 허용되는 확산적 질문을 통해 가장 효율적으로 가르칠 수 있다. 제2유형 행동은 비지시적 수업모형으로써 가장 효과적으로 가르칠 수 있다. 이 모형은 분석, 종합 및 평가 수준의 행동적 복잡성에서의 확산적 질문을 제시한다.

이제 여러분은 여러 질문유형을 광범위하게 구별할 수 있게 되었다. 이제부터는 교사가 질문을 쉽고도 완벽하게 제시하는 데 도움이 되는 여러 가지 구체적인 기법들을 살펴볼 것이다.

탐사란 무엇인가?

탐사는 질문에 대한 학생의 대답과 관련하여 후속적으로 던지는 질문을 의미하며 탐사의 목적은 다음과 같다.

- 학생 대답의 명료화를 꾀한다.
- 학생 대답에 기초하거나 대답을 확장시켜 주는 새로운 정보를 유도한다.
- 학생 대답이 보다 건설적인 방향으로 나아가도록 다시 지시하거나 재구조화한다.

명료화를 이끌어 내는 탐사를 활용하여 학생들로 하여금 자신의 대답을 다시 말하거나 달리 말하도록 지도할 수 있고, 그럼으로써 교사는 학생의 대답이 맞는지 또는 적절한지를 판단할 수 있다. "그것을 다른 방식으로 말할 수 있나요?" 또는 "그 대답이 ________ 의 경우에는 어떻게 적용될까요?" 등과 같이, 이끌어 내는 탐사는 학생들로 하여금 스스로 알고 있는 것보다 더 많은 것을 보여 주도록 유도하고, 그럼으로써 자신들이 이해하고 있는 바를 정확하게 노출시킨다(Dann, 1995). 빠르게 진행되는 수업에서 생겨나는 짧고도 모호한 대답은 종종 부분적으로 옳은 대답이거나 혹은 옳지만 잘못된 이유에 기초할 수도 있다. 옳은 대답에

탐사는 발문에 이어 나타나며, 학생 응답을 명료화시키거나, 새로운 정보를 유도하거나, 응답이 보다 건설적인 방향으로 나아가도록 다시 지시하거나 재구조화하는 데 활용된다.

자리잡고 있는 학생의 이해 정도에 대해서 교사가 확신을 가지지 못할 때, 교사는 명료화를 위한 탐사를 하며 수업 진행을 늦추는 것이 좋다.

부분적으로만 옳거나 허용할 수 있을 정도의 이해만을 보여 주는 대답에 대해서 **새로운 정보를 요청하는 탐사**를 활용할 수 있다. 이번에는 교사가 학생의 대답을 보다 더 복잡한 수준으로 밀어올리는 탐사를 활용하게 된다(예, "여러분은 이 실험실이 새로운 원소를 발견하는 데 가장 좋은 환경이라고 결정하였는데, 이 실험실에서는 어떠한 종류의 실험을 할 수 있나요?" 라든지 "여러분은 이제 그 숫자의 제곱근을 산출해 냈는데, 같은 아이디어를 가지고 세제곱근을 산출하려면 어떻게 해야 되나요?").

요청하는 탐사는 이전 대답을 보다 높은 기대와 완성된 대답으로 나아가는 발판으로 삼아 더욱더 높은 이해의 고원을 구축하게 한다. 그리고 불완전한 대답을 틀린 대답으로 간주하지 않고, 다음 수준의 고차적 대답의 일부로 간주한다. 새로운 정보 탐사의 핵심은 후속질문이 선행질문을 조금 더 연장시킨 것이어야 한다는 점이다. 그렇지 않으면 도약의 폭이 너무 넓어지고 학생은 전혀 새로운 질문처럼 느끼게 되는 어려움을 겪는다. 그러므로 이러한 유형의 탐사는 이전 질문과 똑같이 정답을 찾아 나가는 과정을 요구한다. 단지 이번에는 이전 문제와 다르면서도 보다 복잡한 문제에 대한 정답을 추구한다는 점에 차이가 있다.

"학생은 생각의 방향이 틀렸어요." "그것은 옳지 않아요." 또는 "무슨 생각인지 알지 못하고 있어요." 등 거북하면서도 종종 벌을 주는 것 같은 반응 대신에, **생각의 흐름을 다시 이끄는 탐사**를 활용할 수 있다. 대답의 방향을 보다 생산적인 면으로 다시 이끄는 탐사는 갑작스럽지 않으면서도 보다 긍정적으로 전환을 하게 하고, 학생들이 또 다른 대답을 찾아 모험하는 것을 격려할 수 있다. 이러한 목적의 탐사는 이전의 대답을 부정하지 않으면서도 다른 대답이 나오도록 새로운 조건을 갖추어 준다.

논의의 방향을 다시 이끌거나 재구조화하는 탐사는 부드러우면서도 힘들지 않게 학생들을 원래 궤도로 돌아오게 할 수 있다. 다음 예는 토의 상황에서 교사가 세 가지 유형의 탐사를 사용하는 것을 보여 주며 굵은 고딕체로 쓴 부분은 각각의 유형을 나타낸다.

교사: 지구상의 어떤 지점 위치를 확인하기 위하여 쓰고 있는 좌표체계를 무엇이라고 부르지? (**질문을 시작하기**)

병민: 위도와 경도예요.

교사: 그렇다면 경도는 무엇을 의미하는지 아니? (새로운 정보를 **요청하기**)

병민: 그것은 지구상에 있는 좌표선인데요… 위로 아래로 가는….

교사: 위로 아래로 간다는 말이 무슨 뜻일까? (명료화를 **이끌어 내기**)

병민: 똑같은 간격으로 북쪽과 남쪽으로 뻗어 있는 것을 의미해요.

교사: 그래. 자, 이제 그것들이 어디에서 시작되는지 말해 보겠니? (새로운 정보를 **요청하기**)

병민: 음, 그것들은 시각이 자정인 곳은 어디에서나 시작하고 다시 거의 자정이 된 곳에서 끝난다고 생각해요.

교사: 거기에 대해서 잠깐 동안 생각해 보자. 그 말은 자정이 되는 곳이 어딘가에 따라 경도의 출발점이 항상 변한다는 것을 의미하는 걸까? (**재지시하기**)

병민: 그렇네요. 경도는 반드시 어딘가 고정된 지점에서 시작해야겠네요.

교사: 여러분 중에 경도가 어디에서 시작하는지 아는 사람 없나요? (새로운 정보를 **요청하기**)

수진: 우리 책에는 0이라고 표시된 경도의 출발점이 영국의 그리니치라는 지점에서 출발한다고 써 있어요.

교사: 수진아, 어떻게 해서 지구 둘레를 북쪽으로 남쪽으로 계속 달리는 좌표선이 어떤 특정한 한 장소에서 출발할 수 있을까? (명료화를 **이끌어 내기**)

수진: 저는 영국의 그리니치를 지나간다는 것을 의미했어요.

교사: 좋아. 이제 시간에 대해서 병민이가 말했던 내용으로 돌아가 보자. 만일에 우리가 0이라고 표시되어 있는 경도의 고정된 선을 가지고 있다면, 그것을 어떻게 활용하여 시간을 정할까? (새로운 정보를 **요청하기**)

병민: 이제 생각났어요. 경도 0°에서의 자정 또는 영국의 그리니치에서의 자정을 0시라고 불러요. 거기에서 시작해서 세계를 돌면서 그려진 시간선들이 있어요. 그래서 첫 번째 시간선에서 자정일 때, 영국 그리니치에서는 1시가 될 거예요. 다음 시간선에서 자정일 경우, 그리니치에서는 2시일 거예요. 그렇게 계속돼요.

교사: 그 말이 뜻하는 게 무엇일까? (명료화를 **이끌어 내기**)

병민: 각각의 선 하나는 1시간이고요. 그래서 …… 그래서 그런 선들이 24개가 있는 게 틀림없어요.

교사: 그러면 경도 0°와 관련해서 결정되는 시각을 그리니치 평균시각(Greenwich Mean Time) 또는 국제표준시라고 배우는 것이 당연하겠구나.

대기시간을 어떻게 활용해야 하는가?

질문을 하고 탐사를 하는 동안에 고려해야 할 한 가지는 다른 질문을 제시하기 전에 얼마나 오래 기다리느냐 하는 것이다. 때로 교사의 대기시간은 바람직한 대답을 이끄는 데 있어 질문이나 탐사 그 자체만큼 중요할 수 있다. 특히 학생들이 깊은 생각을 통해 답을 형성하도록 시간을 줄 때 더욱 그러하다. 지나치게 짧은 대기시간은 좋지 않으며, 또한 지나치게 긴 시간은 가치 있는 수업시간을 허비하기도 한다. 분명한 것은 학생들의 대답이 맞고 빠르고 단호해야 할 때(이는 종종 지시적 수업 상황에서 일어나는 경우임)보다는 학생들이 대안적 대답들을 놓고 심사숙고할 때(이는 종종 비지시적 수업 상황에서 일어나는 경우임) 대기시간이 더욱 길 것이라는 점이다.

Rowe(1986, 1987)는 대기시간을 두 가지로 구별한다. **대기시간 1**은 교사가 첫 번째 질문을 하고 나서 학생이 반응할 때까지 기다려 주는 시간을 말한다. 대기시간 1이 짧은 교실에서는 학생들에게 대답하기 이전에 생각할 시간을 많이 주지 않는다. 이러한 교실에서는 교사가 단지 2, 3초 동안 침묵한 후에 질문을 반복하거나 또는 다른 학생을 불러 같은 질문에 대답하도록 요구한다.

대기시간 2는 학생의 첫 번째 대답 후에 생기는 막간의 시간을 말한다. 이 첫 번째 대답 후에 교사 또는 다른 학생이 그것을 긍정 또는 부정하고, 이어서 교사가 계속 진행하게 된다. 대기시간 2를 길게 가지는 교사들은 여러 초 동안 기다린 후에 후속질문을 하거나, 답을 고쳐 주거나, 또는 학생이 말한 것을 논평하거나, 그 학생과 다른 학생들에게 원래 대답을 다시 생각하거나 확장하거나 수정하도

대기시간 1은 학생이 질문에 대답할 수 있도록 교사가 기다려 주는 시간량을 말한다. 대기시간 1이 짧은 교실에서는 학생들이 질문에 대답하기 전에 생각할 시간을 충분히 얻지 못한다.

록 한다. 대기시간 2가 짧은 교실의 특징은 학생의 대답이 끝나기도 전에 자주 중단된다는 것이다.

다음 대화는 대기시간 1과 대기시간 2의 예를 보여 준다.

교사: 어제 우리가 화산에 대하여 토의한 것을 기억해서 칼데라가 무엇인지 누가 말해 볼 수 있나요?

(대기시간 1: 교사는 학생들에게 그 질문에 대하여 생각할 시간을 주고, 혹시 탐사가 필요한지를 알려 주는 비언어적 신호를 살펴본다. 이 시간은 확산적이고 고차적 수준의 질문을 하는 데 특히 중요하다.)

순영: 기억나요. 그것은 화산의 중심추가 붕괴되어서 형성된 분화구예요. 확실하지는 않지만, 제가 생각하기로 그것은 뿜어져 나오는 모든 증기와 가스를 배출하는 데 활용된 것 같아요.

(대기시간 2: 교사는 다른 학생들의 발언을 기다리거나 순영이 스스로가 말한 것을 재확인하거나 취소하기를 기다린다. 이 시간은 특히 우물쭈물하면서 내놓는 대답이나 부분적으로만 맞는 대답과 관련하여 중요하다.)

예, 맞아요. 거기에서 뿜어져 나오는 모든 연기를 보여 주는 사진이 교과서에 있는 것이 지금 기억나요.

길호: 순영이 말이 맞아요. 그게 우리가 칠판에 그렸던 거예요. 다들 기억나지 않니?

교사: 그리고 칠판 위의 그림이 그 밖에 다른 어떤 것을 보여 주었지요?

어떤 종류의 대기시간을 늘려도 학생 대답에 다음과 같은 효과가 나타난다.

- 질문에 대한 학생 대답의 길이가 좀 더 늘어난다.
- 학생들은 좀 더 자발적으로 대답한다.
- 대답하지 않는 질문이 거의 없게 된다.
- 학생들은 자신의 대답에 좀 더 확신을 가지게 된다.
- 학생들은 좀 더 깊이 생각한 후 대답을 하려고 한다.
- 학생이 질문을 하는 빈도가 늘어난다.

이론의 교실 적용

교실에서 효과적으로 질문하기

미국 북서부지역 교육연구소는 2001년 교사들이 교실에서 사용하는 질문들을 파악하기 위해 대규모 연구를 실시하였다. 이 연구의 주된 관심은 고차적인 질문과 낮은 수준의 질문 사용에 따라 유치원생부터 고등학교 3학년 학생들의 학습에 어떠한 차이가 발생하는지를 검토하는 것이다. 다음은 Cotton이 보고한 주요 연구결과로 37개의 연구서류들로부터 추출되었으며 학교향상연구 시리즈(www.nwrel.org/index.html에서 확인 가능)에서 보고된 내용이다.

교실에서 질문하기에 관한 연구

교실에서 이루어지는 질문하기의 역할에 대해 조사한 연구자들은 다음과 같은 결론을 내렸다.

일반적인 발견

질문이 전혀 사용되지 않는 수업에서보다 질문이 주어지는 수업에서 학생들의 학업성취가 더 높다.

학생들은 전에 자신들이 답했던 질문과 관련된 검사문항에서 그렇지 않은 검사문항에서보다 더 잘 했다.

수업 중 구두로 이루어진 질문이 글로 쓰인 질문보다 학습을 촉진시키는 데 더 효과적이다.

기본 요소에 학생들의 주의를 집중시키는 질문은 그렇지 않은 질문보다 학생들의 이해를 더 높여 준다.

질문의 시점

수업 토의 중에 자주 질문을 던질수록 사실 정보를 잘 학습하게 된다.

자료를 읽기 전이나 공부하기 전에 질문을 던지는 것은 나이가 많고, 유능하며, 해당 교과에 흥미가 있는 학생들에게 효과적이다.

아주 어리거나 읽기능력이 부족한 학생들은 수업 초기에 당일 학습내용에 대한 질문을 받을 때 더 집중을 잘 하는 경향이 있다.

질문의 인지적 수준

교사는 내용에 대한 단순한 회상이나 기초적인 추론을 요구하는 질문을 던져야 하는가? 아니면 추측이나 추론, 평가적 사고를 유도하는 질문을 던져야 하는가? 연구자들은 교사 질문의 인지적 수준을 교과목, 학생, 교사의 의도와 관련하여 검토한 후 다음과 같은 결론을 내렸다.

- 암송위주의 수업에서는 약 60%의 질문이 저수준의 인지적 질문이며 20%가 고차적인 인지적 질문, 나머지 20%는 절차적인 질문이다.
- 초등학교 저학년 아동–특히 빈곤계층 아동–에게는 저수준의 인지적 질문이 고차적인 인지적 질문보다 더 효과적이다.
- 교사의 의도가 사실적 지식을 전해 주고 학생들이 이 지식을 암기하도록 하는 것일 때 저수준의 인지적 질문이 고차적인 질문보다 더 효과적이다.
- 저수준의 질문을 높은 빈도로 사용하는 것이 적절한 상황에서는 질문의 빈도가 증가할수록 학생들의 성취수준이 높아진다.
- 저수준의 질문이 두드러지게 많이 사용될 경우 대부분의 학생들이 정답을 맞힐 수 있을 정도의 난이도를 유지하여야 한다.
- 저학년 이상의 학생들에게는 고차적 질문과 저수준의 인지적 질문을 고루 사용하는 것이 어느 한 수준의 질문만을 일방적으로 사용하는

것보다 더 효과적이다.

- 교사들은 더 유능하다고 인식하는 학생들에게는 고차적인 인지적 질문을 많이 사용하나 학습속도가 느리거나 학습능력이 부족한 학생들에게는 고차적인 인지적 질문을 더 적게 사용한다.
- 고차적인 인지적 질문 사용을 20% 이상까지 증가시키면 저학년 이상의 학생들, 특히 중고등 학생들의 학업성취가 더욱 향상된다.
- 학생들에게 추론하는 방법을 가르치고 연습할 기회를 제공하면 고차적인 인지적 반응과 학업 성취를 향상시킬 수 있다.
- 나이 많은 학생일수록 고차적인 인지적 질문 사용을 증가(50% 이상)시키면 수업참여, 과제 수행 행동, 반응의 길이가 증가한다.

연구자들은 교사양성 단계에서부터 예비교사들에게 대기시간 활용 및 고차적 질문하기에 대한 훈련을 제공함으로써 학습자의 수업활동 참여와 성취를 증가시킬 수 있다는 결론과 함께 보고서를 마무리 지었다.

일반적으로 교사는 다른 질문을 하거나, 이전 질문을 반복하거나, 또는 다른 학생을 부르기 전에 최소한 3초는 기다려야 한다. 비지시적 수업 상황에 있어서 학생의 심사숙고나 대안적 대답을 요구하는 확산적 질문을 제시할 때는 최대한 15초까지의 대기시간이 적절할 것이다.

이러한 연구결과들은 대기시간이 학생의 대답에 미칠 수 있는 중요한 영향에 대한 증거를 제공한다. 만일 초임교사들에게 대기시간에 관하여 한마디의 조언을 하라고 한다면 그것은 다음과 같다. "진행을 느리게 하고, 질문과 대답 사이의 대기시간을 처음에는 불편하게 느껴질 정도로까지 길게 잡아라." 이 점에 관해서는 "이론의 교실 적용: 교실에서 효과적으로 질문하기"를 참고하기 바란다.

끝으로 질문은 학생들로 하여금 교사가 제시하는 제재를 가지고 깊이 생각하고 문제해결을 하게 함으로써 학습과정에 적극적으로 참여하게 하는 주요한 수단임을 기억해야 한다. 학생들의 사고와 문제해결 능력을 촉진시켜 주기 위한 질문을 활용함에 있어 도움이 되는 제언은 다음과 같다.

- *교사가 묻고자 하는 질문의 유형을 사전에 계획한다.* 토크쇼 진행자들이 마치 자발적이면서도 사전에 연습되지 않은 질문을 하는 것처럼 보여도, 실제로 그런 경우는 매우 드물다. 즉흥적이고 자발적인 표현은 교실의 경우에서와 마찬가지로 방송시간도 비생산적인 시간으로 만들어 버릴 수 있기 때문이다. 교사가 선택하는 질문의 유형, 질문의 난이도 수준, 질문이

제시되는 계열 등은 미리 정해진 수업목표에 기초하여 계획되어야 한다.

- *질문을 간결하고 명료하며 논의에 맞는 형태로 제시한다.* 효과적인 구두질문은 효과적인 글짓기와 같아서 모든 단어가 반드시 필요한 것이어야 한다. 친한 친구에게 사용하는 것과 똑같은 자연스러운 대화체 언어로 질문하여야 한다.
- *학생들로 하여금 생각할 시간, 즉 대기시간 1을 가지도록 한다.* 질문 제시에 대한 연구들은 많은 교사들이 하나의 질문에 대답할 시간을 충분히 주지 않고 다른 학생을 부르거나 다음 질문으로 넘어간다고 지적하고 있다. Gage와 Berliner(1992), Rowe(1986, 1987) 등의 보고에 따르면, 교사들은 학생들의 대답을 평균적으로 약 1초밖에 기다리지 않는다. 이들 연구자들은 교사들이 낮은 사고수준의 질문에서는 3, 4초 동안 그리고 고차적 수준의 질문에서는 최대한 15초까지 대기시간을 늘릴 것을 권유하고 있다.
- *학생들을 긴장상태에 있게 한다.* 우선 질문을 제시하고 이어서 학생의 이름을 불러야 한다. 마찬가지로 질문에 대답할 학생을 무작위로 선정한다. 교사는 학생들이 누구나 자신이 언제든지 불릴 수 있다는 것을 예상하고 있도록 해야 한다. 이는 책무성과 아울러 주의집중 및 각성상태 모두를 높이게 된다.
- *교사가 질문을 다시 하거나 탐사에 들어가기 전에 학생이 대답을 마칠 수 있도록 충분한 시간, 즉 대기시간 2를 준다.* 대기시간 2는 학생이 대답을 한 후, 그 대답이 불완전하거나 틀렸을 때 보다 깊이 있는 이해를 위해서나 질문을 다시 하는 탐사를 하기 직전까지 교사가 기다리는 시간을 말한다. 수업의 탄력을 유지하기 위하여 세심한 노력을 하고 있는 교사조차도 종종 학생이 대답을 끝내지 않았는데 중단시키려 한다. 문화적으로 인종적으로 서로 다른 집단 간에는 대기시간 2의 길이가 다르기도 하다. Tharp와 Gallimore(1989)의 말에 따르면, 어떤 문화권에서는 대기시간 2를 길게 가지는 교사가 수업에 무관심한 것처럼 보이게 되는 반면, 다른 문화권에서는 이것이 발언자에 대한 존중의 신호로 여겨진다.
- *학생에게 즉각적인 피드백을 준다.* 맞는 답은 반드시 인정을 받고 그에 대한 격려나 정교화가 따라야 하며, 나아가 그것을 바탕으로 탐사가 이루어진 후 다른 질문으로 옮겨 가야 한다. 중요한 점은 학생에게 교사가 답을 알아듣고 평가했다는 점을 알려 주는 것이다. 학생들은 종종(교사가 눈치채지 못한 사이에) 자신의 답이 무시됐다고 지각한다. 틀렸거나 불완전하거나 부적절한 대답에 대해서는 반드시 탐사 또는 다른 질문으로써 다른

학생에게 질문하여야 한다. 서로 다른 성취수준, 사회계층, 문화적 배경을 가진 학생들에게는 질문하기, 재지시하기, 탐사 기법을 다양화할 때 각각의 학생들이 이러한 기법들을 통한 혜택을 누릴 수 있다.

질문기법은 문화에 따라 다른가?

사회언어학은 서로 다른 문화 집단이 언어의 문법적 구조보다 의례나 관습에서 어떻게 다른지를 연구한다. 사회언어학은 사회적 대화를 결정하는 **문화 특유의 질문 규칙**—누구와 말하는가, 어떤 방식으로 말하는가, 언제 잠시 멈추는가, 언제 질문하고 대답하는가, 말하는 사람을 어떻게 중단시키는가 등—을 조사하는 학문이다. 예를 들어 사회언어학자들은 발언의 평균길이, 발언 사이의 정지시간, 말의 리듬 그리고 다른 사람과 언제, 어떻게, 무엇에 대하여 대화를 하는가 등의 의사소통의 여러 측면을 연구한다. 의사소통의 여러 측면 가운데 가장 빈번하게 연구되는 것이 대기시간, 리듬, 참여구조, 언어 등이다.

연구자들은 교실과 학교에서의 언어적, 사회문화적, 사회적 상호작용 양식은 이민자 자녀들의 가정, 또래집단, 지역사회에서 이루어지는 상호작용 양식과 다르다는 점을 지적했다. 일례로 Delgado-Gaitan(2006), Delgado-Gaitan과 Trueba (1991)는 자신들이 캘리포니아주의 교사양성 과정에서 배웠던 교육학적 실제들이 멕시칸계 미국인 학생들이 나눠 쓰기, 리더십, 이야기 구사에 대해 갖고 있는 인식과 상당히 다르다는 점을 지적했다. 미국 주류계층에 속하는 교사들은 멕시칸계 학생들을 수용하기 위해 상호작용 패턴을 조절하기보다는 이들의 낮은 학업성취는 어딘가 결함이 있기 때문이라고 규정하였고 학생들의 문화와는 사뭇 다른 앵글로족의 상호작용 양식을 고집하였다. 대기시간, 리듬, 참여 구조, 언어는 의사소통, 상호작용 양식과 관련하여 가장 흔히 연구되는 분야이다(Minami & Ovando, 2003).

대기시간

Tharp(1989)는 서로 다른 문화에서는 보통 대기시간의 길이가 다르다고 보고한다. 예를 들어 나바호 인디언 아동들은 백인 아동들보다 길게 대답하는 문화 속에서 성장한다. 어떤 연구들에 따르면, 대답할 수 있는 시간을 길게 받았을 때 나바호 아동들은 보다 길게 말하며 자발적으로 대답한다. 반면에, 하와이 문화에서 중단은 발언자 및 발언자가 말하는 것에 대한 흥미의 표시이다. 대기시간 2를 길게 가지면 하와이 학생들은 발언자가 대화에 흥미가 없거나 지루해함을 암시하는 것으로 받아들인다. 라틴아메리카 계열 및 흑인 계열 미국인에 대한 연구들은 적절한 대기시간의 길이는 문화에 따라, 심지어 맥락에 따라 달라진다는 것을 보여준다(Hill, 1989). 비록 이러한 연구에서 구체적인 지침이 만들어지지는 않았지만, 학생의 문화적 배경 및 학습의 역사 등을 고려하여 질문방식과 질문 및 대답 사이의 대기시간 등을 결정해야 한다는 점을 알 수 있다.

리듬

대화의 리듬은 두 사람이 서로 대화할 때 그 대화의 박자, 억양, 속도 등과 관련되어 있다. Young(1970)과 Piestrup(1973) 등이 관찰한 바로는, 미국 흑인 아동들과 어머니들은 빠른 리듬과 경쟁적 상호작용을 통해 대화한다. 어머니들은 자녀들에게 자기주장을 분명히 하라고 격려한다. 집안일에 대한 지시와 이 지시에 대한 자녀들의 반응은 거의 논쟁이 벌어지는 것과 같은 말투로 이루어진다. Tannen(2005), Auer, Couper-Kuhlen, Muller(1999), Franklin(1992)은 이러한 상호작용 방식은 높은 에너지, 빠른 진행의 가정환경을 조성함으로써 낮은 에너지, 느린 진행의 전형적 교실환경과 대비된다는 점을 시사한다.

Franklin(1992)은 가정에서의 대화 진행속도와 학교에서의 진행속도 사이의 이러한 대비야말로 일부 미국 흑인 아동들이 교실에서 문제행동을 일으키는 것으로 잘못 진단되는 이유일지 모른다고 생각한다. 마찬가지로, Anderson(1992)은 많은 백인 교사들이 미국 흑인 청소년들의 대화방식에 과민반응한다고 말하며, 이것이 이들 학생들이 행동장애 학생을 위한 행동수정 프로그램에 지나치게 높은 비율로 의뢰되는 것에 대한 설명이 될 수 있다고 본다. Anderson은 교사들이 미국 흑인 학생들이 가정에서 배워 온 대화방식을 교실에서도 사용할 수 있도록 허락해 줄 것을 권고하고 있다. 이러한 대화방식은 억양에 더 큰 변화를 주면서 보다 리듬감 있게 말하는 것과 보다 빠른 속도로 언어적 상호작용을 하는 것을 포함한다.

참여구조

전형적인 교실 대화는 일대일 질문-대답 방식의 참여구조로 전개된다. 교사는 아동을 정면으로 응시하며 질문하고, 대답을 기다렸다가 그에 대한 후속반응을 한다. Tharp와 Gallimore(1989)는 그러한 참여구조를 실행하게 되면 하와이 아동들이나 나바호 아동들은 거의 참여하지 않는 것을 관찰하였다. 가정과 지역사회 속에서 성인들과 함께 지내며 아동들이 경험하는 전형적인 참여구조는 비교적 적은 집단의 아동들에 대하여 성인들이 허물없이 격려하고 참여는 하되 지시하지는 않는 상호작용의 특성을 지니고 있다. 예를 들어 교실의 참여구조가 학생 자신들의 문화 속에서 발견된 구조에 기초하게 되면, 교실 토의나 질문-대답 방식에서는 거의 참여하지 않았던 하와이 아동들과 나바호 아동들이 놀라울 정도로 말을 많이 하는 사람으로 바뀌었다.

교실 안에서의 사회언어학적 유형(대기시간, 리듬, 참여구조 등)이 아동들의 가정과 지역사회에서의 유형과 흡사한 교실에서는 아동들이 보다 편안함을 느낀다는 점을 사회언어학자들은 지적하고 있다. 몇몇 선생님들과 학교가 종종 미국 흑인 아동들이나 라틴아메리카 이민 아동들을 말없는 학생으로 보고 있다(Delgado-Gaitan, 2006; Delgado-Gaitan & Trueba, 1991). 그러나 친숙한 가정 또는 이웃 환경 속에서 관찰해 보면, 그 아동들은 활기차고 표현을 잘 하며 창의적인 언어유형을 지니고 있다. 이들 연구자들은 전형적인 미국 교실에서의 사회언어학적 유형이 어떤 소수인종의 학생들을 불편하게 만드는 점을 지적한다. 이것은 이들 소수인종 학생들을 교실에서 보다 적게 참여하게 만들고, 백인 교사들이 흔히 보는 것처럼 부족하거나 부적절하며 아울러 성취도가 낮은 학생들로 여기게 만든다. 이와 같은 연구결과들을 지지하면서 Gibson(1991)은 이민자 자녀들의 학교생활 성공은 백인 주류사회의 문화에 동화되기보다 강력한 가족 문화와 긍정적인 인종 정체성을 형성하는 것과 더 정적인 상관관계가 있다고 결론짓는다.

언어

많은 질문이 교실의 공식적 언어로 이루어지고 있기 때문에, 교사는 학생의 언어능력을 알고 있어야 한다. 미국에서는 대략 5백만의 학생들—취학연령 인구의 약 10%—이 영어 아닌 다른 주된 언어를 가지고 있다. 일부 학생들에게는 영어가 수동적 형식(듣기, 읽기)에서 지배적 언어인 반면, 다른 학생들에게는 표현적 형식(말하기, 쓰기)에서 지배적 언어일 수 있다.

예를 들어, 말할 때는 스페인어를 주요 수단으로 삼지만 들을 때는 영어를 수단으로 삼는 이중언어 학생을 흔히 볼 수 있다(Banks & Banks, 2006; Moran & Hakuta, 2001). 때문에 비록 일부 학생들이 교사에게 스페인어로 의사전달을 한다 하더라도 교사는 영어로 말할 수 있고 학생들은 교사의 말을 이해할 수 있다.

교사가 학생들의 언어성취를 알고 있는 것은 학생들로 하여금 학습과정에 보다 많이 참여할 수 있는 기회를 갖게 한다. 학생이 표현적 형식에서든 수동적 형식에서든 영어를 자신의 주된 언어로 사용하지 않는다면 교사는 영어를 말해서는 안 되며, 대신 다음과 같은 것을 염두에 두어야 한다.

1. 수업목표 달성의 보조수단으로서 시각적, 신체활동적 및 촉각적 양식을 포함하는 다른 형식의 의사소통을 강화한다. 그렇게 함으로써 가르치는 데 있어 복합감각적 접근방식을 도입하는 것이다.
2. 문화적 차이에 많이 신경 쓴다. 예를 들어 자주 칭찬하고 격려하는 것이 반복적으로 규칙과 경고를 외우게 하는 것보다 학습을 더욱 효율적으로 만들어 줄 수 있다. 학생 중 일부는 그러한 규칙과 경고를 충분히 이해하지 못하고 있다.
3. 교사가 쓰고 있는 자료의 읽기수준과 구성방식을 평가한다. 자료를 선택하거나 다양화할 때, 비슷한 내용과 읽기수준을 지니고 있는 스페인어 교과서를 발견할 수도 있다. 소정의 시험기간을 거친 후에 그 자료들을 재평가하여 그에 따라 읽기수준을 재조정하여야 한다.
4. 언어 유창성을 학업성취도 또는 능력과 혼동해서는 안 된다. 단일언어 사용 아동들과 비교하여 이중언어 사용 아동들은 분석적 추론, 개념 형성 및 인지적 융통성 시험에서 더 높은 성취도를 보인다. 다른 연구 역시 두 가지 언어에 유창한 학생들이 언어의 구조와 내용에 대하여 보다 나은 지식을 가지고 있고, 단어라는 것들이 다른 단어 및 행동에 대한 임의적인 상징임을 이해하고 있으며, 글이나 말로 표현된 의사소통에 들어 있는 문법 오류를 더욱 잘 발견해 낸다는 것 등을 보여 주고 있다(Galambos & Goldin-Meadow, 1990; Portes & Rumbaut, 2006). 일부 연구자들은 표준화되지 않은 영어(예, 흑인 영어)를 사용하는 가난한 지역 출신의 아동들이 인지발달이 손상되는 고통을 당할 수도 있다는 점을 지적하였다. 하지만 이 가정은 결과적으로 반박되었다(Masahiko & Ovado, 2001; Poplack, 2000). 지금 우리는 방언이나 다른 비표준 영어를 포함한 모든 언어들이 동등하게 복잡하며, 학습과 문제해결의 수단으로 동등하게 활용될 수 있다는 것을 알고 있다(Oakes & Lipton, 2006). 언어학자들은 지적 복잡성으로써 언어들의 서열을 매길 수 없음을 증명해 왔다. 결과적으로 학생이 사용하는 주된 언어가 표준언어가 아니라고 해서 지적 손상이나 늦은 인지발달의 원인이 될 수 없음을 알 수 있다.

질문하기에서 흔히 발생하는 문제점은 무엇인가?

초임교사들의 질문행위와 관련하여 교실 관찰을 한 결과, 가장 흔히 관찰되는 문제점과 교정방안 몇 가지를 보면 다음과 같다.

복잡하거나 애매하거나 이중적인 질문을 하지 않는가?

초임교사들의 질문에서 드러나는 가장 흔한 문제점 중 하나는 질문이 복잡하거나 애매하거나 이중적이라는 것이다. 이러한 질문은 지나치게 길고 복잡하여 질문이 끝나는 시점에 이르러서는 학생들이 그 요지를 쉽게 놓쳐 버리고 만다. 때로는 교사가 자신도 모르게 1개의 질문 속에 2개(또는 그 이상)의 질문들을 꾸려 넣을 수도 있다.

그러한 질문들은 글이 아닌 구두로 전달되기 때문에 학생들이 질문의 의도를 충분히 이해하기 위하여 다시 읽을 수 없다. 안타까운 일은 이러한 질문들이 때로는 너무 복잡하여, 심지어 교사 자신도 질문을 반복할 필요가 있을 때 정확하게 반복할 수 없다는 것이다. 다음 세 가지의 복잡한 예시 질문과 그것을 같은 효과를 내되 간결하게 개작한 질문을 참고하자.

예 1

복잡한 형태: "우리 모두는 정부의 세 부서가 무엇인지 알아요. 그런데 그것들은 어디에서 유래되었으며, 어떻게 하여 고안되었고, 어떤 방식으로 서로 관련되지요?"

이 질문에는 실제로 세 가지 질문이 함께 들어 있으며, 각각의 질문에 모두 대답하기 위해서는 대답이 매우 길어진다. 뿐만 아니라 앞의 두 질문은 물을 필요가 없을 수 있는 반면—그렇지 않은지?—세 번째 것은 지나치게 모호하여 학생들을 어리둥절하게 만들 수 있다. 그리고 만약에 학생들이 세 가지 정부형태를 모르거나 회상해 내지 못한다면 어떻게 해야 하는가? 그러한 학생들에게 있어서 그 뒤를 잇는 모든 질문은 부적절한 것이며, 학생을 지루하게 하여 일탈행동을 시작하게끔 만든다.

간결한 형태: "세 종류의 정부 부서—행정부, 사법부, 입법부—가 있다는 것을 회상하세요. 헌법에 따라 정부의 어떤 기능들이 각각의 부서에 할당되어 있지요?"

예 2

복잡한 형태: "단세포 동물들은 어떻게 증식하며, 자신과 똑같이 생긴 유사한 생

물체를 만들어 내기 위하여 어떻게 분열하지요?"

만일 교사가 이렇게 질문하려 한다면 학생들 중 몇 명은 틀림없이 이 질문을 반복하도록 요청할 것이며, 이 경우 교사는 자신이 사용했던 복잡한 용어들을 기억조차 못할 수도 있다. 이 질문의 요점은 쉽게 파악되지 않으며, 같은 것에 대하여 세 번 질문하는 것—단세포 동물은 어떻게 증식하는가, 분열하는가, 비슷한 생물체를 만들어 내는가—으로 보일 수도 있다. 이렇게 쓸데없는 말들로 인하여, 초보적인 수준에서 단세포 증식을 이해해야 할 학생들은 3개의 서로 다른 질문이 있는 것으로 쉽게 오해할 수 있다. 교사의 질문을 단 한 가지 방식으로 진술하고, 필요하다면 나중에 학생들이 같은 질문이 다른 말로 진술되었다는 것을 알 수 있을 때 바꾸어 말하는 것이 바람직하다.

간결한 형태: "단세포 동물들은 어떤 과정을 거치면서 번식하지요?"

예 3

복잡한 형태: "여러분은 남북전쟁이나 베트남 전쟁 또는 일반적으로 전쟁에 대하여 어떻게 생각하지요?"

이 질문의 어떤 부분에 학생이 초점을 두는가에 따라 교사는 눈에 띄게 서로 다른 대답을 얻을 수 있다. 본래 의도는 가능한 한 많은 학생이 대답에 참여할 수 있도록 충분한 선택기회를 제공하는 것이었다. 그러나 교사가 논쟁을 일으키기 원하지 않는 한 대답의 범위가 지나치게 넓어 다음의 실질적인 부분으로 넘어가는 일이 불가능할 수도 있다. 이 질문은 처음에 질문을 제기했던 진짜 목적(예, 남북전쟁에 대하여, 비판을 받았던 전쟁에 대하여 또는 전쟁의 개념에 대하여 소개하고자 한 것)에 초점을 맞출 수 없게 된 채로 학생들이 수업시간 내내 열띤 논쟁만 하게 만들어 버릴 수도 있다. 이 질문은 1시간 수업의 틀을 짜는 데 있어 실제적인 가치를 지니기에는 너무 광범위하고, 너무 개방적이고, 또 너무 확산적이다.

간결한 형태: "여러분은 같은 나라 안에서 집단 간에 벌어지는 전쟁을 정당화하는 데에는 어떤 요인들이 있다고 믿지요?"

복잡하거나 애매하거나 이중적 질문이 되지 않도록 하기 위해서 지켜야 할 기본적 규칙들은 다음과 같다.

1. 각 질문의 초점을 단 하나의 아이디어에 맞춘다.
2. 주된 아이디어를 한 번만 진술한다.
3. 구체적인 용어를 사용한다.
4. 가능한 한 적은 단어들을 가지고 질문을 한다.

단지 교사가 기대하는 대답만 받아들이지는 않는가?

초임교사들이 흔히 저지르는 또 다른 실수는 자신이 기대하는 대답만을 요구하는 것이다. 교실 내 상호작용에서 누구를 부르고 누구와 의견을 교환하는가에 대하여 교사들이 가지게 되는 편견은 2장에서 이미 논의되었다. 그러한 편견은 좋아하는 학생들뿐만 아니라 좋아하는 대답으로까지 확산될 수 있다. 초임교사들은 자연스럽게 자신이 가장 익숙하게 받아들이는 것들로 대답을 제한해 버리는 경향이 있다. 그럼으로써 더욱더 안전하고 자신감 있게 되기를 바란다. 이때 나타나는 교사의 첫 번째 행위는 맞는 대답이라고 교사가 간주했던 것과 거리가 먼 학생의 대답을 격하시키는 것이다. 교사가 맞다고 생각하는 범위는 교사의 질문이 지니고 있는 개방성과 직접적으로 연결되어 있다. 개방적인 질문은 다양성을 장려하는데, 이 다양성은 종종 초임교사들이 소홀히 하며 확산적인 질문을 한정적인 질문이 되도록 강요하게 만든다. 다음 대화를 통해 초임교사의 자세가 대답의 성격에 의해 어떻게 변화되는지 관찰할 수 있다.

교사: 자, 오늘 우리는 아메리카 대륙에 건너온 유럽의 개척자들과 그들이 왜 여기에 왔는지에 대하여 공부할 거예요. 그들이 왜 아메리카에 건너왔지요?

학생 1: 농사짓기 위해서요.

교사: 아니. 농사짓기 위해서는 아니야.

학생 2: 집과 교회를 짓기 위해서요.

교사: 아니. 그것 역시 맞는 답이 아니야.

이러한 질의대답이 오랫동안 계속된다면 많은 학생들은 틀림없이 흥미를 잃게 될 것이다. 왜냐하면 학생들은 자신의 대답이 교사가 원했던 것이 아니라 할지라도 전적으로 잘못된 것이 아니라는 것을 알고 있기 때문이다. 그 교사는 무엇을 원하는가? 아마도 초기 미국인들은 유럽 사회에서 있었던 종교적 박해 때문에 건너왔다는 대답일 것이다. "집과 교회를 짓기 위해서요."라는 학생의 대답은 "왜 교회들일까?"라는 단순한 질문을 통해 탐사를 하게 해 주는 완벽한 기회였다. 불행하게도 교사는 정답만을 기다리는 바람에 이 기회를 놓쳐 버렸다. 이 교사는 현재 나온 대답에 기초할 수가 없었거나 그럴 생각이 없었다. 아마 이 교사는 대기시간을 오래 가질지도 모른다. 그러한 경우에도 교사는 오히려 단지 맞는 대답이 결국 나타날 것이라는 희망 속에서 학생들을 차례차례 부르기만 함으로써 수업시간을 허비하게 될 것이다.

교사가 찾고 있던 대답이 바람직함에는 틀림없다. 그러나 유의해야 할 것은 일부분만 옳은 대답이거나 심지어 기대하지도 않았던 대답들에 대해 탐사방법을 활용함으로써 논의의 효과를 덧붙여 줄 수가 있다는 사실이다.

왜 이 질문을 하는가?

아마도 질문에 관련된 잘못 중 가장 심각한 것은 교사 자신이 왜 질문을 하는지에 대한 확신을 못 가지는 경우일 것이다. 기억하다시피 질문은 교수 · 학습 과정을 지원해 주는 수단이다. 질문하는 데 있어서 교사가 하는 첫 번째 결정은 그 수업이 사실, 규칙, 행동계열을 가르치는 것인지 또는 개념, 패턴, 추상화를 가르치는 것인지에 대한 것이다. 만일 전자가 교사의 목적이라면 지식 · 이해 · 적용 수준에서의 수렴적 질문이 질문해야 할 것들이다. 후자가 목적이라면 분석 · 종합 · 평가 수준에서의 확산적 질문들이 대체로 질문해야 할 질문들이다. 이것을 결정하는 전략은 〈그림 9.1〉에 요약되어 있다.

만일 자신이 〈그림 9.1〉의 어디에 있는지 아직 판단하지 못했다면 그 교사는 부적절한 유형의 질문을 할 가능성이 높으며, 교사의 질문에 있어 논리적 계열성이 떨어질 것이다. 그 질문은 수렴적 질문에서 확산적 질문으로 건너뛰고 사실에 대한 단순한 회상에서부터 개념 및 패턴을 획득하는 데까지 왔다갔다 할 수도 있다. 학생들은 교사의 질문이 혼란스러움을 알게 될 것이다. 왜냐하면 교사의 생각

그림 9.1 질문 유형을 결정하기 위한 판단계통

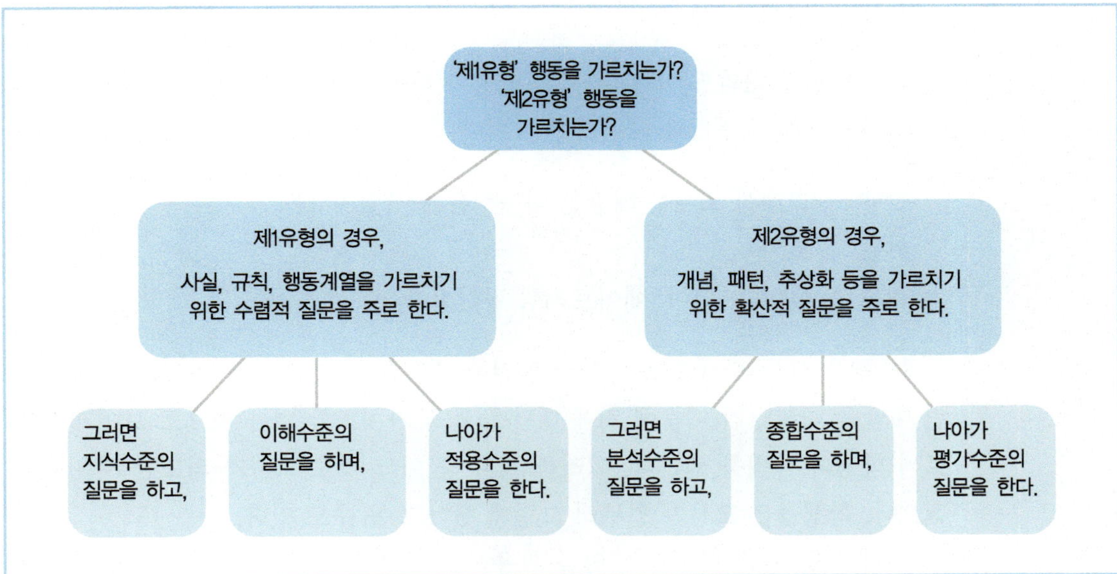

들이 어떤 맥락에 의해 연결되어 있지 않고(적어도 자신들이 따라갈 수 있는 맥락이 못 되고), 교사 자신은 내용을 의미 있는 방식으로 연결해 주는 능력이 떨어지는 것으로 보일 수 있다. 그러므로 사전에 교사의 질문전략이 어디를 지향하는지를 결정하고, 적절한 질문과 행동적 복잡성 수준을 선택함으로써 이러한 목적을 향해 나아가는 일이 중요하다.

끝으로, 교사의 질문목적이 제1유형 행동 또는 제2유형 행동 중 하나라고 하여 그것이 곧 〈그림 9.1〉에 제시된 여러 수준을 넘나들도록 질문전략을 다양화하면 안 된다는 것을 의미하는 것은 아니다. 질문은 학습유형 내에서도(예, 지식에서 적용으로 또는 분석에서 종합으로) 다양해야 하며, 학습유형 사이에서도(예, 적용에서 분석으로) 다양해야 한다. 질문을 하는 궁극적인 목적은 수업을 위함임을 기억하는 것과, 그 목적을 달성하기 위하여 최상의 배합이 되도록 질문들을 선택하는 것이 중요하다.

교사 자신이 질문에 대답하지는 않는가?

초임교사들이 지니는 또 다른 문제는 질문을 제시하고 나서는 교사 스스로 대답해 버리는 것이다. 때로는 학생이 대답을 시작하지만 중단시키고, 단지 교사가 보완해 주는 나머지 부분의 대답을 듣게 한다.

교사: 그래서 노예를 해방시킨 대통령은 누구였지요?
학생: 에이브러햄…….
교사: 링컨. 맞아.

때로는 정반대의 일이 일어난다. 학생이 틀린 대답을 시작하다가 교사에 의해 중단되며, 교사가 정답을 제시하는 것이다.

교사: 그래서 노예를 해방한 대통령은 누구였지요?
학생: 조지….
교사: 아니, 아니야! 에이브러햄 링컨이야.

두 경우 모두 학생으로 하여금 완전한 정답을 말할 기회를 빼앗거나 너무 틀린 대답을 내놓았기 때문에 전체 대답을 들을 가치조차 없는 것으로 보이게 함으로써 학생의 사기를 꺾는다. 이러한 결과 중 어느 것도 교사가 의도한 것은 아니겠으나, 학생들은 교사가 일부러 그렇게 했다고 볼 수도 있다.

교사가 할 일은 학생의 대답을 활용하여 보다 복잡한 결과를 만들어 내는 것이다. 새로운 정보를 이끌어 내거나, 기존의 정답을 넘어서게 하거나, 또는 틀린 대답에 대해 힌트나 실마리를 제공하기 위한 탐사들은 특히 유용하다. 왜냐하면 그것들은 맞든지 틀리든지 간에 충분하고도 의도적인 대답을 할 수 있는 학생의 권리를 신장시켜 주기 때문이다. 완전한 대답을 바라는 욕구, 지배적인 성격 또는 수다스러움 등으로 인해 학생의 대답을 자주 가로막는 교사들은 결과적으로 사려 깊은 대답을 하거나 자발적인 참여를 하는 법을 전혀 배우지 못하는 좌절한 학생들만을 길러 낼 뿐이다.

질문을 벌주는 데 이용하는가?

가장 심각한 문제점은 학생을 벌주거나 열세에 취하도록 몰고 가기 위해 질문을 사용하는—또는 더 심하게 말해 남용하는—것이다. 질문에 대답하는 일은 보상이 될 뿐 아니라 벌이 될 수도 있다. 예를 들어 질문은 다음과 같이 벌로 사용될 수 있다.

1. 숙제를 해 오는 것을 잊은 학생에게 의도적으로 그 숙제와 관련된 질문을 한다.
2. 전혀 자원하지 않는 학생에게 항상 질문한다.
3. 잘못된 대답을 한 학생에게 더욱더 어려운 질문을 한다.
4. 교실을 혼란하게 만든 학생에게 전혀 대답을 할 수 없는 질문을 한다.
5. 부주의한 대답을 한 학생에게 네 가지 질문을 연속적으로 질문한다.

거의 모든 교사들이 동시에 또는 다른 때에 이들 중 하나 이상의 방법으로써 질문한 경험이 있다. 흥미롭게도 어떤 교사들은 이러한 질문을 벌로 보지 않는다. 그러나 의도가 무엇이든 이러한 질문은 두 가지 이유에서 벌임에 틀림없다. 그렇게 질문함으로써 (1) 학생들이 의미 있는 학습에 능동적으로 참여하게 할 가능성은 거의 없으며, (2) 질문을 받기 전보다 더욱 빈약한 자화상, 자신감 손실, 그리고 더 큰 불안감(내지는 분노심) 등을 가지게 될 수 있다. 이러한 질문들은 학생의 사고 진행을 방해할 수 있으므로 교사의 질문전략 목록에 넣지 말아야 한다. 앞의 예들은 다음과 같은 형태로 변형됨으로써 보다 효과적인 수업기술이 될 수 있다.

1. 숙제를 해 오지 않는 학생들의 목록을 작성한다.
2. 전혀 자원하지 않는 학생에게 사전에 예시질문들을 제공한다.

3. 잘못된 대답을 하는 학생에게 기회를 다시 주면서 부분적으로라도 옳은 대답이 나올 때까지 힌트와 실마리를 제공한다.
4. 교실을 혼란하게 만든 학생에게 훈육적 제재를 가하거나 꾸중한다.
5. 부주의한 대답이 나온 직후에 다른 학생이 대답할 수 있도록 빠르게 넘겨준다.

잘못된 행동을 다루는 방법은 충분하게 있으며, 그러한 방법들은 질문보다 훨씬 더 효과적이다. 질문은 본래의 목적을 위해서만 활용되어야 할 수업도구이다. 그것을 잘못된 목적 혹은 다른 목적으로 사용하게 되면 학생들이 교사의 질문을 인식하는 태도에 영향을 줄 수 있다("선생님이 보기에 내가 똑똑해서 저 어려운 질문을 하시는 건가, 아니면 나에게 벌을 주기 위해서 그러시는가?"). 그러한 갈등으로 인해 교사의 질문에 대답하는 데 쓰일 학생들의 에너지와 집중력이 소모될 수 있으며, 학생들은 교사의 동기에 대해 항상 의심하게 될 것이다.

질문이 지니고 있는 또 하나의 측면은 그것이 올바르게 활용될 때 암묵적으로 상으로서의 가치를 지닌다는 점이다. 다른 학생들 앞에서 빛날 수 있고, 정답을 알고 과시할 수 있으며, 시험을 보고 합격점을 얻는 것은 어느 학생에게든지 상을 받는 것과 같은 경험이 된다. 능력수준이나 정답을 알고 모르고에 관계 없이 모든 학생들은 이러한 감정을 주기적으로 경험해야 한다.

대답에 어려움을 겪는 학생들을 무시하지 말아야 함과 동시에 잘못된 대답을 그대로 수용하지도 말아야 한다. 대신에 옳거나 그른 대답의 범위를 보다 넓게 정하여 모든 학생들이 질문에 대답함으로써 얻게 되는 정서적, 지적 보상을 함께 나누도록 도와주는 것이 바람직하다. 예를 들어 가장 정확한 대답과 아울러 가장 새롭거나, 미래 지향적이거나 실제적이거나, 사고를 많이 유발하는 대답에 대해 상을 주도록 하여야 한다. 이렇게 하면 어떤 학생이든지 질문을 통해 얻는 도전과 흥분을 공유하게 될 것이다.

질문은 교사의 교수법 메뉴에 덧붙여지는 또 하나의 도구이다. 거의 무한한 질문의 다양성으로 인해 그것은 교사의 메뉴 중에서 가장 융통성 있는 것이 될 것이다.

현장사례

Case History and Licensure Preparation

김철한 선생님이 가르치는 중학교 과학시간은 여러 면에서 혼성 집단으로 구성되어 있다. 영국계 백인, 스페인계 백인, 아프리카계 미국인 등 여러 인종이 혼합되어 있고, 소수의 아시아계 학생들도 있다. 몇 명은 최근에 이민 온 학생들로서 영어를 말하는 것보다 듣고 이해하거나 읽는 것을 더 잘 한다. 능력수준에 있어 매우 높은 학생에서 매우 낮은 학생까지 있는데 가장 많은 학생들이 중간 수준에 있다. 지금 학생들은 발명과 발견이 사회에 미치는 영향에 대하여 공부하고 있는 중이다.

교사: 선생님의 작은할아버지께서는 대학 시절에 축구를 하셨어요. 그러던 분이 20대였을 때 폐렴에 걸려 3일 만에 돌아가셨습니다. 화정 양, 그런 일이 오늘날에도 일어날 수 있을까요?

화정: 글쎄요. 우리 할아버지께서는 작년 겨울에 폐암으로 돌아가셨지만, 그렇게 빨리 돌아가시지는 않았다고 생각합니다. 그래도 저는 오늘날에도 일어날 수 있는 일이라고 추측합니다.

교사: 아마도 화정 양 말이 맞을 거야. 아직까지도 사람들은 폐렴과 같은 질병으로 죽어가고 있거든. 특히 환자들의 나이가 많거나 다른 병이 있을 때 폐렴으로 죽기도 하지. 자네 할아버지께서 그런 경우이셨던 모양이군.

화정: (놀라움으로 눈이 커지면서) 그분께서는 오랫동안 몸이 안 좋으셨어요.

교사: 그런데 건강한 20대 운동선수들은 어떨까요? 오늘날에도 그 중 많은 사람들이 폐렴으로 죽을까요? 재훈 군은 어떻게 생각하지요?

재훈: 아닙니다. 오늘날에는 단지 항생제를 그들에게 주사할 뿐이고요. 그래도 그 사람들은 아주 빨리 낫습니다. 선생님, 선생님께서 무슨 힌트를 주시는지 알겠습니다. 항생제야말로 사회에 커다란 유익을 준 또 다른 발명이지요.

태영: 저는 작년에 기관지염을 앓았는데 항생제가 전혀 도움이 되지 못했던 것 같습니다. 제 생각으로는 그것들이 그렇게 훌륭한 것 같지 않습니다.

지원: 제 어린 여동생의 귀에 염증이 생겨서 약을 쓰면 즉시 깨끗하게 낫곤 했거든요. 그런데 지금은 그게 그렇게 도움이 되지 않습니다.

교사: 그러니까 여러분 중 몇 명은 항생제와 관련해서 서로 다른 경험을 했다는 걸 알겠습니다. 왜 그런 일이 생길까요? 미수가 손을 들었군. 미수 생각은 어때요?

미수: 저는 2주쯤 전에 텔레비전 프로그램을 하나 봤는데요. 거기에서 사람들이 항생제를 너무 많이 복용해서 요즘에는 효과가 옛날보다 못하다고 했습니다. 어떤 세균은 항생제에 적응이 되었어요. 이제는 항생제로는 없앨 수 없는 염증이 몇 가지 있습니다.

교사: 그러면 아마도 좋은 일 하나를 너무 지나치게 써먹은 꼴이 될 수 있겠네요. 어떤 발명이 처음에는 좋아 보였지만, 나중에 보면 그것이 한 가지 문제를 해결하는 대신 다른 문제를 만들어 낼 수도 있겠지요? 항생제가 단순한 폐렴은 치료했지만, 폐렴균보다 더 죽이기 어려운 이른바 '저항력 있는 변종(resistive strains)'을 만들어 냈을 수도 있겠습니다. 이제부터 어떤 문제를 해결하는 대신 다른 문제들을 일으킬 수 있는 다른 발명 몇 가지를 생각해 봅시다. 여러분이 좋은 예를 생각해 낼 수 있도록 약간 시간을 주겠습니다. (30초가 흐른다.) 재혁이는 어떤 걸 생각해 냈나요?

재혁: 글쎄요, 자동차는 어떨까요? 확실히 더 좋아진 점도 많지만, 자동차들이 많은 대기오염을 일으키기도 하잖아요.

태영: 해마다 자동차 사고로 죽는 사람들은 말할 것도 없고요.

미수: 저는 컴퓨터라고 말하겠습니다. 몇몇 사람들은 인터넷에 중독돼서 더 이상 자기 가족들과 시간을 보내지 않습니다. 게다가 사람들은 원하지도 않는 쓰레기 이메일을 많이 받잖아요.

재훈: 진짜로 그건 저를 은근히 끌어 내서 컴퓨터에서 전화 받게 만들어요. 제 말은 전화를 걸어 물건을 파는 사람은 진짜 나쁘다는 말인데요. 그렇지만 컴퓨터는…….

미수: 우리 학교 컴퓨터를 가지고 실수로 모든 사람에게 잘못된 내용을 보냈을 때는 어떻고요? (학급 전체가 그 때를 기억하면서 신음한다.)

요약

Summing up

질문이란 무엇인가?

1. 효과적인 질문은 학생들이 능동적으로 대답하게 하며, 또 그렇게 함으로써 학습과정에 적극 참여하게 해야 한다.
2. 효과적인 질문은 음성 억양, 강조되는 단어, 언어 선택 및 질문이 제기되는 맥락에 따라 달라진다.
3. 교실 안에서 가장 일반적으로 관찰되는 교수행동은 구조화, 권유, 반응이다.
4. 권유—질문을 유도하는 질문행위—는 학생들로 하여금 구조화된 자료가 제시되었을 때 가능한 한 빨리 그것에 대해 생각하고 행동하도록 장려한다.
5. 모든 질문 중 70~80%의 질문이 사실의 단순회상이며, 20~30%의 질문만이 명료화 확산, 일반화, 추론 형성 등을 요구하는 것

으로 평가되었다. 달리 말하면, 성인 생활을 영위하는 과정에서 그리고 고급 연수를 받는 동안에 고차적 수준의 인지적 복잡성과 관련된 행동들이 가장 많이 요구되는데도 불구하고, 다섯 번 중 한 번 꼴의 질문만이 고차적 수준의 사고과정을 요구할 뿐이라는 것이다.

질문의 목적은 무엇인가?

6. 여러 질문의 공통된 목적은 다음 사항을 포함한다.
   - 흥미를 끌고 주의를 집중시키기 위하여
   - 진단하고 점검하기 위하여
   - 특수한 사실이나 정보를 상기시키기 위하여
   - 관리목적으로
   - 고차적 수준의 사고과정을 장려하기 위하여
   - 학습을 구조화하고 새롭게 하기 위하여
   - 감정표현을 허용하기 위하여

수렴적 질문과 확산적 질문은 무엇인가?

7. 가능한 대답을 하나 또는 소수로 한정하는 질문을 수렴적, 지시적 또는 폐쇄적 질문이라 한다. 이러한 유형의 질문은 학생으로 하여금 한정되고 구속된 방식으로 대답하도록 가르친다.
8. 여러 정답을 가지고 있거나 대답의 허용범위가 넓은 질문을 확산적 질문이라 한다. 그러나 확산적 질문에는 틀린 대답이 나올 수 있다.
9. 같은 질문이 어떤 상황에서는 수렴적일 수 있고 다른 상황에서는 확산적일 수 있다. 예를 들어 확산적 질문에 대한 소위 창의적 대답들이 하나의 목록으로 암기되는 경우가 그러하다.
10. 고차적 수준의 질문이 표준화된 성취도 검사에서 향상된 성취와 관계있다는 연구결과가 정립되지는 않았다. 그러나 고차적 수준의 질문은 분석, 종합 및 평가 기술을 이끌어 내는 것으로 밝혀졌다. 이 기술들은 성인 생활에서 가장 많이 사용되는 것이다.

질문의 대상은 누구인가?

11. 질문은 개인, 집단 또는 전체 교실을 대상으로 제시될 수 있으며, 또 인지적 복잡성을 명확하게 가리키며 전개될 수 있다.

어떤 질문 순서가 사용되는가?

12. 질문은 서로 다른 여러 계열의 맥락 속에서 활용될 수 있다. 예를 들어 깔때기에서는 원래의 질문에 점차 구체적인 조건들이 덧붙여지면서 그 질문이 단순한 결론을 요구하는 것으로 좁혀진다.

어떤 수준의 질문이 사용되는가?

13. 질문은 확산적이거나 수렴적이고 특수한 유형의 학생들을 겨냥하는 것과 아울러, 서로 다른 수준의 인지적 복잡성에 따라서도 형성될 수 있다. 이 복잡성 수준은 인지적 영역에서의 지식, 이해, 적용, 분석, 종합 및 평가 수준 등으로 구성된다.
14. 지식수준의 질문은 학생으로 하여금 이미 암기되어 있는 사실을 회상하거나, 기술하거나, 정의하거나, 인지하는 것을 요구한다.
15. 이해수준의 질문은 학생으로 하여금 이전

에 배운 사실을 설명하거나 요약하거나 정교화하는 것을 요구한다.

16. 적용수준의 질문은 학생으로 하여금 사실의 암기와 번역을 넘어서 전에 배운 사실과 이해를 이전과는 다른 새로운 상황에서 활용할 것을 요구한다.
17. 분석수준의 질문은 학생으로 하여금 하나의 문제를 구성 부분들로 나누고, 그 구성 부분들 사이의 관련을 도출하는 것을 요구한다.
18. 종합수준의 질문은 학생으로 하여금 낯선 문제에 대하여 독특하거나 비범한 대답을 기획하거나 산출해 낼 것을 요구한다.
19. 평가수준의 질문은 학생으로 하여금 미리 진술된 대답의 적절성 결정기준에 입각하여 판단하거나 결정할 것을 요구한다.

탐사란 무엇인가?

20. 탐사는 질문에 대한 학생의 대답에 대하여 즉시 전개하는 질문이다. 그 목적은 명료화를 이끌어 내거나, 새로운 정보를 유도하거나, 학생의 대답을 새롭게 하거나 재구조화시켜 주는 것이다.
21. 새로운 정보를 탐사하는 데 있어서의 핵심은 후속질문을 선행질문에 대한 연장선에 머물도록 제시하는 것이다.

대기시간을 어떻게 사용해야 하는가?

22. 교사가 새로운 질문을 시작하기 전이나 다른 학생에게 질문하기 전에 가지는 대기시간은 학생을 학습과정에 능동적으로 참여시키는 데 질문 자체만큼이나 중요하다. 교사들은 다른 질문을 시작하거나, 선행질문을 반복하거나, 다른 학생을 부르기 전에 최소한 3초의 대기시간을 준수해야 한다.
23. 대기시간이 길면 길수록 대답의 길이가 늘어나고, 자발적 대답이 늘어나며, 대답에 관련된 사고행동의 복잡성이 심화되고, 질문이 보다 많이 나타나고, 대답에 대한 신뢰감이 높아진다.

질문기법은 문화에 따라 다른가?

24. 연구자들은 교실과 학교에서의 언어적, 사회문화적, 사회적 상호작용 유형이 이민자 자녀들의 가정, 또래집단, 지역사회의 상호작용 유형과 다를 수 있다는 사실을 지적한다.
25. 문화적 구체성을 띤 질문이란 대기시간, 리듬, 참여구조, 해당 문화에서 우세한 표현 방식을 고려한 질문을 의미한다.

질문하기에서 일반적인 문제는 무엇인가?

26. 초임교사들의 질문행동에서 흔하게 관찰되는 문제들을 다음과 같이 피해야 한다.
    - 서로 다른 대답이 나올 수 있는 지나치게 복잡하거나 애매한 질문을 하지 않는다.
    - 확산적 질문을 전개할 때 비범한 대답들이 나올 것을 예상하고 준비한다.
    - 특정 질문을 하는 이유를 항상 사전에 정립한다. 질문의 결과로 예상할 수 있는 사고행동의 복잡성에 대하여 알고 있어야 한다.
    - 교사 자신의 질문에 대하여 단 한 번의 탐사도 없이 정답을 제공하지 말아야 한다. 비록 틀렸다고 할지라도 학생이 대답을 마칠 때까지 결코 방해하지 말아야

한다. 부분적으로 옳거나 틀린 대답을 가지고 명료화를 유도하고, 새로운 정보를 권유하며, 또 새롭게 지시하는 발판으로 활용한다.

- 학생을 당황하게 하거나 벌을 주기 위해 질문하지 말아야 한다. 그렇게 사용하는 질문은 잘못된 행동을 변화시키지 못할 뿐만 아니라 질문이 그 나름의 목적을 지니고 있는 학문적 도구임을 잊게 만든다. 질문을 잘못 활용하거나 다른 목적을 위해 활용하는 일은 학생들이 교사의 질문을 지각하는 태도에 영향을 줄 수 있다.

토의 및 연습문제 *Discussion and Practice Questions*

1. 이 장에서 논의된 효과적인 질문의 정의는 무엇인가? 이 정의를 의미한다고 당신 나름대로 믿는 질문을 제시하시오.
2. 대략 몇 퍼센트 정도의 수업시간이 질문과 대답에 쓰일 것 같은가? 그 비율이 그렇게 높게 나타나는 이유를 무엇이라 생각하는가?
3. 대략 몇 퍼센트의 질문이 사실에 대한 단순회상을 요구하며, 몇 퍼센트 정도가 명료화, 확산, 일반화 및 추론 형성을 요구하는가? 후자의 비율이 그렇게 낮은 이유를 무엇이라 생각하는가?
4. 당신 자신의 언어로 말한다면 수렴적 질문은 무엇이며, 확산적 질문은 무엇인가? 그것들은 정답과 관련하여 어떤 차이점을 보이는가? 또, 그것들은 틀린 대답과 관련하여 어떤 공통점을 지니는가?
5. 같은 질문내용을 사용하여 수렴적 질문과 확산적 질문의 예를 모두 드시오.
6. 연구결과에 따를 때, 고차적 수준의 질문이 (1) 학생의 표준화된 성취도 검사, (2) 학생이 문제를 놓고 생각함에 있어 분석, 종합 및 평가 기술을 활용하는 것 등에 어떻게 영향을 미치는가?
7. 인지적으로 보다 복잡한 질문과 덜 복잡한 질문을 만드시오. 이 두 질문은 실마리, 힌트 및 선행조직자 등에서 어떻게 다른가?
8. 〈표 9.2〉를 길잡이로 활용하여 학생의 대답을 확장시키고 끌어올리는 서로 연관된 질문의 계열을 구성하시오.
9. 8번 문제에서와 같은 내용을 활용하면서, 인지적 영역의 여러 수준–지식, 이해, 적용, 분석, 종합 및 평가–각각에서 적절한 수준의 사고행동을 이끌어 낼 수 있는 질문 하나를 준비하시오.
10. 대기시간은 무엇을 의미하는가? 왜 초임교사들은 기다리는 시간을 늘리기 위하여 노력해야 하는가?
11. 초임교사들의 질문에서 나타나는 가장 곤란한 문제점 다섯 가지를 확인하고 각각의 예를 드시오. 당신은 어떤 잘못을 저지를 가능성이 가장 높다고 생각하는가?

10

이 장을 마치면 여러분은 다음 질문에 답할 수 있을 것이다.

1. 자기주도학습을 통해 학생들이 상상력과 직관력을 사용할 수 있도록 하려면 어떻게 해야 하는가?
2. 어떻게 하면 학생들이 스스로의 학습에 대해 책임감을 느끼게 할 수 있는가?
3. 어떻게 하면 학생들이 주어진 내용을 학습할 뿐 아니라 비판적으로 사고하고, 추론하며, 문제해결을 하도록 가르칠 수 있는가?
4. 어떻게 하면 학생들을 과제중심학습에 참여하게 할 수 있는가?
5. 어떻게 하면 차별화된 수업을 사용하여 자기주도학습의 목적을 촉진시킬 수 있는가?

자기주도학습

자기주도학습을 다루는 이 장을 통해 교사는 학생들을 학습과정으로 이끌기 위한 중요한 방법을 알게 될 것이다. 즉, 자기주도적 접근방법을 활용하여 학생들에게 주어진 내용을 넘어서서 공부하는 것 – 비판적으로 사고하고 추론하고 문제를 해결하는 법 – 에 대해 지도하는 방법을 배울 것이다. 또한 학생들이 학습과정에 적극적으로 참여하게 함과 아울러 복잡한 현대사회에서 요구되는 추론능력, 비판적 사고능력, 문제해결 능력을 얻게 하는 데 자기주도적 전략을 활용하는 법을 알게 될 것이다.

자기주도적 학습

오늘날 교실에서 이루어지는 학습의 상당 부분은 사실, 규칙, 행동계열의 습득에 초점을 맞추고 있다. 이들은 대체로 낮은 수준의 행동적 복잡성—지식, 이해, 적용—만을 요구한다. 이 때문에 미국의 교육실태에 관한 몇몇 연구들(American Association for the Advancement of Science, 1996, 2005; National Council for the Social Studies, 2002, 2006; National Council for Teachers of English, 1996, 2006; National Council of Teachers of Mathematics, 2000, 2005)에서는 많은 학생들이 교사로부터 독립하여 사고하거나 교과서와 워크북에 있는 내용을 넘어서서 공부할 능력을 지니지 못했음이 드러났다. 이러한 연구보고서들은 대부분의 학교 교육방법이 학생들로 하여금 스스로의 학습을 자각하고, 비판적으로 사고하며, 주어진 학습내용으로부터 자기 나름대로의 사고유형과 의미를 도출해 내도록 가르치지 못한다는 점을 시사하고 있다(Beyer, 1995; Borich & Tombari, 2004; Hester, 1994).

자기주도적 학습은 학습의 과정에 학생들을 적극적으로 참여시켜 고차적 수준의 행동적 복잡성과 관련된 결과를 얻도록 하는 교수학습 방식이다. 자기주도적 학습은 학생들의 이해, 의미 구성과 내용에 대한 추론, 문제해결, 비판적 사고 등을 도와준다(Burke, 2006; Costa & Kallick, 2003; Keirns, 1998). 자기주도적 학습은 교사로 하여금 몇 가지 독특한 교수기능을 수행할 것을 요구한다.

1. 학습을 위한 지적 전략을 언제, 어떻게 활용할 것인가에 관한 정보를 제공한다.
2. 실세계에서의 문제에 대한 해결방안까지 생각하는 데 이러한 전략들을 어떻게 활용할 것인지를 명시적으로 보여 준다.
3. 학생들이 주어진 정보를 넘어서서 자신의 사고방식과 선행지식에 기초하여 재구성함으로써 교과서에 능동적으로 몰입할 수 있도록 장려한다.
4. 연습문제, 질의응답을 통한 대화 그리고 학생들이 점차 복잡한 사고를 하도록 하는 것 등을 통해 학습에 대한 책임이 점차 학생들에게 넘어가게 한다.

다음 대화는 전형적인 교실에서 이러한 교수기능이 구체화되는 것을 보여 준다.

교사: (칠판에 시가 한 편 적혀 있다. 교사가 학생들에게 읽어 준다.)

인간은 단지 죽기 마련인 바보
더울 때 인간은 춥기를 원하고

추울 때 인간은 덥기를 원한다.
인간은 언제나 현재와 다른 것을 원한다.

이번 시간에는 방금 읽은 것과 같은 시를 이해하는 몇 가지 방법을 설명하겠어요. 이것은 간단한 시 같아 보이지만, 저자는 각각의 단어에 매우 많은 주의와 의미를 기울였어요. 이제부터 여러분에게 이와 같은 시들을 연구하고 저자가 의도하였던 의미를 도출해 내는 방법을 소개하겠어요. 우선, 이 시 안에 있는 핵심 단어들을 확인해 봅시다. 병준이는 여기에서 가장 중요한 몇몇 단어는 무엇이라고 생각하지?

병준: 음, 저는 가장 처음에 나온 인간이라는 단어를 말씀드리고 싶어요.

교사: (계속 병준을 바라보면서) 다른 단어는 없니?

병준: 제가 아는 한 없는데요.

교사: 인영이는?

인영: 덥다는 것과 춥다는 단어가 틀림없이 중요해요. 왜냐하면 그것들은 각각 두 번씩 나왔고 첫째 행과 넷째 행의 마지막 단어와 리듬이 같기 때문이에요.

교사: 다른 중심단어는 없나요? 길수는?

길수: 글쎄요. 저는 죽기 마련인 바보라는 단어가 우리에게 무언가를 말해주는 것 같다고 생각하거든요. 그런데 그게 무엇인지는 모르겠어요.

교사: 좋아. 우리는 지금까지 이 시를 이해하는 데 있어서 특히 중요하다고 생각되는 단어 몇 가지를 확인했어요. 이제 사전을 참조하면서 이 단어들 중에 우리가 모르거나 확실하지 않은 것이 있다면 그 의미들을 찾아볼까요? 그것이 우리가 해야 할 두 번째 단계예요. 영길아, 우리가 세 번째 단계를 시작하는 동안에 죽기 마련이다(mortal)라는 단어를 찾아 주겠니? 세 번째 단계에서는 이 저자가 말하려는 것에 대한 여러분의 짐작을 설명해 줄 거예요. 수진아, 저자가 말하려고 하는 것이 무엇인지를 설명해 줄 수 있겠니?

수진: 제가 생각하기로 저자는 우리들이 언제나 마음을 바꾸고, 그래서 우리가 때로는 대단히 어리석게 보인다고 말하는 것 같아요.

교사: 우리 모두는 인간이기 때문에 확실히 마음을 많이 바꿉니다. 그렇지요? 미라가 무언가 하고 싶은 말이 있는 것처럼 보이네?

미라: 음, 제가 말하고 싶은 것은 우리가 어리석어서 마음을 바꾸는 게 아니라, 그것은 우리 본질의 일부라는 거예요. 즉, 우리는 우리가 가질 수

없는 것을 원할 수밖에 없다는 거지요.

교사: 미라는 수진이가 해석한 것에 무언가를 약간 덧붙여 주었어요. 수진이는 여기에 동의하니?

수진: 그래요. 우리는 어리석은 게 아니고, 단지 죽을 수밖에 없는 존재라는 거죠.

교사: 기태는 더 덧붙이고 싶은 게 없니?

기태: 저는 우리가 어리석은 게 아니라고 말하고 싶어요. 무언가를 진정으로 즐기기 위해서는 그것과 반대되는 것을 반드시 경험해 봐야 한다는 것도요. 그렇지 않으면 우리는 그것이 얼마나 좋은지 모르니까요.

교사: 그 말은 우리를 네 번째이면서 마지막 단계로 인도해 주는군요. 기태가 방금 말한 것과 우리 자신의 경험을 관련지어 봅시다. 누가 말할 준비가 되었나요? 병준이는?

병준: 저는 기태 말에 동의해요. 왜냐하면 지난 여름에 너무 더웠기 때문에 겨울을 얼마나 많이 기다렸는지를 기억하니까요.

교사: (민영이가 손을 들고 있다.) 민영이는 이것에 대해 말할 것이 있니?

민영: 그렇지만 지금은 겨울이기 때문에, 저는 추운 날씨가 끝나서 다시 수영하러 갈 수 있기를 기다릴 수 없어요. (학생들이 동의의 뜻으로 고개를 끄떡거린다.)

교사: 기태 말이 맞는 것 같아요. 우리는 때로 어떤 일을 충분히 이해하기 위해서는 그것의 양쪽 측면—춥고 더운 것, 좋고 나쁜 것, 밝고 어두운 것—을 모두 보아야 해요. 자, 영길아, 사전에서 죽기 마련이다(mortal)의 뜻이 무엇인지 찾았니?

영길: 사전에 나와 있는 것들은 '죽음을 일으키거나 막 일으키려고 하는', '죽어야만 하는', '연약함을 특징으로 하는' 등이에요.

교사: 그것들 중에 어떤 것이 우리 시에 나와 있는 죽기 마련인 바보에 가장 잘 들어맞는다고 생각하니?

영길: 예. 음, 맨 끝에 있는 거요. 왜냐하면 우리가 어떻게 하나를 선택하고 다음에 다른 것을 선택하느냐에 대해 말해 오던 것과 일관성이 있으니까요. 예를 들어 아주 추울 때는 여름을 꿈꾸고, 막상 여름이 오면 너무 덥다고 생각하는 것처럼 말이에요.

교사: 그래. 그 뜻은 우리 모두가 생활을 통해 경험해 온 것들과 들어맞는구나. 그러면 우리는 저자가 의도한 해석을 향해 바르게 가고 있는 것을 알 수 있어요. 이제 한 단계 더 나아가 봅시다. 여러분이 말했던 생각

을 모두 모아 보면, 이 시는 무엇을 말해 주고 있을까요? (용규를 향해 끄덕인다.)

용규: 음, 저는 삶이 일종의 순환이라고 말하고 싶어요. 우리는 계속 돌고 돌아요. 우리가 떠난 곳으로 다시 돌아가고, 그러고 나서는 우리가 있던 곳으로 다시 피신하려고 하고 …… 아마도 그것이 사전에서 말해 주고 있는 것 같은 일종의 연약함인가 봐요.

교사: 좋은 생각이야. 병준아, 너의 말로부터 우리 대화가 시작되었으니, 네가 결론을 내려 보겠니?

병준: 저는 용규 생각이 옳다고 봐요. 왜냐하면 이제 저는 왜 저자가 우리 모두는 바보라고 생각하는지를 이해하니까요. 우리는 마치 자기 꼬리를 좇아서 돌고 도는 강아지 같아서 우리가 가지지 못하고 있는 것을 항상 원하지요. 그러면 그 시의 첫째 행하고 마지막 행이 설명이 되지요. 우리는 인간이기 때문에 언제나 '현재와 다른 것을 원하는' 약점을 가지고 있어요. 예, 그래서 우리는 죽기 마련인 바보라는 거예요. 이제 저도 이해해요.

교사: 아주 좋아. 이제 잠깐 동안 우리가 이 시를 이해하기 위하여 방금 경험했던 네 단계에 대하여 생각해 봅시다. 내가 천천히 되풀이할 테니 여러분은 그것을 받아 적기 바래요. 이 네 단계는 우리가 공부하는 시의 나머지 부분을 읽어 나가는 데 길잡이가 될 거예요.

위에서 교사가 자기주도적 학습의 네 가지 요소 각각을 위하여 어떤 일을 하였는지 주목해 보자.

첫째, 교사는 학생들에게 학습을 위한 정신적 전략—앞의 예에서는 시를 이해하기 위한 네 단계로 이루어진 틀—을 제공하였다. 여기에서의 단계들은 능력이나 경험에 관계없이 거의 모든 학생들이 따라가기에 충분할 만큼 매우 친숙하고 실제적이었다. 특기할 것은 그 단계가 학습과제를 단순하게 나누어 놓은 것이 아니라, 학생들의 개인적 경험과 사고에 입각하여 스스로 의미와 이해를 발견하고 최종적으로는 주어진 내용을 넘어서서 더욱 전진하도록 학생들을 이끌어 주는 단계라는 점이다. 달리 말하여 이 전략 안에서는 어떠한 잘못된 대답도 없었다. 여기에서는 단지 학생들을 학습 사다리에서 다음 디딤대로 끌어올려 줄 수 있는, 발전 가능성이 있는 대답들만 있었다.

둘째, 제공된 전략은 단순히 칠판에 단계들만 열거함으로써 학생들에게 기계적으로 제시된 것이 아니었다. 그 단계들은 실제적 문제의 맥락 속에서 예시적으로 설명되었다. 그 적용은 실세계에서 이루어졌고, 그 전략을 적용하도록 요구받는 다른 모든 예들의 대표가 되는 것이었다.

셋째, 학생들은 자신이 무엇을 할 것인지를 듣기만 하는 수동적인 청취자로서가 아니라 학습과정에의 참여자가 되도록 초대받았다. 발문-응답의 대화를 통해 의견 및 경험 형성을 위한 구조를 제공받음으로써 학생들은 새로운 지식 생성과정에서 능동적인 참여자가 되었다. 어떤 의미에서 학생들은 자신도 모르는 사이에 스스로의 교사가 되었다. 이 점은 사전에 각본이 주어지지 않은 토의형태의 수업을 통해 가능하였다. 이러한 형태는 학생들의 참여조차 꺼리게 만드는, 잘못된 응답에 대한 두려움도 없애 주었다.

넷째, 수업이 전개되면 될수록 학생들 자신이 중요한 결론을 보다 많이 제시하고 있음은 주목할 만하다. 수업을 매듭짓는 가장 높은 수준의 해석은 전적으로 학생들의 정리 발언에서 나왔다. 수업의 끝부분에서 교사는 정보 제공자가 아닌 지켜보는 사람 내지는 함께 토의하는 사람에 가까웠다. 교사가 지닌 정보 제공자로서의 역할은 학생들이 수업 초기에 제시되었던 단계 각각을 능동적으로 적용함에 따라 학생들 스스로가 떠맡게 되었다.

이제 학생들이 교과서로부터 의미와 이해를 얻기 위해 능동적으로 활용할 수 있는, 눈에 보이지 않는 전략 몇 가지를 자세하게 살펴보자.

메타인지

자기주도적 학습을 위한 눈에 보이지 않는 전략 중 하나는 **메타인지**이다. 메타인지는 학습내용을 내면화하고, 이해하고 회상하는 등의 사고작용에 대하여 학생들이 반성하는 것을 도와주는 여러 정신적 정보처리 과정을 말한다. 그것은 내용을 분류하고 회상하기 위한 암기 보조기법—기억법이라 불림—뿐만 아니라 자가발문, 자가검토, 자가관찰 및 분석 등과 같은 사고기술을 포함한다.

메타인지 전략은 정신적 모델링 과정을 통하여 학생들에게 가장 쉽게 전달된다(Boyles, 2004; Duffy, Roehler, & Herrmann, 1988; Dunlosky & Metcalf, 2008). **정신적 모델링**은 학생들이 내면화하고, 회상하며, 문제해결 방법을 다른 내용에도 적용하도록 돕는다. 교사는 정보를 전달할 뿐만 아니라 의사결정 과정을 시범 보인다. 반면, 단계를 기계적으로 암기할 때 학생들은 상황이 달라지면 비슷한 문제도 해결하지 못하며 시험이나 숙제가 없으면 학습내용을 외우려고 하지 않는다.

정신적 모델링은 학생들을 복잡한 과제에 참여시킬 때 특히 중요하다. 예를 들어, 인터넷 검색을 할 때 검색전략을 고안하고, 결과를 평가하며, 적용 불가능한 항목들을 삭제하며, 발견한 결과를 종합하기 위해 고차적 사고기술이 필요하다. 검색전략 고안, 평가, 삭제, 종합과 같은 과제들은 학생들에게 도전감을 갖게 하며, 모델링을 통해 학생들은 자신의 사고활동을 조직하게 된다(Keene, 2007; Rekrut, 1999). 교사는 교실을 관찰할 때 정신적 모델링이 실제로 일어나는 예들을 보고 싶어할 것이다. 효과적인 접근방법에 주목하고 이러한 접근방법을 통해 학생들이 교사가 시범 보인 사고하는 방법을 실행하고 관찰하여 학습과정에서 책임감을 키워 가도록 도울 수 있는 방법에 관해 생각해 보라. 정신적 모델링은 세 가지 중요한 단계를 포함한다(Duffy & Roehler, 1989).

1. 학생들에게 해당되는 추론을 보여 준다.
2. 학생들이 그 추론을 의식하도록 한다.
3. 학생들이 그 추론을 적용하는 데 초점을 맞추도록 한다.

이 단계들은 보통 올바른 해결방안을 얻는 과정을 표현하는 언어적 진술을 통하여 수행된다. 그것들은 다음과 같은 언어적 표식으로써 시작된다.

> "이제, 이 문제를 해결하는 방법을 실천할 때마다 내 머릿속에서 어떤 일이 벌어지는지를 정확하게 큰 소리로 말해 주겠어요. 내가 하는 각각의 결정—어디에서 생각을 멈추고, 어떤 대안을 선택하는가 등—에 대하여 마치 여러분의 머릿속에서 같은 결정을 내리는 것처럼 생각해 보세요."

주목할 점은, 교사가 학생에게 정답을 얻는 기교—A단계를 하고, B단계를 한 후, C단계를 하라는 등—를 전하고 있지 않다는 점이다. 교사는 한 문제를 기계적으로 해결하는 것 뒤에 숨어 있는 정신적 과정을 실제로 생생하게 시범을 통해 보여 주고 있다.

정신적 과정을 능숙하게 시범 보이는 교사는 다음 사항을 실천하고 있는 것이다(Borich & Tombari, 1997, 2004; Good & Brophy, 1995).

- *학생의 주의를 집중시킨다.* 교사는 학생들의 주의가 자신에게 집중되었을 때 비로소 시범을 시작한다. 그러고 나서 학생들의 주의를 가르치고자 하는 사고 또는 추론으로 이끌어 간다.
- *시범의 가치를 강조한다.* 자신이 시범을 보이고자 하는 것에 대해 학생들이 왜 그것에 주목해야 하는지 짧고 명료하게 설명하며, 사고기술과 학습내용을 관련지어 준다.

- *시범을 하면서 대화체 언어로 말한다.* 낯선 개념을 다시 설명해 주며 필요하다면 동작도 반복한다. 이해되지 않는 부분을 위하여 비유를 사용하고, 학습을 강화하기 위하여 예를 활용한다. 그리고 이해를 위한 탐사를 시행한다.
- *단계들을 간단하고 명료하게 만든다.* 교사는 복합적인 동작을 한 번에 하나씩 수행할 수 있는 간단한 단계로 쪼갤 수 있다. 각 단계 이후에는 무엇을 해야 하는지를 말하고, 동작을 함과 동시에 생각하는 것을 소리 내어 말함으로써 수행할 동작에 대해 묘사한다.
- *학생들이 교사가 시범 보인 것을 기억하도록 돕는다.* 진행을 늦추고("만일 내가 너무 빨리 하면 정지시키세요."), 어떤 동작을 과장하고("이제 질문하겠어요."), 특징적인 면들을 부각시키며("내가 잠시 중단하는 부분을 주목하세요."), 학생들이 보고 들은 것에 대한 기억을 돕기 위하여 간단한 기억 보조수단을 제공한다.

이러한 정신적 과정은 나중에 학생들이 내용에 대한 문제해결 방안을 내면화하고 회상하고 일반화하는 데 도움을 준다. 교사는 진행단계에 따른 정보만 일러 주는 것이 아니라 사고 속에 담겨 있는 의사결정 과정에 대한 실제적인 시범을 보여 주게 된다. 이어서 교사는 학생 안에서 전개되는 과정을 관찰하고 조언하면서 필요에 따라 학습내용의 복잡성과 진행 정도를 조정하게 된다. 이러한 일은 자기주도적 학습에 관한 두 번째 주요 개념인 중재로 연결된다.

교사중재

교사가 특정한 학습의 필요에 부응하기 위하여 그 내용 흐름과 복잡성에 적응하는 일을 '교사중재'라고 한다. 교사중재 학습에서 교사의 역할은 학생들이 학습을 재구성하고 학습결과에 도달하는 것을 돕도록 수업에서의 대화를 조절하는 것이다. 달리 말하여, 교사가 주도하는 상호작용적 대화는 학생으로 하여금 학습내용의 의미를 스스로 구성하도록 도와준다. 이것은 기억을 도와줌과 아울러 추론과정을 다른 맥락에도 일반화할 수 있게 해 준다.

학생들이 획득하여야 할 지식과 기술은 최종 형태로 학생들에게 제공되지는 않는다. 교사는 학생들이 스스로의 추론을 통하여 최종 형태를 획득하도록 적절한 시기에 지적 자극을 제공한다. 학습의 흐름과 내용에 적응할 필요성은 미리 예측하기가 매우 어렵다. 그것은 교사중재—어떤 정보를 제공해야 학생의 응답이 현재의 학생을 다음 수준으로 이끌 것인가에 대한 교사의 현장 판단—를 요구한다. 이러한 교사중재는 현재의 학생이 가장 많은 것을 얻어 낼 수 있는 내용의 난이도와 행동의 복잡성 수준을 감안하고 있다.

최대반응기회 영역

내용의 난이도와 행동의 복잡성 수준을 최대반응기회 영역이라 한다(Kozulin, Gindis, Ageyev, & Miller, 2003; Vygotsky & Kozulin, 1986). 이것은 교사의 자극이 있으면 학생의 응답이 다음 수준으로 발전할 수 있는 사고영역이다. 그러므로 최대반응기회 영역에서 이루어지는 교사 반응은 학생의 현재 이해수준에 맞추어 이루어져야 할 뿐만 아니라, 학생의 다음 응답을 한 차원 더 높은 수준으로 끌어올리도록 계획되어야 한다. 교사의 반응이 정답을 이끌어 내는 것을 목적으로 할 필요는 없다. 왜냐하면 이때의 학생은 그러한 교사의 노력으로부터 이득을 얻어 낼 능력이 없기 때문이다. 대신에 교사는 학생이 처음에 내놓은 조잡한 응답의 개선을 격려하는 방향으로 반응하여야 한다.

다음의 교실 대화 중 첫 번째 대화에서 교사는 최대반응기회 영역에 접근하는 반면, 두 번째 대화에서 교사는 놓치고 있다.

교사: 4/5와 같은(칠판에 쓴다) 비율을 보면서 위에 있는 숫자를 지금 있는 것으로 간주하고 아래 숫자를 있을 수 있는 것으로 간주하세요. 아침밥을 지을 쌀 한 통에 대하여 생각해 봅시다. 만일 내가 쌀통에 있는 쌀의 비율을 3/4이라고 쓰면(칠판에 쓴다.), 나는 스스로에게 쌀통이 가득 채워진 것은 숫자 4와 같다고 말하겠어요. 그것이 있을 수 있는 것이지요. 그런데 오늘 아침에 밥을 지어 먹은 후 남아 있는 쌀은 단지 숫자 3, 즉 지금 있는 부분이에요. 그것을 놓고 나는 그 통이 비교적 채워져 있다고 말할 수 있어요. 왜냐하면 지금 있는 것을 가리키는 숫자는 될 수 있는 무엇을 가리키는 숫자에 보다 가깝기 때문이에요. 이제 '4온스들이 한 컵의 오렌지 주스 속에 포함된 비타민 C의 비율은 1일 최소 필요량의 1/2이다.' 라는 제품 설명이 있을 때, 준호가 그것이 의미하는 바를 설명해 보겠니?

준호: 잘 모르겠어요.

교사: 그렇다면 우리는 어떤 단어로 위에 붙은 숫자를 묘사할 수 있을까?

준호: 선생님께서 그것은 지금 있는 것이라고 말씀하셨어요.

교사: 그것이 무엇을 의미할까?

준호: 제가 짐작하기로는 얼마나 많은 비타민 C가 실제로 컵에 들어 있는지 말하는 것 같아요.

교사: 그리고 아래 있는 숫자에 대해서는?

준호: 선생님께서는 아래 숫자는 있을 수 있는 것이라고 하셨어요. 그것이 선생님께서 원하시는 대답인가요?

교사: 그래, 잘했어. 이제 어떤 것이 원래 있을 수 있는 것보다 적게 들어 있는 예를 스스로 한 가지 생각해 보겠니?

준호: 음, 저는 사회과목 시험을 수업시간이 끝나기 전에 마쳤어요.

교사: 그러면 수업시간이 얼마나 길었지?

준호: 음, 약 40분이었어요. 아마……

교사: 우리가 쓰는 단어들을 사용해서 말한다면, 문제에서 그 부분을 무엇이라고 부를까?

준호: 있을 수 있는 것이요. 아, 이제 알겠어요. 그러면 제가 거기에서 썼던 시간은 실제로 일어났던 것이지요? 예, 저는 그 시험을 약 20분 만에 끝냈어요.

교사: 그러면 준호는 숫자를 이용하여 그 비율을 어떻게 표현하겠니?

준호: 그것은 있을 수 있는 것으로서 40분에 현재 있는 것으로서의 20이에요. 윗부분은 아랫부분의 반이에요. 그래서 저는 한 컵의 오렌지 주스는 하루에 필요한 비타민 C의 반을 제공한다고 생각해요.

교사: 좋아. 이제 준호가 자기 문제에 대해서 방금 밟았던 단계들을 다시 짚어 봅시다.

이 대화를 다른 교실에서 되살린다고 가정해 보자. 동일한 교사의 서론 후 준호는 똑같은 질문을 받는다.

교사: '4온스들이 한 컵의 오렌지 주스 속에 포함된 비타민 C의 비율은 1일 최소 필요량의 1/2이다.' 라는 제품 설명이 있을 때, 준호가 그것이 의미하는 바를 설명해 보겠니?

준호: 잘 모르겠어요.

교사: 만일 숫자 1이 위에 있고 숫자 2가 아래에 있다면 그것은 틀림없이 위가 아래보다 적다는 것을 의미해. 맞지?

준호: 맞아요.

교사: 그래서 위에 있는 숫자가 지금 있는 것을 나타내고 아래 숫자가 있을

수 있는 것을 나타낸다면, 지금 있는 것은 있을 수 있는 것의 반이 되지. 그리고 그것은 그 컵이 하루에 필요한 비타민 C 최소량의 반을 담고 있다는 것을 의미하게 되지. 알겠니?

준호: 알겠어요.

두 번째 대화에서 이 학생은 알았을 수도 있고 알지 못했을 수도 있다. 첫 번째 예를 주목해 보면, 교사는 학생이 회상을 하기 위해 거친 정신적 단계들을 다시 따라가면서 그것에 관련된 최대반응기회 영역에 접근하고 있음을 알 수 있다. 왜냐하면 수업목표를 향해 대화가 전개되어 가는 데 있어 학생의 초기 이해와 응답이 고려되었기 때문이다. 다른 최대반응기회 영역을 가진 학생에게 사용할 질문을 다양화함으로써 교사는 학습을 도와주는 받침대를 제공하였고 준호는 이러한 받침대를 통해 학습 사다리의 다음 단계로 나아갈 수 있었다.

두 번째 교사는 단순히 정답만을 제공하였다. 여기에서는 학생에게 제공된 정신적 단계들을 활용하여 스스로 응답을 구성할 기회를 주지 않았으며, 따라서 비슷한 문제 상황에서 독립적인 정답을 얻기 위한 과정을 경험할 기회를 주지 않았다. 첫 번째 교사는 학생으로 하여금 학습내용에 의미를 부여하면서도 본래의 수업목표와 일관성을 유지하는 추론과정—사고과정—을 개발하게 하였다.

이러한 교실 대화를 통하여 교사는 학생들로 하여금 스스로 의미와 해석을 구성하도록—예를 들어 학생 자신의 구성으로써 지금 있는 것과 있을 수 있는 것을 대신하고, 그것을 대화와 토의를 통하여 다른 사람들과 공유할 수 있도록—격려할 수 있다. 자기주도적 학생들 사이에 존재하는 그러한 다양성은 각자의 독특한

자기주도적 학생들 사이에 존재하는 다양성은 교사와의 대화와 부드러운 상호작용에 의해 활성화될 수 있다. 대화와 상호작용은 학생의 최대반응기회 영역을 가볍게 자극하고, 보다 높은 수준의 학습으로 나아가는 적절한 징검다리를 제공한다.

학습역사, 특수한 능력 및 개인적 경험을 활성화시키고, 그렇게 함으로써 학습과정에 몰입하게 해 준다.

최대반응기회 영역 맞히기

최대반응기회 영역은 자기주도적 학습에서 특히 중요하다. 왜냐하면 교사가 모든 학생에게 언제나 적절한 반응을 제공하기가 매우 어렵기 때문이다. 이 점이 개별학습—예를 들어 프로그램수업—과 자기주도적 학습의 핵심적 차이이다. 개별학습은 내용 제작자가 가능성이 가장 높은 오류를 예측하고, 최대반응기회 영역에 관계 없이 모든 학생들을 위하여 교정 또는 대안학습 경로—분지라고 불림—를 제공한다. 수업에서는 비교적 동질집단의 개별 학생들이 학습내용을 이수할 것이라고 가정한다. 이 때문에 모든 학생에게 같은 유형의 오류들이 일어나리라고 예측할 수 있다. 어떤 경우에는 교정단계나 대안적 분지들이 최대반응기회 영역 범위 안에 들어올 수 있으나, 경우에 따라 그렇지 못할 수 있다.

자기주도적 학습은 언제나 학생이 응답하고 교사가 반응하는 순서를 통해 전개된다. 때문에 그것은 교사가 말이나 글을 통해 최대반응기회 영역의 범위 내에서 보다 정확하게 반응할 기회를 제공한다. 그러나 교사의 반응이 비교적 다양하더라도 그 다양한 반응들이 별다른 노력 없이 학생의 최대반응기회 영역 안에 들어올 수도 있다. 결국 교사의 목표는 하나의 정확한 초점이 아니라 일정한 범위를 가진 영역이고, 그 영역은 경우에 따라 메이저리그 야구장 외야석만큼이나 넓을 수도 있다.

공이 정해진 영역 안에 떨어지기만 하면 좌측 외야든지 중앙 외야든지 또는 우측 외야든지 그 타구는 안타이다. 이것은 중요한 점이다. 왜냐하면 학생 응답에 대한 교사의 반응이 너무 좁게—중앙 외야의 안쪽같이 고정된 지점—이루어지면 그 반응은 너무 제한적이어서 개별 학생의 학습역사, 특수능력 및 학습경험 등이 배제될 수 있다. 〈그림 10.1〉은 읽기수업에서의 최대반응기회 영역을 예시적으로 설명한다.

영역 개념은 교사와 학생 모두에게 약간의 위도를 제공하며, 이 위도 안에서 교사와 학생의 독특한 의미와 이해가 구성되고 창조된다. 이러한 방식으로 자기주도적 학습은 학생 내면과 교사 내면 사이의 부드러운 상호작용을 촉진하게 되는데, 이는 학생이 학습 사다리의 다음 가로대로 올라가는 것을 도와주는 교사 발문과 학생 응답이 서로 밀어 주고 끌어 주는 작용이다.

그림 10.1 읽기수업에서의 최대반응기회 영역

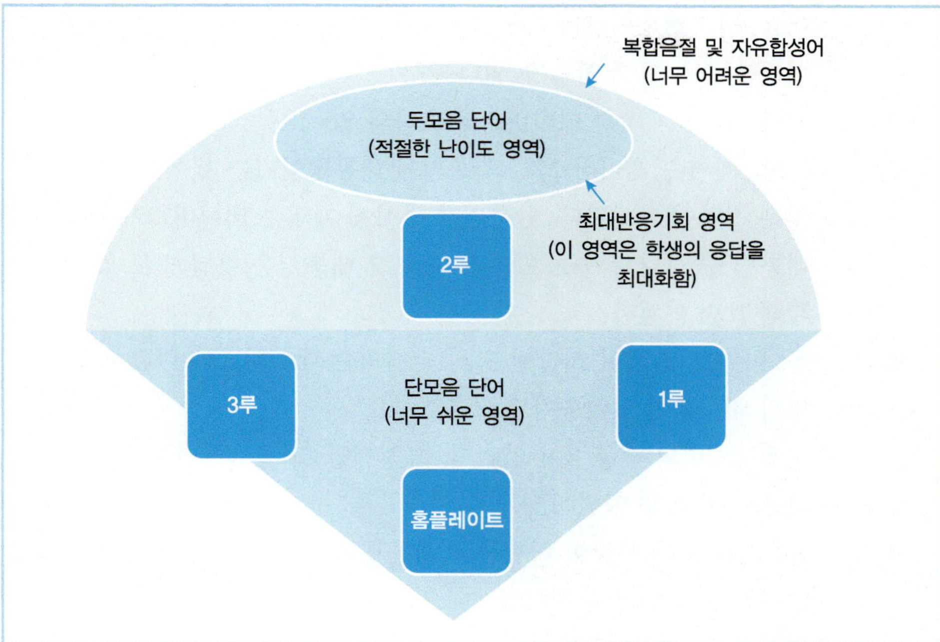

기능적 오류(학생 오류)

자기주도적 학습에서 또 다른 중요한 개념은 **기능적 오류**이다. 학생 오류는 학생과 교사 사이의 부드러운 상호작용에서 중요한 역할을 한다(Stipek, 1996, 2001). 만일 교사의 반응이 부정확하고 의미 없는 응답만을 촉진한다면 그 상호작용은 (적어도 학생의 마음에서는) 그렇게 부드럽지 못하다. 그러나 만일 교사의 반응이 부정확하지만 의미 있는 학생 응답을 창조해 낸다면(또는 의도적으로 촉진시키기라도 한다면) 상호작용은 부드러운 상태로 되돌아가게 된다.

후자의 상태는 기능적 오류라고 불리는 학생 오류를 묘사한 것이다. 교사가 이러한 오류를 예상하지 못했거나 혹은 조장했거나 간에, 이 오류는 내용에 대한 학생의 이해를 증진시킨다. 기능적 오류는 학습 사다리의 다음 부분으로 올라가는 데 필요한 논리적 디딤돌을 제공함으로써 학생의 내면에서 잘못된 사고과정이 다시금 일어나지 않도록 한다. 예를 들어 학생이 잘못된 이유로 인하여 정답에 도달하지 못하도록 함으로써 다른 맥락 속에서 더 복잡한 실수를 저지르는 것을 방지해 주는 것이다.

학생의 오류가 다음 단계의 이해로 올라가는 데 기능적 디딤돌이 되는 것을 보여 주는 다음 대화를 보자.

교사: 여러분도 기억하다시피 어제 수업에서는 남북전쟁의 원인을 공부했어요. 남북전쟁이 시작되었을 당시의 미합중국 대통령이 누구였는지 여러분 중 누가 기억할 수 있나요?

영준: 교과서에는 제퍼슨 데이비스라고 나와 있어요.

교사: 글쎄, 제퍼슨 데이비스가 그 시기에 대통령이기는 했어. 그렇지만 그것은 정답이 아니란다. 남북전쟁 당시에 제퍼슨 데이비스가 미합중국 대통령 중 하나일 수는 있지만 바로 그 대통령은 아닐 수도 있다고 생각해 보면 어떨까?

영준: 음, 아마도 전쟁이 시작될 당시에 제퍼슨 데이비스와 다른 사람 등 2명의 대통령이 있었을지도 모르겠어요.

교사: 사실상 2명의 대통령이 있었지. 그렇지만 그 중 1명만이 미합중국의 대통령이 될 수 있었어.

영준: 음, 만일에 한 사람이 미합중국 대통령이 아니었다면 그 사람은 틀림없이 다른 쪽의 대통령이었겠네요.

교사: 그러면 영준이는 다른 쪽을 대표했던 정부의 이름을 떠올릴 수 있니?

영준: 아, 이제 기억나요. 그것은 동맹국이었어요. 미합중국이라고 불렸을 게 틀림없지만 북쪽의 대통령은 링컨이었고, 남쪽의 대통령은 제퍼슨 데이비스임에 틀림없어요. 제가 아마도 여러 가지 다른 이름들로 인해 혼동한 것 같아요.

비록 학생의 응답이 틀렸다 하더라도 교사의 반응을 거쳐 보다 정확한 응답이 도출되었기 때문에 교사의 반응은 최대반응기회 영역 안에 들어갔다. 교사가 학생의 선행 오류를 정답을 얻기 위한 도구로 활용하면서 정답을 끌어 내는 격려방법에 주목할 수도 있다. 이러한 전략은 질문 자체를 넘어선 정보로까지 학생을 이끌어 주어서, 제퍼슨 데이비스를 지리학적인 관점에 포괄시키고 북측과 남측을 대표하는 정부의 이름까지 바르게 말하도록 이끌었다.

만일 교사가 이보다 덜 사려 깊은 반응을 보여 또 다른 틀린 응답을 내도록 할 뿐 아니라, 학생의 처음 응답을 정교화하거나 확장시키는 데 전혀 도움이 되지 않는 막다른 골목으로 이끌고 가면 어떻게 될까? 그러한 종류의 반응은 어떻게 나타날까?

교사: 남북전쟁이 시작되었을 당시 미합중국 대통령이 누구였는지 여러분은 기억할 수 있나요?

영준: 교과서에는 제퍼슨 데이비스라고 나와 있어요.

교사: 나는 미합중국의 대통령을 말한 것이지, 미동맹국의 대통령을 말한 것이 아니란다. 그 차이를 알겠니?

영준: 예.

교사: 좋아. 그러면 명기가 대답해 보겠니?

여기에서의 상호작용은 훨씬 덜 부드럽다. 왜냐하면 실패의 망령이 학생 위를 떠돌아다니는 채로 남게 되고, 교사는 이러한 어색한 마무리에서 쉽게 벗어나지 못하게 되기 때문이다.

자기주도적 학습은 상당한 정도로 선행교수를 요구한다. 이는 교사가 학생의 현재 이해수준에 맞추어 반응함과 더불어, 수업목적을 향한 이해의 사다리를 올라가도록 학생 응답을—맞든지 틀리든지 간에—촉진시키는 것을 말한다. 이 점이 바로 (프로그램 수업처럼) 원고가 준비된 교수방법이 비록 어떤 경우에는 유용하다 하더라도, 자기주도적 학습에서와 같이 교실 대화와 집단토의 등을 통해 이루어지는 학생 응답과 교사 반응 사이의 부드러운 상호작용을 대체할 수 없는 이유이다.

상호교수법

교실에서 교사가 자기주도적 학습을 적용할 수 있는 방법 중 하나는 **상호교수법**이다(Brown & Campione, 1994; Lubliner & Palincsar, 2001; Oczkus, 2005; Palincsar & Brown, 1989). 이것은 교실 대화를 통해서 학습내용을 탐구할 수 있는 기회를 제공한다. 상호교수법의 중심에는 토의과정에서 교사와 학생이 교대로 주도자 역할을 수행하는 집단 토의가 자리 잡고 있다.

Chuska(2003), Slavin(1990, 2001)이 관찰한 바로는 교실 토의의 대부분이 학생들이 정답을 모두 또는 거의 알고 있는 상황에서 질의응답을 통해 암송하는 것을 크게 넘어서지 못하고 있다. 이러한 수업은 학생들이 스스로 내용과 의미를 구성함으로써 보다 높은 이해에 도달할 수 있는 기회를 거의 주지 않는다. 현실적으로 많은 교실 토의들이 해답을 얻는 과정에서 학생들이 스스로의 생각이나 의견의 적절성을 따질 수 있게 도와주지 못하고 있다. 그보다는 교과서 내용에만 얽매여서 거기에 되도록 가깝게 머물려는 속사포 같은 발문으로만 전개되고 만다.

상호교수법은 그러한 전형적인 토의를 보다 생산적이고 자기주도적인 학습경험으로 만들어 주기 위한 전략이다. 이것은 네 가지 활동—예측, 발문, 요약, 명료화—을 통해 수행된다(Oczkus, 2005). Palincsar와 Brown(1989)은 이 활동들을 다음과 같은 순서로 나타내었다.

- 예측: 교과서에서 배울 내용을 예측함으로써 토의가 시작된다. 토의를 형성하는 기초는 다음과 같다.
  a. 교과서 안에서의 제목 또는 부제
  b. 주제에 관련된 학생들의 선행지식 또는 정보
  c. 비슷한 종류의 정보에 관한 경험

  배울 내용에 관한 예측에 이어, 학생들은 교과서의 한 부분을 읽거나 듣는다.

- 발문: 교사는 한 학생을 선정하여 교과서의 각 부분에 대한 토의를 주도하게 한다. 토의 주도자는 내용에 대해 발문한다. 학생들은 발문에 응답하면서 추가질문을 한다.
- 요약: 토의 주도자는 교과서 내용을 요약하고, 교사는 다른 학생들이 그 요약에 대하여 의견을 말하거나 정교화하도록 권유한다.
- 명료화: 만일 교과서 안에 있는 요점(예, 개념 또는 어휘)이 명료하지 않으면 그것이 명료해질 때까지 토의가 이루어진다. 이때 학생들은 더 많은 예측을 하거나 교과서의 해당 부분이 더욱 명료해질 때까지 다시 읽을 수 있다.

Palincsar와 Brown의 연구에 기초한 다음 대화는 상호교수법을 구성하는 예측, 발문, 요약 및 명료화 네 가지 활동을 예시적으로 설명하고 있다.

교사: (교과서를 읽는다.) "실고기는 자신의 색깔과 움직임을 주변 환경과 조화되도록 변화시킨다. 예를 들어 초록색 식물들 틈에서 사는 실고기는 색깔을 초록색의 그늘색으로 바꾸어 식물과 조화를 이룬다."

미령: (토의를 주도한다.) 이 문단에 대하여 가졌던 의문이 하나 있어요. 그것은 실고기가 보여 주는 방식에 대해 무슨 특별한 것이 있는가 하는 거예요.

교사: (명료화한다.) 색깔이 초록색인 것에 대한 질문이니?

인구: (정교화한다.) 색깔이 초록색인 것만 말하는 게 아니고, 주변의 풀과 같은 색깔로 변하는 것을 말하는 거예요.

미령: (계속한다.) 예, 그래요. 읽은 내용을 제가 요약하면, 실고기가 어떻게 보이는지와 그것이 주변과 비슷하게 보인다는 것이었어요. 제 예측으로는 이 내용은 실고기의 적과 관련된 것이고, 실고기가 자신을 보호하는 방법 그리고 어떤 적들이 있는가 등에 대한 거예요.

명선: (요약에 덧붙인다.) 또한 실고기가 어떻게 움직이는가에 대한 말도…….

기태: (답변한다.) 그것은 앞뒤로 흔들며 움직여요.

인구: (덧붙인다.) ……다른 식물들의 움직임에 따라…….

교사: (발문한다.) 어떤 것이 다른 것과 같아 보이고 다른 것처럼 행동하는 것을 무엇이라고 부르지? 우리가 어제 걸어다니는 막대기라고 부른 벌레를 본 것처럼 말한다면? 걸어다니는 막대기에 대해 말할 때, 우리는 그 단어의 뜻을 명료하게 했었지.

은혜: 의태(擬態)라고 해요.

교사: 맞아. 그러면 우리는 실고기가 ~을 의태한다고 말할 수 있겠어요.

학생들: (함께) 풀이에요.

교사: 좋아요. 그러면 이제 다 같이 미령이의 예측이 맞았는지를 검토해 봅시다. (학생들은 다시 교과서로 돌아간다.)

이 토의에서 교사가 학생의 대화 참여를 지원해 주는 방식에 주목해 볼 수 있다. 교사의 목적은 최대반응기회 영역 안에 들어온 학생 응답에 반응함으로써 가능한 한 많은 학생들을 학습과정에 참여시키는 것이다. 이 목적은 학생의 응답을 정교화하고 학생들에게 스스로의 관점에서 대화에 참여할 수 있는 기회를 허용함으로써 달성된다(Mayer & Wittrock, 1996). 또한 교사는 학생들의 최대반응기회 영역 안에 들어오는 반응을 내놓을 수 있는 기초자료를 얻게 된다.

토의가 계속됨에 따라 교과서를 읽고 대화를 진행하는 책임이 교사로부터 학생들에게 넘어가게 된다. 시간이 지날수록 교사는 응답을 제시하는 대신 학생의 응답을 다듬어 주는 조언자 또는 코치의 역할을 수행하게 된다. 그때쯤에는 대화의 더욱 많은 부분이 학생들의 교과서 내면화 정도를 반영하게 되고, 학생들은 이제 자신만의 학습역사, 특수능력, 경험을 통하여 그 내면화된 것을 표현하게 된다.

상호교수법의 궁극적 목적은 학생들을 학습과정에 충분히 참여시켜서 스스로 추론과정을 자각하게 하는 것이다. 이것은 그 과정에 대한 자기 자신 또는 다른 학생의 시범과 교사의 시범을 통해서 달성되며, 교실 대화를 거쳐 더욱 정교화된다. 상호교수법은 교사 자신이 대화의 진행과 학생이 교과서로부터 도출하는 의미에 지속적으로 주의를 기울일 것을 요구한다. 그렇게 함으로써 교사는 수업내용을 학생들의 현재 이해수준에 계속 맞출 수 있게 된다.

토의의 책임이 교사로부터 학생들에게 옮겨 가는 것을 학생들이 점차적으로 받아들임에 따라, 교사는 수업 초기의 특징이 되었을 설명, 실마리의 부가, 자극의 양을 줄인다. 〈그림 10.2〉는 자기주도적 학습 중에 책임이 교사로부터 학생으로 점차 바뀌는 것을 보여 준다.

Oczkus(2005), Palincsar와 Brown(1989)은 상호교수법에서의 교사의 역할을 다음과 같이 나타내었다.

- 교사와 학생들은 상호교수법에서 적용할 전략들을 습득하는 데 공동 책임을 진다.
- 초기에는 교사가 이러한 전략들을 가르치는 데—어떻게 예측하는가, 어떻게 질문하는가, 어떻게 요약하는가, 어떻게 명료화하는가 등을 소리 내어 생각하기—주된 책임을 맡는다. 점차적으로 이러한 전략 사용의 시범 책임이 학생들에게 옮겨진다.
- 교사는 모든 학생이 토의에 참여할 것을 기대하고 학생들이 토의를 주도할 기회를 제공한다. 교사는 자극, 추가정보의 제공 또는 의미 있는 응답에 대한 요구를 높이거나 낮춤으로써 참여를 독려한다.

그림 10.2 교사로부터 학생으로의 책임 전환

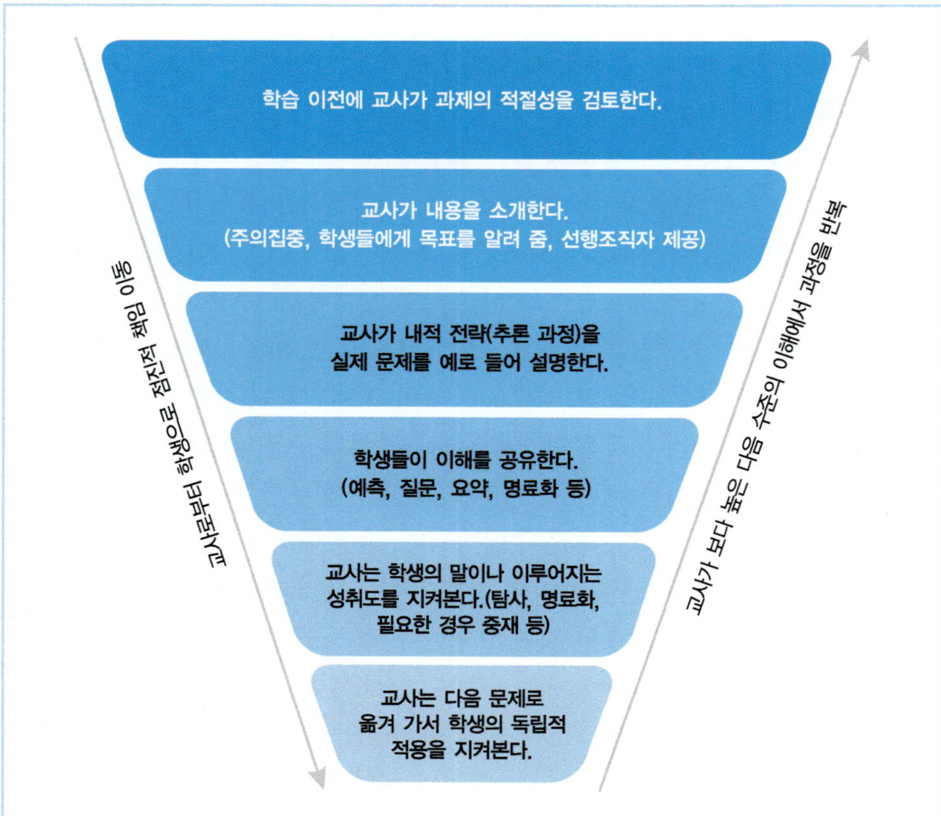

- 자기주도적 학습을 통하여 교사는 학생들의 이해가 얼마나 성공적인가를 지켜보고, 내용이 최대반응기회 영역 안으로 들어가도록 중재한다.

사회적 대화 대 교실 토의

앞의 대화에서 나타났듯이, 교사와 학생들 사이의 교실 대화는 자기주도적 학습의 핵심이다. 교실 안에서의 언어적 상호작용은 교실 밖에서 이루어지는 것과 크게 다르다. 많은 교실에서 언어작용은 교사 주도로 이루어지며, 학생들에게는 사실과 정보에 대한 교사의 주문에 응하는 것 외에는 별다른 대안이 없다. 이러한 전통적인 교실 상황은 학생들에게 주제에 대해 말하거나 정교화할 기회를 거의 제공하지 않는다.

자기주도적 학습전략은 교실 대화를 다른 방식으로 활용한다. 교실 대화는 교사의 권위를 확인할 목적으로서가 아니라 학생들에게 책임을 점차 전환시켜 주는 방향으로 이루어진다. 교사는 기본 틀을 짜고, 대화를 한층 한층 쌓아 가며, 학생들로 하여금 교사가 제공한 초기 구조물로부터 독립하여 사고하도록 도전의 강도를 점점 높여 간다.

비계는 학생의 최대반응기회 영역 안에 속하는 도전만을 주도록 주의 깊게 짜여져야 한다. 교사는 학생의 현재 이해수준(예, 과제 친숙도)과 교수적 지원을 통해 성취할 수 있는 수준을 인식하고 있어야 한다. 이러한 세부사항에 주의를 기울이는 것은 학생에게 부과되는 지적 요구를 구성하는 데 도움이 될 것이다. 교사가 그렇게 하는 것은 학생들이 교과서 내용에 단순히 반응하는 것으로부터 벗어나 그 내용에 대해 논평하고, 정교화하고, 확장함으로써 의미를 내면화하는 일로 나아가게 하기 위함이다.

지금까지 살펴본 바와 같이, 상호교수법은 그 목적을 달성하기 위하여 집단토의와 토의 주도자 순환방식을 활용하고 있다. 이것은 많은 전통적 교실에서처럼 학생들이 그저 발언함으로써 이루어지는 것이 아니라, 학생들이 내용을 학습하는 과정을 드러내고 정교화함으로써 이루어지는 것이다. 이 정신적 전략들을 명료하게 표현하고 시연하는 일은 (1) 학생의 계속적 성취에 대한 안내를 해 주고, (2) 최대반응기회 영역 안에 들어가도록 교사가 제시하는 질문, 자극 및 실마리의 흐름과 수준을 조정해 준다.

내적 담화의 역할

이미 살펴본 바와 같이, 자기주도적 학습에서의 교실 대화의 특징은 독창적인 언어표현을 논평, 정교화 및 확장 등의 형태로 창조해 가는 학생의 책임을 늘려 주는 것이다. 이러한 언어표현들은 적절한 기본 틀이 짜여지기만 한다면 학생 안에서 내적 담화를 만들어 낼 수도 있다(Kozulin, 1990; Resnick & Klopfer, 1989; Simmons, 1995; Vygotsky, 1962). **내적 담화**는 궁극적으로 교사의 자극과 발문을 대신하는 개인 내면의 대화를 낳게 하며, 유사한 문제를 만났을 때 학생을 안내할 수 있다.

교과서를 넘어선 창의적 산물을 만드는 책임이 점차 학생에게로 옮겨 감에 따라, 학생은 교사가 사용하였던 것과 같은 방식으로 추론하고 같은 유형의 질문, 자극 및 실마리를 모방하면서 내적 담화능력을 더 높이게 된다. 달리 말하면, 교사가 학생에게 많이 발문하였던 언어적 상호작용이 교사의 직접적 개입이 없는 상태에서 학생 스스로가 사용하는 사적 담화형태로 내면화되는 것이다.

이제 교사의 역할은 관찰자의 역할로 바뀌게 된다. 교사는 필요할 때만 자극과 실마리를 주어 학생들이 제 궤도에 올라 있도록 도와준다. 궁극적으로 학생은 교사의 기본 언어를 내면화한 후, 사적으로 대화할 때 교사가 시범을 통해 보여 주었던 논리와 추론과정을 모방하면서 자기 스스로의 교사가 된다. 자기주도는 상호교수법뿐만 아니라 협동학습 및 집단학습을 포함하는 여러 형태의 교수기법들을 통해서도 유도될 수 있다.

아동과 성인의 행동 모두를 이끄는 데 있어 내적 담화의 역할은 자기주도적 학습전략의 핵심에 자리 잡고 있다.

적절하게 기본 틀을 갖춘 학생의 외적 언어화는 내적 담화로 바뀌어, 결국에는 교사의 자극을 대신하고 유사한 문제에서 학생 스스로를 안내할 수 있다.

자기주도적 학습에서의 대화 사례

자기주도적 학습의 특징을 보이는 교실 대화를 세 가지 살펴보기로 한다. 이 대화들은 서로 다른 교수맥락 속에서 다음 사항들을 보여 준다.

- 교과서 내용으로부터 의미와 깊은 이해를 도출할 수 있는 사고과정을 교사가 어떻게 시범하는가?
- 학습에 대한 책임이 점차 학생 쪽으로 전환되면서 질문, 자극 및 실마리가 응답의 기본 틀을 구성하는 데 어떻게 활용될 수 있는가?
- 그 후에 학생의 계속적인 이해를 돕기 위해 학생 응답을 어떻게 지켜볼 수 있을 것인가?

우선, 고 교사가 읽기를 가르치는 4학년 교실을 살펴보자. 여기에서 우리는 교과서로부터 의미와 이해를 도출하기 위한 사고과정을 교사가 어떻게 시범하는가를 관찰할 수 있다. 교실 토의는 교사가 매일 읽기과제로 짧은 소설에서 발췌한 내용을 학생들에게 읽어 주는 것으로 시작한다.

고 교사: (읽는다.) "지구상에서 가장 추운 기후를 보이는 곳 중 하나가 알래스카 북부이다. 이 곳에서는 작지만 강한(hardy) 아메리카 원주민들이 사냥과 고기잡이로 생계를 유지하며 작은 마을에서 살아가고 있다. 이 작은 마을 사람들은……."

다혜: (중단시킨다.) 선생님, 저는 강하다는 단어의 뜻이 무엇인지 모르겠어요.

고 교사: 다혜는 그 뜻이 무엇이라고 생각하니? (다혜가 예측을 하도록 발문한다.)

다혜: 글쎄요. 아마도 얼음처럼 딱딱한 어떤 것이 아닐까요?

고 교사: 다혜가 맞는지 다 같이 봅시다. 딱딱하다(hard)와 거의 같은 것을 의미할 수 있는 다른 단어들을 몇 개 생각해 봅시다. (비슷한 낱말을 찾을 시간을 제공한다.)

태욱: 딱딱한 어떤 것은 강해요.

명기: 그래요. 그리고 또한 오래 살아요.

인영: 강하면 다치지 않을 거예요.

고 교사: 좋아. 이제 이러한 여러 생각들 중 어느 것이 다음 문장에 들어맞는지 봅시다. "이 땅에서는 작지만 강한 아메리카 원주민들이 사냥과 고기잡이로 생계를 유지하며 작은 마을에서 살아가고 있

다.” 태욱이는 어떻게 생각하니? (비슷한 낱말을 본문에 맞추어 보아 의미를 명료화하는 방법을 권장한다.)

태욱: 글쎄요. 만일 hardy라는 단어를 빼내고 대신에 strong이라는 단어를 넣으면, 제 생각에는 그것이 같은 것을 의미하는 것으로 보여요.

고 교사: 희라는 어떻게 생각하니?

희라: 이해가 되요. 왜냐하면 강할 때는—아무리 추운 북쪽 지방에서라도—병들지 않고, 그 때문에 오래 살게 돼요. (요약한다.)

명기: 그렇지만 그 사람들이 오래 산다는 것을 우리가 어떻게 알지요? 단지 강하다는 이유 때문만으로요? (명료화를 요구하고 있다.)

고 교사: 좋은 지적이야. 실제로 우리는 그것을 아직 몰라. 그러면 여러분은 어떻게 생각해요? (다시 예측할 것을 요청한다.)

안나: 저는 추운 날씨 때문에 그 사람들이 우리만큼 오래 살지는 못할 것이라고 생각해요.

고 교사: 그러면 그 사람들이 따뜻하게 지낸다면 어떻게 될까? 그것을 알기 위해 계속 읽어 나갑시다.

여기에서는 고 교사가 본문으로부터 의미를 도출해 내는 전략을 시범하는 것에 주목해야 한다. 교사는 다혜에게 강하다(hardy)라는 낱말의 뜻에 대하여 묻고, 이어서 학생들에게 비슷한 낱말이 어울리는지 알아보기 위해 본문 속에 삽입하도록 주목함으로써 비슷한 낱말을 찾게 만들었다. 그러므로 고 교사는 학생들이 이때도 적용하고 나중에 모르는 단어를 만났을 때 언제든지 교사의 도움 없이도 적용할 수 있는 모델 하나—정신적 전략—를 전수해 주게 되었다.

다음에는 중학교 과학 교실을 관찰하여 임 교사가 어떻게 질문, 자극 및 실마리를 사용하여 자기주도적 학습을 격려하는지 살펴보기로 하자. 여기에서 제시되는 토의에서 임 교사는 그 반 학생들의 최대반응기회 영역 안에 들도록 기본 틀이 짜인 발문과 반응을 전개함으로써 물리학의 기본 법칙을 가르치고 있다.

임 교사: 여기에 고무풍선, 샌드백, 공기 펌프 등이 있어요. 내가 하는 일을 주의 깊게 보도록 하세요. 나는 고무풍선에서 공기를 나오게 하고(공기를 뺀다.), 샌드백을 치고(친다.), 펌프 손잡이를 누릅니다(손잡이를 민다.). 여러분은 이 세 가지 행위에서 무엇을 생각했어요? 병준이?

병준: 선생님이 피곤하시겠어요. (학생들이 웃는다.)

임 교사: 맞아. 특히 샌드백을 치고 펌프질을 할 때 그랬어. (병준의 현재 이해수준에 맞추어 준다.) 병준이는 내 안에서의 반응, 즉 피곤해지는 것을 보았어요. 또 다른 작용을 본 것이 있니?

병준: 풍선이 교실 안을 날아다녔어요.

임 교사: 또 다른 것은?

병준: 샌드백은 앞쪽으로 움직였어요. 그리고 펌프 손잡이가 내려갔다가 조금 올라왔어요.

임 교사: 여러 가지 반응을 관찰했구나. 그것들이 무엇일까?

병준: 선생님께서 하시는 동안 각 물건에 무언가가 일어났어요. 그리고 음… 저는 그것 말고 다른 어떤 일이 일어났다고 추측해요.

임 교사: 미나는 이 세 경우 모두에서 무엇을 보았지?

미나: 저는 두 가지 방향의 움직임을 보았다고 생각해요.

임 교사: 어떤 움직임이지?

미나: 음, 풍선의 경우에 그것은 앞으로 나아갔지만, 또한 공기를 뒤로 밀어냈어요. 선생님 얼굴 쪽으로요. 그리고 샌드백의 경우 그것은 앞으로 나아갔어요. 푸욱(소리를 흉내 낸다.) …… 그리고 멈추었어요. 거기에 무슨 다른 움직임이 있었는지는 모르겠어요.

임 교사: (상위단계의 이해수준으로 끌어올린다.) 내가 샌드백을 치기 전과 치고 난 후 모두에 무슨 일이 일어났는지를 생각해 보세요. 생각을 돕기 위해 공책의 위쪽에 전과 후라는 단어들을 쓰세요. 그리고 풍선, 샌드백, 펌프 등 각각의 경우에서 여러분이 관찰한 것을 쓰세요. 1분 동안 써 봅시다.

미나: (약 1분이 지난 후) 이제 기억나요. 그 샌드백은 다시 돌아와 선생님 손을 쳤어요. 그것이 두 번째 움직임이었어요.

임 교사: (다른 학생들의 이해를 확인한다.) 그러면 공기 펌프의 경우는 어떤가요? 영민이가 손을 들었네.

영민: 선생님께서 고무풍선을 부풀리기 위해 펌프 손잡이를 누르셨을 때 그것이 조금 올라왔어요.

임 교사: 그래. 각각의 경우에 두 종류의 확인 가능한 움직임이 있었지. 우리는 그것들을 작용과 반작용이라고 부를 거예요. 우리가 지금까지 토의한 물리학의 기본 법칙은 "작용이 있을 때는 그에 상반하는 반작용이 반드시 있다"는 것이다. 이제 다른 여러 움직임에서도 이러한 일이 나타나는지를 알아봅시다. 여러분의 공책에

다음 움직임들과 관련된 작용과 반작용을 확인한 후 써 보세요. 쓸 시간을 주기 위해서 천천히 부르겠어요.

케네디 우주센터(Cape Canaveral)에서 이륙하는 우주선
거리를 달리는 자동차
발사된 총알
골대를 넘긴 럭비공

임 교사가 학생들의 현재 이해수준을 겨냥하여 사용한 발문들에 주목해야 한다. 이러한 발문을 통해 학생들은 의미 있는 방식으로 응답할 수 있었고, 교사는 완전하지 못한 응답을 바탕으로 더 높은 이해수준에 도달할 수 있는 기회를 얻었다. 예를 들어 임 교사는 "또 다른 작용을 본 것이 있니?"라는 자극을 통해 병준의 조잡한 처음 응답을 작용과 반작용의 개념을 소개하는 데 활용하였다. 학생들에게 발문할 때마다 임 교사는 자신의 발문, 자극 및 실마리를 보다 높지만 여전히 학생의 최대반응기회 영역 안에 있는 지점을 겨냥하여 제시하였다.

또한 해결방안을 찾는 사고를 종이—사고의 종이라고 불림—위에 쓰게 하는 방법은 학생들로 하여금 응답을 하면서 능동적으로 공부하게 해 주었다. 아울러 그것은 대화의 끝부분에서 제시된 새로운 문제 등과 관련하여 작용과 반작용을 보다 쉽게 도출하게 도와주는 전략을 제공하였다. 다양한 난이도 수준에서 임 교사의 질문, 자극 및 실마리의 사용은 점점 더 복합적인 응답을 형성하는 수업을 가능하도록 해 주었다.

이제 세 번째 교실을 살펴보자. 김 교사가 고등학교 학생들에게 스페인어를 가르치고 있는데, 임 교사처럼 발문의 수준만 변화시키는 것이 아니라 학생들이 처음 보는 내용을 응용하는 과제도 더불어 제시하며 지도한다. 학생들은 깨닫지 못하는 사이에 명제적 지식—말이나 글로써 표현되는 지식—과 방법적 지식—어떤 문제 상황이나 의사결정 상황에서 활용되는 지식—사이의 차이를 경험할 수 있다.

김 교사: 오늘 우리는 남성명사와 여성명사에 대해 공부할 거예요. 스페인 어에서는 모든 명사들이 남성명사이거나 여성명사 중 하나예요. o로 끝나는 명사는 대체로 남성형이고, a로 끝나는 명사는 대체로 여성형입니다. 소영이는 다음 명사들이 남성명사인지 여성명사인지 확인할 수 있겠니?(칠판에 쓴다.)

libro

pluma
cuaderno
gramática

소영:	(각각을 정확히 확인한다.)
김 교사:	이제 소영이가 각각의 단어들을 어떻게 확인하였는지, 각 단어는 무엇을 의미하는지 말해 보겠니?
소영:	예. 저는 만일 어느 단어가 o로 끝나면 그것은 남성형이지만 a로 끝나면 여성형일 것이라는 규칙을 따랐어요. 제가 생각하기로는 각 단어의 뜻은 책, 펜, 공책, 문법이에요.
김 교사:	잘했어. 이제 다음 단계로 넘어가서, 여러분은 지금까지 말하고 생각하는 동안에 부정관사 a와 an을 많이 사용했어요. 스페인 어에서는 a나 an 대신에 남성명사 앞에는 un을, 여성명사 앞에는 una를 사용해요. 그리고 관사는 명사가 나올 때마다 반복돼요. 이제 칠판에 있는 어휘들을 단어를 사용하여 각 단어 앞에 부정관사들의 올바른 형태를 넣어 봅시다. (부과되는 과제를 전환시킨다.) 태수가 첫 번째 것을 해 주겠니?
태수:	un libro일 것 같아요.
김 교사:	마리는?
마리:	una pluma요.
김 교사:	다음 2개를 병수하고 민기가 말해 주겠니?
병수:	un cuaderno요.
민기:	una gramática요.
김 교사:	좋아. 이제 우리는 우리가 알게 된 것을 실제로 적용할 준비가 되었어요. 내가 여러분에게 영어 문장을 제시할 테니 올바른 형태의 부정관사를 사용하여 스페인 어로 번역하세요. (과제를 다시 전환시킨다.) 여러분은 지난주에 배웠던 어휘들을 기억할 필요가 있을 거예요. 만약 필요하다면 기억 안 나는 단어를 사전에서 찾으세요. 영철이부터 시작합시다. 칠판 앞에 나와서 "책 한 권을 원하십니까(Do you want a book)?"라고 쓰세요.
영철:	(칠판에 쓴다.) Desea usted un libro?
김 교사:	잘했어. 그런데 영철이는 어떻게 una 대신 un을 쓰기로 결정했지?

영철: 명사가 o로 끝났기 때문이에요.

김 교사: (계속하여 다른 3개의 예를 들어 준다.)

문법을 필요로 하십니까?
언어를 공부하고 싶습니까?
공책이 필요하십니까?

(학생들이 응답한 뒤, 교사는 다음 활동으로 과제를 전환시킨다.) 이제 OHP로 보이는 각 문장을 읽고 명사 앞에 붙는 부정관사의 올바른 형태를 적으세요. (OHP를 보여 준다.)

Yo necesito ________ gramática.
Nosotros estudiámos ________ lengua.
Necesita Tomás ________ libro?
Es ________ pluma?

(학생들이 응답한 뒤 교사는 마지막 활동과제로 옮겨간다.) 이제 나는 다음 문장들을 영어로 말하겠어요. 여러분은 같은 문장을 완전한 스페인어로 반복하세요. 다시 말하지만, 정확한 형태의 부정관사를 반드시 사용하도록 하세요.

위의 사례에서 유의할 점은 학생들에게 요구된 서로 다른 학습활동들이 인지적 복잡성과 관련하여 어떻게 다른가 하는 것이다. 김 교사는 학생들이 응답해야 하는 과제를 바꾸면서 학생들에 대한 요구를 점차적으로 변화시켰다. 수업은 처음에 규칙을 단순히 암송하는 것(명제적 지식)으로 시작하였으나, 궁극적으로는 스페인 어로 회화를 하는 데(방법적 지식) 요구되는 수준의 구두표현에까지 이르렀다. 교사는 학생들 모두 혹은 대부분이 따라가도록 각 단계를 충분히 작게 하고, 명제적 과제들로부터 방법적 과제로 과제 형태를 점차 전환시켰다.

이러한 교수과정은 문법규칙과 어휘를 암송하는 것으로부터 시작하여 문장을 완성하거나 빈칸을 채우는 과정을 거쳐 구두표현에 이르기까지 변화되는 학습전략을 제공함으로써, 다른 맥락에서도 활용 가능한 하나의 언어학습 모형을 제공하였다. 주목할 점은 이러한 계열이 초등학교 수업에서도 가능하다는 점이다. 이 점은 학생들에게 문법규칙의 암송이 아니라 말이나 글로써 의사를 전달하는 것이 최종 목적이라는 점과, 그러한 목적을 향해 학생들 역시 꾸준히 노력해야 한다는 점을 말해 주고 있다.

하나의 수업단위 안에서 과제가 체계적으로 변하는 것은 하나의 활동구조를 이룬다. 활동구조는 보다 높은 이해수준에서의 학습을 하는 책임을 학생들이 점진적으로 떠맡는 방식으로, 학습과제나 문제들을 변화시켜 나갈 때의 자기주도적 학습에서 가장 효과적이다. 인지적 부담이 더 적은 명제적 연습문제를 제공하거나 인지적 부담이 더 많은 방법적 연습문제를 제공함으로써 개인이나 소집단 학생들을 위해 활동구조를 다양화할 수 있다. 다음에 제시되는 목록은 개별 학생들에게 자기주도적 탐구법을 가르칠 때의 단계 몇 가지를 보여 주고 있다.

학생들에게 자기주도적 탐구법을 가르치는 몇 단계

1. 학습과제를 제시하고, 학생이 그것에 어떻게 접근하는지를 관찰한다(예를 들어 역사 교과서에서 짧은 내용을 발췌하여 에세이 시험을 위한 기본 자료로 읽어 준다).
2. 학생 스스로가 교과서 내용을 학습하는 과제에 어떻게 접근하고 있는지—예를 들어 시험에 대한 준비로서—를 설명하도록 한다(이것은 학생이 스스로의 인지적 접근방식을 분석하도록 도와준다.).
3. 읽은 것을 조직화할 수 있는 효과적인 절차를 기술하고 시범 보인다. 예를 들어 읽기를 위해 발췌한 내용의 끝에 연구문제를 사용하는 방법, 발췌한 내용에 있는 주요 아이디어를 형광펜으로 강조하는 방법, 추후 복습을 위해 다른 종이나 독서 카드에 핵심 내용에 대한 개요를 쓰는 방법 등을 설명하고 시범을 보인다. 이것은 학생에게 학습과제를 인지적으로 조직하는 전략을 제공한다.
4. 비슷한 과제(예를 들어, 또 다른 읽기 과제)를 제공하여 학생들이 새로운 인지전략을 연습할 기회를 갖게 한다. 비슷한 문제를 분석하는 것을 보여 주기 위해 자기발문 행위를 시범 보인다. 예를 들어 "여러분이 대답해야 할 핵심질문은 무엇인가요?" 또는 "이 문단에서의 주된 아이디어는 무엇일까요?" 등을 묻는다. 작은 카드에 그러한 질문들을 써 두었다가 학생들을 위한 힌트로 활용한다.
5. 감독자로서의 교사 역할을 줄이면서 학생들이 자기주도적으로 배운 기술을 실습할 수 있는 또 다른 기회를 제공한다.
6. 학습자의 이해와 인지적 조직화의 결과를 검토하고 교정적 피드백을 제공한다.

그외 인지적 전략

우리는 스스로 학습하는 것을 도와주는 **인지적 학습전략**을 이미 알고 있다. 인지적 학습전략은 다양한 주제영역에서 학습을 촉진시키는 일반적 사고방법이다. 이 전략은 들어오는 정보를 유지하거나(수용이라 함), 선행지식을 상기하거나(유용성이라 함), 배우는 지식 사이의 논리적 관련을 형성하는 것(활성화라고 함) 등에 있어서 학생을 도와준다. 이러한 인지적 학습전략에는 다음과 같은 것들이 있다(Blanton, 2005; Borich & Tombari, 1997; Goetz, Alexander, & Ash, 1992).

- 기억법(기억 보조술)
- 정교화/조직화(필기하기)
- 이해감독 전략
- 문제해결 전략
- 과제중심 전략

이제 이들 전략 각각을 살펴보자.

기억법(기억 보조술)

Bruner(1966)나 Ausubel(1968) 같은 인지심리학자들은 교사들이 제한된 수의 아이디어—핵심 이해 및 원리라고 함—를 중심으로 수업을 조직할 것을 주장한다(Brophy, 1992). 그러면서도 이들은 주요 아이디어들을 이해하기 위해 사실도 함께 배워야 함을 인정한다. 사실들은 숫자, 날짜, 이름, 규칙, 분류내용 등을 포함한다. 사실들에 대한 정신적 조직과 기억을 도와주는 몇 가지 전략은 다음과 같다.

압운 또는 매개문장법 압운 또는 매개문장은 이어지는 글자, 유형 또는 특별한 역사적 기념일에 대한 단서가 된다. 예를 들어, 음악수업에서 학생들 대부분은 높은음자리표의 선에 걸리는 음들 EGBDF를 쉽게 회상하기 위하여 'Every Good Boy Does Fine(착한 소년은 누구나 행실이 좋다)' 을 배운다. '봄에는 앞으로, 가을에는 뒤로(Spring forward, fall back)' 는 미국에서 봄 시간 및 가을 시간을 적용할 때 시계를 어느 방향으로 맞출지 기억하는 것을 도와 준다. 그리고 많은 취학 아동들은 '1492년, 콜럼버스는 미지의 바다를 항해했다.' 는 것을 배운다. 이러한 전략들은 정신적 전략단계들을 회상하는 데도 활용된다.

이야기체 연쇄화 이야기체 연쇄화는 기억하고자 하는 주요 단어들의 목록을 짧은 이야기 속에 짜맞추는 과정이다. 예를 들어 누가 나비의 알(egg), 애벌레(larva), 번데기(pupa) 및 성충(adult) 등 주요 단계를 포함하는 생애주기를 외우고자 한다면, 다음과 같은 이야기를 만들어 낼 수 있다.

> 나는 오늘 아침 식사로 달걀(egg)을 요리하였지만, 그것은 너무 오래 가열되어 끓는 용암(lava)같이 보였다. 이웃집 소년이 우리 집에 들렀는데, 내가 만든 용암으로 변한 달걀을 보고는 소리쳤다. "나는 어린 학생(pupil)일 뿐이지만 당신은 성인(adult)인데 달걀을 그렇게밖에 요리할 수 없었어요?"

이 경우, 용암(lava)과 학생(pupil)은 애벌레(larva)와 번데기(pupa)와 발음이 매우 비슷하여 생애주기 순서에서 맞는 단어에 대한 기억을 촉발하게 된다.

숫자에 의한 압운 또는 페그(peg) 단어법 숫자로 압운하거나 페그 단어를 쓰는 기억법은 서로 관련이 없는 단어들을 암기하는 데 있어 상상에 의한 정신적 그림을 그리면서 일련의 숫자들과 운이 맞는 단어들을 활용한다.

다시금 나비의 생애주기를 예로 들면, 숫자에 의한 압운은 이런 방식으로 활용될 수 있다.

- *일-태양:* 밝게 빛나는 태양 아래 커다란 달걀(egg) 프라이 하나가 공중에 떠 있는 것을 상상하세요.
- *이-스튜 요리:* 그 달걀프라이 아래에 있는 커다란 분화구에서 끓는 스튜가 뿜어져 나와 떨어지면서 빨간 용암(lava)을 형성하는 것을 상상하세요.
- *삼-바다:* 뜨거운 용암이 가랑비처럼 떨어져 바닷물과 만나는 지점에서, 소용돌이치는 성난 바다에 떠서 비명을 지르는 조그마한 학생(pupil)을 상상하세요.
- *사-문(door):* 달걀 같은 태양에 의해 가열된 용암 근처의 바다에서 소년을 끌어내려고 팔을 뻗은 점잖은 어른(adult)이 열어 젖힌, 분화구 쪽에 나 있는 황금문을 상상하세요.

결집 결집 혹은 서로 분리된 낱낱의 정보를 5~7개의 단위로 묶는 것 역시 암기효과를 높여 줄 수 있다. 만일 논리적인 범주로 묶은 결집이라면 그 정보들은 정신적 사고틀 속에서 훨씬 빠르게 처리될 수 있다. 이에 대한 흔한 예는 식품목록을 각각 여러 논리적 범주들(낙농제품, 채소, 음료 등)로 분산시켜 기억하는 것이다.

학생들로 하여금 정신적 조직자를 활용하도록 가르침으로써 학생들은 아이디어와 정보의 조작 및 정신적 전략의 보유 등과 관련된 방법을 알게 되며, 나아가 자신의 학습을 내적으로 강화하게 된다.

정교화 및 조직화(필기하기)

정교화는 새로운 지식과 선행지식 사이의 내적 연결을 형성하는 방법을 학생에게 지도하는 것까지 포함한다. 조직화는 새로운 정보를 정렬하고 조직하기에 따라 더욱 효율적으로 정보를 기억하고 활용할 수 있음을 학생들에게 보여 주는 것이다. 학생으로 하여금 지식을 정교화하고 조직화하도록 도와주는 가장 실제적인 방법은 필기법의 지도이다(Goetz et al., 1992; Turkel & Peterson, 2003).

필기는 여러 면에서 정보처리 효과를 높여 줄 수 있다. 그것은 학생들이 무엇을 보거나 들을 때 주의를 더 잘 집중하도록 유도함으로써 수용효과를 높인다. 나아가 필기는 정보들 사이의 내적 연결을 도와줌과 아울러, 기억하고 있는 정보와 외적 연결망을 형성하는 것을 도와줌으로써 활성화 효과를 높여 준다. 교사는 학생들의 필기법 발달에 있어 다음과 같이 제언할 수 있다.

- 수업이 시작되기 전에 교과서를 읽으세요. 그렇게 하면 새로운 정보에 대한 선행조직자를 얻을 수 있어요.
- 중요한 정보를 가리키는 신호(몸짓, 주요 단어, 정보의 조직화에 대한 실마리 등)에 주목하세요.
- 단편적 사실이 아닌 비중이 큰 아이디어를 적으세요. 모든 것을 적으려 하지 말고 선별하여 적도록 하세요.
- 필요하면 그림, 화살표 및 암호 문자들을 가지고 〈그림 10.3〉의 마인드맵(Buzan, 2002)이라고 불리는 보다 자유스러운 형태의 개요형식을 활용하세요.
- 설명을 들을 때 예나 질문들을 적어 놓으세요.
- 놓친 부분을 가리키는 빈칸이나 다른 표시를 남기세요.
- 필기한 것을 가능한 한 빨리 재음미하세요.

이해감독 전략

이해감독은 수업 중에 학생들이 스스로 진행을 검토함으로써 자신의 이해 정도를 평가하는 것을 말한다(Gagnét al., 1997; Rozakis & Cain, 2002). Brown(1994)

그림 10.3 마인드맵

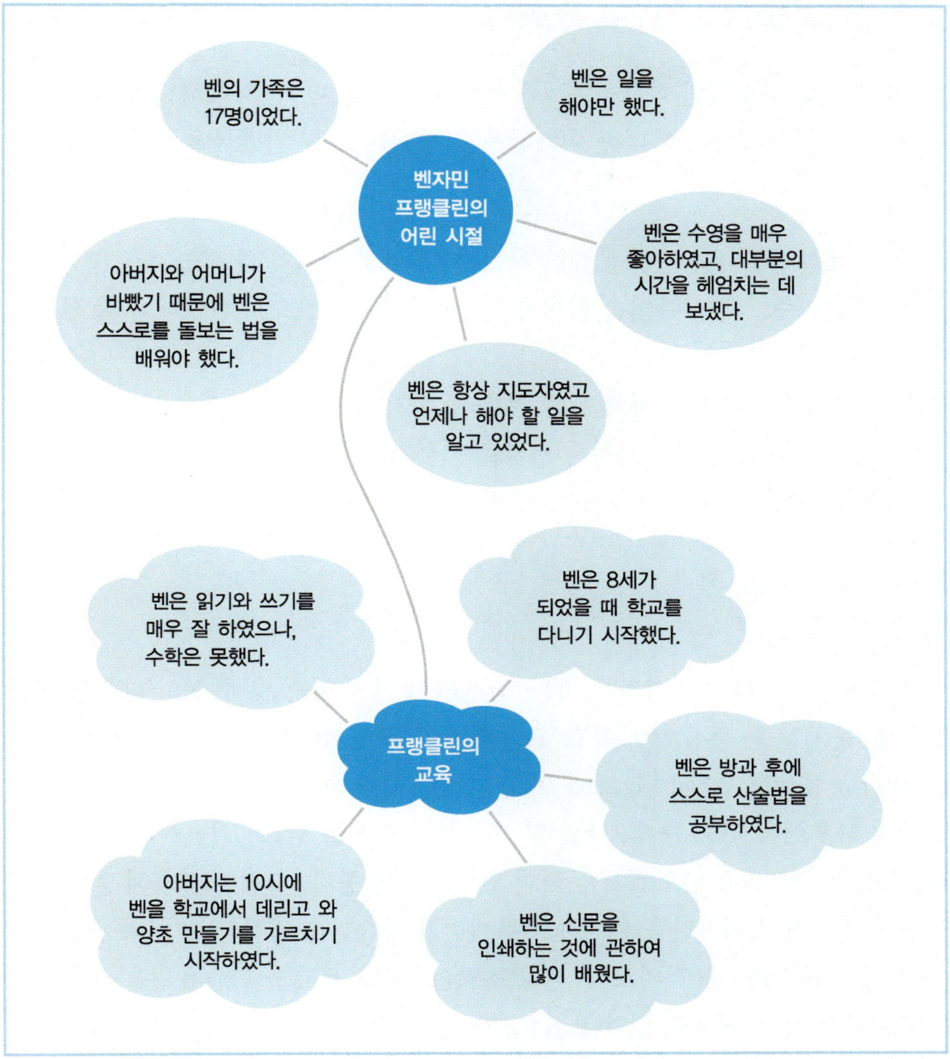

출처: Reprinted from *Learning and study strategies: Issues in assessment, instruction, and education*, C. F. Weinstein, E. T. Goetz, and P. A. Alexander (Eds.), D. F. Dansareau, Cooperative learning strategies, pp. 103–120, Copyright 1988, with permission from Elsevier.

은 읽기를 잘하는 학생뿐 아니라 못하는 학생의 이해를 도와주기 위해 앞에서 설명한 상호교수법에 기초한 전략을 활용하였다. 교사들은 학생들에게 다음 세 가지 기법에 대한 시범을 보였다.

1. 교과서를 개관하면서 그것이 무엇을 말할 것인지에 대하여 예측하기
2. 교과서를 읽어 나가는 동안 거기에 담겨 있는 주된 아이디어 파악하기

3. "나는 방금 읽은 부분을 이해하는가?"라는 질문으로 자신의 이해를 감독하고 불분명한 내용에 대해 자각하기

이 전략을 사용했던 학생들은 4주 동안의 교육을 받은 후 독해 정도를 50%에서 80%로 증가시켰다. 어떠한 이해감독 전략이든 다음 기법들을 공통적으로 포함한다.

- 목표설정: "나는 무엇을 해야 하는가?" "이것을 내가 왜 하는가?"
- 주의집중: "나는 무엇을 읽어야 하는가?" "내가 반드시 완수해야 할 활동은 무엇인가?"
- 자기강화: "옳지, 이해가 된다. 계속 잘 하자." "이 전략은 참으로 잘 통한다."
- 문제에 대한 대처: "이것은 정말로 이해가 안 된다. 뒤로 돌아가 이 부분을 다시 읽어야겠다." "그것은 단순한 실수일 뿐이다. 나는 바로잡을 수 있다."

문제해결 전략

인지적 학습전략에서 권장하는 바는, 학생들이 며칠 또는 몇 주 동안 다루게 되는 실생활 문제들을 중심으로 학교 교육과정이 구성되어야 한다는 점이다(Posamentier & Krulik, 2008; Viadero, 2003). 어떤 사람들은 현재의 교육과정은 학기 말까지 다루어야 하는 주제, 사실 및 기능들의 요목을 담고 있는 여러 학문(대수학, 생물학, 지리학 등)으로 구분되어 있다고 주장한다. 그러한 교육과정은 학생들에게 수동적인 역할만을 부여하고 무의미한 학습만을 권장할 수 있다.

이에 대한 대안 중 하나로서 **문제중심학습**이라고 부르는 학습유형을 지지하는 교사들이 점점 늘어나고 있다(Barell, 2006; Delisle, 1997; Verduin, 1996). 문제중심학습은 비교적 덜 구조화된 문제를 중심으로 교육과정을 구성하는데(Goetz et al., 1992), 학생들은 여러 학문들로부터 나오는 지식과 기능을 활용하여 그 문제를 해결할 수 있다. 우리는 이미 제4장에서 학문적 단원설계라는 제목 아래, 제8장에서는 간접수업이라는 제목으로 단위수업을 설계하는 이러한 일반적 접근방식을 살펴본 바 있다. 두 장 모두에서 교수전략으로서 문제중심학습의 중요성을 강조했다. 이 장에서는 인지적 학습전략으로서 문제중심학습의 중요성에 대해 중점적으로 다루고 있다.

문제중심학습이 성과를 거두기 위해서는 학생들이 문제를 어떻게 해결할 것인지 알아야 한다. 문제해결 전략이라는 인지적 학습전략에 대해 체계적 교육을 받은 학생들이 거의 없기 때문에, 교사는 앞으로 학생들에게 이러한 기술을 가르

쳐야 한다는 요구를 많이 받게 될 것이다.

교사가 가르칠 수 있는 문제해결 전략이 몇 가지 있다(Engel, 1998; McGrath, 2007). 이 전략들은 모든 교육과정 영역과 다양한 문제에 적용할 수 있다. 문제가 잘 정의된 것들(예, 수학교과에서 흔히 볼 수 있는 단어문제들)이나 또는 단일한 정답이 없고 해결방안이 여러 가지이며, 심지어 학생이 대처하는 동안에 문제의 성격이 변하는 등 잘 정의되지 않은 문제들에 대해서도 이 전략들은 적용 가능하다.

문제해결 전략들 중 하나는 IDEAL이라 불리는데, IDEAL은 다음과 같이 다섯 단계의 문제해결을 포함하고 있다(Bransford & Steen, 1994; Nunn & Kimberly, 2000).

1. *문제를 확인한다(Idenify).* 학생들은 문제를 풀기 전에 먼저 문제가 무엇인지를 알아야 한다. 이 단계에서 학생들은 문제 자체를 이해했는지, 그 문제를 명료하게 진술했는지 등에 대하여 스스로에게 물어본다.
2. *용어를 정의한다(Define).* 이 단계에서 학생들은 문제 진술문 속에 들어 있는 각 단어들이 의미하는 것에 대한 각자의 이해 정도를 검토한다.
3. *전략을 탐색한다(Explore).* 이 단계에서 학생들은 관련 정보를 수집하고 문제를 해결할 수 있는 전략을 찾아나선다. 그림을 그린다든지, 수학이나 독해문제를 해결하기 위하여 이미 배운 것을 확인한다든지, 또는 복합적인 문제를 작은 단위로 쪼개는 것과 같은 선택방안이 이 단계에 포함된다.
4. *선택한 전략을 실행한다(Act).* 학생들은 다양한 선택방안을 탐색한 후, 그 중 하나를 선택하여 적용한다.
5. *결과를 살펴본다(Look).* 이 마지막 단계에서 학생들은 만족할 만한 해결에 도달했는지를 자문한다.

다음 대화는 5학년 교사가 학생들에게 IDEAL의 사용법을 가르치는 것을 보여준다.

교사: 오늘 우리는 온실 문제에 대하여 좀 더 생각해 보고자 해요. 어제 우리가 한 논의를 기억합시다. PTA(사친회)는 온실을 만들 예산을 우리에게 제공할 예정이에요. 그런데 본래 바깥에서 자라도록 되어 있는 꽃이나 식물들을 어떻게 온실 안에서 자랄 수 있게 할지에 대한 문제가 생겨요.

학생 1: 첫 번째 문자는 I예요. 문제를 확인(identify)하는 거예요.

교사: 문제를 확인하면 그 다음에 무엇을 하지?

학생 2: 문제를 읽어 보고, 우리가 무엇을 대답하거나 해결해야 하는지를 생각해요.

교사: 좋아. 내가 먼저 온실과 관련된 문제 한 가지를 확인하고, 여러분 중 한 사람에게 같은 일을 하도록 부탁하겠어요. 내가 확인한 문제는 식물들이 어떻게 영양분을 얻는가 하는 거예요. 누가 다른 문제를 찾아 보겠어요?

학생 3: 저도 문제 한 가지를 찾았어요. 날씨가 추워지면 식물은 어떻게 될까요?

교사: 거기에서는 문제가 뭘까?

학생 3: 음, 그것은 어떻게 해야 식물들이 적당한 온도 속에서 살아갈 수 있는가에 관한 문제예요.

교사: 좋아. 문제해결 전략 중에 어떤 다른 것이 있었지?

학생 4: 문자 D요. 문제 속에서 이해가 되지 않는 용어를 정의(define)해요.

교사: 그것이 왜 중요할까?

학생 4: 글쎄요. 문제를 정말로 이해하는지를 확인하고 싶어서겠지요. 때때로 우리가 뜻을 알고 낱말들을 사용한다고 생각하는데 실제로는 그렇지 않을 수가 있어요. 그래서 D는 우리가 문제를 정의할 때 의미하는 바를 우리 자신이 정말로 알고 있는지를 확인시켜 줘요.

교사: 좋아. 내가 예를 하나 제시할 테니까 여러분도 제시하세요. 온실이란 무엇인가요? 우리 모두 이 문제에 대해 동의하나요?

학생 5: 그리고 적당한 온도예요. 그 말의 의미는 무엇일까?

교사: 훌륭해. 이제 문제해결 전략에 있어서 세 번째 단계가 뭐지?

교사가 수업 속에 인지적 전략을 도입하고자 하는 데는 두 가지 큰 목적이 있다. 그것은 (1) 학생의 지식 획득(명제적, 방법적, 메타인지적 지식)을 증진시키는 것과 (2) 인지적 처리과정(수용, 유용성, 활성화)을 증진시키는 것이다. 교사가 학생들이 스스로 공부하고 수업에 참여하도록 하는 수업을 계획하였다면, 교사는 이러한 목적들을 달성할 수 있다. 나아가 교사들이 학생들에게 인지적 학습 전략들(기억법, 정교화 및 조직화, 이해감독, 문제해결)을 가르칠 때, 위의 두 가지 인지적 목적이 달성될 가능성이 더욱 높아진다.

과제중심학습

Blumenfeld 등(1991)과 다른 연구자들(Diffily & Sassman, 2002; Harada, Kirio, & Yamamoto, 2008)에 따르면, 과제중심수업을 계획하는 교사는 이미 학생들의 자기주도적 탐구에 가장 적절한 환경을 제공해 주고 있다. 그러나 학습의 성공은 학생 스스로가 통제하는 요인들에 달려 있다는 것이 확실하게 알려져야 한다. **과제중심학습**은 (1) 학습결과만이 아닌 학습과정 자체도 중요함을 강조하고, (2) 학생들이 목표를 설정하는 것을 도와주며, (3) 협동학습을 촉진하는 방향으로 학습집단을 활용한다.

과제중심학습은 문제중심학습과 마찬가지로 교수학습에 대한 종합적 접근을 계획하는 데 있어서 내재적 동기 이론을 광범위하게 활용하고 있다(Affini, 1996). 하지만 과제중심학습은 문제중심학습과 달리 학습과정이 시작되기 전에 시각적으로 제시된 성취가능한 최종 산물을 생성해 내는 것을 목표로 진행된다.

이제 과제중심학습을 살펴보고, 그것이 내재적 동기를 통하여 자기주도적 탐구를 어떻게 촉진시키는지 보기로 하자.

과제중심학습에서 과제의 역할

과제중심학습은 내재적 동기의 발달에 있어서 학습과제가 결정적인 역할을 하도록 한다. 그 전략은 "어떤 종류의 과제에서 학생의 흥미, 노력 및 인내가 유발되고 유지될 가능성이 가장 높은가?"라는 질문을 던진다.

과제중심학습은 학생을 참여시키기에 가장 적절한 과제 활용을 주장한다. 적절한 과제는 두 가지 본질적인 요소를 담고 있다. 그것은 (1) 교실활동의 조직과 활력에 도움이 되는 핵심질문 또는 문제를 중심으로 하며, (2) 질문에 성공적으로 대답하거나 문제를 해결하는 데 관련되었던 결과물을 요구한다. 문제중심학습과 달리 과제중심학습에서는 학생들이 유형의 결과물을 개발함으로써 최종 결과물(과학전시회나 협동에 의한 학교 정원 가꾸기 과제에서 모형, 포스터, 시범 보이기, 영상, 재연, 물리적 구성)이 완성되었는지를 확인한다. 과제중심학습은 복잡하기 때문에 종종 다른 학생들과의 협력을 필요로 한다. 과제중심학습과 문제중심학습은 탐색, 발견, 질문하기와 같은 기본적인 탐구기술을 사용한다는 점에서 동일하다.

과제는 또한 사회적 관심을 불러일으키는 주제 또는 역사적인 문제나 순수한 지적 흥미에 관련된 문제를 중심으로 구성될 수 있다. 좋은 과제는 다음과 같은 특징을 지니고 있다.

- 장시간 지속할 수 있는 과제이다(완성하는 데 몇 주가 걸린다).
- 여러 학문들을 연계시킨다(예, 수학, 읽기, 쓰기 기술을 포함한다).
- 다양한 해결방안을 허용한다(결과물 못지않게 과정에도 초점을 맞춘다).
- 교사를 지도자로 포함시키면서 소집단 협동을 필요로 한다.

과제는 또한 (1) 실세계와 관련된 도전을 주고, (2) 학생의 선택과 통제를 허용하며, (3) 수행할 만하고(학생과 교실의 시간과 자원한계 내에서 완수할 수 있고), (4) 협동을 요구하고, (5) 구체적인 결과를 생성한다. 이 특징들 각각을 좀 더 자세히 살펴보자.

도전을 준다 과제가 학생으로 하여금 거짓 없고 새로우며, 도전적인 문제 또는 의문을 조사하고 분석하며 보고할 수 있도록 해 줄 때, 그 과제는 도전이라는 요소를 충족시킨다. 이러한 과제와 대비되는 것은 학습지, 워크북, 장 말미의 질문 및 대답, 다른 의례적인 과제들이며, 이것들은 학습시간 대부분을 차지할 수도 있다.

학생의 선택과 통제를 허용한다 효과적인 과제는 조사 방법(읽기, 면담, 관찰, 통제된 실험), 보고형식(글로 된 보고서, 오디오테이프나 비디오테이프, 시각적 전시), 문제해결 방안, 결과물 또는 작품의 유형 등에 대한 학생의 선택을 허용한다.

수행할 만하다 학생들이 결과를 예측하게 되면 노력을 아끼지 않을 것이다. 마찬가지로 과제에 대한 수행시간이 정해져 있고, 필요한 자료에 접근이 용이하며, 점수가 긍정적 피드백으로 작용하여 더욱 발전된 결과를 생성할 수 있게 되면, 학생들은 스스로가 성공적인 결론을 맺으며 과제를 끝낼 수 있다는 것을 예측(자기효능감)하게 된다.

협동을 요구한다 내적 동기는 사회적 욕구를 충족시킬 수 있는 교실에서 길러진다. 이 말은 학생들이 동료들을 관찰함으로써 어떻게 자기 자신의 능력에 대한 믿음을 얻게 되는지를 보여 준다. 소집단의 학생들 각자에게 서로 다른 필수적 역할을 부여하는 과제가 동기 이론의 원리를 적용하기에 가장 이상적이다.

구체적 결과를 생성한다 학생에게 구체적인 목표를 제시하는 결과물이 내적 동기를 유지시킬 가능성이 가장 높다. 게다가 그러한 결과물과 관련된 과정 및 결과를 통해 수행평가가 가능해진다(Borich & Tombari, 2004; Tombari & Borich, 1999). 이 평가유형은 학생들이 교실에서 수행한 것과 점수의 기반이 된 것 사이의 관련을 확인할 수 있게 해 준다. 이것은 학생들에게 스스로의 점수에 대한 커다란 통제감을 부여하고, 지필검사 결과에만 기초한 점수보다 학생의 자율성 욕구를 훨씬 더 충족시킨다.

과제중심학습에서 학생의 역할

학교 개혁을 주장하는 교육자들은 자기주도적 학습을 개발하는 가장 좋은 방법으로서 학생들을 '실제로 수행하는' 학습활동에 참여시킬 것을 강조한다(Harada, Kirio, & Yamamoto, 2008; Viadero, 2003). 과제중심학습 이론은 학생 스스로가 (1) 자신의 성공은 노력에 달려 있음을 알고, (2) 자신은 그 과제의 목표를 달성할 수 있음을 믿으며, (3) 자신은 유능한 사람이라고 믿고 있을 때, 비로소 과제로부터 중요한 지식과 기술을 얻어 낼 수 있다고 본다. 또한 이 이론은 과제를 시작하기에 앞서 학생들이 그것을 완수하는 데 필요한 선행지식, 필수기술, 학습전략을 가지고 있을 때, 자기 스스로를 유능한 사람으로 지각할 가능성이 높아진다는 것도 염두에 둔다.

과제중심학습에서 교사의 역할

학급활동의 목적이나 학급활동과 자신의 삶의 관련성을 파악하지 못한 학생들은 학급활동과 자신의 삶의 관련성을 파악한 학생들에 비해 성취수준이 낮다. 학습자가 학습에 대한 주인의식을 가질 수 있게 도와주고 평가나 학급활동에서 이들의 의견이 반영될 수 있도록 하는 것은 이들의 학습동기를 증가시키며 학습에 대한 무관심을 감소시킨다. 이것은 교과, 문화, 언어의 차이에 상관없이 적용되는 원리이다(Anderman & Midgley, 1998; Boss, Krauss & Conery, 2008; Ngeow, 1998).

과제중심학습 이론은 내적 동기를 유발하는 데 있어서 교사가 최종 변수임을 인지하고 있다. 과제중심학습에서 교사가 수행하는 역할은 내적 동기화를 지원하는 역할이다. 따라서 과제중심학습의 제안은 교사들이 다음과 같이 학생들의 흥미, 노력 및 성취 등을 북돋아 주어야 함을 강조하고 있다.

- 과제를 수행함에 있어서 선천적 능력만이 절대적이라는 암시를 하지 않는다.
- 학생의 주의를 과제의 최종 결과뿐만 아니라 과정에도 집중시킨다.
- 학생을 격려하는 말을 한다.

이론의 교실 적용

과제중심학습

과제중심학습이나 이와 유사한 교수프로그램을 사용하는 교사는 학생들의 학습동기를 형성할 수 있는 이상적인 학습환경을 제공한다(Blumenfeld et al., 1991; Diffily & Sassman, 2002; Harada, Kirio, & Yamamoto, 2008). 인지주의 심리학자들은 세 가지 학습동기 이론–귀인 이론, 자기효능감 이론, 목적 이론–을 제시하였는데 세 이론 사이에 공통점이 있긴 하지만 서로 분명하게 구분되는 이론들이다. 동기에 대한 당신의 관점이 이 세 가지 이론과 어느 정도 일치하는지 모르겠지만 과제중심학습은 학습자의 교실행동에 에너지와 방향성을 제공하는 방법에 대한 몇 가지 해결책을 제시해 준다.

귀인 이론

우리들 각자는 노력해서 성공한 적도 있지만 실패한 경험도 있다. 최근의 성공과 실패 경험을 한 번 생각해 보라. 당신의 성공과 실패는 노력의 정도, 타고난 능력, 운, 다른 복합적인 요소들 때문인가? 당신의 성공을 노력이나 능력과 같은 내적 요인에 귀인하는가, 아니면 운, 과제의 난이도와 같은 외적 요인에 귀인하는가?

대표적인 귀인 이론 지지자인 Forsterling(2001)과 Weiner(1986)는 사람들은 누구나 성공과 실패의 원인을 찾고자 하는 자연스러운 경향을 가지고 있다고 여긴다. 예를 들어, 학생들에게 왜 현재의 성적을 받게 되었는지 설명하라고 요구하면 자신의 노력, 타고난 능력, 시험의 난이도, 운 등을 원인으로 지적한다. 이러한 원인들은 학생 내부적인(노력, 능력) 것일 수도 있고 외부적인(운, 과제의 특성) 것일 수도 있다. 학습자의 내적인 요인을 원인의 내적 소재, 외적인 요인을 원인의 외적 소재라고 한다.

Weiner(1986)와 같은 동기이론가들은 학생들이 자신의 성공을 노력에 귀인시킬수록 과제를 완성하거나 시험공부를 할 때 더 노력하는 경향을 보인다고 주장한다. 학습자들이 성공이나 실패를 자신들의 통제력 밖에 있는 능력, 운, 과제 난이도와 같은 요인에 귀인할 때 상황을 향상시키기 위해 아무것도 할 수 없다고 생각하는 경향을 보인다. 학생들이 성공이나 실패를 어떻게 해석하느냐가 성취결과 자체보다 노력에 대한 학생들의 동기에 더 큰 영향을 준다.

자기효능감 이론

자기효능감 이론은 학습동기가 학교 과제에서 성공할 수 있다는 학습자의 믿음에 달려 있다고 본다. 자기효능감 이론의 창시자인 Bandura(1986)와 Eisenberger(2005)는 자기효능감을 원하는 결과를 얻기 위해 필요한 일련의 활동을 조직하고 실행할 수 있는 자신의 능력에 대한 판단으로 정의하였다. 즉, 학생들은 자신들이 잘 한다고 생각하는 과제를 해결하기 위해 시도하며, 노력을 지속시키며, 완수해 내는 경향이 강하다. 자기효능감이란 곧 자신의 능력에 대한 판단을 의미한다.

자기효능감에 대한 판단은 귀인과는 다르다. 귀인은 성공이나 실패의 원인을 가리킨다. 귀인은 학생들이 자기효능감에 대한 판단을 내릴 때 사용하는 정보의 한 유형이며 기대와 행동에 영향을 준다. 적분 문제를 성공적으로 해결하는 것이 타고난 수학적 능력에 달려 있고 자신은 이러한 능력을 갖고 있지 않다고 생각하는 학생은 적분에 대한 낮은 자기효능감을 갖게 될 것이다.

Bandura(1986)는 학생들이 어떤 정보에 기초하여 자기효능감을 판단하는지 밝혔다. 그 중 하나는 언어적 설득이다. 교사는 언어적 설득을 통해 학생들이 잘 해낼 수 있다는 신뢰를 표현한다. 또래가 특정 과제를 성공적으로 완수하는 것을 직접 보는 것도 자기효능감을 판단하는 정보로 사용된다. 자신이 좋아하는 동료가 어려운 기하학 문제를 잘 푼 것에 대해 교사의 칭찬을 받는 것을 보면 자신도 잘 해낼 수 있다는 믿음을 갖게 된다.

하지만 자기효능감을 판단하기 위해 학생이 사용하는 가장 중요한 정보는 특정 과제에서의 성공과 실패 경험이다. 세 편의 에세이 과제에서 높은 점수를 받은 학생은 낮은 점수를 받은 학생에 비해 쓰기 과제가 새로 부과될 때 과제 수행에 대해 더 높은 자기효능감을 갖게 된다. 학생들은 특정 과목에 대한 자기효능감을 판단할 때 귀인뿐만 아니라 다양한 정보를 사용한다. 일단 자기효능감에 대한 판단이 내려지면 이러한 판단이 성취도, 노력과 지속성의 정도 모두에 영향을 주게 된다.

목적 이론

목적 이론은 동기의 원천으로 학생이 가진 학습목표의 방향성에 관심을 둔다. Dweck과 Reppucci (1973)는 5학년 학생들이 수학에서 무력감을 형성하게 되면 자신들이 이전에 풀 수 있었던 쉬운 문제들도 해결하려는 노력을 보이지 않는 것을 발견하였다. 1970년대 말에 Diener와 Dweck(1980)은 학생들이 갖고 있는 학습목표가 학습된 무력감 형성에 영향을 주는지를 밝히기 위한 연구를 실시하였다. 학습목표의 지향성을 결정하기 위해 심리검사들이 실시되었고 학생들은 학습에 대한 흥미도에 따라 두 집단으로 나누어졌다. 한 집단은 과제중심 집단으로 단지 내재적인 이유 때문에 학습능력을 향상시키는 데 관심을 갖는다. 다른 집단은 능력중심 집단으로 '자신들의 능력을 과시하고, 다른 사람들보다 더 높은 성취를 보이며, 칭찬이나 좋은 성적과 같은 외적 보상을 얻기' 위해 학습한다. 이 연구에서 두 가지 학습목표 유형을 지닌 학생들은 서로 뚜렷한 차이를 보였으며 학습동기에서도 상당히 달랐다.

목적 이론에 관한 많은 연구결과, 능력중심 학습자들과 달리 과제중심 집단은 학교에서의 성취도가 더 높고, 문제해결에 인지전략을 더 많이 사용하며, 기억저장고 속의 정보를 찾거나 새로 학습한 내용을 이미 배운 것과 연관지으려는 노력을 두드러지게 많이 하는 것으로 밝혀졌다. 초등학교 시기를 지나면서 학생들은 무엇을 배울 수 있는지의 여부가 능력에 의해 결정된다고 점점 믿게 된다(Ames, 1990; Gordon & Gordon, 2006). 능력에 따라 학급의 소집단을 구성하는 것은 이와 같은 관점을 더욱 굳히는 악영향을 미친다. 목적 이론은 학생들이 지닌 목표 신념을 강화할 수 있는 학급활동을 구성하는 데 주안점을 둔다. 목표 신념은 인내, 학습전략 사용, 선택, 선호 등을 포함하는 광범위한 동기 행동에 영향을 줄 수 있다.

문화적 특성을 반영하는 자기주도적 학습

Delgado-Gaitan(2006), Gay(2000), Grant와 Ray(2009), Obiakor(2006), Weinstein 등(2005)의 연구는 자기주도적 학습목적을 달성하기 위해 교실 대화를 중재하는 과정에서 문화적으로 다양한 교실의 교사가 두 가지 중요한 역할을 수행함을 강조하였다. 그 중 하나는 중재자로서의 역할인데, 이는 교사가 학생의 응답을 재조명하거나 발전시킴으로써 학생이 다음 학습단계로 올라갈 수 있도록 조정해 주는 것을 말한다. 둘째는 정신적 모델로서의 역할인데, 이는 학생들이 학습내용을 보다 잘 배우고 기억할 수 있게 해 주는 전략들을 시연하는 것을 말한다.

이러한 연구결과는 문화적으로 다양한 교실에서의 여러 형태의 사회적 상호작용을 통해 밝혀졌다. 그 상호작용은 교사의 안내 아래 학생들 스스로가 의미와 해석을 구성하고 발전시키도록 격려하는 것이었다. 앞에서 살펴본 바와 같이, 중재자로서의 교사 역할을 수행하는 기법에는 상호교수법(Lubliner & Palincsar, 2001; Rosenshine & Meister, 1994)과 과제중심학습(Baden & Mayor, 2004; Blumenfeld et al., 1991) 등이 있다. 이 두 가지 전략 모두 학생의 개인적 경험에 기초를 둔 교육내용을 현재 이해수준에 맞추면서 교사가 학생으로부터 응답을 이끌어 낼 것을 요구한다. 문화적으로 다양한 교실에서 자기주도적 학습을 촉진시킬 수 있는 몇 가지 전략은 다음과 같다.

1. *도전적인 문제들을 제시한다.* 해결책을 찾는 데 있어서 무엇이 중요한지에 대한 결정을 학생이 할 수 있도록 문제의 초점을 맞춘다. 이러한 책임감과 탐구에 대한 주인의식은 학생의 자기주도적 학습과 적극적 참여를 위해 중요하다.
2. *선택의 자유와 흥미를 주는 학습활동을 선정한다.* 학생들 스스로가 주제와 관련된 조사를 하고 스스로의 의미와 해석을 구성하게 될 때, 그들은 자기 스스로의 학습을 설계함에 있어 더욱 적극적으로 참여할 것이다.
3. *자기주도적 수업이 집단활동을 중심으로 이루어지도록 계획한다.* 이렇게 함으로써 학생들은 다른 사람들이 제시하는 아이디어를 취사선택하고, 그것에 기초한 새롭고 독창적인 방안을 만들어 자기주도적 학습에 적용할 수 있게 된다.
4. *실세계와 관련된 문제를 해결하는 과제를 포함시킨다.* 이 전략은 학생들로 하여금 실세계에서 진퇴양난의 문제를 해결하는 데 적극적 탐구자가 되도록 만들어 준다. 이것은 학생들이 새로 배운 지식과 이해를 실제적 관점에서 적용하는 것을 장려할 것이며, 문제를 해결하고자 하는 도전정신을 높여 줄 것이다.
5. *평가를 할 때, 학생의 문화와 갈등을 일으키지 않는 내용을 활용하여 지식과 이해를 측정한다.* 학생들이 배운 사실을 알고 기억하는 것을 넘어서서 그 의미를 스스로의 언어로 구성하는 것을 측정하는 방법이 있다. 그것은 학생들에게 배운 내용에 대하여 설명하고, 분석하고, 비교하고, 대조하고,

가설을 세우고, 추론하고, 적용하고, 정당화하도록 주문하는 것이다.

이와 비슷한 자기주도적 접근방식을 실천함으로써 교사는 교실 대화에 모든 학생들이 참여하도록 도와준다. 교사의 목적은 학생들의 응답에 대해 최대반응기회 영역 안에 들어가는 반응을 함으로써 보다 많은 학생들이 학습과정에 적극 참여할 수 있게 하는 데 있다. 이러한 일은 다음을 통해 실천된다.

1. 학습내용의 흐름과 복잡성을 학생 개개인의 수준에 맞춘다.
2. 모든 학생에게 스스로의 관점에서 대화에 참여할 수 있는 기회를 제공한다 (Stipek, 2003).
3. 학습내용을 보다 잘 배우고 기억하는 데 도움이 되는 인지적 전략을 제공한다.

끝으로, 교사 자신의 노력과 관련하여 스스로 다음과 같은 질문을 할 수 있다.

- 수업이 학생들의 최대반응기회 영역 안에 초점을 맞추고 있는가? 학생들이 이미 이러한 기법을 터득했기 때문에 지루해하거나, 반대로 이 기법이 학생들의 학습능력을 넘어서는 것이어서 학생들이 좌절하지는 않는가?
- 수업이 지나치게 독단적이지는 않은가? 학생들에게 충분한 대화, 공동추론, 문제해결 방안의 공유 등을 허용하는가? 또, 학생의 고유 문화를 재생시켜 주기 위한 협동적 과제를 제공함으로써 그들의 사회적 학습 필요를 충족시키고 있는가?
- 나는 혹시 학생들이 스스로의 문화에 양립될 수 없는 지식을 습득하도록 기대하지는 않는가? 내가 사용하는 수업방법이 그들의 문화에 비추어 낯설거나 적절하지 않거나 상반된 것은 아닌가?

현장사례 *Case History and Licensure Preparation*

한민영 선생님은 다양한 문화적 배경을 지닌 5학년 학급을 가르친다. 이 학급은 방금 오랜 세월동안 당연하게 여겨졌던 생각에 도전하는 발견들에 관련된 과학 교과서 단원을 읽었다. 이렇게 오래 당연시되었던 생각들 중 두 가지는 지구가 편평하다는 것과 지구가 행성계의 중심이라는 것이다. 다음 대화는 뒤풀이 토의내용에서 발췌한 것이다.

교사: 종혁 군은 왜 그렇게 크게 웃지? 우리가 읽은 단원에서 그렇게 재미있는 내용이 있었나요?

종혁: 글쎄요, 그냥 그게 좀 이상해서요. 눈 한 번 깜빡이지 않고 폭풍우를 헤쳐 나가는 강인한 선원들인데도 지구의 끝에서 떨어질지도 모른다는 걱정을 항상 한다는 사실을 생각하면요. 제 말은요, 그 사람들이 조금 바보 같지 않은가 하는 거지요.

교사: 잘 모르겠네. 그 당시에는 다른 사람들도 대부분 그런 생각을 했거든. 자네도 이런 생각을 해 보면 어떨까? 즉, 지금부터 수백 년 뒤 교실에 다른 '종혁'들이 앉아서 그때에는 모든 사람들이 잘못이라고 생각하는 믿음을 가지고 있는 오늘의 우리들을 우습게 생각하는 것을 말이야.

종혁: 저는 그런 생각은 전혀 못 해 봤습니다. 선생님 말씀은, 비록 오늘날 우리가 그렇게 많이 안다 하더라도 완전히 잘못 알고 있는 어떤 것들이 아직도 있을지 모른다는 것이지요?

교사: 여러분, 그 점에 대해 생각해 보고 몇 가지 예언을 해 봅시다. 지금 우리 주제에 입각하여 자기 분단의 다른 학생들과 몇 분 동안 토의하는 것이 어떨까요? 지금부터 200년 후의 교실에서 학생들은 어떤 것에 대하여 우습다고 할까요? 오늘날 모든 사람이 사실이라고 받아들이는 믿음 중 어떤 것들이 잘못된 것으로 밝혀질까요? 왜 그렇게 될까요?

그런 가능성들에 대하여 학생들끼리 토의하는 동안에 한민영 선생님은 교실 안을 돌아다닌다. 몇몇 분단에서 잠깐씩 멈추는데, 때로는 그저 주의 깊게 듣기만 하고 때로는 "나라면 그 점을 전혀 생각하지 못했을 거다." 혹은 "내 생각으로는 자네가 그 점을 아주 잘 말했네."라는 등의 격려를 하기도 한다. 모든 분단이 좋은 의견을 적어도 하나씩은 지녔다는 확신이 들자, 교사는 학급 전체 토의를 다시 시작한다.

교사: 혜림 양, 자네 분단은 아주 흥미로운 생각을 지니고 있어. 그걸 우리 모두와 공유하면 어떨까?

혜림: 예, 여러분도 아시다시피 누구든지 우리에게 식사 전에 손을 씻으라고 말하고, 살균을 위해 이런저런 세제들을 사용하라고 말합니다. 음, 우리가 예언한 것은 세균이 실제로는 유익하다는 것을 미래의 사람들이 배우게 된다는 겁니다.

교사: 그런데 내가 그 분단에서 대화하는 것을 듣는 동안 가장 흥미 있다고

생각한 것은 여러분의 예언에 깔려 있는 추리였어요. 재민 군이 그것에 대해 조금 설명해 줄 수 있을까?

재민: 그것은 과거로 거슬러 올라가는 일이라고 저는 추측합니다. 할머니는 시골에서 자라나셨는데요. 할머니의 어머니가 어린 자녀들이 뭐든지 입에 넣는다고 계속 꾸지람을 할 때, 할머니의 아버지는 "여보, 사람들은 먼지를 평생 동안 두 말은 먹게 된다오. 그러니까 어린 아이들에게 너무 심하게 다그치지 마요."라고 말하곤 하셨대요. 할머니 말씀에 따르면, 당신과 당신의 자매들은 오늘날 우리가 걸리게 되는 감기 비슷한 것도 걸리지 않으셨대요.

혜성: 제 삼촌도 언제나 같은 말씀을 하셨어요. "약간의 세균은 사람에게 이롭다."라고요.

유리: 저는 동의하지 않습니다. 두 친척이 병에 걸리지 않았던 것은 그분들이 시골에 살아서 오늘날 도시에 사는 우리들처럼 아픈 사람들과 많이 접촉하지 않았기 때문일 수도 있어요.

교사: 그래서 자네가 생각하기로는, '세균이 사람에게 이롭다.'는 주장은 다른 변화나 변인을 과학자들이 주목하는 것처럼 고려하지 못하고 있다는 거군.

혜성: 그럴 리 없습니다. 제 삼촌은 도시의 작은 아파트에서 6명의 남매들과 함께 사셨습니다.

교사: 위의 생각을 가지게 된 것에 대해 여러분의 친척들이 지녔던 지혜 말고 다른 설명이나 이유가 있나요?

혜림: 제가 추측하건대, 우리 분단은 그것이 좋은 일이 지나치게 많은 어떤 것과 비슷하다고 생각했던 것 같습니다. 세균이 전혀 없으면 우리는 거기에 익숙해지지 않을 것이, 마치 장난감을 다른 사람과 공유해야 될 일이 전혀 없는 외동아들과 비슷해지는 거지요. 만일 이전에 세균을 가져 본 적이 거의 없는 상태에서 우리가 그것들을 만났다면, 우리는 장난감을 공유해야만 하는 제 사촌 여동생처럼 되는 거지요. 그 애가 꼼짝 못하게 되는 것처럼 우리 몸도 그렇게 되는 겁니다.

재민: 그리고 저희들은 세균을 가지고 할 수 있는 다른 일에 대해 진짜로 멋진 생각을 했습니다. 우리는 말을 가축으로 기르는데, 세균을 가지고도 그렇게 못할 이유가 없잖아요? 세균은 매우 작으면서 매우 빠르게 번식하니까, 우리는 그것들이 우리 몸에 유익한 어떤 것들을 몸 안에 운반하게 시킬 수 있습니다. 우리 몸을 따라서 도는 일종의 수화물처

럼 말입니다. 아마도 우리의 동맥을 청소해 주거나 우리가 암에 걸리지 않도록 보호해 주는 물질일 수도 있지 않겠습니까?

교사: 너희 분단은 나에게 정말 감동적이었어요. 여러분은 예언을 하고 거기에 대한 설명에 도달했을 뿐 아니라, 그것을 더 높은 수준으로 끌어 올려서 여러분의 생각을 더 멀리 활용하는 것까지 만들어 냈어요. 대단히 훌륭했습니다. 이제 현영 양, 자기 분단이 어떤 예언을 했는지 말해 주세요.

현영: 옛날 얘기입니다. 반드시 일어나지 않아도 되는 일입니다.

교사: 이제 여러분 분단이 내 주의를 끌기 시작했어요. (학생들이 웃는다.)

요약 *Summing up*

자기주도적 학습

1. 자기주도적 학습은 학생들을 학습과정에 적극적으로 참여시키는 교수학습 전략으로서, 보다 높은 수준의 인지적 복잡성을 담은 결과를 얻게 하는 것을 목적으로 한다.
2. 자기주도적 학습은 다음과 같은 교수활동을 포함한다.
   - 정신적 학습전략을 언제, 어떻게 사용할 것인지에 대한 정보를 제공한다.
   - 그 전략들이 실세계의 문제라는 맥락 속에서는 어떻게 활용되는지 예를 들어 설명한다.
   - 학생들 스스로 자신의 사고방식과 선행 학습에 기초하여 내용을 재구성할 기회를 제공한다.
   - 복잡한 사고유형에 보다 많이 몰입하도록 하는 활동들(연습, 대화, 토의 등)을 통하여 학습에 대한 책임을 교사로부터 점진적으로 학생들에게로 전환시킨다.

메타인지

3. 메타인지는 학생들이 배우고자 하는 내용을 내면화하고, 이해하고, 회상하는 것을 도와주는 자기주도적 학습전략이다.
4. 메타인지 전략은 자기 질문, 자기 검토, 자기 감독 등과 아울러 기억법이라 불리는 내용 분류 및 회상기법을 포함하고 있다.
5. 메타인지 전략은 정신적 모델링을 통하여 교육되는데, 이 안에서 학생들은 올바른 해결책을 얻기 위한 과정을 거치게 된다. 정신적 모델링에는 다음 활동들이 포함된다.
   - 관련된 추론과정을 학생들에게 예시적으로 보여 준다.
   - 학생들이 그것에 대해 의식하도록 한다.
   - 예시된 추론을 적용하는 데 학생들의 초점을 맞춘다.

교사중재

6. 교사중재는 학습내용의 흐름과 복잡성을 학생 개개인의 학습욕구에 부응하도록 교사가 현장에서 조정해 주는 것을 의미한다.
7. 중재자로서 교사의 역할은 학생 각자의 능력, 학습역사 및 개인적 경험에 따라 학습내용을 학생 스스로 재구성하는 것을 도와주기 위해 교실에서의 대화를 필요에 따라 조정하는 것이다.

최대반응기회 영역

8. 최대반응기회 영역은 학생이 응답하는 시점에서 가장 많은 학습효과를 볼 수 있는 내용의 난이도 수준과 행동의 복잡성 수준을 나타낸다.
9. 최대반응기회 영역은 각 학생이 지니고 있는 독특한 학습역사, 특수한 능력, 개인적 경험 등을 활성화시키는 방향으로 교사가 학생의 응답에 대해 반응하는 교실 대화를 통해 겨냥된다. 학생들은 자기 나름의 독특한 특성에 기초하여 학습내용을 이해하고 해석한다.

기능적 오류

10. 기능적 오류는 틀리거나 부분적으로만 맞는 학생들의 응답인데, 그것을 통해 학생의 내용에 대한 의미와 이해를 증진시킬 수 있고 학습 사다리의 다음 단계로 올라갈 수 있는 논리적 디딤돌을 제공할 수 있다.

상호교수법

11. 상호교수법은 교과서를 통해 학습할 때, 학생들 스스로가 예측하고 발문하고 요약하고 명료화할 것을 교사가 기대하면서 이루어지는 교실 대화 유형을 포함한다.
12. 상호교수법은 학습내용을 집단토의를 통해 탐구할 수 있는 기회를 제공한다.
13. 상호교수법은 다음과 같은 일련의 활동들을 포함한다.
    - 지문에서 학습할 내용을 예측하고 그것의 일부를 읽거나 듣는다.
    - 토의 주도자를 선정한다. 토의 주도자는 교과서에 대한 학생들의 질문이 무엇인지를 확인하고, 다른 학생들은 자기가 형성한 질문에 응답한다.
    - 토의 지도자는 교과서를 요약하고, 이어서 교사는 다른 학생들이 논평하거나 응답을 정교화하도록 유도한다.
    - 교사는 문제들을 분명하게 해 주고, 필요에 따라 교과서의 해당 부분을 보다 명료하게 이해하도록 다시 읽어 준다.
14. 상호교수법에서 교사의 역할은 설명, 실마리 제시 및 자극 제공 등의 양을 줄임으로써 학습에 대한 책임을 점차로 학생 쪽으로 전환시켜 주는 것이다.
15. 상호교수법이 시행되는 과정에서 교사가 할 수 있는 일은 다음과 같다.
    - 학습에 대한 책임을 학생들과 공유한다.
    - 처음에는 예측, 발문, 요약 및 명료화를 하는 방법에 대한 모범을 보여 주는 책임을 맡는다. 그러고 나서 이러한 전략 사용을 보여 주는 책임을 학생들에게 옮긴다.
    - 학생들에게 자극을 주고 추가정보를 제공하거나 응답에 대한 요구도 변화시켜 줌으로써 모든 학생들이 교실 대화에 참여하도록 격려한다.

- 학생들이 이해하는 것을 지켜보면서 필요하다면 정보의 비율과 복잡성 수준을 조절한다.

사회적 대화 대 교실 토의

16. 자기주도적 학습에서 교사는 기본 틀—토의 속에서 이루어지는 대화의 단계별 구성—을 짜는데, 그럴 때마다 학생으로 하여금 이전의 구조물로부터 독립된 사고를 하도록 도전하는 강도를 높여 간다. 기본 틀은 학생에 대한 도전이 항상 최대반응기회 영역 안에서 이루어지도록 각각의 학생에게 적절하게 구성되어야 한다.

내적 담화의 역할

17. 자기주도적 학습이 진행되는 동안의 내적(개인적) 발언은 학생으로 하여금 학습내용을 자신에게 맞는 독특한 방식으로 정교화하고 확대하는 데 도움이 된다. 학습에 대한 책임이 점차 학생에게 옮겨짐에 따라 학생의 내적 발언은 증가한다. 내적 발언은 초기단계에서 교사가 보여 주었던 것과 같은 추론과 아울러, 질문, 자극 및 실마리를 모방하는 것이다.

자기주도적 학습에서 이루어지는 대화 사례

18. 다음은 개별 학생에게 자기주도적 탐구전략을 가르치기 위한 단계들이다.
   - 새로운 학습과제를 제시하고 학생이 그것에 접근하는 방식을 관찰한다.
   - 학생에게 그 내용을 어떻게 배울지를—예를 들어 시험에 대한 준비로서—설명하게 한다.
   - 그 내용을 조직하고 학습하는 데 있어서 보다 효과적인 절차를 설명하고 시범을 보여 준다(예, 연구문제 또는 노트의 활용, 교과서의 핵심내용을 표시).
   - 학생 자신이 배운 전략들을 실습할 수 있는 다른 과제를 학생에게 제공한다.
   - 학생이 전략들을 정확하게 사용하도록 하기 위해 과제를 해결하는 동안 자기질문하기를 시범 보인다(예, "나는 핵심단어에 밑줄을 그었는가?").
   - 감독자로서의 교사 역할을 줄이면서 학생이 실습할 수 있는 다른 기회를 제공한다.
   - 새로 배운 전략에 대한 이해 및 적용에 대한 질문을 함으로써 학습결과를 확인한다.

그외 인지적 전략

19. 자기주도적 학습을 하는 동안 새로운 자료를 조직하고 기억하는 데 도움이 되는 다른 인지적 전략들은 다음과 같다.
   - 기억법
   - 정교화/조직화
   - 이해감독
   - 문제해결
20. 문제중심학습은 학생들이 여러 학문에서의 지식과 기술을 동원하여 해결해야 하며, 비교적 느슨하게 구성되고, 확실하게 정의되지 않는 문제를 중심으로 학습과제를 조직하는 학습방식이다.

과제중심학습

21. 과제중심학습은 학생의 흥미, 노력 및 인내를 이끌어 낼 가능성이 가장 높은 과제를 중심으로 학습과제를 조직함으로써 학

생의 내적 동기를 촉진시켜 주는 학습방식이다. 과제중심학습은 학습과정(단지 결과물이 아니라), 목표 설정, 교수활동을 위한 집단 구성하기와 요소들로 이루어진다.

문화적 특성을 반영하는 자기주도적 학습

22. 문화적 배경이 다양한 교실에서의 대화는 자기주도적 학습을 돕기 위하여 다음과 같은 방법들로써 조정될 수 있다.
- 내용의 흐름과 복잡성 수준을 조절한다.
- 모든 학생들이 참여할 수 있는 충분한 기회를 제공한다.
- 인지적 전략을 가르친다.

토의 및 연습문제 *Discussion and Practice Questions*

1. 학생들을 자기주도적 학습에 적극적으로 참여시키는 두 가지 목적을 확인하시오. 가르치고자 하는 내용영역 중 어떤 것에 이 목적들이 가장 잘 적용되는가?
2. 자기주도학습과 관련된 일련의 활동은 무엇인가?
3. 메타인지란 무엇인가? 메타인지 전략을 통해 교실에서 성취할 수 있는 바는 무엇인가?
4. 교사의 시연을 통한 정신적 모델링은 학생들이 구체적으로 어떤 결과를 얻도록 도와주는가?
5. 교사중재 학습에서 교사의 역할은 무엇인가? 이는 설명과 학생 암기로 이루어지는 교사의 역할과 어떻게 다른가?
6. 최대반응기회 영역에 대해 당신의 언어로 설명하시오. 그런 다음, 교실 안에서 일어나는 자연스러운 대화로써 최대반응기회 영역 안에 들어가도록 교사와 학생들의 대화를 간단하게 쓰시오.
7. 상호교수법이 전개되는 동안에 전개되는 활동순서들을 설명하시오.
8. 자기주도적 학습에서 교실 대화를 촉진시키는 가장 중요한 이유는 무엇인가?
9. 자기주도적 학습에서의 내적(사적) 담화의 목적은 무엇인가? 당신은 과거에 스스로의 학습을 촉진시키기 위하여 내적 담화를 사용한 경험을 회상할 수 있는가? 어떤 경우에 사용하였는가?
10. 명제적 지식과 방법적 지식의 차이를 설명하고, 각각의 예를 제시하시오.
11. 학생들에게 자기주도적 학습법을 가르치기 위해 이행해야 할 단계들은 무엇인가? 학생들의 어떤 행동을 보았을 때, 당신은 이 기법들을 따로 시간을 내어 가르쳐야겠다는 판단을 할 것 같은가?

11

이 장을 마치면 여러분은 다음 질문에 답할 수 있을 것이다.

1. 협동학습 활동을 계획하기 위해 반드시 해야만 하는 것은 무엇인가?
2. 모둠 구성원들에게 어떤 역할을 부여해야 하는가?
3. 모둠활동의 내용이 좋은 모둠에게 줄 수 있는 보상수단에는 어떤 것이 있는가?
4. 학생들에게 가르칠 수 있는 협동기술에는 어떤 것들이 있는가?
5. 문화적 배경이 다양한 학생들이 모인 교실에서 어떻게 협동학습의 목표를 일관되게 밀고 나갈 수 있는가?

협동학습

제10장에서는 자기주도적 학습이 메타인지 전략의 도움을 받아 어떻게 고등 사고능력을 촉진할 수 있는지 살펴보았다. 이 장에서는 바로 이와 같은 고등 사고능력이 다양한 학생들 상호간의 협력을 통하여 어떻게 확대되고 강화될 수 있는지 살펴보고자 한다.

여러분은 이 장을 통하여 자기주도적 학습과 협동학습이 실세계에서 꼭 필요한 고등 사고능력 촉진이라는 동일한 목표를 달성하기 위하여 어떻게 서로 보완하고 있는지 깨닫게 될 것이다.

협동의 결과물

비판적 사고능력, 추리능력, 문제해결 능력 등을 배운 후에 이러한 것을 다른 사람들과 상호작용할 때 적절히 적용할 수 없다면 무슨 소용이 있겠는가? 협동학습 활동은 학생들에게 그들이 후에 성인이 되었을 때 필요한 중요한 행동들을 서서히 길러 준다(Greeno, 2005; Jacobs, Power, & Loh, 2002; Johnson & Johnson, 2005). 이러한 행동들의 몇 가지를 살펴보면 다음과 같다.

태도와 가치

성인들은 사회적 상호작용을 하면서 태도와 가치를 형성한다. 비록 우리가 책, 잡지, 신문, 각종 시청각 매체 등을 통하여 많은 것을 배울지라도, 우리의 가치와 태도는 우리가 배우고 생각한 것을 다른 사람들과 토의하는 과정을 통하여 형성된다. 우리는 토의를 통하여 우리가 가지고 있는 정보 · 지식을 다른 사람이 가지고 있는 정보 · 지식과 교환하는데, 이러한 교환이 우리의 견해와 관점을 만든다. 타인과 정보 · 지식을 교환하는 행위는 차갑고 생명력 없는 사실에 감정을 불어넣어 주고, 인생의 오랜 기간 동안 우리의 행동을 안내할 태도와 가치를 형성해 주는 역할을 한다.

태도와 가치는 학교 교육의 가장 중요한 결과물인데, 그 이유는 태도와 가치가 교실 밖에서의 우리의 행동을 안내할 참조체제를 제공하기 때문이다. 협동학습은 학생들이 교실 안팎에서 독립적으로 생각하는 데 필요한 기본적인 협동적 태도와 가치를 교육과정에서 획득하도록 돕는 데 아주 중요한 역할을 한다.

친사회적 행동

가족 구성원들과의 친밀하고 의미 있는 접촉을 통하여 아동들은 **친사회적 행동**의 모델을 알게 된다. 아동들은 집 안에서 어른들의 관심을 끄는 이런저런 행동을 하기 마련인데, 아동들의 어떤 행동이 바람직하지 않을 때는 어른들이 즉각 나서서 그 행동이 가족이나 친구 또는 이웃들에게 어떤 나쁜 영향을 끼치는지를 지적한다.

오늘날에는 맞벌이 부부의 증가로 아동들이 집 안에서 어른들과 함께 보내는 시간이 많지 않기 때문에 학급이 바로 가정이나 지역사회의 가치를 전달해야 하는 중요한 역할을 맡게 되었다. 협동학습은 바로 이러한 적절한 사회적 행동의 모델을 제공하는 환경을 만들어 준다(Stevens & Slavin, 1995a). 교사의 중요한 역할은 교실에서 아동들 간의 긍정적인 사회적 상호작용과 관계를 촉진하는 것이다(Abruscato, 1994; Kottler & Zehm, 2005).

다른 견해와 관점

우리가 자신과 다른 견해와 관점에 부딪힘으로써 자신의 태도와 가치를 형성한다는 것은 널리 알려진 사실이다. 우리가 어떤 것을 좋아하고 싫어하는 것은 이전에 결코 생각해 보지 않았던 어떤 다른 대안을 접하면서 생기는 것이다. 우리는 이런 대안의 일부를 수용하기도 하고 빌리기도 하며 무시하기도 하는데, 이러한 다른 대안들은 바로 우리의 태도와 가치를 형성하는 원재료와 같은 것이다.

이러한 대안들에 직면하면 비판적으로 생각하고, 합리적으로 추론하며, 문제를 해결하는 데 필요한 특성인 객관적 입장을 유지할 수밖에 없게 된다. 다시 말하면, 덜 자기 중심적이 되고 자신의 느낌과 신념을 남들과 더 잘 교환하게 된다. 이와 같이 견해를 서로 적극적으로 교환하는 것과 이러한 견해 교환시 우리의 내부에 생기게 되는 긴장감은 우리가 성장하는 데 아주 결정적인 역할을 한다. 협동학습은 바로 이와 같이 서로 다른 견해들이 서로 조화를 이루게 되는 맥락, 즉 마당을 만들어 주는데, 이를 통해 보다 합리적인 태도와 가치를 형성하게 되는 것이다.

통합된 정체성

사회적 상호작용의 결과물 중에서 가장 중요한 것은 사회적 상호작용이 성격을 발달시키고 정체성(나는 누구인가)을 깨닫게 한다는 것이다. 장기간에 걸친 사회적 상호작용은 다른 많은 상황 속에서 우리 자신, 즉 우리의 태도, 가치, 능력 등을 보게 만들어 준다.

만일 우리가 어떤 상황에서는 이렇게 말하거나 생각하고 다른 상황에서는 다르게 말하거나 생각한다면 일관성을 결여하게 되는 것이며, 왜 자신에게 그런 일이 벌어지는지 의아해하게 된다. 그리하여 우리는 이러한 모순을 해결하고자 자신이 진실로 믿는 것이 무엇인지를 분명히 하려고 노력한다. 그 결과 우리의 성격은 보다 일관성과 통합성을 가지게 되고, 다른 사람들의 눈에도 보다 믿을 만한 사람으로 비쳐지게 된다. 반복적인 사회적 상호작용을 통해 우리는 일관되고 확고한 견해를 가지게 되어 마침내는 통합된 정체성을 가지게 되는 것이다.

협동학습은 우리들 내부의 깊은 생각과 느낌을 가리고 있는 가면을 벗겨 내는 시발점 역할을 한다. 그리하여 통합된 자아감을 획득하기 시작하는 것이다.

고등 사고 과정

지금까지 말한 협동학습이 가져다주는 좋은 점들만으로 충분하지 않다면, 협동학습은 어떤 능력수준에 있는 학생들에게든지 성적을 향상시키는 효과가 있다는 사실이 협동학습을 사용해야 하는 또 다른 이유라 하겠다(Bransford et al., 2000). 이미 언급한 바와 같이, 협동학습은 학생들로 하여금 학습과정에 적극적으로 참여하도록 해 주며 비판적 사고능력, 추리능력, 문제해결 능력 등의 향상을 위해 노력하도록 해 준다(Greeno, 2006; Jacobs, Power, & Loh, 2002). 비판적 사고능력은 태도와 가치, 친사회적 행동, 다른 대안적인 관점, 통합된 정체성 등의 맥락을 벗어나서는 생기지 않는다. 협동학습은 고등 사고 과정을 위한 요소들을 제공해 주며, 학생들이 고등 사고 과정을 연마할 수 있는 환경, 즉 실세계와 비슷한 환경이나 어른들의 세계와 비슷한 환경을 만들어 준다.

분석 · 종합 · 평가 활동 등에 필요한 이러한 고등 사고 과정은 책이나 강의보다는 다른 사람들과의 상호작용을 통해 보다 더 자극되는 것으로 알려져 있다. 책과 강의는 지식 · 이해 · 적용 능력 등을 가르치는 데는 유용하지만, 비판적으로 사고하고 추론하고 실제 생활에서 문제를 해결하는 데 반드시 필요한 사적이고 내부적인 언어를 일깨우는 데는 역부족이다. 비판적 사고능력, 추리능력, 문제해결 능력 등은 반드시 다른 사람들과의 상호작용을 필요로 한다.

지금까지 우리가 논의한 협동학습 모델을 그림으로 나타내면 〈그림 11.1〉과 같다.

협동학습 활동의 요소

지금부터는 협동학습을 위해서 학급을 어떻게 조직해야 하는지 살펴보도록 하자. 협동학습 활동을 계획할 때는 다음과 같은 사항을 결정할 필요가 있다.

- 교사인 여러분이 학생들과 가지게 될 상호작용의 유형
- 학생들이 동료 학생들과 가지게 될 상호작용의 유형
- 교사가 선택할 과제 분담과 자료
- 교사가 학생들에게 부여할 역할기대와 책임

이제 이 네 가지 요소를 하나씩 살펴보도록 하자.

그림 11.1 협동학습의 결과물

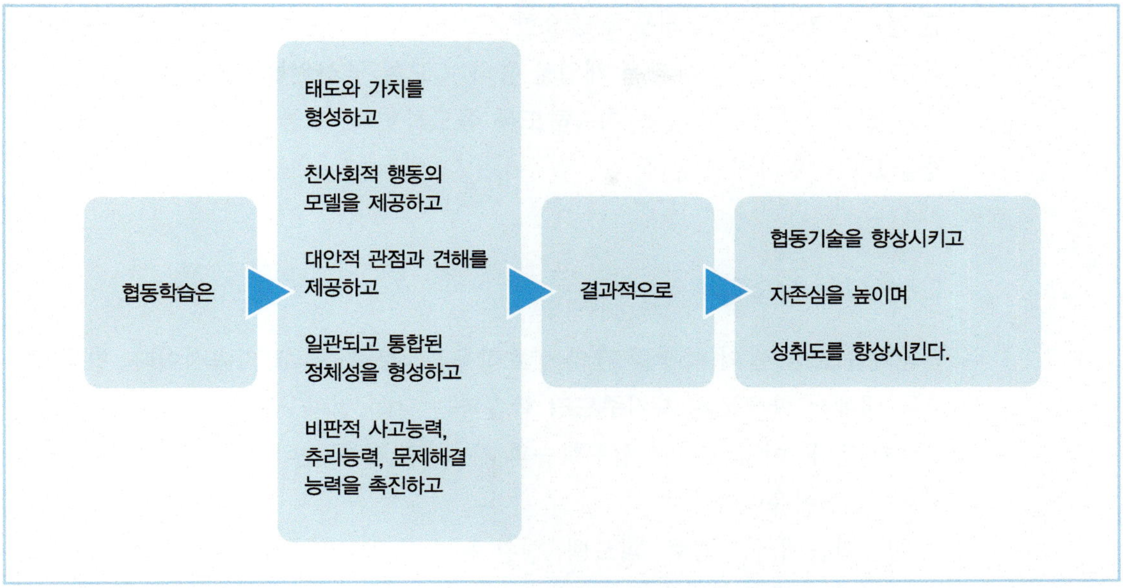

교사–학생 상호작용

협동학습 과정에서 교사-학생 상호작용의 목적은 독립적인 사고를 촉진하는 것이다. 자기주도적 학습에서 나타나는 '학생 응답-교사 반응' 처럼, 협동교실에서의 교사와 학생 간의 의사교환은 학생들이 스스로 교과서와 독립적으로 생각하도록 만드는 일에 초점을 맞춘다. 이런 목표를 달성하기 위해서 교사는 자기주도적 교실에서와 아주 흡사한 방식으로 학생들과 협동하게 된다. 이처럼 협동학습과 자기주도적 학습의 목표들은 서로 보완적인데, 이는 결코 놀랄 일이 아니다.

그러나 교사가 협동학습을 실시하면서 교사-학생 상호작용을 이끌어 내는 방식은 자기주도적 학습의 그것과는 다르다. 자기주도적 학습의 경우에는 그 상호작용이 주로 일대일이며 학생 개개인의 최대반응기회 영역에 맞추어진다. 그러나 협동학습은 공통의 목적을 가진 모둠들 속에서 일어나는 것이므로 상호작용을 모둠 구성원의 평균적 최대반응기회 영역에 맞추어야만 한다. 왜냐하면 협동학습에서 교사의 목표는 모둠이 보다 더 자기 반성적이 되고, 그 모둠이 해야 할 일을 잘 인식하도록 돕는 것이기 때문이다.

"그것에 대해 좀 더 생각해 보도록 하세요." "도서관에 가서 참고문헌을 좀 찾아보면 어떨까?" "내가 제시한 가이드라인을 따르는 것을 잊지 않도록 하세요." 등과 같은 말은 어떤 과제를 해결하기 위해 4~5명으로 구성된 모둠에게 교사가 자주 사용하는 표현이다. 교사의 역할은 모둠 구성원들이 새로운 관점이나 주어진 정보를 가지고 씨름하도록 중요한 시점에 끼어들었다가 빠지는 것이다. 이처럼 교사는 초점을 맞춘 짧은 개입을 통하여 모둠 구성원들이 궤도에서 벗어나지 않고 생산적인 추리활동을 지속하도록 유도하면서, 모둠과 협력하기도 하고 모둠을 모니터링하기도 한다.

학생–학생 상호작용

협동학습 모둠 속의 학생들 간의 상호작용은 강도가 높고 지속적이다. 협동학습 모둠 내에서 학생들은 자기주도적 학습과는 달리 점차 서로간의 학습에 책임을 느끼게 된다. 이것이 바로 협동학습과 자기주도적 학습이 서로 보완적으로 사용될 수 있는 이유이다.

협동학습에서는 강화, 피드백, 칭찬 등과 같은 것이 교사에게서 나오는 것이 아니라 동료 학생에게서 나온다. 자기주도적 학습에서는 학생-학생 상호작용이 그리 많지 않지만, 협동학습에서는 학생-학생 상호작용이 대부분을 차지한다. 4~5명이 모둠을 이루어 어떤 공통의 목표를 향해 신체적으로 가깝게 지내는 동안 이들은 서로서로 도와주고 격려한다. 협동학습의 근본적인 요소는 바로 학생 각자가 자기 모둠의 동료들을 도와주려고 하는 욕구이다.

과제 분담과 자료

협동학습의 또 다른 요소는 학습할 과제와 협동학습 활동구조를 구성하는 자료들이다. 협동학습 과제들은 사전에 결정되는 활동으로 이루어지는데, 이들은 마쳐야 할 시간이 정해져 있고 단계별로 나누어져 있으며 다른 학생들의 작업과 서로 연결되어 있다. 협동학습의 이러한 특징은 학생들로 하여금 아이디어나 자료를 서로 교환하게 만들고, 또한 서로 손발을 맞추게 만든다. 과제와 보조자료의 선택은 의미 있는 학생-학생 상호작용을 촉진하는 데 아주 중요하다.

협동학습은 대개 과제 분담, 즉 노동의 분담을 통하여 이루어진다. 다시 말하면, 어떤 큰 과제를 몇 개의 작은 과제로 나누고 이 작은 과제를 각 모둠이 맡는 식으로 이루어진다. 따라서 각 모둠은 자신들이 분담한 과제를 해결하는 과정에서 다른 모둠보다 좋은 아이디어를 생각해 내기 위해 노력하는 것과 같은 경쟁을 할 수도 있다. 그러나 협동학습의 목표는 어디까지나 최종 결과를 산출하기 위한 경쟁이 아니라 경쟁이 유발하는 모둠 내에서의 협동이다. 협동학습 구조는 각 모둠 구성원들이 서로 협동하여 최종적으로 큰 목표에 도달할 수 있도록 각 모둠에게 해야 할 일을 나누어 주는 목적을 가지고 있다.

역할기대와 책임

적절한 역할 배정은 협동학습 활동의 성공을 위해 매우 중요하다. 각 모둠에 어떤 특정 과제를 배정하면 그 모둠에 속한 학생들은 그 모둠 내에서 어떤 특정한 역할을 각각 분담하게 된다. 이러한 모둠 내에서 분담하여 맡게 되는 역할에는 모둠 리더, 연구자, 기록자, 요약자 등이 있다.

협동학습 활동의 성공의 열쇠는 교사가 학생들에게 어떤 기대를 가지고 있고 어떤 책임을 부여했는지를 제대로 전달하는 것이다. 이것이 바로 협동학습 활동이 느슨하게 만들어진 토의모둠과 다른 점이다. 협동학습 활동을 지도하는 교사는 과제를 각 모둠에게 적절히 분배해야 할 뿐만 아니라, 각 학생들이 과제를 성공적으로 마치는 데 필요한 역할도 지정해 주어야만 한다.

만일 어떤 학생의 역할이 불분명하거나 어떤 모둠에 할당된 과제가 모호하면 협동학습 활동은 쉽사리 중구난방식 토의로 변질되어 버리고, 수동적 참관자와 방관자들이 늘어나게 된다. 이런 현상이 바로 협동학습 활동의 목적을 위협하는 것이다.

어떤 모둠이 아무리 좋은 보고서를 만들어 냈다손 치더라도 오직 극소수의 학생만이 그 과정에 참여했다면 협동학습 활동을 시킨 의미가 상실되는 것이다. 무엇보다 가장 나쁜 것은 이런 경우 협동학습 활동 과정에서 길러지는 비판적 사고능력, 추리능력, 문제해결 능력 등이 전혀 생기지 않는다는 것이다.

학급 내에서의 협동학습 과제 설정

이제부터는 지금까지 설명한 협동학습의 네 가지 요소, 즉 교사-학생 상호작용, 학생-학생 상호작용, 과제 분담과 자료, 역할기대와 책임 등을 실제 학급 내에서 어떻게 사용할 수 있는지에 대하여 살펴보도록 하자. 협동학습 활동을 위한 **과제 구조**를 설정하는 것은 다음과 같은 다섯 가지의 구체적인 단계를 포함한다.

1. 활동목표 구체화
2. 과제의 구조화
3. 협동과정 교수 및 평가

4. 모둠활동의 모니터링
5. 요약

1단계: 활동목표 구체화

협동학습 활동의 목표는 그 활동의 맨 끝에 보기를 기대하는 산출물이나 행동을 나타낸다. 이러한 결과물은 다음과 같은 여러 형태로 나타난다.

- 문서형태의 모둠보고서
- 최종 활동 평가에서의 높은 점수
- 모둠의 합의에 기초한 뛰어난 발표
- 중요한 문제의 열거 또는 해결책 제시
- 배정받은 독서 자료에 대한 비판
- 배정받은 이슈에 대한 찬반 문헌 목록

이와 같은 결과물이 나타나게 하기 위해서 교사는 학생들이 나타내 보여야 할 결과를 명시해야 하고, 학생들이 이해하고 있는지를 확인해야 하며, 협동적인 분위기를 조성해야만 하는데, 이 세 가지를 구체적으로 살펴보면 다음과 같다.

결과 명시 교사들은 최종 결과물의 형태를 처음부터 분명하게 밝혀야만 한다. 즉, 학생들이 제출해야 할 최종 결과물의 형식과 길이가 어느 정도 되어야 받아들여질 수 있는지를 분명하게 이야기해 주어야 한다. 만일 그 최종 결과물이 보고서 형태라면 교사는 수락할 수 있는 길이와 형태를 칠판에 쓴 다음, 모둠활동을 안내하기 위해 하나의 견본을 보여 주면 좋을 것이다. 최종 결과물의 형태가 어느 것이 되었든 간에 학생들에게 수락기준을 제시하고, 가능하다면 성공적으로 완성된 최종 결과물의 한 예를 보여 주는 것이 필요하다.

목표를 분명하게 명시한 다음 교사가 해야 할 일은 그 목표를 과거와 미래의 학습맥락 안에서 조명하는 일이다. 이와 같이 그 내용을 선행학습과 후속학습의 맥락 안에서 조직하는 일은 학생들로 하여금 현재 행하고 있는 작업에서 의미를 느끼게 하고 자기 자신의 경험의 일부로 만들게 한다. “지난번 우리가 ~을 할 때 겪었던 어려움을 생각해 보세요.” 또는 “다음 주에 ~을 배우는데, 그때 바로 이런 능력이 필요할 거예요.” 등과 같은 말은 학생들이 현재 행하고 있는 활동의 중요성을 강조하기에 충분하다.

이해 확인 다음에 해야 할 일은 학생들이 목표와 그 목표에 도달하기 위한 지시

사항을 분명하게 이해했는지를 확인하는 것이다. 이를 위해 보통 학생과 조금 똑똑한 학생 몇 명에게 여러분이 설명한 목표와 지시사항을 말해 보라고 물어 보는 것이 필요하다. 다른 학생들은 이 과정을 통해 다시 한 번 목표와 지시사항을 분명하게 할 수 있을 것이고, 여러분은 필요한 경우 보충설명을 할 수도 있게 된다. 학생들은 협동학습 활동을 하는 동안 엄청난 노력을 기울이게 되므로 교사가 말한 목표와 지시사항을 잘못 이해하는 것은 학급의 도덕성에 아주 치명적인 영향을 미칠 수 있다.

자기주도적 학습의 경우에는 목표를 잘못 이해할 경우 오직 한 학생만 옆길로 새지만, 협동학습의 경우에는 그 모둠 구성원 모두가 길을 잃어 협동학습이 망가지게 된다. 따라서 시간이 허락한다면 학생들이 목표와 지시사항을 제대로 이해하고 있는지 각 모둠의 모든 학생을 대상으로 확인해 보는 일이 필요하다.

협동적 분위기 조성 협동학습 활동의 목표를 소개하는 단계에서 교사가 마지막으로 해야 할 일은 협동적인 분위기를 조성하는 것이다. 학생들은 습관적으로 협동학습 활동을 지금까지 학교 생활을 하는 동안 해 왔던 방식—개인 대 개인의 경쟁—으로 시작한다. 학생들은 아주 어린 유아기 때부터 이러한 경쟁적인 태도를 배우고 있고, 또한 경쟁은 학교 교육의 한 부분으로 자리 잡고 있기 때문에 학생들에게서 경쟁심을 완전히 없앤다는 것은 거의 불가능하다.

그렇다 해도 협동학습 활동 초기에 경쟁적인 분위기를 조성하는 일은 아주 중요하다. "두 사람의 머리가 한 사람의 머리보다 낫다." "뭉치면 살고 흩어지면 죽는다." "같이 살지 않으면 같이 죽는다." 등과 같은 말은 학생들에게 협동심을 불러일으킬 수 있다. 여러분은 또한 각 모둠에게 협동심을 일깨우는 모토(예, 하나를 위한 전체, 전체를 위한 하나)를 정하게 할 수도 있을 것이다.

교사의 역할 또한 협동적이어야만 하고, 처음부터 명확하게 다음과 같이 학생들에게 말하는 것이 필요하다. "나는 언제라도 여러분의 질문에 답할 거예요." "나는 여러분이 필요로 하는 정보를 언제라도 제공할 거예요." "나는 여러분이 도움이 필요하면 항상 돕겠어요." 이러한 말들은 여러분의 학급이 경쟁의 영역으로부터 벗어나서 협동의 세계로 넘어갈 수 있도록 도와줄 것이다.

2단계: 과제의 구조화

과제의 구조화는 협동학습 활동을 여타의 다른 모둠활동과 구별시키는 것이다. 모둠토의도 과제를 가지고 있으나 협동학습 활동처럼 비판적 사고를 함양하기 과제의 구조화 시 흔히 간과하는 노동의 분담은 모둠학습의 성공에 결정적인 역할을 한다. 학생에게 과제를 분석하게 하고 노동의 분담을 확인하도록 허용하는 것은 메타인지적 성장과 고등사고능력을 촉진할 수 있다.

위한 역할 분담, 역할에 대한 책임, 협동적 노력 등을 좀처럼 강조하지 않는다.

협동학습 과제를 구조화할 때, 교사들이 반드시 사전에 결정해야 할 사항들은 다음과 같다.

- 모둠 크기는 얼마로 할 것인가?
- 모둠 구성원을 어떻게 선발할 것인가?
- 모둠활동에 얼마나 많은 시간을 허용할 것인가?
- 각 모둠 구성원들에게 어떤 역할을 부여할 것인가?
- 각 개인활동과 모둠활동에 어떤 보상을 제공할 것인가?

이 다섯 가지를 구체적으로 살펴보면 다음과 같다.

모둠 크기 모둠 크기를 어느 정도로 할 것인가를 결정하는 일은 아주 중요하다. 모둠 크기는 다음과 같은 사항에 영향을 미친다.

- 각 모둠이 행할 수 있는 능력의 범위
- 합의에 도달하는 데 걸리는 시간
- 각 모둠 내에서 자료 공유시의 효율성
- 최종 결과물 산출에 걸리는 시간

따라서 모둠 크기는 여러분이 담당하고 있는 학급 크기의 영향을 받기 마련이지만, 가급적이면 모둠 크기가 동일하도록 해야 한다.

가장 적은 시간을 투자하여 어떤 공통의 목표를 달성할 수 있는 최적의 모둠 크기는 4~6명이다(Cohen, 1994; Johnson, Johnson, & Holubec, 1994). 따라서 한 학급의 학생 수가 25~30명 정도 된다면 5~6개의 모둠을 만들 수 있다. 모둠 크기를 작게 만들어 모둠 수를 늘리면 교사는 여러 모둠을 도와야 하므로 그만큼 각 모둠에 할당하는 시간이 적어질 수밖에 없어서 결과적으로 각 모둠을 모니터링하기가 힘들어진다. 반대로 모둠 크기가 7~8명 정도 될 경우에는 각 모둠 내에서 일반적으로 논쟁이 많아지고, 합의에 이르는 시간이 길어지며, 제한된 자료를 공유하기도 힘들어져 결과적으로 최종 결과물을 산출하는 데 더 많은 시간이 걸린다.

모둠 구성원 선발 각 모둠에 어떤 학생들이 포함되도록 모둠을 구성하는 것이 좋을까? 어떤 모둠에 할당될 과제가 아주 전문적인 것이 아니라면 각 모둠에 다양한 학생들이 골고루 섞이도록 하는 것이 좋다. 즉, 능력이 뛰어난 학생과 덜 뛰어난 학생, 언어능력이 뛰어난 학생과 덜 뛰어난 학생, 아주 과제 지향적인 학생과 덜 과제 지향적인 학생 등을 골고루 섞어서 모둠을 편성하는 것이 좋다.

이러한 다양성은 정보를 가지고 있는 학생으로부터 정보를 필요로 하는 학생에게 정보가 자연스럽게 흐르도록 하는 분위기를 만들어 결과적으로 모둠의 협동심을 증가시킨다. 또한 놀랍게도 이러한 다양성은 정보가 예기치 않은 바람직한 방향으로 흐르게 하는 새로운 관점과 견해를 촉진하기도 한다(Beuhl, 2008; Putnam, 2006).

한 학급 내의 모둠들은 교실 밖의 실제 사회의 다양성을 반영하여 구성되어야만 한다. 이러한 실사회의 다양성이 반영된 모둠 편성은 학생들로 하여금 유사성과 함께 이질성에 직면하도록 하고, 그 결과 학생들에게 자신이 속한 모둠이 담당한 과제를 성공적으로 끝마치는 데 필요한 관심과 흥미의 자연스러운 분화, 협동심, 대화의 필요성 등을 제공해 준다.

모둠을 편성할 때 흥미나 능력이 다양한 학생들을 섞는 것 외에 또 하나 중요한 것은 참여성이 떨어지는 학생들을 골고루 섞는 것이다. 학자들에 따르면, 함께 일하는 동료로부터의 압력은 수동적이고 심지어 반항적이기까지 한 학생들이 서로 협력하게 하는 역할을 한다는 것이다.

Johnson 등(Johnson and Johnson, 2005; Johnson, Johnson, & Holubec, 1994)은 모둠을 편성할 때 고려할 사항으로 다음과 같은 것들을 제안하고 있다.

1. 다른 급우들에 의해 선택받지 않은 학생들이 누구인지를 잘 확인하여 그 소외받는 학생을 아주 협동적이고 친절한 학생이 소속되어 있는 모둠에 편성해야 한다.

2. 무작위로 모둠을 편성한다. 예를 들어 1, 2번은 모둠 1이고, 3, 4번은 모둠 2 등의 방법을 사용하는 것이 좋다. 만일 한 학급의 학생 수가 30명이고 이를 6명씩 5개 모둠으로 편성한다면, 임의로 6명씩을 세면서 5개의 모둠을 만들 수 있다.
3. 모든 학생들의 능력, 성별, 신체적 여건 등을 고려하여 한 모둠에 다양한 학생들이 섞여서 건설적인 관계가 형성되도록 한다.
4. 모둠을 편성하는 과정에서 학생들의 의견을 청취해야 한다. 예를 들어 어떤 한 모둠을 편성할 때 처음 한 학생을 교사가 선정한 다음 그 학생으로 하여금 다른 학생을 선정하게 하고, 또 교사가 한 학생을 선정하면 그 학생이 또 다른 학생을 선정하는 방식을 취하는 것이 좋다.

참여성이 떨어지는 학생들이 모둠활동에 열심히 참여하도록 하는 한 가지 방법은 모든 구성원들이 열심히 참여해야 그 과제가 성공적으로 마무리될 수 있도록 그 과제를 구조화하는 것이다. 과제의 구조화는 능동적 방관과 수동적 방관을 줄여 준다. 능동적 방관은 모둠 내에서 어느 한 사람이 너무 말을 많이 할 때 생긴다. 수동적 방관은 그 모둠에 별 관심이 없고 그냥 조용히 입 다물고 있는 학생이 존재할 경우에 생긴다. 모둠 내의 모든 학생들이 모둠활동에 적극적으로 참여할 수 있도록 과제를 구조화하는 방법을 제시하면 다음과 같다.

- 각 모둠에게 분명한 노동의 분담을 요구하는 어떤 결과물을 제출하도록 요구한다. 그리고 각 개인에게 구체적인 업무를 초기에 할당한다.
- 한 모둠 내에서 2명씩 짝을 짓게 하여 상호간에 서로의 작업을 교정하고 연대책임을 갖도록 한다.
- 각 모둠의 작업 진척도를 각 개인별로 그래프로 나타낸 다음, 그 진행속도가 느린 학생들이 조금 더 열심히 하여 그 모둠의 전체 속도가 향상되도록 격려한다(벽에 종이를 붙이고 그래프를 그리면 충분할 것이다).
- 각 모둠에 제공하는 자원을 의도적으로 제한한다(예를 들어 한 모둠에 사전 1권 또는 계산기 1대). 그래야 각 모둠 구성원들이 부여받은 과제를 완성하기 위해 서로 접촉하게 된다.
- 각 모둠 내의 학생들이 분담한 작업들이 서로 연결되도록 한다. 즉, 어떤 한 학생의 작업은 다른 한 학생의 작업에 기초하여 이루어지도록 한다. 그래야 게으름 피우는 학생이 없어지고 각자의 기여도를 높일 수 있다.

허용시간 각 모둠에 얼마만큼의 시간을 허용하는 것이 좋을까? 이 질문에 대한 답은 당연히 부과한 과제가 얼마나 복잡한 것인가에 따라 달라지겠지만, 교사는 여러 가지를 고려하여 적절한 시간을 산출해야 한다. 이때 모둠별 활동에 할당하는 시간과 학급 구성원 전원이 함께하는 시간을 구분하여 시간을 안배하여야 한다. 학급 구성원 전원이 함께하는 시간은 주로 모둠별 발표, 전체 토의, 각 모둠이 전체에 어떤 공헌을 했는지 그 내용 요약 등과 같은 활동을 하게 된다.

모둠작업은 흥분, 논쟁, 열정적인 토의 등으로 인해 그 일정이 지연되기 쉽다. 따라서 교사는 협동학습 활동의 각 단계에 일정한 한계를 정하여 어느 한 단계에서 시간을 너무 소비하여 다른 단계에 영향을 주는 일이 발생하지 않도록 해야 한다.

협동학습 활동에서 계획된 시간의 60~80%는 대체로 모둠별 활동에 할당된다. 그리고 나머지 시간은 모둠별 발표, 전체 토의 등과 같은 활동에 사용하게 된다.

모둠별 발표와 전체 토의를 같은 날 하는 경우에는 시간 부족으로 인하여 전체 토의가 무의미하게 끝나기가 쉽다. 이를 방지하기 위해서는 전체 토의를 가급적이면 모둠별 발표 다음 날로 잡는 것이 좋다.

역할 배정 각 모둠 구성원들에게 어떤 역할을 배정해야 하는가? 지금까지 살펴보았듯이 각 모둠에게 또는 각 모둠 내의 각 구성원에게 역할을 나누어 배정하는 것은 다른 모둠토의법에서는 나타나지 않는 협동학습법만의 아주 중요한 차원이다. 교사는 각 모둠에게 또는 각 모둠 내의 구성원들에게 특정한 역할을 부여하여 각 모둠이나 구성원들의 책임감을 높일 수 있다.

교사가 각 구성원들에게 부여할 수 있는 역할에는 다음과 같은 것들이 있다 (Johnson & Johnson, 1996, 1999).

1. *요약자:* 모둠 구성원들이 내린 결론을 요약하고, 또한 학급 전체 앞에서 자기 모둠의 활동결과를 발표할 때 그 발표할 내용을 준비하는 사람이다.
2. *확인자:* 자기 모둠에서 내린 결론이나 어떤 사실이 권위 있는 교과서나 기타 참고자료의 내용과 일치하는지를 확인하는 사람이다. 확인자의 역할은 자신의 모둠에서 확인되지 않은 사실을 이용하거나 보다 정확한 정보를 이용한 다른 모둠에 의해 자신의 모둠이 상처받지 않도록 하는 것이다.
3. *조사자:* 참고문헌을 읽고 더 많은 자료가 필요할 때 이를 찾는 사람이다(예, 인터뷰를 하거나 도서관에 가서 자료를 찾는 활동). 조사자와 확인자의 차이점은 조사자는 과제를 마치는 데 필요한 결정적인 정보를 모둠에 제공하는 역할을 하고, 확인자는 과제를 수행하는 도중 또는 끝난 후에 그 과제의 정확성을 확인하는 일을 한다는 데 있다.

4. *실행자:* 과제를 완성하는 데 필요한 정보라면 어느 것이든지 다 구해 오는 사람이다. 실행자에게는 창의성, 민첩성, 심지어 다른 모둠에서도 필요로 하는 자원을 먼저 획득하기 위해서 약간의 교활함까지 요구된다.
5. *기록자:* 모둠에서 만든 주된 결과물을 글로 기록하는 사람이다. 기록자는 각 구성원들에게 각자가 수행한 부분의 결론을 작성하게 하여 이를 취합한 다음, 이를 다시 일관성 있게 종합할 수도 있다.
6. *후원자:* 성격이 느긋하고 낙천적인 사람이 맡는 역할로서, 주임무는 맡은 임무를 끝마친 동료를 칭찬하고 실망에 빠진 사람(예, 적절한 정보를 찾지 못한 사람)을 격려하는 것이다. 후원자는 또한 모둠 구성원 전체가 볼 수 있도록 그 모둠의 과제 진행 상황을 중간중간 그래프로 그려서 구성원들에게 보여 주면서 조원들, 특히 어려움을 겪고 있는 조원들을 격려하는 역할을 한다.
7. *관찰자/문제해결자:* 학급 전체 앞에서 발표를 하거나 토의를 할 때 유용하게 사용될 수 있는 정보를 모둠활동 과정에서 기록하는 사람이다. 이 사람은 또한 한 개인이나 모둠이 해결하기 어려운 문제가 발생하였을 때 반장이나 교사에게 그 문제를 보고하는 역할을 겸한다.

이상 7개의 역할을 살펴보았는데, 이 중 1명이 모둠의 리더 역할을 할 수도 있겠지만, 이 7명 각각의 역할이 나름대로 어느 정도의 리더십을 필요로 하므로 공식적인 모둠 리더를 따로 둘 필요는 없다. 공식적인 모둠 리더를 두지 않아야 구성원들 사이에 보다 평등한 의식이 들고, 논쟁이나 불협화음을 유발할 수 있는 권위구조—누구는 누구보다 높다 또는 낮다—를 제거할 수 있다. 또한 각 구성원에게 구체적인 역할을 배정하기 전에 각각의 역할이 무슨 일을 하는지를 자세하게 설명하는 것은 아주 중요하다.

이상과 같은 각자가 맡은 역할 이외에 모든 구성원들이 함께 수행해야 할 책임이 몇 가지 있는데, 교사는 이 몇몇 사항을 협동학습 활동 전에 프린트하여 모든 학생들에게 나누어 주거나 칠판에 써 놓을 필요가 있다. 이 몇몇 사항은 다음과 같다.

- 이해하지 못하는 문제가 발생할 때는 언제든지 동료 구성원들에게 분명하게 설명해 주도록 요청한다.
- 자신이나 동료가 도출한 답이 교과서나 참고문헌에 비추어 정확한지 확인하는 일을 게을리하지 않는다.
- 자신이 속한 모둠의 구성원이 맡은 과제를 잘 수행할 수 있도록 서로 격려

한다.

- 구성원들이 하고 싶은 말은 방해받지 않는 가운데 모두 할 수 있도록 한다.
- 만일 어떤 일이 정말로 하고 싶지 않다면 주저 없이 마음을 바꾼다.
- 아이디어를 비판하고 사람은 비판하지 않는다.

강화와 보상의 제공 지금까지 살펴본 모둠 크기, 모둠 구성원 선발, 허용시간, 역할 배정 외에 과제의 구조화를 위하여 교사가 마지막으로 해야 할 일은 학생들이 맡은 과제의 완성을 위해 노력할 수 있도록 강화와 보상체계를 마련하는 것이다. 협동학습 활동시 효과적으로 사용될 수 있는 보상전략에는 다음과 같은 것들이 있다.

- 개인 및 모둠별 점수
- 보너스 점수
- 사회적 책임
- 상 또는 특권
- 모둠 유대성

경쟁적인 학습에서 주로 사용되는 점수는 협동학습에서도 개인과 모둠의 행동을 강화하고 보상하기 위하여 사용될 수 있다. 그러나 협동학습 상황에서의 개인별 학점은 그 모둠의 목표를 달성하는 데 그 개인이 얼마나 중요한 역할을 했는지에 중점을 두어 결정되어야 한다. 따라서 협동학습시의 성적은 개인활동과 모둠의 최종 결과물의 완벽성, 적절성, 정확성 등을 동시에 고려하여 산출된다. 교사는 각 개인의 학점을 개인활동의 학점과 모둠의 최종 결과물에 대한 학점으로 따로 구분하여 표기할 수도 있고, 이 둘을 합쳐서 표기할 수도 있을 것이다. 한 모둠 내에 속한 각 개인의 성적은 각 개인의 모둠에의 공헌도를 그 구성원들로 하여금 5단계 척도를 이용하여 상호 평가하게 하여 산출할 수 있다. 각 개인 및 모둠의 성적을 산출하기 위한 문항의 예를 들면 〈그림 11.2〉와 같다.

교사들은 또한 다음과 같이 성적을 산출할 수도 있을 것이다.

1. 모둠의 성적을 산출하기 위해 각 개인의 성적을 합하여 평균 내기
2. 각 모둠의 구성원들에게 그 모둠의 상위(또는 하위) 50%의 평균 내기
3. 모둠의 성적과 개인 성적을 합하여 평균 내기(예, 개인 성적 4점, 모둠 성적 5점인 경우[(4+5)÷2=4.5])
4. 적극적 참여자에게는 위의 점수에 가점하고, 소극적 참여자에게는 감점하기

그림 11.2 협동학습시 각 개인 및 모둠의 노력을 평가하기 위한 문항의 예

1. 모둠이 최종 결과물을 만들기까지 얼마나 열심히 참여하였는가?
   a. 아주 열심히 참여함
   b. 그런대로 열심히 참여함
   c. 보통
   d. 별로 참여하지 않음
   e. 거의 참여하지 않음

2. 이 모둠의 최종 결과물의 완성도(정확성 또는 유용성 또는 창의성)는 어느 정도 되는가?
   a. 아주 높음
   b. 조금 높음
   c. 보통
   d. 조금 낮음
   e. 아주 낮음

점수와 함께 사용할 수 있는 또 다른 강화전략은 보너스 점수이다. 교사는 모둠의 구성원 중 몇 명이 사전에 결정한 수준까지 도달했는지를 알아보아 목표에 도달한 구성원이 많은 모둠에게 보너스 점수를 줄 수 있다. 이를 위해 교사는 교과서나 워크북에서 모둠별 퀴즈를 만들고, 이 퀴즈의 성적이 교사의 기대치에 미치는 모둠에게는 보너스를 주게 된다.

협동학습에서 사용할 수 있는 또 하나의 강화방안은 성적이 좋은 학생들에게는 다음 번 협동학습 과제해결시 그 사회적 역할(예, 관찰자, 후원자, 확인자 등)을 먼저 선택할 수 있는 우선권을 주는 것이다. 또한 교사는 각 개인이나 모둠의 동기를 유발하기 위하여 상이나 특권을 사용할 수도 있을 것이다. 가장 성적이 좋은 모둠에게는 독립적으로 공부할 수 있는 시간, 학생자료실에 다녀올 수 있는 기회 또는 특별한 자료나 자원을 사용할 수 있는 특권 등을 부여할 수 있다. 이러한 것들은 또한 모둠 내에서 성적이 뛰어난 학생들에게도 주어질 수 있다.

끝으로, 교사들은 협동학습법을 사용할 때 그 구성원들의 동기를 유발하고 강화하기 위하여 모둠 유대성을 자주 사용한다. 교사는 각 개인의 활동 상황에 근거하여 그 모둠에게 보상을 주고자 할 때, 다음과 같은 세 가지 방법 중 하나를 사용할 수 있을 것이다.

1. *평균 수행 유대:* 이 경우 한 모둠 내의 모든 구성원들은 그 모둠 구성원들의 평균성적에 기초하여 점수를 받거나 강화를 받는다.
2. *높은 수행 유대:* 이 경우 한 모둠 내의 모든 구성원들은 그 모둠 구성원들의 점수를 내림차순으로 배열하였을 때 위로부터 1/4 지점에 있는 점수에 기초하여 성적, 강화 또는 특권을 받게 된다.
3. *낮은 수행 유대:* 이 경우 한 모둠 내의 모든 구성원들은 그 모둠 구성원들의 점수를 내림차순으로 배열하였을 때 아래로부터 1/4 지점에 있는 점수

에 기초하여 성적, 강화 또는 특권을 받게 된다.

3단계: 협동과정 교수 및 평가

협동학습에서 교사가 가지게 되는 또 다른 책임은 협동과정을 가르치는 것이다. 대부분의 학생들은 협동학습 활동에서 무언가 유익한 것을 얻는 데 필요한 협동기술을 가지고 있지 않다. 따라서 교사는 협동행동들을 확인하여 이를 적절한 순서로 나열한 다음, 학생들에게 시범을 보일 필요가 있다. 자기주도적 학습 시범을 보여 주어야 하듯이 협동 행동들도 시범을 보여 주어야 한다.

협동기술의 핵심은 상대방이 알아들을 수 있는 수준의 말로 자신의 생각과 느낌을 교환하는 능력이다. 학생들은 적절하고 효과적인 방식으로 다른 사람들과 자신의 생각, 신념, 의견 등을 나눌 때 편안함을 느껴야 한다. 학생들이 대화를 잘 나눌 수 있도록 격려하는 방법 몇 가지를 제시하면 다음과 같다(Johnson & Johnson, 1996, 2005).

1. *자신의 생각과 느낌을 전달하는 방법을 가르친다.* 학생들이 협동작업을 하는 과정에서 '나' 또는 '나의' 라는 단어를 사용하도록 유도하여 어떤 아이디어나 느낌이 자신의 것임을 분명히 나타내도록 하는 것이 좋다. 학생들의 개인적인 경험—어떤 사실의 관찰, 부딪힌 문제, 만난 사람 등—이야말로 자신들의 생각과 느낌을 정당화하는 데 사용할 수 있는 아주 가치 있는 정보라는 것을 알게 한다.
2. *말을 완전하고 구체적으로 한다.* 말을 할 때에는 그 말이 어떤 경험, 어떤 관점, 어떤 참고자료를 근거로 한 것인지를 명시한다. 예를 들어 "나는 이 아이디어를 지난 여름 방학 때 도교육청에서 보내 준 초등교사 영어 미국 연수 때 얻었어요." 또는 "나는 교육부 장관의 취임사를 들었는데, 그의 연설은 나에게 ~을 상기시켜 주었어요." 또는 "나는 한겨레신문에서 그 기사를 읽었는데, 그 기사로 인해 나는 ~에 관한 사실을 믿게 되었어요."
3. *음성적 메시지와 비음성적 메시지가 서로 일치하도록 한다.* 음성과 제스처가 전달하려는 메시지를 강화한다는 사실을 분명히 한다. 즉, 심각한 말을 할 때 장난기 섞인 말투로 하거나 지나치게 과장한다면 그 메시지 자체와 듣는 사람 모두가 혼란스럽게 된다.
4. *존경과 지지의 분위기를 만든다.* 학생들 누구나 남에게 조롱당할 염려 없이 자신의 생각, 느낌, 경험, 정보 등을 말할 수 있다는 사실을 강조한다.

"이렇게 생각하는 놈들이 있다면 그놈은 아마 미친 놈이 분명해." 등과 같은 불편한 분위기로 이끄는 발언을 하지 못하게 한다. 협동이란 정서적 · 신체적 자원을 서로 나누고, 도움을 주고받으며, 책임을 분할하고, 상대방이 잘 되기를 바라는 마음에 크게 좌우된다는 사실을 분명히 한다.

5. *그 메시지가 과연 제대로 전달되었는지를 평가하는 방법을 보여 준다.* 학생들에게 자신의 말을 상대방이 제대로 알아들었는지를 확인하는 질문을 적절히 하는 법을 가르친다. 예를 들어 "내가 말한 것에 대해 어떻게 생각하니?" "내가 말한 것이 말이 된다고 생각하니?" "내가 무슨 말을 하려고 하는지 이해할 수 있겠니?" 등과 같은 질문을 학생들 상호간에 하도록 한다. 청자로 하여금 방금 들은 말을 자신의 말로 바꾸어 다시 말해 보도록 하는 횟수가 많으면 많을수록 화자의 말은 보다 잘 전달된다.
6. *다른 사람의 요점을 자신의 말로 표현하는 방법을 가르친다.* 대부분의 학생들은 자신이 들은 내용을 자신이 정말로 이해하고 있는지 아닌지를 확인하지도 않고 이에 동의하거나 부정한다. 다른 사람의 견해에 찬성하거나 반대하기 전에 내용을 자신의 말로 표현하도록 하는 일은 중요하다. 자신의 말로 표현하도록 하기 위해서는 다음과 같은 규칙을 가르칠 필요가 있다.
   a. 자신이 들은 내용을 그 내용을 말한 사람이 사용한 용어가 아닌 자신의 용어로 다시 표현한다.
   b. 자신이 이해한 내용을 말할 때에는 다음과 같은 표현을 사용하도록 한다: "내 생각에 네가 말하려고 하는 내용은……." "내가 이해하기로 네가 믿고 있는 것은……." "내가 들은 바에 의하면 네 입장은……."
   c. 자신의 말로 표현하는 과정에서는 상대방을 지원하거나 부정하는 표현을 사용하지 못하도록 한다. 예를 들어 "나는 너의 생각에 동의하지 않는다." 또는 "그래, 네 말이 옳은 것 같아." 등과 같은 표현은 쓰지 말아야 한다. 왜냐하면 자신의 말로 바꾸어 표현하는 일의 목적은 그 메시지가 제대로 전달되었는지를 확인하고자 함에 있기 때문이다.
7. *말을 한 사람과 말을 들은 사람이 서로 그 말의 의미를 정확히 전달하고 이해하도록 하는 활동을 보여 준다.* 학생들은 어떤 말을 들을 때 그 말의 진의를 종종 잘못 파악하는 경우가 있다. 그 이유는 그 말이 모호하거나 불완전하기 때문이기도 하고, 그 말을 들은 사람이 잘못 해석했기 때문일 수도 있다. 따라서 학생들이 어떤 말을 듣고 그것을 자신의 말로 다시 표현한 경우, 이를 그 말을 한 사람에게 읽어 보게 할 필요가 있다. 그런 다음 본래 그 말을 한 사람은 다음과 같은 표현을 써서 그 말을 정정할 수 있다. "내가 말

하고자 했던 바는…….” “내가 덧붙였어야 하는데 빠뜨린 것은…….” “이 점을 더 분명히 말하면…….” 그러면 그 말을 들은 사람은 다음과 같은 표현을 써서 질문을 할 수 있을 것이다: “내가 이해하지 못하는 것은……” “그것을 다른 방식으로 설명해 줄 수 있겠니?” 이처럼 말을 들은 사람이 그 말을 정확히 이해할 수 있도록 말을 한 사람과 말을 들을 사람에게 서로 대화하는 기회를 주는 것은 반드시 필요하다.

8. *적극적으로 참여하고 리더십을 발휘하도록 가르친다.* 이를 위해서 다음과 같은 사항이 중요하다는 것을 학생들에게 강조한다.
   a. *상호이익:* 모둠에게 이익이 되는 것은 개인에게도 이익이 된다.
   b. *공동운명:* 각 개인은 그 모둠 구성원의 전반적인 활동에 근거하여 승자가 되기도 하고 패자가 되기도 한다.
   c. *소속감 공유:* 모든 사람은 물리적 · 정서적인 측면에서 한 모둠의 일원이다.
   d. *공동축하:* 모둠 구성원 개인이 어떤 일을 잘 해내면 이를 그 모둠 내 모든 사람이 함께 기뻐한다.
   e. *연대 책임감:* 어떤 모둠 구성원이 그 맡은 일을 잘 하지 못하는 경우에는 서로서로 그 책임을 나누어 가지도록 한다.

4단계: 모둠활동의 모니터링

협동학습 구조를 만들기 위해서 교사는 학생들 각자가 소속된 모둠의 목표를 제대로 달성하고 있는지를 관찰하고, 필요한 경우 개입하여야만 한다. 교사가 학생들을 모니터링하면서 가장 빈번하게 하는 것은 (1) 학생들이 필요로 하는 장소를 어디에서 찾을 수 있는지를 말해 주는 일, (2) 과제를 성공적으로 마치는 방법을 알려 주는 일, (3) 최종 결과물의 형태를 말해 주는 일, (4) 모둠의 목표를 완수하기 위해 어떤 과정을 따라야 하는지를 알려 주는 일 등이다. 교사는 각 모둠이 궤도에서 벗어나지 않도록 지켜보는 일을 게을리하면 안 된다. 교사가 각 모둠을 세심하게 모니터링하고 있어야 어떤 문제가 발생할 때 빨리 조치를 취할 수 있는 것이다.

교사가 학생들의 활동을 모니터링하는 첫째 목적은 어떤 모둠이 언제 도움을 필요로 하는가를 알아내기 위해서이다. 교사는 각 모둠에게 그 모둠의 목적이 무엇인지를 반복하여 상기시켜 줄 필요가 있다. 모둠은 쉽게 옆길로 새거나 처음의 단결이 약화되거나 또는 본래의 목적과는 거리가 먼, 자신들에게 보다 흥미로운 목적을 만들어 내기도 한다. 통상 교사는 협동학습 활동 초기에는 각 모둠을 한 번씩 차례로 둘러보면서 할당받은 과제의 목표가 무엇인가를 각 모둠이 제대로 파악하고 있는지를 확인할 필요가 있다.

교사가 학생들의 활동을 모니터링하는 둘째 목적은 모둠 구성원들이 토의를 하다 보면 다다르게 되는 막다른 골목에서 학생들을 끌어 내어 그 방향을 다시 잘 잡아 주기 위해서이다. 토의와 논쟁을 뜨겁게 하다 보면 학생들은 생산적인 사고로부터 멀어지기도 하고, 그 모둠의 목적을 달성하는 데는 별 관련이 없는 하찮은 문제를 거론하기도 한다. 어느 모둠이 길을 잘못 들어섰을 때 교사가 이를 재빨리 알아차리는 것은 아주 중요한데, 이것은 교사의 능력에 달려 있다. 교사가 각 모둠의 활동을 세심하게 관찰하고 그 방향을 잘 잡아 주어야 쓸모없는 토의에서 벗어나 생산적인 토의를 할 수 있는 것이다.

교사가 학생들의 활동을 모니터링하는 셋째 목적은 혼란과 좌절에 빠진 모둠 구성원들에게 정서적인 지원과 격려를 하기 위해서이다. 각 모둠 모두가 자신의 모둠에게 부여된 목적을 수용하는 것도 아니고, 또한 한 모둠의 모든 구성원들이 자신에게 부여된 역할에 만족해하는 것도 아니다. 따라서 이런 모둠과 구성원들을 교사가 따뜻하게 격려하고 힘을 북돋아 주어야 자신들에게 부여된 과제를 받아들이게 된다.

5단계: 요약

각 모둠이 얼마나 잘 협동하고 있는지에 대한 교사의 피드백은 그 모둠들이 협동적인 기술을 습득하는 데 아주 중요하다(Weissglass, 1996). 교사는 협동활동의 끝부분에 다음과 같은 **요약** 및 평가를 하는 것이 좋다.

1. 각 모둠이 어떤 역할을 하였는지를 공개적으로 이야기한다. 그리고 각 모둠이 최종 결과물을 만들어 내기까지 어떤 문제에 부딪혔으며 그것을 어떻게 해결했는지를 이야기하게 한다.
2. 문제를 피하고 협동과정을 향상시킬 수 있는 제안을 잘 받아들여 다음에는 협동의 수준이 향상되도록 한다.
3. 협동이 잘 된 모둠과 잘 안 된 모둠을 하나씩 선발하여 왜 그런 결과가 나왔는지를 학급 전체 앞에서 발표하게 한다.

각 모둠 구성원들은 또한 요약하는 과정에서 서로간의 협동기술을 평가할 수 있다. 각 모둠 구성원들은 자신이 속한 모둠에 대한 평균적인 평가가 이루어지는

이론의 교실 적용

협동기술 가르치기

교사는 학업기술을 가르치듯이 협동기술도 가르칠 필요가 있다. 학생이 집단속에서 잘 활동하게 만들려면 다음과 같은 세 가지가 필요하다. 첫째, 협동하여 작업을 수행하는 기회의 제공, 둘째, 집단활동에 참여해야 하는 동기 부여, 셋째, 집단활동을 할 때 필요한 기본능력 구비. Johnson 등(1994)은 협동기술을 가르치는 과정을 다음과 같이 다섯 단계로 제안한다.

1단계

협동기술의 필요성을 이해시켜라. 이를 위해서 교사는 다음과 같은 일을 할 수 있다.

- 집단활동을 잘하기 위해서 꼭 필요한 사회적 기술에는 어떤 것들이 있는지 목록을 적어 보도록 한다. 그런 다음, 목록에서 1~2개를 강조한다.
- 협동기술이 잘 발휘된 사례를 학생에게 제시한다. 또한 협동기술을 잘 발휘한 학생을 전체 학생 앞에서 칭찬한다.
- 협동기술이 결여된 역할극을 통하여 협동기술의 필요성을 느끼도록 만든다.

2단계

협동기술이 어떤 것인지 그 실체를 이해시켜라. 또한 언제, 어떻게 그 능력을 사용할 것인지도 이해시켜라. 이를 위해 교사는 다음과 같은 일을 할 수 있다.

- 음성적, 비음성적 행동으로 협동기술을 정의하고, 학생이 그 능력을 소지해야만 하는 이유를 정확하게 가르치라. "이 협동기술은 어떤 모습일까요"(비음성적 행동) 또는 "이 협동기술은 어떤 소리가 날까요?"(음성적 행동)와 같은 질문을 사용하여 협동기술을 철저하게 가르쳐라.
- 학생 앞에서 그 협동기술의 모습을 생생하게 보여 주어라.
- 수업을 시작하기 전에 이 협동기술을 연습할 기회를 제공하라.

3단계

협동기술을 완벽하게 숙달하게끔 연습상황을 만들어 제공하라. 이를 위해 교사는 다음과 같은 일을 할 수 있다.

- 일부 학생에게 또는 전체 학생에게 사회적 기술(social skill)을 부여하라.
- 각 집단을 관찰하면서 누가 어떤 기술을 어떻게, 얼마나 자주 사용하는지를 기록하라.
- 수업을 하면서 누가 사회적 기술을 사용할 경우 이를 모든 학생에게 명시하여라.
- 사회적 기술이 무엇인지, 그 기술을 사용하는 방법을 설명하기 위해서 협동 집단에 끼어들어라.
- 그 기술 사용 능력을 어떻게 하면 향상시킬 수 있는지 개인적으로 가르쳐라.

4단계

학생이 협동기술을 사용할 때 적절한 피드백을 제공하라. 또한 학생 스스로 협동기술을 더 효율적으로 사용하는 방법을 찾도록 조력하라. 협동학습 도중에 학생 스스로 자신의 행동에 대해 어떻게 생각하고 있는지를 말해 보도록 만들어라. 이때 교사는 학급 전원 앞에서 피드백을 제공하여야만 한다.

5단계

협동기술이 몸에 배게끔 학생들을 연습시켜라. 협동기술의 발달 단계는 다음과 같이 네 단계로 나뉜다.

- 머뭇거리기

- 협동하는 척 위장하기
- 남이 보거나 지시가 있을 때 협동하기
- 진정으로 협동하기

출처: Johnson, D. W. et al.,(1994). The new circles of learning: Cooperation in the classroom. Alexandria, VA: Association for Supervision and Curriculum Development.

동안에 각 개인별 평가결과를 개인적으로 수령할 수도 있다.

〈그림 11.3〉은 모둠 구성원들의 협동기술을 평가하는 척도이다. 이 척도의 용도는 (1) 각 모둠 구성원들이 상호간 평가할 때, (2) 모둠 구성원들의 활동을 평가하는 임무를 부여받은 사람(예, 관찰자)이 자기가 속한 모둠의 구성원들의 활동을 평가할 때, (3) 교사가 각 모둠을 평가할 때 사용된다. 교사는 이 척도를 하나의 체크리스트로 사용하여 각 구성원들이 어떤 특정한 기술을 가지고 있는지 없는지를 기록할 수 있다. 척도의 항목 중에서 현재 관찰하고 있는 학생과 관련이 없는 항목에는 '해당 없음' 을 기입하면 된다. 또한 관찰 대상 학생의 실명을 기입하는 대신 번호를 기입하여 익명성을 유지할 수 있다. 이 척도를 이용하여 어떤 모둠이 가장 우수한지를 가려 낼 수 있고, 후에 그 모둠에게 상을 주는 근거로 사용할 수도 있다.

그림 11.3 모둠 구성원들의 협동기술을 평가하기 위한 체크리스트

협동기술	모둠 구성원 이름				
모둠활동을 돕기 위해 정보와 지식을 제공하는가?					
전체 모둠 앞에서 자신의 감정을 솔직하게 기꺼이 말하는가?					
도움이 필요한 동료에게 개인적인 조력과 후원을 제공하는가?					
동료의 공헌을 비판단적이고 건설적인 방식으로 평가하는가?					
물리적인 자원들(책, 유인물, 각종 기록물 등)을 동료들과 공유하는가?					
동료들이 말한 내용을 정확하게 자신의 말로 표현하는가?					
동료들이 중요한 공헌을 했을 때 이를 인정하는가?					
문화적, 인종적, 개인별 차이를 인정하고 받아들이는가?					

협동학습 활동을 구조화하는 마지막 단계인 '요약'에 장애가 되는 사항은 다음과 같다(Dishon & O' Leary, 1984).

1. *요약할 충분한 시간이 없을 경우:* 교사들은 여러 가지 이유에서 협동활동에 관한 피드백을 모으거나 평가할 시간이 없다고 생각한다. 이런 경우 다음처럼 해 보자.
   a. 각 모둠에게 어떻게 활동하였는지를 간략하게 말하도록 한다. 이를 위해 교사는 "시간은 충분하였나요?" 등과 같은 질문을 할 수 있다. 그리고 "예."라고 생각한다면 손을 높이 들고, "잘 모르겠어요."라고 생각하면 팔장을 끼고 있고, "아니오."이면 손을 내리고 있으라고 지시할 수 있을 것이다. 교사는 1~2분 정도 할애하여 2~3개의 질문을 하고 반응을 들을 수 있을 것이다.
   b. 협동활동을 하는 도중에 요약을 하거나 또는 자기가 소속된 모둠의 활동이 어떠했는지를 묻는 설문지나 체크리스트를 학생들에게 나누어 주고, 집에 가서 작성하여 다음 날 제출하도록 할 수도 있다.
2. *요약한 내용이 엉성할 경우:* 요약활동을 할 때 학생들의 반응이 "우리는 괜찮았어." "우리는 잘 한 편이야." "모든 사람이 잘 참여해 주었어."라는 식으로 구체적이지 않은 경우에는 다음과 같은 조치를 취한다.
   a. 각 모둠에게 대답해야 할 구체적인 질문을 인쇄하여 나누어 준다.
   b. 협동활동 과정에서 나타났던 중요한 사건을 구체적으로 명시하고 이에 동의하거나 만족했는지를 말하게 한다.
   c. 각 모둠 내에서 관찰자 역할을 맡은 학생으로 하여금 각 모둠활동 중 효율적인 부분과 비효율적인 부분이 무엇이었는지를 발표하게 한다.
3. *학생들이 요약활동에 참여하지 않을 경우:* 요약활동에 적극적으로 참여하지 않는 모둠이 있을 경우에는 다음과 같은 조치를 취한다.
   a. 그 모둠의 장점과 단점을 기술하여 문서로 보고하게 한다.
   b. 설문지를 나누어 주고 작성하게 한다.
   c. 모둠 구성원 한 명에게 요약의 임무를 부여한다.
   d. 각 모둠에게 어떻게 활동하였는지를 요약하여 문서로 작성하게 하고, 각 구성원으로 하여금 이 문서에 서명하게 한다.
   e. 요약을 잘 한 모둠에게 보너스 점수를 부여한다.
4. *요약보고서가 빈약할 경우:* 빈약한 요약보고서를 제출하는 모둠에게는 다음과 같은 조치를 취한다.

a. 요약보고서를 모둠 구성원 모두가 읽게 하고, 그 내용이 정확하고 모든 내용을 포괄하고 있는지를 각자 확인하여 서명하게 한다.
b. 요약보고서가 완벽한 모둠에게 보너스 점수를 부여한다.

5. *요약활동 중에 비협조적인 학생이 있을 경우:* 다른 사람이 말할 때 귀를 기울여 듣지 않는 학생, 요약활동에 참여하기를 두려워하는 학생, 토의가 옆길로 새도록 하는 학생이 있을 경우에는 다음과 같은 조치를 취한다.
   a. 그런 학생에게는 요약과정에서 특별한 임무를 부여한다.
   b. 다른 모둠의 요약과정을 관찰하고 그 결과를 놓고 토의를 시킨다.

모둠 중심적 협동학습 활동

최근의 연구결과에 의하면 서로 이질적인 학생들이 팀을 이루어 학습을 하는 것은 협동기술, 자긍심, 각 개인별 성취도를 향상시키는 것으로 나타났다(Slavin, Zool). 이러한 효과를 유발하는 **모둠 중심적 협동학습** 활동에는 네 가지가 있다. 이 네 가지는 (1) 성취과제 분담학습, (2) 팀 경쟁학습, (3) 직소학습, (4) 팀 보조 개별학습인데 이것들을 차례로 간략히 설명하면 다음과 같다.

성취과제 분담학습

성취과제 분담학습(Student Teams-Achievement Division: STAD)을 실시하고자 하는 교사는 학생들을 4~5명씩 나누어 팀을 구성한다. 이때 각 팀에는 전체 학급의 축소판이 되도록 남자, 여자, 학습능력이 높은 학생, 낮은 학생 등이 고루 섞여 있어야 한다.

교사는 강의나 토의를 통하여 새 단원을 소개하고, 강의나 토의의 핵심을 학생들이 복습할 수 있는 문제지나 질문을 제시함으로써 성취과제 분담학습을 시작한다. 교사의 강의나 설명이 끝나면 각 팀 구성원들은 교사가 나누어 준 문제지를 서로에게 물어 가며 푼다. 이때 학생들은 대개 2명씩 짝을 지어서 문제지의 내용에 대해 서로 토의하고, 어렵거나 혼동스러운 부분을 분명히 하며, 필요한 경우 교사에게 질문을 하기도 한다.

각 팀별 활동을 시작하기 전에 교사는 각 팀별로 한 사람씩 선정하여, 이 학생에게 문제지상의 모든 문제에 대한 답을 주고 다른 학생들의 답을 확인하게 하는 역할을 맡긴다. 문제지에 있는 모든 문제를 완전하게 풀 수 있도록 모든 학생에게 충분한 시간을 허용해야 한다.

각 팀이 연습문제를 가지고 충분히 연습할 시간을 준 다음에는 개인별로 퀴즈를 내주는데, 이때에는 서로 도와줄 수 없게 한다. 퀴즈가 끝나면 바로 채점을 하여 개인별 성적을 낸 다음, 이를 토대로 팀의 성적을 산출한다. 팀의 성적은 팀 구성원들의 성적을 평균하여 작성할 수도 있고, 또는 팀 구성원들 중 상위 50%나 하위 50%에 속한 학생들의 성적만으로 팀의 성적을 작성할 수도 있다. 이런 방식으로 구성원들의 성적을 근거로 각 팀의 성적을 산출할 수 있다.

성취과제 분담학습을 하는 과정에서 교사는 필요한 경우 학생들의 활동에 끼여들어 학생들이 효과적으로 학습할 수 있도록 조언을 할 필요도 있다.

연구결과에 의하면, 성취과제 분담학습을 통하여 학생들은 동료들에 대해 일종의 동지의식을 느끼게 되고, 자기주도적 학습을 추구하게 되며, 자신의 학습을 스스로 통제할 수 있는 동기도 발전시키게 된다.

팀 경쟁학습

성취과제 분담학습과 비슷한 또 하나의 협동학습 활동은 팀 경쟁학습(Teams-Games-Tournament: TGT)이다. 팀 경쟁학습은 기본적으로 성취과제 분담학습과 비슷하지만, 학습활동이 끝난 후에 개인별로 퀴즈가 주어지는 대신에 학습내용에 관한 게임을 한다는 점이 다르다.

직소 II

직소 II(Jigsaw II)라고 부르는 협동학습 활동에서 교사는 학생들을 4~6명씩 여러 팀으로 나누고 과제를 하나씩 부과한다. 그리고 각 팀의 구성원에게는 독특한 책임을 하나씩 부여한다. 예를 들어 각 팀에게 읽어야 할 책의 분량을 할당한 다음 각 구성원들에게 고유한 역할을 부여한다. 즉, 어떤 학생은 새로운 어휘를 찾는 역할을 하게 하고, 어떤 학생은 핵심을 요약하거나 노트에 적는 역할을 하게 한다.

각 팀의 구성원들이 자신이 맡은 임무를 마치면, 각 팀을 해체하여 동일한 역할을 한 학생들(예, 새로운 낱말의 뜻을 찾은 학생들)끼리 모이게 하여 자신들이 내린 결론이나 결과를 서로 교환하게 하는데, 이를 전문가 그룹이라고 부른다. 이 전문가 그룹 내에서 학생들은 노트를 비교하거나 다른 그룹에서 소홀히 했던 요점 등을 확인하면서 서로간에 도움을 주고받을 수 있다. 전문가 그룹에 속한 학생들은 자신들의 결론을 충분히 나누고 토의하고 수정할 기회를 가진 다음에 본래의 자신의 그룹으로 복귀한다. 그런 다음 자신의 그룹에 속한 다른 학생들에게 자신이 담당한 내용을 자세히 설명한다.

직소 II는 모둠 구성원들의 흥미를 높일 수 있는데, 그 이유는 자신에게 부과되지 않은 과제의 내용을 모둠 내의 다른 학생의 설명을 통하여 자세히 알 수 있기 때문이다.

자신이 속한 전문가 그룹에서 배운 내용을 서로에게 가르친 다음에는 배운 내용을 평가하기 위해 간단한 쪽지시험(퀴즈)을 부과한다. 그런 다음 교사는, 성취과제 분담학습과 마찬가지로, 그룹별 총점과 개인별 향상점수를 학생들에게 알려 준다. 이러한 점수는 가장 높은 점수를 받은 그룹과 가장 많은 향상을 보인 학생을 시상하고자 할 때 그 근거로 활용된다.

팀 보조 개별학습

가장 최근에 개발된 협동학습 활동은 팀 보조 개별학습(Team-Assisted Individualization: TAI)인데, 이는 개별학습과 협동학습의 몇몇 특징을 결합한 것이다. 이 방법은 본래 초등학교와 중학교의 수학 수업을 대상으로 고안된 것이지만 지금은 모든 교과, 모든 학년에서 사용이 가능하다. 팀 보조 개별학습을 사용할 때 교사는 진단검사나 각 학생들의 이전 학력을 기초로 하여 마련한 개별학습 자료를 각 학생들에게 부과한다. 따라서 한 교실 내의 학생들은 그들의 능력에 따라 서로 다른 내용을 공부하게 된다.

학생들이 자신의 학습속도에 따라 일정한 내용을 공부할 수 있도록 시간을 허용한 다음 학생들을 팀으로 나누는데, 이 팀에는 능력이 서로 다른 학생들이 골고루 섞일 수 있도록 한다. 각 팀이 가능한 한 이질적인 모둠이 되도록 만드는 것이 아주 중요한데, 그 이유는 이렇게 해야 팀 구성원들의 작업결과를 학생들 상호간에 확인시킬 수 있기 때문이다. 팀 내에서 확인자 역할을 하는 학생들은 자신이 맡은 부분에 대해서 동료들보다 미리 어려운 내용을 공부해 두어야 한다. 교사는 최대한 학생들이 서로서로 동료들의 작업결과를 확인하여 수정하도록 하는 것이 좋다. 이를 위해 필요하면 확인자 역할을 하는 학생들에게 정답을 적은 종이를 제공하는 것도 좋다.

팀 보조 개별학습은 개별화된 자료를 사용하기 때문에 일제수업을 하기 힘든 이질적인 학급을 지도하는 데 특히 유용하다. 또한 이 방법은 다양한 욕구를 가진 학생들을 작은 여러 그룹으로 나누어 지도하고자 할 때도 사용할 수 있다.

모둠 중심적 협동학습 활동의 요약

지금까지 모둠 중심적 협동학습 활동 네 가지를 살펴보았는데, 이것들의 유사점과 차이점을 요약하면 〈표 11.1〉과 같다.

이러한 방법들 외에도 모든 학년과 모든 교과에서 성공적으로 사용할 수 있는 협동학습법이 많다. 그러나 이러한 대부분의 성공적인 협동학습 활동들은 교사 개인의 창의성과 재간에 많이 의존한다. 비록 협동학습의 많은 다른 형태가 지금까지 우리가 살펴본 방법들로부터 고안될 수 있을지라도, 교사는 교과내용에 따라 새로운 형태의 협동학습 경험을 만드는 일을 해야만 한다. 이러한 교사의 노력은 학생들의 자존심, 비판적 사고능력, 문제해결 능력을 증진시켜 줄 것이다.

문화가 다양한 교실에서 협동학습의 목적 촉진하기

협동학습 활동 중에 교사가 알게 되는 첫 번째 사항은 학생들의 학습양식이 다양하다는 것이다. 협동학습시에 교사가 관찰하게 되는 학생들의 독립심, 인내심, 융통성은 여러분의 학교와 교실 내의 지배적인 문화와 인종에 의해 어느 정도 영향을 받는다(Banks, Banks, 2006; Irvine & York, 2001; Putnam, 2006).

표 11.1 네 가지 협동학습 활동들 간의 유사점과 차이점

성취과제 분담학습	팀 경쟁학습	직소 II	팀 보조 개별학습
1. 교사가 강의나 토의를 통해 내용을 전달한다. 2. 각 팀은 문제지의 질문이나 문제를 공부한다. 3. 교사는 학생들이 공부한 자료에서 퀴즈를 낸다. 4. 교사는 팀의 평균 점수와 각 개인별 향상 정도를 결정한다.	1. 교사가 강의나 토의를 통해 내용을 전달한다. 2. 각 팀은 문제지의 질문이나 문제를 공부한다. 3. 각 팀은 점수를 따기 위해 학문적인 게임을 한다. 4. 교사는 4주 동안 각 팀별 점수를 기록하여 최우수 팀과 개인을 결정한다.	1. 학생들은 교과서의 일정부분을 읽고 독특한 과제를 부여받는다. 2. 동일한 주제를 공부한 학생들끼리 전문가 그룹이라는 이름으로 헤쳐 모인다. 3. 학생들은 자신의 소속 팀으로 돌아가 팀 동료들을 가르친다. 4. 학생들은 공부한 내용에 대한 퀴즈를 푼다. 5. 팀의 점수와 개인별 점수를 산출하기 위하여 개인별 퀴즈가 주어진다.	1. 공부할 내용을 결정하기 위하여 진단검사를 실시한다. 2. 학생들은 자신의 학습 속도에 따라 배정받은 내용을 공부한다. 3. 팀 동료들끼리 정답을 확인한다. 4. 퀴즈 점수를 평균하고 끝마친 단원을 세어서 팀 점수를 계산한다.

예를 들어 Bennett(2006)는 문화에 의해 수정된 학습양식이 학생들 간 및 학생과 교사 간의 상호작용에 어떻게 영향을 미치는지 지적하였다. Cushner, McClelland, Safford(2008)는 어떤 하위모둠의 구성원이 되는 것이 어떻게 응집력, 친밀도, 사교성, 협동성 등을 향상시켜서 한 교실 내에서의 대인관계를 향상시키는지를 보여 주었다. Bowers와 Flinders(1991) 또한 서로 다르기는 하지만 동일하게 생산적인 학습 분위기를 만들기 위하여 소음의 수준, 교실공간의 사용, 순서 정하기, 협상 등이 사회계층과 인종 간에 어떻게 다르게 나타나는지 예를 들어 제시하였다.

제2장에서는 학생들이 사용하는 인지과정에 따라 학생들을 구별할 수 있다는 것을 배웠다. 지금까지 주로 연구되어 온 학습양식은 장 독립적인 것과 장 의존적인 것에 대한 분야이다(Irvine & York, 2001; Mshelia, 2008; Wakefield, 1996).

장 독립적인 성격과 장 의존적인 성격에 대한 연구가 협동학습과 어떤 관련이 있는지에 대한 연구는 학생들의 구조에 대한 욕구와 주로 관련이 있다. Irvine과 York(2001)는 학습기회를 극대화하기 위하여 구조를 필요로 하는 학생들의 특성을 확인하였는데, 이러한 특성들의 몇몇은 협동학습 활동을 계획하는 데 시사점을 제공하고 있다. 구조를 필요로 하는 학생들과 필요로 하지 않는 학생들의 특성은 다음과 같다.

구조를 필요로 하는 학생들(장 의존적인 학생)은

- 주의력이 산만하고 책장을 빨리 넘기기를 좋아한다.
- 새로운 시도를 꺼리고 잘못을 인정하는 것을 싫어한다.
- 질문을 많이 하지 않는 경향이 있다.
- 어떤 새로운 과제를 시작하기 전에 거듭 확인하고자 한다.
- 개념을 알기 전에 사실을 알기 원한다.
- 보통 간단히 답을 한다.

구조를 필요로 하지 않는 학생들(장 독립적인 학생)은

- 토론과 논쟁을 좋아한다.
- 되도록 선생님의 도움을 받지 않고 문제를 해결하기 원한다.
- 자세한 것이나 하나씩 일일이 따라하는 것을 싫어한다.
- 추상적이고 일반적인 개념을 편안히 받아들인다.
- 감정을 강조하고 자신에 대해 숨김없이 털어놓는다.
- 해석과 추론을 많이 하는 경향이 있다.

그들은 교사들이 학생들의 이러한 독특한 학습양식을 고려하여 협동학습 활동을 계획할 수 있다고 제안하고 있는데, 그 제안의 몇 가지를 살펴보면 다음과 같다.

구조를 보다 많이 필요로 하는 학생들에게는

- 명확하고 일관된 규칙을 적용한다.
- 구체적이고 한 단계씩 일일이 따라 하도록 유도하는 수업을 한다.
- 목표와 마감일을 간략하고 명확하게 진술한다.
- 수업 진행속도를 자주 바꾼다.
- 문제에 자주 접근한다.
- 그룹학습에서 토의로 서서히 옮긴다.

구조를 보다 덜 필요로 하는 학생들에게는

- 주제를 선택하게 한다.
- 긴 과제를 내주고 마감일을 스스로 정하게 한다.
- 교실 밖의 자원을 사용하도록 격려한다.
- 교사의 도움을 얻어 모둠과제를 해결하는 데 많은 시간을 쓰게 한다.
- 다른 학생들의 의견과 가치에 관심을 가지도록 격려한다.
- 현 과제에 이어지는 후속과제 기회를 제공한다.

교사가 방금 위에서 제시한 수업요령에 따랐을 때, 이 수업요령의 어떤 측면들이 협동학습시의 어떤 특정한 모둠과 관계가 있을 것인지에 대해서는 별로 알려진 바가 없다. 예를 들어 협동학습은 히스패닉 계통 학생들의 학교에서의 성공률

모둠작업의 모니터로서 교사가 해야 할 일은 어떤 모둠이 부가적인 자료를 필요로 하는 때를 확인하고, 모둠작업을 보다 생산적인 방향으로 재조정하며, 그 주어진 과정에 모둠 구성원들이 집중하도록 정서적인 지원을 제공하는 것이다.

을 높이는 것으로 나타나고 있다(Losey, 1995). 어떤 연구들(Jacobs, 1999; Jacobs, Power, & Loh, 2002)은 학생들을 줄을 맞추어 반듯하게 자리에 앉힌 다음 교사가 앞에 서서 일목요연하게 설명하는 수업이 가장 효과적인 수업이라는 생각을 재고하게끔 해 준다. 협동학습에 관해 쓴 책들(Jacobs, Power, & Loh, 2002; Stahl, 1994; 1995, 1996; Shlomo, 1994)에 의하면, 협동학습은 문화적 및 인종적으로 이질적인 그룹에 속하는 학생들에게 도움이 될 뿐만 아니라 일반적인 보통 학생들의 사회, 과학, 수학, 국어 등의 교과목표 달성에도 큰 도움이 된다.

현장사례 *Case History and Licensure Preparation*

백영란 선생님은 4학년 담임이다. 백 선생님 반 학생들의 평균성적은 도 평균보다 낮았다. 특히 수학에서 월등히 낮았다. 그리하여 새로 부임한 교장 선생님은 모든 선생님들에게 수학성적 향상에 신경을 쓰라는 지시를 내렸다. 이 학교에 다니는 학생들은 대부분 부모의 사회경제적 위치가 낮고 문화적 배경도 매우 다양하다. 사실 작년 한 해 동안 백 선생님은 학업지도보다는 생활지도에 더 신경을 쓸 수밖에 없는 상황이었다.

올해 백 선생님은 수학시간에 협동학습을 실시하여 성적을 향상시켜 볼 예정이다. 이를 위해 백 선생님은 모둠 편성을 하여 학생들이 어려운 문제를 푸는 데 모둠 구성원들이 협력하도록 할 예정이다. 만일 계획대로 된다면 학생들은 모둠별 협동학습을 통하여 성적이 향상될 것이다.

백 선생님은 모둠 편성이 모둠별 협동학습의 성패를 좌우한다는 것을 잘 알고 있다. 그리하여 백 선생님은 학생들의 과거 수학성적을 파악한 다음, 각 모둠에 학생들을 골고루 섞어 어떤 조가 특별히 뛰어나거나 뒤처지지 않도록 하였다. 백 선생님은 또한 각 모둠 구성원의 성비와 문화적 다양성의 비율도 고려하였을 뿐만 아니라, 평소 너무 붙어 다니는 학생들은 떼어 놓고 내성적인 학생들은 외향적인 학생들과 섞어 모둠을 편성하였다.

조별 활동을 시작하기 전, 백 선생님은 모든 학생들에게 협동학습에 대하여 가르쳤다. 협동학습에서는 공부하는 내용과 더불어 모둠 구성원들 간에 상호작용하고 돕는 과정이 매우 중요하다는 점을 강조하였다. 각 모둠의 구성원들은 서로 '대화' 하고, '참여' 하고, '존중' 해야만 한다는 점을 거듭 강조하였다.

서로 '대화' 를 잘해서 모둠의 구성원들 모두가 수학문제의 답에 도달하는 과정을 설명할 수 있어야만 한다. 정답을 얻는 것만으로는 충분하지 않다. 또한 '참여'

가 매우 중요하다. 구성원들 모두는 자기가 속한 모둠에서 적극적으로 활동해야 한다. 이 과정에서 상호간 책임감이 생기고 서로 도움을 주고받으며, 공동체 의식이 발생하고 자신감이 배가된다. 서로 '존중' 하기 위해서는 조롱하거나 비꼬는 언행을 삼가고 건설적인 말만 해야 한다. "정말 멍청한 짓을 했군." 이라고 말하기보다는 "네가 한 실수를 이해해." 라는 말이 좋다.

이와 같은 협동과정이 순조롭게 일어나도록 하기 위하여 백 선생님은 '대화—참여—존중' 이 얼마나 잘 일어났는지 그 정도에 따라 점수를 부여하였다. 백 선생님은 각 모둠을 번갈아 관찰하면서 '대화—참여—존중' 이 얼마나 잘 일어나는지를 파악하였다. 그리고 학기 시작 후 첫 몇 주 동안은 주말마다 보는 시험성적보다 '대화—참여—존중' 의 정도에 기초한 점수를 더 중요시하였다.

이처럼 철저하게 준비하여 협동학습을 실시하였건만 백영란 선생님은 윤영복 학생으로 인해 매우 실망하게 되었다. 영복이는 자신과 가장 친한 친구였던 이용주와 갑자기 사이가 나빠져 모둠활동에 참여하지 않게 되었다. 평소 조용하고 소극적이던 이희철 학생은 왠일인지 자신이 속한 모둠의 구성원들과 아주 잘 어울렸다. 그런데 희철이는 방과 후에 무엇을 할 것인지에 대하여 민정이와 함께 이야기하는 시간이 수학에 대하여 이야기하는 시간만큼이나 많았다. 그러자 공부를 아주 잘 하는 김한솔 학생이 수업이 끝난 후 백영란 선생님에게 불평을 하였다. 자신은 성적이 아주 좋은데 모둠 학생들로 인해서 성적이 자꾸 낮아져 불공평하다는 것이었다. 또한 다른 학생들에게 일일이 설명을 해 주는 일도 힘에 부친다는 것이었다. 그리하여 한솔이는 협동학습을 하는 대신 혼자 공부를 할 수는 없겠느냐고 백 선생님에게 문의하였다. 혼자 공부하면 평소처럼 A를 받을 수 있는데 왜 자신에게 협동학습을 시키느냐 하며 불만을 표시하였다.

요약

Summing up

협동의 결과물

1. 비판적 사고능력, 추리능력, 문제해결 능력 등은 다른 학생들과의 협동적인 상호작용을 하지 않는다면 전혀 불필요한 기능이다.
2. 자기주도적 학습과 협동학습은 학습과정에 학생들을 적극적으로 참여시키는 것과 보다 고차적이고 복잡한 행동유형을 촉진하는 것이라는 오늘날 교육의 공통된 목표를 가지고 있다.
3. 협동학습 활동은 학생들에게 다음과 같은 것을 함양할 수 있다.

- 학생들의 교실 밖 행동을 안내하는 태도와 가치
- 가정에서는 가르칠 수 없는, 수용될 수 있는 형태의 사회적 행동
- 대안적 관점과 객관적 견해
- 모순된 생각과 행동을 줄일 수 있는 통합된 주체성
- 고등 사고과정

협동학습 활동의 요소

4. 협동학습을 계획할 때에는 다음과 같은 사항에 대한 결정을 필요로 한다.
   - 교사-학생 상호작용
   - 학생-학생 상호작용
   - 과제 분담과 자료
   - 역할기대와 책임
5. 협동학습을 할 때 교사-학생 간 상호작용의 일차적인 목표는 독립적 사고를 촉진하는 것이다.
6. 협동학습을 할 때 학생-학생 간 상호작용의 일차적인 목표는 학생들의 적극적인 참여를 유도하고 학급 내 모든 학생들의 독립심을 북돋는 것이다.
7. 협동학습시의 과제 분담과 학습자료의 일차적인 목표는 학생들이 모둠 내에서 협동하는 활동구조를 만드는 것이다.
8. 협동학습시의 역할 배정과 책임감의 일차적인 목표는 모둠의 작업을 촉진하고 그 구성원들 간의 대화와 나눔을 촉진하는 것이다.

학급 내에서의 협동학습 과제 설정

9. 협동과제 구조를 설정하는 일은 다음과 같은 다섯 가지 단계를 포함한다.
   a. 활동목표 구체화
   b. 과제의 구조화
   c. 협동과정 교수 및 평가
   d. 모둠활동의 모니터링
   e. 요약
10. 협동활동의 목표는 다양한 형태로 나타날 수 있는데, 대체로 다음과 같은 형태를 나타난다.
    - 문서형태의 모둠보고서
    - 최종 활동 평가에서의 높은 점수
    - 모둠의 합의를 이끌어 내는 말하기 능력
    - 비판적인 문제들의 열거
    - 배정받은 독서자료에 대한 비판
    - 참고문헌 목록
11. 협동활동의 목표를 구체화할 때 교사가 책임져야 할 사항은 다음 네 가지이다.
    - 최종 결과물의 길이, 형태, 규격에 대한 명세화
    - 과거와 미래 맥락에서의 목표 설정
    - 달성해야 할 목표와 지시사항을 이해했는지의 확인
    - 경쟁보다는 협동적인 분위기 조성
12. 협동학습 과제를 구조화할 때 결정해야 할 사항은 다음과 같다.
    - 모둠 크기는 얼마로 할 것인가?
    - 모둠 구성원을 어떻게 선발할 것인가?
    - 모둠활동에 얼마나 많은 시간을 허용할 것인가?
    - 각 모둠 구성원들에게 어떤 역할을 부여할 것인가?
    - 각 개별 활동과 모둠활동에 어떤 보상을 제공할 것인가?
13. 일반적으로 최소한의 시간으로 원하는 목표에 도달할 수 있는 가장 능률적인 규모

의 모둠 크기는 4~6명이다.

14. 어떤 모둠에게 주어지는 과제가 전문적인 능력을 요구하는 것이 아니라면 모둠은 가능한 한 이질적으로 구성하는 것이 좋다. 즉, 다양한 능력을 가진 학생들이 골고루 섞이도록 모둠을 구성한다.
15. 모둠 구성원을 선발하는 방법은 다음과 같은 사항을 포함한다.
    a. 학생들에게 같이 일하고 싶은 친구가 누구인지를 적어 내도록 한다.
    b. 학생들을 모둠에 무선 할당한다.
    c. 서로 상반되는 사람들, 즉 소수 민족/다수 민족, 남자/여자, 정상아/지체부자유자 등이 의도적으로 섞이게 한다.
    d. 모둠 구성원을 선발하는 과정을 학생과 같이한다(예, 교사가 먼저 1명을 선택하면 그 선택된 학생이 다른 학생을 고른다).
16. 능동적 방관자란 그 모둠의 목표달성과는 관련 없는 말을 많이 하는 사람을 말하고, 수동적 방관자란 그 모둠의 작업에 전혀 관심이 없고 그냥 조용히 있는 학생을 가리킨다.
17. 능동적 및 수동적 방관자를 줄이는 방법에는 다음과 같은 것들이 있다.
    - 노동의 분담을 요구하는 결과물을 제시하도록 요구한다.
    - 짝을 지어서 파트너의 작업을 감독하게 한다.
    - 개인별 과제 진척도를 그래프로 그려 나타낸다.
    - 각 모둠에 제공하는 자원을 의도적으로 줄여서 학생들 간의 접촉을 촉진한다.
    - 각 모둠 내의 학생들이 분담한 작업들이 서로 연결되게 한다.
18. 총시간의 60~80%는 모둠활동에 할애하고 나머지 시간은 전체가 모여 토의하고 요약하는 데 사용한다.
19. 노동의 분담은 역할 배정으로 이루어진다. 대체로 한 모둠의 구성원들에게는 다음과 같은 역할 중 하나가 주어진다.
    - 요약자
    - 확인자
    - 조사자
    - 실행자
    - 기록자
    - 후원자
    - 관찰자/문제해결자
20. 협동학습 활동시에 활용할 수 있는 강화전략에는 다음과 같은 것들이 있다.
    - 개인 및 모둠별 점수
    - 보너스 점수
    - 사회적 책임
    - 상 또는 특권
    - 모둠 유대성
21. 협동과정을 가르치기 위해서는 학생들에게 다음과 같이 한다.
    - 자신의 생각과 느낌을 전달하는 방법을 가르친다.
    - 말을 완전하고 구체적으로 한다.
    - 음성적 메시지와 비음성적 메시지가 서로 일치하게 한다.
    - 존경과 지지의 분위기를 만든다.
    - 그 메시지가 과연 제대로 전달되었는지를 평가하는 방법을 보여 준다.
    - 다른 사람의 요점을 자신의 말로 표현하는 방법을 가르친다.
    - 화자와 청자가 서로 그 말의 의미를 정

확히 전달하고 이해하도록 하는 활동을 보여 준다.
- 적극적으로 참여하고 리더십을 발휘하도록 가르친다.

22. 모둠의 수행과정을 모니터링하는 동안 교사의 역할은 각 모둠이 제대로 하고 있는지를 파악하고, 필요할 때 모둠활동을 재지시하며, 정서적 지원과 격려를 제공하는 것이다.
23. 요약을 하는 동안 협력과정에 대해 반 전체의 피드백을 모을 수 있는 방법에는 여러 가지가 있다.
    - 협동활동 동안 각 모둠들이 어떻게 그 기능을 발휘했는지 자유롭게 말한다.
    - 절차가 향상될 수 있도록 제안들을 추출한다.
    - 미리 임명된 관찰자들의 견해를 듣는다.

모둠 중심적 협동학습 활동

24. 다음과 같은 네 가지 협동학습 활동에 대한 바람직한 결과가 나타나고 있다.
    - 성취과제 분담학습(STAD)
    - 팀 경쟁학습(TGT)
    - 직소 II
    - 팀 보조 개별학습(TAI)

토의 및 연습문제 *Discussion and Practice Questions*

1. 자기주도적 학습과 협동학습이 공유하는 두 가지 상호 보완적인 목적은 무엇인가? 협동학습의 분위기에서 자기주도적 학습이 일어나는 예를 드시오.
2. 협동학습의 다섯 가지 구체적 결과를 확인하시오. 어떤 것이 여러분의 학습에서 가장 중요한가?
3. 교실에서 협동과제 구조를 만드는 데 필요한 다섯 단계는 무엇인가? 어떤 단계를 위해서 대부분의 (1) 계획시간과 (2) 교실시간을 사용하겠는가?
4. 협동학습 활동의 끝에 교사는 어떠한 결과물이나 행동을 요구해야만 하는가? 측정이나 평가시에 어떤 결과물이나 행동이 가장 큰 도전으로 나타나겠는가?
5. 최소한의 시간 안에 특정 목표에 도달하기 위해서 협동학습 모둠의 크기는 대략 얼마나 되어야 하는가? 그 협동학습 모둠이 약간 더 작거나 커도 여전히 그 기능을 효과적으로 발휘할 수 있는 상황을 생각할 수 있는가?
6. 협동모둠의 구성원들을 선택하기 위해서 교사는 어떤 방법들을 사용할 수 있는가? 서로 다른 방법을 사용함으로써 얻는 장점에 대해 생각할 수 있는가?
7. 협동학습 활동에서 수동적 방관과 능동적 방관을 최소화하기 위한 세 가지 방법은 무엇인가? 어떤 방법이 동기화되어 있지 않은 학생을 협동활동 안으로 끌어들이는 데 가장 좋겠는가?
8. 모둠 구성원들에게 배정될 수 있는 학생 역할을 열거하시오. 그들의 책임에 대해 간략히 묘사하고 학급목표에 부합하는 부가적인 역할들도 첨가해 보시오.

9. 개인과 모둠의 작업이 하나의 점수로 결합되는 것은 언제인가? 개인의 작업과 그 개인이 각기 속해 있는 모둠의 작업을 평가하기 위한 방법은 무엇인가?
10. 협동학습 활동을 하는 동안에 모둠행동을 모니터링하고 향상시키기 위해서 취할 수 있는 세 가지 조치는 무엇인가?
11. 협동학습 활동을 마친 후에 수업을 요약하는 데 사용될 수 있는 활동은 무엇인가? 여러분은 교실에서 어떤 것을 선호하겠는가?
12. 요약의 다섯 가지 방해물은 무엇인가? 그것들 각각에 대처하는 데 필요한 여러 가지 접근방법은 무엇인가? 요약과정을 향상시키기 위해서 각 방해물에 대해 여러분이 가장 먼저 시도할 수 있는 대처법은 무엇인가?

12

이 장을 마치면 여러분은 다음 질문에 답할 수 있을 것이다.

1. 규준참조검사와 준거참조검사는 어떻게 다른가?
2. 객관식 검사 유형의 장점과 단점은 무엇인가?
3. 서답형 검사를 어떻게 공정하게 채점할 수 있는가?
4. 내가 재고자 하는 바를 검사가 측정하고 있는지 어떻게 알 수 있는가?
5. 수행평가란 무엇인가?
6. 학생들을 평가하기 위해 어떻게 포트폴리오를 사용할 수 있는가?

학생평가

사람들이 가지고 있는 아동기와 청소년기에 대한 기억에는 학교에서 시험 치르는 것과 관련된 것이 있기 마련이다. 또한 시험 치르는 것은 대학생활의 잊기 어려운 경험이기도 하다. 오랜 학교생활을 경험한 대부분의 사람들은 검사에 대하여 그리 좋지 않거나 착잡한 감정을 가지고 있을 것이다. 이 장을 통해, 당신은 검사에 대한 좋지 않은 감정을 순화시키고 검사가 교실에서 얼마나 효과적인 도구로 사용될 수 있는지 배우게 된다.

규준참조검사(규준지향검사)와 준거참조검사(준거지향검사)

학생의 발달을 평가하기 위해 어떠한 정보가 필요할 것인가? 이에 대한 답은 검사목적에 따라 달라진다. 검사로부터 얻는 정보는 크게 두 종류로 나눌 수 있다.

1. 다른 학생들과 비교하여 특정 학생의 위치나 서열을 알기 위해서는 **규준참조검사(norm-referenced test)**를 사용한다. 이러한 검사는 특정 학생의 성취를 규준집단(전체 학생을 대표하는 표본집단)의 성취와 비교하기 때문에 규준참조검사라 불린다. 학생의 성취를 동일 연령이나 동일 학년 학생들의 성취와 비교하고자 할 때는 규준참조검사의 정보가 유용하다.
2. 특정 학생의 기능 숙달 여부나 능숙 정도를 알기 위해서는 **준거참조검사(criterion-referenced test)**를 사용한다. 이러한 검사는 특정 학생의 성취를 준거(예, 75% 정답률)라고 불리는 절대적 기준과 비교하기 때문에 준거참조검사라고 불린다. 학생이 특정 기능을 습득하기 위하여 추가적인 교수가 필요한가를 결정할 때는 준거참조검사의 정보가 유용하다.

규준참조검사와 준거참조검사를 언제 사용할 것인지는 〈그림 12.1〉에 설명되어 있다. 그림에서 보는 대로, 특정한 검사를 선택하기 전에 어떠한 정보가 필요한지를 먼저 규명해야 한다.

불행하게도, 검사 전과 검사 후에 교사가 학생에 대하여 파악하는 바가 달라진 것이 거의 없는 경우가 있다. 우리는 종종 검사 점수 자체를 목적으로 생각하

그림 12.1 검사의 목적, 필요한 정보, 사용해야 하는 검사의 종류 간의 관계

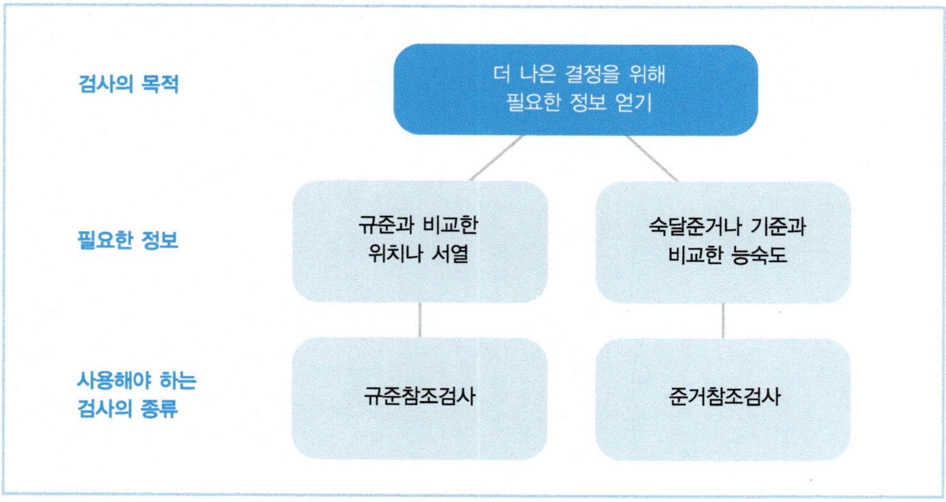

고 학생의 학습 성공과 발달을 위해 필수적인 검사 점수의 해석을 놓친다. 이 경우 교사, 학부모는 검사 자체를 비난하고 적절한 해석이 없다면 검사 데이터는 쓸모없다고 주장한다. 그러나 실제로 이러한 경우는 검사를 선택한 교사가 검사를 실시하기 전에 어떠한 정보가 필요한지를 규명하지 못했거나 혹은 목적에 알맞은 검사를 신중하게 선택하지 못한 것이 문제의 원인일 수 있다. 예로 보이는 다음의 상황은 6학년 담당 김 교사가 상담교사인 박 교사의 방문을 두드리고, 박 교사는 학생들의 자료를 점검하고 있는 장면에서 시작한다.

김 교사: 경식이에 관해 상의를 하려고 들렀습니다. 그 애는 지난 5년간 특별반에 있었고 올해는 제가 담당한 반에 있습니다. 최 선생님이 작년에 그 애를 맡았었는데 박 선생님께서 그 애의 검사결과 정보를 모두 가지고 있다고 하시더군요.

박 교사: 예, 마침 그 애의 폴더를 검토하던 중이었습니다. 경식이의 수학 백분위 점수는 6점이고 읽기 백분위 점수는 1점입니다. 가르치시려면 힘드시겠어요.

김 교사: 어이구, 정말 점수가 낮군요. 제 생각에는 그래서 그렇게 오랫동안 특별반에 있었던 것 같군요.

박 교사: 바로 그렇죠.

김 교사: 예, 예상했던 바입니다. 능숙 정도는 어떤가요?

박 교사: 무슨 말씀이신지?

김 교사: 저, 경식이의 학업 능숙 정도 말입니다.

박 교사: 아, 그 애의 학년 등급이요. 봅시다. 경식이의 수학 학년점수는 2.6이고 읽기 학년점수는 더 낮은 1.7이군요.

김 교사: 근데, 그걸 알고 싶은 것이 아닙니다. 전 그 애의 성취가 자기 학년에 훨씬 못 미친다는 것은 알고 있습니다. 전 그 애가 무엇을 할 줄 아는가에 관해서 알고 싶습니다. 특정 능력 말입니다. 예를 들어 어떤 단어를 읽을 줄 아는지, 받아내림이 있는 두 자리 수 뺄셈을 할 수 있는지, 그런 것들 말입니다.

박 교사: (약간 짜증이 섞인 목소리로) 김 선생님, 제가 말씀드린 것 외에 더 알아야 될 것이 있으신가요? 백분위 점수와 학년점수를 해석할 줄은 아시나요?

김 교사: (언짢은 목소리로) 박 선생님, 그 점수들이 무엇을 의미하는지 전 잘 알고 있습니다. 그러나 그 점수들은 경식이가 다른 학생들과 비교해

서 어느 정도인지만 보여 줍니다. 저는 그런 것에는 관심이 없어요. 저는 경식이가 할 줄 아는 것과 못하는 것이 무엇인지 알고 싶습니다. 그래야 적절한 수준에서 그 애를 가르칠 수 있으니까요.

박 교사: (고개를 저으며) 보세요. 경식이는 읽기에서는 1학년 수준이고 수학에서는 2학년 수준입니다. 됐죠?

김 교사: 그런데, 경식이의 숙달단계는 어느 정도입니까?

박 교사: 숙달이요? 그 애는 몇 년을 뒤처져 있어요. 숙달된 게 거의 없어요.

두 교사 사이에는 대화의 장벽이 있는 것처럼 보인다. 박 교사는 김 교사에게 많은 검사결과 정보를 주었지만 김 교사는 별로 얻은 것이 없어 보인다. 두 교사 모두 일종의 좌절감을 느끼고 있고 경식이에게 도움을 줄 방법이 별로 없어 보인다. 무엇이 잘못된 것인가?

이 상황에서는 박 교사가 문제인 것 같다. 김 교사는 기능의 능숙 혹은 숙달에 관하여 질문하고 있다. 〈그림 12.1〉에 의하면 김 교사는 경식이의 능숙 정도에 관한 정보에 관심이 있다. 그러나 박 교사의 답은 다른 학생들과 비교한 검사점수에 관한 것이다(즉, 다른 학생들과 비교한 경식이의 서열에 관한 정보이다). 김 교사의 질문에 관한 해답을 얻기 위해서는 경식이가 기능의 숙달 여부에 대한 판정수행기준을 통과했는지 보여 주는 검사결과가 있어야 한다.

검사결과에 경식이는 받아내림이 있는 두 자리 수 뺄셈을 할 수 있다고 명시되어 있고 80% 이상의 정답률이 숙달 여부에 대한 판정 수행기준이었다면, 김 교사는 경식이가 이러한 수학기능을 숙달했다고 말할 수 있다. 다시 말해, 경식이는 받아내림이 있는 두 자리 수 뺄셈의 80% 숙달이라는 수행기준을 통과한 것이다. 한 번 더 생각해 보자. 준거참조검사는 학생이 특정 기능을 숙달했는지의 여부를 알기 위한 검사이고, 숙달의 정의는 사전에 설정된 수행의 단계나 준거에 의해 규정된다.

그런데 박 교사가 제공한 정보는 규준적 혹은 비교적인 정보였다. 경식이의 학년점수를 가지고서 할 수 있는 결정은 경식이의 수행과 규준집단의 전형적인 혹은 평균적인 학생들의 수행을 비교한 정보에 근거한 결정으로 한정된다. 경식이의 읽기 학년점수가 1.7이라는 것은 그의 읽기능력이 1학년에서 7개월째인(통상 9월경) 평균적인 1학년 학생의 읽기능력과 동등하다는 것을 보여 준다. 학년점수를 보고는 경식이가 어떤 단어를 알고 있는지, 새로운 단어를 접했을 때 어떠한 인지과정을 사용하는지, 읽은 것을 이해하거나 새로운 단어의 의미를 배웠을 때 그것을 이해하기까지 얼마나 많은 시간이 걸리는지 등에 관한 정보는 알 길이 없다. 단지 알 수 있는 것은 그의 읽기능력이 평균적인 5학년 학생에 비해 지극히 떨어지고 학교생활을 7개월 정도 한 평균적인 1학년 학생의 능력과 동등하다는 것이다.

즉, 학년점수 혹은 규준참조검사를 통해 얻은 점수를 가지고는 비교적인 결정은 내릴 수 있지만 특정 기능의 숙달에 관한 결정은 내릴 수 없다.

규준참조검사와 준거참조검사의 비교

준거참조검사는 개별 기능에 대한 정보를 줄 수 있을 만큼 상세해야 한다. 이는 장점이자 단점이라고 할 수 있다. 개별 기능에 대한 상세한 검사를 이용하여 학생이 해당 기능을 숙달했는지의 여부를 상당 정도 확실하게 알 수 있다. 이러한 장점도 있지만 큰 단점은 보통 교실에서 가르치는 많은 기능에 대한 결정을 내리기 위해서는 많은 준거참조검사가 필요하다는 것이다.

이에 반해 규준참조검사는 한 부분에 국한되지 않는 편이다. 여러 세부 기능과 일반 기능을 한꺼번에 측정할 수 있지만 그러한 여러 기능을 철저하게 측정하는 것은 불가능하다. 따라서 규준참조검사 결과를 이용하면, 준거참조검사 결과를 이용하는 경우에 비해 학생이 해당 개별 기능을 숙달했는지의 여부를 확실하게 알 수가 없다. 반면에, 학생의 여러 기능에서의 총괄적인 능력을 판단하기 위해서는 다수의 준거참조검사 결과를 이용하는 것보다 규준참조검사 결과를 이용하는 것이 훨씬 빠르다. 이처럼 규준참조검사와 준거참조검사는 각각 상대적인 장·단점을 가지고 있기 때문에, 어느 종류의 검사가 적절한지는 상황에

적절한 검사의 종류는 검사의 목적에 따라 달라진다. 준거참조검사는 교수목표 혹은 단원내용과 관련된 세부 기능을 측정하고, 규준참조검사는 성취도나 적성의 총괄적인 영역과 관련된 기능을 측정한다.

따라 달라진다. 적절한 검사의 종류를 결정하기 위해서는 먼저 검사의 목적을 알아야 한다.

검사 청사진

제3장에서는 인지적 복잡성에 따른 여러 상이한 단계에서 목표를 진술하는 것을 언급했다. 이 장에서는 검사 청사진에 대해 살펴보기로 한다. **검사 청사진**은 검사 문항이 목표와 대응되도록 하고, 교사로 하여금 좋은 검사를 위한 필수적인 요소들을 간과하지 않도록 해 주는 역할을 한다. 자세히 말하면, 검사 청사진을 통해 검사가 (1) 수업에서 다루어진 내용영역과 (2) 교사가 중요시하는 인지적 혹은 정의적 영역에서 학습한 모든 기술과 내용의 표본을 선택하는 것을 확실하게 할 수 있다. 또한 검사 청사진을 통하면 문제해결을 위해 요구되는 인지적 복잡성의 단계가 다른 여러 문항들이 검사에 포함되는 것을 확실하게 할 수 있다(〈그림 12.2〉).

검사 청사진은 다음 절차에 따라 개발된다.

1. 시험 치를 내용에 해당되는 각 교수목표를 제3장에 기술된 행동범주에 맞게 분류한다(예를 들어, 지식, 적용 등).
2. 목표별로 행동범주의 해당 칸에 몇 개의 문항이 필요한지를 기록한다.

그림 12.2 받아내림이 없는 뺄셈단원 검사를 위한 청사진

개략적 내용	지식	이해	적용	행계	백분율
1. 뺄셈부호를 덧셈부호와 구별할 수 있다.	1			1	4%
2. 뺄셈문제를 덧셈문제와 구별할 수 있다.	2			2	8%
3. 맞게 푼 뺄셈문제를 틀리게 푼 뺄셈문제와 구별할 수 있다.		4		4	16%
4. 한 자리 수 뺄셈문제를 맞게 풀 수 있다.			6	6	24%
5. 피감수가 두 자리 수이고 감수가 한 자리 수인 뺄셈문제를 맞게 풀 수 있다.			6	6	24%
6. 두 자리 수 뺄셈문제를 맞게 풀 수 있다.			6	6	24%
열계	3	4	18	25	
백분율	12%	16%	72%		100%

3. 목표별로 기록된 문항 수를 합하여 결과를 표의 오른쪽에 있는 열계란에 기록한다.
4. 각 행동범주에 속하는 문항 수를 합하여 결과를 표의 가장 아래에 있는 열계란에 기록한다.
5. 행과 열의 합계를 전체 문항 수로 나누어 각각의 백분율을 구한다.

내용영역의 표본을 적절하게 선택하고 검사문항이 교수목표와 대응되도록 하기 위해서는 검사문항을 개발하기 전에 검사 청사진을 개발해야 한다.

객관식 검사문항

검사 청사진에 의거할 때 객관식 검사문항이 필요한 경우가 있다. 객관식 검사문항은 네 유형으로 나눌 수 있다: 진위형, 연결형, 선다형, 완성형(괄호 넣기). 평가 전문가인 Stiggins(2007)는 문항을 채점하는 방법이 객관적인 것이지 문항을 측정하는 내용이 객관적인 것이 아니라는 점을 강조하기 위해 객관식 문항이라는 말보다는 선택형 문항이라는 말을 선호한다. 여기서는 효과적인 객관식 혹은 선택형 문항을 위해 필요한 문항 특성을 문항 유형별로 살펴보고자 한다.

검사 청사진을 완성한 후에는 검사에 어떠한 문항 유형 혹은 문항 유형의 조합을 사용할 것인지 결정해야 한다. 목표가 어떻게 기술되어 있느냐에 따라 사용할 수 있는 문항 유형이 결정되는 경우도 있다. 그러나 대부분의 경우는 여러 문항 유형 중 선택을 하게 된다. 예를 들어 다음의 객관식 문항 유형을 살펴보자.

진위형

진위형은 만들기가 쉽고 빠르다는(혹은 그렇게 보인다는) 이유로 흔히 사용되는 유형이다. 실제로 다른 유형의 양질의 객관식 문항보다 만드는 데 걸리는 시간은 적게 든다. 그러나 양질의 진위형 문항을 만드는 것은 그리 쉽지 않다.

경험상으로 알 수 있듯이, 모든 진위형 문항은 질의 여하를 막론하고, 추측으로 맞출 수 있는 확률이 50%이다(심지어 문제를 읽지 않아도 상관없다). 다시 말하자면, 50개의 진위형 문항으로 이루어진 검사에서, 측정하고자 하는 내용을 전혀 모르는 학생도 약 25개의 문항을 맞출 수 있는 것이다. 다행스럽게도, 이러한 추측의 영향력을 줄이는 방법이 있다.

1. 모든 학생들에게 답을 알 수 없을 때는 추측을 하도록 권장한다. 어떠한 방

법을 사용한다 해도 학생들이 추측을 하는 것을 막을 수는 없다. 따라서 모든 학생들에게 추측하도록 권장하는 것이 추측의 영향력을 균등하게 할 수 있다. 각 학생의 진짜 능력과 (모든 학생들에게) 동일한 추측 요소가 검사 점수에 영향을 끼치게 된다. 이 방법은 검사요령이 뛰어난 학생이 그렇지 못한 학생에 비해 상대적으로 얻게 되는 불공정한 이득을 방지하는 역할도 한다.

2. 거짓인 진술을 수정하게 한다. 이 방법을 사용하기 위해서는 각 문항의 마지막에 공간을 주고 학생으로 하여금 거짓인 문항이 참이 되도록 바꾸도록 한다. 보통, 학생들로 하여금 문항의 틀린 부분에 밑줄을 긋거나 동그라미를 하게 하고 맞는 말을 적게 하는 방법을 사용한다. 예를 들어

참 거짓 IQ가 높은 학생은 언제나 학교에서 높은 성적을 받는다.
일반적으로

참 거짓 제주도는 한국의 북쪽 지역에 위치한 섬이다.
남쪽

참 거짓 윤년에는 8월에 하루가 더 늘어난다.
2월

이러한 방법에서는 수정한 것이 맞아야만 만점을 받을 수 있다. 이 방법의 약점은 동일한 수의 문항을 치를 때 검사시간이 길어질 뿐만 아니라 채점시간도 길어진다는 것이다.

진위형 문항 개발을 위한 제안사항

1. 검사 시작 전에 참, 거짓을 어떻게 표시하는지 학생들에게 정확히 알려 준다(예, "참 혹은 거짓에 밑줄을 긋거나 동그라미 하시오."). 또한 이러한 지시사항을 검사지 첫 장의 맨 위에 적는다.
2. 진술이 조건 없는 절대적인 참 혹은 거짓이 되도록 한다. 특정 자료에 의거하여 문항이 참이거나 거짓이 될 때는 문항에 그 자료의 출처를 명시한다: "2005년 통계청의 자료에 의하면, 노동시간이 권장기준을 초과했다."
3. 참인 진술과 거짓인 진술의 길이를 가능한 한 비슷하게 유지하고, 참인 문항과 거짓인 문항의 수가 엇비슷하도록 한다.
4. 이중부정이 사용된 진술은 피한다. 이러한 진술은 해독하는 데 시간이 많이 걸리고 이해하기가 힘들다. 예를 들어 다음과 같은 진술은 피해야 한다: "콩나물을 기를 때 햇빛을 차단하는 것은 좋지 않다."

5. 막연한 정도를 나타내는 용어(예, 큰, 오랫동안, 정기적으로) 혹은 절대적인 의미를 가진 용어(예, 절대로, 오로지, 언제나)의 사용을 피한다. 검사요령이 뛰어난 학생은 그러한 애매한 의미의 용어들을 바로 눈여겨보고 '거짓'을 선택한다.
6. 학생들이 간파할 수 없도록 정답의 패턴이 고정되지 않도록 한다(고정된 패턴의 예, 참-참-거짓-거짓, 참-거짓-참-거짓).
7. 교과서에 있는 진술을 그대로 사용하는 경우에는 문항의 문맥상에서 묻고자 하는 바가 올바로 해석되는지를 확인해야 한다.

연결형

진위형과 마찬가지로 연결형은 편리하고 흔하게 사용되는 문항 유형이다. 그러나 양질의 진위형과 마찬가지로 양질의 연결형 문항을 만드는 것 또한 쉽지 않다. 다음과 같은 연결형 문항을 살펴보자.

지시문: A와 B를 연결하시오.

A열	**B열**
1. 코스모스	a. 봄에 씨를 뿌려 여름이나 가을에 꽃을 피운다.
2. 고무나무	b. 잎의 아름다운 색깔이나 모양을 관상한다.
3. 접시꽃	c. 해마다 잎과 줄기는 고사해도 뿌리가 말라죽지 않고 월동을 한다.
4. 당근	d. 뿌리를 주로 이용하는 채소다.
5. 고추	e. 열매를 주로 이용하는 채소다.
6. 상추	f. 잎과 줄기를 주로 이용하는 채소다.
7. 시금치	g. 비타민, 무기질이 풍부한 알칼리성 식품이다.

어떤 문제점을 발견했는가? 발견한 문제점을 아래에 기술된 결함과 비교해 보자.

동질성 목록의 내용이 동질적이지 않다. A열의 이름은 꽃, 나무, 채소의 이름이다. 관련되어 하나의 세트로 교수되지 않았다면, 이 문항은 너무 광범위하게 여러 가지를 물어 보는 문항이다.

목록의 순서 목록이 반대로 되어 있다. A열 목록과 B열 목록의 순서가 바뀌어야 한다. 현재 상태에서 시험을 치르는 학생은 이름 하나를 읽고 그에 대한 답을 연결하기 위해서는 여러 개의 훨씬 긴 설명을 읽어야만 한다. 이는 굉장히 시간이 많이 걸리는 과정이다. A열을 선택목록, B열을 설명목록이라고 할 때, 선택목록을 나열할 때는 무언가 순서를 부여하는 것이 좋다(예, 시대순, 번호순, 가나다순). 이렇게 하면 학생들이 문항을 푸는 데 걸리는 시간을 절약해 줄 수 있다.

쉬운 추측 자세히 보면, 선택목록 내용과 설명목록 내용의 수가 동일한 것을 알 수 있다. 이는 삭제과정을 통하여 정답을 추측해 낼 수 있는 가능성을 높여 준다. 만약 선택목록보다 설명목록 내용 수가 3개 더 많다면, 정답을 추측할 수 있는 경우는 네 번 중 한 번으로 줄어 든다.

서툰 지시문 지시문이 너무 짧다. 지시문은 선택과 설명을 어떻게 연결해야 하는가를 자세히 보여 주어야 한다.

> *지시문:* A열은 채소의 이용에 대한 간략한 설명이고, B열은 채소의 이름이다. 채소의 이용에 해당되는 채소의 이름을 찾고, A열의 각 설명에 해당하는 채소의 이름을 B열에서 찾아, A열 숫자 왼쪽에 해당되는 채소 이름의 기호를 적으시오.

복수 개의 정답 "비타민, 무기질이 풍부한 알칼리성 식품이다."라는 설명은 선택 가능한 경우가 네 가지나 된다: 당근, 고추, 상추, 시금치. 보다 나은 연결형 문항의 예는 다음과 같다.

> *지시문:* A열은 채소의 재배방법에 대한 간략한 설명이다. 각 설명에 해당되는 채소의 이름을 B열에서 찾고, A열의 숫자 왼쪽에 B열에 해당되는 기호를 적으시오. 각 채소 이름은 한 번만 사용할 수 있다.

A열	**B열**
1. 양액을 만드는 데 적은 비용이 들고 가꾸기 쉽다.	a. 당근
2. 재배상 깊이가 깊어야 하므로 수경재배가 어렵다.	b. 상추
3. 산소가 부족하면 뿌리가 갈색으로 변한다.	c. 수박
	d. 칸나
	e. 비모란
	f. 콩나물

살펴보면, 지시문이 자세하고, 선택목록 수가 설명목록 수보다 많고, 목록의

내용이 동질적이고(A열 목록의 내용은 모두 채소 재배방법에 관한 것이고, B열 목록의 내용은 모두 식물의 이름에 관한 것이다), 각 문제에 대한 정답이 명백함을 알 수 있다.

연결형 문항 개발을 위한 권장사항

1. 선택목록과 설명목록을 길지 않게 하고 동질적이 되도록 한다. 같은 쪽에 모두 들어가도록 한다. 목록에 이름을 붙이는 것(예, A열, B열)이 동질성을 확보하는 데 도움이 된다.
2. 선택목록의 모든 내용은 설명목록의 모든 내용에 그럴듯한 오답이 될 수 있어야 한다. 이는 목록의 동질성을 확보하는 데 도움이 된다.
3. 설명목록은 상대적으로 긴 구나 진술로 이루어지고, 선택목록은 짧은 구, 단어, 기호로 이루어진다.
4. 설명목록에는 숫자를 붙이고, 선택목록에는 기호를 붙인다.
5. 설명목록보다 선택목록 내용의 수를 많게 하거나 하나의 선택이 두 개 이상의 설명에 연결되도록 한다. 두 방법을 함께 사용할 수도 있다.
6. 지시문에 어떠한 근거로 연결을 시키는지와 하나의 선택이 두 개 이상의 설명에 연결될 수 있는지의 여부를 명시한다.

선다형

선다형 문항도 흔히 사용되는 유형이다. 선다형은 초등학교보다는 중등학교 및 대학교에서 더 흔하게 사용되는 유형이다. 선다형 문항은 고차원적 인지목표를 측정할 수 있기 때문에 객관식 문항 중에서 특별하다고 할 수 있다. 선다형 문항을 개발할 때는 다음과 같은 식으로 단서를 제공하여 학생들에게 무심코 답을 가르쳐 줄 수 있기 때문에 주의해야 한다.

지문 단서 선다형 문항의 진술부분은 지문이라고 불리고, 선택답안은 답지라고 불린다. 지문 단서는 동일한 용어 혹은 비슷한 뜻을 가진 용어가 지문과 답지에 동시에 있어서 학생에게 정답에 대한 단서를 제공하는 경우를 말한다. 예를 들어

- 우리 조상들이 비의 양을 측정하기 위해 만들어 사용한 기구는?

  ① 수표
  ② 측우기
  ③ 혼천의

④ 앙부일귀

이 문항에서 지문의 '비'와 '측정'이라는 말은 답지 ②의 측우라는 말을 풀어 쓴 것과 마찬가지이다. 시험 경험이 많은 학생은 물어 보는 내용을 알지 못하여도 맞출 가능성이 매우 높다.

문법적 단서 다음 문항을 보자.

- 불쾌지수는 기온과 습도 그리고 ___________과 일사량에 관련해서 사람이 느끼는 불쾌감을 지수로 나타낸 것이다.
  ① 날씨
  ② 풍속
  ③ 강수
  ④ 기후

대부분의 학생은 지문의 쉬운 문법적 단서를 발견할 것이다. '과' 때문에 날씨, 강수, 기후가 답이 될 수 없다는 것이고, 오직 ②번 답지만이 정답이 될 수 있다. 이러한 문법적 단서를 없애는 방법은 '과' 대신에 '과/와'를 사용하는 것이다. 비슷한 예로 '을/를', '은/는' 등을 들 수 있다. 혹은 다음 예처럼 이러한 것들을 답지에 포함시켜 기술할 수도 있다.

- ___________우리 조상들이 겨울철에 즐겨 먹었던 우리나라 전통음식이다.
  ① 쑥떡은
  ② 수단은
  ③ 송편은
  ④ 신선로는

용어 반복/상이한 답지 길이 다음 문항은 선다형 문항 개발에서 가장 일어나기 쉬운 두 가지 잘못을 보여 주고 있다.

- 도시에 관한 설명으로 바른 것은?
  ① 도시는 인구밀도가 낮다.
  ② 도시는 농업을 중심으로 한다.
  ③ 도시는 주변지역에 경제 및 행정 · 문화 · 교통망 · 편의시설 따위의 중심지 기능을 수행한다.
  ④ 도시는 주로 급경사지에 입지한다.

- '도시는' 이라는 말이 모든 답지에 포함되어 있다. 생략하는 것이 공간과 시간을 절약할 수 있다. 두 번째로 답지의 길이로 인해 정답을 쉽게 찾을 수 있다. 선다형 문항을 개발할 때는 오답보다 정답에 많은 정보를 포함시키려고 하는 경향이 생긴다. 시험 치르는 요령이 많은 학생은 긴 답지가 정답이 되는 경우가 많다는 것을 알고 있다. 정답이 오답보다 1.5배 이상 길게 되지 않도록 해야 한다.

모두 맞음/답 없음 결론적으로 말하자면, '답 없음' 은 알뜰하게 사용한다. 명확한 정답지가 없는 경우에만 '답 없음' 을 사용하는 교사가 있다면, 학생들은 이러한 습관을 눈치채게 되고 곧 물어 보는 내용을 전혀 모르고도 '답 없음' 이 정답이라고 추측하게 된다. 또한 '①과 ②' 혹은 '②와 ③' 같은 답지를 사용하는 것이 정당화될 수 있는 경우가 있다. 그러나 마찬가지로 그러한 경우의 답지도 알뜰하게 사용해야 한다. 왜냐하면 답지들 간에 비일관성이 생기기가 매우 쉽고(예, 특정 답지가 다른 답지에 비해 여러 번 사용됨) 그런 경우 정답을 알지 못하더라도 답지 배열의 논리성을 분석하여 답을 찾을 수 있다. '모두 맞음' 은 사용하지 말아야 한다.

고등 인지능력을 측정하는 선다형 문항

양질의 선다형 문항을 개발하는 것은 객관식 검사문항 중에서 가장 시간이 많이 걸린다. 불행하게도 대부분의 선다형 문항은 교육목표 분류체계상의 지식수준을 묻는 문항이다. 문항 개발의 경험이 부족한 교사는 지식수준을 묻도록 문항을 만드는 경향이 있다. 그러나 교사는 보다 높은 수준의 인지적 목표를 측정하는 선다형 문항을 개발해야 한다.

먼저, 이해, 적용, 분석, 평가 능력을 측정하는 목표를 개발한다. 이렇게 함으로써 문항들이 지식보다 높은 수준을 묻도록 확실하게 할 수 있다. 고등 사고능력과 문제해결 능력의 예는 제3장을 참조한다. 다음은 고등 인지능력을 측정하는 선다형 문항이 보다 참성(authenticity)을 가지도록 하기 위한 제안사항이다.

응답의 이유를 알아볼 수 있는 근거의 제시 선다형 문항의 마지막 부분에 특정 답을 선택한 이유에 대한 상세한 설명을 요구한다. 다음 예를 보자.

> *지시문:* 가장 적절한 답을 고르시오. 그리고 아래에 당신이 왜 그 답을 선택했는지 이유를 제시하시오.

- 다음 중 균형 잡힌 식단의 가장 주요한 기능은?
  ① 질병을 치료한다.
  ② 지적 능력을 향상시킨다.
  ③ 정신적 건강을 증진시킨다.
  ④ 육체적 건강을 증진시킨다.

답을 선택한 이유를 제시하시오.

사진, 그래프, 표를 사용 사진, 그림, 그래프, 표는 학생으로 하여금 적어도 교육목표 분류체계상의 적용능력을 요구하며 경우에 따라서는 보다 고차원적인 인지능력을 수반하기도 한다. 또한 그러한 것들을 사용하게 되면 많은 경우 고등 인지능력을 측정하는 선다형 문항을 여러 개 만들 수 있다. 다음은 〈그림 12.3〉에 연관된 두 개의 문항이다.

지시문: 다음 〈그림 12.3〉은 우리나라의 지체구조를 나타낸 것이다. 지도를 보고 물음에 답하시오.

그림 12.3 우리나라의 지체구조

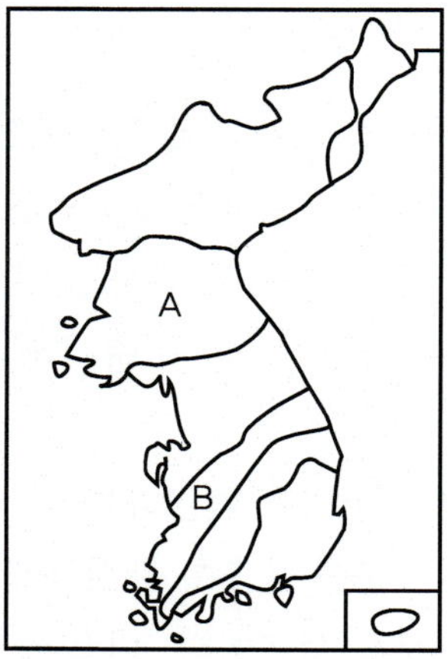

- 위 지도의 빗금 친 지역에서 보이는 지체구조에 대한 설명으로 옳은 것은?
  ① 중생대 이후에 형성된 지체구조를 가지고 있다.
  ② 중생대에 살았던 공룡 발자국의 흔적을 많이 볼 수 있다.
  ③ 편마암과 화강암으로 이루어져 있는 안정육괴에 해당하는 부분이다.
  ④ 오래된 육괴들 사이의 저지대로 바다에 잠기거나 넓은 호수를 이루고

있던 곳이다.

- 위의 지도에서 'A, B'로 표현된 구조에서 주로 생산되는 지하자원을 바르게 묶은 것은?

	A	B
①	석회암	무연탄
②	석유	갈탄
③	무연탄	석회암
④	석유	철광석

용어 간의 관계를 물어 보기 위해 유사 관계를 사용 유사 관계를 사용한 문항에 정답을 하기 위해서는 학생은 용어 자체의 뜻뿐만 아니라 용어들이 서로 어떻게 연관되는지를 이해해야만 한다. 예를 들어

- 내가 병이 나면 병원에 가고, 강아지가 병이 나면 ________ 간다.
  ① 미용실에
  ② 도서관에
  ③ 슈퍼마켓에
  ④ 가축병원에

원리 혹은 절차의 적용을 요구 원리 혹은 절차가 함축하고 있는 바를 학생이 알고 있는지를 검사하기 위해서는 새로운 정보를 주고 원리 혹은 절차를 사용하게 하거나, 새로운 방식으로 원리 혹은 절차를 사용하게 한다. 문제를 해결하기 위해서는 단지 정해진 절차를 그대로 따르는 것 이상이 필요하다. 즉, 원리 혹은 절차를 처음 배운 맥락에서 벗어나 다른 맥락에서 사용할 줄 아는 능력이 필요하다. 다음은 비율 계산을 배운 후 치르게 되는 문항이다.

서울에서 전주까지 차를 운전하고 가려고 한다. 두 도시 간 거리는 약 200km이다. 당신이 운전하는 자동차는 고속도로에서 1리터당 10km를 달릴 수 있다.

- 서울에서 전주까지 여행하려면 휘발유가 몇 리터나 필요한가?
  ① 10
  ② 15
  ③ 20
  ④ 25

- 출발하기 전에 자동차의 총 25리터 용량의 기름탱크를 가득 채웠다면 여행을 마친 후 기름이 얼마나 남을 것인가?
  ① 4
  ② 5
  ③ 6
  ④ 7

- 만약 운전하는 자동차가 고속도로에서 1리터당 12km를 달릴 수 있다면, 전주에 도착한 후 고속도로에서 얼마나 더 달릴 수 있는가?
  ① 50km
  ② 100km
  ③ 150km
  ④ 200km

선다형 문항 개발을 위한 권장사항

1. 정답 혹은 명확한 최선답이 하나만 있도록 한다.
2. 모든 오답이 그럴듯해야 한다. 고의가 아닌 문법적 단서를 없애고, 답지의 길이와 형태를 동일하게 유지한다. 정답 번호가 일정 번호에 치우치지 않도록 하고, 정답 번호가 일정 패턴을 유지하지 않고 무작위 순서에 의하도록 한다.
3. 문항에서 꼭 필요한 경우가 아니면 부정문으로 물어 보는 것을 삼간다. 대부분의 경우 옳은 답이 무엇인지를 파악하는 능력이 옳지 않은 답이 무엇인지를 파악하는 능력보다 중요하다.
4. 추측의 영향력을 막기 위해서는 3~5개의 답지를 포함한다(하나의 정답지와 2~4개의 오답지). 모든 문항들이 동일한 수의 답지를 가지도록 하기 위하여 특정 문항에 불필요한 오답지를 추가하는 것은 바람직하지 않다.
5. '답 없음' 답지는 알뜰하게 사용한다. 반드시 모든 답지들이 명료하게 오답일 경우에만 사용한다.
6. '모두 맞음' 답지는 사용하지 않는다. 대부분 '모두 맞음' 답지는 정답이 되고 부분적으로 알고 있는 학생이 정답을 찾기가 매우 쉬워진다.

완성형

보통 초등학교 교실에서 학생들이 처음 치르는 검사는 완성형 검사일 것이다. 다른 검사 유형과 마찬가지로, 양질의 완성형 문항과 그렇지 못한 완성형 문항이 존재한다.

완성형 문항 개발을 위한 권장사항

1. 한 단어 혹은 짧고 한정적인 진술을 요구하도록 한다. 막연한 문항에는 논리적 정답이 여러 개 나올 수 있다.

   나쁜 문항: 제2차 세계대전이 끝난 때는 ________이다.
   좋은 문항: 제2차 세계대전이 끝난 연도는 ________이다.

2. 문항이 물어 보는 것이 명료해야 한다. 직접적으로 물어 보는 것이 불완전한 진술보다 바람직하다. 직접적인 질문에서 무엇을 답해야 하는지가 보다 명료해지기 때문이다.

   나쁜 문항: 윗글의 주인공에 관해서 어떻게 생각하는가?
   좋은 문항: 윗글의 주인공은 ________이다.

3. 문항의 정답이 실제로 참이어야 한다. 묻고자 하는 개념이나 사실과 연관되도록 정확하게 문항을 진술한다. 예를 들어 문항의 답을 교과서, 워크북, 노트에 필기한 것에서 찾을 수 있어야 한다.
4. 주요한 단어만 삭제해야 한다. 너무 많은 부분을 삭제하면 내용의 의미가 손상된다.

   나쁜 문항: 선다형 문항의 채점은 일반적으로 ________ 문항의 채점보다 ________이다.
   좋은 문항: 선다형 문항의 채점은 일반적으로 ________ 문항의 채점보다 객관적이다.

5. 가능하면 빈칸(혹은 괄호)이 끝에 오도록 진술한다. 이렇게 하는 것이 어색한 문장을 방지하는 데 도움이 된다.
6. 계산을 요구하는 문항이라면 사용되는 단위를 지시한다(예, 원, 시간, 리터).

객관식 문항 유형의 장점과 단점

지금까지 본 객관식 문항 유형의 장점과 단점은 〈표 12.1〉에 요약되어 있다.

서답형 검사문항

여기서는 서답형 문항이 무엇인지를 설명하고, 대표적인 두 서답형 문항 유형을 살펴보고, 서답형 문항을 만들기 위한 권장사항을 보이고자 한다. 서답형 검사에서 학생은 정답을 고르지 않고 답을 서술해야만 한다. 학생은 다양한 응답이 정답이 될 수 있는 문항에 대해 응답을 직접 구성해야 한다(또한 응답은 많은 경우 매우 길다). 대부분의 경우 그러한 응답의 정확성과 질은 교과영역 전문가만이 판정할 수 있다. 서답형 문항은 중학교와 고등학교에서는 지필식 형태로 치러진다. 그러나 초등학교 저학년에서는 구술형태로 묻고 답하는 것도 가능하다. 특히 학생들이 글을 읽고 쓰는 능력이 충분히 길러지지 않았을 때는 구술형태가 권장된다.

객관식 문항과 마찬가지로, 좋은 서답형 문항과 나쁜 서답형 문항이 존재한다. 양질의 서답형 문항은 학생으로 하여금 지식을 조직하고 통합하고 종합하게 한다. 또한 처음 보는 문제를 풀기 위해 정보를 사용하게 하거나, 문제해결을 위해 독창적이고 혁신적이 되도록 함으로써 복잡한 인지적 기능을 측정한다. 나쁜 서답형 문항은 학생에게 교과서에 있거나 수업에서 배운 그대로의 정보를 기억해 내도록 요구한다. 보다 더 나쁜 서답형 문항은 학생에게 문항을 맞추기 위해서 무엇을 해야 하는지 자체를 알려주지 않는다. 두 종류의 서답형 문항이 사용된다: 응답 비제한형과 응답 제한형 서답형 문항.

응답 비제한형

학생이 응답의 길이와 복잡성을 결정하는 문항을 응답 비제한 서답형 문항이라고 한다. 이 유형의 문항은 분석, 종합, 평가 수준의 지적 복잡성을 측정하는 데 유용하지만, 응답 분량과 응답을 조직하고 작성하는 데 소요되는 시간 때문에 대부분의 경우 여러 날이 소요되는 학기말 리포트나 집에서 풀어 오는 검사문항으로 더 적합하다. 또한 응답의 분량과 길이 덕분에 이 유형의 문항은 성취도뿐만 아니라 의사소통 능력을 평가하는 데도 유용하다. 예를 들어

- 오목렌즈와 볼록렌즈가 실생활에서 이용되는 예를 조사하고, 그 렌즈가 사용된 이유를 쓰시오.

표 12.1 객관식 문항 유형의 장단점

장점	단점
진위형	
• 짧은 편이다. 따라서 다른 유형에 비해 많은 부분을 망라할 수 있다. 넓은 영역을 망라해야 할 때는 진위형을 사용한다. • 빨리 만들 수 있다(그러나 문맥이 맞지 않게 교과서에 있는 진술을 그대로 사용하거나 살짝 수정하여 사용하는 것은 피해야 한다). • 채점이 용이하다(요령: 학생이 쓴 것은 알아보기 힘드므로 학생에게 '참', '거짓'에 동그라미 하게 한다).	• 단순암기식 지식을 강조하는 경향이 있다(물론 고등사고능력을 요하는 문항도 진위형으로 물어 볼 수 있다). • 명료하게 참 혹은 거짓이어야 한다(교사의 기준 내에서 학생에게 진술의 참성을 평가하게 하는 것은 공정하지 못하다). • 과도한 추측을 허용하고 때로는 조장하기도 한다(일반적으로 문항 수가 많은 것이 추측의 영향력을 상쇄하는 효력을 가진다).
연결형	
• 만들고 채점하기가 간편하다. • 사실들 간의 연관을 측정하는 데 적합하다. • 연관을 측정하는 데 있어 답지를 반복해야 할 필요가 없기 때문에 선다형 문항보다 효율적이다. • 추측의 영향력을 줄일 수 있다.	• 그리 중요하지 않은 내용을 묻는 경향이 있다. • 암기를 강조한다. • 대부분 많이 사용되는 OMR 답안지는 답지란이 5개로 제한되어 있어서 연결형 문항의 목록 수에 제한이 있다.
선다형	
• 지식에서 평가까지 여러 수준의 목표를 측정할 수 있는 융통성이 있다. • 채점이 매우 객관적이다. 단지 정답의 개수만 세면 된다. • 학생으로 하여금 답지들의 맞음 정도를 구분하도록 하는 최선답형 문항을 사용할 수 있다. 진위형 문항에서처럼 절대적 참이 되지 않아도 된다. • 추측의 영향력이 줄어든다. • 통계적 분석이 용이하다. 따라서 문항이 모호한지 혹은 너무 어려운지를 점검할 수 있다.	• 문항을 만드는 데 많은 시간이 걸린다. • 정답이 복수 개가 되지 않도록 각별한 주의가 필요하다.
완성형	
• 문항 개발이 용이하다. • 구체적인 답을 적어야 하므로 추측이 줄어든다. • 문항을 푸는 데 걸리는 시간이 선다형보다 짧으므로 보다 많은 영역을 망라할 수 있다.	• 고차원적이지 못한 반응을 조장한다. • 채점하기가 어렵다(지문이 너무 특정적이면 정답에 대한 단서를 제공하기가 쉽고, 지문이 너무 일반적이면 가능 정답이 복수일 수 있다). • 특히 답이 짧은 경우에 고차원적 능력이 아니라 특정 사실, 명칭, 장소, 사건의 암기능력을 측정하는 경향이 있다.

*Kubiszyn and Borich, 2010, Chapter 10 참고.

- 당신이 만일 우리나라 대통령이라면 남북정상 회담에서 남북한의 통일을 위해 어떤 이야기를 하고 싶은지 쓰시오.

위의 문항에 답을 할 때 학생들은 매우 자유롭게 응답 내용을 조직하고 응답의 분량을 결정할 수 있다.

응답 제한형

학생이 필요한 정보를 떠올리고, 적합한 방식으로 조직하고, 타당한 결론을 도출하고, 특정 기준에 맞추어 응답을 서술해야 하는 서답형 문항을 응답 제한 서답형 문항이라고 한다(Borich & Tombari, 2004; Kubiszyn & Borich, 2010). 응답 제한형 문항은 지필형태로 제시되지만 초등학교 저학년에게는 구두로 제시되어도 무방하다. 구두로 답변을 한다면 일, 이분이 소요되며 지필로 답변을 한다면 한, 두 단락이 된다. 문항이 구두로 주어지든지 혹은 지필형태로 주어지든지, 문항의 진술에는 학생의 응답에 지침이 되는 상세한 응답 제한사항과 채점을 위한 준거가 포함되어야 한다. 예를 들어 다음 응답 제한 문항은 학생의 이해 정도를 알아보기 위해 구두로 혹은 지필 형태로 제시될 수 있다.

- 당신 자신의 말로, 도시지역과 촌락지역을 비교하시오.
- 오목렌즈와 볼록렌즈의 차이를 비교하고 각각이 실생활에서 사용되는 예를 제시하시오.

학생들이 '오목렌즈'와 '볼록렌즈'의 특성을 단순 암기한 것이 아니라 이해하고 있다는 것을 보여 주기 위해서는 먼저, 책이나 칠판에서 그대로 암기한 내용이 아니라 자신의 말로 두 렌즈의 차이를 진술할 수 있어야 하며, 또한 생활 주변에서 볼 수 있는 예를 제시할 수 있어야 한다.

언제 서답형 문항을 사용해야 하는가?

어떠한 문항 유형을 사용해야 하는가는 검사상황에 따라 달라진다. 그러나 서답형 문항을 사용하는 것이 적합한 경우가 있다. 예를 들어

1. 교수목표가 고차적 인지과정을 지정하고 있는 경우로서, 이러한 교수목표는 단순히 정보를 인식하는 것이 아니라 정보를 구성하는 것을 요구한다. 고차적 인지과정은 대부분 객관식 문항으로 측정하기가 매우 힘들다.

2. 소수의 고등 사고능력 교수목표를 시험 치르는 경우이다. 시간 제약으로 인해 많은 수의 서답형 문항을 채점하기는 힘들다. 반 학생이 30명이고 6개의 응답 비제한형 서답형 문항으로 된 검사를 치렀다면, 교사는 채점하는 데 엄청난 시간을 사용할 것이다. 고등 사고능력을 요구하는 학습목표에만 서답형 문항을 사용한다. 그리고/혹은 객관식 문항과 함께 1개 혹은 2개의 서답형 문항을 사용한다.
3. 검사 보안이 중요한 경우이다. 검사문항이 다음 학년도 혹은 학기 학생들에게 전달될 우려가 있을 때는 서답형 문항을 사용하는 것이 좋다. 일반적으로, 양질의 서답형 검사를 만드는 것은 양질의 객관식 검사를 만드는 것보다 시간이 덜 걸린다. 응답 제한형 문제를 구두로 제시하는 경우에는, 미리 학생별로 개별 질문을 준비하거나 혹은 다른 학생의 답변에 도움을 주는 학생에게 점수를 주어야 한다.

다음은 서답형 문항을 사용할 수 있는 (학습결과로서의) 기능과 해당 기능을 평가하기 위해 사용할 수 있는 응답 비제한형 및 제한형 문제들이다.

- *관계 분석하기:* 푸른색과 회색은 낮은 온도와 연관된다. 그 외에 낮은 온도와 연관되는 색깔은? 당신이 그림을 그릴 때 이러한 색깔들은 그림에 어떠한 효과를 미치는가?
- *입장을 비교하고 대조하기:* 당신이 읽은 이야기에 등장하는 두 인물의 성격을 비교하고 대조하여, 왜 이야기 속 상황에서 두 등장인물이 다르게 반응을 보였는지 기술하시오.
- *필요한 가정 진술하기:* 콜롬부스가 아메리카 대륙에 상륙했을 때 그는 그가 발견한 땅이 어디라고 추측했는가? 그의 추측은 옳았는가?
- *적절한 결론 확인하기:* 집 근처에 쓰레기 매립장을 건설하는 것에 대한 찬성과 반대의 이유를 제시하시오.
- *인과관계 설명하기:* 1950년에 한국전쟁이 발생한 원인이 무엇인지 서술하시오.
- *예측하기:* 구름 관찰을 통해 다가오는 폭풍에 관해 어떠한 예측을 할 수 있는지 기술하시오. 구름을 보고 어떻게 비를 예측할 수 있는지 기술하시오.
- *관점을 뒷받침하기 위한 자료 조직하기:* 작년 한 해의 월별 주택 건설 수와 자동차 구입 대수 자료가 제공되었다. 경제가 나아지고 있는지 나빠지고 있는지 판단하고 주어진 자료를 활용하여 자신의 판단을 뒷받침하시오.
- *장 · 단점 지적하기:* 다음의 악기들을 군악대에서 사용하면 어떠한 장점

혹은 단점이 있는지 적으시오: 오보에, 트럼펫, 튜바, 바이올린.

- *여러 출처로부터의 자료 통합하기:* 9명의 친구들과 함께 당신 생일 파티를 하고 있다고 상상해 보자. 피자 두 판을 시켜서 각각 네 조각으로 나누었다. 어떠한 문제가 발생하는가? 모두가 피자를 먹으려면 어떠한 방법을 사용해야 하는가?
- *항목, 산출물, 행동의 질이나 가치 평가하기:* 기초식품군으로부터 균형 잡힌 식단을 선택하기 위해서는 어떠한 것들을 고려해야 하는가?

서답형 문항의 개발과 사용을 위한 권장사항

1. 문항 개발을 시작하기 전에 학생으로 하여금 어떠한 정신작용을 사용하기를 원하는지 확실히 한다. 제3장에서 예시된 동사들을 참고한다.

   나쁜 문항: 다음에 나오는 지역자치단체장의 연설내용을 비판하시오.
   좋은 문항: 다음의 지역자치단체장의 연설에 주의를 기울이시오. 환경오염에 관한 부분에 집중하고, 사실의 진술과 자신의 의견을 구분하시오. 각 진술을 나열하고, 각 진술에 이름을 붙이고, 각 진술이 지역자치단체장의 전반적 정책과 일치하는지 그렇지 않은지를 지적하시오.

2. 학생이 수행해야 할 과제가 모호하지 않고 명료하게 드러나도록 문항을 만든다. 과제에 관한 설명은 (1) 검사문항 전에 있는 전반적 지시문과 (2) 문항 자체의 두 곳 중 최소한 한 곳에는 나와야 한다. 지시사항에는 바라는 글의 스타일이 무엇인지(예, 과학적 스타일 대 산문적 스타일), 철자법과 문법적 오류가 채점에 포함되는지, 글을 어떻게 조직하였는지가 채점에 중요한 준거인지 등이 포함되어야 한다. 또한 진술의 구체성 정도와 진술을 뒷받침하는 자료가 필요한지도 명시되어야 한다.

   나쁜 문항: 행동목표의 가치에 대해 논하시오.
   좋은 문항: 행동목표는 오랫동안 교육에서 많이 사용되어 왔다. 교과서와 수업시간을 통해 행동목표의 장점과 단점에 관하여 토의하였다. 당신이 교육에서 행동목표를 사용하는 것에 반대하는 사람이라고 가정하고, 교과서와 수업시간에 다루었던 3개 이상의 논거를 사용하여 당신의 입장을 지지하시오.

3. 다음에 나오는 단어나 구와 같은 말을 사용하여 서답형 문항을 만든다: 비교하기, 대조하기, 이유 쓰기, 독창적인 예 들기, 만약 ~한다면 어떤 일이

일어날지 예측하기 등. 무엇을, 누가, 언제 나열하기와 같은 말은 사용하지 않도록 한다. 이러한 말들은 주로 정보의 단순한 회상을 요구하게 되기 때문이다.

나쁜 문항: 대규모 댐의 문제점을 세 가지 나열하시오.
좋은 문항: 우리 지역에 댐을 건설한다면, 대규모 댐보다는 중규모 댐을 만들어야 한다는 의견이 있다. 당신도 이 의견에 찬성한다고 가정하고, 우리 지역에 대규모 댐보다는 중규모 댐을 건설해야 하는 이유를 환경적, 경제적, 교통망 차원에서 쓰시오.

4. 논쟁적인 문제를 다루는 문항은 어떠한 입장을 취하는가가 아니라 입장에 대한 근거 제시를 요구하여 그 근거 제시 여부를 평가해야 한다. 학생에게 특정한 결론이나 해결책을 수용하도록 요구하는 것은 정당화될 수 없지만 특정 결론의 근거가 되는 증거를 학생이 얼마나 잘 제시할 줄 아는가를 평가하는 것은 정당하다.

나쁜 문항: 정부에서 전 국민의 의료건강을 높이기 위해서 2000년부터 시행하고 있는 정책은 무엇인가?
좋은 문항: 국민의 의료건강을 위해서는 의약분업이 필수적이라는 주장이 있다. 이 주장에 대한 당신의 입장은 찬성인지 반대인지를 쓰시오. 그리고 당신의 입장을 지지할 수 있는 논리적 주장을 최소한 세 가지 쓰시오.

5. 선택적 문항은 사용하지 말아야 한다. 즉, 모든 학생이 동일한 문항을 풀도록 해야 한다. 학생에게 5개 중 3개 혹은 7개 중 4개를 고르도록 허용하는 것은 학생들이 치르는 검사의 일관성을 약화시킬 뿐 아니라, 더 나아가 학생들 간의 비교근거를 약화시키게 된다.
6. 학생이 검사를 끝까지 풀 수 있도록 도움을 주고 문항의 답이 어느 정도 상세해야 하는지를 보여 주기 위해, 각 서답형 문항마다 적절한 문항 소요시간 그리고 분량 제한을 설정한다. 그러한 사항을 문항의 지문에 포함시키거나 문항번호 바로 옆에 표시해 준다.
7. 각 문항이 교수목표에 연계되는가를 확인해야 한다. 서답형 문항이 다루고 있는 내용이 검사 청사진에 나타나 있는지를 확인한다.

서답형 문항의 채점

앞에서 언급한 것처럼, 서답형 문항은 일관성 있게 채점을 하는 것이 힘들다. 즉, 동일한 응답을 보고, 한 채점자는 A를 부여하고 다른 채점자는 B 혹은 C를 부여할 수도 있고, 혹은 동일한 응답을 보고 같은 채점자가 어떤 경우에는 A를 부여하고 다른 경우에는 B를 부여할 수도 있다는 것이다. 다음은 서답형 문항을 일관적으로 채점하는 데 유용한 다섯 가지 준거이다.

내용 서답형 문항은 주로 사실적 지식보다는 사고과정을 측정하기 위해 사용되지만, 응답 내용에 제시된 자료는 실제 사실과 연관되어야 하고 문제에서 묻고 있는 바를 적절하게 답하고 있어야 한다.

내용의 조직 응답의 내용 자체에 더하여 내용을 어떻게 조직했는가를 채점의 준거로 포함시킬 수 있다. 예를 들어, 서론, 본론, 결론이 포함되어 있는가? 진행이나 순서가 논리적 혹은 연대기적 전개를 따르고 있는가? 또한 철자법과 문법을 채점 준거로 포함시킬 것인지를 결정하여, 만약 포함시킨다면, 학생들에게 실제로 시험을 치르기 전에 이에 관한 주의를 주어야 한다.

인지과정 서답형 문항이 적용수준 이상의 인지과정을 시험 치르고 있다면 가장 중요한 채점준거로 그러한 인지과정이 어느 정도 수행되었는가를 반영해야 한다. 또한 각 인지과정(예를 들어, 적용, 분석, 종합, 평가)의 수행결과는 해결방안, 추천, 혹은 결정으로 나타난다. 따라서 채점 준거에는 해결방안, 추천, 결정이 적절한지 그리고 그러한 결과를 만들어 낸 인지과정이 사용된 증거 여부가 포함되어야 한다(예를 들어, 분석 과정이 올바로 사용되었는가?).

완전성/내적 일관성 주어진 문제를 적절하게 다루고 있는가? 말하고자 하는 논점이 충분하게 다루어지고 있는가? 논점들이 논리적으로 연계되어 있고 주제를 충실히 다루고 있는가?

독창성/창작성 교사가 독창적이고 창의적인 응답을 인정해 주고 격려하고자 할 때가 있다. 교사는 문제를 새롭고 창의적인 방식으로 답하는 학생이 있다는 것을 예상해야 하고 그러한 응답이 적절할 때는 점수를 주어야 한다.

위의 모든 준거들 중 일부 혹은 전부를 학생들에게 고지해야 한다. 대개의 경우 위의 준거 중 시험에서 중시하는 바와 밀접하게 관련된 2개 혹은 3개 준거를 선택하고 최종 성적에서의 중요성에 따라 가중치를 부여한다—예를 들어, 내용에 75% 그리고 내용 조직에 25% 혹은 내용에 33%, 인지과정에 33%, 내용 조직에 33%. 학생들이 교사가 채점을 어떻게 할 것인지를 알게 되면 학생들은 보다 나은 그리고 보다 변호가 가능한 응답을 하게 된다. 〈그림 12.4〉는 위의 준거들을 이용한 서답형 문항의 채점기준을 보여 주고 있다.

그림 12.4 서답형 검사 채점기준의 예

내용

1	2	3	4	5
조사가 극히 제한적임, 사실과 관련된 자료가 거의 없음		조사가 상당 정도 이루어짐, 사실에 주의를 둔 것이 명백함		심화된 조사가 이루어짐, 사실 하나 하나에 충분한 주의를 두었음

내용 조직

1	2	3	4	5
아이디어의 조직화가 거의 되어 있지 않음, 표현이 혼란스럽고 이해가 어려움		아이디어의 조직화가 어느 정도 이루어짐, 그러나 논리적 순서가 보다 개선되어야 함		조직화가 충분함, 아이디어는 논리적으로 연관되어 있고 서로가 서로를 뒷받침하고 있음

과정

1	2	3	4	5
아이디어에 대한 정당화나 뒷받침이 거의 없음, 최종 해결 방안이나 결정이 구체화되지 못했음		아이디어에 대한 정당화나 뒷받침이 어느 정도 있음, 최종 해결방안이나 결정은 보다 구체화되어야 함		아이디어에 대한 정당화나 뒷받침이 충분함, 최종 해결 방안이나 사실적 자료에 어느 정도 결정이 잘 구체화되었음

완전성

1	2	3	4	5
세부사항에 거의 주의하지 않음, 아이디어가 표면적이고 불완전함		세부사항에 어느 정도 주의함, 세부사항에 대한 주의를 강화해야 함		세부사항에 충분히 주의함, 아이디어가 철저하고 완벽함

독창성

1	2	3	4	5
응답이 독창적이지 않음, 새롭거나 창조적인 것이 없음		어느 정도 독창성이 있음, 보다 창조적이 되어야 함		응답이 독창적이고 창조적임, 새롭고 예상치 못한 아이디어가 많음

타당도와 신뢰도

검사 결과는 타당하고 신뢰로울 때만 유용하다. 교사가 실제 교실에서 자신이 만든 검사의 신뢰도와 타당도를 검증하는 경우는 드물지만 외부에서 개발된 검사를 학교에서 사용할 때 개발자들은 대부분 자신들의 검사의 신뢰도와 타당도에 관하여 보고하기 때문에 두 용어를 알아야 할 필요가 있다.

1. *타당도:* 검사가 재고자 하는 바를 재고 있는가?
2. *신뢰도:* 검사로부터 동일한 혹은 비슷한 점수가 일관되게 나오는가?

타당도의 종류

검사는 재고자 목적하는 것을 재고 있을 때 타당도를 가진다. 예를 들어 3학년 계산능력 검사라고 한다면, 검사는 3학년의 계산능력을 재야지 5학년의 계산능력을 재거나 읽기능력을 재서는 안 된다. 검사가 행동목표를 기술하는 능력을 재고자 한다면 검사는 그러한 능력을 재야지 잘못 기술된 목표를 구별하는 능력을 재서는 안 된다.

검사결과가 특정한 결정을 내리기 위해 사용되고 유용하려면, 검사가 타당도를 가지는 것은 필수적이다. 검사가 사용하기에 충분한 타당도를 가지고 있는지를 결정하기 위한 여러 방법이 있다. 가장 빈번히 사용되는 세 가지 방법은 내용타당도, 공인타당도, 예언타당도이다.

내용타당도 검사의 내용타당도는 검사의 내용을 검토하여 확인할 수 있다. 교사는 검사문항들이 검사 청사진에서 규정된(〈그림 12.2〉에 보인 대로) 다루어야 할 내용들을 다루고 있는지를 점검해야 한다. 검사 청사진이 있는 경우에는 내용타당도를 점검하기가 매우 쉽다. 검사가 언뜻 볼 때는 타당도를 가진 것처럼 보이지만 재고자 하는 것과 다른 것을 재는 경우가 있다(예, 추측능력, 읽기수준, 교수학습이 이루어지기 전에 이미 습득한 기능). 따라서 내용타당도는 유용한 검사를 위한 최소한의 요건이지 타당도를 가진 검사가 되기 위한 충분요건이 아니다.

공인타당도 공인타당도를 검증하기 위해서는 교사가 만든 새로운 검사와 기존의 검사를 동시에 실시해야만 한다. 내용타당도와는 달리 공인타당도는 상관계수 형태의 수치로 나타나게 되는데 이를 타당도 계수라고 한다(Borich & Tombari, 2004, 4장; Kubiszyn & Borich, 2010, 14장) 교사는 학생집단에게 새로운 검사와 기존의 검사를 모두 실시하여 두 검사점수 사이의 상관관계를 구하게 된다. 사람들이 신뢰하고 있는 기존의 검사가 존재하고 새로운 검사를 기존의 검사와 비교할 수 있다면(예를 들어, 기존의 검사보다 더 짧은 검사, 더 편리한 검사, 목적하는 내용을 보다 명확하게 재고 있는 검사) 공인타당도는 새로운 검사의 타당도를 검증할 수 있는 좋은 방법이다.

예언타당도 예언타당도란 검사내용이 재고자(나타내고자) 하는 학생의 미래 행동을 검사가 얼마나 잘 예측해 주는가에 관한 것이다. 이러한 형태의 타당도는 적성검사에 특히 유용하다. 왜냐하면 적성검사는 학생이 미래 상황에서 어떻게 행동할 것인가를 예측하고자 하는 것이 목적이기 때문이다. 예언타당도 역시 상관계수 형태의 수치로 나타난다. 하지만 이 경우에는 그 수치가 검사와 검사가 재고자 하는 미래의 행동(예를 들어, 실제 업무 성과) 사이의 관계를 보여 주게 된다.

타당도를 결정하는 세 가지 방법—내용, 공인, 예언—은 검사와는 별도로 검사에 타당도를 부여해 주거나 근거를 제공해 주는 어떠한 준거가 있음을 전제로 한다. 내용타당도에서는 교수목표(예를 들면, 검사 청사진에 있는)가 근거 혹은 참조점이 되고, 공인타당도에서는 동일한 능력을 재고 있고, 인정받고 있는 다른 검사가, 예언타당도의 경우에는 예측하고자 하는 미래의 행동이나 상태가 그러한 역할을 한다.

신뢰도의 종류

검사의 신뢰도란 개인이 동일한 검사를 여러 번 치렀을 때 동일한 서열 혹은 점수가 나오는 일관성을 말한다. 다시 말하자면, 동일한 학생들이 검사를 여러 번 반복해서 치르고(물론, 검사가 재고자 하는 특성이 변하지 않는다고 가정되는 기간 동안 검사를 치름), 학생들의 서열이 반복된 검사에서 일관적으로 똑같게 혹은 거의 똑같게 나온다면 검사는 신뢰롭다고 한다.

검사의 신뢰도를 추정하는 여러 방법이 있다. 가장 흔히 사용되는 세 가지 기본적인 방법은 검사-재검사, 동형검사, 내적 일관성 방법이다.

검사-재검사 방법 검사-재검사 방법은 이름 그대로 검사를 두 번 치러서 신뢰도를 추정하는 방법이다. 교사는 동일한 학생들에게 같은 시험을 두 번 치르게 하고, 첫 번째의 검사점수 세트와 두 번째의 검사점수 세트 사이의 관계—혹은 상관관계—를 구한다.

동형검사 방법 한 동일 검사의, 다르지만 동등한 두 가지 형(예, A형과 B형)의 동형검사지가 있다면, 해당 검사의 신뢰도를 추정하기 위해 두 가지 형 사이의 상관관계를 사용한다. 교사는 두 가지 형의 검사지를 동일한 학생집단에게 실시하고 두 검사점수 세트 사이의 관계(상관관계)를 구하게 된다. 동일한 행동특성을 측정하는 검사의 두 가지 형의 검사지를 치른 학생의 검사점수가 두 형 간에 차이가 많이 난다면 이는 검사가 신뢰롭지 못하다는 것을 보여 준다고 할 수 있다.

내적 일관성 방법 검사가 단일한 기본적 개념(예, 계산능력)을 측정하고 있다면, 한 문항을 맞춘 사람은 비슷한 다른 문항을 맞출 가능성이 높다고 가정할 수 있다. 다시 말하면, 문항들은 서로서로 관련되거나 상관되어야 하고, 검사는 내적으로 일관성을 가져야 한다. 실제로 그렇다면, 검사의 신뢰도는 내적 일관성 방법에 의해 추정될 수 있다(Borich & Tombari, 2004; Kubiszyn & Borich, 2010)

일반적으로, 검사의 타당도 계수는 신뢰도 계수보다 낮다. 수용 가능한 타당도 계수의 값은 대체적으로 0.60과 0.80 사이 혹은 그 이상인 반면, 수용 가능한 신뢰도 계수의 값은 0.80과 0.90 사이 혹은 그 이상이다. 타당도 계수와 신뢰도 계수의 최대 가능값은 1.0이다.

검사의 정확도는 얼마간은 타당도와 신뢰도가 복합된 개념이고, 부분적으로는 검사의 내용이 널리 보급된 일반 교육과정과 얼마나 일치하는지에 의해 결정된다.

평점과 평정체제

검사를 실시한 후에, 채점을 하고 평점을 부여해야 한다. 종종 교사가 평점으로 사용하는 기호는 학교나 교육청, 국가 차원에서 결정된다(예, 수, 우, 미, 양, 가 혹은 점수 평정체제). 그러나 교사는 학생들에게 이러한 평점을 부여하는 데 상당한 재량권을 가진다.

평점과 평정체제는 비교를 통해 만들어지는데 일반적으로 학생을 다음 중 하나 혹은 그 이상과 비교하게 된다.

- 다른 학생들
- 설정된 기준
- 적성
- 실제 성취 대 노력
- 실제 성취 대 향상

다른 학생들과의 비교

정상분포에 따라 성적을 준다는 표현은 학생의 성취가 같은 반의 다른 학생들의 성취와 비교하여 어떠한가에 따라 성적 혹은 평점이 부여된다는 것을 의미한다. 때로 교육청이나 학교는 몇 퍼센트의 학생이 특정 평점을 받을 수 있는가를 규정하여 정상분포에 따라 성적을 주는 것을 권장한다. 예를 들면, 상위 10% 학생에게 '수'를 부여한다.

그러한 체제의 주 장점은 평점을 부여하기 위한 결정이 단순해진다는 것이다. 학생이 '수'를 받을 수 있는지 없는지를 결정하는 분할점수를 무엇으로 해야 할지에 대해 심사숙고하거나 고민할 필요가 없다. 그러나 이러한 평정체제는 전체적 능력수준이 반별로 차이가 있는 것을 고려할 수가 없다. 이러한 평정체제하에서는 성취정도에 상관없이 몇 명의 학생은 '수'를 받게 되고 몇 명의 학생은 '가'를 받게 된다.

다른 학생들과의 비교, 설정된 기준, 적성, 노력, 향상 정도는 모두 평점을 부여하기 위한 근거가 될 수 있다. 궁극적으로는 교사가 학교와 학급의 목적에 가장 적합하도록 여러 근거를 조화롭게 사용해야 한다.

설정된 기준과의 비교

설정된 기준과의 비교를 통한 평정체제에서는 모든 학생이 '수' 혹은 '가'를 받거나 혹은 다른 평점을 받는 것이 가능하다. 개별 학생의 성취는 다른 학생들과 상관없다. 중요한 것은 학생이 규정된 성취기준 혹은 수행기준을 달성했는지의 여부이다. 이 장의 초반부에서 이러한 접근법을 준거참조라고 명명했다. 이러한 체제하에서 맞은 문항의 퍼센트에 따라 평점을 부여할 수 있다. 예를 들어

평점	맞은 문항의 퍼센트
수	90~100
우	80~89
미	70~79
양	60~69
가	60 미만

이론적으로, 이 체제하에서는 충분한 노력을 기울인다면 모든 학생이 높은 평점을 받는 것이 가능하다(퍼센트의 분할점이 터무니없이 높지 않다고 가정한다면 그렇다). 또한 성적을 부여하는 것이 단순하다(학생이 문항의 90% 이상을 맞추든지 아니면 그렇지 못하든지이다). 다른 학생들과의 비교방법과 마찬가지로 성적을 부여하기 위해 심사숙고하거나 고민할 필요가 없다. 또한 교수효과를 향상시키기 위해 노력하는 교사는 시간이 흐르면서 성적이 향상되는 것을 눈으로 확인할 수 있다.

이러한 체제도 단점을 가진다는 것은 쉽게 짐작할 수 있다. 각 성적의 기준을 정한다는 것은 간단한 작업이 아니며, '수' 를 받기에 적당한 정도는 학교에 따라 그리고 시간에 따라 달라질 수 있다. 왜냐하면 학생의 능력수준, 가르쳐지는 내용, 교육과정이 변하기 때문이다. 또한 학습 경험, 교육적 요구, 능력이 다른 여러 학생들에게 개인별로 특화된 교육을 실시하기 위해 개인별로 다른 교재와 학습 방법이 사용되는 경우 이들에게 평점을 부여하는 것이 매우 어렵다.

적성과의 비교

적성이란 잠재적 가능성 혹은 능력의 또 다른 이름이다. 이러한 체제하에서는 학생을 다른 학생들과도, 설정된 기준과도 비교하지 않는다. 대신, 학생은 학생 자신과 비교된다. 즉, 학생의 성취 정도가 학생의 잠재적 능력에 얼마나 근접한가에 따라 점수가 부여된다. 즉, 높은 적성 혹은 잠재적 능력을 가진 학생이 높은 성취를 보이면 높은 성적을 받는다. 왜냐하면 그 학생은 잠재적 능력에 맞는 성취를 보이기 때문이다. 높은 적성을 가지고 보통 정도의 성취를 보이는 학생은 낮은 성적을 받는다. 왜냐하면 그 학생은 잠재적 능력에 못 미치는 성취를 보이기 때문이다. 그러나 보통의 적성을 가진 학생이 보통의 성취를 보인다면 역시 높은 성적을 받는다. 왜냐하면 그 학생은 자신의 잠재적 능력에 맞는 성취를 보인 것이기 때문이다. 높은 적성을 가진 학생이 보통의 성취를 보인다면 낮은 성적을 받는다. 왜냐하면 그 학생은 자신의 잠재적 능력에 못 미치는 성취를 보인 것이기 때문이다.

따라서 같은 성적이라 하더라도 절대적 성취 정도로 보면 매우 다를 수 있다. 그러나 학생들의 다양한 능력에 따라 수준별 학습이 이루어지는 경우에 성공적으로 학습을 하고 있는 학생들을 인정해 주고 보상해 줄 수 있는 평정 방법이다.

노력과의 비교

성취를 노력과 비교하는 체제는 성취를 적성과 비교하는 체제와 비슷하다. 보통 정도의 성취를 보였지만 많은 노력을 기울인 사람에게는 높은 점수가 부여된다. 보통 정도의 성취를 보였지만 별로 노력을 기울이지 않은 사람에게는 낮은 점수가 부여된다. 노력에 따라 점수를 부여하는 것은 학습속도가 느리거나 동기부여가 되지 않은 학생들에게 동기를 부여하는 장점을 가진다. 그러나 명석한 학생은 그러한 점수체제가 불공정하다고 느끼고 부정적인 반응을 보일 것이다. 또한 학생이 노력을 기울였는지 여부를 결정하는 것은 매우 어려울 수 있다.

향상도와의 비교

이 체제는 교수 시작시점과 종료시점 사이의 향상 정도를 비교한다. 가장 많이 향상을 보인 학생이 가장 높은 점수를 부여받는다. 사전검사라 불리는 시작시점의 검사에서 높은 점수를 받은 학생에게는 문제가 될 수 있다. 왜냐하면 이러한 학생들의 향상도는 사전검사에서 낮은 점수를 받은 학생의 향상도보다 적기 십상이기 때문이다.

어떠한 점수체제를 사용해야 하는가? 대부분의 교육자들은 설정된 기준과의 비교가 평정 본연의 목적(학문적 향상에 대한 피드백)에 가장 적합하다는 데 동의할 것이다. 실제로, 많은 학교에서는 복수의 평정체제를 도입하여 사용한다. 예를 들어 성취도와 노력에 각각 별개의 점수를 주거나 혹은 성취도, 노력, 향상도 각각에 별개의 점수를 준다. 성취도와 전혀 관련 없는 것(예, 학생의 가정환경)을 반영하지 않는 한 평정체제의 적절성에는 문제가 없다.

표준화 검사

지금까지는 교실에서 개발된 검사에 관하여 설명하였다. 그러나 대부분 교사들은 종종 표준화 검사를 실시하고, 결과를 평가하며, 궁금해하고 관심 많은 부모들에게 결과를 해석해 주어야 한다.

표준화 검사는 고부담평가라고 불리며 검사 개발전문가들이 교육과정 전문가, 교사, 학교행정가의 도움을 얻어 개발한 것으로 비슷한 연령 및 학년의 학생들에 비추어 특정 학생의 성취수준을 결정하는 것을 목적으로 한다. 명확하고 동일한 (표준화된) 절차에 따라 검사가 실시되고 채점되기 때문에 이 검사는 표준화되었다고 말한다.

학교에서 표준화 검사가 사용되면, 행정가는 각 학생, 교실, 학교, 교육청의 검사결과를 각 교실에서 독자적으로 개발된 검사를 사용한 경우에 비하여 보다 쉽게 또한 확신을 가지고 비교할 수 있다. 대부분의 학교에서는 표준화 검사를 비교를 위한 목적으로 사용한다. 이것은 교실에서 만들어진 검사의 목적인 학생의 숙달이나 능력 수준을 정하고, 점수를 부여하고, 학생과 부모에게 특정한 피드백을 제공하는 것과는 매우 다르다. 〈표 12.2〉는 표준화 검사와 교실에서 만들어진 검사를 여러 중요한 차원에서 비교하고 있다.

표준화 검사의 결과는 백분위 점수로 보고된다. 백분위 점수를 가지고 학생의 성취가 동일한 학년 혹은 연령의 학생들과 비교해 어떠한가를 결정할 수 있다. 백분위 점수를 해석할 때 유념해야 할 점 두 가지를 보면 다음과 같다.

1. 백분위 점수는 종종 정답 백분율과 혼동된다. 예를 들어 백분위 점수를 사용할 때 62 백분위 점수란 검사를 치른 학생(규준집단이라 함) 전체의 62%보다 해당 학생의 점수가 더 높다는 것을 의미함을 확실하게 해야 한다. 혹

표 12.2 표준화 성취도 검사와 교실에서 만들어진 성취도 검사의 비교

차원	표준화 성취도 검사	교실에서 만들어진 성취도 검사
학습결과와 측정하고자 하는 내용	일반적인 학습결과와 대부분의 학교에 적합한 내용을 측정한다. 이러한 일반적 능력과 이해력에 대한 검사는 지역 교육과정의 특수성이나 독특한 강조점은 반영하지 않는 경향이 있다.	특수하고 독특한 학습결과와 지역 교육과정의 내용에 매우 적합하다. 다양한 크기의 학습단원에 응용될 수 있으나 복잡한 학습결과를 간과하는 경향이 있다.
검사문항의 질	일반적으로 문항의 질이 높다. 전문가가 문항을 만들고, 사전검사를 하며, 수량적 문항분석의 결과를 기초로 문항을 선제한다.	문항의 질은 많은 경우 미지수이다. 교사에게 주어진 시간이 제한적인 관계로 일반적으로 문항의 질이 표준화 검사보다 떨어진다.
신뢰도	신뢰도가 높다. 대부분 0.80~0.95이며, 0.90 이상인 경우도 상당히 있다(가능 최고 수치는 1.0).	신뢰도는 많은 경우 미지수이다. 그러나 문항이 충실하게 만들어진다면 높을 수 있다.
실시 및 채점	절차가 표준화되어 있다. 명료한 지침이 제공된다.	동일한 절차가 가능하다. 그러나 절차는 대부분 융통성이 있고 문서화되지 않는다.
점수의 해석	점수는 규준 집단에 비추어 해석된다. 검사안내서와 기타 지침서를 통해 점수의 해석과 사용에 대한 도움을 얻을 수 있다.	점수의 비교와 해석은 단위학급 혹은 학교로 국한된다. 해석과 사용을 위한 지침이 거의 없다.

은 검사를 치른 학생 전체의 62%가 해당 학생보다 낮은 점수를 받았다고 말할 수도 있다(일반적으로 62 백분위 점수란 학생이 전체 문항의 62%를 맞았다는 것으로 잘못 해석된다. 그러나 62 백분위 점수는 '우' 혹은 '미'가 될 수도 있는 반면, 62% 정답 백분율은 '가'를 받기가 쉽다).

2. 백분위 점수 사이의 동일한 간격이 성취도에서 언제나 동일한 차이를 의미하는 것은 아니다. 100명 학생의 성적에서, 2와 5 백분위 점수 간의 성취도의 차이는 매우 큰 반면에 47과 50 백분위 점수 간의 성취도의 차이는 매우 작다. 백분위 점수를 해석할 때는 양쪽 끝부분의 백분위 점수는 늘어나는 경향(마치 고무줄처럼)이 있고 중간부분의 백분위 점수는 압축되는 경향이 있다는 것을 고려해야 한다.

학생들이 표준화 검사를 준비하는 데 도움 주기

표준화 검사는 학생이 심화 과목이나 우등 과정에 들어갈 수 있는지, 다음 학년으로 진급할 수 있는지, 혹은 고등학교를 졸업할 수 있는지를 결정하기 위해 사용될 수 있다. 마찬가지로 교장이나 교사가 검사 결과에 따라 표창 혹은 징계를 받을 때 검사는 고부담이 된다. 당신이 개인적으로 이러한 검사들에 대해 무어라고 느끼든 간에 검사는 우리나라 모든 곳에서 사용되고 있고 얼마 안 가 당신 곁에서 볼 수 있을 것이다. 다음에 제시된 Kubiszyn과 Borich(2010)에서 발췌한 제안 사항은 당신이 표준화 검사에 대해 느끼는 불편한 감정을 덜어 주고 학생들이 좋은 점수를 받는 데 도움을 줄 수 있을 것이다.

검사에 대한 감정이 아니라 주어진 과업에 집중하라 학생들의 진급과 당신의 직업이 교육청의 표준화 검사에 영향을 받기 때문에 검사에 대한 당신의 감정이 아니라 당신 앞에 있는 과업의 요구사항에 집중하는 것이 현명하다. 따라서 당신이 담당한 학년의 교육청 기준을 달성하는 것은 지극히 중요하며, 해당 기준은 교육청의 웹 사이트에 가면 구할 수 있다. 학생들이 검사에서 좋은 성적을 얻도록 준비시키기 위해 할 수 있는 단 하나의 가장 중요한 일은 교육청 기준에 목표를 두고 학생들을 가르치는 것이다. 이를 위해 교육청 기준에 나와 있는 내용과 절차에 부합되도록 당신의 교수 방법을 수정해야 할지도 모른다.

학생들과 학부모에게 검사의 중요성에 대해 알려 주어라 많은 학생들은 이미 검사의 목적과 적절성을 알고 있지만 알지 못하고 있는 학생들이 존재한다. 학생들이 최선을 다하도록 하기 위해 어떤 이들은 학생들에게 경고를 하거나 포상을 하는 것을 권장한다. 다른 이들은 그러한 방법은 오해를 일으킬 수 있고 단지 스트레스와 압박감을 증가시켜서 학생들의 성적에 부정적인 영향을 준다고 말한다. 위의 방법들보다는 왜 검사를 치러야만 하는지 그리고 검사결과는 어떻게 사용되며 검사가 그들이 배운 것과 어떻게 연관되는지를 학생들에게 설명하는 시간을 가지는 것이 훨씬 효과적인 방법이다. 이런 방식으로 학생들로 하여금 더 잘하고자 하는 동기를 가지게 하고 시험을 진지하고 신중하게 치르도록 할 수 있다. 그리고 검사의 장단점에 관한 강의를 하지 말고 짧게 설명해야 한다: 학생들에게 검사에서 잘하기 위해 필요한 것을 그들이 이미 배웠다는 것을 깨닫게 해 주고 당신은 그들이 잘할 거라고 믿고 있다는 것을 알게 해 주어라.

수업 첫날부터 정규 수업에서 검사 치르는 기술을 가르쳐라 어떤 학생들은 다른 학생들보다 시험을 잘 치른다. 이는 운, 적성, 자신감, 혹은 다른 요인에서 기인한 것처럼 보인다. 그러나 학생이 시험 치르는 것에 영향을 주는 다른 요소로 시험을 치르는 기술이 있다. 학급의 모든 학생들이 시험 치르는 여러 기술을 알고 있으면 그들의 전반적인 성적은 향상될 것이다. 예를 들어, 학생들에게 다음과 같은 것들을 가르칠 수 있다.

1. *지시 사항을 주의 깊게 읽어라.* 충동적이거나 읽기에 문제가 있는 몇 학생들은 지시 사항을 대충 읽거나 혹은 전혀 읽지 않는다. 당신은 정규 수업시간에 이런 중요한 사안에 대해 자주 언급하고 또한 학교 시험시간에 지시 사항을 주의 깊게 읽도록 다짐하여 말할 수 있다.
2. *검사 문항, 지문, 관련 정보를 주의 깊게 읽어라.* 급하게 문제를 푸는 사람치고 중요한 단어를 놓치거나 잘못 읽어서 감점을 당해 보지 않은 사람이 어디 있겠는가? 수업과 과제 중에 그리고 정규 시험시간 중에 주요 단어에 강조 표시를 하고, 문항을 반복해서 읽고, 답을 검토하는 연습을 시킴으로써 학생들이 급하게 문제를 풀어 감점을 당하는 확률을 줄일 수 있다. 선다형 문제를 풀 때는 학생들에게 정답을 선택하기 전에 모든 답지를 읽도록 주지시킨다. 이러한 것들은 표준화 검사가 사용되지 않거나 사용되더라도 미국만큼 많이 사용되지 않는 문화적 배경을 가진 학생들에게 특히 중요하다.
3. *검사 시간을 관리하라.* 학생들은 표준화 검사를 신속하게 풀어야 한다, 그러나 동시에 정확하게 풀어야 한다. 이러한 기술도 역시 수업에서 연습을 통해 향상될 수 있다. 교실 시험을 치를 때 학생들에게 무한정의 시간을 허락하지 말고 시간제한을 주어라. 긴 검사를 치를 때는 학생들에게 검사를 치르는 각 단계별로 몇 분을 할애해야 할지 계획하도록 만들어라.

4. *쉬운 문제부터 먼저 풀어라.* 교사가 만든 많은 검사들은 쉬운 문항으로 시작하여 가장 어려운 문항으로 끝난다. 그러나 표준화 검사는 일반적으로 문제의 난이도 순서에서 보다 무작위성을 가지고 있다. 준비되지 않은 학생들은 검사 초반부에 어려운 문제를 만날 수 있고 능력이 매우 뛰어난 학생도 맞추기 힘든 어려운 문제에 과도한 시간을 허비할 수 있다. 교실에서 검사를 실시할 때 학생들에게 보다 어려운 문제를 시도하기 전에 먼저 가능한 많은 수의 쉬운 문제를 풀도록 격려해야 한다.
5. *답하기 전에 먼저 답지를 제거하라.* 검사요령이 있는 학생들은 정답을 고르기 전에 먼저 선다형 문항의 한두 개의 답지나 혹은 연결형 문항의 목록 중 몇을 제거할 수 있다면 정답을 골라낼 가능성이 증가한다는 것을 알고 있다. 교실에서 학생들에게 이러한 기술을 연습시켜라. 그리고 당신이 만든 객관식 검사를 치를 때 이러한 기술을 사용하도록 주지시켜라.
6. *시험을 끝내기 전에 답을 검토하도록 가르쳐라.* 어떤 학생들은 시험에 반감을 가지고 있거나 혹은 시험을 경시하여 검사를 다 치른 다음에 답을 검토하지 않는다. 심지어 시간이 남아도 하지 않는다. 당신은 교실에서 검사를 치를 때 학생들에게 검사시간이 끝날 때까지 답을 계속 검토하도록 주지시킴으로써 이러한 기술을 연습시킬 수 있다.

표준화 검사 일이 다가오면, 학생들의 질문에 대해 진솔하게 그리고 직접적으로 답변해 주어라 표준화 검사가 다가오면 어떤 학생들은 검사에 관해 궁금해하거나 혹은 걱정하기 시작한다(예를 들면, 시험은 어떻게 생겼을까? 내가 제일 늦게 끝내면 어떻게 되나? 나쁜 점수를 받으면 어떻게 되지? 시험 도중 질문이 있으면 어떻게 해야 하나?). 이러한 불확실성은 검사 불안감의 원인이 되며 또한 학생들이 능력껏 시험 치르는 데 방해요소가 된다.

검사 전의 불안감을 방지하기 위해 학생들에게 검사의 형식과 검사 실시 절차에 관해 당신이 알고 있는 만큼 될 수 있으면 많은 정보를 제공해 주어라. 이러한 정보에는 기본적인 검사 날짜와 시간, 검사 과목, 형태, 문제 유형, 시험 도중 질문은 어떻게 해야 하는지 등이 포함된다. 또한 당신은 학생들이 시험 절차를 충분히 이해할 수 있도록 여러 가상적 상황을 설정하여 역할놀이를 해 볼 수도 있다.

입수 가능한 검사 대비 자료가 있다면 모두 활용하라 교육청에서는 학생들이 검사 유형, 형태, 주된 내용에 친숙해질 수 있도록 도움이 되는 연습 문제와 검사를 제공한다. 연습 검사를 풀어 보는 것은 수업시간을 잡아먹지만 학생들이 효율적으로 검사를 치르고 검사 스트레스를 줄이는 데 도움이 된다. 또한 불확실성을 줄여 주고 학생들이 시험 도중 답안지 작성 방법을 물어 보는 데 시간을 허비하지 않고 검사 문제를 풀기 위해 더 많은 시간을 사용할 수 있도록 도와준다. 제공되는 검사 대비 자료를 100% 활용하고 추가적으로 구할 수 있다면 당신이 보유하고 있는 다른 자료들도 제공해 주어라.

수행평가

특정 기능들—특히 독립적인 판단, 비판적 사고, 결정 내리기를 수반하는 기능들—은 학습자에게 그들의 능력을 직접 보여 주도록 요구함으로써 가장 잘 평가할 수 있다. 육상경기, 다이빙, 체조경기는 학생들이 그들이 배운 것으로 무엇을 할 수 있는지를 보여 주는 수행의 예이다. 그들의 점수는 결정(예, 메달을 누구에게 수여할지, 1등, 2등, 3등은 누구인지, 교육청 혹은 지역대회에서 승자가 누구인지)을 내리는 데 사용된다. 이러한 평가를 수행평가라고 한다. '이론의 교실 적용: 수행평가' 를 참조하라.

교사는 과학, 사회, 수학 등의 과목에서 태도와 사회적 기능뿐만 아니라 고등 인지과정을 평가하기 위하여 수행평가를 사용할 수 있다(National Research Council, 2001). 수행평가를 사용할 때, 교사는 학생들이 분석하고, 문제를 해결하고, 실험하고, 결정을 내리고, 측정하고, 다른 학생들과 협동하고, 구술로 발표하고, 산출물을 생산하는 과정에서 학생들을 직접적으로 관찰하고 평점을 매기는 것이 가능하도록 상황을 만들어야 한다. 이러한 상황은 직장, 공동체, 여러 형태의 고등 훈련(예, 군대, 기술학교, 현장연수 혹은 대학)에서 기대되는 실제 활동을 가장(simulate)하게 된다.

학생들에게 그들이 아는 것과 할 수 있는 것을 나타내 보여 주도록 하는 가장 좋은 방법 중 하나는 포트폴리오를 이용하는 것이다. 전통적인 방식의 검사 중에도 고등 인지 산출물을 평가하는 방법이 있지만 포트폴리오는 보다 참성을 가진 맥락에서 그러한 산출물을 평가하는 수행평가 방법이다. 포트폴리오를 이용하여 교사는 학생이 교실에서뿐만 아니라 사회에서도 사용되고 또한 가치를 인정받은 복잡한 행위를 수행하는 능력을 관찰하고 평가한다.

포트폴리오

학생이 성취한 것을 일회에 보여 주는 것 그 이상의 수행평가를 포트폴리오라 한다. 포트폴리오는 학생의 성취와 그 성취를 이루기 위한 단계를 기록으로 보이는 학생 성취의 계획된 수집물이다. 이러한 수집물은 교사, 학생, 때때로 학부모가 포트폴리오의 목적, 내용, 평가준거를 결정하는 데 쏟은 협력적인 노력을 보여 준다. 포트폴리오는 학기 혹은 학년을 통해 학생의 능력과 이해가 어떻게 성장했는가를 심도 깊게 평가한다(Lightfoot, 2006; Reynolds & Rich, 2006). 포트폴리오의 주요한 목적은 특정 학습 영역에서 학생의 능력이 어떻게 향상되었는지, 장기간에 어떠한 성취를 이루었는지, 어떤 주목할 만한 성취를 보였는지를 이야기처럼 보여 주는 것이다.

이론의 교실 적용

수행평가

수행평가는 과정, 산출물 혹은 둘 다를 평가할 수 있다. 예를 들어 캐나다 위니펙 주에 있는 Darwin 학교에서는 학생들이 소리내어 읽는 동안 정확하게 읽은 단어의 퍼센트를 기록하고, 글의 맥락에서 의미가 있도록 읽은 문장의 수를 기록하고, 읽기를 마친 후 학생이 자신의 말로 이야기할 수 있는 글의 요소의 퍼센트를 기록하는 방법으로 각 학생의 읽기과정을 평가한다.

미국 오레곤 주 그리샴 시의 West Orient 학교에서는 4학년 학생들의 글쓰기 포트폴리오를 모아 정리한다. 포트폴리오에는 시, 수필, 자서전, 자기 반성문의 완성본과 초안이 포함된다. 미국 캘리포니아 주 포웨어 시의 트윈 픽스(Twin Peaks) 중학교의 수학교사들은 수학 포트폴리오를 모아 정리하도록 하는데, 여기에는 문제해결에 관한 다음과 같은 산출물이 포함된다: 장기간의 프로젝트, 매일 매일의 노트, 문제가 되는 검사문제에 관한 일지, 문제를 어떻게 해결했는지에 관한 서면으로 된 설명, 자신들의 문제 해결책.

미국 콜로라도의 오로라(Aurora) 교육구의 공립학교의 사회과목에서는 과정과 산출물을 평가하기 위해 학생들에게 다음과 같은 질문을 중심으로 하는 다양한 프로젝트를 부여한다. "콜로라도 역사에 관한 지식을 바탕으로 현재 콜로라도에서 가장 중요하게 다루어야 할 사안이 무엇인가? 그러한 사안에 대한 당신의 해결책은 무엇인가? 그 해결책을 위해 당신은 무엇을 할 수 있는가?" 학생들은 이러한 질문에 답을 하기 위해 개별 그리고 모둠으로 보고서 작성, 구술 시연, 전시 등의 여러 방법을 사용한다.

많은 교사들은 고등 수준의 인지적 기능뿐만 아니라, 자발성, 협동성, 사회적 인식력 같은 비인지적 결과물을 평가하기 위해서도 수행평가를 사용한다(Marzano, Pickering, & Pollock, 2004). 이러한 학습의 정의적 영역에 대한 관심은 교육자들이 복잡한 과업의 능숙한 수행이 정보를 회상하고, 개념을 형성하고, 일반화하고, 문제를 해결하는 것 이상을 필요로 함을 인식하고 있다는 것을 보여 준다. 정의적 영역에는 사고의 습관, 태도, 사회적 기능이 포함된다(Costa & Kallick, 2004a, b).

콜로라도의 오로라 교육구의 공립학교는 유치원부터 12학년까지의 학습결과의 목록과 지표를 개발했다(〈그림 12.5〉 참조). 19개 지표 각각에는 네 개 범주로 된 평정척도가 있는데, 이는 '책임을 짐' 혹은 '고려함을 보임'을 어떻게 규정해야 할지 잘 모르는 교사에게 지침의 역할을 한다. 교사는 사회, 과

그림 12.5 오로라 공립학교의 학습결과

자발적 학생

1. 우선사항을 선정하고 성취 가능한 목표를 설정함
2. 발달을 점검하고 평가함
3. 스스로 선택사항을 만들어 냄
4. 행동에 대한 책임을 짐
5. 자신과 미래에 대한 긍정적 비전을 가짐

협력하는 학생

6. 집단의 일원으로서 자신의 행위를 점검함
7. 집단의 기능을 평가하고 관리함
8. 상호적 대화를 실제로 드러내 보임
9. 개인적 차이에 대한 고려를 보임

복잡한 사고자

10. 복잡한 사안을 처리하기 위해 다양한 전략을 사용함
11. 복잡한 사안의 해결에 적절한 전략을 골라 내고, 그 전략을 정확하고 완벽하게 적용함
12. 주제에 적절한 지식에 접근하고 사용함

우수한 제작자(producer)

13. 목적을 성취하는 산출물을 제작함
14. 의도한 관중에게 적절한 산출물을 제작함
15. 숙련됨을 보여 주는 산출물을 제작함
16. 적절한 자원/기술을 사용함

지역공동체의 공헌자

17. 자신이 속한 여러 지역공동체에 관한 지식을 드러내 보임
18. 행동을 취함
19. 지역공동체의 공헌자로서의 자기 역할을 반성함

출처: From *Curriculum Report*. Aurora Public Schools, Aurora, Colorado, 1993, p. 11.

학, 미술 혹은 경제학의 수행평가 도중 학생을 관찰하면서, 학생이 학습결과를 성취했음을 보여 주는 행위를 파악하고 평점을 매기기 위해 바짝 신경을 쓴다.

오로라 공립학교의 교사들은 과목의 계획을 수립할 때 학습결과 목록을 사용할 것을 권장받는다. 그들은 먼저 모든 학생이 기억해야만 하는 주요 사실, 개념, 원칙이 무엇인가를 자신에게 질문한다. 추가로, 그들은 특별한 수행평가를 설계함으로써 교과내용을 다섯 가지의 교육구의 학습결과(〈그림 12.5〉 참조)와 융합시키고자 한다. 예를 들어 쓰기단원의 계획을 세우는 3학년 국어교사는 '협력하는 학생'과 관련된 학습결과를 다루기 위해 8번과 9번 지표에, '자발적 학생'의 학습결과를 위해서는 1번 지표에, '우수한 제작자(producer)'의 학습결과를 위해서는 13번 지표에 집중하여 계획을 세울 수 있다. 다음으로 교사는 학생이 이러한 영역에서의 학습을 드러내 보일 수 있도록 수행평가를 설계한다. 다음 단원과 수행평가에서는 다른 지표와 결과를 선택할 수 있다.

마찬가지로 9학년 역사 교사는 시민권 단원의 주

요 내용을 확인하고 '복잡한 사고자', '협력하는 학생', '지역공동체의 공헌자'와 관련된 교육구의 학습결과를 평가하기 위한 수행평가를 개발할 수 있다. 수행평가는 다음과 같을 수 있다: "지역 공동체의 소수집단에 속한 한 사람이 짐작컨대 인종, 출신 민족, 혹은 종교를 이유로 주택을 구하는 데 불이익을 당했다. 당신은 어떠한 방법들이 법적으로 그리고 도덕적으로 변호 가능하다고 믿는가? 그리고 어떠한 순서로 그러한 방법들을 사용해야 하는가?" (Redding, 1992에서 각색함). 이러한 수행평가를 해결하기 위해서는 철저한 조사, 모둠의 협력, 역할놀이, 소수집단의 권리를 향상시킬 수 있는 현실적 방법의 제안이 필요하다.

수행평가는 지필식 객관식 검사에 추가되는 것이다. 그리고 지필식 객관식 검사는 지식, 이해, 특정 유형의 적용을 평가하기 위해서 가용한 평가 중 가장 효율적이고 신뢰롭고 타당하다. 그러나 복잡한 사고기능, 태도, 사회적 기능을 평가하기 위해서는, 적절하게만 만들어진다면 수행평가가 훨씬 뛰어나다. 이에 반하여, 적절하게 만들어지지 못한다면 수행평가는 전통적인 검사방식과 마찬가지로 참성, 채점의 효율성, 신뢰도, 타당도에서 동일한 문제를 가질 수 있다. Borich와 Tombari(2004) 그리고 Stiggins(2007)는 정의적 영역을 평가하는 수행평가는 학력평가와 동일한 평가 및 채점 기준을 준수해야 한다고 강조했다. 그렇지 않으면 결과가 너무 주관적이고 추상적이어서 유용성을 가지지 못하게 된다. Borich와 Tombari(2004)는 교사가 교실에서 사용하는 수행평가를 개발할 때 참고할 수 있는 단계별 개발 절차를 보이고 있다.

포트폴리오 사용에 대한 이론적 근거

포트폴리오는 오랜 기간에 걸친 성취를 수집해 놓은 것이다. 이러한 모음집을 만드는 것은 학생이 자신의 최종 성취와 그러한 성취를 보이기 위해 어떠한 노력을 했는지를 보여 줄 수 있는 최고의 방법 중 하나이다.

포트폴리오는 새로운 것이 아니다. 화가, 패션 디자이너, 화가, 작가는 전통적으로 그들의 최고의 작품을 구체적으로 보여 주는 포트폴리오를 수집한다. TV와 라디오 아나운서는 직장 면접 때 보여 주기 위해 자신들의 최고 수행 발췌물의 녹음물과 녹화물을 모은다. 포트폴리오는 그들이 실제로 무엇을 할 수 있는지를 보여 주는 방법인 것이다.

교실에서의 포트폴리오도 비슷한 역할을 수행한다. 포트폴리오는 학생의 최고의 글쓰기 작품, 예술작품, 과학 프로젝트, 역사적 사고, 수학적 성취를 드러내 보여 준다. 그리고 학생이 그러한 성취 정도에 도달하기 위해 어떠한 과정을 거쳤는지를 보여 준다. 포트폴리오는 학생의 최고의 작품을 누적하여 모으는 것이다. 더불어 진행 중인 작품도 포함한다: 초창기의 초안, 시험가동, 준비조사, 예비적인 시도. 따라서 포트폴리오는 학생의 성취의 줄거리를 보여 주는 최종 숙달된 완성, 노력, 반성, 학습의 성장을 평가하는 이상적인 방법이다. 요약하면 학생의 성취 이야기를 보여 주는 것이다.

포트폴리오에는 세 가지 유형이 있다—중간 과정 포트폴리오, 전시 혹은 보이기 위한 포트폴리오, 평가를 위한 포트폴리오. 각각은 고유한 목적을 가진다.

1. 중간 과정 포트폴리오는 과정 도중을 보여 준다. 이는 학생의 다음 단계의 성취를 위한 저장소 역할을 한다. 중간 과정 포트폴리오의 작품들은 선택되고 다듬어져서 최종 평가를 위한 포트폴리오나 전시를 위한 포트폴리오에 포함된다.
2. 학생은 중간 과정 포트폴리오에서 자신의 최고 작품을 선택하여 전시를 위한 포트폴리오에 포함시킨다. 교사의 도움을 받아 학생은 차별성을 가진 특성에 집중하여 비판적으로 작품들을 판단하는 법을 배운다.
3. 평가를 위한 포트폴리오의 관람자는 교사이다. 이 포트폴리오에는 전시를 위한 포트폴리오에 포함된 작품뿐만 아니라 중간 과정 포트폴리오의 작품도 포함될 수 있다. 중간 과정 포트폴리오의 목적이 훌륭한 작품을 개발하는 것이고 전시를 위한 포트폴리오의 목적은 최종 작품을 보여 주는 것이긴 하지만 필요하다면 중간 과정 포트폴리오의 내용도 포함될 수 있다.

중간 과정 포트폴리오, 전시를 위한 포트폴리오, 평가를 위한 포트폴리오는 디지털화되거나, 바인더에, 접책 파일에, 혹은 박스 파일에 모아지고 보여질 수 있다. 디지털 포트폴리오는 컴퓨터의 멀티미디어(오디오, 비디오, 그래픽, 컴퓨터가 읽을 수 있는 텍스트)를 이용하여 마우스 클릭으로 학생의 작품을 보여 준다. 디지털 포트폴리오는 정보를 즉시 그리고 (순차적이 아닌) 상호작용적으로 보여 주고 내용물들 간의 결합과 관련을 강조할 수 있는 큰 장점을 가진다. 이러한 장점은 바인더나 전통적 파일 형태로 보여 줄 때는 발견하기 힘들었다. 판매되고 있는 포트폴리오 디자인 소프트웨어(www.aurbach.com)나 마이크로소프트의 파워포인트에는 템플릿이라는 개발틀을 제공하는데 이를 사용하면 포트폴리오 개발이 쉬워진다. 디지털 포트폴리오에 대한 정보는 Adams-Bullock과 Hawk(2009)를 참조하시오.

많은 학교에서 학생들의 동기를 부여하고 학생들의 학습 성장과 성취를 문서로 남기기 위해 포트폴리오와 다른 유형의 전시회를 사용한다. 교사 판단의 신뢰도와 타당도는 언제나 문젯거리이긴 하지만, 교사가 학생과 상호작용할 수 있는 기회가 충분하고, 또한 학생들의 학습을 관찰할 수 있는 기회가 많으며, 학생들의 능력에 관한 자신들의 판단을 재확인할 수 있는 기회가 있다면 판단의 문제는 덜 심각해진다.

여러 교육학자는 포트폴리오의 가장 큰 가치는 교사, 부모, 학생에게 학생들이 아는 것과 할 수 있는 것을 지필검사나 다른 일회성 평가보다 훨씬 풍부하게 보여 줄 수 있다는 데 있다고 한다. 적절하게 설계된다면, 포트폴리오는 학생의 사고능력, 문제해결 능력, 전략과 절차 같은 기능을 사용하는 법, 지식을 구성하는 법을 보여 준다. 이에 더하여, 포트폴리오는 학생의 인내력, 노력, 변화에 대한 자발성, 자신의 학습을 점검하는 능력, 자기반성 능력, 초인지 능력을 보여 준다. 이러한 점에서 포트폴리오는 교사에게 다른 측정도구가 제공할 수 없는 학생에 관한 정보를 제공하는 것이다.

포트폴리오는 지필검사, 서답형 검사 혹은 수행평가의 대안이 아니다. 교사가 학생의 사실적 지식을 평가하고자 한다면, 객관식 유형의 검사가 적절하다. 교사가 학생이 인지적 전략을 얼마나 잘 사용하는지에 대한 일회성 평가에 관심이 있다면 교사는 응답 제한형과 비제한형 서답형 검사를 사용하면 된다. 이러한 검사는 포트폴리오 평가에서 요구하는 노력이 수반되지 않는다. 그러나 교사가 참성을 가진 맥락에서 성취와 성장을 함께 평가하고자 한다면 교사는 포트폴리오를 심각하게 고려해 보아야 한다.

포트폴리오 개발하기

당신의 교수영역에서 포트폴리오를 만들기 위한 다섯 가지 단계

1단계: 포트폴리오의 목적 결정하기 당신의 학생들이 포트폴리오를 수집하는 목적에 관해서 생각해 보았는가? 학생들이 스스로 포트폴리오의 목적을 규명하게 하는 것은 과제의 참성을 높이는 한 방법이다. 그러나 학생의 포트폴리오의 목적(예, 지역 신문사에서 직업을 얻기)이 반드시 교사의 목적(예, 학생 평가하기)과 일치하는 것은 아니다. 따라서 포트폴리오 설계의 초기에 교사의 목적을 명확하게 해야 한다.

포트폴리오를 통해 성취할 수 있는 교실수준의 목적에는 다음이 포함된다.

- 학생들의 성장 점검하기
- 학습된 것을 학부모에게 전달하기
- 후속 담당교사에게 정보 넘겨주기
- 무엇이 얼마나 잘 가르쳐졌는지 평가하기
- 완수된 것 드러내기

- 과목의 평점 부여하기

2단계: 인지적 기능과 성향 규명하기 포트폴리오는 수행평가와 마찬가지로, 심도 깊은 이해와 진실된 성취를 측정하는 도구이다. 포트폴리오는 특정한 성향(혹은 사고의 습관)—유연성, 적응성, 비판의 수용성, 인내력, 협동심, 숙달에 대한 욕구—뿐만 아니라 지식의 구성(예, 지식의 조직), 인지전략(분석, 해석, 계획, 조직, 교정), 절차적 지식(명확하게 의사 전달하기, 편집하기, 그리기, 말하기, 건축하기), 초인지(자기점검하기, 자기반성하기) 같은 영역에서의 능력의 성장과 계발을 평가한다.

이 책 전체를 통해서 여러 유형의 인지적 학습을 규정하고, 이러한 학습유형의 측면들을 규명하며, 그것들을 평가하기 위한 계획을 세우는 연습을 해 왔다. 학생들의 포트폴리오로부터 그들에 관하여 알고자 하는 것이 무엇인지 규명하기 위해서도 똑같은 연습을 해야 한다. 당신은 수업전략의 한 부분으로서, 학생들로부터 어떠한 종류의 산출물, 과정, 혹은 결과물을 기대하는지 결정해야 한다.

- *산출물:* 시, 에세이, 차트, 그래프, 전시, 그림, 지도 등
- *고등 인지 과정:* 정보를 획득하고, 조직하고, 사용하는 기술
- *관찰 가능한 수행:* 춤, 체조, 타이핑 같은 신체적 움직임; 구술 시연; 개구리 해부하기, 각도 양분하기, 조리법 따라하기와 같은 특정한 절차를 사용하는 것
- *태도와 사회적 기술:* 사고의 습관, 모둠 작업, 인정하는 기술

3단계: 누가 포트폴리오를 계획할 것인지 결정하기 누가 포트폴리오를 계획할지 결정할 때는, 주요 대회를 위해 운동가나 스케이트 선수를 준비시키는 데 무엇이 필요한지를 생각해 보자. 부모는 코치를 고용한다. 코치, 선수, 부모는 일상적인 일, 의상, 훈련시간, 음악 등을 함께 계획한다. 모두는 가능한 최고의 수행을 만들어 내는 것을 유일한 목적으로 하는 하나의 팀이다. 운동가나 스케이트 선수도 역시 부모와 코치를 기쁘게 하고 그들의 기대를 충족시키기를 원한다. 분위기는 흥분, 헌신, 진실한 노력에 대한 열심으로 가득 차게 된다.

이는 당신이 포트폴리오를 사용할 때 만들어 내고자 하는 분위기이다. 교사, 학생, 부모는 학생이 글쓰기, 수학적 논리, 과학적 사고를 향상시키도록 돕고, 이렇게 능력이 성장(혹은 향상)되는 것에 대한 예를 모으기 위한 하나의 팀이다. 학생들은 그들이 할 수 있는 것을 드러내 보이기 원하고, 교사와 학부모가 자신들에게 준 믿음과 신뢰를 입증하기를 원한다. 포트폴리오는 그들의 리사이틀(recital)

이고 경기이고 대회이다.

포트폴리오를 사용하는 데 가장 주요한 이해관계자는 교사, 학생, 학부모이다. 따라서 포트폴리오 평가의 설명서를 집에 보내어 학부모를 끌어들여야 한다. 그리고 학부모와 학생들이 포트폴리오의 목적과 내용을 논의하도록 요구해야 한다. 한 교사가 부모에게 프트폴리오 프로젝트에 관하여 소개한 편지의 예가 〈그림 12.6〉에 제시되어 있다.

그림 12.6 교사가 부모에게 포트폴리오 프로젝트에 관하여 소개한 편지의 예

저는 당신의 자녀를 가르치는 8학년 국어 교사입니다. 수업에서 새로운 프로젝트를 시작하려고 하는데 당신의 도움이 필요합니다. 이 프로젝트는 한 학기동안 학생들이 부모님과 교사와 다른 급우들에게 보여 줄 수 있는 작문 포트폴리오를 만드는 것입니다. 학생들이 자신의 포트폴리오에 포함시킬 수 있는 작문은 편지, 수필, 설득문, 비판문, 시, 자서전, 소설, 드라마 대본 등입니다. 귀하의 자녀는 이들 중에서 자신이 포트폴리오에 무엇을 포함시킬지 선택하게 됩니다.

귀하의 자녀가 자신들의 쓴 글을 수정하고 편집할 때 도와주셔서 포트폴리오에 본인의 최고의 글들이 포함되게 해주십시오. 글을 잘 쓰는 사람이 되도록 돕는 최고의 방법은 다른 사람이 그 사람의 글을 읽고 수정하거나 편집해야 할 사항을 제안해 주는 것입니다. 부모님이 자녀의 글을 읽고 철자법, 문법, 내용에 대해 개선할 점을 제안해 주신다면 자녀가 최고의 글을 쓰는 데 귀중한 도움이 됩니다. 학기 말에는 교실에 모든 학생들의 글쓰기 포트폴리오를 전시할 것입니다. 그 때 꼭 오셔서 귀하의 자녀와 다른 친구들의 포트폴리오를 감상해 주십시오.

부모님이 자녀의 글을 읽으실 때마다, 자녀의 글을 개선하기 위해 부모님께서 도와주셨다는 것을 알 수 있도록 사인을 해 주시기 부탁드립니다.

도움에 진심으로 감사드리며, 학기 말에 글쓰기 전시회에서 만나 뵙기를 기대합니다.

4단계: 어떠한 산출물을 그리고 몇 개의 견본을 포트폴리오에 포함시킬지 결정하기

포트폴리오에 무엇을 그리고 얼마만큼을 포함시킬지를 결정할 때, 교사는 두 가지 주요 결정을 내려야 한다: 소유권과, 교수와 포트폴리오의 연계. 소유권이란 포트폴리오 내에 자신들이 포함시키기를 원하는 것이 포함되었다고 학생들이 인식하는 것을 말한다. 교사는 3단계에서 이 사안을 다루게 된다. 학생과 학부모를 계획단계에 동참시킴으로써 그들의 소유권 의식을 강화한다. 또한 교사는 그들에게 포트폴리오에 무엇이 들어갈지 말할 기회를 줌으로써 소유권 의식을 강화한다. 교사의 과제는 소유권을 강화하고자 하는 욕구와 3단계에서 규명한 인지적 기능과 성향(disposition)을 포트폴리오의 내용이 측정하고 있는지를 점검하는 의무 간에 균형을 잡는 것이다.

교수라는 차원에서 보면, 학생과 학부모는 교실의 교수가 포트폴리오의 내용을 형성하는 데 필수적인 기능을 가르치는 데 중점을 두고 있는지를 살펴볼 필요

가 있다. 예를 들어, 교사는 학생이 만들 수 있도록 가르치지 않은 수학 산출물을 요구해서는 안 된다. 학생이 글쓰기 포트폴리오를 만들고 있다면, 시, 수필, 논설 혹은 교육과정에 명시된 어떠한 것을 쓰는 데 필요한 기술을 가르치는 것이 교사의 교수목표에 포함되어야 한다. 이것은 과학, 사회, 지리, 역사 포트폴리오에도 동일하게 적용된다. 학생의 포트폴리오에 무엇을 포함시킬지를 결정할 때, 교사는 학생들이 개발하도록 가르침 받은 산출물만을 요구해야 한다.

학생의 소유권과 가르치는 것을 평가해야 하는 교사의 필요를 충족시킬 수 있는 가장 만족스러운 방법은 교사의 교수목표와 인지적 결과물을 걸맞게 해 주는 산출물의 특정 범주들을 요구하고 학생과 학부모에게 각 범주 내에서 견본을 선택하도록 허용하는 것이다. 예를 들어 8학년의 수학 포트폴리오에 다음 범주의 수학 내용을 보여 주는 소재가 포함될 것을 요구할 수 있다.

1. *수와 연산:* 학생은 수의 상대적 크기와 수에 대한 연산효과의 이해 그리고 연산을 수행하는 능력을 보인다.
2. *추정:* 학생은 기본적 사실, 자리값, 연산에 대한 이해, 암산, 오차한도, 전략의 유연한 사용을 보인다.
3. *예측:* 실험적 확률에 기초하여 예측을 하고, 체계적으로 자료를 조직하고 기술하고, 자료 분석에 의거하여 추측을 하고, 그래프, 도표, 표를 구성하고 해석하는 능력을 보인다.

다른 예로는 고등학교 글쓰기 포트폴리오를 들 수 있다. 교사는 다음의 글쓰기 범주를 포트폴리오에 포함하도록 요구한다: 설득적 논설, 설득적 수필, 소설, 자서전, 대화문. 학생은 각 범주에 속한 글쓰기 견본을 선택한다. 각 견본마다 학생이 그 견본을 선택한 이유와 견본이 글쓰기 성장에 관하여 무엇을 보여 주는가를 설명하는 첨부장이 포함된다.

교사는 또한 포트폴리오의 각 내용범주마다 몇 개의 견본을 포함시킬지를 결정해야 한다. 예를 들어 설득적 수필로는 두 개의 견본을, 비평으로는 하나를, 대화문으로는 셋을 요구할 수 있다. Shavelson, Gao, Baxter(1991)는 포트폴리오의 수행에 대한 신뢰로운 평가결과를 얻기 위해서는 다른 여러 주제영역에 걸친 8개의 결과물이나 과제가 필요할 것이라고 제안했다. 교사는 학생으로부터 의견을 들은 후에 이러한 결정을 내려야 한다.

5단계: 포트폴리오 채점척도 만들기 2단계에서 교사는 포트폴리오가 평가하는 주요한 인지적 기능과 성향을 규명하게 된다. 4단계에서는 포트폴리오가 포함하게 되는 내용의 범주를 규명하게 된다. 이제는 교사가 포트폴리오에 포함되는 각각의 그리고 전체적으로 우수한, 보통의, 서툰 수행의 모습이 어떠한지를 결정해야 한다.

당신은 이미 비슷한 경험을 하였다. 당신이 채점하는 포트폴리오 내용의 각 인지적 학습결과마다 교사가 중요하다고 여기는 주요 특성과 특징을 나열한다. 예를 들어, 〈그림 12.7〉의 에세이 쓰기 프트폴리오를 위해 교사는 학생의 반성의 질, 글쓰기 규칙, 조직, 계획, 수정의 질이 포트폴리오에 포함되는 것을 결정하는 중요한 요소라고 생각할 수 있다. 다음, 〈그림 12.7〉에 보이는 대로, 각 특성별로 나타날 수 있는 학생의 수행범위를 묘사하는 평정척도(rating scale)를 만든다. 이러한 평정척도는 채점기준표라고 불리며 포트폴리오 내용을 평가하는 준거들을 보여 준다. 〈그림 12.8〉에는 교사가 반성, 수학적 지식, 전략적 지식, 의사소통의 인지적 결과물을 평가하기 위해 수학 문제 해결 포트폴리오에서 평정척도를 만든 결과를 보여 주고 있다.

포트폴리오에 포함되는 각 내용에 대한 채점기준표의 설계가 끝나면, 다음에는 전체적인 하나의 산출물로서 포트폴리오의 채점준거를 설계하게 된다. 전체 포트폴리오의 채점방법을 개발할 때 고려해야 할 특성에는 완전성, 다양성, 성장 혹은 향상, 전체적 질, 자기반성, 유연성, 조직 구성, 외형이 포함된다. 이 특성 중에서 선택하거나 혹은 다른 것을 포함하여 각 특성마다 5점 평정척도를 만들게 된다.

수행평가와 포트폴리오의 통지표 평점

수행평가와 포트폴리오는 교사의 시간과 학생의 수행이라는 많은 헌신을 필요로 한다. 따라서 수행평가나 포트폴리오를 사용하기로 결정한 교사는 중간 혹은 기말 통지표 평점에서 수행평가나 포트폴리오의 성적이 상당한 가중치를 가지도록 확실히 해야 한다. 이를 위한 한 가지 방법은 퀴즈, 검사, 숙제, 수행평가 등을 각각 100점 만점으로 채점하는 것이다. 최종 평점을 구하기 위해서는 각 요소마다 평점을 단순 평균하고(예, 100점 만점으로 채점된 모든 퀴즈 점수를 평균한다), 이 평균점수에 부여된 가중치를 곱하고, 최종적으로 곱한 결과를 합하면 된다. 〈그림 12.9〉는 이를 위한 세 가지 공식의 예이다.

그림 12.7 수필 포트폴리오 평정양식

__________ 1차 초안

__________ 2차 초안

__________ 최종안

학생이 완성하는 부분

1. 제출일: ____

2. 이 수필이 당신에 관하여 무엇을 보여 주는지 간략하게 설명하시오.
 ____
 ____

3. 이 글에 관한 어떠한 면을 가장 좋아하는가? ____________________
 ____

4. 보다 향상된 다음 안을 만들기 위해 무엇을 하고자 하는가? ____________________
 ____

5. 이것이 당신의 최종안이라면 당신은 이것을 포트폴리오에 포함시킬 것인가? 그 이유는 무엇인가? ________
 ____
 ____

교사가 완성하는 부분

평정	설명
1. 반성의 질	
5	수필에 관하여 자신이 가장 좋아하는 바와 싫어하는 바를 매우 명료하게 진술함. 작품을 개선하기 위해 무엇을 해야 하는지를 매우 자세하게 다루었음.
4	수필에 관하여 자신이 좋아하는 바와 싫어하는 바를 명료하게 진술함. 작품을 개선하기 위해 무엇을 해야 하는지를 자세하게 진술함.
3	수필에 관하여 자신이 좋아하는 바와 싫어하는 바를 진술했으나 보다 명료화되어야 함. 작품을 개선하기 위해 무엇을 해야 하는지를 어느 정도 자세하게 다루었음.
2	좋아하는 바와 싫어하는 바가 모호함. 작품을 개선하기 위해 무엇을 해야 하는지를 거의 다루지 않음.
1	작품에 대한 반성이 전혀 보이지 않음.
2. 글쓰기 규칙	
5	글쓰기 규칙의 사용이 매우 효과적임. 드러난 오류가 없음. 다음 규칙들을 유동적으로 사용하고 난이도가 높은 규칙을 사용함: 철자법, 구두법, 문법적 사용, 문장 구성.
4	글쓰기 규칙의 사용이 효과적임. 사소한 오류만 드러나 있음. 다음 규칙들의 사용이 꽤 효과적임: 철자법, 구두법, 문법적 사용, 문장 구성.
3	글쓰기 규칙의 사용이 어느 정도 효과적임. 이해를 방해하는 오류가 없음. 다음 규칙들의 사용이 얼마간 효과적임: 철자법, 구두법, 문법적 사용, 문장 구성.

그림 12.7 수필 포트폴리오 평정양식 (계속)

2	글쓰기 규칙의 사용상의 오류로 인해 이해가 방해됨. 다음 규칙들의 사용이 제한적이고 고르지 않음: 철자법, 구두법, 문법적 사용, 문장 구성.
1	글쓰기 규칙의 사용상의 오류로 인해 의미가 모호함. 철자법, 구두법, 문법적 사용, 문장 구성에 대한 이해가 없음.

3. 조직

5	명료하게 의미가 통함
4	의미가 통함
3	대부분은 의미가 통함
2	시도는 하였으나 의미가 통하지 않음
1	전혀 의미가 통하지 않음

4. 계획(1차 초안에만 해당)

5	독자에 대한 명료한 아이디어가 있음. 목적이 매우 명확하고 뚜렷함. 전체적 글쓰기 계획이 확연하게 나타남.
4	독자에 대한 아이디어가 있음. 목적이 명확하고 뚜렷함. 전체적 글쓰기 계획이 있음.
3	독자에 대한 아이디어가 어느 정도 있음. 목적이 나타나 있으나 상당히 모호함. 전체적 글쓰기 계획이 어느 정도 명료함.
2	누구를 위해 글을 썼는지가 모호함. 목적이 불분명함. 명확한 계획이 나타나 있지 않음.
1	계획을 세웠다는 증거가 글에서 보이지 않음.

5. 수정의 질(2차 초안에만 해당)

5	수정에 대한 모든 제안을 따름. 수정하여 확연한 향상을 보임.
4	수정에 대한 대부분의 제안을 따름. 수정안이 초안보다 향상되었음.
3	수정에 대한 제안을 부분적으로 따름. 수정안은 초안보다 약간 향상되었음.
2	수정에 대한 제안을 대부분 따르지 않음. 수정안은 이전 초안보다 향상되지 않았음.
1	수정하고자 하는 시도가 거의 없음.

평점의 합계: ____________________

____

평점의 평균: ____________________

____

진술: ____________________

____

____

____

그림 12.8 수학문제 해결 포트폴리오 평정양식

내용범주

✓ 문제해결		문제 ____	1
____ 수와 연산		✓	2
____ 측정		____	3
____ 예측			

학생이 완성하는 부분

1. 제출일: ____________________

2. 이 문제가 문제해결자로서의 당신에 관하여 무엇을 보여 주는가?

____

3. 이 문제의 해결방법에 관해 가장 좋아하는 점은 무엇인가? ____________________

4. 다음 문제에서 당신의 문제해결 기술을 어떻게 향상시킬 것인가? ____________________

교사가 완성하는 부분

평정	설명
1. 반성의 질	
5	자신의 문제해결 능력에 관한 매우 뛰어난 통찰력과 성장을 위한 명료한 아이디어를 가지고 있음.
4	자신의 문제해결 능력에 관한 충분한 통찰력과 성장을 위한 아이디어를 가지고 있음.
3	문제해결의 강점과 부족한 점을 어느 정도 반성함. 문제해결자로서 어떻게 성장해야 하는지에 대한 어느 정도의 아이디어가 있음.
2	문제해결의 강점과 부족한 점을 거의 반성하지 않음. 문제해결자로서 어떻게 성장해야 하는지에 대한 아이디어가 거의 없음.
1	자신을 문제해결자로서 생각하는 것이 전혀 없음
2. 수학적 지식	
5	문제, 수학적 개념, 원리에 대한 깊은 이해를 보임. 적절한 수학 용어를 사용하고 모든 계산이 정확함.
4	수학적 문제, 개념, 원리에 대한 충분한 이해를 보임. 대부분의 경우 적절한 수학 용어를 사용함. 계산 오류가 거의 없음.

그림 12.8 수학문제 해결 포트폴리오 평정양식

3	수학적 문제, 개념, 원리에 대한 어느 정도의 이해를 보임. 적절하지 못한 수학 용어를 사용하는 경우가 어느 정도 있음. 계산 오류가 어느 정도 있음.
2	많은 문제에서 오류가 있음. 많은 용어가 부정확함.
1	문제에 중대한 오류가 있음. 수학적 문제, 개념, 원리에 대한 이해가 없음.

3. 전략적 지식

5	문제의 주요한 요소를 모두 규명함. 문제해결을 위한 적절하고 체계적인 전략을 보임. 해결과정에 대한 명확한 증거를 제시함.
4	문제의 주요한 요소를 대부분 규명함. 많은 경우에 문제해결을 위한 적절하고 체계적인 전략을 보이고 해결과정에 대한 명확한 증거를 제시함.
3	문제의 주요한 요소를 어느 정도 규명함. 문제해결을 위한 전략을 사용한 어느 정도의 증거를 보임. 그러나 과정이 불완전함.
2	문제의 주요한 요소를 거의 규명하지 못함. 문제해결을 위한 전략을 사용한 증거가 거의 없음. 과정을 알 수 없음.
1	관련 없는 외부의 정보를 사용함. 문제부분을 그대로 옮겨 적음. 문제해결에 대한 시도가 없음.

4. 의사소통

5	모호하지 않고 명료한 설명과 함께 완벽한 응답을 함. 설명을 명백하게 하는 데 도움을 주는 도형과 도표를 포함시킴. 논리적으로 성립된 강한 주장을 펼침.
4	도형과 도표를 어느 정도 포함한 상당히 명료한 설명과 함께 충분한 응답을 함. 모든 부분은 아니지만 대부분의 경우 논리적으로 성립된 충분한 주장을 펼침.
3	설명과 문제해결에 대한 기술이 명료하나 완전하지는 않음. 하고자 하는 바를 명백하게 하기 위해 도형과 도표를 어느 정도 사용함. 그러나 주장은 불완전함.
2	설명과 문제해결에 대한 기술이 미약함. 하고자 하는 바를 명백하게 하기 위해 도형과 도표를 사용했다 하더라도 아주 조금 사용함. 주장에 심각한 결함을 가지고 있음.
1	비효과적인 의사소통. 도형은 문제를 잘못 나타내고 있음. 주장에는 적절한 전제가 없음.

평점의 합계: ______________________

평점의 평균: ______________________

진술: ______________________

____

____

____

____

____

____

그림 12.9 평점을 계산하고 가중치를 부여하는 세 가지 방법의 예

평정공식 예 1(1배, 2배, 3배 계획을 예로 하여)

숙제와 과제: 숙제와 과제의 모든 평점을 합하여 평균을 낸다. 구해진 평균은 한 번 셈에 포함된다.

숙제와 과제의 평균이 다음처럼 구해진다.

84+81+88+92+96+85+78+83+91+79+89+94 = 1040÷12 = 86.6 = 87(평균)

퀴즈: 모든 퀴즈의 평점을 합하여 평균을 낸다. 구해진 평균은 두 번 셈에 포함된다.

퀴즈의 평균이 다음처럼 구해진다.

82+88+80+91+78+86 = 505÷6 = 84.2 = 84(평균)

검사와 주요 프로젝트: 모든 검사와 주요 프로젝트의 평점을 합하여 평균을 낸다. 구해진 평균은 세 번 셈에 포함된다.

검사와 주요 프로젝트의 평균이 다음처럼 구해진다.

81+91+86 = 258÷3 = 86(평균)

6주 평점은 다음처럼 구해진다.

87(한 번)+84+84(두 번)+86+86+86(세 번) = 513÷6 = 85.5 = 86(최종 평점)

평정공식 예 2(퍼센트 계획을 예로 하여)

교사가 각 영역의 퍼센트를 결정한다. 예를 들어 숙제와 과제는 최종 평점의 20%, 퀴즈는 최종 평점의 40%, 검사와 주요 프로젝트는 최종 평점의 40%를 차지한다.

위에서 보여진 동일한 점수를 사용하여 학생의 평점은 다음과 같이 계산된다.

숙제와 과제의 86.6의 20%는 17.3이고, 퀴즈의 84.2의 40%는 33.7이며, 검사와 주요 프로젝트의 86의 40%는 34.4이다.

6주 평점은 다음처럼 구해진다.

17.3+33.7+34.4 = 85.4 = 85

평정공식 예 3(국어교과의 계획을 예로 하여)

국어교과를 가르치는 한 교사는 출판, 목표도달, 일지, 일간 과정의 점수가 6주 평점에서 각각 4분의 1(25%)만큼 차지하도록 결정한다.

국어교과 평점은 다음과 같이 계산된다.

출판점수는 6주 마지막에 한 번 부여된다 = 88

목표도달 점수는 6주 마지막에 한 번 부여된다 = 86

일지점수: 82+92+94+90+88+86 = 532÷6 = 88.7 = 89

일간 과정 점수: 78+82+86+94+94+91 = 525÷6 = 87.5 = 88

6주 평점은 다음처럼 구해진다.

88+86+89+88 = 351÷4 = 87.75 = 88

포트폴리오 협의회 계획하기

학기 말이나 학년 말에 포트폴리오 자체와 포트폴리오가 학생의 성장과 최종 성취에 관하여 무엇을 보여 줄지 논의하기 위하여 개별 학생들(그리고 가능하다면 학부모들)과의 최종 협의회를 계획한다. 교사로부터 약간의 도움을 받는다면 학생도 협의회의 진행을 맡아 할 수 있다. 이러한 최종 행사는 학생이 훌륭한 포트

폴리오를 산출하도록 하는 데 매우 고무적인 역할을 한다.

일반 교실에서 특수 학생의 학문적 성취 평가하기

일반 교실에서 특수 학생들의 교수와 평가를 규제하는 두 가지 중요한 법안에 대해 알아야 한다. No Child Left Behind Act(NCLB) 법안과 Individuals with Disabilities Education Improvement Act(IDEIA) 법안이다.

No Child Left Behind Act(NCLB)

Elementary and Secondary Education Act(ESEA)는 2002년 1월 재인가되었고 No Child Left Behind Act(NCLB)로 개명되었다. NCLB의 의도는 민족, 수입, 배경에 상관없이 미국의 모든 아동들에게 교육 기회를 향상시키고자 하는 것이다. 특별히 전통적으로 낮은 성취를 보이고 경제적으로 혜택을 받지 못한 학생들의 학업 성취를 높이는 데 초점을 맞추고 있다. 이를 위해 네 가지 원칙에 입각해 법이 만들어졌다.

- 결과의 책무성
- 과학적 연구에 근거하여 실제로 효과가 있다고 판명된 활동에 집중하기
- 부모의 선택권 확대
- 지방 기관의 권한과 유연성의 확대

NCLB는 광범위한 법안이고 일반 교사와 관련된 연방정부의 주요한 교육 프로그램을 포함하고 있다. 여기에는 사회적 약자를 위한 교육, 조기 읽기 교육, 안전하고 약물 없는 학교, 이중 언어 및 이주자 교육이 포함된다. 이러한 프로그램과 관련된 당신 교육구의 연방정부 예산은 주, 교육구, 학교가 매년 실시되는 평가 절차를 얼마나 잘 준수하는가에 밀접하게 달려 있다. 그리고 이 연간 평가는 당신 교실의 학생들이 적절한 연간 향상(adequate yearly progress)을 성취했는가를 확인하기 위한 것이다.

2004년 Individuals with Disabilities Education Improvement Act의 재인가

당신과 관련이 있는 두 번째 광범위한 연방 프로그램은 2004년 11월 통과된 Individuals with Disabilities Education Improvement Act(IDEIA-04) 법안이다. 의회

에서 이법을 통과시킨 의도는 장애를 가진 아동들이 비용 없이 적절한 공립 교육을 받을 권리를 가짐을 재천명하고 특수 교육을 받는 아동들이 2002년 NCLB 법안에 의한 개선사항을 포함하여 일반 교육에서 일반 학생들이 받는 모든 혜택을 동일하게 받을 수 있도록 하고자 함이다. IDEIA-04에는 매우 심한 중증 경우를 제외하고는 장애 아동이 일반 교실의 교육과정을 그대로 따르도록 되어 있다. 더하여 일반 학생들에게 사용되는 동일한 평가도구를 이용하여 장애 학생을 평가하도록 되어 있다. 물론 심한 경우 장애 학생은 적절한 조치와 함께 평가받거나 대체 방법으로 평가받게 된다.

IDEIA-04에 따르면 개별 장애 학생들을 위해 조직된 개인별 교육 프로그램(Individualized Education Program: IEP)에 일반 교육 교사가 꼭 포함되어야 한다. IEP 팀은 일반 교육 교사, 특수 교육 교사, 학부모로 구성되고 정규 교육과정을 따르는 특수 학생의 성취와 향상을 어떻게 평가할지를 결정한다. IEP 팀은 그러한 결정을 내리는 데 필요한 자료도 수집해야 하는데, 그 자료에는 장애 아동의 행위가 정규 교육과정의 진행을 방해할 때 그러한 행위의 자료 수집도 포함된다. 학생이 특수 교육을 받을 필요가 있는지 그리고 학생의 행위가 정규 교육과정의 진행을 어느 정도나 방해하는지를 결정하기 위해서 일반 교사에 의해 일반 학급에서 장애 아동을 평가하는 것이 의무화되어 있다. 또한 개별 장애 아동이 IEP에서 설정된 연간 학습목표를 얼마나 성취했는지를 평가하고 IDEIA-04와 NCLB의 책무교정을 준수하기 위해서 일반 학급에서의 평가가 의무화되어 있다.

IDEIA-04와 NCLB를 통과시킨 의회의 의도는 명료하다: 장애 아동은 정규 교육과정을 따라 가르쳐져야 한다. 그들의 정규 교육과정에 의거한 향상은 정기적으로 평가되어야 한다. IEP가 특수 조치나 대체 평가를 정당화할 수 있는 경우를 제외하고 그들은 일반 비장애 아동들과 마찬가지로 연간 학업 성취도 평가에 참여해야 한다. IEP 팀에서는 일반 교사가 정규 교육과정과 일반 학급의 연간 학업 성취도에 대해 가장 잘 알고 있으므로 IEP 팀 회의에서 중요한 역할을 하게 된다. 그리고 장애 아동의 향상은 종종 장애에 기인한 행위적, 사회적 욕구에 의해 방해를 받을 수 있다. IEP가 모일 때마다 이러한 학생의 욕구가 정규 교육과정의 진행을 방해하는지 여부를 결정하기 위해 이러한 욕구도 평가되어야 한다.

장애 아동이 NCLB에 규정된 연간 성취도 평가에 적절하게 참여할 수 있는지를 결정하는 데 도움을 주기 위해 장애 아동을 평가하는 것은 일반 교사가 담당해야 하는 일이다. 이러한 목적을 위해서는 이 장과 제3장에서 다루어진 기법과 도구[예를 들면, 교사 제작 객관식 검사, 서답형 검사, 수행평가, 포트폴리오, 목적(goals) 기준(standards), 목표(objectives)]가 필요하다. 각 장애 아동의 사례가 독특하기 때문에 한 학생을 위해 평가 방법을 조정한 것이 다른 장애 아동에게는 적합하지 않을 수 있다. 그러한 조정에는 평가를 위해 추가 시간 제공하기, 큰 글씨체나 점자로 된 문항 치르기, 오답지 수 줄이기, 중간 휴식을 더 주기 등이다. IEP 팀은 일반 학급에서 수집된 자료에 대부분 의존하여 정규 교육과정의 장애 아동의 학업 성취와 향상을 평가한다. 따라서 일반 교육 교사가 특수 아동의 성취 및 향상에 관한 자료와 연간 성취도 평가를 위해 어떠한 조정이 이루어졌는지를 알려 주게 된다.

Ysseldyke과 Algozzine(1990) 그리고 Algozzine과 Ysseldyke(2006)는 일반 학급 교사가 평가 과정에 참여하는 방법을 규명해 놓았다. 일반 학급에서 특수 아동을 확인하고, 교수하고, 평가하는 특수 교육과정의 각 단계에서 일반 교육 교사의 평가기술이 어떻게 중요한 역할을 하는지 보여 주는 순서도가 〈그림 12.10〉에 있다. 또 이 순서도는 특수 아동의 평가를 위해 일반 교육 교사가 담당할 것으로 기대되는 책임이 무엇인지를 보여 주고 있다.

그림 12.10 특수 아동의 확인, 교수, 평가에 걸친 일반 교사의 참여

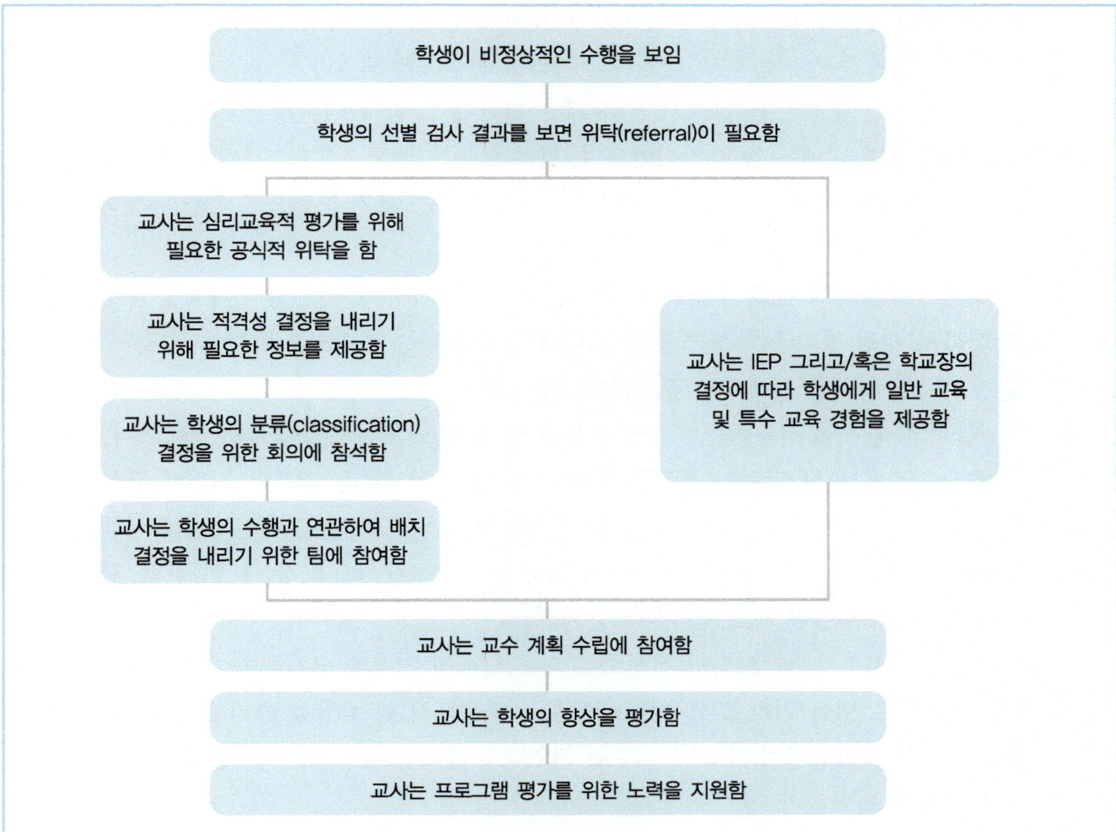

출저: Ysseldyke, J., & Algozzine, R. *Instructor's resource manual, Introduction to special education*, 2nd edition. Boston: Houghton Mifflin.

현장사례 *Case History and Licensure Preparation*

배예리 선생님은 현재 중학교에서 학생들을 가르치게 되어 매우 행복했다. 학교는 새로 지어졌고 컴퓨터실, 어학실, 과학실을 포함하여 최신식 시설을 갖추고 있었다. 담당한 학년의 사회, 과학 과목 표준화 검사 점수를 보고는 매우 기뻤다. 자신이 담당한 과목뿐만 아니라 과학, 어휘, 읽기, 수학 같은 중요한 영역에서 대부분의 학급이 해당 학년 평균 이상의 실력이었다. 학부형 회의 날에는 그녀의 반을 걱정해 주고 지원해 주고자 하는 학부모들로 둘러싸였다.

그러나 6주가 지난 지금 배 선생님은 실망하고 있다. 선생님은 현재 '이상적' 학급을 가르치면서 자신이 대도시 빈민지역에서 저성취 학생들로 이루어진 대규모 학급을 가르칠 때 겪었던 것과 완전히 동일한 어려움을 경험하고 있다. 학생들이 주간 퀴즈와 객관식 검사에서 우수한 성적을 보임에도 불구하고 선생님은 학생들이 과제를 대충 읽고서도 높은 점수를 받은 것이 아닌지 의심했다. 대부분 학생들이 '수'와 '우'를 받았지만 누구도 수업에 흥미가 없어 보였다. 결국 배 선생님은 검사를 통해 학생들이 보여 준 성취는 미리 암기한 것이라고 의심하게 되었다.

처음 학생들의 작문을 읽는 것은 유쾌한 일이었다. 학생들은 잘 구성된 문장을 사용했고, 생각은 매우 잘 조직되었으며, 철자 오류는 극히 적었다. 그러나 지금 배 선생님은 학생들이 배운 개념을 피상적으로 이해하고는 쓰기 능력으로 이를 위장하고 있는지도 모른다고 의심하고 있다.

배 선생님은 보다 높은 수준의 이해를 조장하고 평가하기 위해 검사 자체를 바꾸고 더하여 평정 방식을 바꾸는 것을 고려하였다. 그녀는 추측만으로 반을 맞출 수 있는 진위형 퀴즈를 없애기로 결정했다. 선다형은 계속 사용하지만 암기가 아니라 학생들이 배운 것을 적용하는 기술을 유도해 낼 수 있도록 문제를 출제하기로 했다.

세계 지리에 관한 단원의 공부를 이제 막 끝냈고 학생들은 기후와 지형에 관한 사실적 지식을 중요시하는 검사를 치를 것이라고 예상하고 있다. 이전처럼 학생들은 이제 막 암기한 사실적 지식—이번 경우는 연간 강우량, 바다, 강, 호수, 산맥, 사막 등의—으로 무장한 채로 왔다.

명수는 어젯밤 TV를 보면서 건성으로 외운 사실적 지식과 숫자들이 오전까지는 머리에 그대로 있을 거라고 생각했다. 아침을 먹으면서 해당 장을 빨리 한 번 훑어보았기 때문에 이전처럼 시험 준비가 잘 되었다고 생각했다. 그러나 첫 번째 문제를 보곤 입이 떡 벌어졌다.

암기한 숫자, 강우, 온도, 지형에 대한 지식이 아무런 도움이 되지 않았다. 그에 앞에 있는 것은 가상의 국가와 그 국가의 광물 매장량, 식물, 강우, 가상의 강, 호수, 산이었다.

문제는 다음과 같았다: 지리 지식과 지리가 경제와 인구 증가에 미치는 영향에 기초하여 가상적 국가와 관련된 다음의 질문에 답하시오. 인구 분포를 보여 주는 네 개의 개략적 그림이 있습니다. 주어진 자료에 근거하여 이 중 자료를 가장 잘 반영하고 있는 그림이 무엇인지 설명하시오.

다른 질문은 가축목장, 곡물 산업, 광산, 공장 지역의 표시가 다르게 되어 있는 네 개의 지도를 주고 경제 발전에 관해 묻는 것이었다.

명수는 침을 삼키고 마지막 장을 펼쳐 보았다. 거기에는 그가 보통 쉽게 답을 했던 작문 문제가 있었다. 대부분 그는 교과서의 문구를 바꿔 쓰기만 하면 높은 점수를 받을 수 있었다. 그는 단어를 능숙하게 사용하는 법을 알고 있었고, 모르는 세부 사실을 벌충하기 위해 멋진 형용사를 사용했다. 그러나 오늘은 그의 화법 능력이 별로 도움이 되지 않았다.

작문 문제는 다음과 같았다: 선다형 문제에서 당신이 답한 지도를 선택한 논리적 이유를 자세하게 설명하시오.

검사시간이 다 끝나가지만 어느 누구도 일찍 끝마친 사람이 없었다. 검사 초반에 보인 학생들의 당황스러운 모습은 답을 결정하고 있는 모습으로 바뀌었으며 몇몇은 살짝 만족스러운 표정을 지었다.

요약

Summing up

규준참조검사와 준거참조검사

1. 다른 학생들과 비교하여 학생의 위치나 서열을 결정하는 검사를 규준참조검사(NRT)라고 한다. 이러한 유형의 검사는 동일 연령 혹은 학년 학생의 대규모 표본집단과 비교하여 학생의 성취도에 대한 정보를 제공한다.
2. 학생의 성취를 숙달기준과 비교하는 검사를 준거참조검사(CRT)라고 한다. 이러한 유형의 검사는 학생이 특정 기능이나 기능 세트에 관한 추가적 교수를 필요로 하는지에 관한 정보를 제공한다.
3. NRT의 주요 장점은 단일 검사로 다른 많은 내용을 망라할 수 있다는 것이며, 주요 단점은 너무 일반적이어서 개별 교과서나 워크북과 연계된 강점과 약점을 파악하기에 유용하지 않다는 것이다.
4. CRT의 주요 장점은 개별 기능이나 행동에 대한 아주 명료한 정보를 산출할 수 있다는 것이다. 주요 단점은 학교에서 일반적

으로 가르치는 여러 기능과 행동에 관한 결정을 위해서는 많은 수의 CRT가 필요하다는 것이다.

검사 청사진

5. 검사 청사진은 만들어질 검사문항이 교수된 내용영역과 행동의 복잡성에 일치하게끔 해 주는 표이다. 검사 청사진은 (1) 다루어진 내용영역과 (2) 주요한 인지적 혹은 정의적 과정을 통틀어 학습의 표본을 뽑아내는 데 확실한 도움을 준다.

객관식 검사문항

6. 객관식 검사문항의 유형은 다음과 같다.
   - 진위형
   - 연결형
   - 선다형
   - 완성형 혹은 단답형
7. 진위형에서 추측의 영향력을 줄이기 위한 두 가지 방법은 (1) 모든 학생들에게 답을 모를 때 추측을 하도록 권장하는 것과 (2) 거짓인 진술을 수정하도록 요구하는 것이다.
8. 연결형 문항을 만들기 위한 제안 사항
   - 목록을 동질적으로 만든다. 즉, 동일한 종류의 사건이나 사람, 상황을 나타내도록 한다.
   - 짧은 목록을 먼저 위치시키고, 선택사항을 시대순, 번호순, 가나다순으로 배열한다.
   - 추측으로 우연히 정답을 맞힐 확률을 낮추기 위하여 설명목록보다 선택목록 내용의 수가 대략 세 개 이상 더 많도록 한다.
   - 목록에 포함된 것이 무엇인지를 알 수 있도록 지시문을 만들고, 무슨 근거로 연결하는지를 명료화한다.
   - 정답이 복수 개가 되지는 않았는지 선택사항을 꼼꼼히 검토한다.
9. 선다형 문항을 개발할 때는 다음의 잘못을 범하지 않도록 한다.
   - 동일한 용어나 근사한 파생어가 지문과 답지에 모두 나타나는 지문단서
   - 관사, 동사, 대명사에 의해 1개 혹은 그 이상의 답지가 문법적으로 맞지 않게 되는 문법적 단서
   - 포함시킬 경우 한 번이면 될 말을 각 답지에 반복해서 여러 번 포함시키는 것
   - 답지의 길이가 동일하지 않은 경우 가장 긴 답지가 정답임을 암시할 수도 있음
   - '모두 맞음' 은 답지의 변별력을 약화시키고, '정답 없음' 은 추측을 부추길 수 있음
10. 고등 인지능력을 측정하는 선다형 문항을 개발하기 위한 제안 사항
    - 그림, 그래프, 표
    - 항목 간의 관계를 시범적으로 보여 주는 유사
    - 사전에 학습된 원리나 과정
11. 완성형 문항 개발을 위한 제안 사항
    - 하나의 단어로 된 정답을 요구한다.
    - 짧고 한정적인 질문을 한다.
    - 정답이 사실적으로 옳은지 확인한다.
    - 1개 혹은 2개의 주요 단어만을 삭제한다.
    - 괄호가 끝쪽에 오도록 진술한다.
    - 응답이 숫자로 표시된다면, 단위를 지정한다.

서답형 검사문항

12. 응답 비제한 서답형 문항에서는 학생이 응

답의 길이와 복잡성을 결정한다.

13. 응답 제한 서답형 문항에서는 학생이 적당한 정보를 기억하여 조직하고, 변호 가능한 결론을 도출하여, 그것을 명시된 시간 혹은 길이 내에서 서술해야 한다.
14. 서답형 문항이 가장 적절한 경우는 (1) 교수목표에 고차원적인 인지과정이 명시되어 있을 때, (2) 채점을 해야 할 검사(즉, 학생)의 수가 상대적으로 적을 때, (3) 검사 보안이 문제가 될 때이다.
15. 서답형 문항 개발을 위한 제안 사항
    - 재고자 하는 인지 과정(예, 적용, 분석, 결정)을 사전에 규정한다.
    - 학생이 완수해야 하는 과제를 명료하고 모호하지 않게 규정한다.
    - 문제에 주요 용어(예, 비교하시오, 이유를 대시오, 예측하시오)를 포함한다.
    - 논쟁점이 있는 문제에는 증거를 제시할 것을 요구한다.
    - 학생이 선택할 수 있는 형태의 문항은 피한다.
    - 적당한 시간과 분량 제한을 설정한다.
    - 각 서답형 문항이 반드시 검사 청사진상의 목표와 연관되도록 한다.
16. 다음은 서답형 문항을 채점할 때 일관성과 정확성을 높이기 위한 제안 사항이다.
    - 내용: 서답형 문항은 반드시 사고 과정을 평가해야 한다.
    - 내용 조직: 서답형 문항의 답은 반드시 서론, 본론, 결론으로 구성되어야 한다.
    - 인지 과정: 서답형 문항의 답은 반드시 해결책, 추천, 혹은 결정으로 결과가 나타나야 한다.
    - 완전성/내적 일관성: 서답형 문항의 답은 반드시 말하고자 하는 논점을 충분하게 기술해야 한다.
    - 독창성/창작성: 서답형 문항의 답은 반드시 새롭고 창의적인 대안을 제시해야 한다.

타당도와 신뢰도

17. 타당도란 검사가 재고자 하는 것을 재고 있는가에 관한 것이다. 세 가지 유형의 타당도는 내용, 공인, 예언 타당도이다.
18. 내용타당도는 검사의 내용을 점검함으로써 입증한다. 공인타당도는 새로운 검사의 점수와 동일한 학생들이 치른 기존 검사점수 간의 상관계수를 가지고 입증한다. 예언타당도는 새로운 검사의 점수와 검사가 재고자 하는 미래의 행동과의 상관계수를 가지고 입증한다.
19. 신뢰도란 검사가 일관되게 동일하거나 비슷한 점수를 산출하는가의 여부에 관한 것이다. 신뢰도의 세 가지 유형은 검사-재검사, 동형검사, 내적 일관성 신뢰도이다.
20. 검사-재검사 신뢰도는 동일한 학생들이 한 검사를 두 번 치르고 첫 번째 점수세트와 두 번째 점수세트 간의 상관계수를 가지고 입증한다. 동형검사 신뢰도는 동등하지만 다른 두 개의 검사를 동일한 학생들이 치르고 두 검사점수 세트 간의 상관계수를 가지고 입증한다. 내적 일관성 신뢰도는 검사가 단일한 개념을 측정하고 있는 정도를 보임으로써 입증한다.

평점과 평정체제

21. 평점과 평정체제는 비교에 근거하게 되는데, 일반적으로 다음 중 하나 혹은 그 이상

과 학생을 비교하게 된다.

- 다른 학생들
- 설정된 기준
- 적성
- 실제 성취 대 노력
- 실제 성취 대 향상도

표준화 검사

22. 표준화 검사는 학생의 성취수준을 비슷한 연령과 학년의 다른 학생들과 비교하기 위하여 검사 개발전문가에 의하여 개발된다. 표준화 검사는 특정한 동일 절차에 의거하여 실시되고 채점되기 때문에 표준화되었다고 말한다.

수행평가

23. 수행평가는 참성을 가진 실제적인 과제를 통해 복잡한 인지 기능을 측정함으로써 학생들로 하여금 그들이 알고 있는 것을 보여 주도록 요구한다.

포트폴리오

24. 포트폴리오란 학생이 무엇을 성취했는지 그리고 그러한 성취를 이루기 위해 어떠한 과정을 거쳤는지를 기록화한 자료들을 계획적으로 수집한 것이다.

토의 및 연습문제 *Discussion and Practice Questions*

1. 규준참조검사와 준거참조검사의 특징을 들고, 각각의 검사가 어떠한 목적에 가장 적합한지 보이시오.
2. 검사 청사진에 의해 측정하고자 하는 교수의 두 차원은 무엇인가?
3. 객관식 검사의 네 가지 유형을 밝히고 각 유형별로 장점과 단점을 두 가지씩 드시오.
4. 양질의 선다형 문항을 만들기 위해 피해야 할 네 가지 사항은 무엇인가? 당신의 생각에 피하기 가장 어려운 사항은 무엇인가?
5. 고등 인지능력을 측정하는 선다형 문항 개발을 위한 세 가지 방안은 무엇인가? 이 중 하나를 이용하여 개발한 선다형 문항의 예를 드시오.
6. 객관식 검사가 아닌 서답형 검사를 실시해야 하는 (이 장에서 언급된) 이유를 보이시오. 서답형 검사를 사용해야 하는 다른 이유를 말해 보시오.
7. 서답형 문항의 장점과 단점을 세 가지씩 기술하시오. 당신의 생각에 무엇이 가장 큰 장점이고 가장 큰 단점인가?
8. 서답형 문항의 채점을 위한 5개의 기준을 확인하시오. 각 기준에 당신은 몇 %의 가중치를 부여할 것인지 적으시오.
9. 근래에 치른 검사를 사용하여 타당도, 신뢰도, 정확도의 개념을 묘사하시오. 검사의 신뢰도와 타당도에 관하여 신경을 썼는가? 그렇지 않았다면, 어디서 이러한 정보를 얻을 수 있는지 알고 있는가?
10. 타당도와 신뢰도의 수용 가능한 범위를 보이시오. 타당도 계수와 신뢰도 계수의 가능 최고값은 얼마인가?
11. 표준화 검사란 무엇인가? 최근에 치른 표

준화 검사를 두 가지 적으시오.

12. 특정 학생의 백분위 점수가 보여 주는 것은 무엇인가? 백분위 점수를 해석할 때 명심해야 할 두 사항은 무엇인가?

13. 여러 포트폴리오 평정의 점수를 합하기 위해 사용하는 절차를 기술하시오. 당신이 만든 평정양식에 채점물에 대한 가상적 평정을 기입하여, 실제 점수와 평균을 가지고 다음을 어떻게 할 것인지 제시하시오: (1) 가중치 계산하기, (2) 각 채점물에 대한 평균점수 구하기, (3) 전체 점수를 구하기 위하여 채점물을 모두 더하기, (4) 평균 점수에 등급 표시(예, A~F) 부여하기.

참고문헌

Aaron, K. (2001). *Single parents can raise great children.* New York: Mass Market Paperback.

Abruscato, J. (1994). Boost your students' social skills with this 9 step plan. *Learning, 22*(5), 60-61, 66.

Adams-Bullock, A., & Hawk, P. (2010). *Developing a teaching portfolio: A guide for preservice and practicing teachers* (3rd ed.). Upper Saddle River, NJ: Prentice Hall.

Affini, J. (1996). *150 ways to increase intrinsic motivation in the classroom.* Boston: Allyn & Bacon.

Akhavan, N. (2008). *The teacher's guide to teaching reading.* Portsmouth, NH: Heinemann.

Alberto, P. A., & Troutman, A. C. (2009). *Applied behavior analysis for teachers* (8th ed.). Upper Saddle River, NJ: Pearson.

Aldrich, C. (2005). *Learning by doing: A comprehensive guide to simulations, computer games, and pedagogy in e-learning and other educational experiences.* Hoboken, NJ: Wiley.

Alexander, P. (Ed.). (1996). The role of knowledge in learning and instruction [Special issue]. *Educational Psychologist, 31*(2), 89-145.

Algozzine, R., & Ysseldyke, J. (2006). *The fundamentals of special education: A practical guide for every teacher.* Thousand Oaks, CA: Corwin.

American Association for the Advancement of Science. (1993). *Benchmarks for science literacy: Project 2061.* New York: Oxford University Press.

American Association for the Advancement of Science. (1996). *Benchmarks for science literacy.* Cary, NC: Author.

American Association for the Advancement of Science. (2005). *Benchmarks for science literacy.* New York: Oxford University Press.

Ames, C. (1990). Motivation: What teachers need to know. *Teachers College Record, 91*, 409-421.

Anderman, E. M., & Maehr, M. L. (1994). Motivation and schooling in the middle grades. *Review of Educational Research, 64*(20), 287-309.

Anderman, L. H., & Midgley, C. (1998). Motivation and middle school students. *ERIC Digest.* Washington, DC: Office of Educational Research and Improvement & U.S. Department of Education. (ERIC Document Reproduction Service No. ED 421 281)

Anderson, J. R. (2005). *Cognitive psychology and its implications* (6th ed.). Cranbury, NJ: Worth.

Anderson, L., Evertson, C., & Brophy, J. (1982). *Principles of small group instruction in elementary reading.* East Lansing: Michigan State University, Institute for Research on Teaching.

Anderson, L., & Krathwohl, D. (Eds.). (2001). *Taxonomy for learning, teaching, and assessing: A revision of Bloom's taxonomy of educational objectives.* New York: Longman.

Anderson, L., Stevens, D., Prawat, R., & Nickerson, J. (1988). Classroom task environments and students' risk-related beliefs. *The Elementary School Journal, 88*, 181-296.

Anderson, M. G. (1992). The use of selected theater rehearsal technique activities with African-American adolescents labeled "Behaviorally Disordered." *Exceptional Children, 59*, 132-140.

Angelillo, J. (2008). *Whole-class teaching: Minilessons and more.* Portsmouth, NH: Heinemann.

Antón-Oldenburg, M. (2000, September). Celebrate diversity! *Scholastic Instructor*, 46-48.

Atwood, V., & Wilen, W. (1991). Wait time

and effective social studies instruction: What can research in science education tell us? *Social Education, 55*, 179-181.

Audet, R., & Jordan, L. (Eds.). (2005). *Integrating inquiry across the curriculum*. Thousand Oaks, CA: Corwin.

Auer, P., Couper-Kuhlen, E., & Muller, F. (1999). *Language in time: The rhythm and tempo of spoken interaction*. Oxford, UK: Oxford University Press.

Ausubel, D. P. (1968). *Educational psychology: A cognitive view*. New York: Holt, Rinehart & Winston.

Baden, M., & Mayor, C. (2004). *Foundations of problem-based learning*. Berkshire, UK: Open University Press.

Ball, L., Lubienski, S., & Mewborn, D. (2001). Research on teaching mathematics: The unsolved problem of teachers' mathematical knowledge. In V. Richardson (Ed.), *Handbook of research on teaching* (pp. 433-456). Washington, DC: American Educational Research Association.

Bandura, A. (1986). *Social foundations of thought and action: A social cognitive theory*. Upper Saddle River, NJ: Prentice Hall.

Bandura, A. (1997). *Self-efficacy*. New York: W. H. Freeman.

Banks, J. (1997). *Teaching strategies for ethnic studies* (6th ed.). Boston: Allyn & Bacon.

Banks, J. (2000). *Cultural diversity and education: Foundations, curriculum, and teaching* (4th ed.). Boston: Allyn & Bacon.

Banks, J. (2005). *Cultural diversity and education: Foundations, curriculum, and teaching* (5th ed). Boston: Allyn & Bacon.

Banks, J., & Banks, C. (Eds.). (2001). *Handbook of research on multicultural education*. San Francisco: Jossey-Bass.

Banks, J., & Banks, C. (2006). *Multicultural education: Issues and perspectives*. Hoboken, NJ: Wiley.

Barell, J. (2006). *Problem-based learning: An inquiry approach*. Thousand Oaks, CA: Corwin.

Barr, R. (2001). Research on the teaching of reading. In V. Richardson (Ed.), *Handbook of research on teaching* (pp. 360-415). Washington, DC: American Educational Research Association.

Baum, S., Viens, J., & Slatin, B. (2005). *Multiple intelligences in the elementary classroom: A teacher's toolkit*. New York: Teachers College Press.

Benard, B. (1997). Turning it around for all youth: From risk to resilience. *ERIC/CUE Digest*, Number 126. Washington, DC: ERIC Clearinghouse on Teaching and Teacher Education. (ERIC Document Reproduction Service No. ED 412 309)

Bennett, C. (2006). *Comprehensive multicultural education: Theory and practice* (6th ed.). Boston: Allyn & Bacon.

Bennett, N., & Desforges, C. (1988). Matching classroom tasks to students' attainments. *The Elementary School Journal, 88*, 221-224.

Bennett, N., Desforges, C., Cockburn, A., & Wilkinson, B. (1981). *The quality of pupil learning experiences: Interim report*. Lancaster, UK: University of Lancaster, Centre for Educational Research and Development.

Berliner, D. (1979). Tempus educare. In P. Peterson & H. Walberg (Eds.), *Research on teaching: Concepts, findings, and implications* (pp. 120-135). Berkeley, CA: McCutchan.

Berliner, D., & Biddle, B. (1995). *The manufactured crisis: Myth, fraud, and the attack on America's public schools*. New York: Addison-Wesley.

Bernstein, J. (2006). *10 days to a less defiant child: The breakthrough program for overcoming your child's difficult behavior*. Cambridge, MA: Da Capo Press.

Bettencourt, E., Gillett, M., Gall, M., & Hull, R. (1983). Effects of teacher enthusiasm training on student on-task behavior and achievement. *American Educational*

Research Journal, 20, 435-450.

Beyer, B. (1995). *Critical thinking*. Bloomington, IN: Phi Delta Kappa Educational Foundation, Fastback No. 385.

Black, S. (1996). The truth about homework. *American School Board Journal, 183*(10), 48-51.

Blanton, B. (2005). The application of the cognitive learning theory to instructional design. *International Journal of Instructional Media, 25*(2), 171-180.

Bloom, B. (1981). *All our children learning*. New York: McGraw-Hill.

Bloom, B., Englehart, M., Hill, W., Furst, E., & Krathwohl, D. (1984). *Taxonomy of educational objectives: The classifi cation of educational goals. Handbook I: Cognitive domain*. New York: Longman Green.

Blumenfeld, P. C., Soloway, E., Marx, R. W., Krajcik, J. S., Guzdial, M., & Palincsar, A. (1991). Motivating project-based learning: Sustaining the doing, supporting the learning. *Educational Psychologist, 26*, 369-398.

Borich, G. (1993). *Clearly outstanding: Making each day count in your classroom*. Boston: Allyn & Bacon.

Borich, G. (2004). *Vital impressions: The KPM approach to children*. Austin, TX: The KPM Institute.

Borich, G. (2007a). Introduction to thinking. In A. Choo & G. Borich (Eds.), *Teaching strategies to promote thinking skills*. Singapore: McGraw-Hill.

Borich, G. (2007b). Introduction to the thinking curriculum. In A. Ong & G. Borich (Eds.), *Teaching strategies that promote thinking*. Singapore: McGraw-Hill.

Borich, G. (2008a). Characteristics of effective teaching. In N. Salkind (Ed.), *Encyclopedia of educational psychology*. Thousand Oaks, CA: Sage Publications.

Borich, G. (2008b). *Observation skills for effective teaching* (5th ed.). Upper Saddle River, NJ: Merrill/Prentice Hall.

Borich, G., & Hao, Y. (2007). Inquiry-based learning: A practical example. In A. Ong & G. Borich (Eds.), *Teaching strategies that promote thinking*. Singapore: McGraw-Hill.

Borich, G., & Tombari, M. (1997). *Educational psychology: A contemporary approach* (2nd ed.). Boston: Allyn & Bacon.

Borich, G., & Tombari, M. (2004). *Educational assessment for the elementary and middle school classroom* (2nd ed.). Upper Saddle River, NJ: Merrill/Prentice Hall.

Boss, S., Krauss, J., & Conery, L. (2008). *Reinventing project-based learning: Your field guide to real-world projects in the digital age*. Washington, DC: International Society for Technology in Education.

Bowers, C., & Flinders, D. (1991). *Culturally responsive teaching and supervision: A handbook for staff development*. New York: Teachers College Press.

Boyer, E. (1993, March). *Making the connections*. Address presented at the meeting of the Association for Supervision and Curriculum Development, Washington, DC.

Boyles, N. (2004). *Constructing meaning through kid-friendly comprehension strategy instruction*. Gainesville, FL: Maupin House Publishing.

Bransford, J., Brown, A., & Cocking, R. (Eds.). (2000). *How people learn: Brain, mind, experiences, and school*. Washington, DC: National Academy Press.

Bransford, J. D., & Steen, B. (1994). *The IDEAL problem solver* (2nd ed.). New York: Worth.

Bronfenbrenner, V. (1989). Ecological systems theory. In R. Vasta (Ed.), *Annals of child development* (Vol. 6, pp. 187-251). Greenwich, CT: JAI Press.

Brofenbrenner, V. (2005). *The ecology of human development: Experiments by nature and design*. Cambridge, MA: Harvard University Press.

Brookfi eld, S., & Preskill, S. (2005). *Discussion as a way of teaching: Tools and techniques for democratic classrooms*. San

Francisco: Jossey-Bass.

Brookhart, S. (2008). *How to give feedback to your students.* Alexandria, VA: Association for Supervision and Curriculum Development.

Brophy, J. (1981). Teach praise: A functional analysis. *Review of Educational Research, 51*, 5-32.

Brophy, J. (1992). Probing the subtleties of subject-matter teaching. *Educational Leadership, 49*(7), 4-8.

Brophy, J. (1996). *Teaching problem students.* New York: Guilford Press.

Brophy, J. (2002). *Teaching: Educational practices series—1.* United Nations Educational, Social, and Cutural Organization (UNESCO). Geneva, Switzerland: International Bureau of Education. Available from ww.ibe.unesco.org.

Brophy, J., & Evertson, C. (1976). *Learning from teaching: A developmental perspective.* Boston: Allyn & Bacon.

Brophy, J., & Good, T. (1986). Teacher behavior and student achievement. In M. C. Wittrock (Ed.), *Handbook of research on teaching* (3rd ed., pp. 328-375). Upper Saddle River, NJ: Merrill/Prentice Hall.

Brown, A. L. (1994). The advancement of learning. *Educational Researcher, 23*, 4-12.

Brown, A., & Campione, J. (1994). Guided discovery in a community of learners. In K. McGilly (Ed.), *Classroom lessons: Integrating*
cognitive theory and classroom practice (pp. 81-132). Norwood, NJ: Ablex.

Brown, G. (2001). *Questioning in the secondary school.* New York: Routledge-Falmer.

Brown, G., & Edmondson, R. (1984). Asking questions. In E. Wragg (Ed.), *Classroom teaching skills* (pp. 97-119). New York: Nichols.

Brown, G., & Wragg, E. (1993). *Questioning.* London: Routledge.

Bruner, J. (2004). *Toward a theory of instruction.* Cambridge, MA: Belknap Press.

Bruner, J. S. (1996). *The culture of education.* Cambridge, MA: Harvard University Press.

Bruning, R., Schraw, G., Norby, M., & Ronning, R. (2004). *Cognitive psychology and instruction* (4th ed.). Upper Saddle River, NJ: Merrill/Prentice Hall.

Buehl, D. (2008). *Classroom strategies for interactive learning.* Newark, DE: International Reading Association.

Bullough, R. (1989). *First-year teacher: A case study.* New York: Teachers College Press.

Burbules, N., & Bruce, B. (2001). Theory and research on teaching as dialogue. In V. Richardson (Ed.), *Handbook of research on teaching* (4th ed.). Washington, DC: American Educational Research Association.

Burden, P. (1986). Teacher development: Implications for teacher education. In J. Raths & L. Katz (Eds.), *Advances in teacher education* (Vol. 2). Norwood, NJ: Ablex.

Burke, K. (2006). *From standards to rubrics in six steps: Tools for assessing student learning, K-8.* Thousand Oaks, CA: Corwin.

Burnette, J. (1999). *Critical behaviors and strategies for teaching culturally diverse students.* ERIC/OSEP Digest E 584. Reston, VA: ERIC Clearinghouse on Disabilities and Gifted Education. (ERIC Document Reproduction Service No. ED 435 147)

Buzan, T. (2004). *How to mind map.* New York: HarperCollins.

Bybee, R., & Loucks-Horsely, S. (2001). National science education standards as a catalyst for change. In J. Rhoton & P. Bowers (Eds.), *Professional development planning and design: Issues in science education.* Arlington, VA: National Science Teachers Association.

Cabello, B., & Terrell, R. (1994). Making students feel like family: How teachers create warm and caring classroom climates. *Journal of Classroom Interaction, 29*, 17-23.

Campbell, B., Campbell, L., & Dickinson, D. (1996). *Teaching and learning through multiple intelligences.* Boston: Allyn & Bacon.

Canning, C. (1991). What teachers say about reflection. *Educational Leadership, 48*(6), 69-87.

Canter, L. (2005). *Classroom management for academic success.* Bloomington, IN: Solution Tree.

Cantrell, S. C. (1998/1999). Effective teaching and literacy learning: A look inside primary classrooms. *The Reading Teacher, 52*(4), 370-378.

Carlson, C. (1992). Single parenting and step-parenting: Problems, issues and interventions. In M. J. Fine & C. Carlson (Eds.), *The handbook of family-school intervention: A systems perspective* (pp. 188-214). Boston: Allyn & Bacon.

Carpenter, T., Dossey, J., & Koehler, J. (Eds.). (2004). *Classics in mathematics education research.* Reston, VA: National Council of Teachers of Mathematics.

Carroll, J. B. (1963). A model of school learning. *Teachers College Record, 64*, 723-733.

Cartledge, G., Gardner, R., & Ford, D. (2008). *Diverse learners with exceptionalities: Culturally response teaching in the inclusive classroom.* Upper Saddle River, NJ: Prentice Hall.

Cassidy, J., & Asher, S. R. (1992). Loneliness and peer relations in young children. *Child Development, 63*, 350-365.

Castaneda, C. (2004). *Teaching and learning in diverse classrooms: Faculty reflections on their experiences and pedagogical practices of teaching diverse populations.* New York: Routledge.

Cecil, N. (1995). *The art of inquiry: Questioning strategies for K-6 classrooms.* Iowa City, IA: Portage & Main Press.

Chaffee, J. (2008). *Thinking critically* (9th ed.). Boston: Houghton Mifflin.

Chaille, C. (2007). *Constructivism across the curriculum in early childhood classrooms.* Boston: Allyn & Bacon.

Chen, G., & Starasta, W. (2005). *Foundations of intercultural communication.* Lanham, MD: University Press of America.

Cheng, L. (1996, October). Enhancing communication: Toward optimal language learning for limited English profi cient students. *Language, Speech and Hearing Services in Schools, 28*(2), 347-354.

Cheng, L. (1998). *Enhancing the communication skills of newlyarrived Asian American students. ERIC/CUE Digest,* Number 136. New York: ERIC Clearinghouse on Urban Education. (ERIC Document Reproduction Service No. ED 420 726)

Cheng, L., Chen, T., Tsubo, T., Sekandari, N., & Alfafara-Killacky, S. (1997). Challenges of diversity: An Asian Pacific perspective. *Multicultures, 3*, 114-145.

Child Trends DataBank. (2005). Retrieved from www.childtrends databank.org/indicators/1HighSchoolDropout.cfm.

Christenson, S. L., Rounds, T., & Franklin, M. J. (1992). Homeschool collaboration: Effects, issues and opportunities. In S. L. Christenson & J. C. Conoley (Eds.), *Home-school collaboration: Enhancing children's academic and social competence.* Silver Spring, MD: National Association of School Psychologists.

Chuska, K. (2003). *Improving classroom questions: A teacher's guide to increasing student motivation, participation and higher-level thinking* (2nd ed.). Bloomington, IN: Phi Delta Kappa Educational Foundation.

Clark, C., & Peterson, P. (1986). Teachers' thought processes. In M. R. Wittrock (Ed.), *Handbook of research on teaching* (3rd ed., pp. 255-296). Upper Saddle River, NJ: Merrill/Prentice Hall.

Cochran, M., & Dean, C. (1991). Home-school relations and the empowerment process. *Elementary School Journal, 91*, 261-270.

Cohen, E. (1994). Restructuring the classroom: Conditions for productive small groups. *Review of Educational Research, 64*(1), 1-

35.

Compton-Lilly, C. (2000). "Staying on children": Challenging stereotypes about urban parents. *Language Arts, 77*(5), 420-427.

Coontz, S., Parson, M., & Raley, G. (Eds.). (1998). *American families: A multicultural reader.* Oxford, UK: Routledge.

Cooper, J. O., Heron, T. E., & Heward, W. L. (1987). *Applied behavior analysis.* Upper Saddle River, NJ: Merrill/Prentice Hall.

Corey, S. (1940). The teachers out-talk the pupils. *School Review, 48*, 745-752.

Corno, L. (1996). Homework is a complicated thing. *Educational Researcher, 25*(8), 27-30.

Corno, L., & Snow, R. (1986). Adapting teaching to individual differences among learners. In M. C. Wittrock (Ed.), *Handbook of research on teaching* (3rd ed., pp. 605-629). Upper Saddle River, NJ: Merrill/Prentice Hall.

Costa, A., & Kallick, B. (2003). *Assessment strategies for self-directed learning.* Thousand Oaks, CA: Corwin.

Costa, A., & Kallick, B. (Eds.). (2004a). *Activating and engaging habits of mind.* Cheltenham, Australia: Hawker Brownlow Education.

Costa, A., & Kallick, B. (Eds.). (2004b). *Assessing and reporting on habits of mind.* Arlington, VA: Association for Supervision and Curriculum Development.

Costantino, P., De Lorenzo, M., & Tirrell-Corbin, C. (2008). *Developing a professional teaching portfolio: A guide for success* (3rd ed.). Boston: Allyn & Bacon.

Cotton, K. (1996). Affective and social benefits of small-scale schooling. *ERIC Digest.* Charleston, WV: ERIC/Cooperative Research & Extension Services for Schools.

Council for Basic Education. (1996). *What teachers have to say about teacher education.* New York: Council for Basic Education.

Cragan, J., Wright, D., & Kasch, C. (2008). *Communication in small group discussions: Theory, process and skills.* Florence, KY: Wadsworth.

Cronbach, L., & Snow, R. (1981). *Aptitudes and instructional methods.* New York: Irvington/Naiburg.

Cruickshank, D., & Metcalf, K. (1994). Explaining. In T. Husen & T. N. Postlewaite (Eds.), *International encyclopedia of education* (2nd ed.). Oxford: Pergamon.

Curtis, C., & Carter, M. (2007). *Learning together with young children: A curriculum framework for refl ective teachers.* St. Paul, MN: Redleaf Press.

Curwin, R. L., & Mendler, A. N. (1997). *As tough as necessary: Countering violence, aggression, and hostility in our schools.* Alexandria, VA: Association for Supervision and Curriculum Development.

Cushner, K., McClelland, A., & Safford, P. (2008). *Human diversity in education: An integrative approach.* New York: McGraw-Hill.

Dahllof, U., & Lundgren, U. P. (1970). *Macro- and micro-approaches combined for curriculum process analysis: A Swedish educational field project.* Goteborg, Sweden: University of Goteborg, Institute of Education.

D'Amico, J., & Gallaway, K. (2008). *Differentiated instruction for the middle school math teacher: Activities and strategies for an inclusive classroom.* Hoboken, NJ: Wiley.

Dann, E. (1995). *Unconsciously learning something: A focus on teaching questioning.* (ERIC Document Reproduction Service No. ED 389 618)

Dantonio, M., & Beisenherz, P. (2000). *Learning to question, questioning to learn: Developing effective teacher questioning practices.* Boston: Allyn & Bacon.

Darling-Hammond, L., & Bransford, J. (Eds.). (2005). *Preparing teachers for a changing world: What teachers should learn and be able to do* (pp. 169-201). San Francisco:

Jossey-Bass.

Davenport, E., Davison, M., Kuang, H., Ding, S., Kim, S., & Kwak, N. (1998). High school mathematics course-taking by gender and ethnicity. *American Educational Research Journal, 35*, 497-514.

DeLeon, B. (1996). Career development of Hispanic adolescent girls. In R. Leadbeater, J. Bonnie, & N. Way (Eds.), *Urban girls: Resisting stereotypes, creating identities* (pp. 380-398). New York: New York University Press.

Delgado-Gaitan, C. (1991). Involving parents in the schools: A process of empowerment. *American Journal of Education, 100*(1), 20-46.

Delgado-Gaitan, C. (1992). School matters in the Mexican-American home: Socializing children to education. *American Educational Research Journal, 29*(3), 495-516.

Delgado-Gaitan, C. (2006). *Building culturally responsive classrooms: A guide for K-6 teachers.* Thousand Oaks, CA: Corwin.

Delgado-Gaitan, C., & Trueba, H. (1991). *Crossing cultural borders: Education for immigrant families in America.* London: Falmer Press.

Delisle, R. (1997). *How to use problem-based learning in the classroom.* Alexandria, VA: Association for Supervision and Curriculum Development.

Delpit, L., Boyd, F., Brock, C., & Rozendal, M. (2003). *Multicultural and multilingual literacy and language: Contexts and practices (Solving problems in teaching of literacy).* New York: Guilford Press.

Delpit, L., & Dowdy, J. (2008). *The skin that we speak: Thoughts on language and culture in the classroom.* New York: New Press.

DeMeulenaere, E. (2001, April). Constructing reinventions: Black and Latino students negotiating the transformation of their academic identities and school performance. Paper presented at the annual meeting of the American Educational Research Association, Seattle, WA.

Dev, P. C. (1997). Intrinsic motivation and academic achievement: What does their relationship imply for the classroom teacher? *Remedial and Special Education, 18*(1), 12-19.

Dewey, J. (1938). *Logic: The theory of inquiry.* New York: Holt.

Diener, C., & Dweck, C. (1980). An analysis of learned helplessness II: The processing of success. *Journal of Personality and Social Psychology, 39*, 940-952.

Diffily, D., & Sassman, C. (2002). *Project-based learning with young children.* Portsmouth, NH: Heineman.

Di Giullo, R. (2006). *Positive classroom management: A step-bystep guide to helping students succeed.* Thousand Oaks, CA: Corwin.

Diller, D. (1999). Opening the dialogue: Using culture as a tool in teaching young African American children. *The Reading Teacher, 52*(8), 820-828.

Dillon, D. (1989). Showing them that I want them to learn and that I care about who they are: A microethnography of the social organization of a secondary low-track English reading classroom. *American Educational Research Journal, 26*, 227-259.

Dillon, J. (1990). *The practice of questioning.* New York: Routledge.

Dillon, J. (1995). Discussion. In L. W. Anderson (Ed.), *International encyclopedia of teaching and teacher education* (2nd ed., pp. 251-255). Tarrytown, NY: Elsevier Sciences.

Dillon, J. T. (2004). *Questioning and teaching: A manual of practice.* San Jose, CA: Resource Publications.

Dilworth, M., & Brown, C. (2001). Consider the difference: Teaching and learning in culturally rich schools. In V. Richardson (Ed.), *Handbook of research on teaching* (pp. 643-667). Washington, DC: American

Educational Research Association.

Dishon, D., & O'Leary, P. (1984). *A guidebook for cooperative learning.* Kalamazoo, MI: Learning Publications.

Dishon, T. J., Patterson, G. R., Stoolmiller, M., & Skinner, M. L. (1991). Family, school and behavioral antecedents to early adolescent involvement with antisocial peers. *Developmental Psychology, 27,* 172-180.

Doll, B., Zucker, S., & Brehm, K. (2004). *Resilient classrooms: Creating healthy environments for learning.* New York: Guilford Press.

Doyle, W. (1983). Academic work. *Review of Educational Research, 53,* 159-200.

Doyle, W. (1986). Classroom organization and management. In M. Wittrock (Ed.), *Handbook of research on teaching* (3rd ed., pp. 392-431). Upper Saddle River, NJ: Merrill/Prentice Hall.

Duffy, G., & Roehler, L. (1989). The tension between information-giving and mediation: Perspectives on instructional explanation and teacher change. In J. Brophy (Ed.), *Advances in research on teaching* (Vol. 1, pp. 1-33). Greenwich, CT: JAI Press.

Duffy, G., Roehler, L., & Herrman, B. (1988). Modeling mental processes helps poor readers become strategic readers. *The Reading Teacher, 41*(8), 762-767.

Dunkin, M., & Biddle, B. (1974). *The study of teaching.* New York: Holt, Rinehart & Winston.

Dunlosky, J., & Metcalf, J. (2008). *Metacognition.* Thousand Oaks, CA: Sage.

Dunn, R., & Griggs, S. (1995). *Multiculturalism and learning styles: Teaching and counseling adolescents.* Westport, CT: Praeger.

Dweck, C., & Reppucci, N. (1973). Learned helplessness and reinforcement responsibility in children. *Journal of Personality and Social Psychology, 25,* 109-116.

Eggen, P., & Kauchak, D. (2006). *Educational psychology: Windows on classrooms* (7th ed.). Upper Saddle River, NJ: Merrill/Prentice Hall.

Eisenberger, J. (2005). *Self-efficacy: Raising the bar for all students.* Larchmont, NY: Eye on Education.

Eisner, E. (1969). Instructional and expressive educational objectives: Their formulation and use in curriculum. In W. Popham, E. Eisner, H. Sullivan, & L. Tyler (Eds.), *Instructional objectives: AERA monograph series on curriculum evaluation* (No. 3, pp. 1-18). Chicago: Rand McNally.

Eisner, E. (1998). *The enlightened eye: Qualitative inquiry and the enhancement of educational practice.* Upper Saddle River, NJ: Merrill/Prentice Hall.

Emmer, E., & Evertson, C. (2009). *Classroom management for middle and high school teachers* (8th ed.). Upper Saddle River, NJ: Pearson/Merrill.

Emmer, E., Evertson, C., & Anderson, L. (1980). Effective classroom management at the beginning of the school year. *The Elementary School Journal, 80*(5), 219-231.

Engel, A. (1998). *Problem-solving strategies.* New York: Springer.

English, L. (Ed.). (2002). *Handbook of international research in mathematics education.* Mahwah, NJ: Erlbaum.

Epstein, J., Sanders, M., Simon, B., Salinas, K., Jansorn, N., & Van Voorhis, F. (2002). *School, family and community partnerships: Your handbook for action* (2nd ed.). Thousand Oaks, CA: Corwin.

Epstein, J. L. (1987). Toward a theory of family-school connections: Teacher practices and parent involvement. In K. Hurrelmann, F. Kauffman, & F. Losel (Eds.), *Social interventions: Potential and constraints* (pp. 121-136). New York: De Gruyter.

Epstein, J. L. (2001). *School, family and community partnerships: Preparing educators and improving schools.* Boulder, CO: Westview Press.

Erikson, E. (1968). *Identity, youth and crises.*

New York: W. W. Norton.

Erikson, H. (2006). *Concept-based curriculum and instruction for the thinking classroom.* Thousand Oaks, CA: Corwin.

Evertson, C. (1995). Classroom rules and routines. In L. Anderson (Ed.), *International encyclopedia of teaching and teacher education* (2nd ed., pp. 215-219). Tarrytown, NY: Elsevier Science.

Evertson, C., & Emmer, E. (1982). Effective management at the beginning of the school year in junior high classes. *Journal of Educational Psychology, 74*, 485-498.

Evertson, C., & Emmer, E. (2009). *Classroom management for elementary teachers* (8th ed.). Upper Saddle River, NJ: Pearson/Merrill.

Evertson, C., & Harris, H. (1992). What we know about managing classrooms. *Educational Leadership, 49*(7), 74-78.

Falk, B., & Blumenreich, M. (2005). *The power of questions: A guide to teacher and student research.* Portsmouth, NH: Heinemann.

Federal Interagency Forum on Child and Family Statistics (2001). *America's children: Key national indicators of well-being 2001.* Washington, DC: U.S. Government Printing Office.

Fielding, G., Kame'enui, E., & Gerstein, R. (1983). A comparison of an inquiry and a direct instruction approach to teaching legal concepts and applications to secondary school students. *Journal of Educational Research, 76*, 243-250.

Flanders, N. (1970). *Analyzing teacher behavior.* Reading, MA: Addison-Wesley.

Forsterling, F. (2001). *Attribution: An introduction to theories: Research and applications.* Philadelphia: Psychology Press.

Fosnot, C. (2005). *Constructivism: Theory perspectives and practice.* New York: Teachers College Press.

Franklin, M. E. (1992). Culturally sensitive instructional practices for African-American learners with disabilities. *Exceptional Children, 59*, 115-122.

Free, J. (2004, August). Race and school tracking: From a sociological perspective. Paper presented at the annual meeting of the American Sociological Association, San Francisco, CA.

French, J., Jr., & Raven, B. (1959). The bases of social power. In D. Cartwright (Ed.), *Studies in social power* (pp. 150-168). Ann Arbor: University of Michigan Press.

Fuller, F. (1969). Concerns of teachers: A developmental conceptualization. *American Educational Research Journal, 6*, 207-226.

Gage, N., & Berliner, D. (1998). *Educational psychology* (6th ed.). Boston: Houghton Mifflin.

Gagné, E., Yekovich, C., & Yekovich, F. (1997). *The cognitive psychology of school learning.* Boston: Allyn & Bacon.

Gagné, R., & Briggs, L. (2005). *Principles of instructional design* (5th ed.). Florence, KY: Wadsworth.

Gaillard, L. (1994, December 14). Hands off homework? *Education Week, 14*(5), 4. Retrieved September 19, 2000, from www.edweek.org/ew/1994/15gaill.h14

Galambos, S. J., & Goldin-Meadow, S. (1990). The effects of learning two languages on levels of metalinguistic awareness. *Cognition, 34*, 1-56.

Gall, J., & Gall, M. (1990). Outcomes of the discussion method. In W. W. Wilen (Ed.), *Teaching and learning through discussion: The theory and practice of the discussion method.* Springfield, IL: C. C. Thomas.

Gall, M. (1984). Synthesis of research on questioning in recitation. *Educational Leadership, 42*(3), 40-49.

Gamoran, A. (1992). Synthesis of research: Is ability grouping equitable? *Educational Leadership, 50*(2), 11-13.

Garcia, R. L. (1991). *Teaching in a pluralistic society: Concepts, models, strategies* (2nd ed.). New York: HarperCollins.

Gardner, H. (2000). *Intelligence reframed: Multiple intelligences for the 21st century.* New York: Basic Books.

Gardner, H. (2004). The theory of multiple intelligences revisited. Invited address presented to the International Conference on Multiple Intelligences, Beijing, China, May 21, 2004.

Gardner, H. (2006). *Multiple intelligences: New horizons in theory and practice.* New York: Basic Books.

Gardner, H., & Hatch, T. (1989). Multiple intelligences go to school. *Educational Researcher, 18*(8), 4-10.

Gay, G. (2000). *Culturally responsive teaching: Theory, research, and practice.* New York: Teachers College Press.

Gehring, A. (2008). *Back to basics: A complete guide to traditional skills* (3rd ed.). New York: Skyhorse Publishing.

Gentile, J., & Lalley, J. (2003). *Standards and mastery learning.* Thousand Oaks, CA: Corwin.

Gerrig, R., & Zimbardo, P. (2007). *Psychology and life.* Boston: Allyn & Bacon.

Gibson, M. (1991). Minorities and schooling: Some implications. In M. Gibson & J. Ogbu (Eds.), *Minority status and schooling: A comparative study of immigrant and involuntary minorities* (pp. 357-381). New York: Garland.

Gill, J. (2000). *The tacit mode: Michael Polunya's postmodern philosophy.* Albany, NY: SUNY Press.

Gillies, R. (2007). *Cooperative learning: Integrating theory and practice.* Thousand Oaks, CA: Sage

Ginott, H. (1995). *Teacher and child: A book for parents and teachers.* New York: Collier.

Ginott, H., Ginott, A., & Goddard, W. (2003). *Between parent and child.* New York: Three Rivers Press.

Glasser, W. (1998a). *Choice theory in the classroom.* New York: HarperPerennial.

Glasser, W. (1998b). *Quality School: Managing students without coercion.* New York: HarperPerennial.

Glasser, W. (1998c). *The Quality School teacher: Specific suggestions for teachers who are trying to implement the lead-management ideas of the Quality School in their classrooms* (rev. ed.). New York: HarperPerennial.

Goetz, E. T., Alexander, P. A., & Ash, M. J. (1992). *Educational psychology: A classroom perspective.* Upper Saddle River, NJ: Merrill/Prentice Hall.

Goldhaber, D., & Anthony, E. (2003). *Indicators of teacher quality.* New York: ERIC Clearinghouse on Urban Education. (ERIC Document Reproduction Service No. ED 478 408)

Goleman, D. (2000). *Working with emotional intelligence.* New York: Bantam.

Goleman, D. (2008). *The caring teacher's guide to discipline: Helping students learn self-control, responsibility and respect, K-6.* Thousand Oaks, CA: Corwin.

Good, T. (1979). Teacher effectiveness in the elementary school. *Journal of Teacher Education, 30*, 52-64.

Good, T., & Brophy, J. (1995). *Contemporary educational psychology* (5th ed.). New York: Longman.

Good, T., & Brophy, J. (2007). *Looking in classrooms* (10th ed.). Boston: Allyn & Bacon.

Goodlad, J. (2004). *A place called school.* New York: McGraw-Hill.

Gootman, M. (2008). *Teacher's guide to discipline: Helping students learn self-control, responsibility, and respect, K-6.* Thousand Oaks, CA: Corwin.

Gordon, R., & Gordon, M. (2006). *The turned-off child: Learned helplessness and school failure.* Pittsburgh, PA: American Book Publishing.

Grabe, M., & Grabe, C. (1996). *Integrating*

technology for meaningful learning. Boston: Houghton Mifflin.

Grant, C. A. (1991). Culture and teaching: What do teachers need to know? In M. M. Kennedy (Ed.), *Teaching academic subjects to diverse learners* (pp. 237-256). New York: Teachers College Press.

Grant, K., & Ray, J. (2009). *Home, school, and community collaboration: Culturally responsive family involvement.* Thousand Oaks, CA: Sage.

Greeno, J. (2006). Learning activity. In R. Sawyer (Ed.), *The Cambridge handbook of the learning sciences* (pp. 79-96). New York: Cambridge University Press.

Greenwood, C. R., Delguardi, J. C., & Hall, R. V. (1984). Opportunity to respond and student academic achievement. In W. L. Heward, T. E. Heron, D. S. Hill, & J. Trap-Porter (Eds.), *Focus on behavior analysis in education* (pp. 58-88). Upper Saddle River, NJ: Merrill/Prentice Hall.

Gregory, G. (2005). *Differentiating instruction with style: Aligning teacher and learner intelligences for maximum achievement.* Thousand Oaks, CA: Corwin.

Gregory, G., & Chapman, C. (2006). *Differentiated instruction: One size doesn't fit all.* Thousand Oaks, CA: Corwin.

Griffin, C. (2007). *The theory and practice of learning.* Boca Raton, FL: Taylor & Francis.

Griggs, S., & Dunn, R. (1995). Hispanic-American students and learning style. *Emergency Librarian, 23*(2), 11-16.

Gronlund, G. (2006). *Make early learning standards come alive: Connecting your practice and curriculum to state guidelines.* St. Paul, MN: Redleaf.

Gronlund, G., & Engel, B. (2002). *Focused portfolios: A complete assessment for the young child.* St. Paul, MN: Redleaf.

Gronlund, N. (2003). *Gronlund's writing instructional objectives.* Upper Saddle River, NJ: Prentice Hall.

Gronlund, N., & Brookhart, S. (2008). *Gronlund's writing instuctional objectives* (8th ed.). Upper Saddle River, NJ: Prentice Hall.

Grouws, D. A. (Ed.). (1992). *Handbook of research on mathematics teaching and learning.* New York: Macmillan.

Guillaume, A., Edwards, R., & Slowik, H. (2006). *50 Strategies for active teaching: Engaging K-12 learners in the classroom.* Upper Saddle River, NJ: Prentice Hall.

Gunter, M. A., Estes, T. H., & Mintz, S. (2006). *Instruction: A models approach* (5th ed.). Boston: Allyn & Bacon.

Hale, M., & City, E. (2006). *The teacher's guide to leading studentcentered discussions: Talking about texts in the classroom.* Thousand Oaks, CA: Corwin.

Hanson, W. (2005). *Raising you alone.* Golden Valley, MN: Tristan Publishing.

Harada, V., Kirio, C., & Yamamoto, S. (2008). *Collaborating for project-based learning in grades 9-12.* Columbus, OH: Linworth Publishing.

Harpine, E. (2008). *Group interventions in schools: Promoting interventions for at-risk and children and youth.* New York: Springer.

Harrow, A. (1977). *A taxonomy of the psychomotor domain: A guide for developing behavioral objectives.* New York: David McKay.

Hartup, W. W. (1989). Social relationships and their developmental significance. *American Psychologist, 44*, 120-126.

Haynes, H. (1935). *The relation of teacher intelligence, teacher experience and type of school to type of questions.* Unpublished doctoral dissertation, George Peabody College for Teachers, Nashville, TN.

Herrnstein, R., & Murray, C. (1994). *The bell curve: Intelligence and class structure in America.* New York: Free Press.

Hester, J. (1994). *Teaching for thinking: A program for school improvement through critical thinking across the curriculum.* Durham, NC: Carolina Academic Press.

Hill, H. (1989). *Effective strategies for teaching minority students.* Bloomington, IN: National Educational Service.

Hilliard, A. (1992). The pitfalls and promises of special education practice. *Exceptional Children, 59*(2), 162-172.

Horcones, J. (1991). Walden Two in real life: Behavior analysis in the design of the culture. In W. Ishag (Ed.), *Human behavior in today's world.* New York: Praeger.

Horcones, J. (1992). Natural reinforcement: A way to improve education. *Journal of Applied Behavior Analysis, 25*(1), 71-76.

Hubbard, R., & Power, B. (2003). *The art of classroom inquiry: A handbook for teacher-researchers.* Portsmouth, NH: Heinemann

Huffman, K. (2005). *Psychology in action: Active learning edition* (7th ed.). Hoboken, NJ: Wiley.

Hunter, M. (1982). *Mastery teaching.* El Segundo, CA: Instructional Dynamics.

Hyerle, D. (1995-1996). Thinking maps: Seeing is understanding. *Educational Leadership 53*(4), 85-89.

Irvine, J., & York, D. (2001). Learning styles and culturally diverse students: A literature review. In J. Banks & C. Banks (Eds.), *Handbook of research on multicultural education* (pp. 484-497). San Francisco: Jossey-Bass.

Iwata, B. A. (1987). Negative reinforcement in applied behavior analysis: An emerging technology. *Journal of Applied Behavior Analysis, 20*, 361-387.

Jackson, P. (1968). *Life in classrooms.* New York: Holt, Rinehart & Winston.

Jacobs, E. (1999). *Cooperative learning in context: An educational innovation in everyday classrooms.* Albany: State University of New York Press.

Jacobs, G., Power, M., & Loh, W. (2002). *Teacher's source book for cooperative learning: Practical techniques, basic principles, and frequently asked questions.* Thousand Oaks, CA: Corwin.

Jensen, A. (1969). How much can we boost IQ and scholastic achievement? *Harvard Educational Review, 39*(1), 1-123.

Jensen, A. (1998). *The g factor: The science of mental ability.* Westport, CT: Praeger.

Johnson, D., & Johnson, R. (1996). Cooperative learning and traditional American values: An appreciation. *NASSP Bulletin 80*(579), 63-65.

Johnson, D., & Johnson, R. (1998). *Learning together and alone: Cooperative, competitive, and individualistic learning* (5th ed.). Boston: Allyn & Bacon.

Johnson, D., & Johnson, R. (1999). *Joining together: Group theory and group skills* (7th ed.). Upper Saddle River, NJ: Merrill/Prentice Hall.

Johnson, D., & Johnson, R. (2005). Learning groups. In S. Weelan (Ed.), *The handbook of group research and practice* (pp. 441-461). Thousand Oaks, CA: Sage.

Johnson, D. W., Johnson, R. T., Holubec, E. J., & Roy, P. (1994). *The new circles of learning: Cooperation in the classroom.* Alexandria, VA: Association for Supervision and Curriculum Development.

Jolliffe, W. (2007). *Cooperative learning in the classroom: Putting it into practice.* Thousand Oaks, CA: Sage.

Jones, F., Jones, P., Jones, J., & Jones, B. (2007). *Fred Jones tools for teaching: Discipline, instruction, motivation* (2nd ed.). [DVD]. Available from www.fredjones.com.

Jones, K. (1995). *Simulations: A handbook for teachers and trainers.* East Brunswick, NJ: Nichols.

Jones, V., & Jones, L. (2007). *Comprehensive classroom management: Creating communities of support and solving problems* (8th ed.). Boston: Allyn & Bacon.

Jordan, J. (1988). Nobody mean more to me than you and the future life of Willie Jordan. *Harvard Educational Review, 58*, 363-374.

Kagan, D., & Tippins, D. (1992). The evolution of functional lesson plans among twelve elementary and secondary student teachers. *Elementary School Journal, 92*(4), 477-489.

Kaplan, P., Rogers, V., & Webster, R. (2008). *Differentiated instruction made easy: Hundreds of multi-level activities for all learners.* Hoboken, NJ: Wiley.

Karten, T. (2007). *More inclusive strategies that work: Aligning student strengths with standards.* Thousand Oaks, CA: Corwin.

Karweit, N., & Slavin, R. (1981). Measurement and modeling choices in studies of time and learning. *American Educational Research Journal, 18*, 157-171.

Kauchak, D., & Eggen, P. (2006). *Learning and teaching: Research-based methods* (5th ed.). Boston: Allyn & Bacon.

Kaufman, P., Alt, M., & Chapman, C. (2001). *Dropout rates in the United States: 2000.* Washington, DC: National Center for Education Statistics. U.S. Government Printing Office.

Keene, E. (2007). *Assessing comprehension thinking strategies.* Huntington Beach, CA: Shell Education.

Keirns, J. (1998). *Designs for self instruction: Principles, processes, and issues in developing self-directed learning.* Boston: Allyn & Bacon.

Kendall, F. E. (1983). *Diversity in the classroom: A multicultural approach to the education of young children.* New York: Teachers College Press.

Kennedy, M. (Ed.). (1991). *Teaching academic subjects to diverse learners.* New York: Teachers College Press.

Kenny, J. (2004, June). Mind-mapping: Cortical clobber. *Times Educational Supplement Online, 4588*, 29.

Kilpatrick, J., Martin, W. G., & Schifter, D. (2003). *A research companion to principles and standards for school mathematics.* Reston, VA: National Council of Teachers of Mathematics.

Kirsch, T. (2005, April). President's message: Seniority and transfers are under attack. *The PFT Reporter: Official Publication of the Philadelphia Federation of Teachers.* Retrieved from www.pft.org/archrept/rep0404/presrep.html.

Knapczyk, D., & Rodes, P. (2001). *Teaching social competence.* Verona, WI: Attainment Company.

Knapp, M., & Woolverton, S. (2001). Social class and schooling. In J. Banks & C. Banks (Eds.), *Handbook of research on multicultural education* (pp. 548-569). San Francisco: Jossey-Bass.

Kottler, J., & Zehm, S. (2005). On being a teacher: *The human dimension.* Thousand Oaks, CA: Corwin.

Kounin, J. (1970). *Discipline and group management in the classroom.* New York: Holt, Rinehart & Winston.

Kozulin, A. (1990). *Vygotsky's psychology: A biography of ideas.* Cambridge, MA: Harvard University Press.

Kozulin, A., Gindis, B., Ageyev, V., & Miller, S. (Eds.). (2003). *Vygotsky's educational theory in cultural context.* New York: Cambridge University Press.

Krathwohl, D., Bloom, B., & Masia, B. (1999). *Taxonomy of educational objectives book 2/Affective domain.* Boston: Addison-Wesley.

Kreidler, W. (2005). *Creative conflict resolution* (2nd ed.). Tucson, AZ: Good Year Books.

Kubiszyn, T., & Borich, G. (2010). *Educational testing and measurement: Classroom applications and practice* (9th ed.). Hoboken, NJ: Wiley.

Kuh, G., Kinzie, J., Smith, J., & Whitt, E. (2005). *Assessing conditions to enhance educational effectiveness: The inventory for student engagement and success.* San Francisco: Jossey-Bass.

Kumpulainen, K. (2001). *Classroom interaction and social learning: From theory to practice.* New York: RoutledgeFalmer.

Lambert, N. (1991). Partnerships of psychologists, educators, community-based agency personnel, and parents in school redesign. *Educational Psychologist, 26*, 185-198.

Lambros, A. (2004). *Problem-based learning in middle and high school classrooms: A teacher's guide to implementation.* Thousand Oaks, CA: Corwin.

Landrum, T., & Kauffman, J. (2006). In C. Evertson & C. Weinstein (Eds.), *Handbook of classroom management.* Mahwah, NJ: Lawrence Erlbaum Associates.

Lankes, A. (1995). Electronic portfolios: A new idea in assessment. *ERIC Digest 95*(9), 1-4. (ERIC Document Reproduction Service No. ED 390 377)

Lantieri, L., & Goleman, D. (2008). *Building emotional intelligence: Techniques to cultivate inner strength in children.* Boulder, CO: Sounds True.

Larson, J., & Irvine, P. D. (1999). "We call him Dr. King": Reciprocal distancing in urban classrooms. *Language Arts, 75*(5), 393-400.

Lavin, J., & Nolan, J. (2003). *Principles of classroom management: Professional decision-making model.* Boston: Allyn & Bacon.

Lawrence-Lightfoot, S. (2003). *The essential conversation: What parents and teachers can learn from each other.* New York: Random House.

Lazear, D. (1992). *Teaching for multiple intelligences. Fastback No. 342.* Bloomington, IN: Phi Delta Kappa Educational Foundation.

Leriche, L. (1992). The sociology of classroom discipline. *The High School Journal, 75*(2), 77-89.

Letts, N. (1999). *Creating a caring classroom (Grades K-6).* New York: Scholastic.

Levin, H. (1986). *Educational reform for disadvantaged students: An emerging crisis.* Washington, DC: National Education Association.

Levin, J., & Nolan, J. F. (2006). *Principles of classroom management: A hierarchical approach.* Boston: Allyn & Bacon.

Levine, D. (1985). *Improving student achievement through mastery learning programs.* San Francisco: Jossey-Bass.

Levine, D., & Havinghurst, R. (1984). *Society and education* (6th ed.). Boston: Allyn & Bacon.

Levine, D., & Lezotte, L. (2001). Effective schools research. In J. Banks & C. Banks (Eds.), *Handbook of research on multicultural education* (pp. 525-549). San Francisco: Jossey-Bass.

Levis, D. S. (1987). Teachers' personality. In M. J. Dunkin (Ed.), *Encyclopedia of teaching and teacher education* (pp. 585-588). New York: Pergamon.

Libal, A. (2007). *Runaway train: Youth with emotional disturbance (Youth with special needs).* Broomall, PA: Mason Crest Publishers.

Lightfoot, P. (2006). *Student portfolios: A learning tool.* Bloomington, IN: BookSurge Publishing.

Lindsley, O. R. (1991). Precision teaching's unique legacy from B. F. Skinner. *Journal of Behavioral Education, 1*, 253-266.

Lindsley, O. R. (1992). Why aren't effective teaching tools widely adopted? *Journal of Applied Behavior Analysis, 25*(1), 21-26.

Linney, J. A., & Vernberg, E. (1983). Changing patterns of parental employment and the family-school relationship. In C. D. Hayes & S. Kamerman (Eds.), *Children of working parents: Experiences and outcomes* (pp. 73-99). Washington, DC: National Academies Press.

Lippitt, R., & Gold, M. (1959). Classroom social structure as a mental health problem. *Journal of Social Issues, 15*, 40-58.

Llewellyn, D. (2002). *Inquire within: Implementing inquiry-based science standards.* Thousand Oaks, CA: Corwin.

Lockwood, A. T., & Secada, W. G. (1999, January). Transforming education for Hispanic youth: Exemplary practices, programs, and schools. *NCBE Resource Collection Series, No. 12.* Washington, DC: National Clearinghouse for Bilingual Education.

Logan, J. (2003). Classroom management: Techniques, policies, procedures, and programs to ensure that discipline "rules" your classroom. Education Resources Information Center. (ERIC Document Reproduction Service No. ED 479 639)

Losey, K. (1995). Mexican American students and classroom interaction: An overview and critique. *Review of Educational Research, 65*(3), 283-318.

Lou, Y., Abrami, P., & Spence, J. (2000). Effects of within-class grouping on student achievement: An exploratory model. *Journal of Educational Research, 94*, 101-112.

Loucks-Horsley, S., Kapiton, R., Carlson, M. D., Kuerbis, P. J., Clark, P. C., Melle, G. M., et al. (1990). *Elementary school science for the '90s.* Alexandria, VA: Association for Supervision and Curriculum Development.

Lubliner, S., & Palincsar, A. (2001). *A practical guide to reciprocal teaching.* New York: McGraw-Hill.

Lustig, M., & Koester, J. (2009). *Intercultural competence: Interpersonal communication across cultures* (6th ed.). Boston: Allyn & Bacon.

Lyman, F. (1981). The responsive classroom discussion. In A. Anderson (Ed.), *Mainstreaming digest.* College Park: University of Maryland College of Education.

Lysakowski, R., & Walberg, H. (1981). Classroom reinforcement and learning: A quantitative synthesis. *Journal of Educational Research, 75*, 69-77.

Mager, R. (1997). *Preparing instructional objectives.* Atlanta, GA: CEP Press.

Manning, L., & Bucher, K. (2006). *Classroom management: Models, applications, and cases.* Upper Saddle River, NJ: Prentice Hall.

Mansnerus, R. (1992, November 1). Should tracking be derailed? *Education Life, New York Times Magazine*, pp. 14-16.

Markham, T., Mergendoller, J., Larmer, J., & Ravitz, J. (2003). *Project-based learning handbook.* Novato, CA: Bock Institute for Education.

Marriott, D., & Kupperstein, J. (1997). *What are the other kids doing while you teach small groups?* Reading, CA: Creative Teaching Press.

Martin, P. (1995). Creating lesson blocks: A multi-discipline team effort. *Schools in the Middle, 5*(11), 22-24.

Martinello, M., & Cook, G. (2000). *Interdisciplinary inquiry in teaching and learning* (2nd ed.). Upper Saddle River, NJ: Merrill/Prentice Hall.

Marx, R., & Walsh, J. (1988). Learning from academic tasks. *The Elementary School Journal, 88*(3), 207-219.

Marzano, R., & Kendall, J. (2006). *The new taxonomy of educational objectives.* Thousand Oaks, CA: Corwin.

Marzano, R., Pickering, J., & Pollock, J. (2004). *Classroom instruction that works: Research-based strategies for increasing student achievement.* Alexandria, VA: Association for Supervision and Curriculum Development.

Masahiko, M., & Ovando, C. (2001). Language issues in multicultural contexts. In J. Banks & C. Banks (Eds.), *Handbook of research on multicultural education* (pp. 427-444). San Francisco: Jossey-Bass.

Maurer, R. E. (1985). *Elementary discipline handbook: Solutions for the K-8 teacher.* West Nyack, NY: The Center for Applied Research in Education.

Mayer, R. (1998). *The promise of educational psychology: Learning in the content areas.* Upper Saddle River, NJ: Merrill/Prentice Hall.

Mayer, R. (2002). *The promise of educational psychology: Vol. II. Teaching for meaningful learning.* Upper Saddle River, NJ: Merrill/Prentice Hall.

Mayer, R., & Wittrock, M. (1996). Problem-solving transfer. In D. Berliner & R. Calfee (Eds.), *Handbook of educational psychology* (pp. 47-62). New York: Macmillan.

Mayer, R. E. (1987). *Educational psychology: A cognitive approach*. Boston: Little, Brown.

Maynard, A., & Martini, M. (Eds). (2005). *Learning in cultural context: Family, peers and school*. New York: Springer.

McDonald, J., & Czerniak, C. (1994). Developing interdisciplinary units: Strategies and examples. *School Science and Mathematics, 94*(1), 5-10.

McGrath, C. (2007). *The inclusion-classroom problem solver: Structures and supports to serve all learners*. Portsmouth, NH: Heinemann.

McNary, S., Glasgow, N., & Hicks, C. (2005). *What successful teachers do in inclusive classrooms: 60 research-based teaching strategies that help special learners succeed*. Thousand Oaks, CA: Corwin.

Medrich, E. A., Roizen, J. A., Rubin, V., & Burkley, S. (1982). *The serious business of growing up: A study of children's lives outside school*. Berkeley: University of California Press.

Megnin, J. (1995). Combining memory and creativity in teaching math. *Teaching PreK-8, 25*(6), 48-49.

Meichenbaum, D., & Biemiller, A. (1998). *Nurturing independent learners: Helping students take charge of their learning*. Cambridge, MA: Brookline.

Mendler, B., Curwin, R., & Mendler, A. (2007). *Strategies for successful classroom management*. Thousand Oaks, CA: Corwin.

Mercado, C. (2001). The learner: "Race," "ethnicity," and linguistic difference. In V. Richardson (Ed.), *Handbook of research on teaching* (pp. 668-694). Washington, DC: American Educational Research Association.

Messick, S. (1995). Cognitive styles and learning. In L. Anderson (Ed.), *International encyclopedia of teaching and teacher education* (2nd ed., pp. 387-390). Tarrytown, NY: Elsevier Science.

Michaels, S., & Collins, J. (1984). Oral discourse styles: Classroom interaction and the acquisition of literacy. In D. Tamen (Ed.), *Coherence in spoken and written discourse*. Norwood, NJ: Ablex.

Mickelson, R., & Heath, D. (1999, April). The effects of segregation and tracking on African American high school seniors' academic achievement, occupational aspirations, and interracial social networks in Charlotte, North Carolina. Paper presented at the annual meeting of the American Educational Research Association, Montreal, Canada.

Miller, H. M. (2000). Teaching and learning about cultural diversity: All of us together have a story to tell. *The Reading Teacher, 53*(6), 666-667.

Miller, M. J. (1992). *Model standards for beginning teacher licensing and development: A resource for state dialogue*. [Online]. Available at www.ccsso.org.

Minami, M., & Ovando, C. (2003). Language issues in multicultural contexts. In J. Banks & C. Banks (Eds.), *Handbook of research on multicultural issues* (pp. 427-444). San Francisco: Jossey-Bass.

Mintzes, J., Wandersee, J., & Novak, J. (2000). *Assessing science understanding*. San Diego, CA: Academic Press.

Mislevy, R., Steinberg, L., Almond, R., Haertel, G., & Penuel, W. (2000, February). Leverage points for improving educational assessment. Paper prepared for the Technology Design Workshop, Stanford Research Institute, Menlo Park, CA.

Mitchell, R. (1992). *Testing for learning: How new approaches to evaluation can improve American schools*. New York: Free Press.

Moore, K. (1992). *Classroom teaching skills* (2nd ed.). New York: McGraw-Hill.

Moran, C., & Hakuta, K. (2001). Bilingual education: Broadening research perspectives. In J. Banks & C. Banks (Eds.), *Handbook of research on multicultural education* (pp. 445-462). San Francisco: Jossey-Bass.

Moran-Ellis, J. (2007). Children and social competence. London, UK: Taylor & Francis

Mshelia, A. (2008). *Cognition, culture and field dependence-independence.* Bloomington, IN: Authorhouse.

Muijs, D., & Reynolds, D. (2005). *Effective teaching: Evidence and practice* (2nd ed.). Thousand Oaks, CA: Sage.

Nash, R. (2008). *The active classroom: Practical strategies for involving students in the learning process.* Thousand Oaks, CA: Corwin.

National Board for Professional Teaching Standards. (2001). *Five core propositions.* [Online]. Available at www.nbpts.org.

National Council for the Social Studies. (1994). *Expectations of excellence: Curriculum standards for social studies.* Washington, DC: Author.

National Council for the Social Studies. (2002). *National standards for social studies teachers.* Silver Springs, MD: Author.

National Council for the Social Studies. (2006). *National standards for social studies teachers.* Silver Springs, MD: Author.

National Council of Teachers of English. (1996). *Standards for the English language arts.* Urbana, IL: Author.

National Council of Teachers of English. (2006). *Guidelines for the preparation of teachers of English language arts.* Urbana, IL: Author.

National Council of Teachers of Mathematics. (1995). *Assessment standards for school mathematics.* Reston, VA: National Council of Teachers of Mathematics.

National Council of Teachers of Mathematics. (2000). *Principles and standards for school mathematics.* Reston, VA: Author.

National Council of Teachers of Mathematics. (2005). *Illuminating NCTM's principles and standards for school mathematics.* Reston, VA: Author.

National Mental Health Information Center, U.S. Department of Health and Human Services. (2005). *Tips for teachers.* Available at www.mentalhealth.org/cmhs/ TraumaticEvents/teachers.asp.

National Research Council. (1996). *National science education standards 1995.* Washington, DC: National Academies Press.

National Research Council. (1999). *Knowing what your students know.* Washington, DC: National Academies Press.

National Research Council. (2001). *Knowing what students know: The science and design of educational assessment.* Washington, DC: National Academies Press.

Neisser, U. (1976). *Cognition and reality.* San Francisco: W. H. Freeman.

Neuliep, J. (2008). *Intercultural communication: A contextual approach.* Thousand Oaks, CA: Sage.

Ngeow, K. Y. (1998). Motivation and transfer in language learning. *ERIC Digest.* Bloomington, IN: ERIC Clearinghouse on Reading. (ERIC Document Reproduction Service No. ED 427 318)

Nieto, S., & Bode, P. (2007). *Affirming diversity: The sociopolitical context of multicultural education* (5th ed.). Boston: Allyn & Bacon.

Novak, J. (2001). *Learning, creating, and using knowledge: Concept maps as facilitative tools in schools and corporations.* Mahwah, NJ: Lawrence Erlbaum.

Nunn, G., & Kimberly, R. (2000, December). "IDEAL" problem solving using a collaborative effort for special needs and atrisk students. *Education,* 10-16.

Oakes, J., & Lipton, M. (2006). *Teaching to change the world.* Boston: McGraw-Hill.

Obiakor, F. (2006). *Multicultural special education: Culturally responsive teaching.* Upper Saddle River, NJ: Prentice Hall.

Oczkus, L. (2005). *Reciprocal teaching at*

work: Strategies for interpreting reading comprehension. Newark, DE: International Reading Association.

Ogbu, J. (1995a). Cultural problems in minority education: Their interpretations and consequences—Part one: Theoretical background. *The Urban Review, 27*(3), 189-205.

Ogbu, J. (1995b). Cultural problems in minority education: Their interpretations and consequences—Part two: Case studies. *The Urban Review, 27*(4), 271-297.

Ogbu, J. (2008). *Minority status, oppositional culture and schooling.* New York: Routledge.

Ogbu, J., & Davis, A. (2003). *Black American students in an affluent suburb: A study of disengagement.* Mahwah, NJ: Lawrence Erlbaum.

Olneck, M. (2001). Immigrants in education. In J. Banks and C. Banks (Eds.), *Handbook of research on multicultural education.* San Francisco: Jossey-Bass.

Ong, A., & Borich, G. (Eds.). (2006). *Teaching strategies that promote thinking.* Boston: McGraw-Hill.

Ormrod, J. (2007a). *Educational psychology: Developing learners* (6th ed.). Upper Saddle River, NJ: Prentice Hall.

Ormrod, J. (2007b). *Human learning* (5th ed.). Upper Saddle River, NJ: Prentice Hall

Palincsar, A., & Brown, A. (1989). Classroom dialogues to promote self-regulated comprehension. In J. Brophy (Ed.), *Advances in research on teaching* (Vol. 1, pp. 35-71). Greenwich, CT: JAI Press.

Parkay, F., & Hass, G. (2005). *Curriculum planning: A contemporary approach* (7th ed.). Boston: Allyn & Bacon.

Parker, W. C. (1991). *Renewing the social studies curriculum.* Alexandria, VA: Association for Supervision and Curriculum Development.

Patton, J. R. (1994). Practical recommendations for using homework with students with learning disabilities. *Journal of Learning Disabilities, 27*(9), 570-578.

Paul, R. (1990). *Critical thinking.* Rohnert Park, CA: Center for Critical Thinking and Moral Critique, Sonoma State University.

Paulu, N. (1998). *Helping your students with homework: A guide for teachers.* Washington, DC: U.S. Department of Education, Office of Educational Research. Retrieved September 19, 2000, from www.ed.gov/pubs/HelpingStudents.

Phillips, D. (2000). *Constructivism in education.* Chicago: National Society for the Study of Education, The University of Chicago Press.

Piaget, J. (1977). Problems in equilibration. In M. Appel & L. Goldberg (Eds.), *Topics in cognitive development: Vol. 1. Equilibration: Theory, research and application* (pp. 3-13). New York: Plenum.

Piestrup, A. (1973). *Black dialect interference and accommodation of reading instruction in first grade* (Monograph No. 4). Berkeley: University of California, Language Behavior Research Laboratory.

Pintrich, P., & Schunk, D. (2002). *Motivation in education: Theory, research, and applications* (2nd ed.). Upper Saddle River, NJ: Merrill/Prentice Hall.

Polanyi, M. (1958). *Personal knowledge.* Chicago: University of Chicago Press.

Pollock, J. E. (1992). Blueprints for social studies. *Educational Leadership, 49*(8), 52-53.

Poplack, S. (2000). *The English history of African-American English.* Hoboken, NJ: Wiley.

Porter, A. (1993). School delivery standards. *Educational Researcher, 22,* 24-30.

Portes, A., & Rumbaut, R. (2006). *Immigrant America: A portrait.* Berkeley: University of California Press.

Posamentier, A., & Krulik, S. (2008). *Problem-solving strategies for efficient and elegant solutions, Grades 6-12: A resource for the mathematics teacher.* Thousand Oaks, CA: Corwin.

Power, B., & Hubbard, R. (1999). *Living the questions: A guide for teacher-researchers.* Portland, ME: Stenhouse.

Prinstein, N., & Dodge, K. (2008). *Understanding peer influence in children and adolescents.* New York: Guilford Press.

Putnam, J. (2006). *Organizing and managing classroom learning communities.* New York: McGraw-Hill.

Raven, B. H. (1974). The comparative analysis of power and power preference. In J. T. Tedeschi (Ed.), *Perspectives on social power* (pp. 172-198). Chicago: Aldine.

Ready, D., Beghetto, R., & LoGerfo, L. (2005, August). Race and social learning: Ability grouping and contextual effects. Paper presented at the annual meeting of the American Sociological Association, Chicago.

Redding, N. (1992). Assessing the big outcomes. *Educational Leadership, 49*(8), 49-53.

Rekrut, M. (1999). Using the Internet in classroom instruction: A primer for teachers. *Journal of Adolescent and Adult Literacy, 42*(7), 546-557.

Resnick, L., & Klopfer, L. (Eds.). (1989). *Toward the thinking curriculum: Current cognitive research.* Arlington, VA: Association for Supervision and Curriculum Development.

Resnick, L. B., & Resnick, D. P. (1991). Assessing the thinking curriculum: New tools for educational reform. In B. R. Gifford & M. C. O'Connor (Eds.), *Future assessments: Changing views of aptitude, achievement and instruction.* Boston: Kluwer.

Reynolds, N., & Rich, R. (2006). *Portfolio keeping: A guide for students.* New York: Bedford/St. Martin's Press.

Richardson, V. (1997). Constructivist teaching and teacher education: Theory and practice. In V. Richardson (Ed.), *Constructivist teacher education: Building new understandings* (pp. 3-14). Washington, DC: Falmer Press.

Richmond, G., & Striley, J. (1994). An integrated approach. *The Science Teacher, 61*(7), 42-45.

Rinne, C. (1997). *Excellent classroom management.* Belmont, CA: Wadsworth.

Ritter, N. (1999). Teaching interdisciplinary thematic units in language arts. *ERIC Digest D142.* Bloomington, IN: ERIC Clearinghouse on Reading, English, and Communication. (ERIC Document Reproduction Service No. ED 436 003)

Roberts, P., & Kellough, R. (2006). *A guide for developing interdisciplinary thematic units* (3rd ed.). Upper Saddle River, NJ: Merrill/Prentice Hall.

Roblyer, M. (2003). *Integrating educational technology into teaching.* Upper Saddle River, NJ: Merrill/Prentice Hall.

Roblyer, M. (2005). *Integrating educational technology into teaching* (4th ed.). Upper Saddle River, NJ: Merrill/Prentice Hall.

Roblyer, M., Edwards, J., & Havriluk, M. (1997). *Integrating educational technology into teaching* (3rd ed.). Upper Saddle River, NJ: Merrill/Prentice Hall.

Rogan, J., Borich, G., & Taylor, H. P. (1992). Validation of the stages of concern questionnaire. *Action in Teacher Education, 14*(2), 43-49.

Rogoff, B. (1990). *Apprenticeship in thinking: Cognitive development in social context.* New York: Oxford University Press.

Rohrkemper, M., & Corno, L. (1988). Success and failure on classroom tasks: Adaptive learning and classroom teaching. *The Elementary School Journal, 83,* 335-351.

Rose, L., & Gallup, A. (2002). The 32nd annual Phi Delta Kappa/Gallup poll of the public's attitudes toward the public schools. *Phi Delta Kappan, 84,* 41-46, 51-56.

Rosenshine, B. (1971). *Teaching behaviors and student achievement.* London: National Foundation for Educational Research in England and Wales.

Rosenshine, B. (1983). Teaching functions in

instructional programs. *The Elementary School Journal, 83*, 335-351.

Rosenshine, B. (1986). Synthesis of research on explicit teaching. *Educational Leadership, 43*(7), 60-69.

Rosenshine, B. (1995). Advances in research on instruction. *Journal of Educational Research, 88*(5), 262-268.

Rosenshine, B. (1997, March). The case for explicit, teacher-led, cognitive strategy instruction. Paper presented at the annual meeting of the American Educational Research Association, Chicago.

Rosenshine, B., & Meister, C. (1992). The use of scaffolds for teaching higher-level cognitive strategies. *Educational Leadership, 49*(7), 26-33.

Rosenshine, B., & Meister, C. (1994). Reciprocal teaching: A review of the research. *Review of Educational Research, 64*, 479-530.

Rosenshine, B., & Stevens, R. (1986). Teaching functions. In M. C. Wittrock (Ed.), *Handbook of research on teaching* (3rd ed., pp. 376-391). Upper Saddle River, NJ: Merrill/Prentice Hall.

Ross, W. (2006). *The social studies curriculum: Purposes, problems, and possibilities.* Albany: State University of New York Press.

Rowe, M. B. (1986, January-February). Wait time: Slowing down may be a way of speeding up. *Journal of Teacher Education, 23*, 43-49.

Rowe, M. B. (1987). Wait time: Slowing down may be a way of speeding up. *American Educator, 11*(1), 38-43, 47.

Rozakis, L., & Cain, D. (2002). *Super study skills.* New York: Scholastic.

Ryan, K. (1992). *The roller coaster year: Essays by and for beginning teachers.* New York: HarperCollins.

Sable, J., & Hoffman, L. (2008). *Characteristics of 100 largest public elementary school districts in the United States: 2005-2006.* Washington, DC: National Center for Educational Statistics, U.S. Department of Education.

Sacks, S. R., & Harrington, C. N. (1982, March). Student to teacher: The process of role transition. Paper presented at the meeting of the American Educational Research Association, New York.

Saito, L. T. (1999). Socio-cultural factors in the educational achievement of Vietnamese American students (Doctoral dissertation, University of California, Irvine, 1999). *Dissertation Abstracts International, 60* (08), 2802A.

Santos, R. M., & Reese, D. (1999). Selecting culturally and linguistically appropriate materials: Suggestions for service providers. *ERIC Digest.* Washington, DC: Office of Educational Research and Improvement & U.S. Department of Education. (ERIC Document Reproduction Service No. ED 431 546)

Sartor, L., & Brown, M. Y. (2004). *Consensus in the classroom: Fostering a lively learning community.* Mt. Shasta, CA: Psychosynthesis Press.

Saunders, P. (2005). *Characteristics of effective teaching.* Kalamazoo: Western Michigan University, Center for Teaching and Learning.

Saunders, W., & Goldenberg, C. (1999). *The effects of instructional conversations and literature logs on the story comprehension and thematic understanding of English proficient and limited English proficient students.* Washington, DC: Center for Research on Education, Diversity and Excellence.

Saunders, W., O'Brien, G., Lennon, D., & McLean, J. (1999). *Successful transition into mainstream English: Effective strategies for studying literature.* Washington, DC: Center for Research on Education, Diversity and Excellence.

Savage, T. (1991). *Discipline for self-control.*

Upper Saddle River, NJ: Prentice Hall.

Savage, T. (1999). *Teaching self-control through management and discipline.* Boston: Allyn & Bacon.

Savery, J. R., & Duffy, T. M. (1995). Problem-based learning: An instructional model and its constructivist framework. *Educational Technology, 35*(5), 31-38.

Scarr, S. (1981). Testing for children: Assessment and the many determinants of intellectual competence. *American Psychologist, 36*(10), 1159-1166.

Schargel, F. (2003). *Dropout prevention tools.* Larchmont, NY: Eye on Education.

Schargel, F. (2005). *Best practices to help at-risk learners.* Larchmont, NY: Eye on Education.

Schmuck, R., & Schmuck, P. (2001). *Group processes in the classroom* (6th ed.). New York: McGraw-Hill.

Schwartz, W. (1998, November 13). The identy development of multiracial youth. *ERIC/CUE Digest.* New York: ERIC Clearinghouse on Urban Education.

Serdvukov, P., & Ryan, M. (2007). *Writing effective lesson plans: The 5-star approach.* Boston: Allyn & Bacon.

Shade, B. J. (1982). Afro-American cognitive style: A variable in school success. *Review of Educational Research, 52*, 219-244.

Shalaway, L. (1999). *Learning to teach.* New York: Scholastic.

Shavelson, R. J., & Baxter, G. P. (1992). What we've learned about assessing hands-on science. *Educational Leadership, 49*(8), 20-25.

Shavelson, R. J., Gao, X., & Baxter, G. (1991). *Design theory and psychometrics for complex performance assessment.* Los Angeles: UCLA Center for Research on Evaluation, Standards and Student Testing.

Shifflet, M., & Brown, J. (2006). The use of instructional simulations to support classroom teaching: A crisis communication case study. *Journal of Educational Multimedia and Hypermedia, 15*(4), 377-396.

Shlomo, S. (Ed.). (1999). *Handbook of cooperative learning methods.* Westport, CT: Praeger.

Shore, K. (2003). *Elementary teacher's discipline problem solver: A practical A-Z guide for managing classroom behavior problems.* San Francisco: Jossey-Bass.

Shulman, L. S. (1992). Toward a pedagogy of cases. In J. H. Shulman (Ed.), *Case methods in teacher education* (pp. 72-92). New York: Teachers College Press.

Simmons, P. (1995). Metacognitive strategies: Teaching and assessing. In L. Anderson (Ed.), *International encyclopedia of teaching and teacher education* (2nd ed., pp. 481-485). Tarrytown, NY: Elsevier Science.

Skinner, B. F. (1953). *Science and human behavior.* Upper Saddle River, NJ: Merrill/Prentice Hall.

Skirtic, T. (1991). The special education paradox: Equity as the way to excellence. *Harvard Educational Review, 61*(2), 148-206.

Slavin, R. (1990). Achievement effects of ability grouping in secondary schools: A best evidence synthesis. *Review of Educational Research, 60*, 471-499.

Slavin, R. (1991a). Are cooperative learning and untracking harmful to the gifted? *Educational Leadership, 48*, 68-71.

Slavin, R. (1991b). *Educational psychology: Theory into practice.* Upper Saddle River, NJ: Prentice Hall.

Slavin, R. (1993). *Student team learning: An overview and practical guide.* Washington, DC: National Education Association.

Slavin, R. (2001). Cooperative learning and intergroup relations. In J. Banks & C. Banks (Eds.), *Handbook of research on multicultural education.* San Francisco: Jossey-Bass.

Sleeter, C., & Grant, C. (1991). *Race, class, gender, and disability in current textbooks.* New York: Routledge & Chapman.

Smilansky, M. (1979). *Priorities in education:*

Preschool, evidence and conclusions. Washington, DC: World Bank.

Smink, J., & Schargel, F. (2004). *Helping students graduate: A strategic approach to dropout preventions.* Larchmont, NY: Eye on Education.

Soar, R., & Soar, R. (1983). Context effects in the learning process. In D. C. Smith (Ed.), *Essential knowledge for beginning educators* (pp. 156-192). Washington, DC: American Association of Colleges of Teacher Education.

Stadler, F. (2004). *Induction and deduction in the sciences.* New York: Springer.

Stahl, R. (Ed.). (1994). *Cooperative learning in social studies: A handbook for teachers.* Menlo Park, CA: Addison-Wesley.

Stahl, R. (Ed.). (1995). *Cooperative learning in language arts: A handbook for teachers.* Menlo Park, CA: Innovative Learning Publications.

Stahl, R. (Ed.). (1996). *Cooperative learning in science: A handbook for teachers.* Menlo Park, CA: Innovative Learning Publications.

Steffe, L., & Gale, J. (Eds.). (1995). *Constructivism in education.* Mahwah, NJ: Lawrence Erlbaum.

Stepien, W. (2002). *Problem-based learning with the Internet, grades 3-6.* Chicago: Zephyr Press.

Sternberg, R. (1994). *Thinking and problem solving.* San Diego, CA: Academic Press.

Sternberg, R. (1995). *The nature of insight.* Cambridge, MA: MIT Press.

Sternberg, R. (2007). *Wisdom, intelligence, and creativity synthesized.* Cambridge, UK: Cambridge University Press.

Sternberg, R., & Grigorenko, E. (Eds.). (2001). *The evolution of intelligence.* Mahwah, NJ: Lawrence Erlbaum.

Stevens, R., & Slavin, R. (1995). The cooperative elementary school: Effects on students' achievement, attitudes and social relations. *American Educational Research Journal, 32*(2), 321-351.

Stiggins, R. J. (2007). *Introduction to student-involved classroom assessment* (5th ed.). Upper Saddle River, NJ: Prentice Hall.

Stipek, D. (1996). Motivation and instruction. In D. C. Berliner & R. C. Calfee (Eds.), *Handbook of educational psychology* (pp. 85-113). New York: Simon & Schuster/Macmillan.

Stipek, D. (2001). *Motivation to learn: Integrating theory and practice* (4th ed.). Boston: Allyn & Bacon.

Stipek, D. (2003). *Motivation to learn: Integrating theory and practice* (4th ed.). Boston: Allyn & Bacon.

Stone, R. (2007). *Best practices for teaching mathematics: What awardwining classroom teachers do.* Thousand Oaks, CA: Corwin.

Sugai, G. (1996, Fall-Winter). UO and public schools design just-in-time learning approaches to fi nd solutions to rising student discipline problems. *Education Matters, 3*(1), 10-11.

Sunal, C., & Haas, M. (2007). *Social studies for the elementary and middle grades: A constructivist approach* (3rd ed.). Boston: Allyn & Bacon.

Tamir, P. (1995). Discovery learning and teaching. In L. Anderson (Ed.), *International encyclopedia of teaching and teacher education* (2nd ed., pp. 149-155). Tarrytown, NY: Elsevier Science.

Tannen, D. (2005). *Conversational style: Analyzing talk among friends.* Oxford, UK: Oxford University Press.

Tauber, R. (1990). *Classroom management from A to Z.* Chicago: Holt, Rinehart & Winston.

Taylor, B. M., Pearson, P. D., Clark, K. F., & Walpole, S. (1999). Effective schools/accomplished teachers. *The Reading Teacher, 53*(2), 156-159.

Teddlie, C., & Stringfield, S. (1993). *Schools make a difference: Lessons learned from a 10-year study of school effects.* New York:

Teachers College Press.

Teo, N. (2006). Problem-based learning. In A. Ong & G. Borich (Eds.), *Teaching strategies that promote thinking* (pp. 68-83). Boston: McGraw-Hill.

Tharp, R. (1997). *From at-risk to excellence: Research, theory, and principles for practice.* Santa Cruz, CA: Center for Research on Education, Diversity and Excellence.

Tharp, R., & Gallimore, R. (1991). *Rousing minds to life: Teaching, learning and schooling in social context.* New York: Cambridge University Press.

Tharp, R. G. (1989). Psychocultural variables and constants: Effects on teaching and learning in schools. *American Psychologist, 44*, 349-359.

Thorndike, R. L. (1913). *The psychology of learning (Educational psychology II).* New York: Teachers College Press.

Thurstone, L. (1947). *Primary mental abilities, Form AH.* Chicago: Science Research Associates.

Tileston, D. (2004). *What every teacher should know about media and technology.* Thousand Oaks, CA: Corwin.

Tischler, M. (2005). *Magnetizing the learner: How teachers can impart enthusiasm to students.* Alexandria, VA: Association for Career and Technical Education.

Tobin, K. (1987). The role of wait-time in higher cognitive level learning. *Review of Educational Research, 57*, 69-95.

Tombari, M., & Borich, G. (1999). *Authentic assessment in the classroom: Practice and applications.* Upper Saddle River, NJ: Merrill/Prentice Hall.

Tomei, L. (Ed.). (2006). *Integrating information & communications technologies into the classroom.* Hershey, PA: IGI Global.

Tomlinson, C. (2004). *How to differentiate instruction in mixed ability classrooms* (2nd ed.). Alexandria, VA: Association for Supervision and Curriculum Development.

Tomlinson, C., & McTighe, J. (2006). *Integrating differentiated instruction & Understanding by Design.* Alexandria, VA: Association for Supervision and Curriculum Development.

Tremblay, R., Hartup, W., & Archer, J. (2005). *Developmental origins of aggression.* New York: Guilford Press.

Troutman, A., & Alberto, P. (2009). *Applied behavior analysis for teachers.* Upper Saddle River, NJ: Pearson.

Turkel, J., & Peterson, F. (2003). *Note-taking made easy.* Madison: University of Wisconsin Press.

Turnbull, A. P., & Turnbull, H. R. (1986). *Families, professionals and exceptionality.* Upper Saddle River, NJ: Merrill/Prentice Hall.

Tyler, R. W. (1934). *Constructing achievement tests.* Columbus: Ohio State University Press.

Tyler, R. W. (1974). Considerations in selecting objectives. In D. A. Payne (Ed.), *Curriculum evaluation: Commentaries on purpose, process, product.* Lexington, MA: D.C. Heath.

U.S. Census Bureau. (2001). *United States Census 2000.* Retrieved from www.census.gov/Press-Release/www/2001/ sumfi le1.html.

U.S. Department of Education, Office of Educational Research and Development, Education Resources Information Center. (1998). *Goals 2000: Reforming education to improve student achievement.* Washington, DC: Author.

Valencia, R. (1997). *The evolution of deficit thinking.* London: Falmer Press.

Verduin, J. (1996). *Helping students develop investigative problem solving and thinking skills in a cooperative setting.* Springfield, IL: C. C. Thomas.

Viadero, D. (2003). RI district focuses on research-based "common language." *Education Week, 22*(29), 120-121.

Vygotsky, L. (1962). *Thought and language.*

Cambridge, MA: MIT Press.

Wakefi eld, J. (1996). *Educational psychology: Learning to be a problem solver.* Boston: Houghton Mifflin.

Walberg, H. (1986). Syntheses of research on teaching. In M. C. Wittrock (Ed.), *Handbook of research on teaching* (3rd ed., pp. 214-229). Upper Saddle River, NJ: Merrill/Prentice Hall.

Walberg, H. (1991). Productive teaching and instruction: Assessing the knowledge base. In H. Waxman & H. Walbert (Eds.), *Effective teaching: Current research.* Berkeley, CA: McCutchan.

Walker, H., & Sylwester, R. (1991, April). Where is school along the path to prison? *Educational Leadership, 48*, 14-16.

Walqui, A. (2000). Access and engagement: Program design and instructional approaches for immigrant students in secondary school. In *Topics in immigrant education 4. Language in education: Theory and practice, 94.* Washington, DC: Center for Applied Linguistics.

Walsh, J., & Sattes, B. (2004). *Quality questioning: Research-based practice to engage every learner.* Thousand Oaks, CA: Corwin.

Waxman, H., Tharp, R., & Hilberg, R. (Eds.). (2004). *Observational research in U.S. classrooms: New approaches for understanding cultural and linguistic diversity.* Cambridge, UK: Cambridge University Press.

Webb, N., Trooper, J., & Fall, R. (1995). Constructive activity and learning in collaborative small groups. *Journal of Educational Psychology, 87*(34), 406-423.

Weinberg, R. (1989). Intelligence and IQ. *American Psychologist, 44*, 98-104.

Weiner, B. (1986). *An attribution theory of motivation and emotion.* New York: Springer-Verlag.

Weiner, L. (2002, April). Why is classroom management so vexing to urban teachers? New directions in theory and research about classroom management in urban schools. Paper presented at the annual meeting of the American Educational Research Association, New Orleans, LA.

Weinstein, C., & Mignano, A. (1996). *Elementary classroom management: Lessons from research and practice* (2nd ed.). New York: McGraw-Hill.

Weinstein, C., Tomlinson-Clarke, S., & Curran, M. (2005). Toward a conception of culturally responsive classroom management. *Journal of Teacher Education, 55*(1) 14-25.

Weisner, T., Gallimore, R., & Jordan, C. (1988). Unpackaging cultural effects on classroom learning: Native Hawaiian peer assistance and child-generated activity. *Anthropology and Education Quarterly, 19*, 327-353.

Weiss, E. M., & Weiss, S. G. (1998). New directions in teacher evaluation. *ERIC Digest.* Washington, DC: ERIC Clearinghouse on Teaching and Teacher Education. (ERIC Document Reproduction Service No. ED 429 052)

Weissglass, J. (1996). Transforming schools into caring learning communities. *Journal for a Just and Caring Education, 2*(2), 175-189.

Werner, E., & Smith, R. (1992). *Overcoming the odds: High-risk children from birth to adulthood.* New York: Cornell University Press.

White, B., & Frederiksen, J. (2000). Metacognitive facilitation: An approach to making science inquiry accessible to all. In J. Minstrell and E. Van Zee (Eds.), *Teaching in the inquiry-based classroom.* Washington, DC: American Association for the Advancement of Science.

Wiggins, G., & McTighe, J. (1998). *Understanding by design.* Alexandria, VA: Association for Supervision and Curriculum Development.

Wilen, W. (1991). *Questioning skills for teachers* (3rd ed.). Washington, DC: National

Education Association.

Williams, R. (2003). *Higher order thinking skills: Challenging all students to achieve.* Thousand Oaks, CA: Corwin.

Willis, J. (2006). *Research-based strategies to ignite student learning.* Alexandria, VA: Association for Supervision and Curriculum Development.

Wilson, M., & Bertenthal, M. (2005). *Systems for state science assessment.* Washington, DC: National Academies Press.

Wiske, M. (Ed.). (1997). *Teaching for understanding: Linking research with practice.* San Francisco: Jossey-Bass

Wolpert, E. (2005). *Start seeing diversity: The basic guide to an anti-bias classroom.* St. Paul, MN: Redleaf Press.

Woolfolk, A. (2010). *Educational psychology* (11th ed.). Boston: Allyn & Bacon.

Wong, H. K. (2004). *The first days of school: How to be an effective teacher.* Mountain View, CA: Author.

Wragg, C. (2001). *Questioning in the primary school.* New York: RoutledgeFalmer.

Wright, K., Stegelin, D., & Hartle, L. (2006). *Building family, school and community partnerships.* Upper Saddle River, NJ: Prentice Hall.

York-Barr, J., Sommers, W., Ghere, G., & Montie, J. (2006). *Reflective practice to improve schools: An action guide for educators.* Thousand Oaks, CA: Corwin.

Young, V. H. (1970). Family and childhood in a Southern Georgia community. *American Anthropologist, 72,* 269-288.

Ysseldyke, J., & Algozzine, R. (1990). *Instructor's resource manual: Introduction to special education* (2nd ed.). Boston: Houghton Mifflin.

Zemelman, S., Daniels, H., & Hyde, A. (2005). *Best practice: Today's standards for teaching and learning in America's schools* (3rd ed.). Portsmouth, NH: Heinemann.

Zimbardo, P. G. (1992). *Psychology and life.* New York: HarperCollins.

Zimmerman, B. (1989). A social cognitive view of self-regulated academic learning. *Journal of Educational Psychology, 81,* 329-339.

Zubizarreta, J., & Seldin, P. (2004). *The learning portfolio: Reflective practice for improving student learning.* San Francisco: Jossey-Bass.

찾아보기

역자 소개 (가나다 순)

박승배 (서문, 1장, 2장, 5장, 6장, 11장 번역, 사진 촬영)
전북대학교 교육학과 졸업
미국 University of Oregon 교육학과 졸업
(Ph. D., 교육과정 및 수업 전공)
전주교육대학교 교육학과 교수
sbpark@jnue.kr

부재율 (12장 번역)
고려대학교 영어교육과 졸업
미국 University of Iowa 교육학과 졸업
(Ph. D., 교육평가 전공)
전주교육대학교 교육학과 교수
jayboo@jnue.kr

설양환 (7장, 8장 번역)
부산교육대학교 졸업
미국 Brigham Young University 교육공학과 졸업
(Ph. D., 교육공학 전공)
공주교육대학교 교육학과 교수
yhsol@pro.gjue.ac.kr

이미자 (3장, 4장 번역)
서울교육대학교 졸업
미국 Lehigh University 교육학과 졸업
(Ed. D., 교육평가 전공)
광주교육대학교 교육학과 교수
leemj@gnue.ac.kr

조주연 (9장, 10장 번역)
서울대학교 교육학과 졸업
미국 University of Oregon 교육학과 졸업
(Ph. D., 교육과정 및 수업 전공)
서울교육대학교 교육학과 교수
jycho@ns.seoul-e.ac.kr

효과적인 교수법 7판
Effective Teaching Methods

초판 1쇄 발행 | 2011년 8월 9일
초판 2쇄 발행 | 2014년 2월 20일

저 자 | Gary D. Borich
역 자 | 박승배 · 부재율 · 설양환 · 이미자 · 조주연
발행인 | 홍진기
발행처 | 아카데미프레스
주 소 | 413-756 경기도 파주시 문발동 출판정보산업단지 507-9
전 화 | 031-947-7389
팩 스 | 031-947-7698
웹사이트 | www.academypress.co.kr
이메일 | info@academypress.co.kr
등록일 | 2003. 6. 18. 제406-2011-000131호
ISBN | 978-89-91517-44-8 93370

값 27,000원